Die Mitbestimmung der Arbeitnehmer in der SE unter besonderer Berücksichtigung des monistischen Systems

Zivilrechtliche Schriften

Beiträge zum Wirtschafts-, Bank- und Arbeitsrecht

Herausgegeben von Peter Kreutz und Dieter Reuter

Band 44

PETER LANG

Frankfurt am Main · Berlin · Bern · Bruxelles · New York · Oxford · Wien

Andrea Scheibe

Die Mitbestimmung der Arbeitnehmer in der SE unter besonderer Berücksichtigung des monistischen Systems

PETER LANG
Europäischer Verlag der Wissenschaften

Bibliografische Information der Deutschen Nationalbibliothek
Die Deutsche Nationalbibliothek verzeichnet diese Publikation in der Deutschen Nationalbibliografie; detaillierte bibliografische Daten sind im Internet über <http://www.d-nb.de> abrufbar.

Zugl.: Kiel, Univ., Diss., 2006

D 8
ISSN 0941-147X
ISBN 3-631-55938-0

www.peterlang.de

Inhaltsverzeichnis

Einleitung

Nach einigen Jahren Atempause bewegt sich die Mitbestimmung erneut in den Mittelpunkt rechtspolitischer Diskussionen und Reformbestrebungen zurück. Dazu trägt die Europäische Aktiengesellschaft oder Societas Europaea (im Folgenden: SE) bei, deren Mitbestimmungskonzept sich in signifikanter Weise von den traditionellen Regelungsmustern des bisherigen Mitbestimmungsrechts abhebt. Erstmals ist es möglich, die Mitbestimmung über den Abschluss einer Vereinbarung an die individuellen Gegebenheiten des Unternehmens anzupassen. Kommt kein Konsens zustande, sichert eine gesetzliche Auffangregelung die bestehenden Mitbestimmungsrechte der Arbeitnehmer in der SE ab. Dieses Modell ist das Ergebnis eines jahrzehntelangen Entwicklungsprozesses, welches notwendig war, um die SE als Rechtsform für grenzüberschreitend agierende Unternehmen überhaupt ermöglichen zu können.[1] Inzwischen geht dessen Bedeutung jedoch weit über die eines politischen Kompromisses hinaus, indem es als Vorbild für weitere europäische Rechtsakte[2] und nationale Reformvorschläge[3] dient.

Gesellschaftsrechtlich scheint der Gesetzgeber mit der SE an die Gesetzeslage vor 1870 anzuknüpfen, als die Aktiengesellschaften neben der Mitgliederversammlung nur über ein Verwaltungsorgan verfügten. Zwar war die Bildung eines Aufsichtsrats mit der Aktienrechtsnovelle von 1870 erstmals zwingend, doch setzte sich diese in seiner heute bekannten Funktionszuweisung erst mit der Aktienrechtsreform von 1937 durch und ist seitdem fest in das deutsche Ge-

---

1 Bereits 1959 wurde der Gedanke einer Europäischen Aktiengesellschaft von *Pieter Sanders* in seiner Rotterdamer Antrittsvorlesung aufgeworfen, vgl. *Sanders* AWD 1960, 1 ff. Parallel dazu hielt *Thibièrge* auf dem Kongress des französischen Notariats einen Vortrag über eine Gesellschaft internationalen Typs in Europa („societé par actions de type europeén"), vgl. *Thibèrge*, Le statut des sociétés étrangéres, 57ème Congrès des notaires de France tenu à Tours 1959, Paris 1959. Umfassend zur Entstehungsgeschichte: *Kuffner*, Beteiligung Europ. Aktiengesellschaft, S. 10 ff.; *Mävers*, Mitbestimmung Europ. Aktiengesellschaft, S. 87 ff.; *Theisen/Wenz* in Theisen/Wenz, Europäische Aktiengesellschaft, S. 1 (27 ff.). Im Überblick u.a.: *Heinze* ZGR 2002, 66 ff.; *Kleinsorge* RdA 2002, 343 ff.; *Reichert/Brandes* ZGR 2003, 767 (769 ff.); *Veelken* in GS für Blomeyer, S. 491 (493 ff. und 508 ff.).

2 Richtlinie 2003/72/EG des Rates v. 22. 7. 2003 zur Ergänzung des Statuts der Europäischen Genossenschaft hinsichtlich der Beteiligung der Arbeitnehmer, ABl. EU Nr. L 207 v. 18. 8. 2003, S. 25 ff.; Richtlinie 2005/56/EG des Europäischen Parlaments und des Rates v. 26. 10. 2005 über die Verschmelzung von Kapitalgesellschaften aus verschiedenen Mitgliedstaaten, ABl. EU Nr. L 310 v. 25. 11. 2005, S. 1 ff.; vgl. auch zur politischen Einigung des Rates für Wettbewerbsfähigkeit vom 15. 11. 2004: *Koberski* in FS für Wißmann, S. 474 ff.; *Neye* ZIP 2005, 1893 ff.; *Wiesner* DB 2005, 91 ff.

3 Vgl. nur Bericht der Kommission Mitbestimmung von BDA und BDI v. 12. 11. 2004, S. 28 ff.

sellschaftsrecht verankert.[4] Die Rechtsform der SE ermöglicht nun wieder die Organisation der Gesellschaft im monistischen System, selbstverständlich nicht in Anlehnung an die damalige Gesellschaftsstruktur, sondern in Orientierung an die Rechtslage anderer Mitgliedstaaten, die das monistische System entsprechend den neuen kapitalmarktrechtlichen Gegebenheiten fortentwickelten. Deshalb ist es zutreffend, die Einführung des monistischen Systems über die SE in Deutschland als „revolutionär"[5] und „größte Innovation"[6] für das deutsche Gesellschaftsrecht zu bezeichnen.

Die vorliegende Arbeit nimmt die beiden mit der SE bedingten Neuerungen zum Anlass, um die Zielkonflikte, die sich aus der gemeinsamen Verknüpfung von Mitbestimmung und monistischer Organisationsstruktur ergeben, zu untersuchen und mittels Auslegung der gesetzlichen Vorschriften einer Klärung zuzuführen. Die Arbeit wird bestehende Lücken aufzeigen und entsprechende Lösungsansätze entwickeln, ohne jedoch den Anspruch einer abschließenden Darstellung aller auftretenden Problempunkte zu erheben. Umgekehrt ist es nicht möglich, die Mitbestimmung im monistischen System isoliert zu betrachten, da die gesetzlichen Rahmenbedingungen meist strukturunabhängig formuliert sind, also das monistische und dualistische System gleichermaßen betreffen. Ließe man diese Vorschriften unberücksichtigt, würde sich das entstehende Bild über die Mitbestimmung im monistischen System als verzerrt erweisen. Die Arbeit ist deshalb als ein Beitrag zur Mitbestimmung der Arbeitnehmer in der SE unter schwerpunktmäßiger Betrachtung der Mitbestimmung im monistischen System zu verstehen.

Die Arbeit gliedert sich in fünf Teilbereiche. Teil 1 dient der Einführung in die Begrifflichkeiten der Mitbestimmung (§ 1) und des monistischen Systems (§ 2). Dazu soll zunächst geklärt werden, was überhaupt unter Mitbestimmung im Sinne der hier verwendeten Terminologie zu verstehen ist, welche Rechtsgrundlagen auf europäischer und nationaler Ebene zu beachten sind und wodurch sich das Mitbestimmungskonzept der SE konkret auszeichnet. Nach einem Überblick über die Struktur des monistischen Systems gilt es, die Zielkonflikte aufzuzeigen, derer sich die Integration der Mitbestimmung in das monistische System ausgesetzt sieht (§ 3).

Teil 2 der Arbeit befasst sich mit dem besonderen Verhandlungsgremium als unverzichtbares Vertretungsorgan der Arbeitnehmer im Rahmen der Verhandlungen zur Mitbestimmung der Arbeitnehmer in der monistischen SE. Um der Arbeit nicht den Charakter einer Gesetzeskommentierung zu verleihen, soll

---

4 Zur Entwicklung der Organisationsverfassung: *Bahrenfuss*, Entstehung Aktiengesetz, S. 653 ff.

5 *Hirte* NZG 2002, 1 (5); *Hommelhoff* AG 2001, 279 (283); *Kallmeyer* ZIP 2003, 1531 (1531); *Kuffner*, Beteiligung Europ. Aktiengesellschaft, S. 76.

6 *Frodermann* in Jannott/Frodermann, Handbuch SE, Kapitel 5 Rn. 134.

vorweg ein kurzer Überblick über die einzelnen Verfahrensabschnitte genügen (§ 4). Besondere Aufmerksamkeit wird vielmehr der Vertretung der unterschiedlichen Interessen- und Arbeitnehmergruppen im besonderen Verhandlungsgremium gewidmet, da der Gesetzgeber es in dieser Funktion dazu nutzt, die Gepflogenheiten des deutschen Mitbestimmungsrechts verfahrensrechtlich einfließen zu lassen (§ 5).

Gegenstand des 3. Teils ist die Mitbestimmung in der monistischen SE kraft Vereinbarung. Entsprechend der bisherigen Systematik ist wiederum mit einem kurzen Überblick über den Verfahrensablauf zu beginnen (§ 6), bevor im Anschluss daran strukturunabhängige Problemstellungen zu erläutern sind, welche sich im Zusammenhang mit der Vereinbarung ergeben können (§ 7). Die Mitbestimmungsvereinbarung ist grundsätzlich Eintragungs- und Entstehungsvoraussetzung der SE, womit zahlreiche Folgeprobleme verbunden sind. So stellt sich die Frage nach der Prüfungspflicht des Registergerichts und den Rechtsfolgen einer zu Unrecht eingetragenen SE. Weiterhin ist die Rechtsnatur der Vereinbarung und ihre Auslegung ungeklärt. Es wird sich zeigen, dass eine Parallele zur Vereinbarung nach dem EBRG nur bedingt gezogen werden kann. Von besonderer praktischer Bedeutung für die Mitbestimmung in der monistischen SE ist die Möglichkeit, kraft Vereinbarung den bisherigen Mitbestimmungsstandard abzusenken. Das Gesetz stellt hieran erhöhte verfahrensrechtliche Anforderungen, welche im Einzelnen umstritten sind und deshalb einer ausführlichen Untersuchung bedürfen. Einer der Schwerpunkte des 3. Teils der Arbeit liegt in der Beantwortung der Fragestellung, welche Optionen für eine sinnvolle Implementierung der Mitbestimmung in das monistische System kraft Vereinbarung zur Verfügung stehen (§ 8). In der Literatur fand diese Problematik bislang nur zurückhaltende Beachtung. Die Arbeit setzt sich zum Ziel, die rechtlichen Rahmenbedingungen näher zu beleuchten und damit einen ersten Diskussionsansatz aufzuwerfen. Schließlich ist zu berücksichtigen, dass die SE nicht nur neu gegründet, sondern sich dauerhaft mitbestimmungsrechtlich bewähren muss. Sind strukturelle Änderungen der SE geplant, muss hierfür eine Anpassung der bisher ausgehandelten Vereinbarung erfolgen. Zudem ist die SE selbst möglicher Gründungspartner einer SE. Ob und inwieweit sich deren supranationaler Charakter mitbestimmungsrechtlich auswirkt, soll ebenfalls Inhalt des letzten Abschnitts des 3. Teils sein (§ 9).

Teil 4 der Arbeit befasst sich mit der Mitbestimmung in der monistischen SE kraft Gesetzes. Im Mittelpunkt der Betrachtung steht zunächst die Zusammensetzung des mitbestimmten Verwaltungsrats (§ 10). Diese ist vor allem dann problematisch, wenn die paritätische Mitbestimmung eines mitbestimmten Aufsichtsrats den Mitbestimmungsstandard für den Verwaltungsrat einer monistischen SE vorgibt. Nach einer Auslegung der zentralen Vorschrift des § 35 SEBG wird anhand des ermittelten Ergebnisses überprüft, ob dieses den europa- und verfassungsrechtlichen Anforderungen gerecht wird. Durch diese Vorgehensweise ist zugleich geklärt, ob eventuelle Änderungen de lega lata oder nur de lege ferenda vorgenommen werden können. Im Anschluss daran folgt eine Darstellung der Rechte und Pflichten der Arbeitnehmervertreter als Mitglieder des Verwaltungsrats (§ 11). Parallelen zum mitbestimmten Aufsichtsrat sind unverkennbar, weshalb die Ausführungen hierzu relativ kurz gefasst werden können. Unverzichtbar ist jedoch die Auseinandersetzung mit einigen Sonderbestimmungen zur inneren Ordnung des Verwaltungsrats, welche einen unmittelbaren mitbestimmungsrechtlichen Bezug aufweisen (§ 12). Hierzu zählen die Bestellung eines für den Bereich Arbeit und Soziales zuständigen geschäftsführenden Direktors, die Wahl eines weiteren Mitglieds im Montanbereich und die Vorschrift des § 35 Abs. 3 SEAG, welche bei Stimmrechtsausschluss eines geschäftsführenden Verwaltungsratsmitglieds die Mehrheitsfähigkeit der Anteilseignerseite sicherstellen soll. Danach sollen in Fortsetzung der Ausführungen zu den Gestaltungsoptionen, die kraft Vereinbarung zur Implementierung der Mitbestimmung in das monistische System zur Verfügung stehen, in einem letzten Abschnitt die gesellschaftsrechtlichen Gestaltungsoptionen vorgestellt werden, welche im Einzelfall der Mitbestimmung kraft Gesetzes im monistischen System zumindest faktisch ein anderes Gewicht verleihen können (§ 13).

Die Arbeit schließt mit einem Überblick über die erlangten Ergebnisse und fasst noch einmal die vorgeschlagenen Lösungswege zusammen (Teil 5).

Teil 1: Mitbestimmung und monistisches System

§ 1 Mitbestimmung der Arbeitnehmer in der SE

A. Begriff der Mitbestimmung

Bevor die Anwendungs- und Auslegungsprobleme des für die SE maßgeblichen Mitbestimmungsrechts näher beleuchtet werden, ist es notwendig, den Begriff der Mitbestimmung zu konkretisieren. Das deutsche Mitbestimmungsrecht unterscheidet zwischen zwei Arten der Mitbestimmung: der Mitbestimmung auf der Ebene des Betriebes und der unternehmerischen Mitbestimmung. Das SEBG weicht von dieser Differenzierung – entsprechend der von der SE-RL vorgegebenen Terminologie – ab, als dass nach § 2 Abs. 9 SEBG beide Begriffe unter den Oberbegriff der „Beteiligung der Arbeitnehmer" fallen. Zur betrieblichen Mitbestimmung gehören die Unterrichtung und Anhörung des SE-Betriebsrats oder anderer Arbeitnehmervertreter (vgl. § 2 Abs. 10 und 11 SEBG). Dagegen definiert § 2 Abs. 12 SEBG Mitbestimmung als

> „[...] die Einflussnahme der Arbeitnehmer auf die Angelegenheiten einer Gesellschaft durch
> 1. die Wahrnehmung des Rechts, einen Teil der Mitglieder des Aufsichts- oder Verwaltungsorgans der Gesellschaft zu wählen oder zu bestellen, oder
> 2. die Wahrnehmung des Rechts, die Bestellung eines Teils oder aller Mitglieder des Aufsichts- oder Verwaltungsorgans der Gesellschaft zu empfehlen oder abzulehnen."

Mitbestimmung im Sinne des SEBG ist damit enger als nach hergebrachtem deutschem Verständnis und umschreibt nur die unternehmerische Mitbestimmung. Während sich diese aber im Rahmen der bisherigen Mitbestimmungsgesetze auf eine Vertretung der Arbeitnehmer im Aufsichtsorgan beschränkte, regelt § 2 Abs. 12 SEBG erstmals die Möglichkeit, Arbeitnehmervertreter unmittelbar in ein Verwaltungsorgan zu entsenden. Im Hinblick auf das Thema der Arbeit konzentriert sich die Darstellung auf die Mitbestimmung der Arbeitnehmer in den Unternehmensorganen der SE, speziell dem Verwaltungsorgan.

B. Rechtsgrundlagen auf europäischer und nationaler Ebene

Die Mitbestimmungsproblematik erfuhr eine Abspaltung in eine gesonderte Richtlinie, die SE-RL, welche eine „untrennbare Ergänzung"[7] zu den gesellschaftsrechtlichen Bestimmungen der SE-VO darstellt.[8] Beide Rechtsakte zeich-

---

[7] Vgl. 19. Erwägungsgrund der SE-VO.

[8] Auf Kritik stieß die Entscheidung von Kommission und Rat, beide Rechtsakte auf Art. 308 EG-Vertrag zu stützen, welcher dem Europäischen Parlament nur ein Recht auf Anhörung gewährt. Vgl. ausführlich zum Kompetenzkonflikt: *Herfs-Röttgen* NZA 2002, 358 (359); *Hommelhoff* AG 2001, 279 (279); *Kleinsorge* RdA 2002, 343 (345 f.); *Kuffner*, Beteiligung Europ. Aktiengesellschaft, S. 50 ff.; *Lutter* BB 2002, 1 (3); *Neye*

nen sich durch ihre Verweisungstechnik aus, wodurch verschiedene Rechtsquellen auf europäischer und nationaler Ebene ineinander übergreifen bzw. sich gegenseitig ergänzen.[9] Ein kurzer Überblick über die einschlägigen Rechtsgrundlagen soll das Verständnis für die Materie erleichtern.

Die SE-VO gibt Aufschluss über die Stellung der Arbeitnehmervertreter als Organmitglieder. Hinzu treten die Vorschriften des SEAG und die Satzungsbestimmungen, die auf einer expliziten Ermächtigung der SE-VO beruhen und deshalb den Vorschriften des SEAG vorgehen.[10] Zu nennen ist insbesondere die Regelung des Art. 38 lit. b SE-VO, wodurch die Wahl zwischen dualistischem und monistischem System dem Satzungsgeber zugewiesen ist, welcher mit dieser Entscheidung die Reichweite des Arbeitnehmereinflusses auf Leitung und Kontrolle der SE maßgeblich bestimmt. Zudem erklärt Art. 9 Abs. 1 lit. c, ii SE-VO das nationale Aktienrecht für anwendbar,[11] wobei der Verweis vorwiegend für die dualistische SE von Bedeutung ist,[12] weil § 20 SEAG einen Rückgriff auf die Verfassungsnormen der §§ 76 bis 116 AktG für die monistische SE ausdrücklich ausschließt.

Das Wahl- bzw. Bestellungsverfahren und der Anteil der Arbeitnehmervertreter im mitbestimmten Organ der SE richten sich nach den Vorschriften des SEBG, die die SE-RL erst in verbindliches Recht umsetzen. Die Mitbestimmung in der

---

ZGR 2002, 377 ff.; *Schwarz* ZIP 2001, 1847 (1848); *Steding* BuW 2002, 197 (199); *Thoma/Leuering* NJW 2002, 1449 (1450).

9 *Hommelhoff* AG 2001, 279 (285) spricht von einer „kunstvoll aufgeschichteten Rechtsquellenpyramide aus Gemeinschaftsrecht, mitgliedstaatlichem Nationalrecht und individuellen Satzungsrecht". Kritisch *Fleischer* AcP 204 (2004), 502 (507); *Jacobs* in Münch. Komm. AktG, Vor § 1 SEBG Rn. 35; *Pluskat* EuZW 2001, 524 (528); *Schulz/Geismar* DStR 2001, 1078 (1079).

10 *M. Casper* in FS für Ulmer, S. 51 (53); *Kübler* ZHR 167 (2003), 222 (224). Einen Überblick über den Inhalt des SEAG geben: *Brandt* BB-Special 2/2005, 1 ff.; *Horn* DB 2005, 147 ff.; *Ihrig/Wagner* BB 2004, 1749 ff.; *Waclawik* DB 2004, 1191 ff. Zum österreichischen Ausführungsgesetz: *Egermann/ Heckenthaler* GesRZ 2004, 256 ff.; *Kalss/ Greda* GesRZ 2004, 91 ff.; *Schindler* wbl. 2004, 253 ff.

11 Ausführlich zur Verweisungsnorm des Art. 9 Abs. 1 SE-VO: *Brandt/Scheifele* DStR 2002, 547 ff.; *M. Casper* in FS für Ulmer, S. 51 (65 ff.); *Hommelhoff* in FS für Ulmer, S. 267 ff.; *Lächler/Oplustil* NZG 2005, 381 ff.; *Wagner* NZG 2002, 985 (986). Kritisch zum fehlenden Verweis auf das nationale GmbH-Recht: *Bungert/Beier* EWS 2002, 1 (2).

12 Aufgrund dieses Verweises wäre die Schaffung eines eigenständigen Gesetzbuches für die SE mit dem Regelungskonzept der SE-VO nicht vereinbar gewesen. Vgl. dazu Reg.Begr., BT-Drucks. 15/3405, S. 30 f. und auch *Fleischer* AcP 204 (2004), 502 (508 ff.); *Neye/Teichmann* AG 2003, 169 (170); *Teichmann* ZIP 2002, 1109 (1110); *Waclawik* DB 2004, 1191 (1191). Dennoch sprachen sich für ein eigenständiges SE-Ausführungsgesetz aus: *Brandt* NZG 2002, 991 (992); *Ihrig/Wagner* BB 2003, 969 (970); *Lutter* BB 2002, 1 (6).

SE soll jedoch nach dem Vorbild der Euro-Betriebsräte-Richtlinie[13] vorrangig durch Vereinbarung festgelegt werden, welche die Vorschriften der §§ 34 ff. SEBG verdrängt (§ 1 Abs. 2 SEBG). Keine Anwendung finden nach § 47 Abs. 1 Nr. 1 SEBG bzw. Art. 13 Abs. 2 SE-RL dagegen die Rechtsvorschriften der übrigen Mitbestimmungsgesetze, selbst wenn sich die Vereinbarung oder das SEBG als lückenhaft erweisen.

C. Die tragenden Prinzipien: Gestaltungsfreiheit und Bestandsschutz

Stilprägend für die Mitbestimmung in der SE sind zwei Grundprinzipien: die Gestaltungsfreiheit der Mitbestimmung und der Bestandsschutz erworbener Beteiligungsrechte der Arbeitnehmer (§ 1 Abs. 2 und Abs. 1 SEBG). Ersteres führt dazu, dass ein besonderes Verhandlungsgremium zu bilden ist, welches die Aufgabe hat, mit den Leitungen eine Vereinbarung über die Beteiligung der Arbeitnehmer in der SE abzuschließen. In diesem Rahmen kann der bisherige status quo grundsätzlich auch abgesenkt werden, sofern nicht zwingende Vorgaben des SEBG entgegenstehen (z.B. § 15 Abs. 5 SEBG). Neben § 1 Abs. 2 SEBG bringt der 8. Erwägungsgrund der SE-RL das Gestaltungsprinzip wie folgt zum Ausdruck:

> „Die konkreten Verfahren der grenzüberschreitenden Unterrichtung und Anhörung der Arbeitnehmer sowie gegebenenfalls der Mitbestimmung, die für die einzelnen SE gelten, sollten vorrangig durch eine Vereinbarung zwischen den betroffenen Parteien oder – in Ermangelung einer derartigen Vereinbarung – durch die Anwendung einer Reihe von subsidiären Regeln festgelegt werden."

Das Bestandsschutzprinzip prägt das Mitbestimmungsrecht der SE gleich mehrfach: zum einen sind an die Verhandlungen erhöhte Anforderungen gestellt, wenn die Verhandlungsparteien vom bisherigen Mitbestimmungsstandard abweichen wollen (z.B. § 15 Abs. 3 SEBG). Zum anderen erlangt es seinen vollen Bedeutungsgehalt, wenn die Verhandlungen scheitern. In diesem Fall kommen die Vorschriften zur Mitbestimmung kraft Gesetzes zur Anwendung, welche die am weitesten gehende Mitbestimmungsregelung für die SE perpetuieren. Schließlich findet sich das Bestandsschutzprinzip in den Verfahrensvorschriften zur Bildung und Zusammensetzung des besonderen Verhandlungsgremiums wieder, welche darauf bedacht sind, die verschiedenen Arbeitnehmer- und Interessengruppen entsprechend ihrer bisherigen Bedeutung zu berücksichtigen. Das Bestandsschutzprinzip umschreibt § 1 Abs. 1 S. 2 SEBG als maßgebliche Zielsetzung des SEBG und lässt sich auf die Erwägungsgründe der SE-RL zurückführen. Dies gilt namentlich für den 3. Erwägungsgrund:

---

[13] Richtlinie 45/95/EG des Rates v. 22. 9. 1994 über die Einsetzung eines Europäischen Betriebsrates oder die Schaffung eines Verfahrens zur Unterrichtung und Anhörung der Arbeitnehmer in gemeinschaftsweit operierenden Unternehmen und Unternehmensgruppen, ABl. EG Nr. L 254 v. 30. 9. 1994, S. 64 ff. Umsetzung durch das Gesetz über Europäische Betriebsräte v. 28. 10. 1996, BGBl. 1996 I, S. 1548 ff.

> „Um die Ziele der Gemeinschaft im sozialen Bereich zu fördern, müssen besondere Bestimmungen – insbesondere auf dem Gebiet der Beteiligung der Arbeitnehmer – festgelegt werden, mit denen gewährleistet werden soll, dass die Gründung einer SE nicht zur Beseitigung oder zur Einschränkung der Gepflogenheiten der Arbeitnehmerbeteiligung führt, die in den an der Gründung einer SE beteiligten Gesellschaften herrschen. [...]"

Ergänzt wird diese Zielsetzung durch den 18. Erwägungsgrund:

> „Die Sicherung erworbener Rechte der Arbeitnehmer über ihre Beteiligung an Unternehmensentscheidungen ist fundamentaler Grundsatz und erklärtes Ziel der Richtlinie. Die vor der Gründung von SE bestehenden Rechte der Arbeitnehmer sollten deshalb Ausgangspunkt auch für die Gestaltung ihrer Beteiligungsrechte in der SE (Vorher-Nachher-Prinzip) sein."

§ 2 Das monistische System als alternative Organisationsstruktur

Die Mitwirkung der Arbeitnehmer in den Organen der SE ist eng verbunden mit der Frage, welche Struktur das Unternehmen haben sollte. Art. 38 lit. b SE-VO stellt zwei Systeme zur Verfügung: das dualistische und das monistische System.[14] Während die Vorschriften zum dualistischen System weitgehend an das deutsche und österreichische Recht angelehnt sind, stellt das monistische System auf deutschem Territorium juristisches Neuland dar, weshalb der Schwerpunkt der Bearbeitung dieser Organisationsstruktur gewidmet sein soll. Das monistische System unterscheidet sich maßgeblich vom dualistischen System dadurch, dass es anstatt eines Leitungs- und eines Aufsichtsorgans die Bestellung eines

---

[14] Im Vorfeld der Verabschiedung des SEAG entbrannte ein Streit, ob der deutsche Gesetzgeber das monistische System für die SE zulassen musste, weil Art. 43 Abs. 4 SE-VO nur als „Kann-Vorschrift" formuliert ist. Dafür: *Brandt* NZG 2002, 991 (991) Fn. 6; Handelsrechtsausschuss des DAV, Stellungnahme zum Diskussionsentwurf, NZG 2004, 75 (81); *Lutter* BB 2002, 1 (4); *Wißmann* in FS für Wiedemann, S. 685 (689). Ablehnend: *Hirte* NZG 2002, 1 (5), Fn. 51; *Kübler* ZHR 167 (2003), 222 (231); *Menjucq* ZGR 2003, 679 (679); *Schulz/Geismar* DStR 2001, 1078 (1082). Die h. M. sieht den Gesetzgeber aufgrund der nach Art. 38 lit. b SE-VO satzungsmäßig zu gewährleistenden Wahlfreiheit als faktisch gezwungen an: *Bungert/Beier* EWS 2002, 1 (3); *Frodermann* in Jannott/Frodermann, Handbuch SE, Kapitel 5 Rn. 8 f.; *Gruber/Weller* NZG 2003, 297 (298), Fn. 10; *Ihrig/Wagner* BB 2003, 969 (974); *Kleinsorge* RdA 2002, 343 (346), Fn. 56; *Neye/Teichmann* AG 2003, 169 (175); *Teichmann* ZGR 2002, 383 (442); *Theisen/Hölzl* in Theisen/Wenz, Europäische Aktiengesellschaft, S. 269 (279); *Thoma/Leuering* NJW 2002, 1449 (1451); *Veelken* in GS für Blomeyer, S. 491 (518 f.). Im Ergebnis auch *Schwarz* ZIP 2001, 1847 (1854), der eine Abänderung der Ermächtigungsnormen der Art. 39 Abs. 5 und Art. 43 Abs. 4 SE-VO in Verpflichtungsnormen forderte. So auch bereits die Forderungen des Ausschusses für Recht und Binnenmarkt des Europäischen Parlaments in seinen Änderungsanträgen 13 und 14, vgl. Bericht über den Entwurf einer Verordnung des Rates über das Statut der Europäischen Gesellschaft (SE), A5-0243/2001, S. 13.

Verwaltungsorgans vorsieht, welches Leitungs- und Aufsichtsfunktion in sich vereint. Es fehlt an einem eigenen unternehmensinternen Kontrollorgan.[15]

A. Der Verwaltungsrat als oberstes Leitungsorgan

Art. 43 Abs. 1 S. 1 SE-VO umschreibt die Aufgaben des Verwaltungsorgans damit, dass dieses die Geschäfte der SE führt. Der deutsche Gesetzgeber wechselte nicht nur die Terminologie („Verwaltungsrat“ anstatt „Verwaltungsorgan“), sondern entschied sich mit der Vorschrift des § 22 Abs. 1 SEAG in Anlehnung an Art. L. 225-35 des französischen Code de Commerce[16] darüber hinaus für eine abweichende Funktionsbeschreibung:

> „Der Verwaltungsrat leitet die Gesellschaft, bestimmt die Grundlinien ihrer Tätigkeit und überwacht deren Umsetzung.“

Laut Regierungsbegründung soll die Bezugnahme auf die Unternehmensleitung darauf aufmerksam machen, dass die Aufgaben des Verwaltungsrats weiter reichen als die Überwachungsaufgaben im dualistischen Modell.[17] Im Begriff der Leitung klingt aber auch zugleich der § 76 Abs. 1 AktG an, weshalb der Verwaltungsrat funktional dem Vorstand vergleichbar ist.[18] Er ist oberstes Leitungsorgan der monistischen SE. Er ist aufgrund der Generalzuweisung des § 22 Abs. 6 SEAG zur Wahrnehmung aller Rechte und Pflichten zuständig, die außerhalb des SEAG dem Vorstand und dem Aufsichtsrat obliegen. Weiterhin enthält das SEAG zahlreiche Einzelermächtigungen, die in einer dualistischen Aktiengesellschaft dem Vorstand oder dem Aufsichtsrat und im monistischen System dem Verwaltungsrat zugewiesen sind (z.B. § 22 Abs. 1 S. 1 SEAG: Einberufung der Hauptversammlung; § 47 Abs. 4 SEAG: Billigung des Jahresabschlusses). Im Folgenden soll in Orientierung an die Terminologie des SEAG einheitlich der Begriff des „Verwaltungsrats“ verwendet werden, es sei denn, es wird unmittelbar Bezug auf die Vorschriften der SE-VO und des SEBG genommen, welche vom „Verwaltungsorgan“ sprechen.

B. Die Bestellung der geschäftsführenden Direktoren als Instrument zur Trennung zwischen Leitungs- und Aufsichtsfunktion

Problematisch hinsichtlich der Vereinigung von Leitungs- und Aufsichtsfunktion ist die Existenz eines natürlichen Spannungsverhältnisses zwischen Geschäftsleitung und Kontrolle der Geschäftsleitung und der Gefahr, dass eine

---

15 Im Überblick über das monistische System: *Frodermann* in Jannott/Frodermann, Handbuch SE, Kapitel 5; *Kallmeyer* ZIP 2003, 1531 ff.; *Teichmann* in Lutter/Hommelhoff, Europ. Gesellschaft, S. 195 ff.

16 Eine Parallele findet § 22 Abs. 1 SEAG darüber hinaus auch im schweizerischen Recht. Vgl. dazu *Böckli* in Hommelhoff/Hopt/v. Werder, Handbuch Corporate Governance, S. 203 (210 ff.); *Forstmoser* ZGR 2003, 688 (694 ff.).

17 Reg.Begr. zu § 22 Abs. 1 SEAG, BT-Drucks. 15/3405, S. 36.

18 *Teichmann* in Lutter/Hommelhoff, Europ. Gesellschaft, S. 195 (202).

mangelnde Trennung der Funktionen zu Interessenkonflikten und Ineffizienz führt.[19] Deshalb erklärt der 14. Erwägungsgrund der SE-VO:

> „[...] Die Wahl des Systems bleibt der SE überlassen, jedoch ist eine klare Abgrenzung der Verantwortungsbereiche jener Personen, denen die Geschäftsführung obliegt, und der Personen, die mit der Aufsicht betraut sind, wünschenswert."

Die Schaffung eines eigenständigen Kontrollorgans hätte dem Wesen des monistischen Systems widersprochen, weshalb der deutsche Gesetzgeber dem Regelungsanliegen mittels der Einführung von geschäftsführenden Direktoren entsprach. In Anlehnung an die Corporate Governance-Grundsätze anderer Mitgliedstaaten mit monistischer Organisationsstruktur sollen diese trotz Einheitlichkeit des Organs zumindest eine faktische Trennung zwischen Geschäftsführung und Kontrolle bewirken.[20] Gleichzeitig erleichtern sie die Anknüpfung an die auf das dualistische System zugeschnittenen Vorschriften des Aktienrechts.[21]

Gem. § 40 Abs. 2 S. 1 SEAG führen die geschäftsführenden Direktoren die Gesellschaft und vertreten sie gem. § 41 Abs. 1 SEAG nach außen. Insoweit erinnert die Funktion der geschäftsführenden Direktoren an die des Vorstandes. Allerdings weicht das Verhältnis der geschäftsführenden Direktoren zum Verwaltungsrat erheblich von demjenigen zwischen Aufsichtsrat und Vorstand ab. Es ist durch zwei Bestimmungen charakterisiert: die geschäftsführenden Direktoren müssen die Weisungen des Verwaltungsrats beachten (§ 44 Abs. 2 SEAG) und sie können vom Verwaltungsrat jederzeit wieder abberufen werden (§ 40 Abs. 5 SEAG). Im Gegensatz zum Vorstand sind sie also personell und sachlich dem Verwaltungsrat unterstellt.[22]

---

19 *Endres* ZHR 163 (1999), 441 (454); *Horn* DB 2005, 147 (150); *Leyens* RabelsZ 67 (2003), 57 (76 f. und 88 f.); *Schiessl* ZHR 167 (2003), 235 (243); *Windbichler* ZGR 1985, 50 (56 ff.).

20 Vgl. nur zum britischen Combined Code und franzöischen Viénot II-Rapport: *Berrar*, Entwicklung Corporate Governance, S. 139 und 111; *P. Davies* ZGR 2001, 268 (275 ff.). Vgl. auch die Empfehlung der Kommission v. 15. 2. 2005 zu den Aufgaben von nicht geschäftsführenden Direktoren/Aufsichtsratsmitgliedern börsennotierter Gesellschaften sowie zu den Ausschüssen des Verwaltungs-/Aufsichtsrats, ABl. EU Nr. L 52/51 v. 25. 2. 2005. Die Empfehlung geht zurück auf die Mitteilung der Kommission an den Rat und das Europäische Parlament, Modernisierung des Gesellschaftsrechts und Verbesserung der Corporate Governance in der Europäischen Union – Aktionsplan, Brüssel, 21. 3. 2003, KOM (2003) 284 endgültig, Punkt 3.1.3. und Anhang 1, abgedruckt in der Sonderbeilage zu Heft 13, NZG 2003. Allgemein zur Empfehlung der Kommission nur *Hopt* ZIP 2005, 461 ff.

21 *Teichmann* in Lutter/Hommelhoff, Europ. Gesellschaft, S. 195 (197, 204 f. und 220 ff.).

22 Ihre Position ähnelt deshalb dem des GmbH-Geschäftsführers: *Brandt* DStR 2003, 1208 (1212); ders. BB-Special 2/2005, 1 (3); *Frodermann* in Jannott/Frodermann, Handbuch SE, Kapitel 5 Rn. 141; *Ihrig/Wagner* BB 2003, 969 (975); *Merkt* ZGR 2003, 650 (663);

§ 3 Die Zielkonflikte der Mitbestimmung im monistischem System

Die Mitbestimmung im Sinne der deutschen Mitbestimmungsidee ist fest in der Zweiteilung von Geschäftsführungs- und Kontrollorgan verankert. Sie knüpft an den Aufsichtsrat als Überwachungsorgan der Gesellschaft an. Historisch ist dies damit begründet, dass der Aufsichtsrat schon frühzeitig der Netzwerkbildung und Wahrnehmung öffentlicher Interessen diente.[23] Zudem beruht die Legitimation der Mitbestimmung auf dem Rechtsgedanken, dass sie eine übermäßige Machtkonzentration der Großunternehmen durch eine Einbindung der Arbeitnehmer als Mitträger des unternehmerischen Risikos verhindern soll.[24] Der Aufsichtsrat bildet diesbezüglich ein Instrument, welches eine nahtlose Integration der Mitbestimmung in das dualistische System ermöglicht, ohne den Geschäftsführungsanspruch des Vorstandes zu berühren.[25]

Die Integration der Mitbestimmung in das monistische System führt zu einer zwangsläufigen Wesensänderung der Mitbestimmung im Sinne der deutschen Mitbestimmungsidee, da mit dem Aufsichtsrat auch das Integrationsorgan wegfällt. Durch eine Vertretung der Arbeitnehmer im Verwaltungsrat ist die Mitbestimmung nicht mehr auf die Kontrollfunktion beschränkt, sondern erstreckt sich unmittelbar auf die zentralen Leitungsentscheidungen. Vereinzelten Forderungen im Vorfeld der Aktienrechtsreform von 1965 nach Einführung eines monistischen Systems,[26] wurde unter anderem deshalb nicht entsprochen, weil die Mitbestimmung durch die Zusammenfassung der Verwaltung in einem einheitlichen Organ „einen ganz anderen Charakter“ bekäme und es eine „zwingende notwendige Neuregelung der Mitbestimmung“ zu vermeiden galt.[27] Auch im Rahmen der in den neunziger Jahren aufkommenden Corporate Governance-Diskussion wurde die Einführung einer Wahloption zwischen dualistischem und monistischem System für die Aktiengesellschaft abgelehnt, weil Mitbestimmung und monistisches System miteinander unvereinbar seien.[28]

Nagel DB 2004, 1299 (1304); *ders.* in NZG 2004, 833 (836); *Teichmann* BB 2004, 53 (55); *ders.* in Lutter/Hommelhoff, Europ. Gesellschaft, S. 195 (206).

23 Letztere Funktion ist auf den Umstand zurückzuführen, dass der Aufsichtsrat mit der Aktienrechtsnovellierung von 1870 vom bisher fakultativen zum obligatorischen Gesellschaftsorgan wurde, um die entfallende Staatsaufsicht zu ersetzen (Art. 209 Nr. 6 ADHGB). Vgl. dazu *Barrenfuss*, Entstehung Aktiengesetz, S. 655 f.; *Schubert* ZGR 1981, 285 (317). Allgemein zur geschichtlichen Entwicklung des Mitbestimmungsrechts: *Oetker* in GK-AktG, MitbestG Vorbem. Rn. 1 ff.; *Raiser*, MitbestG, Einl. Rn. 1 ff.

24 *Fitting/Wlotzke/Wißmann*, MitbestG, Vorb. Rn. 26.

25 *P. Davies* ZGR 2001, 268 (288).

26 *Bühler* AG 1957, 135 (137); *Pothoff* DB 1952, 169 (169 f.).

27 Vgl. dazu *Bahrenfuss*, Entstehung Aktiengesetz, S. 670 und 673.

28 So *Kübler* in Hommelhoff/Lutter/Schmidt/Schön/Ulmer, Corporate Governance, S. 207 (210); *Lutter* ZHR 159 (1995), 287 (297).

Mit der SE ist die These zur Unvereinbarkeit überholt und durch die Praxis ausländischer Rechtsordnungen widerlegt.[29] Der Konflikt, der sich mit der Integration der Mitbestimmung in das monistische System ergibt, wird vielmehr durch das Bestandsschutzprinzip geprägt. Ist an der Gründung einer SE eine Gesellschaft beteiligt, deren Aufsichtsrat sich nach den Vorschriften des MitbestG zusammensetzt, gibt die paritätische Mitbestimmung den Mitbestimmungsstandard für die SE auch dann vor, wenn diese monistisch organisiert sein soll. Zwar räumt das SEBG dem Gestaltungsprinzip den Vorrang ein, doch zeigt sich, dass selbst dieses verfahrensrechtlich und inhaltlich durch das Bestandsschutzprinzip überlagert wird. Letzteres wirft die grundlegende Frage auf, wie den strukturellen Unterschieden, die mit dem monistischen System verbunden sind, mitbestimmungsrechtlich zu begegnen ist, ohne die bisherigen Mitbestimmungsrechte der Arbeitnehmer zu entwerten. *Henssler* hält es für möglich, die Mitbestimmung im Verwaltungsrat derart auszugestalten, dass sie „funktionell der Mitbestimmung im Aufsichtsrat zumindest ähnelt".[30] Die Arbeit wird untersuchen, welche gesetzlichen Rahmenbedingungen das SEBG dafür an die Vereinbarung stellt und inwieweit die Vorschriften zur Mitbestimmung kraft Gesetzes diesem Regelungsanspruch gerecht werden.

---

29 Mitbestimmte monistische Systeme existieren in Luxemburg (Drittelbeteiligung), Dänemark (Drittelbeteiligung), Schweden (zwei bzw. drei Arbeitnehmervertreter bei variabler Verwaltungsratsgröße), Finnland (höchstens vier Arbeitnehmervertreter) und Norwegen (Drittelbeteiligung). Eine Zwitterstellung nimmt Frankreich ein (nur beratende Funktion). Vgl. im Überblick: *Baums/Ulmer*, Unternehmens-Mitbestimmung; *Figge*, Mitbestimmung auf Unternehmensebene, S. 71 ff.; *Junker* ZfA 2005, 1 (18 ff.); *ders.* ZfA 2005, 211 (213 ff.); *Klinkhammer/Welslau*, Mitbestimmung; *Pichot*, Arbeitnehmervertreter in Europa.

30 *Henssler* in FS für Ulmer, S. 193 (201 f.).

Teil 2: Das besondere Verhandlungsgremium der Arbeitnehmer

§ 4 Bildung des besonderen Verhandlungsgremiums

Zum Abschluss einer Vereinbarung über die Mitbestimmung der Arbeitnehmer in einer monistischen SE bedarf es der Bildung eines besonderen Verhandlungsgremiums. Dessen Wirksamkeitsvoraussetzungen gelten zwar unabhängig von der Organsationsstruktur der zukünftigen SE. Angesichts seiner unverzichtbaren Rolle im Rahmen der Verhandlungen ist eine genaue Kenntnis des Verfahrens zur Bildung des besonderen Verhandlungsgremiums dennoch unumgänglich. Das Institut des besonderen Verhandlungsgremiums ist nicht neu. Vorbild war die Euro-Betriebsräte-Richtlinie[31], welche erstmals ein durch die Arbeitnehmer zu bildendes besonderes Verhandlungsgremium vorsah. Dieses Konzept hat sich als erfolgreich erwiesen, weshalb die von der Kommission eingerichtete Sachverständigengruppe „European Systems of Worker Involvment" unter dem Vorsitz von *Davignon*, dem ehemaligen Vizepräsidenten der Komission, das Institut des besonderen Verhandlungsgremiums als Vertretungsorgan aller Arbeitnehmer in ihrem Abschlussbericht von 1997[32] übernahm.[33] Die Anlehnung an die Euro-Betriebsräte-Richtlinie darf nicht darüber hinwegtäuschen, dass sich ganz wesentliche Unterschiede hinsichtlich der Bildung und Zusammensetzung des besonderen Verhandlungsgremiums ergeben. So stellt die SE-RL detailliertere Anforderungen und lässt weniger Spielraum bei der Umsetzung ins nationale Recht zu. Dabei soll hier vorweg ein kurzer Überblick über die einzelnen Ver-

---

31 Richtlinie 94/95/EG des Rates v. 22. 9. 1994 über die Einsetzung eines Europäischen Betriebsrates oder die Schaffung eines Verfahrens zur Unterrichtung und Anhörung der Arbeitnehmer in gemeinschaftsweit operierenden Unternehmen und Unternehmensgruppen, ABl. EG Nr. L 254 v. 30. 9. 1994, S. 64 ff.; Umsetzung durch das Gesetz über Europäische Betriebsräte v. 28. 10. 1996, BGBl. 1996 I, S. 1548 ff. Ausführlich zum Verhältnis der SE-RL zur Euro-Betriebsräte-Richtlinie: *Kuffner*, Beteiligung Europ. Aktiengesellschaft.

32 Sachverständigengruppe „European Systems of Worker Involvment" (with regard to the European Company Statute and the other pending proposals), Abschlussbericht, Luxemburg 1997. Deutsche Mitglieder waren der ehemalige Vorsitzende des DGB *Breit* und der Hauptgeschäftsführer der BDA *Thüsing*. Ausführlich dazu: *Mävers*, Mitbestimmung Europ. Aktiengesellschaft, S. 301 ff.; *Blanquet* ZGR 2002, 20 (31); *Heinze* ZGR 2002, 66 (70 ff.); *Kolvenbach* NZA 1998, 1323 (1324).

33 Der Davignon-Bericht hatte die Frage, ob in den Gründungsgesellschaften möglicherweise bereits existierende Europäische Betriebsräte bei den Verhandlungen um eine Beteiligung der Arbeitnehmer in der SE eine „obligatorische und formelle" Rolle spielen könnten, z.B. ein besonderes Verhandlungsgremium ersetzen könnten, bewußt offen gelassen. Vgl. Abschlussbericht der Sachverständigengruppe „European Systems of Worker Involvment" (with regard to the European Company Statute and the other pending proposals), Nr. 62, S. 8. Ein Rückgriff auf bereits existierende Europäische Betriebsräte anstelle der Bildung eines besonderen Verhandlungsgremiums sieht die SE-RL richtigerweise nicht vor. Vgl. dazu ausführlich: *Köstler* in Theisen/Wenz, Europäische Aktiengesellschaft, S. 331 (340); *Kuffner*, Beteiligung Europ. Aktiengesellschaft, S. 114 f.

fahrensschritte genügen. Insoweit wird auf die Arbeit von *Kuffner*[34] verwiesen, die mit zahlreichen Fallbeispielen das „mathematische Schauspiel" der komplizierten Vorschriften anschaulich erläutert. Besondere Aufmerksamkeit ist vielmehr der Vertretung der verschiedenen Arbeitnehmer- und Interessengruppen im besonderen Verhandlungsgremium gewidmet (§ 5). Gerade hier eröffnet die SE-RL den Mitgliedstaaten einen Gestaltungsspielraum, von dem der deutsche Gesetzgeber Gebrauch gemacht hat, um dem Bestandsschutzprinzip verfahrensrechtlich Rechnung zu tragen.

A. Vorbereitendes Unterrichtungsverfahren

Die Bildung des besonderen Verhandlungsgremiums leitet ein in § 4 SEBG genau festgelegtes Unterrichtungsverfahren ein. Die Initiative obliegt den Leitungen der Gründungsgesellschaften.[35] Diese müssen schriftlich zur Bildung eines besonderen Verhandlungsgremiums auffordern (§ 4 Abs. 1 SEBG) und über das Gründungsvorhaben informieren (§ 4 Abs. 2 SEBG). Die Information muss unaufgefordert und unverzüglich nach Offenlegung des Verschmelzungsplans, des Gründungsplans für eine Holdinggesellschaft, des Umwandlungsplans oder nach Abschluss einer Vereinbarung eines Plans zur Gründung einer Tochtergesellschaft erfolgen (§ 4 Abs. 2 S. 3 SEBG). Adressaten der Unterrichtung sind *sämt-*

---

34 *Kuffner*, Beteiligung Europ. Aktiengesellschaft, S. 114 ff. Im Überblick auch: *Brandt* BB-Special 2/2005, 1 (4 f.); *Calle Lambach* RIW 2005, 161 (162 f.); *Grobys* NZA 2005, 84 (86 ff.); *Kleinsorge* in Nagel/Freis/Kleinsorge, Beteiligung SE, § 5 Rn. 2 ff.; *Krause* BB 2005, 1221 (1225 f.); *Nagel* AuR 2004, 281 (283 f.); *Oetker* ZESAR 2005, 3 (5 ff.); *ders.* in Lutter/Hommelhoff, Europ. Gesellschaft, S. 277 (290 ff.); *Waclawik* DB 2004, 1191 (1197 f.). Aus der Literatur zur SE-RL: *Kleinsorge* RdA 2002, 343 (348 f.); *Kraushaar* BB 2003, 1614 (1615 ff.); *Herfs-Röttgen* NZA 2002, 358 (359 ff.).

35 Gem. § 2 Abs. 5 SEBG handelt es sich um das jeweilige Leitungs- oder Verwaltungsorgan der Gründungsgesellschaften, so dass für die deutsche Aktiengesellschaft der Vorstand und für die GmbH der Geschäftsführer tätig ist. § 2 Abs. 5 SEBG ist insoweit präziser als § 1 Abs. 3 EBRG, wonach die zentrale Leitung ein gemeinschaftsweit tätiges Unternehmen oder das herrschende Unternehmen einer gemeinschaftsweit tätigen Unternehmensgruppe ist. § 1 Abs. 3 EBRG wird in der Literatur als zu unklar kritisiert und richtlinienkonform dahingehend ausgelegt, dass auch dort das Organ gemeint ist, dem Vertretung und Geschäftsführung zustehen. Vgl. zu § 1 Abs. 3 EBRG: *Eckhoff*, Der Europäische Betriebsrat, S. 175 f.; *Joost* in Münch. Handb. Arbeitsrecht, § 366 Rn. 28; *Ruoff* BB 1997, 2478 (2480). Unklar bleibt, trotz der Bestimmung des § 2 Abs. 5 SEBG, wie sich die Leitungen von mehreren Gründungsgesellschaften zueinander verhalten. Aus dem Regelungsverzicht ist zu schließen, dass es den Leitungen der beteiligten Gesellschaften obliegt, ihr Verhandlungsgremium autonom festzulegen. So können sie sich z. B. durch geeignete und entsprechend bevollmächtigte Personen (Prokuristen o.ä.) vertreten lassen oder sich untereinander Verhandlungsvollmacht erteilen. So auch *Grobys* NZA 2005, 84 (86); *Henssler* in Ulmer/Habersack/Henssler, Mitbestimmungsrecht, Einl. SEBG Rn. 185; *Jacobs* in Münch. Komm. AktG, § 13 SEBG Rn. 2; *Kienast* in Jannott/Frodermann, Handbuch SE, Kapitel 13 Rn. 100; *Oetker* in Lutter/Hommelhoff, Europ. Gesellschaft, S. 277 (297 f.); *ders.* in FS für Konzen (im Druck); *Schwarz*, SE-VO, Einleitung Rn. 246.

liche Arbeitnehmervertretungen und Sprecherausschüsse in den beteiligten Gesellschaften, betroffenen Tochtergesellschaften und betroffenen Betrieben (§ 4 Abs. 2 S. 1 SEBG).[36] Existiert keine Arbeitnehmervertretung sind die Arbeitnehmer gem. § 4 Abs. 2 S. 1 SEBG unmittelbar zu unterrichten.[37] Zu beachten ist, dass § 2 Abs. 1 SEBG dem SEBG den allgemeinen Arbeitnehmerbegriff zugrunde legt, der auch die leitenden Angestellten einbezieht. Damit erstreckt sich die Unterrichtungspflicht der Unternehmensleitung auch auf diese Arbeitnehmergruppe, wenn es an einer Arbeitnehmervertretung fehlt.[38]

Gem. § 4 Abs. 3 SEBG umfasst die Informationspflicht auch die Zahl der in diesen Gesellschaften und Betrieben jeweils beschäftigten Arbeitnehmer sowie die daraus zu errechnende Gesamtzahl der in einem Mitgliedstaat beschäftigten Arbeitnehmer (Nr. 3) und die Zahl der Arbeitnehmer, denen in den Organen der an der Gründung beteiligten Gesellschaften Mitbestimmungsrechte zustehen (Nr. 4).[39] Maßgeblicher Zeitpunkt für die Ermittlung der Zahl der Arbeitnehmer ist der Zeitpunkt der Unterrichtung (§ 4 Abs. 4 SEBG). Kommt es im Verhandlungsverfahren zu wesentlichen Änderungen in der Struktur oder der Arbeitnehmerzahlen, ordnet § 5 Abs. 4 SEBG eine entsprechende Anpassung der Zusammensetzung des besonderen Verhandlungsgremiums an.[40]

---

36 *Grobys* NZA 2005, 84 (86); *Kleinsorge* in Nagel/Freis/Kleinsorge, Beteiligung SE, § 4 Rn. 10; *Oetker* BB-Special 1/2005, 2 (6). A. A. *Kienast* in Jannott/Frodermann, Handbuch SE, Kapitel 13 Rn. 103; wohl auch *Krause* BB 2005, 1221 (1223). Die Arbeitgeberverbände forderten eine Beschränkung der Informationspflicht auf die auf jeweils höchster Ebene bestehende Arbeitnehmervertretung, vgl. BDA, BDI, DIHK, GDV, BdB und Dt. Aktieninstitut, Gemeinsame Stellungnahme, zu § 4 SEBG, S. 8.

37 Dazu auch: *Grobys* NZA 2005, 84 (86); *Krause* BB 2005, 1221 (1223).

38 In § 4 Abs. 2 S. 2 SEBG nicht geregelt ist der Fall, dass zwar eine Arbeitnehmervertretung existiert, es aber an einem Sprecherausschuss fehlt. Angesichts dessen, dass der Gesetzgeber den leitenden Angestellten im Rahmen der Besetzung der inländischen Sitze des besonderen Verhandlungsgremiums eine besondere Stellung durch ein Vorschlagsrecht zukommen lässt, kann die fehlende Nennung der Sprecherausschüsse in § 4 Abs. 2 S. 2 SEBG als Redaktionsversehen gewertet werden. Fehlt es an einem Sprecherausschuss sind die leitenden Angestellten deshalb analog dem § 4 Abs. 2 S. 2 SEBG selbst zu informieren. So auch *Jacobs* in Münch. Komm. AktG, § 4 SEBG Rn. 7; *Kleinsorge* in Nagel/Freis/Kleinsorge, Beteiligung SE, § 4 Rn. 11; *Oetker* BB-Special 1/2005, 2 (6); *ders.* in Lutter/Hommelhoff, Europ. Gesellschaft, S. 277 (292).

39 Vgl. dazu auch zur parallelen Norm des § 5 EBRG die inzwischen ergangene Rechtsprechung: EuGH, Urteil v. 29. 3. 2001, AP Nr. 2 zu EWG-Richtlinie 94/45; EuGH, Urteil v. 13. 1. 2004, AP Nr. 3 zu EWG-Richtlinie 94/45; EuGH, Urteil v. 15. 7. 2004, NZA 2004, S. 1167 ff.

40 Die Verhandlungsfrist wird dadurch nicht unterbrochen. § 5 Abs. 4 SEBG spricht nur von einer Neuzusammensetzung, nicht aber von einer „Neukonstituierung". Vgl. dazu *Grobys* NZA 2005, 84 (90); *Jacobs* in Münch. Komm. AktG, § 5 SEBG Rn. 4; *Kienast* in Jannott/Frodermann, Handbuch SE, Kapitel 13 Rn. 116. Kritisch zu § 5 Abs. 4 SEBG im Hinblick auf seine Richtlinienkonformität: *Krause* BB 2005, 1221 (1223).

B. Zusammensetzung des besonderen Verhandlungsgremiums

In dem besonderen Verhandlungsgremium sollen alle Arbeitnehmer der an der Gründung der SE beteiligten Gesellschaften, betroffenen Tochtergesellschaften und betroffenen Betriebe repräsentiert sein. Dafür gliedert sich die Bildung des besonderen Verhandlungsgremiums in zwei Schritte.[41] Nachdem anhand der nach § 4 SEBG zur Verfügung gestellten Informationen ermittelt wurde, wie die Sitze des besonderen Verhandlungsgremiums unter den beteiligten Mitgliedstaaten zu verteilen sind, ist zu entscheiden, welchen Personen innerhalb der einzelnen Mitgliedstaaten ein Anspruch auf einen Sitz im besonderen Verhandlungsgremium zukommt.[42]

I. Verteilung der Sitze unter den beteiligten Mitgliedstaaten

Nach der Konzeption der Richtlinie steht nicht jeder Belegschaft der Gesellschaften das Recht zu, eigene Vertreter in das besondere Verhandlungsgremium zu entsenden. Vielmehr fasst sie die Vertreter nach dem Kriterium der nationalstaatlichen Zugehörigkeit zusammen.[43] Nach § 5 Abs. 1 S. 2 SEBG erhält jeder Mitgliedstaat je angefangene 10 Prozent der Gesamtzahl der in allen Mitgliedstaaten beschäftigten Arbeitnehmer der beteiligten Gesellschaften, einschließlich der Tochtergesellschaften und Betriebe, das Recht, ein Mitglied in das besondere Verhandlungsgremium zu entsenden.[44] Das besondere Verhandlungsgremium verfügt damit über mindestens 10 Mitglieder. Bei zwei Gründungsgesellschaften besteht das besondere Verhandlungsgremium im Regelfall aus 11 Mitgliedern, da die Gesamtzahl der Arbeitnehmer nur in den wenigsten Fällen exakt durch 10 teilbar ist und auch für die Bruchteile ein Anspruch auf einen Sitz besteht. Aufgrund der Bruchteilsregelung erweist sich die Mitgliederzahl des besonderen Verhandlungsgremiums in der Regel umso höher, desto mehr Gesellschaften an der Gründung beteiligt sind.

---

41 Zur zeitlichen Verzögerung der Bildung des besonderen Verhandlungsgremiums: *Kallmeyer* ZIP 2004, 1442 (1442 f.); *Wisskirchen/Prinz* DB 2004, 2638 (2639). Zum gänzlichen Unterbleiben der Bildung des besonderen Verhandlungsgremiums: *Jacobs* in Münch. Komm. AktG, § 11 SEBG Rn. 6.

42 Reg.Begr. zu § 5 SEBG, BT-Drucks. 15/3405, S. 45 f.

43 *Kraushaar* BB 2003, 1614 (1615).

44 A.A. *Hennings* nach dessen Auffassung die Bruchteilsregelung nur gelten soll, wenn der Anteil der Arbeitnehmer 10 % nicht übersteigt. Vgl. *Hennings* in Manz/Mayer/Schröder, Europäische Aktiengesellschaft, Art. 3 SE-RL Rn. 7. Dies findet jedoch keine Stütze im Wortlaut des § 5 Abs. 1 S. 2 SEBG: „Für jeden Anteil der in einem Mitgliedstaat beschäftigten Arbeitnehmer, der [...] einen Bruchteil davon beträgt [...].“ Ausdrücklich auch die Reg.Begr. zu § 5 Abs. 1 SEBG, BT-Drucks. 15/3405, S. 46; Ebenso *Grobys* NZA 2005, 84 (86); *Jacobs* in Münch. Komm. AktG, § 5 SEBG Rn. 2; *Kienast* in Jannott/Frodermann, Handbuch SE, Kapitel 13 Rn. 127; *Kuffner*, Beteiligung Europ. Aktiengesellschaft, S. 120; *Krause* BB 2005, 1221 (1224); für Österreich: *Gahleitner* in: Kalss/Hügel, SE-Kommentar, § 216 ArbVG Rn. 2.

Beispiel: Eine deutsche Aktiengesellschaft mit 5000 Arbeitnehmern, eine französische société anonyme mit 4200 Arbeitnehmern und eine spanische sociedad anónima mit 700 Arbeitnehmern beschließen eine gemeinsame monistische SE mit Sitz in Deutschland zu gründen. Die Gesamtarbeitnehmerzahl beträgt 9900. Davon fallen 50,51 % auf Deutschland, 42,42 % auf Frankreich und 7,07 % auf Spanien. Deutschland erhält folglich sechs Sitze, Frankreich fünf Sitze, während Spanien sich mit einem Sitz begnügen muss.

II. Mindestrepräsentanz bei der Gründung einer SE durch Verschmelzung

Einen Sonderfall stellt die Verschmelzung dar: es sind so viele zusätzliche Mitglieder in das besondere Verhandlungsgremium zu wählen oder zu bestellen, dass jede beteiligte Gesellschaft, die Arbeitnehmer beschäftigt und als eigene Rechtspersönlichkeit erlöschen wird, durch ein Mitglied im besonderen Verhandlungsgremium vertreten ist, wobei die Zahl dieser zusätzlichen Mitglieder nicht mehr als 20 % ausmachen und nicht zu einer Doppelvertretung der betroffenen Arbeitnehmer führen darf (§ 5 Abs. 2 und Abs. 3 SEBG). Sollte die Zahl der Gesellschaften diese Grenze übersteigen, kommen die zusätzlichen Sitze den belegschaftsstärksten Gesellschaften in absteigender Reihenfolge zugute.

Beispiel: Wie oben, nur dass auf spanischer Seite statt einer Gesellschaft mit 700 Arbeitnehmern vier Gesellschaften mit 350, 200, 100 bzw. 50 Arbeitnehmern beteiligt sind. Die Verteilung des regulären spanischen Sitzes ist nicht in § 5 SEBG geregelt, sondern richtet sich gem. § 7 Abs. 1 SEBG nach dem spanischen Recht. Nimmt man an, dass dieses wie § 7 Abs. 3 SEBG die Belegschaftsgröße als Maßstab vorgibt, geht der reguläre Sitz an die Gesellschaft mit 350 Arbeitnehmern. Drei zusätzliche Sitze, damit jede spanische Gesellschaft durch ein Mitglied im besonderen Verhandlungsgremium vertreten ist, überschreiten die vorherige Gesamtmitgliederzahl von 12 um 25 %. Folglich kann Spanien nur zwei zusätzliche Sitze erhalten (16,67 %). Die verbleibenden Gesellschaften werden bei der Verteilung der zwei Sitze in absteigender Reihenfolge der Zahl der bei ihnen beschäftigten Arbeitnehmer berücksichtigt, so dass die Gesellschaft mit 50 Arbeitnehmern leer ausgeht. Insgesamt besteht das besondere Verhandlungsgremium aus sechs deutschen, fünf französischen und drei spanischen Mitgliedern.

Zusätzlich ist nach § 5 Abs. 3 S. 3 SEBG zu gewährleisten, dass ein Mitgliedstaat nach diesem Verteilungsverfahren nicht mehrere zusätzliche Sitze erhält, solange nicht alle anderen Mitgliedstaaten, aus denen die nach § 5 Abs. 2 SEBG besonders zu berücksichtigenden Gesellschaften stammen, einen Sitz erhalten haben.

Beispiel: Wie oben, nur dass auf spanischer Seite vier Gesellschaften mit 350, 200, 100 bzw. 50 Arbeitnehmern und auf französischer Seite statt einer Gesellschaft mit 4200 Arbeitnehmern sieben Gesellschaften mit 900, 800, 600, 550, 500, 450 und 400 Arbeitnehmern vorhanden sind. Die fünf regulären französischen Sitze gehen an die Gesellschaften mit 900, 800, 600, 550 und 500 Arbeitnehmern, während der eine reguläre spanische Sitz an die Gesellschaft mit 350 Arbeitnehmern fällt. Es verbleiben zwei französische Gesellschaften mit 450 und 400 Arbeitnehmern und drei spanische Gesellschaften mit 200, 100 und 50 Arbeitnehmern. Da gem. § 5 Abs. 3 S. 1 SEBG die Mitgliederzahl von bislang 12 nur auf bis zu 20 %, also um zwei Sitze erhöht werden kann, richtet sich die Verteilung dieser Sitze nach § 5 Abs. 3 S. 2 und S. 3 SEBG. Die beiden französischen Gesellschaften mit 450 und 400 Arbeitnehmern sind die belegschaftsstärksten Gesellschaften, so dass bei strikter Anwendung des § 5 Abs. 3 S. 2 SEBG an sich beide Sitze an diese fallen müssten. Bei mehreren zusätzlichen Sitzen müssen diese jedoch auf die Mitgliedstaaten verteilt werden, so dass die französische Gesellschaft mit 450 Arbeitnehmern und die spanische Gesellschaft mit 200 Arbeitnehmern einen Sitz im besonderen Verhandlungsgremium erhalten. Insgesamt besteht das besondere Verhandlungsgremium aus sechs deutschen, sechs französischen und zwei spanischen Mitgliedern.

Die Beispielsfälle zeigen, dass, obwohl die Gesamtarbeitnehmerzahlen in den jeweiligen Mitgliedstaaten gleich sind, die Zusammensetzung des besonderen Verhandlungsgremiums je nach Anzahl der beteiligten Gesellschaften variieren kann. Eine eventuell auftretende Ungleichverteilung wird dadurch korrigiert, dass die §§ 15 und 16 SEBG bei der Beschlussfassung des Gremiums nicht nur auf die Mitglieder des besonderen Verhandlungsgremiums, sondern auch auf die durch sie vertretenen Arbeitnehmer abstellen.

III. Persönliche Voraussetzungen der auf das Inland entfallenden Mitglieder

Stehen die auf einen Mitgliedstaat entfallenden Sitze fest, richten sich die persönlichen Voraussetzungen der Mitglieder des besonderen Verhandlungsgremiums nach den jeweiligen Bestimmungen der Mitgliedstaaten, in denen sie gewählt oder bestellt werden (§ 6 Abs. 1 SEBG). Für die auf das Inland entfallenden Mitglieder regelt § 6 Abs. 2 SEBG, neben Bestimmungen zum Geschlechterproporz und der Wahl von Ersatzmitgliedern, allgemein die Wählbarkeitsvoraussetzungen. Danach sind zu Mitgliedern des besonderen Verhandlungsgremiums wählbar Arbeitnehmer der Gesellschaften und Betriebe[45] sowie Gewerkschaftsvertreter. §§ 6 Abs. 3 und Abs. 4 SEBG sehen eine Mindestrepräsentanz von Gewerkschaftsvertretern und leitenden Angestellten vor, auf deren Vereinbarkeit mit der SE-RL unter Teil 1: § 5 A. II. und § 5 B. II. näher eingegangen werden soll.

IV. Verteilung der auf das Inland entfallenden Sitze

Nach Art. 3 Abs. 2 lit. b SE-RL haben die Mitgliedstaaten für die Verteilung der auf einen Mitgliedstaat entfallenden Mitglieder des besonderen Verhandlungsgremiums sicherzustellen, dass nach Möglichkeit jede beteiligte Gesellschaft, die in dem jeweiligen Mitgliedstaat Arbeitnehmer beschäftigt, durch mindestens ein Mitglied in dem Gremium vertreten ist. Dadurch darf sich allerdings nicht die Gesamtzahl der Mitglieder erhöhen. Dementsprechend besagt § 7 Abs. 2

---

45 § 2 Abs. 1 SEBG legt dem SEBG den allgemeinen Arbeitnehmerbegriff zugrunde, der auch die leitenden Angestellten einschließt. Vgl. dazu umfassend in Teil 1: § 5 B. I.

SEBG, dass bei der Wahl der auf das Inland entfallenden Mitglieder des besonderen Verhandlungsgremiums alle an der Gründung der SE beteiligten Gesellschaften mit Sitz im Inland, die Arbeitnehmer im Inland beschäftigen, durch mindestens ein Mitglied im besonderen Verhandlungsgremiums vertreten sein sollen.

Als problematisch erweist sich die Berücksichtigung aller deutschen Gründungsgesellschaften vor allem, wenn diese jeweils nur über eine geringe Beschäftigungszahl verfügen, während die ausländischen Gründungsgesellschaften den Großteil der Arbeitnehmer beschäftigen. Eine an sich gebotene Berücksichtigung aller deutschen Einzelgesellschaften bei der Besetzung des besonderen Verhandlungsgremiums würde regelmäßig zur Überschreitung der vorgeschriebenen Höchstmitgliederzahl führen. Der deutsche Gesetzgeber orientierte sich insoweit an der Regelung des § 5 Abs. 3 S. 2 SEBG und legt in § 7 Abs. 3 SEBG auch für die Verteilung der regulären Sitze fest, dass die Auswahl entsprechend der Belegschaftsstärke stattzufinden hat.[46]

Beispiel: Eine französische société anonyme und drei deutsche Aktiengesellschaften beschließen die Gründung einer gemeinsamen Tochter-SE. Die société anonyme beschäftigt 9000 Arbeitnehmer, während die deutschen Aktiengesellschaften jeweils 250, 350 bzw. 400 Arbeitnehmer stellen. Nach § 5 Abs. 1 SEBG besteht pro Mitgliedstaat für jeden Anteil der beschäftigten Arbeitnehmer, der 10 % der Gesamtbelegschaft oder einen Bruchteil davon entspricht, ein Anspruch auf einen Sitz im besonderen Verhandlungsgremium. Auf die französische société anonyme fallen neun Sitze im besonderen Verhandlungsgremium, während die drei deutschen Aktiengesellschaften insgesamt nur ein Mitglied entsenden können. Dieser Sitz fällt gem. § 7 Abs. 3 SEBG an die Gesellschaft mit 400 Arbeitnehmern.

Im umgekehrten Fall, wenn die Anzahl der auf das Inland entfallenden Mitglieder des besonderen Verhandlungsgremiums höher ist als die Anzahl der an der Gründung der SE beteiligten inländischen Gesellschaften, verbindet § 7 Abs. 4 SEBG das Entsendungsrecht ebenfalls mit der jeweiligen Belegschaftsgröße.[47]

Beispiel: Auf deutscher Seite sind an der Gründung einer Holding-SE drei Aktiengesellschaften mit 1250, 780 bzw. 630 Arbeitnehmern beteiligt, welche zusammen acht Mitglieder in das besondere Verhandlungsgremium wählen können. Gem. §§ 6 Abs. 3 und 4 SEBG sind zwei Sitze für Gewerkschaftsvertreter und ein Sitz für einen Vertreter der leitenden Angestellten abzuziehen.[48] Bezüglich der verbleibenden fünf Sitze erfolgt eine Sitzverteilung nach § 7 Abs. 2 SEBG, so dass jede Gesellschaft mit einem Mitglied im besonderen Verhandlungsgremium vertreten ist. Die letzten zwei Sitze fallen gem. § 7 Abs. 4 SEBG entsprechend

---

46 So erstmals vorgeschlagen von *Herfs-Röttgen* NZA 2002, 358 (360).

47 Ausführlich zur Berücksichtigung der Arbeitnehmer betroffener Tochtergesellschaften in Teil 1: § 5 C. IV.

48 Ausführlich zur Anwendbarkeit der Vorschriften in Teil 1: § 5 A. I.

dem d'Hondtschen Höchstzahlverfahren auf die Aktiengesellschaften mit 1250 und 780 Arbeitnehmern.

Da die Mitgliedstaaten nach der SE-RL lediglich sicherzustellen haben, dass nach Möglichkeit jede beteiligte Gesellschaft, die in dem jeweiligen Mitgliedstaat Arbeitnehmer beschäftigt, durch mindestens ein Mitglied in dem Gremium vertreten ist, geht der deutsche Gesetzgeber mit der zwingenden Regelung des § 7 Abs. 4 SEBG über die Anforderungen der SE-RL hinaus. Das österreichische Recht ist insoweit großzügiger und überlässt die Entscheidung bezüglich der überschüssigen österreichischen Sitze im besonderen Verhandlungsgremium der zur Entsendung berechtigten Arbeitnehmervertretung.[49]

C. Wahl der inländischen Mitglieder

Das Wahl- bzw. Bestellungsverfahren der Mitglieder des besonderen Verhandlungsgremiums richtet sich nach dem Recht des Mitgliedstaats, aus dem diese entsendet werden. Der deutsche Gesetzgeber entschied sich für die Errichtung eines Wahlgremiums, dem die Wahl der deutschen Arbeitnehmervertreter im besonderen Verhandlungsgremium obliegt. Um Aufwand und Kosten für die Errichtung des Wahlgremiums gering zu halten, greift er auf vorhandene Betriebsratsstrukturen zurück.[50] Das Wahlgremium besteht aus den Mitgliedern der Arbeitnehmervertretungen, die auf jeweils höchster Ebene tatsächlich vorhanden sind. Ein existierender Konzernbetriebsrat schließt folglich die Gesamtbetriebsräte aus, die wiederum die Zuständigkeit der Betriebsräte sperren. Dieser Grundsatz gilt unabhängig davon, ob eine Unternehmensgruppe (§ 8 Abs. 2 SEBG), ein Einzelunternehmen (§ 8 Abs. 3 SEBG), eine deutsche Niederlassung eines ausländischen Unternehmens (§ 8 Abs. 4 SEBG) oder mehrere nicht konzernverbundene Unternehmen oder Unternehmensgruppen (§ 8 Abs. 5 SEBG) an der Gründung einer SE beteiligt sind. Parallele Regelungen sind bereits in § 11 EBRG zu finden, der die Bestellungskompetenz für die inländischen Mitglieder des besonderen Verhandlungsgremiums zur Errichtung eines Europäischen Betriebsrats ebenfalls den Arbeitnehmervertretungen auf jeweils höchster Ebene zuspricht. § 8 Abs. 6 SEBG begrenzt die Größe des Wahlgremiums auf höchstens 40 Mitglieder, um die Arbeitsfähigkeit des Wahlgremiums zu gewährleisten. Wird die Höchstzahl überschritten, ist die Anzahl der Mitglieder in dem Wahlgremium entsprechend ihrem zahlenmäßigen Verhältnis nach dem d'Hondtschen Höchstzahlverfahren zu verringern.

---

49 In § 217 Abs. 3 ArbVG heißt es lediglich: „Bei der Entsendung soll nach Maßgabe der Anzahl der den österreichischen Arbeitnehmervertretern zustehenden Sitze darauf Bedacht genommen werden, dass jede beteiligte Gesellschaft durch mindestens ein Mitglied im besonderen Verhandlungsgremium vertreten ist." Zur Auslegung: *Gahleitner* in Kalss/Hügel, SE-Kommentar, § 217 ArbVG Rn. 4.

50 Reg.Begr. zu § 8 SEBG, BT-Drucks. 15/3405, S. 47.

Der Vorsitzende der Arbeitnehmervertretung auf höchster Ebene, bzw. bei mehreren Arbeitnehmervertretungen auf einer Ebene der Vorsitzende der Arbeitnehmervertretung, die die meisten Arbeitnehmer vertritt, ist nach § 9 SEBG für die Einberufung des Wahlgremiums zuständig. Das Wahlgremium wählt die inländischen Mitglieder des besonderen Verhandlungsgremiums in geheimer und unmittelbarer Wahl (§ 8 Abs. 1 S. 1 SEBG). Bei der Wahl müssen mindestens zwei Drittel der Mitglieder des Wahlgremiums, die mindestens zwei Drittel der Arbeitnehmer vertreten, anwesend sein. Für die Wahl genügt ein Beschluss mit einfacher Mehrheit (§ 10 Abs. 1 S. 3 SEBG). Die Mitglieder des Wahlgremiums haben dabei jeweils so viele Stimmen, wie sie Arbeitnehmer vertreten. Nach Mitteilung der dem besonderen Verhandlungsgremium angehörenden Mitglieder gem. § 11 Abs. 1 SEBG laden die Leitungen unverzüglich zur konstituierenden Sitzung des besonderen Verhandlungsgremiums ein (§ 12 Abs. 1 S. 1 SEBG). Mit dieser Einladung beginnt die eigentliche Verhandlungsfrist (§ 20 Abs. 1 SEBG).

§ 5 Das besondere Verhandlungsgremium als Vertretungsorgan unterschiedlicher Interessen- und Arbeitnehmergruppen

Über die Legitimation zum Abschluss einer Beteiligungsvereinbarung hinaus, hat das besondere Verhandlungsgremium die Funktion, als Vertretungsorgan unterschiedlicher Interessen- und Arbeitnehmergruppen deren Vorstellungen in die Verhandlungen einfließen zu lassen. § 6 Abs. 3 und Abs. 4 SEBG sehen hierfür Mindestrepräsentationen der Gewerkschaften und leitenden Angestellten vor, welche im Folgenden jeweils auf ihre Richtlinienkonformität hin zu überprüfen sind (§ 5 A. und § 5 B.). Innerhalb eines an der Gründung einer SE beteiligten Konzerns unterscheidet das SEBG zwischen den Arbeitnehmern der beteiligten Gesellschaften und denjenigen der betroffenen Tochtergesellschaften. Während die Vertretung der ersten Arbeitnehmergruppe in § 7 SEBG über ein eindeutiges Verteilungsverfahren gesetzlich geregelt ist, scheint die Vertretung der Arbeitnehmer betroffener Tochtergesellschaften nur teilweise Berücksichtigung gefunden zu haben, weshalb ihnen im Anschluss ein eigenständiger Abschnitt gewidmet sein soll (§ 5 C.). Da der Gesetzgeber zur Bestellung der Mitglieder des besonderen Verhandlungsgremiums auf vorhandene Betriebsratsstrukturen zurückgreift, soll schließlich der Frage nachgegangen werden, wie zu verfahren ist, wenn gerade diese Strukturen nicht existieren (§ 5 D.).

A. Mindestrepräsentation der Gewerkschaften

Das SEBG überlässt die Entscheidung, ob und inwieweit sich die Arbeitnehmer im Rahmen der Verhandlungen von Gewerkschaftsangehörigen vertreten lassen wollen, nicht den Arbeitnehmern selbst. Vielmehr ordnet § 6 Abs. 3 SEBG an, dass jedes dritte Mitglied ein Vertreter einer Gewerkschaft ist, die in einem an der Gründung der SE beteiligten Unternehmen vertreten ist. Der Begriff des beteiligten Unternehmens ist im SEBG selbst nicht definiert. Die abweichende

Terminologie gegenüber § 2 Abs. 2 SEBG spricht dafür, dass die Gewerkschaft nicht zwingend in der unmittelbar an der Gründung der SE beteiligten Gesellschaft vertreten sein muss. Entsprechende Erkenntnisse lassen sich auch aus der Parallelbestimmung des § 6 Abs. 3 SCEBG[51] gewinnen, welcher sich im Übrigen identisch am Wortlaut und der Systematik des SEBG orientiert, indes in Bezug auf diese Vorschrift eine Präzisierung vornimmt. Daraus ergibt sich, dass mit dem Begriff des beteiligten Unternehmens sowohl die beteiligten Gesellschaften als auch die betroffenen Tochtergesellschaften und betroffenen Betriebe gemeint sind.

I. Anwendbarkeit des § 6 Abs. 3 SEBG im Verhältnis zu anderen Vorschriften mit garantierter Mindestrepräsentation

Zunächst stellt sich die Frage nach dem Zusammenspiel des § 6 Abs. 3 SEBG mit anderen Bestimmungen des SEBG mit garantierter Mindestrepräsentation. Dies ist insbesondere dann von praktischer Relevanz, wenn aufgrund der proportionalen Größenverhältnisse nicht genügend inländische Sitze im besonderen Verhandlungsgremium zur Verfügung stehen. So ist nicht nur für Vertreter der Gewerkschaften und für die Gruppe der leitenden Angestellten in § 6 Abs. 4 SEBG eine Mindestrepräsentanz im Gremium vorgesehen. Es bedarf vor allem der Untersuchung, in welchem Verhältnis die Norm des § 6 Abs. 3 SEBG zu den Bestimmungen der § 7 Abs. 2 bzw. § 5 Abs. 2 SEBG steht, wonach die beteiligten Gesellschaften ebenfalls durch mindestens ein Mitglied im besonderen Verhandlungsgremium vertreten sein sollen.

1. Anwendbarkeit des § 6 Abs. 3 SEBG im Verhältnis zu § 6 Abs. 4 SEBG

Gem. § 6 Abs. 4 SEBG ist mindestens jedes siebte Mitglied ein leitender Angestellter, wenn dem besonderen Verhandlungsgremium mehr als sechs Mitglieder angehören. Da den Gewerkschaftsvertretern nach § 6 Abs. 3 SEBG der dritte und sechste Sitz zukommt, schließen die formalen Verteilungsvorschriften eine Anwendungskonkurrenz zwischen den beiden Normen denknotwendig aus.

2. Anwendbarkeit des § 6 Abs. 3 SEBG im Verhältnis zu § 7 Abs. 2 SEBG

Schwieriger ist dagegen die Anwendbarkeit des § 6 Abs. 3 SEBG im Verhältnis zu der Sitzgarantie der beteiligten Gesellschaften in § 7 Abs. 2 SEBG.

> *Beispiel*: Eine französische société anonyme mit 9.000 Arbeitnehmern und drei deutsche Aktiengesellschaften mit 1250, 780 und 630 Arbeitnehmern wollen eine gemeinsame Holding-SE mit Sitz in Deutschland gründen. In Deutschland sind insgesamt 2660 von 11.660 und damit 22,81 % aller Arbeitnehmer beschäftigt, so dass auf Deutschland drei Sitze des besonderen Verhandlungsgremiums fallen.

---

[51] Vgl. dazu auch die Richtlinie 2003/72/EG des Rates v. 22. 7. 2003 zur Ergänzung des Statuts der Europäischen Genossenschaft hinsichtlich der Beteiligung der Arbeitnehmer, ABl. EU Nr. L 207 v. 18. 8. 2003, S. 25 ff.

Geht § 6 Abs. 3 SEBG vor, kann nicht mehr jede der drei beteiligten Gesellschaften durch mindestens ein Mitglied im besonderen Verhandlungsgremium vertreten sein.

Welcher Mindestrepräsentation der Vorrang gebührt, kann im Wege der Auslegung ermittelt werden. Ein Vergleich des Wortlauts der beiden Bestimmungen spricht für einen Anwendungsvorrang des § 6 Abs. 3 SEBG. Während demnach jedes dritte Mitglied ein Vertreter der Gewerkschaften „ist", wenn dem besonderen Verhandlungsgremium mehr als zwei inländische Mitglieder angehören, ist § 7 Abs. 2 SEBG als „Soll"-Vorschrift ausgestaltet.[52]

Den Anwendungsvorrang des § 6 Abs. 3 SEBG scheint auch seine systematische Stellung vor der Norm des § 7 Abs. 2 SEBG zu bestätigen. Vor dem Hintergrund, dass beide Normen vor allem in ihrem jeweiligen Regelungskontext eingebettet sind, ist diese Schlussfolgerung jedoch nicht zwingend. So handelt es sich bei der Gewerkschaftszugehörigkeit um ein persönliches Merkmal, demgemäß eine Regelung im Rahmen des § 6 SEBG, der zusammenfassend die persönlichen Voraussetzungen für eine Mitgliedschaft im besonderen Verhandlungsgremium bestimmt, nahe lag.

Als einen Unterfall der systematischen Auslegung kann die richtlinienkonforme Auslegung angesehen werden.[53] Danach ist im Falle mehrerer, dem Wortsinn und dem Kontext nach möglicher Auslegungen derjenigen den Vorzug zu geben, die dem Wortlaut und dem Zweck der Richtlinie am ehesten entspricht.[54] Art. 3

---

52 *Hennings* in Manz/Mayer/Schröder, Europäische Aktiengesellschaft, Art. 3 SE-RL Rn. 63.

53 So *Pawlowski*, Methodenlehre für Juristen, Rn. 363; *Rörig*, Direktwirkung von Richtlinien, S. 151. Die deutschen Gerichte ordnen die richtlinienkonforme Auslegung auch häufig als teleologische Auslegung ein, vgl. nur BGH, Urteil v. 5. 12. 1974, BGHZ 63, 261 (264 f.). Dazu kritisch: *Brechmann*, Die richtlinienkonforme Auslegung, S. 124 f.; Nach *Canaris* in FS für Bydlinski, S. 47 (79) stellt die richtlinienkonforme Auslegung einen eigenständigen Auslegungskanon dar, der nicht in den „klassischen" Kanones der grammatischen, historischen, systematischen und teleologischen Auslegung aufgeht oder in diese zu integrieren ist, sondern neben diesen steht. In der Tat ist die Einordnung der richtlinienkonformen Auslegung als Unterfall der systematischen Auslegung nicht immer angebracht. Hier stehen die systematischen Aspekte im Vordergrund, so dass eine Einordnung als Unterfall der systematischen Auslegung vertretbar erscheint.

54 Vgl. dazu nur EuGH, Urteil v. 10. 4. 1984, Slg. 1984, 1891 (1909) (von Colson und Kamann); EuGH, Urteil v. 10. 4. 1984, Slg. 1984, 1921 (1942) (Harz); EuGH, Urteil v. 13. 11. 1990, Slg. 1990 I, 4156 (4159) (Marleasing); EuGH, Urteil v. 25. 2. 1999, Slg. 1999 I, 1119 (1134) (Carbonari); EuGH, Urteil v. 5. 10. 2004, NZA 2004, 1145 (1151) (Pfeiffer); *Anweiler*, Auslegungsmethoden des EuGH, S. 100 f.; *Brechmann*, Die richtlinienkonforme Auslegung, S. 46 ff.; *Canaris* in FS für Bydlinski, S. 47 ff.; *Grundmann* JZ 1996, 274 (281 f.); *Lutter* JZ 1992, 593 (596 ff.); *Müller/Christensen*, Juristische Methodik II, S. 343 f.; *Riesenhuber/Domröse* RIW 2005, 47 (48 ff.); *Schnorbus* AcP 201 (2001), 860 (865); *Schulze* in Schulze, Auslegung, S. 9 (14 ff.); *Zuleeg* in Schulze, Auslegung, S. 163 (171 f.).

Abs. 2 lit. b S. 4 SE-RL eröffnet den Mitgliedstaaten die Option, nicht unternehmensangehörigen Gewerkschaftsvertretern ein Mitgliedschaftsrecht im besonderen Verhandlungsgremium einzuräumen. Als denkbaren Einwand gegen einen Anwendungsvorrang des § 6 Abs. 3 SEBG könnte sich die in Art. 3 Abs. 2 lit. b S. 4 SE-RL zugleich angeordnete Sitzgarantie der beteiligten Gesellschaften ergeben. Diese verlangt, dass die Mitgliedstaaten die erforderlichen Maßnahmen ergreifen, „um sicherzustellen, dass nach Möglichkeit jede beteiligte Gesellschaft, die in dem jeweiligen Mitgliedstaat Arbeitnehmer beschäftigt, durch mindestens ein Mitglied in dem Gremium vertreten ist.“[55] Die Sitzgarantie der beteiligten Gesellschaften ist jedoch nicht absolut. Durch die einschränkende Formulierung „nach Möglichkeit“ können nationale Besonderheiten in die Umsetzungsvorschriften zur SE-RL einfließen und gegebenenfalls das Vertretungsrecht der unternehmensangehörigen Arbeitnehmer verdrängen. Aus der SE-RL kann demzufolge kein Verbot eines Anwendungsvorrangs des § 6 Abs. 3 SEBG abgeleitet werden.

Führen der mögliche Wortsinn und der systematische Zusammenhang der Norm zu keinem eindeutigen Ergebnis, treten die Regelungsabsicht des Gesetzgebers und der Zweck der Norm in den Vordergrund der Auslegung (historisch-teleologische Auslegung).[56] § 6 Abs. 3 SEBG bezweckt, wie auch § 6 Abs. 4 SEBG für die leitenden Angestellten, eine Privilegierung der Gewerkschaften. Die Einbindung von Gewerkschaftsvertretern in die Unternehmensmitbestimmung ist in Deutschland fest verankert. Das MitbestG sieht in § 7 Abs. 2 eine Vertretung von Gewerkschaftsmitgliedern vor, welches sich grob am Verhältnis 2:1 orientiert. Es galt durch die Einfügung des § 6 Abs. 3 SEBG die Tradition des Mitbestimmungsgesetzes fortzuführen[57] und ihre Vertretungen bei den Verhandlungen zur Beteiligung der Arbeitnehmer in der SE rechtlich abzusichern. Die Regierungsbegründung zu § 7 Abs. 2 SEBG spricht sich ausdrücklich für einen Anwendungsvorrang der § 6 Abs. 3 und Abs. 4 SEBG aus.[58] Für die Lösung des Beispielsfalls bedeutet dies, dass einer der drei auf Deutschland entfallenden Sitze im besonderen Verhandlungsgremium zwingend durch einen Vertreter der Gewerkschaften besetzt werden muss, während die verbleibenden zwei Sitze nach dem Verteilungsverfahren des § 7 Abs. 3 SEBG an die Gesellschaften mit 1250 und 780 Arbeitnehmern fallen. Die Gesellschaft mit 630 Arbeitnehmern kann keinen eigenen Vertreter in das besondere Verhandlungsgremium entsenden.

---

55 So *Krause* BB 2005, 1221 (1225).

56 *Bydlinski*, Methodenlehre, S. 451 f.; *Larenz/Canaris*, Methodenlehre, S. 149 ff. und 164; *Fikentscher*, Methoden des Rechts IV, S. 364 ff.

57 Reg.Begr. zu § 6 Abs. 3 und Abs. 4 SEBG, BT-Drucks. 15/3405, S. 46. *Kleinsorge* in Nagel/Freis/Kleinsorge, Beteiligung SE, § 6 Rn. 7.

58 Reg.Begr. zu § 7 Abs. 2 SEBG, BT-Drucks. 15/3405, S. 46.

3. Anwendbarkeit des § 6 Abs. 3 SEBG im Verhältnis zu § 5 Abs. 2 SEBG

Ein anderes Ergebnis könnte sich für den Fall ergeben, wenn eine SE im Wege der Verschmelzung gegründet wird. § 5 Abs. 2 S. 1 SEBG verlangt, dass so viele zusätzliche Mitglieder in das besondere Verhandlungsgremium zu wählen oder zu bestellen sind, wie erforderlich sind, um zu gewährleisten, dass jede beteiligte Gesellschaft, die eingetragen ist und Arbeitnehmer in dem betreffenden Mitgliedstaat beschäftigt und die als Folge der geplanten Eintragung der SE als eigene Rechtspersönlichkeit erlöschen wird, in dem besonderen Verhandlungsgremium durch mindestens ein Mitglied vertreten ist. Gem. § 5 Abs. 2 S. 2 SEBG darf dies nicht zu einer Doppelvertretung der betroffenen Arbeitnehmer führen.

> *Beispiel*: Wie oben, nur dass die französische société anonyme und die drei deutschen Aktiengesellschaften zu einer gemeinsamen SE mit Sitz in Deutschland verschmelzen wollen. Bei Abzug eines Sitzes für einen Vertreter einer Gewerkschaft entsprechend dem § 6 Abs. 3 SEBG blieben nur zwei deutsche Sitze übrig, so dass nicht jede beteiligte Gesellschaft durch ein Mitglied im Gremium vertreten worde wäre. Über § 5 Abs. 2 SEBG müsste ein zusätzliches Mitglied in das besondere Verhandlungsgremium gewählt werden.

Der Wortlaut deutet zunächst auf eine Fortsetzung des Anwendungsvorrangs des § 6 Abs. 3 SEBG hin. § 5 Abs. 2 S. 1 SEBG spricht nur von der Wahl der „zusätzlichen“ Mitglieder. Die Wahl der regulären Mitglieder scheint sich folglich nach den jeweiligen nationalen Umsetzungsvorschriften zu richten. Für die Wahl der deutschen Mitglieder würde dies bedeuten, dass zunächst die Sitze für die Gewerkschaftsvertreter und die leitenden Angestellten in Abzug zu bringen wären, und erst danach entsprechend den Vorschriften des § 7 SEBG eine Verteilung der verbleibenden Sitze unter den beteiligten Gesellschaften erfolgen könnte. Um dennoch eine Vertretung aller beteiligten Gesellschaften zu gewährleisten, würde sich über §§ 6 Abs. 3 und Abs. 4 SEBG der Anwendungsbereich des § 5 Abs. 2 SEBG erheblich ausweiten.

Wie im Rahmen des § 7 Abs. 2 SEBG können indes aus der systematischen Stellung des § 5 Abs. 2 SEBG keine Rückschlüsse auf das Anwendungsverhältnis zwischen § 5 Abs. 2 SEBG und § 6 Abs. 3 SEBG gezogen werden. § 5 SEBG fasst die Vorschriften, die die mitgliedstaatliche Zusammensetzung regeln und folglich für alle beteiligten Gesellschaften gleichermaßen gelten, zusammen. § 5 Abs. 2 SEBG übernimmt nahezu identisch den Wortlaut des Art. 3 Abs. 2 lit. a, ii SE-RL, welcher wiederum für die Verschmelzungs-SE für alle Mitgliedstaaten einheitliche Mindestvertretungsregelungen bestimmt. Im Gegensatz dazu gelten die Bestimmungen der §§ 6 und 7 SEBG nur für die inländischen Mitglieder des besonderen Verhandlungsgremiums, weshalb diese erst im Anschluss im Regelungsgefüge zur Bildung des besonderen Verhandlungsgremiums ihren Niederschlag fanden.

Das Hauptaugenmerk ist daher auf den Zweck der Mindestrepräsentanz der beteiligten Gesellschaften im Falle einer durch Verschmelzung gegründeten SE zu legen. § 5 Abs. 2 S. 1 SEBG regelt zwar nur die Wahl der „zusätzlichen" Mitglieder, gleichzeitig normiert jedoch § 5 Abs. 2 S. 2 SEBG das Verbot der Doppelvertretung. Zweck dieses Verbotes ist wohl, dass die zusätzlichen Sitze eher ein „Luxusgut"[59] darstellen und daher allenfalls als ultima ratio eine Erweiterung der regulären Mitgliederzahl des besonderen Verhandlungsgremiums rechtfertigen können. Die Gewerkschaftsvertreter werden nach der Regierungsbegründung einerseits keiner Gesellschaft zugerechnet.[60] Andererseits treten sie nicht als Vertreter allgemeiner unternehmensübergreifender Interessen auf, sondern sind verpflichtet, die Interessen der bei den deutschen Gesellschaften beschäftigten Arbeitnehmer wahrzunehmen. Die Wahl eines zusätzlichen Mitglieds würde damit zu einer unzulässigen Doppelvertretung führen. Weiterhin käme es immer zu einer Erhöhung der deutschen Mitgliederzahl, wenn auf die in Deutschland beschäftigten Arbeitnehmer mehr als zwei Sitze fallen und mehr als zwei deutsche Gesellschaften an der Gründung der SE beteiligt sind. In anderen Mitgliedstaaten, die eine solche Sonderregelung nicht kennen, bliebe die Wahl zusätzlicher Mitglieder demgegenüber gesperrt.

Anders als für die übrigen Gründungsvarianten, räumt die SE-RL der Mindestrepräsentanz der beteiligten Gesellschaften absoluten Vorrang ein, wenn eine SE durch Verschmelzung gegründet wird. So „ist" im Falle einer durch Verschmelzung gegründeten SE eine Vertretung jeder beteiligten Gesellschaft „sicherzustellen" (Art. 3 Abs. 2 lit. a S. 1 SE-RL), während für die übrigen Gründungsfälle nur „nach Möglichkeit" jede beteiligte Gesellschaft durch mindestens ein Mitglied im besonderen Verhandlungsgremium vertreten sein soll (Art. 3 Abs. 2 lit. b S. 2 SE-RL), was dem deutschen Gesetzgeber den für die Einfügung der §§ 6 Abs. 3 und 4 SEBG notwendigen Gestaltungsspielraum eröffnet. Eine richtlinienkonforme Auslegung gebietet daher, dass im Falle einer durch Verschmelzung gegründeten SE zunächst die regulären Sitze ausgeschöpft werden müssen, um nach Möglichkeit eine Vertretung jeder beteiligten Gesellschaft durch ein eigenes Mitglied im besonderen Verhandlungsgremium zu garantieren.[61] Für die Lösung des obigen Beispielsfalls bedeutet dies, dass die drei deutschen Sitze im besonderen Verhandlungsgremium an die drei beteiligten Aktiengesellschaften fallen und die Gewerkschaften keinen Platz im Gremium erhalten. Die Wahl zusätzlicher Mitglieder, um eine Vertretung der Gewerkschaften im besonderen Verhandlungsgremium zu gewährleisten, sieht das SEBG richtigerweise nicht vor.

---

59 So *Kuffner*, Beteiligung Europ. Aktiengesellschaft, S. 128.

60 Reg.Begr. zu § 7 Abs. 2 SEBG, BT-Drucks. 15/3405, S. 46.

61 In der Tendenz auch *Krause* BB 2005, 1221 (1225).

II. Die Mindestrepräsentation der Gewerkschaften als Zwangsrepräsentation zu Lasten der Arbeitnehmer

Die Mindestrepräsentation der Gewerkschaften ist zugleich eine Zwangsrepräsentation zu Lasten der in den beteiligten Gesellschaften beschäftigten Arbeitnehmer. Zu Recht löste die Norm deshalb rechtspolitische Kritik aus.[62] Darüber hinaus stellt sich die Frage, ob der mit § 6 Abs. 3 SEBG verbundene Eingriff in die Entscheidungsfreiheit des Wahlgremiums nicht sogar richtlinienwidrig ist.

1. Positionen der Literatur zur Vereinbarkeit der Mindestrepräsentation mit der SE-Richtlinie

Vereinzelte Stimmen im Schrifttum sehen die mit § 6 Abs. 3 SEBG verbundene zwingende Zuordnung jedes dritten Sitzes an einen Gewerkschaftsvertreter von der Ermächtigung des Art. 3 Abs. 2 lit. b S. 4 SE-RL als nicht mehr gedeckt an. Ein Grundzug der Richtlinie sei, dass die Arbeitnehmervertretungen und nicht die Gewerkschaften den maßgeblichen Einfluss auf die Zusammensetzung des besonderen Verhandlungsgremiums hätten. Allein ihnen solle es überlassen bleiben, ob sie Gewerkschaftsvertreter ihres Vertrauens in das besondere Verhandlungsgremium wählen. Dies sei auch deshalb sinnvoll, weil es nicht um die Vertretung der allgemeinen Interessen der Arbeitnehmer, sondern um die Vereinbarung einer unternehmensadäquaten Beteiligungsregelung gehe. Auch würden sich die Verhandlungen nicht nur auf die Unternehmensmitbestimmung beziehen, sondern auch auf das Verfahren zur Unterrichtung und Anhörung auf betrieblicher Ebene. Eine Berufung auf die Tradition des Mitbestimmungsgesetzes sei deshalb verfehlt.[63]

Dagegen wird eingewandt, dass sich aus der genannten Richtlinienbestimmung zwar keine Verpflichtung zu einer zwingenden Mindestrepräsentanz ableiten lasse. Allerdings folge hieraus nicht, dass ein derartiges Vorgehen im Widerspruch zu der Richtlinie stehe.[64] Art. 3 Abs. 2 lit. b S. 4 SE-RL lasse Gewerkschaftsvertreter ausdrücklich, wenn auch nur fakultativ, als Mitglieder des besonderen Verhandlungsgremiums zu, selbst wenn sie nicht zugleich Arbeitnehmer der Gründungsgesellschaften seien.[65]

---

62 *Jacobs* in Münch. Komm. AktG, § 6 SEBG Rn. 6; *Kienast* in Jannott/Frodermann, Handbuch SE, Kapitel 13 Rn. 136 f.; *Wisskirchen/Prinz* DB 2004, 2638 (2639); BDA, BDI, DIHK, GDV, BdB und Dt. Aktieninstitut, Gemeinsame Stellungnahme, zu § 6 SEBG, S. 8.

63 *Kallmeyer* ZIP 2004, 1442 (1443); ihm folgend *Wisskirchen/Prinz* DB 2004, 2638 (2639).

64 *Oetker* BB-Special 1/2005, 2 (7); *ders.* in Lutter/Hommelhoff, Europ. Gesellschaft, S. 277 (294) Fn. 59.

65 *Jacobs* in Münch. Komm. AktG, § 6 SEBG Rn. 6; *Köstler* in Theisen/Wenz, Europäische Aktiengesellschaft, S. 331 (341).

2. *Stellungnahme und zugleich Auslegung des Art. 3 Abs. 2 lit. b S. 4 SE-RL*

Der Kritik ist insoweit zuzustimmen, als dass das politische Streben nach Absicherung des gewerkschaftlichen Einflusses zu Lasten der Entscheidungsfreiheit der eigentlich betroffenen Arbeitnehmer geht. Das Verfahren zur Bildung des besonderen Verhandlungsgremiums büßt an Flexibilität ein, welche aufgrund der detaillierten Vorgaben der Richtlinie sowieso nur eingeschränkt gegeben ist. Würde der Gesetzgeber es den Arbeitnehmern selbst überlassen, inwieweit sie sich durch Gewerkschaftsvertreter im besonderen Verhandlungsgremium vertreten lassen wollen, könnten diese ihre Entscheidung allein daran orientieren, welche von den Kandidaten über die beste Qualifikation verfügen und bei welchen die höchste Wahrscheinlichkeit besteht, das sie die Interessen aller Arbeitnehmer bestmöglich wahrnehmen. Von formalen Zwängen, wie der Zugehörigkeit zu einer Gewerkschaft, wären sie frei. Ob jedoch zugleich eine Überschreitung der durch die europäische Ermächtigungsnorm gesetzten Grenzen zu verzeichnen ist, ist zweifelhaft.

Der Wortlaut des Art. 3 Abs. 2 lit. b S. 4 SE-RL gibt für eine solche Schlussfolgerung keine Anhaltspunkte. Danach „können" die Mitgliedstaaten vorsehen, dass dem Gremium Gewerkschaftsvertreter auch dann angehören können, wenn sie nicht Arbeitnehmer einer beteiligten Gesellschaft oder einer betroffenen Tochtergesellschaft oder eines betroffenen Betriebs sind. Bei strikter Wortlautinterpretation stünde den Mitgliedstaaten sowohl die Ausgestaltung des „Ob" als auch des „Wie" grundsätzlich frei.

Unter Berücksichtigung der regelmäßig geringen Bedeutung der grammatischen Auslegung im europäischen Recht,[66] ist das Hauptaugenmerk auf den Sinn und Zweck der europäischen Ermächtigungsnorm zu richten. Vor allem den Erwägungsgründen kommt dabei ein erhebliches Gewicht zu.[67] Dem 19. Erwägungsgrund, der die Position der Gewerkschaften im besonderen Verhandlungsgremium nochmals in den Vordergrund stellt, ist eine Präzisierung dahingehend zu entnehmen, dass sich die Ermächtigung des Art. 3 Abs. 2 lit. b S. 4 SE-RL insbesondere an die Mitgliedstaaten richtet, „in denen Gewerkschaftsvertreter nach ihrem einzelstaatlichen Recht stimmberechtigte Mitglieder des Aufsichts- oder des Leitungsorgans sein dürfen." Der parallele Bezug zum nationalen Un-

---

66 EuGH, Urteil v. 18. 6. 1991, Slg. 1991, 2971 (2984) (Piageme); *Anweiler*, Auslegungsmethoden des EuGH, S. 145 ff.; *Bleckmann* NJW 1982, 1177 (1178); *Buck*, Auslegungsmethoden des EuGH, S. 170 f.; *Grundmann/Riesenhuber* JuS 2001, 529 (529 f.); *Hommelhoff* in Schulze, Auslegung, S. 29 (32 f.); *Lutter* JZ 1992, 593 (599); *P. Meyer* Jura 1994, 455 (456); *Nölke* in Schulze, Auslegung, S. 143 (157 f.); *Oppermann*, Europarecht, Rn. 683; *Pescatore* ZEuP 1998, 1 (10).

67 EuGH, Urteil v. 13. 3. 1980, Slg. 1980, 813 (823) (van Walsum); EuGH, Urteil v. 6. 5. 1980, Slg. 1980, 1495 (1507) (Lee); EuGH, Urteil v. 17. 11. 1983, Slg. 1983, 3781 (3793) (Merck); *Bleckmann* RIW 1987, 929 (931); *Grundmann/Riesenhuber* JuS 2001, 529 (531); *Lutter* JZ 1992, 593 (600); *Teichmann* ZGR 2003, 383 (405).

ternehmensmitbestimmungsrecht, wie ihn der deutsche Gesetzgeber hergestellt hat, ist vom Richtliniengeber folglich beabsichtigt. Der Grund ist darin zu sehen, dass die Einflussmöglichkeiten, die sich den Arbeitnehmervertretern über eine gleichberechtigte Mitgliedschaft in den Leitungsorganen der SE eröffnen können, weit über die möglichen Kompetenzen eines zu errichtenden SE-Betriebsrats hinausgehen. Die konkrete Ausgestaltung der Unternehmensmitbestimmung in der SE, insbesondere wenn ein Wechsel in die monistische Organisationsstruktur beabsichtigt ist, wird regelmäßig den umfangreichsten und zugleich umstrittensten Teil der abzuschließenden Beteiligungsvereinbarung bilden. Die Berufung auf die Tradition des Mitbestimmungsgesetzes durch den deutschen Gesetzgeber ist deshalb nicht verfehlt, wie vereinzelt behauptet wird, sondern von der SE-RL gewünscht.

Die Grenze zeigt der Bestandsschutz der Beteiligungsrechte der Arbeitnehmer auf, welchem die SE-RL oberste Priorität einräumt.[68] Den maßgeblichen Einfluss auf die Zusammensetzung des besonderen Verhandlungsgremiums sollten deshalb die Arbeitnehmervertretungen und nicht die Gewerkschaften besitzen. Dieses Ziel ist trotz der Regelung des § 6 Abs. 3 SEBG bereits dadurch erreicht, dass die Arbeitnehmervertretungen die Mehrheit der inländischen Mitglieder des besonderen Verhandlungsgremiums frei wählen können, indem die Gewerkschaftsvertreter nur einen von drei Sitzen in diesem Gremium für sich beanspruchen können. Weiterhin ist das Wahlverfahren so ausgestaltet, dass dem Wahlgremium in Bezug auf die Gewerkschaftsvertreter immer noch ein Letztentscheidungsrecht verbleibt. Die Gewerkschaften wählen ihre Vertreter nicht direkt, sondern verfügen nur über ein Vorschlagsrecht. Wird nur ein Wahlvorschlag gemacht, muss dieser nach § 8 Abs. 1 S. 3 SEBG doppelt so viele Bewerber enthalten, wie Vertreter von Gewerkschaften zu wählen sind. Die gesetzliche Mindestrepräsentanz der Gewerkschaftsvertreter im besonderen Verhandlungsgremium ist von der Ermächtigung der SE-RL zumindest dann gedeckt, wenn die inländischen beteiligten Gesellschaften dem MitbestG oder auch dem Montan-MitbestG unterfallen, also die Herstellung eines parallelen Bezugs zur bisherigen Bedeutung der Gewerkschaften im Aufsichtsrat auch sachlich geboten ist.

3. *Die beteiligte Gesellschaft im Anwendungsbereich des DrittelbG – teleologische Reduktion des § 6 Abs. 3 SEBG?*

Abweichend davon könnte § 6 Abs. 3 SEBG in seinem Anwendungsbereich teleologisch zu reduzieren sein, wenn an der Gründung einer SE auf deutscher Seite eine Gesellschaft beteiligt ist, deren Aufsichtsrat sich nach den Vorschriften des DrittelbG zusammensetzt. Gem. § 4 Abs. 2 S. 2 DrittelbG müssen nur mindestens zwei Aufsichtsratsmitglieder als Arbeitnehmer im Unternehmen beschäftigt sein, wenn die Arbeitnehmerbank aus mehr als zwei Mitgliedern besteht, so dass ab dieser Größenordnung von Gesetzes wegen an sich auch

68 So insbesondere im 3., 7. und 18. Erwägungsgrund verankert.

Gewerkschaftsvertreter zu Mitgliedern des Aufsichtsrats wählbar sind. In der Praxis wird von dieser Möglichkeit jedoch kaum Gebrauch gemacht,[69] so dass die Unternehmensmitbestimmung in diesen Fällen praktisch frei von jeglichen gewerkschaftlichen Einflüssen ist. Eine Berufung auf die deutsche Mitbestimmungstradition, um eine Mindestrepräsentation der Gewerkschaften im besonderen Verhandlungsgremium zu rechtfertigen, entbehrt deshalb einer Grundlage, wenn an der Gründung einer SE im Inland nur Gesellschaften beteiligt sind, die den Vorschriften des DrittelbG unterliegen.

Eine Korrektur im Wege einer teleologischen Reduktion des § 6 Abs. 3 SEBG steht nur dann zur Option, wenn die Vorschrift planwidrig einer Einschränkung bedarf, die im Gesetzestext nicht enthalten ist. Weiterhin müssten Sinn und Zweck der betreffenden Vorschrift oder die SE-RL diese Einschränkung selbst fordern.[70] Dagegen spricht der institutionelle Unterschied von besonderem Verhandlungsgremium und mitbestimmtem Aufsichtsrat mit der Folge, dass sich für die Verteilung der inländischen Sitze des besonderen Verhandlungsgremiums eine Orientierung an der Arbeitnehmerbank des Aufsichtsrats zwar anbietet, diese aber nicht zwangsläufig eine 1:1-Übertragung zur Folge haben muss. Um die Errichtung des Gremiums einfach und übersichtlich zu halten, musste die Differenzierung zwischen den verschiedenen Mitbestimmungsgesetzen aufgegeben werden. Die Rechtsform der SE ist vor allem auf Großunternehmen zugeschnitten, die in Deutschland regelmäßig unter den Anwendungsbereich des MitbestG fallen, so dass der Versuch einer Parallele zu diesem Gesetz eine sachliche Rechtfertigung findet. Auch die SE-RL verlangt keine Einschränkung des Anwendungsbereichs des § 6 Abs. 3 SEBG. Der 19. Erwägungsgrund enthält eine Öffnungsklausel zugunsten der Gewerkschaften durch die Einfügung der Formulierung „insbesondere". Selbst wenn das nationale Unternehmensmitbestimmungsrecht eine Mitgliedschaft von Gewerkschaftsvertretern in den Aufsichts- oder Leitungsorganen der Gesellschaften nicht vorsieht, ist eine gesetzlich eingefügte Mindestrepräsentanz der Gewerkschaften in dem besonderen Verhandlungsgremium zulässig. § 6 Abs. 3 SEBG ist somit auch dann richtlinienkonform, wenn auf deutscher Seite nur dem DrittelbG unterliegende Gesellschaften an der Gründung der SE beteiligt sind.

III. Vorschlagsrecht der Gewerkschaften im Rahmen des Wahlverfahrens

Wie eingangs dargelegt, entschied sich der deutsche Gesetzgeber bezüglich der Wahl der inländischen Mitglieder des besonderen Verhandlungsgremiums für die Errichtung eines Wahlgremiums und greift auf bereits bestehende Betriebsratsstrukturen zurück. Die Wahl der Gewerkschaftsvertreter verbleibt beim Wahlgremium. Allerdings räumt § 8 Abs. 1 S. 2 SEBG jeder Gewerkschaft, die

---

69 Zum BetrVG 1952: *Gerum*, Mitbestimmung und Corporate Governance, S. 19 f.

70 *Bydlinski*, Methodenlehre, S. 480; *Fikentscher*, Methoden des Rechts IV, S. 286 f.; *Larenz/Canaris*, Methodenlehre, S. 210.

in einem an der Gründung der SE beteiligten Unternehmen[71] im Inland vertreten ist, ein Vorschlagsrecht ein. Wie bereits erwähnt, muss bei nur einem Wahlvorschlag dieser nach § 8 Abs. 1 S. 3 SEBG mindestens doppelt so viele Bewerber enthalten wie Vertreter von Gewerkschaften zu wählen sind, um dem Wahlgremium eine Auswahlmöglichkeit und das Letztentscheidungsrecht zu belassen. Nach Art. 3 Abs. 2 lit. b SE-RL legen die Mitgliedstaaten das Verfahren für die Wahl oder die Bestellung der Mitglieder des besonderen Verhandlungsgremiums fest, die in ihrem Hoheitsgebiet zu wählen oder zu bestellen sind. Dies gilt für alle inländischen Vertreter, unabhängig davon, ob es sich um Arbeitnehmer oder Gewerkschaftsvertreter handelt. Die Mitgliedstaaten sind damit bei der Ausgestaltung des Wahlverfahrens völlig frei.

Der DGB kritisierte, dass das Vorschlagsrecht nach § 8 Abs. 1 S. 2 SEBG in dieser Form nicht praktikabel sei, da dieses Verfahren sehr zeitaufwendig sein könne. Dahinter steht wohl die Überlegung, dass es zu Schwierigkeiten bei der Abstimmung kommen kann, wenn mehrere Gewerkschaften in dem Unternehmen vertreten sind. Deshalb schlug der DGB in seiner Stellungnahme zum Referentenentwurf vor, das Vorschlagsrecht den Spitzenorganisationen zu übertragen und sie zu verpflichten, sich vor der Abgabe des Wahlvorschlags mit den beteiligten Gesellschaften zu beraten.[72] Insoweit orientierte er sich an der Regelung des Montan-MitbestG, wonach das Vorschlagsrecht ebenfalls den Spitzenorganisationen zukommt (§ 6 Abs. 3 Montan-MitbestG). Dagegen ist einzuwenden, dass nach dem MitbestG alle im Unternehmen vertretenen Gewerkschaften ein eigenes Vorschlagsrecht haben. Diese Regelung auf die SE zu übertragen liegt nahe, weil das SEBG sich auch im Übrigen meist am MitbestG orientiert und in der Praxis das MitbestG den weitaus größeren Anwendungsbereich hat. Die Lösung des Gesetzgebers ist insoweit nur konsequent.[73]

IV. Die Gewerkschaften und ihre Position als Sachverständige

1. Unterstützung und Teilnahme an den Verhandlungen in beratender Funktion

Die Kommission Mitbestimmung, die die Bertelsmann-Stiftung und die Hans-Böckler-Stiftung gemeinsam errichteten, schätzte in ihrem Bericht von 1998 die Einbindung von Gewerkschaftsvertretern in die Unternehmensmitbestimmung, insbesondere aufgrund ihrer sachlichen Beratungskompetenz, als durchaus positiv ein.[74] Für die Arbeitnehmervertreter im Verwaltungsrat einer monistischen SE setzt sich dieser Vorteil unbestreitbar fort. Aufgrund ihrer höheren fachlichen Kompetenz spielen die Gewerkschaftsvertreter deshalb, zusätzlich zu ihrer

---

[71] Es genügt, wenn die Gewerkschaft in einer der Tochtergesellschaften oder Betriebe vertreten ist. Vgl. dazu *Kleinsorge* in Nagel/Freis/Kleinsorge, Beteiligung SE, § 8 Rn. 5.

[72] DGB, Stellungnahme zum Referentenentwurf, S. 3.

[73] Ebenso *Niklas* NZA 2004, 1200 (1201).

[74] Kommission Mitbestimmung, Bericht, S. 97.

aktiven Mitgliedschaft im besonderen Verhandlungsgremium, als Sachverständige eine besondere Rolle. So bestimmt § 14 Abs. 1 SEBG:

> „Das besondere Verhandlungsgremium kann bei den Verhandlungen Sachverständige seiner Wahl, zu denen auch Vertreter von einschlägigen Gewerkschaftsorganisationen auf Gemeinschaftsebene zählen können, hinzuziehen, um sich von ihnen bei seiner Arbeit unterstützen zu lassen. Diese Sachverständigen können, wenn das besondere Verhandlungsgremium es wünscht, an den Verhandlungen in beratender Funktion teilnehmen."

a) Zahl der Sachverständigen

Das Recht auf Hinzuziehung von Sachverständigen steht nur dem besonderen Verhandlungsgremium als Gesamtorgan und nicht einzelnen Mitgliedern zu. Dies bedeutet, dass für eine Hinzuziehung ein Mehrheitsbeschluss des Gremiums i. S. d. § 15 Abs. 2 SEBG erforderlich ist.[75] Im Gegensatz zu § 13 Abs. 4 EBRG, der die parallele Sachverständigenregelung für die Errichtung eines Europäischen Betriebsrats enthält,[76] fehlt eine zahlenmäßige Beschränkung auf einen Sachverständigen, obwohl auch Art. 3 Abs. 7 S. 3 SE-RL zu einer entsprechenden Regelung ermächtigt.[77] § 14 Abs. 1 SEBG ist als „Kann"-Vorschrift ausgestaltet, weshalb es im Ermessen des besonderen Verhandlungsgremiums steht, ob es von diesem Recht Gebrauch macht. Allerdings ergibt sich eine Einschränkung zum einen aus dem Gebot der vertrauensvollen Zusammenarbeit, welches in § 13 Abs. 1 S. 2 SEBG explizit normiert ist, und zum anderen aus dem allgemeinen Grundsatz, dass Rechtspositionen, die zum Eingriff in fremde Rechte legitimieren, nur in den Grenzen der Verhältnismäßigkeit ausgeübt werden können.[78] Zusätzlich bindet § 19 SEBG die Kostenerstattung an das Erforderlichkeitskriterium.

b) Person des Sachverständigen – Beschränkung auf gemeinschaftsweit tätige Gewerkschaftsorganisationen?

Aus der Regelung des § 14 Abs. 1 SEBG geht nicht genau hervor, ob Gewerkschaftsvertreter in ihrer Position als Sachverständige zwingend aus einer gemeinschaftsweit tätigen Gewerkschaftsorganisation stammen müssen. Vereinzelte Stimmen im Schrifttum und die Arbeitgeberverbände sprechen sich für

---

[75] *Jacobs* in Münch. Komm. AktG, § 14 SEBG Rn. 2.

[76] In Art. 5 Abs. 4 S. 3 EBR-RL fehlt es an der zusätzlichen Voraussetzung der Erforderlichkeit, dennoch wird in § 13 Abs. 4 EBRG überwiegend kein Verstoß gegen die Richtlinie gesehen. Vgl. ausführlich zu diesem Problem: *Eckhoff*, Der Europäische Betriebsrat, S. 208 ff.

[77] Kritisch dazu *Wisskirchen/Prinz* DB 2004, 2638 (2639). Der österreichische Gesetzgeber hat dagegen von der Ermächtigung Gebrauch gemacht, vgl. § 224 Abs. 2 ArbVG. Ebenso der französische Gesetzgeber, vgl. dazu *Roussel-Verret* BB-Special 1/2005, 25 (25).

[78] So zutreffend *Freis* in Nagel/Freis/Kleinsorge, Beteiligung SE, § 15 Rn. 9; *Jacobs* in Münch. Komm. AktG, § 14 SEBG Rn. 3; *Oetker* BB-Special 1/2005, 2 (8).

dieses Erfordernis aus.[79] Der Wortlaut der Norm scheint für dieses zusätzliche Kriterium zu sprechen. Die gesonderte Nennung der „Vertreter von einschlägigen Gewerkschaftsorganisationen auf Gemeinschaftsebene" könnte zu der Schlussfolgerung führen, dass Vertreter von nationalen Gewerkschaften grundsätzlich nicht als Sachverständige im Sinne des § 14 Abs. 1 SEBG zu begreifen sind. Die Regierungsbegründung äußert sich gegenteilig dahingehend, dass Vertreter von Gewerkschaftsorganisationen auf Gemeinschaftsebene genannt werden, weil sie besonders geeignet erscheinen, die Stimmigkeit von Regelungen auf Gemeinschaftsebene zu fördern, was jedoch die Berufung von nationalen Gewerkschaftsvertretern als Sachverständige nicht ausschließe.[80] Nationale Gewerkschaftsvertreter können demzufolge grundsätzlich die Sachverständigeneigenschaft erfüllen, allerdings kann die Gewerkschaftszugehörigkeit nicht von dem Erfordernis eines besonderen Sachverständnisses entbinden. Aufgrund des Kriteriums der Erforderlichkeit kommen nur solche Personen als Sachverständige in Betracht, deren Sachkunde über diejenigen der Mitglieder des besonderen Verhandlungsgremiums hinausgeht.[81] Besteht die deutsche Delegation aus mehr als zwei Mitgliedern, so dass mindestens ein Gewerkschaftsvertreter Mitglied des besonderen Verhandlungsgremiums ist, erspart sich in der Regel die zusätzliche Hinzuziehung von Vertretern derselben Gewerkschaftsorganisation als Sachverständige, da davon ausgegangen werden kann, dass das Mitglied im besonderen Verhandlungsgremium bereits die erforderliche Sachkenntnis mitbringt. Deshalb muss in diesen Fällen die Sachverständigeneigenschaft nationaler Gewerkschaftsvertreter verneint werden.

2. *Die Gewerkschaften als Adressat der Unterrichtung nach § 14 Abs. 2 SEBG*

Um die Einflussmöglichkeit der Gewerkschaften zusätzlich abzusichern, bestimmt § 14 Abs. 2 SEBG – entsprechend Art. 3 Abs. 5 S. 3 SE-RL –, dass das besondere Verhandlungsgremium beschließen kann, die Vertreter von außen stehenden Organisationen vom Beginn der Verhandlungen zu unterrichten. Da eine Beratung durch Vertretung von Gewerkschaftsorganisationen gem. § 14 Abs. 1 SEBG denknotwendig eine vorherige Unterrichtung dieser voraussetzt, ist der praktische Anwendungsbereich des § 14 Abs. 2 SEBG auf solche Organisationen beschränkt, die keinerlei Beratungsfunktion ausüben. Gleichzeitig grenzt § 14 Abs. 2 SEBG den Kreis der Organisationen durch das Kriterium der „Geeignetheit" ein. Der Inhalt der Unterrichtung ist nach dem klaren Wortlaut des § 14 Abs. 2 SEBG auf den „Beginn der Verhandlungen" beschränkt, so dass eine Unterrichtung solcher Organisationen nicht auf den Inhalt, den Verlauf oder

---

79 BDA, BDI, DIHK, GDV, BdB und Dt. Aktieninstitut, Gemeinsame Stellungnahme, zu § 14 SEBG, S. 10; *Oetker* ZESAR 2005, 3 (7); *ders.* BB-Special 1/2005, 2 (8); a. A. *Freis* in Nagel/Freis/Kleinsorge, Beteiligung SE, § 14 Rn. 6.

80 Reg.Begr. zu § 14 Abs. 1 SEBG, BT-Drucks. 15/3405, S. 49.

81 Ebenso zu § 13 Abs. 4 EBRG: *Müller*, EBRG, § 13 Rn. 6.

das Ergebnis der Verhandlungen erstreckt werden kann. § 14 Abs. 2 SEBG dient folglich allein dazu, anderweitige Gewerkschaften und Organisationen darüber zu informieren, dass überhaupt Verhandlungen stattfinden.

B. Mindestrepräsentation der leitenden Angestellten

Neben der Vertretung der Gewerkschaften sieht § 6 Abs. 4 SEBG auch eine gesetzliche Mindestrepräsentation der leitenden Angestellten[82] im besonderen Verhandlungsgremium vor. Demgemäß kommt jeder siebte Sitz einem leitenden Angestellten zu. Eine direkte Interessenvertretung dieser Arbeitnehmergruppe ist nur dann garantiert, wenn die deutsche Seite mehr als sechzig Prozent der Arbeitnehmer in der künftigen SE stellt.

Die Ausführungen zur Mindestrepräsentation der Gewerkschaften gelten entsprechend. Erstens ist der Vertreter der leitenden Angestellten keiner der Gründungsgesellschaften zuzurechnen, womit es völlig unerheblich ist, bei welcher der beteiligten Gesellschaften der leitende Angestellte beschäftigt ist. Wird eine SE durch Verschmelzung gegründet, hat die Sitzgarantie der Gesellschaften nach Sinn und Zweck des § 5 Abs. 2 SEBG Vorrang, bei den übrigen Gründungsvarianten verhält es sich dagegen genau umgekehrt. Zweitens nimmt § 6 Abs. 4 SEBG keine Differenzierung danach vor, welchem Mitbestimmungsgesetz die beteiligten Gesellschaften im Inland unterliegen, wenngleich nur das MitbestG den leitenden Angestellten ausdrücklich einen Sitz im mitbestimmten Aufsichtsrat zuspricht (vgl. § 15 Abs. 1 S. 2 MitbestG).[83]

I. Leitende Angestellte als Arbeitnehmer im Sinne des SEBG

Unabhängig von der gesetzlich vorgesehenen Mindestrepräsentation der leitenden Angestellten nach § 6 Abs. 4 SEBG besteht die Möglichkeit, einen oder auch mehrere Sitze des besonderen Verhandlungsgremiums freiwillig mit leitenden Angestellten zu besetzen unter der Voraussetzung, dass diese als Arbeit-

---

82 Zum Begriff des leitenden Angestellten: *Hromadka* BB 1990, 57 ff.; *Leese*, Die Abgrenzung der leitenden Angestellten; *G. Müller* DB 1989, 824 ff.; *Richardi* NZA 1990, Beilage Nr. 1, 2 ff.; *ders.* AuR 1991, 33 ff.; *Steindorff* AuR 1988, 266 ff.

83 § 3 Abs. 1 DrittelbG schließt die leitenden Angestellten aus dem Arbeitnehmerbegriff aus. In den Montan-Mitbestimmungsgesetzen werden die leitenden Angestellten nicht ausdrücklich erwähnt. Die frühere herrschende Auffassung folgerte daraus, dass im Montanbereich die leitenden Angestellten nicht als Arbeitnehmer zu qualifizieren seien. Vgl. dazu *Eichenhofer*, Leitende Angestellte, S. 105 m. w. N. Im Rahmen des Gesetzes zur Änderung des Betriebsverfassungsgesetzes, über Sprecherausschüsse der leitenden Angestellten und zur Sicherung der Montan-Mitbestimmung v. 20. 12. 1988, BGBl. 1988 I, S. 2312 ff., ist auch der § 5 Abs. 5 Montan-MitbestErgG geändert worden, der die in § 5 Abs. 3 BetrVG bezeichneten leitenden Angestellten gerade nicht aus seinem Anwendungsbereich herausnimmt. Daraus folgt im Umkehrschluss, dass sie wie alle sonstigen Arbeitnehmer zu behandeln sind. Vgl. dazu *Leese*, Die Abgrenzung der leitenden Angestellten, S. 16; *G. Müller* DB 1989, 824 (829); *Nagel*, Mitbestimmung Montankonzern, S. 69 ff.; *Weigle*, Leitende Angestellte, S. 134.

nehmer zu qualifizieren und damit entsprechend dem § 6 Abs. 2 SEBG zu Mitgliedern des besonderen Verhandlungsgremiums wählbar sind. Die SE-RL verwendet zwar den Begriff des Arbeitnehmers, wie auch im Übrigen im europäischen Arbeitsrecht fehlt es aber an einer Definition dieses Begriffs.[84] Der EuGH entschied in seinem Urteil vom 16. 12. 1993 zur Richtlinie zum Schutz der Arbeitnehmer bei Zahlungsunfähigkeit, dass die leitenden Angestellten in den Arbeitnehmerbegriff einzubeziehen sind.[85] Die Schlussfolgerung, dass auf Grund dessen bei Verwendung des Arbeitnehmerbegriffs durch den europäischen Gesetzgeber immer auch die leitenden Angestellten erfasst sind,[86] findet keine Bestätigung in der übrigen Rechtsprechung des EuGH. So äußerte sich der EuGH dahingehend, dass der Begriff des Arbeitnehmers im jeweiligen Regelungszusammenhang zu sehen sei. Um seine Bedeutung zu ermitteln, müsse auf die allgemein anerkannten Auslegungsgrundsätze zurückgegriffen werden.[87] Der europäische Gesetzgeber kann hinsichtlich des Arbeitnehmerbegriffs auf das jeweilige nationale Recht verweisen, einen eigenen gemeinschaftsrechtlichen Begriff des Arbeitnehmers vorsehen oder den Arbeitnehmerbegriff nur partiell dem Gemeinschaftsrecht unterwerfen.[88] In der SE-RL entschied er sich für die erste Variante, womit die in den einzelnen Mitgliedstaaten bestehende Definition des Arbeitnehmerbegriffs ihre Geltung beansprucht.[89]

§ 2 Abs. 1 SEBG legt dem SEBG den allgemeinen Arbeitnehmerbegriff zugrunde, der auch die leitenden Angestellten einschließt. Insofern weicht er vom EBRG ab, für das der betriebsverfassungsrechtliche Arbeitnehmerbegriff maßgeblich ist.[90] Für Letzteres lag diese Lösung bereits deshalb nahe, da das nach dem EBRG errichtete besondere Verhandlungsgremium nur um betriebliche Unterrichtungs- und Anhörungsrechte verhandelt. Weiterhin bestand im Rahmen

---

84 Ausführlich zum Arbeitnehmerbegriff im europäischen Arbeitsrecht: *Wank* in Hanau/Steinmeyer/Wank, Handbuch des europäischen Arbeits- und Sozialrechts, § 14.

85 EuGH, Urteil v. 16. 12. 1993, ABl. EG 1994, Nr. C 27, S. 3 ff. = EuZW 1994, 182 ff. = NJW 1994, S. 921 f.; dazu *Heinze* in FS für Schwerdtner, S. 741 (744 f.); *Hanau* in Hanau/Steinmeyer/Wank, Handbuch des europäischen Arbeits- und Sozialrechts, § 19 Rn. 55.

86 So wohl *Heinze* in FS für Schwerdtner, S. 741 (744).

87 EuGH, Urteil v. 23. 3. 1982, Slg. 1982, 1035 (1048) (Levin); EuGH, Urteil v. 11. 7. 1985, Slg. 1985, 2646 (2652 f.) (Mikkelsen); dazu *Wank* in Hanau/Steinmeyer/Wank, Handbuch des europäischen Arbeits- und Sozialrechts, § 14 Rn. 19.

88 EuGH, Urteil v. 11. 7. 1985, Slg. 1985, 2646 (2652 f.) (Mikkelsen); *Wank* in Hanau/Steinmeyer/Wank, Handbuch des europäischen Arbeits- und Sozialrechts, § 14 Rn. 2.

89 Reg.Begr. zu § 2 Abs. 1 SEBG, BT-Drucks. 15/3405, S. 43.

90 Vgl. Reg.Begr., BT-Drucks. 13/4520, S. 18. § 4 EBRG nimmt nur Bezug auf § 5 Abs. 1 BetrVG, woraus teilweise geschlossen wird, dass auch die leitenden Angestellten als Arbeitnehmer im Sinne des EBRG zu begreifen sind, da diese vom Anwendungsbereich des BetrVG erst durch den § 5 Abs. 3 BetrVG ausgenommen werden. Aufgrund der Gesetzesbegründung wird § 4 EBRG überwiegend als Redaktionsversehen betrachtet. Ausführlich zu diesem Problem: *Eckhoff*, Der Europäische Betriebsrat, S. 171 ff. m. w. N.

der Umsetzung der Euro-Betriebsräte-Richtlinie keine Pflicht, eine Vertretung der leitenden Angestellten vorzusehen. Vielmehr äußerte sich der Rat in einem der Erwägungsgründe dazu nur, dass es „nach den Grundsätzen der Subsidiarität [...] den Mitgliedstaaten [obliegt], die Arbeitnehmervertreter zu bestimmen und insbesondere – *falls sie dies für angemessen halten* – eine ausgewogene Vertretung der verschiedenen Arbeitnehmerkategorien vorzusehen."[91] Die Situation stellt sich für die Umsetzung der SE-RL anders dar. Nach dem 3. Erwägungsgrund der SE-RL müssen die Mitgliedstaaten gewährleisten, „dass die Gründung einer SE nicht zur Beseitigung oder Einschränkung der *Gepflogenheiten* der Arbeitnehmerbeteiligung führt, die in den an der Gründung einer SE beteiligten Gesellschaften herrschten". Eine solche Gepflogenheit stellt in Deutschland die gesonderte Behandlung der leitenden Angestellten nach dem Mitbestimmungsgesetz dar.[92] Dessen § 15 Abs. 1 S. 2 sieht vor, dass dem Aufsichtsrat ein leitender Angestellter angehören muss.[93] Erkennt das Mitbestimmungsgesetz die leitenden Angestellten als Arbeitnehmervertreter im Aufsichtsrat an, muss sich diese „Gepflogenheit" in den Regelungen des SEBG widerspiegeln. Folglich bezieht § 2 Abs. 1 SEBG die leitenden Angestellten in den Arbeitnehmerbegriff ein. Für die Anwendung des § 6 Abs. 2 SEBG bedeutet dies, dass die leitenden Angestellten aufgrund des weiten Arbeitnehmerbegriffs bereits unterhalb der Schwelle des § 6 Abs. 4 SEBG auf freiwilliger Basis zu Mitgliedern des besonderen Verhandlungsgremiums wählbar sind.[94]

---

91 Richtlinie 94/45/EG des Rates v. 22. 9. 1994 über die Einsetzung eines Europäischen Betriebsrats oder die Schaffung eines Verfahrens zur Unterrichtung und Anhörung der Arbeitnehmer in gemeinschaftsweit operierenden Unternehmen und Unternehmensgruppen, ABl. der EG, Nr. L 254 v. 30. 9. 2004, S. 64 (65, linke Sp., 6. Abs.). Dieser Erwägungsgrund ist erst kurz vor der Verabschiedung aufgenommen worden und zwar in Umsetzung der Forderungen des so gen. *Gil-Robles-Berichts* des Ausschusses für soziale Angelegenheiten, Beschäftigung und Arbeitsumwelt des Europäischen Parlaments v. 18. 6. 1993, Doc.PE 203/452/endg., S. 13 (nicht amtlich veröffentlicht). Ausführlich zur Entstehungsgeschichte: *Ramme* DB 1995, 2066 (2066).

92 *Heinze* in FS für Schwerdtner, S. 741 (745). Ähnlich *Krause* BB 2005, 1221 (1225) der neben dem 3. Erwägungsgrund auch die Erwägungsgründe 7, 15 und 18 nennt.

93 Der Grund für die Differenzierung zwischen den einzelnen Mitbestimmungsgesetzen ist rein politischer Natur. Seinen Ursprung hat § 15 Abs. 1 S. 2 MitbestG in den frühen siebziger Jahren unter der sozial-liberalen Regierungskoalition. Die Regelung wurde auf Druck der F. D. P. eingeführt, die nur unter der Bedingung, dass ein Sitz der Arbeitnehmerbank den leitenden Angestellten zukommt, der von SPD und Gewerkschaften angestrebten Parität zustimmte. Zur Entstehungsgeschichte: *Raiser*, MitbestG, § 15 Rn. 3.

94 *Kleinsorge* in Nagel/Freis/Kleinsorge, Beteiligung SE, § 6 Rn. 5; *Oetker* in Lutter/Hommelhoff, Europ. Gesellschaft, S. 277 (295). Auch § 11 Abs. 4 EBRG hält die Option bereit, leitende Angestellte freiwillig zu Mitgliedern des besonderen Verhandlungsgremiums zu bestellen.

II. Die Mindestrepräsentation der leitenden Angestellten als hinreichender Bestandsschutz ihrer Mitbestimmungsrechte nach dem MitbestG

Inwiefern die Praxis von dieser Möglichkeit Gebrauch machen wird, ist fraglich. Die Erfahrungen mit dem MitbestG zeigen, dass die Vertretung der leitenden Angestellten in der Regel nicht über den gesetzlich vorgesehenen Mindestvertreter hinausgeht.[95] Die leitenden Angestellten werden gewöhnlich auf die gesetzliche Mindestrepräsentation des § 6 Abs. 4 SEBG angewiesen sein, was die Frage aufwirft, ob die Vorschrift hinreichend gewährleistet, dass die Gründung einer SE nicht zu einer Beseitigung oder Einschränkung der „Gepflogenheiten" der Beteiligungsrechte der leitenden Angestellten nach dem MitbestG führt, wie der 3. Erwägungsgrund der SE-RL ausdrücklich verlangt.

Kraushaar forderte im Vorfeld der Veröffentlichung des Referentenentwurfs zum SEBG, dass der deutschen Delegation im besonderen Verhandlungsgremium mindestens ein leitender Angestellter angehören muss, es sei denn, die Delegation bestünde nur aus einer Person. Ansonsten wäre eine Gruppe der Belegschaft strukturell von der Wahrung ihrer Interessen im besonderen Verhandlungsgremium ausgeschlossen. Eine derartige, strukturelle Diskriminierung bei der Umsetzung des Art. 3 Abs. 2 lit. a SE-RL in nationalstaatliches Recht sei unter Berücksichtigung der Erwägungsgründe 3, 7 und 18 der SE-RL nicht mit Ziel und Zweck der SE-RL vereinbar.[96] Im jüngeren Schrifttum, welches sich im Übrigen zwar kritisch mit dem Gesetzesentwurf und dem in Kraft getretenen SEBG auseinandersetzte, wird die Richtlinienkonformität des § 6 Abs. 4 SEBG dagegen nicht in Frage gestellt.[97]

Der Wortlaut des 3. Erwägungsgrundes der SE-RL verlangt eine Anknüpfung an die mitgliedstaatlichen *Gepflogenheiten* der Arbeitnehmerbeteiligung. Aufgrund dessen liegt nach Sinn und Zweck des 3. Erwägungsgrundes eine Berücksichtigung der leitenden Angestellten im Rahmen der Besetzung des besonderen Verhandlungsgremiums nahe, in der sich die tatsächliche Bedeutung der leitenden Angestellten nach dem MitbestG wiederspiegelt. Eine gesetzliche Mindestrepräsentation der leitenden Angestellten, sobald dem besonderen Verhandlungsgremium zwei oder mehr inländische Mitglieder angehören, ginge nicht nur darüber hinaus, sondern brächte zudem die Gefahr einer Überrepräsentation der leitenden Angestellten zu Lasten der „normalen" Arbeitnehmer mit sich. In seinen Grundsatzentscheidungen definierte das Bundesarbeitsgericht die leitenden An-

---

95 *Gerum*, Mitbestimmung und Corporate Governance, S. 19 und jüngst die Studie von *Jürgens/Lippert*, Kommunikation und Wissen im Aufsichtsrat, S. 10: 89 % der befragten leitenden Angestellten nehmen den gesetzlich eingeräumten Sitz des leitenden Angestellten ein. Nur 7 % sind als Gewerkschaftsvertreter und 4 % als Arbeitnehmervertreter im Aufsichtsrat.

96 *Kraushaar* BB 2003, 1614 (1617).

97 Vgl. nur *Krause* BB 2005, 1221 (1225).

gestellten als Personen, die wegen ihrer typischen unternehmerischen Funktion in wichtigen Teilbereichen mit entsprechender Entscheidungsbefugnis ausgestattet sind und die in einem natürlichen Interessengegensatz zu den Arbeitnehmern und Betriebsräten stehen.[98] Nach der Intention des Gesetzgebers zu § 15 MitbestG nimmt der leitende Angestellte die spezifischen Interessen seiner Arbeitnehmergruppe auf Unternehmensebene wahr und tritt nur sekundär als Vertreter der „normalen" Arbeitnehmer auf. Dies findet seine Bestätigung darin, dass die Norm gerade eingeführt wurde, um die Parität des MitbestG zu entkräften.

Als Anknüpfungspunkt für einen hinreichenden Bestandsschutz der *Gepflogenheiten* der Beteiligung der leitenden Angestellten nach dem MitbestG könnte deren proportionales Vertretungsverhältnis im mitbestimmtem Aufsichtsrat dienen. Setzt sich der Aufsichtsrat nach den Vorschriften des MitbestG zusammen, gehören der Arbeitnehmerbank mindestens sechs Mitglieder an, wobei ein Sitz auf die Gruppe der leitenden Angestellten entfällt. Eine Berufung auf die Tradition des MitbestG, wie es die Regierungsbegründung vornimmt,[99] könnte deshalb zu der Schlussfolgerung zwingen, dass bereits jedes sechste Mitglied ein leitender Angestellter sein muss. Die Zahl Sechs als Orientierungsgröße für die Interessenvertretung der leitenden Angestellten findet zusätzlich einen parallelen Bezug zum EBRG, dessen § 23 Abs. 6 eine Beteiligung der leitenden Angestellten an den Beratungen des Europäischen Betriebsrats vorsieht, wenn diesem mindestens fünf deutsche Vertreter angehören.

Stattdessen entschied sich der deutsche Gesetzgeber dafür, nur jeden siebten inländischen Sitz im besonderen Verhandlungsgremium für einen Vertreter der leitenden Angestellten vorzusehen. Die Regierungsbegründung gibt keinen Aufschluss darüber, wieso gerade die Sieben die „magische Zahl" sein soll. Wie so oft, sind wohl auch hier wieder politische Gründe ausschlaggebend gewesen. Es galt, auf jeden Fall eine weitere Aufwertung der Sprecherausschüsse zu verhindern und deren Einflusspotential möglichst gering zu halten.[100] Dennoch sprechen gute Gründe für eine Vereinbarkeit des § 6 Abs. 4 SEBG mit den Vorgaben der SE-RL. Für die Verteilung der deutschen Sitze bietet sich zwar eine Parallele zur Zusammensetzung des mitbestimmten Aufsichtsrats an, ist jedoch nicht zwingend erforderlich. Dies ist angesichts der grenzüberschreitenden Zusammensetzung des besonderen Verhandlungsgremiums nicht möglich und aufgrund des funktionellen Unterschieds beider Institutionen auch nicht angebracht. Insoweit muss dem nationalen Gesetzgeber ein gewisser Gestaltungsspielraum zuerkannt werden. Indem § 6 Abs. 4 SEBG jeden siebten deutschen Sitz einem leitenden Angestellten zuspricht, lehnt er sich zumindest an die den leitenden Angestellten nach dem MitbestG zukommende Bedeutung an. § 6 Abs. 4 SEBG

---

98 BAG, Urteil v. 19. 11. 1974, BAGE 26, 345 (352 ff.); BAG, Urteil v. 19. 11. 1974, BAGE 26, 358 (368 ff.); BAG, Urteil v. 29. 1. 1980, BAGE 32, 381 (384 ff.).

99 Reg.Begr. zu § 6 Abs. 4 SEBG, BT-Drucks. 15/3405, S. 46.

100 Deutscher Führungskräfteverband, Stellungnahme, S. 2.

kann als ein Mindeststandard angesehen werden, dessen Errichtung der 3. Erwägungsgrund der SE-RL fordert.

III. Das Vorschlagsrecht des Sprecherausschusses vor dem Hintergrund eines direkten Wahlrechts der leitenden Angestellten nach dem MitbestG

Das Wahlgremium, welches sich aus den Betriebsräten der inländischen Gründungsgesellschaften zusammensetzt, ist für die Wahl *aller* inländischen Mitglieder zuständig, d.h. einschließlich des Vertreters der leitenden Angestellten. Parallel zum Vorschlagsrecht der Gewerkschaften steht den Sprecherausschüssen bezüglich ihres Vertreters ein Vorschlagsrecht zu, § 8 Abs. 1 S. 5 SEBG.[101] Wird nur ein einziger Wahlvorschlag gemacht, muss dieser nach §§ 8 Abs. 1 S. 5 2. HS i. V. m. S. 3 SEBG mindestens doppelt so viele Bewerber enthalten wie Vertreter von leitenden Angestellten zu wählen sind. Besteht in dem beteiligten Unternehmen oder in der beteiligten Unternehmensgruppe kein Sprecherausschuss, können die leitenden Angestellten selbst Wahlvorschläge machen, die von einem Zwanzigstel oder 50 der wahlberechtigten leitenden Angestellten unterzeichnet sein müssen.[102]

Konsequenz des Vorschlagsrechts ist, dass der Vertreter der leitenden Angestellten von einem Organ gewählt wird, in dem diese nicht vertreten sind. Das Problem des hinreichenden Bestandsschutzes der leitenden Angestellten setzt sich damit im Rahmen des Wahlverfahrens fort. Der Deutsche Führungskräfteverband machte in seiner Stellungnahme vom 7. 5. 2004 darauf aufmerksam, dass die Arbeitnehmervertretung***en***[103] in Deutschland aus Betriebsräten ***und***[104] Sprecherausschüssen gebildet werden. Deshalb müssten sachlogisch beide entweder ihre jeweiligen Vertreter wählen oder ein gemeinsames Wahlgremium bilden.[105] Tatsächlich wählen die leitenden Angestellten nach § 15 Abs. 2 S. 2 Nr. 2 MitbestG ihren Vertreter für den Aufsichtsrat selbst.

Der zweite Vorschlag, die Bildung eines gemeinsamen Wahlgremiums aus Betriebsräten und Sprecherausschüssen, findet keine Stütze in der deutschen Mitbestimmungstradition, da auch das MitbestG streng zwischen beiden Arbeitnehmergruppen trennt. Es treten nur Zweifel dahingehend auf, ob eine richtlinienkonforme Umsetzung ein direktes Wahlrecht des Sprecherausschusses bzw. der

---

101 Unklar ist, ob nur der jeweilige Sprecherausschuss auf höchster Ebene oder jeder einzelne Sprecherausschuss gemeint ist. Die Systematik des § 8 SEBG zur Zusammensetzung des Wahlgremiums spricht dafür, dass auch hier ein Sprecherausschuss auf höherer Ebene die nachfolgenden verdrängt. So auch *Kleinsorge* in Nagel/Freis/Kleinsorge, Beteiligung SE, § 8 Rn. 7.

102 Insofern orientiert sich die Regelung an § 15 Abs. 2 S. 2 Nr. 2 MitbestG.

103 Hervorhebung aus der Stellungnahme übernommen.

104 Hervorhebung aus der Stellungnahme übernommen.

105 Deutscher Führungskräfteverband, Stellungnahme, S. 1.

leitenden Angestellten verlangt.[106] In Bezug auf die Wahlmodalitäten hätte auf die des Wahlgremiums verwiesen werden können, so dass den Vorschriften zum Wahlverfahren ihre Übersichtlichkeit geblieben wäre. In Anbetracht der obigen Ausführungen gilt allerdings auch für das Wahlverfahren, dass das besondere Verhandlungsgremium und der mitbestimmte Aufsichtsrat funktionell nicht miteinander vergleichbar sind, so dass dem Gesetzgeber im Rahmen der Umsetzung der SE-RL ein gewisser Gestaltungsspielraum zugesprochen werden muss. Das Vorschlagsrecht gewährleistet eine einheitliche Handhabung für die Vertreter der Gewerkschaften und die der leitenden Angestellten. Zugleich hat der Sprecherausschuss über das Vorschlagsrecht einen erheblichen Einfluss darauf, welcher leitende Angestellte als ihr Vertreter überhaupt als Kandidat zur Verfügung steht. Er kann nicht gegen den Willen des Sprecherausschusses gewählt werden, was entscheidend gegen das Vorliegen eines Richtlinienverstoßes spricht.

C. Vertretung der Arbeitnehmer betroffener Tochtergesellschaften im besonderen Verhandlungsgremium

Das SEBG differenziert zwischen den Arbeitnehmern der beteiligten Gesellschaften und den Arbeitnehmern betroffener Tochtergesellschaften. Auf diese Weise trägt das SEBG dem Umstand Rechnung, dass die SE in den häufigsten Fällen in einem Konzernverbund eingegliedert sein wird. Nach einer inhaltlichen Konkretisierung des Begriffs der „betroffenen Tochtergesellschaften“, werden im folgenden Abschnitt die unterschiedlichen Stationen zur Bildung des besonderen Verhandlungsgremiums im Hinblick auf die Berücksichtigung der Arbeitnehmer der betroffenen Tochtergesellschaften näher untersucht.

I. Begriff der „betroffenen Tochtergesellschaften“ im Sinne des SEBG

Gem. §§ 5 Abs. 1 MitbestG, 1 Abs. 4 Montan-MitbestG und 2 DrittelbG gelten für die Unternehmensmitbestimmung die Arbeitnehmer aller konzernzugehörigen Unternehmen als Arbeitnehmer des herrschenden Unternehmens.[107] Um die-

---

[106] Kritisch auch *Oetker* BB-Special 1/2005, 2 (7).

[107] Entscheidender Nachteil der genannten Vorschriften ist, dass sie nach herrschender Ansicht nicht die Arbeitnehmer ausländischer Tochtergesellschaften erfassen. Vgl. dazu ausführlich: *Ebenroth/Sura* ZHR 144 (1980), 610 (615 ff.); *Fitting/Wlotzke/Wißmann*, MitbestG § 3 Rn. 14 ff.; *Lutter* in FS für Zweigert, S. 251 (259 f.); *Raiser*, MitbestG, § 5 Rn. 29 jeweils m. w. N.; a. A. *Däubler* RabelsZ 39 (1975), 444 (451 ff.). Zu der dadurch entstehenden Ungleichbehandlung äußerte sich das Landgericht Düsseldorf, Urteil v. 5. 6. 1979, DB 1979, 1451 (1452) bereits wie folgt: „Die Kammer verkennt bei alledem nicht, dass die unternehmerische Mitbestimmung in internationalen Konzernen mit deutscher Konzernspitze ein ungelöstes Problem darstellt und der derzeit bestehende Rechtszustand unbefriedigend ist. Es ist jedoch nicht Sache des Gerichts, sondern der politisch verantwortlichen Gremien, den derzeit bestehenden Rechtszustand im Hinblick darauf, ob dessen Aufrechterhaltung vertretbar ist, zu überdenken. Aufgerufen ist auch der Europäische Rat, nun endlich die *Rechtsform für übernationale Gesellschaften* in

se Mitbestimmungsrechte zu wahren, verwendet das SEBG an unterschiedlichen Stellen den Begriff der „betroffenen Tochtergesellschaften“ und bezieht deren Arbeitnehmer bei der Bildung des besonderen Verhandlungsgremiums mit ein. Während § 2 Abs. 3 SEBG den Begriff der „Tochtergesellschaften“ vorgibt und diesbezüglich auf Art. 3 Abs. 2 bis 7 der Euro-Betriebsräte-Richtlinie bzw. § 6 Abs. 2 bis 4 EBRG verweist, definiert § 2 Abs. 4 SEBG, wann diese „betroffen“ im Sinne des SEBG sind.

Gem. § 2 Abs. 3 SEBG sind Tochtergesellschaften rechtlich selbständige Unternehmen (abhängige Unternehmen), auf die ein anderes Unternehmen (herrschendes Unternehmen) unmittelbar oder mittelbar einen beherrschenden Einfluss ausüben kann. Während § 18 Abs. 1 AktG, der den Konzernbegriff für die eingangs genannten Mitbestimmungsgesetze vorgibt, durch die Zusammenfassung der Unternehmen unter einheitlicher Leitung gekennzeichnet ist und darüber hinaus die Beherrschungsmöglichkeit in bestimmter Weise realisiert sein muss, genügt hier die bloße Möglichkeit der Einflussnahme auf die Leitung des abhängigen Unternehmens.[108] Ein beherrschender Einfluss wird vermutet, wenn einer der Tatbestände des § 6 Abs. 2 Nr. 1 bis 3 EBRG gegeben ist.

Betroffene Tochtergesellschaften sind gem. § 2 Abs. 4 SEBG die Tochtergesellschaften, die zu Tochtergesellschaften oder Betrieben der SE werden sollen. Es wird damit auf die zukünftige Konzernstruktur abgestellt. Selbst dann, wenn die Existenz von Tochtergesellschaften notwendige Gründungsvoraussetzung ist, wie z.B. im Umwandlungsfall, sind diese nur als betroffene Tochtergesellschaften einzuordnen und nicht als beteiligte Gesellschaften. Bei der Gründung einer Tochter-SE sind die Tochtergesellschaften der gründenden Unternehmen dagegen später Schwestergesellschaften und nicht betroffene Tochtergesellschaften. Umstritten ist, ob in mehrstufigen Konzernverbindungen nur die unmittelbare Tochter der Obergesellschaft als „betroffen“ angesehen werden kann oder auch die mittelbaren Tochtergesellschaften (Enkelgesellschaften) mitzuzählen sind.

1. *Positionen der Literatur für eine restriktive bzw. extensive Auslegung des Begriffs*

Für eine restriktive Auslegung wird vereinzelt angeführt, dass die Gesellschaften auf der Ebene unter der unmittelbaren Tochtergesellschaft in ihrer Abhängigkeitsstruktur völlig unverändert blieben und daher auch nicht „betroffen“ sei-

---

der Gemeinschaft zu verabschieden und damit seinen Beitrag zur Verhinderung von Ungleichbehandlungen wie im vorliegenden Fall zu erbringen.“

108 *Blanke*, EBRG, § 6 Rn. 4; *Däubler* in Däubler/Kittner/Klebe, BetrVG, EBRG, § 6 Rn. 3 f.; *Däubler/Klebe* AiB 1995, 557 (558 ff.); *Engels/Müller* DB 1996, 981 (982); *Hromadka* DB 1995, 1125 (1125); *Kuffner*, Beteiligung Europ. Aktiengesellschaft, S. 95 f.; *Müller*, EBRG, § 6 Rn. 5; *Nagel* in Nagel/Freis/Kleinsorge, Beteiligung SE, § 2 Rn. 7; *Windbichler* ZfA 1996, 1 (11).

en.[109] Die Gegenauffassung beruft sich auf den Wortlaut, der eine solche Einschränkung nicht enthalte. Vor allem würde eine restriktive Auslegung des § 2 Abs. 4 SEBG zu praktisch nicht vertretbaren Ergebnissen führen, da gerade in mehrstufigen Konzernverbindungen die auf der „ersten“ Ebene angesiedelten Gesellschaften häufig nur die Funktion einer Zwischenholding ohne eigene Beschäftigte erfüllen würden, während das gesamte operative Geschäft erst auf der „zweiten“ und „dritten“ Konzernebene angesiedelt sei. Solche Konzernverbindungen könnten anderenfalls im Rahmen des Beteiligungsverfahrens – entgegen ihrer wirtschaftlichen Bedeutung – nur eine marginale Rolle spielen.[110] Eine vermittelnde Auffassung differenziert deshalb zwischen der Gründung einer Holding-SE und den übrigen Gründungsvarianten. Nur im ersten Fall solle es sich nach dem Willen des Gesetzgebers bei den Enkelgesellschaften um betroffene Tochtergesellschaften handeln. Im Übrigen fehle es gerade an einer dem § 5 Abs. 1 S. 1 MitbestG vergleichbaren Zurechnungsregel.[111]

2. *Stellungnahme und zugleich Auslegung des § 2 Abs. 4 SEBG*

Eine isolierte Betrachtung des Wortlauts des § 2 Abs. 4 SEBG führt zu keinem eindeutigen Ergebnis. Die Norm verwendet nur den Begriff der Tochtergesellschaften, die zu Tochtergesellschaften der SE werden sollen, ohne eine Präzisierung dergestalt vorzunehmen, welche zusätzlichen Anforderungen das jeweilige Konzernunternehmen erfüllen muss.

Aufschluss könnte eine Prüfung des systematischen Zusammenhangs des § 2 Abs. 4 SEBG ergeben. § 2 Abs. 2 SEBG stellt für die Definition des Begriffs der „beteiligten Gesellschaften“ auf das Merkmal der Unmittelbarkeit ab. Die Tatsache, dass dieses zusätzliche Kriterium in § 2 Abs. 4 SEBG fehlt, spricht im Umkehrschluss dafür, dass es im Rahmen des § 2 Abs. 4 SEBG nicht darauf ankommt, ob das Konzernunternehmen unmittelbare oder lediglich mittelbare Tochtergesellschaft der Gründungsgesellschaft ist. Der teilweise vorgenommene Vergleich mit § 5 Abs. 1 S. 1 MitbestG ist bereits deshalb verfehlt, weil diese Norm einen anderen Konzernbegriff verwendet. § 2 Abs. 4 SEBG übernahm wörtlich die Definition des Art. 2 lit. d SE-RL, so dass das Gebot der richtlinienkonformen Auslegung verlangt, eine Präzisierung des Begriffs der betroffenen Tochtergesellschaften im europäischen Kontext und nicht in § 5 Abs. 1 S. 1 MitbestG zu suchen.[112] Das Fehlen des Erfordernisses der Unmittelbarkeit in Art. 2 lit. d SE-RL im Gegensatz zu Art. 2 lit. b SE-RL, der Parallelnorm zu § 2 Abs. 2 SEBG, spricht für eine extensive Auslegung.

---

[109] Noch zur SE-RL: *Kuffner*, Beteiligung Europ. Aktiengesellschaft, S. 101.

[110] *Grobys* NZA 2005, 84 (85) Fn. 10.

[111] *Jacobs* in Münch. Komm. AktG, § 2 SEBG Rn. 13; so wohl auch *Nagel* in Nagel/Freis/ Kleinsorge, Beteiligung SE, § 2 Rn. 14.

[112] *Rörig*, Direktwirkung von Richtlinien, S. 147.

Schließlich verlangt der Zweck des § 2 Abs. 4 SEBG ein extensives Verständnis. Tatsächlich nehmen die unmittelbaren Tochtergesellschaften oftmals nur die Funktion einer reinen Zwischenholding wahr. Blieben die Arbeitnehmer der mittelbaren Tochtergesellschaften bei der Bildung des besonderen Verhandlungsgremiums außen vor, käme es zu einer Verschiebung der Zusammensetzung, die den praktischen Bedürfnissen nicht entspräche. Die herrschende Ansicht nimmt im Rahmen des § 5 MitbestG ebenfalls eine Zurechnung vor, wenn mehrere Abhängigkeitsverhältnisse dergestalt hintereinander geschaltet sind, dass das herrschende Unternehmen nicht nur über das von ihm unmittelbar abhängige einen beherrschenden Einfluss ausüben kann, sondern mittelbar auch über das von diesem beherrschte dritte Unternehmen.[113] Eine Unterbrechung dieser Zurechnungskette im Rahmen des SEBG würde dazu führen, dass durch Gründung einer SE die Mitbestimmungsrechte der Arbeitnehmer mittelbarer Tochtergesellschaften ausgehebelt werden könnten. Kann die beteiligte Gesellschaft auch auf die Enkelgesellschaft einen beherrschenden Einfluss ausüben und soll diese zur Enkelgesellschaft der SE werden, ist sie deshalb gleichfalls als betroffene Tochtergesellschaft zu qualifizieren.[114]

Das durch die systematisch-teleologische Auslegung gewonnene Ergebnis bestätigt die Begründung zu § 2 Abs. 4 SEBG, in welcher folgende Aussage zu dieser Problematik zu finden ist: „Bei Gründung einer Holding-SE werden die betroffenen Tochtergesellschaften der Gründungsgesellschaften zu Enkelgesellschaften der SE. Auch diese Fallkonstellation wird vom Regelungsinhalt des Gesetzes erfasst."[115] Der Gesetzgeber spricht sich damit ausdrücklich für die Einbeziehung mittelbarer Tochtergesellschaften aus und nennt beispielhaft („auch") den praktisch relevanten Fall der Gründung einer Holding-SE.

II. Berücksichtigung der Arbeitnehmer betroffener Tochtergesellschaften bei der Verteilung der Sitze unter den beteiligten Mitgliedstaaten

Für die Festlegung der auf jeden Mitgliedstaat entfallenden Sitze werden gem. § 5 Abs. 1 SEBG nicht nur die Arbeitnehmer der beteiligten Gesellschaften addiert, sondern auch die Arbeitnehmer der betroffenen Tochtergesellschaften. Dagegen kommt eine Aufstockung der Mitgliederzahl im Gründungsfall der Verschmelzung nach § 5 Abs. 2 SEBG nur in Betracht, wenn die Gefahr besteht, dass eine beteiligte Gesellschaft nicht durch ein Mitglied im besonderen Verhandlungsgremium repräsentiert wäre. Eine Mindestrepräsentanz der Arbeitnehmer betroffener Tochtergesellschaften ist nach dem eindeutigen Wortlaut des

---

113 *Fitting/Wlotzke/Wißmann*, MitbestG, § 5 Rn. 24; *Raiser*, MitbestG, § 5 Rn. 12; *Ulmer* in Hanau/Ulmer, MitbestG, § 5 Rn. 15. Zur Anwendung des § 5 Abs. 3 MitbestG im SE-Konzern: *Müller-Bonanni/Melot de Beauregard* GmbHR 2005, 195 (198).

114 Ebenso für Österreich: *Gahleitner* in Kalss/Hügel, SE-Kommentar, § 211 ArbVG Rn. 4.

115 Reg.Begr. zu § 2 Abs. 4 SEBG, BT-Drucks. 15/3405, S. 44.

§ 5 Abs. 2 SEBG und der entsprechenden Ermächtigungsnorm der SE-RL, Art. 3 Abs. 2 lit. a, ii SE-RL, nicht vorgesehen.

III. Wählbarkeit der Arbeitnehmer betroffener Tochtergesellschaften gem. § 6 Abs. 2 SEBG

§ 6 SEBG legt die persönlichen Voraussetzungen der inländischen Mitglieder des besonderen Verhandlungsgremiums fest. Gem. § 6 Abs. 2 S. 1 SEBG sind neben den Gewerkschaftsvertretern Arbeitnehmer der „Gesellschaften" wählbar. Unklar ist, ob § 6 Abs. 2 SEBG damit die Wahl von Arbeitnehmern der betroffenen Tochtergesellschaften in das besondere Verhandlungsgremium verbietet. Dagegen spricht, dass das SEBG im Übrigen den Begriff der „beteiligten Gesellschaften" verwendet und diesen in § 2 Abs. 2 SEBG damit definiert, dass beteiligte Gesellschaften die Gesellschaften sind, die unmittelbar an der Gründung einer SE beteiligt sind. Durch den Wechsel in der Terminologie scheint § 6 Abs. 2 S. 2 SEBG den Kreis der wählbaren Personen auf die Arbeitnehmer aller inländischen Gesellschaften, einschließlich der betroffenen Tochtergesellschaften, zu erweitern.[116] Dies bestätigt auch der Art. 3 Abs. 2 lit. b S. 4 SE-RL, der die Wahl von Arbeitnehmern betroffener Tochtergesellschaften zu Mitgliedern des besonderen Verhandlungsgremiums als selbstverständlich voraussetzt.[117] Weiterhin spricht in systematischer Hinsicht für ein extensives Verständnis der Norm die Parallelbestimmung des Referentenentwurfs zu § 6 Abs. 2 S. 1 SCEBG,[118] welche die Arbeitnehmer betroffener Tochtergesellschaften ausdrücklich einbezieht. Die Begründung zum besagten Entwurf macht darauf aufmerksam, dass die Regelungen der SCE-Richtlinie,[119] deren Umsetzung das SCEBG dienen soll, „aufgrund der vergleichbaren Ausgangslage eng an die Bewertungen der Richtlinie 2001/86/EG über die Beteiligung der Arbeitnehmer in der Europäischen Gesellschaft (SE) angelehnt [sind]".[120] In der Konsequenz setzt sich die inhaltliche Orientierung an den Mitbestimmungsvorschriften zur SE auf nationaler Ebene fort. Der Referentenentwurf zum SCEBG greift nur einige begriffliche Unstimmigkeiten des SEBG auf, um diese einer Präzisierung

---

116 Im Ergebnis auch *Kleinsorge* in Nagel/Freis/Kleinsorge, Beteiligung SE, § 7 Rn. 2.

117 Art. 3 Abs. 2 lit. b S. 4 SE-RL lautet: „Die Mitgliedstaaten können vorsehen, dass diesem Gremium Gewerkschaftsvertreter auch dann angehören können, wenn sie nicht Arbeitnehmer einer beteiligten Gesellschaft oder einer betroffenen Tochtergesellschaft oder eines betroffenen Betriebs sind."

118 Art. 2 des Referentenentwurfs des BMJ zum Gesetz zur Einführung der Europäischen Genossenschaft und zur Änderung des Genossenschaftsrechts v. 19. 10. 2005.

119 Richtlinie 2003/72/EG des Rates v. 22. 7. 2003 zur Ergänzung des Statuts der Europäischen Genossenschaft hinsichtlich der Beteiligung der Arbeitnehmer, ABl. EU Nr. L 207 v. 18. 8. 2003, S. 25 ff.

120 Begründung zu Art. 2 des Referentenentwurfs zum Gesetz zur Einführung der Europäischen Genossenschaft und zur Änderung des Genossenschaftsrechts, S. 25.

zuzuführen,[121] so dass nicht nur die Vorschriften des SEBG als Auslegungshilfe für den Referentenentwurf zum SCEBG dienen können, sondern Letztere umgekehrt, wie hier § 6 Abs. 2 S. 1 des Referentenentwurfs zum SCEBG, Aufschluss über den gesetzgeberischen Willen in Bezug auf die Vorschriften des SEBG geben.[122] Die Arbeitnehmer betroffener Tochtergesellschaften sind damit zu Mitgliedern des besonderen Verhandlungsgremiums wählbar.

IV. Berücksichtigung der Arbeitnehmer betroffener Tochtergesellschaften bei der Verteilung der auf das Inland entfallenden Sitze

Ist nur eine Gesellschaft aus dem Inland an der Gründung der SE beteiligt, soll diese gem. § 7 Abs. 2 SEBG durch mindestens ein Mitglied im besonderen Verhandlungsgremium vertreten sein. Der Wortlaut des § 7 Abs. 2 SEBG verbietet es folglich nicht, die verbleibenden Sitze den betroffenen Tochtergesellschaften zukommen zu lassen. Fungiert die beteiligte Gesellschaft beispielsweise selbst nur als arbeitnehmerlose Holdinggesellschaft, können die Arbeitnehmer betroffener Tochtergesellschaften unproblematisch nachrücken. Schwieriger erweist sich die Anwendung der Vorschriften, wenn mehrere deutsche Gesellschaften an der Gründung der SE beteiligt sind.

1. Verteilung unter den „beteiligten Gesellschaften" – richtlinienwidrige Regelungslücke der §§ 7 Abs. 3 und Abs. 4 SEBG

Die Regelungen in §§ 7 Abs. 3 und Abs. 4 SEBG sehen lediglich eine Verteilung der inländischen Sitze unter den „beteiligten Gesellschaften" vor und zwar wiederum nur unter denjenigen, „die Arbeitnehmer im Inland beschäftigen". Der Zweck dieses strengen Formalismus liegt wohl darin, eine größtmögliche Vertretung aller betroffenen Arbeitnehmer zu garantieren.[123] Die wortgetreue Anwendung der § 7 Abs. 3 und Abs. 4 SEBG führt zu Wertungswidersprüchen, wenn eine oder mehrere der beteiligten Gesellschaften selbst keine oder nur wenige Arbeitnehmer beschäftigen, wie folgendes Beispiel anschaulich zeigt:

> *Beispiel*: An der Gründung einer Holding-SE sind auf deutschem Territorium die A-AG, die B-AG und die C-AG beteiligt. Die A-AG ist eine arbeitnehmerlose

---

[121] So auch in §§ 6 Abs. 3, 8 Abs. 1 S. 2 SCEBG-Ref. („an der Gründung der Europäischen Genossenschaft beteiligten juristische Personen, betroffenen Tochtergesellschaften oder betroffenen Betriebe" anstelle „an der Gründung der SE beteiligten Unternehmen"), § 6 Abs. 4 SCEBG-Ref. („auf die beteiligten juristischen Personen, betroffenen Tochtergesellschaften oder betroffenen Betriebe" anstelle „auf die beteiligten Gesellschaften"), § 6 Abs. 5 SCEBG-Ref. („nur Tochtergesellschaften oder Betriebe ausländischer juristischer Personen betroffen" anstelle „nur Betriebe ausländischer Gesellschaften betroffen").

[122] Nach *Zippelius*, Juristische Methodenlehre, S. 53 sind im Rahmen der Auslegung nicht nur Widersprüche zu höherrangigen Normen, sondern auch zwischen gleichrangigen Normen zu vermeiden.

[123] So bereits *Herfs-Röttgen* NZA 2002, 358 (360).

Holdinggesellschaft und hat zwei Tochtergesellschaften mit 1300 bzw. 1800 Arbeitnehmern. Bei der B-AG sind 600 Arbeitnehmer beschäftigt. Die C-AG beschäftigt 400 Arbeitnehmer und hat eine Tochtergesellschaft mit 300 Arbeitnehmern. Für Deutschland können insgesamt acht Mitglieder in das besondere Verhandlungsgremium gewählt werden. Nach Abzug von drei Sitzen entsprechend § 6 Abs. 3 und Abs. 4 SEBG verbleiben fünf Sitze. Gem. § 7 Abs. 2 SEBG sollen alle an der Gründung der SE beteiligten Gesellschaften mit Sitz im Inland, die Arbeitnehmer im Inland beschäftigen, durch mindestens ein Mitglied im besonderen Verhandlungsgremium vertreten sein. Die A-AG beschäftigt keine Arbeitnehmer, so dass über § 7 Abs. 2 SEBG nur die B-AG und die C-AG jeweils einen Sitz erhalten. Die verbleibenden drei Sitze sind gem. § 7 Abs. 4 SEBG nach dem d'Hondtschen Höchstzahlverfahren auf die beteiligten Gesellschaften zu verteilen und zwar wiederum nur auf die, die Arbeitnehmer im Inland beschäftigen. Dementsprechend fallen auf die B-AG zwei Sitze und auf die C-AG ein Sitz im besonderen Verhandlungsgremium. Obwohl im A-Konzern insgesamt 3100 Arbeitnehmer und damit die überwiegende Mehrheit der deutschen Arbeitnehmer beschäftigt ist, sind diese nicht durch ein einziges Mitglied im besonderen Verhandlungsgremium vertreten. Die B-AG ist durch drei Mitglieder und die C-AG dagegen nur durch zwei Mitglieder vertreten, obwohl im C-Konzern ingesamt 700 Arbeitnehmer und in der B-AG mangels Existenz von Tochtergesellschaften nur 600 Arbeitnehmer beschäftigt sind.

Insbesondere, wenn die beteiligten Gesellschaften selbst nur als arbeitnehmerlose Holdinggesellschaften fungieren, werden die Verteilungsvorschriften der §§ 7 Abs. 3 und Abs. 4 SEBG den praktischen Bedürfnissen in keiner Weise gerecht. In diesen Fällen führt eine strikte Anwendung der §§ 7 Abs. 3 und Abs. 4 SEBG dazu, dass den in den Konzernunternehmen beschäftigten Arbeitnehmern die Möglichkeit verwehrt ist, eigene Mitglieder in das besondere Verhandlungsgremium zu wählen. Nach der SE-RL ist das besondere Verhandlungsgremium als Repräsentationsorgan der Arbeitnehmer der beteiligten Gesellschaften *und* der Arbeitnehmer betroffener Tochtergesellschaften konzipiert. So heißt es eingangs in Art. 3 Abs. 2 SE-RL: „Zu diesem Zweck wird ein besonderes Verhandlungsgremium als Vertretung der Arbeitnehmer der beteiligten Gesellschaften sowie der betroffenen Tochtergesellschaften oder betroffenen Betriebe gemäß folgenden Vorschriften eingesetzt: [...].“ Art. 3 Abs. 2 lit. b S. 2 SE-RL räumt der Repräsentation der Arbeitnehmer der beteiligten Gesellschaften zwar grundsätzlich den Vorrang ein. Danach „ergreifen [die Mitgliedstaaten] die erforderlichen Maßnahmen, um sicherzustellen, dass nach Möglichkeit jede beteiligte Gesellschaft, die in dem jeweiligen Mitgliedstaat Arbeitnehmer beschäftigt, durch mindestens ein Mitglied in dem Gremium vertreten ist.“ Aus der Formulierung „nach Möglichkeit“ lässt sich jedoch schließen, dass der europäische Gesetzgeber die im Einzelfall bestehenden praktischen Hindernisse vorausgesehen hat. Ein Verteilungsverfahren, welches die Vertretung von Arbeitnehmern betroffener Tochtergesellschaften von vornherein ausschließt, wird den Anforderungen der SE-RL nicht gerecht.[124]

2. *Planwidrigkeit der Regelungslücke*

Eine Korrektur könnte über die Grundsätze der richtlinienkonformen Auslegung erreicht werden. Das nationale Recht ist so weit wie möglich im Lichte des Wortlauts und des Zwecks der Richtlinie auszulegen, um das Ziel derselben zu erreichen.[125] Im Gegensatz zur deutschen Methodenlehre umschreibt der EuGH mit dem Gebot der richtlinienkonformen Auslegung in Anlehnung an die französische Doktrin zugleich die Rechtsfortbildung im Wege einer Analogie.[126] Unabhängig von der Begriffswahl des EuGH unterliegt die richtlinienkonforme Auslegung den nationalen methodischen Grenzen,[127] weshalb die durch eine wortgetreue Anwendung der §§ 7 Abs. 3 und Abs. 4 SEBG auftretende Regelungslücke planwidrig sein muss.[128] Die Einfügung der Sonderregelung des § 7 Abs. 5 SEBG spricht dafür, dass der deutsche Gesetzgeber mit der Normierung der Verteilungsregelung in §§ 7 Abs. 3 und Abs. 4 SEBG die Vertretung der Arbeitnehmer betroffener Tochtergesellschaften durch eigene Mitglieder nicht explizit ausschließen wollte. § 7 Abs. 5 SEBG ordnet die entsprechende Anwendung der §§ 7 Abs. 2 bis 4 SEBG für den Fall an, dass auf deutschem

---

124 Kritisch auch *Kleinsorge* in Nagel/Freis/Kleinsorge, Beteiligung SE, § 7 Rn. 6 f.

125 EuGH, Urteil v. 10. 4. 1984, Slg. 1984, 1891 (1909) (von Colson und Kamann); EuGH, Urteil v. 10. 4. 1984, Slg. 1984, 1921 (1942) (Harz); EuGH, Urteil v. 13. 11. 1990, Slg. 1990 I, 4156 (4159) (Marleasing); EuGH, Urteil v. 25. 2. 1999, Slg. 1999 I, 1119 (1134) (Carbonari); EuGH, Urteil v. 5. 10. 2004, NZA 2004, 1145 (1151) (Pfeiffer); *Anweiler*, Auslegungsmethoden des EuGH, S. 100 f.; *Brechmann*, Die richtlinienkonforme Auslegung, S. 46 ff.; *Canaris* in FS für Bydlinski, S. 47 ff.; *Grundmann* JZ 1996, 274 (281 f.); *Lutter* JZ 1992, 593 (596 ff.); *Müller/Christensen*, Juristische Methodik II, S. 343 f.; *Riesenhuber/Domröse* RIW 2005, 47 (48 ff.); *Schnorbus* AcP 201 (2001), 860 (865); *Schulze* in Schulze, Auslegung, S. 9 (14 ff.); *Zuleeg* in Schulze, Auslegung, S. 163 (171 f.).

126 Vgl. nur EuGH, Urteil v. 23. 3. 2000, NJW 2000, 1323 (1324) (Berliner Kindl); *Canaris* in FS für Bydlinski, S. 47 (81); *Dänzer-Vanotti* RIW 1992, 733 (734); *Franzen*, Privatrechtsangleichung, S. 358; *Grundmann/Riesenhuber* JuS 2001, 529 (535); *Riesenhuber/Dornröse* RIW 2005, 47 (50) bevorzugen deshalb den Oberbegriff der „richtlinienkonformen Rechtsfindung"; *Rörig*, Direktwirkung von Richtlinien, S. 125 und 155.

127 EuGH, Urteil v. 10. 4. 1984, Slg. 1984, 1891 (1909) (von Colson und Kamann); EuGH, Urteil v. 13. 11. 1990, Slg. 1990 I, 4156 (4159) (Marleasing); EuGH, Urteil vom 25. 2. 1999, Slg. 1999 I, 1119 (1134) (Carbonari); *Brechmann*, Die richtlinienkonforme Auslegung, S. 50; *Canaris* in FS für Bydlinski, S. 47 (57 ff.); *Franzen*, Privatrechtsangleichung, S. 375 ff.; *Grundmann/Riesenhuber* JuS 2001, 529 (534); *Rörig*, Direktwirkung von Richtlinien, S. 125; a.A. *Lutter*, Europäisches Unternehmensrecht, S. 27 f.; *ders.* JZ 1992, 593 (607).

128 Allgemein zu diesem Erfordernis bei der Ausfüllung von Gesetzeslücken: *Bydlinski*, Methodenlehre, S. 473; *Canaris*, Die Feststellung von Lücken im Gesetz, S. 31 ff.; *Engisch*, Einführung in das juristische Denken, S. 180 ff.; *Larenz/Canaris*, Methodenlehre, S. 194 f.

Territorium von der Gründung der SE nur deutsche Niederlassungen von Gesellschaften aus anderen Mitgliedstaaten betroffen sind. Für die vergleichbare Konstellation betroffener Tochtergesellschaften ausländischer Gesellschaften fehlt es an einer Regelung. Daraus folgt im Umkehrschluss, dass der Gesetzgeber davon auszugehen scheint, dass deren Arbeitnehmer bereits über die direkte Anwendung der §§ 7 Abs. 2 bis Abs. 4 SEBG hinreichend Berücksichtigung finden. Es handelt sich um eine Gesetzeskorrektur, die über die bloße Berichtigung eines so genannten Redaktionsversehens hinausgeht, da von Letzterem nur dann auszugehen ist, wenn die Gesetzesredaktoren lediglich versehentlich einen anderen Ausdruck gewählt haben, als sie beabsichtigten.[129] Hier haben sie sich nicht nur im Ausdruck vergriffen, sie haben vielmehr das Problem des Konzernverbundes als Gründungspartner nicht bis zum Ende durchdacht. Nicht nur der Begriff der „beteiligten Gesellschaften" bedarf einer Korrektur, sondern die ihrem Zweck nicht entsprechende Verteilungsregel selbst. Weitergehend beziehen die Parallelbestimmungen der §§ 7 Abs. 4 und Abs. 5 SCEBG die betroffenen Tochtergesellschaften ausdrücklich in das Verteilungsverfahren ein, was im Hinblick auf die Auslegung des SEBG die Planwidrigkeit der Regelungslücke bestätigt.

3. *Einzelanalogie zu §§ 8 Abs. 2 und Abs. 5 SEBG durch Ersetzung des Begriffs der „beteiligten Gesellschaften" durch den der „beteiligten Unternehmensgruppe"*

Der Zweck der Verteilungsregel in §§ 7 Abs. 3 und Abs. 4 SEBG, eine größtmögliche Vertretung aller Arbeitnehmer zu gewährleisten, erfordert eine Einbeziehung der Arbeitnehmer betroffener Tochtergesellschaften. In Betracht kommt die Bildung einer Einzelanalogie zu den Vorschriften der §§ 8 Abs. 2 und Abs. 5 SEBG. Diese regeln die Zusammensetzung des Wahlgremiums für den Fall, dass an der SE-Gründung eine oder mehrere Unternehmensgruppen beteiligt sind. Entsprechend dazu könnte der Begriff der „beteiligten Gesellschaften" in §§ 7 Abs. 3 und Abs. 4 SEBG durch den Begriff der „beteiligten Unternehmensgruppen" zu ersetzen sein. Die Analogie gründet sich darauf, dass zwei Tatbestände infolge ihrer Ähnlichkeit in den für die gesetzliche Bewertung maßgebenden Hinsichten gleich zu gewichten sind, also die Interessenlage vergleichbar ist.[130] Ob § 8 SEBG die Grundlage für einen Analogieschluss zu bilden vermag, hängt von der ratio legis der Vorschrift ab.[131] Der Gesetzgeber greift im Rahmen des § 8 SEBG auf bestehende Betriebsratsstrukturen zurück, um das Wahlverfahren zu erleichtern.[132] Dafür lehnt er sich an die Vorschrift des § 11 EBRG an und übernimmt zugleich den dort gewählten Begriff der Unternehmensgruppe. Unter einer Unternehmensgruppe versteht man nach Maßgabe

---

129 *Larenz/Canaris*, Methodenlehre, S. 219.

130 *Bydlinski*, Methodenlehre, S. 475; *Larenz/Canaris*, Methodenlehre, S. 202; *Pawlowski*, Methodenlehre, Rn. 481 f.

131 *Bydlinski*, Methodenlehre, S. 475; *Larenz/Canaris*, Methodenlehre, S. 202 f. und 210.

132 Reg.Begr. zu § 8 SEBG, BT-Drucks. 15/3405, S. 47.

von Art. 2 lit. b der Euro-Betriebsräte-Richtlinie eine Gruppe, die aus einem herrschenden Unternehmen und den von diesem abhängigen Unternehmen besteht.[133] Die Anlehnung an das EBRG durch die Verwendung des Begriffs der „Unternehmensgruppe" im Rahmen des § 8 SEBG erleichtert den Umgang, ist jedoch systemfremd im Vergleich zu der sonstigen Terminologie des SEBG. Dieses stützt sich im Übrigen durchweg auf die Begriffe der „beteiligten Gesellschaften" und der „betroffenen Tochtergesellschaften". Für eine Analogie zu § 8 Abs. 2 und Abs. 5 SEBG, indem der Begriff der „beteiligten Gesellschaften" durch den Begriff der „beteiligten Unternehmensgruppe" ersetzt wird, fehlt es, aufgrund des besonderen Bezugs des § 8 SEBG zum EBRG, an der Ähnlichkeit des Tatbestandes.

4. Teleologische Extension der §§ 7 Abs. 3 und Abs. 4 SEBG durch generelle Einbeziehung der Arbeitnehmer betroffener Tochtergesellschaften oder Umdeutung in so gen. „Soll-Vorschriften"

Scheidet eine Analogie aufgrund des Fehlens eines vergleichbaren Tatbestandes aus, könnten die Arbeitnehmer betroffener Tochtergesellschaften über den Wortlaut der §§ 7 Abs. 3 und Abs. 4 SEBG hinaus aufgrund einer teleologischen Extension der entsprechenden Vorschriften einzubeziehen sein. In ihren Auswirkungen kommt eine teleologische Extension einer Analogie sehr nahe. Auch hier wird eine Regelung auf einen Sachverhalt erstreckt, den sie ihrem möglichen Wortsinn nach nicht erfasst. Ebenso ist Voraussetzung, dass ohne die Korrektur der Zweck in einem Teil der Fälle verfehlt würde, ein schwerwiegender Wertungswiderspruch oder eine offenbare Ungerechtigkeit nicht zu vermeiden wären.[134] Als erste Möglichkeit kommt eine generelle Einbeziehung der Arbeitnehmer betroffener Tochtergesellschaften in die Tatbestände der §§ 7 Abs. 3 und Abs. 4 SEBG in Betracht. Dies macht vor allem Sinn, wenn für die Verteilung der Sitze auf die Belegschaftsgrößen abgestellt wird und würde der Parallelbestimmung § 7 Abs. 4 SCEBG entsprechen.[135] Eine generelle Gleichstellung der Arbeitnehmer betroffener Tochtergesellschaften mit den Arbeitnehmern der beteiligten Gesellschaften ließe jedoch unberücksichtigt, dass Art. 3 Abs. 2 lit. b S. 2 SE-RL eine Bevorzugung der Arbeitnehmer der beteiligten Gesellschaften bei der Verteilung der Sitze anstrebt. Nur für sie ist eine Mindestrepräsentation im besonderen Verhandlungsgremium vorgesehen. In Entsprechung dieses An-

---

133 Ausführlich zum Begriff der Unternehmensgruppe: *Oetker* in GK-BetrVG, vor § 106 Rn. 48; *Windbichler* ZfA 1996, 1 (7 ff.) jeweils m. w. N.

134 *Larenz/Canaris*, Methodenlehre, S. 220.

135 Kurioserweise stellt § 7 Abs. 3 SCEBG weiterhin nur auf die beteiligten juristischen Personen ab, obwohl sich das Problem der arbeitnehmerlosen Holdinggesellschaft auch dann stellt, wenn weniger Sitze als beteiligte juristische Personen vorhanden sind. § 7 Abs. 5 SCEBG gibt hierfür ebenfalls keine Lösung vor, da die Vorschrift nur dann eingreift, wenn *keine* juristischen Personen mit Sitz im Inland an der Gründung einer Europäischen Genossenschaft beteiligt sind.

liegens ist es daher vorzuziehen, die Arbeitnehmer betroffener Tochtergesellschaften nicht generell in den Anwendungsbereich der §§ 7 Abs. 3 und Abs. 4 SEBG einzubeziehen, sondern die genannten Vorschriften als „Soll-Vorschriften“ zu begreifen.[136] Auf diese Weise bleibt der Anspruch der Arbeitnehmer der beteiligten Gesellschaften auf eine Mindestrepräsentation im besonderen Verhandlungsgremium grundsätzlich erhalten und schafft zugleich den notwendigen Spielraum, um die daraus im Einzelfall resultierenden Widersprüche vermeiden zu können. In Orientierung am Sprachgebrauch des § 7 Abs. 2 SEBG, entspricht diese Auslegung zudem dem Willen des europäischen Gesetzgebers, der in Art. 3 Abs. 2 lit. b S. 2 SE-RL nur „nach Möglichkeit“ eine Mindestrepräsentation der Arbeitnehmer der beteiligten Gesellschaften sichergestellt haben möchte.

5. *Ergebnis*

Sind mehrere inländische Gesellschaften an der Gründung einer SE beteiligt, sollen vorrangig diese nach den Regelungen der §§ 7 Abs. 3 und Abs. 4 SEBG durch eigene Mitglieder im besonderen Verhandlungsgremium vertreten sein. Abweichend davon kann das Wahlgremium auch Arbeitnehmer betroffener Tochtergesellschaften zu Mitgliedern des besonderen Verhandlungsgremiums wählen. Die Wahl von Arbeitnehmern betroffener Tochtergesellschaften kommt insbesondere dann in Betracht, wenn die Gründungsgesellschaft nur als arbeitnehmerlose Holdinggesellschaft fungiert.

D. Vertretung von Arbeitnehmern betriebsratsloser Betriebe oder Unternehmen im besonderen Verhandlungsgremium

Wie bereits erwähnt, greift der Gesetzgeber in Anlehnung an § 11 EBRG auf bereits vorhandene Arbeitnehmerstrukturen zurück, um dadurch das Wahlverfahren einfach zu gestalten. Unterschiede zu § 11 EBRG ergeben sich bei der Vertretung betriebsratsloser Arbeitnehmer, die im Rahmen des § 8 SEBG eine stärkere Berücksichtigung finden.

I. Mitvertretung durch bestehende Arbeitnehmervertretungen

§§ 8 Abs. 2 S. 2 und Abs. 3 S. 2 SEBG legen fest, dass bestehende Arbeitnehmervertretungen die Arbeitnehmer betriebsratsloser Betriebe oder Unternehmen derselben Unternehmensgruppe mitvertreten. Ein ausdrückliches Mitvertretungsgebot sieht § 11 EBRG nicht vor, wird von der Literatur aber auch dort als selbstverständlich angesehen.[137]

---

[136] So im Ergebnis wohl auch *Kleinsorge* in Nagel/Freis/Kleinsorge, Beteiligung SE, § 7 Rn. 6 f.

[137] *Eckhoff*, Der Europäische Betriebsrat, S. 203; *Gaul* NJW 1996, 3378 (3380); *Müller*, EBRG, § 11 Rn. 2.

Vereinzelte Stimmen stellen die Richtlinienkonformität der Mitvertretung unter Berufung auf Art. 3 Abs. 2 lit. b letzter Satz SE-RL in Frage, wonach gewährleistet sein muss, dass in den Unternehmen oder Betrieben, in denen unabhängig vom Willen der Arbeitnehmer keine Arbeitnehmervertreter vorhanden sind, diese selbst Mitglieder für das besondere Verhandlungsgremium wählen oder bestellen dürfen.[138] Der Hauptanwendungsbereich der gesetzlich angeordneten Mitvertretung ist in der Praxis dann gegeben, wenn gem. § 1 BetrVG ein Betriebsrat mangels ausreichender Betriebsratsgröße nicht errichtet werden kann. Diese Fälle nimmt Art. 3 Abs. 2 lit. b letzter Satz SE-RL aus seinem Anwendungsbereich heraus, da die Vorschrift „unbeschadet der einzelstaatlichen Rechtsvorschriften und/oder Gepflogenheiten betreffend Schwellen für die Errichtung eines Vertretungsorgans“ gilt. Im Übrigen erfasst die in §§ 8 Abs. 2 S. 2 und Abs. 3 S. 2 SEBG vorgesehene Mitvertretung die Fälle, in denen die Arbeitnehmer freiwillig auf die Errichtung eines Betriebsrats verzichtet haben. Auch hier entsagt sich der europäische Gesetzgeber eines Regelungsanspruches, infolge der in Art. 3 Abs. 2 lit. b letzter Satz SE-RL vorgenommenen Einschränkung auf die Arbeitnehmer der Unternehmen oder Betriebe „in denen unabhängig vom Willen der Arbeitnehmer keine Arbeitnehmervertreter vorhanden sind.“ Aus der SE-RL lässt sich damit kein Verbot der Mitvertretung ableiten.[139]

II. Direkte Wahl durch die Arbeitnehmer betriebsratsloser Betriebe oder Unternehmen

Existiert nicht nur in einem Betrieb, sondern im ganzen Unternehmen kein Betriebsrat, normiert das SEBG ein direktes Wahlrecht der Arbeitnehmer. §§ 8 Abs. 5 S. 3 bis 5 SEBG regeln die Konstellation, dass mehrere deutsche nicht konzernverbundene Unternehmen oder Unternehmensgruppen an der Gründung der SE beteiligt sind und in einzelnen Unternehmen keine gewählten Arbeitnehmervertretungen vorhanden sind, also ein Unternehmen ohne Betriebsrat neben ein Unternehmen mit Betriebsrat tritt. Für das betriebsratslose Unternehmen ist fiktiv zu ermitteln, wie viele Mitglieder ein gewählter Betriebsrat nach dem BetrVG hätte. So viele Mitglieder können dessen Arbeitnehmer in das Wahlgremium wählen. Die gewählten Mitglieder treten mit den bestehenden Betriebsräten der anderen Unternehmen zu einem gemeinsamen Wahlgremium zusammen.

---

138 Vgl. BDA, BDI, DIHK, GDV, BdB und Dt. Aktieninstitut, Gemeinsame Stellungnahme, zu § 8 SEBG, S. 9; *Jacobs* in Münch. Komm. AktG, § 8 SEBG Rn. 7.

139 So auch *Hennings* in Manz/Mayer/Schröder, Europäische Aktiengesellschaft, Art. 3 SE-RL Rn. 13. Ebenso zu Art. 5 Abs. 2 lit. a der Richtlinie 94/45/EG: *Joost* in Münch. Handb. Arbeitsrecht, § 366 Rn. 63; *Müller*, EBRG, § 11 Rn. 2; *Rademacher*, Der Europäische Betriebsrat, S. 110; *Oetker* in GK-BetrVG, vor § 106 Rn. 105; a. A. *Blanke*, EBRG, § 11 Rn. 4.

§ 8 Abs. 7 SEBG ist auf den seltenen Fall zugeschnitten, dass ein betriebsratsloses Unternehmen oder sogar mehrere betriebsratslose Unternehmen an der Gründung einer SE beteiligt sind. Eigens ein Wahlgremium zu bilden, erübrigt sich hier. Infolgedessen wählen die Arbeitnehmer die Mitglieder des besonderen Verhandlungsgremiums direkt. Zur Organisation ordnet § 8 Abs. 7 S. 2 SEBG nur die Wahl eines Wahlvorstandes in einer Versammlung der Arbeitnehmer an, zu der die inländische Konzernleitung, Unternehmensleitung oder Betriebsleitung einlädt. Im Übrigen umschreibt § 8 Abs. 7 SEBG die wesentliche Wahlgrundsätze, die auch für die Mitbestimmungsgesetze maßgeblich sind.

Die direkte Wahl durch die Arbeitnehmer findet auch dann statt, wenn diese freiwillig auf die Bildung eines Betriebsrats verzichtet haben. Der deutsche Gesetzgeber geht damit über die Anforderungen des Art. 3 Abs. 2 lit. b letzter Satz SE-RL hinaus[140] und gewährleistet gleichzeitig, dass es den Arbeitnehmern weiterhin freigestellt ist, ob sie einen Betriebsrat errichten wollen, ohne die Bildung des besonderen Verhandlungsgremiums und damit den Rechtsformwechsel zu blockieren.

III. Die betriebsverfassungsrechtliche Sonderstellungen der Besatzungsmitglieder von Seeschifffahrtsunternehmen und der im Flugbetrieb beschäftigten Arbeitnehmer von Luftfahrtunternehmen und ihre Auswirkungen auf die Bildung des besonderen Verhandlungsgremiums

Es gibt zwei Arbeitnehmergruppen, für die betriebsverfassungsrechtlich besondere Organisationsformen vorgesehen sind: die Besatzungsmitglieder von Seeschifffahrtsunternehmen und die im Flugbetrieb beschäftigten Arbeitnehmer von Luftfahrtunternehmen (§§ 114-117 BetrVG). Die Sonderregelungen beruhen auf der Erwägung, dass die betroffenen Arbeitnehmer unter besonderen Gefahren und unter laufender Ortsveränderung in regelmäßig weiter Entfernung vom Hauptstandort ihre Arbeitsleistung erbringen, was einer allgemeinen betrieblichen Vertretung zu große Schwierigkeiten bereitet.[141] Hier soll in der gebotenen Kürze näher untersucht werden, ob und inwieweit sich die betriebsverfassungsrechtliche Sonderstellung des „schwimmenden" bzw. „fliegenden" Personals auf die Bildung des Wahlgremiums auswirkt.

1. Vertretung der Besatzungsmitglieder von Seeschifffahrtsunternehmen

Für die Arbeitnehmer der Seebetriebe von Seeschifffahrtsunternehmen ist eine zweistufige betriebliche Vertretung vorgesehen: Die Bordvertretung (§ 115 BetrVG) vertritt an Bord die Interessen der Besatzungsmitglieder gegenüber dem Kapitän, während der Seebetriebsrat (§ 116 BetrVG) an Land die Interessen

---

140 *Hennings* in Manz/Mayer/Schröder, Europäische Aktiengesellschaft, Art. 3 SE-RL Rn. 15.

141 BAG, Urteil v. 20. 2. 2001, AP Nr. 6 zu § 117 BetrVG 1972; *Joost* in Münch. Handb. Arbeitsrecht, § 321 Rn. 2.

der Besatzungsmitglieder aller Schiffe eines Seeschifffahrtsunternehmens vertritt. Gem. § 116 Abs. 1 S. 2 BetrVG finden auf den Seebetriebsrat grundsätzlich die Vorschriften über die Rechte und Pflichten des Betriebsrats und die Rechtsstellung seiner Mitglieder Anwendung, soweit nicht etwas anderes gesetzlich bestimmt ist. Der Seebetriebsrat ist damit einem gewöhnlichen Betriebsrat gleichzustellen.[142] § 116 Abs. 1 S. 2 BetrVG beeinflusst das SEBG für Seeschifffahrtsunternehmen nur insoweit, als dass mit Betriebsrat immer zugleich auch der Seebetriebsrat gemeint ist.

2. *Vertretung der im Flugbetrieb beschäftigten Arbeitnehmer von Luftfahrtunternehmen*

Auch bei Luftfahrtunternehmen differenziert das BetrVG zwischen den Arbeitnehmern des Landbetriebs und denen des Flugbetriebs. Das BetrVG findet nur auf die Landbetriebe Anwendung, während die Vertretung der im Flugbetrieb beschäftigten Arbeitnehmer einer tarifvertraglichen Regelung vorbehalten bleibt (§ 117 BetrVG).[143] Im Flugbetrieb beschäftigt sind die Arbeitnehmer, die unmittelbar an der Beförderung von Personen oder Gütern beteiligt sind, indem sie das Flugzeug führen, dabei mitwirken oder Personen bzw. Güter während der Beförderung betreuen und die mit der Beförderung verbundenen Dienstleistungen erbringen.[144] In Luftfahrtunternehmen machen sie damit einen Großteil der beschäftigten Arbeitnehmer aus. Der betriebsverfassungsrechtlichen Sonderstellung steht eine undifferenzierte Betrachtung der Mitbestimmungsgesetze gegenüber, welche uneingeschränkt auch die im Flugbetrieb beschäftigten Arbeitnehmer erfassen.

a) Planwidrige Regelungslücke des § 8 SEBG

Entsprechend den Regelungen der §§ 8 Abs. 2 bis 5 SEBG setzt sich das Wahlgremium aus bestehenden Betriebsratsstrukturen zusammen. Die Regierungsbegründung nennt explizit den Betriebsrat, Gesamtbetriebsrat, Konzernbetriebsrat, Spartenbetriebsrat und andere vereinbarte Formen nach § 3 BetrVG und legt damit der Anwendung des § 8 SEBG den in § 2 Abs. 6 SEBG definierten Begriff der Arbeitnehmervertretung zugrunde.[145] Keine Erwähnung finden in § 2 Abs. 6 BetrVG die für die im Flugbetrieb beschäftigten Arbeitnehmer errichte-

---

142 *Joost* in Münch. Handb. Arbeitsrecht, § 321 Rn. 72.

143 Für eine Vereinbarkeit mit Art. 3 GG: BAG, Urteil v. 8. 11. 1985, AP Nr. 4 zu § 117 BetrVG 1972 = RdA 1986, 135 = AuR 1986, 157; *Fitting/Kaiser/Heither/Engels/Schmidt*, BetrVG, § 117 Rn. 8; *H. Hess* in Hess/Schlochauer/Worzalla/Glaubitz, BetrVG, § 117 Rn. 6; *Joost* in Münch. Handb. Arbeitsrecht, § 321 Rn. 121; *Kania* in Erfurter Komm. Arbeitsrecht, § 117 BetrVG Rn. 1; *Thüsing* in Richardi, BetrVG, § 117 Rn. 2; *Wiese/Franzen* in GK-BetrVG, § 117 Rn. 9; a. A. *Däubler* in Däubler/Kittner/Klebe, BetrVG, § 117 Rn. 4 ff.; *Grabherr* NZA 1988, 532 (533).

144 *Wiese/Franzen* in GK-BetrVG, § 117 Rn. 7.

145 Reg.Begr. zu § 8 SEBG, BT-Drucks. 15/3405, S. 47.

ten tarifvertraglichen Vertretungen (§ 117 Abs. 2 BetrVG). Hierbei dürfte es sich jedoch um ein gesetzgeberisches Versehen handeln, welches eine richtlinienkonforme Auslegung des § 8 SEBG rechtfertigt. Da die im Flugbetrieb beschäftigten Arbeitnehmer über keine Arbeitnehmervertretung im Sinne des § 2 Abs. 6 SEBG verfügen, müssten diese bei strikter Anwendung des § 8 SEBG über den Betriebsrat der Landbetriebe mitvertreten werden. Eine solche Schlussfolgerung stünde im Widerspruch zu Art. 3 Abs. 2 lit. b letzter Satz SE-RL, wonach die Mitgliedstaaten vorsehen müssen, dass die Arbeitnehmer der Unternehmen oder Betriebe, in denen unabhängig vom Willen der Arbeitnehmer keine Arbeitnehmervertreter vorhanden sind, selbst Mitglieder für das besondere Verhandlungsgremium bestellen dürfen. Den im Flugbetrieb beschäftigten Arbeitnehmern ist es von Gesetzes wegen verwehrt, eine Arbeitnehmervertretung im Sinne des BetrVG zu bilden, so dass „unabhängig von ihrem Willen" keine Arbeitnehmervertreter vorhanden sind. Ebenso handelt es sich nicht um eine nach der SE-RL zulässige einzelstaatliche Schwellenregelung, wie es bei § 1 BetrVG der Fall ist.

b) Analoge Anwendung des § 8 Abs. 5 SEBG

Der Tarifvertrag kann auch Regelungen über die Zusammenarbeit der durch ihn errichteten Vertretung mit den nach dem BetrVG für die Landbetriebe des Luftfahrtunternehmens zu errichtetenden Vertretungen vorsehen (§ 117 Abs. 2 S. 2 BetrVG). Enthält der Tarifvertrag Regelungen für die gemeinsame Bildung eines Gesamt- oder Konzernbetriebsrats,[146] finden die § 8 Abs. 2 bis 5 SEBG unmittelbare Anwendung, da über diese Arbeitnehmervertretung die im Flugbetrieb beschäftigten Arbeitnehmer mitvertreten werden.

In der Praxis behalten die Tarifverträge in der Regel die in § 117 BetrVG angelegte personelle Trennung bei.[147] Ist durch Tarifvertrag eine Arbeitnehmervertretung des „fliegenden Personals" neben den nach dem BetrVG bestehenden Arbeitnehmervertretungen des „Bodenpersonals" errichtet, muss sich nach Sinn und Zweck des § 8 SEBG das Wahlgremium aus den Mitgliedern dieser beiden Institutionen zusammensetzen. Insofern bietet sich eine analoge Awendung des § 8 Abs. 5 S. 1 SEBG an, der im Übrigen nur von unternehmensunabhängigen Betrieben spricht und damit nicht direkt auf die hier gegebene Konstellation passt. Die tarifvertraglich errichtete Arbeitnehmervertretung des „fliegenden Personals" und der für das „Bodenpersonal" zuständige Betriebsrat sind zu einem gemeinsamen Wahlgremium zusammenzulegen.

---

[146] So sah beispielsweise der Ergänzungstarifvertrag Nr. 1 über die Betriebsvertretung der Stewardessen der BEA" v. 21. 2. 1974 eine Teilnahme der Stewardessen an der Bildung des Gesamtbetriebsrats vor. Inzwischen ist der Vertrag außer Kraft, da British Airways keine deutschen Stewardessen mehr beschäftigt. Vgl. zu diesem und anderen Tarifverträgen: *Wiese/Franzen* in GK-BetrVG, § 117 Rn. 13 ff.

[147] Vgl. Nachweise bei *Wiese/Franzen*, GK-BetrVG, § 117 Rn. 13 ff.

Wenn die Tarifvertragsparteien trotz der Ermächtigung des § 117 Abs. 2 S. 1 BetrVG von der Errichtung eines eigenen Arbeitnehmervertretungsorgans abgesehen haben, ist ebenfalls auf den Gedanken des § 8 Abs. 5 SEBG zurückzugreifen. Dessen Satz 3 regelt den Fall, dass in einzelnen von mehreren an der Gründung einer SE beteiligten Unternehmen keine gewählten Arbeitnehmervertretungen vorhanden sind und ordnet für diese eine direkte Wahl durch die Arbeitnehmervertreter an. Für die Festlegung der Anzahl der zu wählenden Mitglieder ist fiktiv zu ermitteln, wie viele Mitglieder eine nach dem BetrVG gewählte Arbeitnehmervertretung hätte (§ 8 Abs. 5 S. 5 SEBG).[148] Für die im Flugbetrieb beschäftigten Arbeitnehmer bedeutet dies, dass analog zu § 8 Abs. 5 S. 5 SEBG in einem ersten Schritt fiktiv zu ermitteln ist, wie viele Mitglieder der Betriebsrat hätte, wenn die im Flugbetrieb beschäftigten Arbeitnehmer nicht aus dem Anwendungsbereich des BetrVG herausgenommen wären. Im zweiten Schritt wählen die im Flugbetrieb beschäftigten Arbeitnehmer diese Mitglieder in einer Urwahl. Auf diese Weise ist garantiert, dass trotz betriebsverfassungsrechtlicher Sonderstellung der im Flugbetrieb beschäftigten Arbeitnehmer die beiden Arbeitnehmergruppen proportional zu ihrer Größe im Wahlgremium vertreten sind.

---

148 Vgl. dazu bereits oben Teil 1: § 5 D. II.

Teil 3: Die Mitbestimmung in der monistischen SE kraft Vereinbarung

Vorrangiges Ziel ist es, die Mitbestimmung in der monistischen SE kraft Vereinbarung einer individuell auf das Unternehmen zugeschnittenen Lösung zuzuführen und auf diese Weise den verschiedenen mitbestimmungsrechtlichen Gepflogenheiten der betroffenen Mitgliedstaaten und der neuen Organisationsform Rechnung zu tragen. Die durch das SEBG gesetzten Rahmenbedingungen sind überwiegend strukturunabhängig formuliert. Deshalb soll nach einem kurzen Überblick über den Verfahrensablauf (§ 6) auf einige Problemfelder näher eingegangen werden, welchen die monistische und die dualistische SE gleichermaßen ausgesetzt sind (§ 7). Gegenstand des dritten Abschnitts ist die Darstellung der Optionen, die das Gesetz für eine sinnvolle Implementierung der Mitbestimmung in das monistische System eröffnet, insbesondere welchen gesetzlichen Gestaltungsgrenzen die Verhandlungsparteien unterliegen (§ 8). Schließlich ist zu berücksichtigen, dass die SE nicht nur neu gegründet, sondern sich dauerhaft mitbestimmungsrechtlich bewähren muss. Sind strukturelle Änderungen der SE geplant, muss hierfür eine Anpassung der bisher ausgehandelten Vereinbarung erfolgen. Auch kann die SE selbst an der Gründung einer anderen SE beteiligt sein. Welche mitbestimmungsrechtlichen Anforderungen das SEBG an eine bestehende bzw. gründende SE stellt, ist in einem letzten Abschnitt herauszuarbeiten (§ 9).

§ 6 Überblick über den Verfahrensablauf

A. Anknüpfung des Verhandlungsbeginns an die Einladung zur konstituierenden Sitzung des besonderen Verhandlungsgremiums

Für die Wahl oder Bestellung der Mitglieder des besonderen Verhandlungsgremiums sieht § 11 Abs. 1 S. 1 SEBG eine Frist von zehn Wochen vor. Den Leitungen sind unverzüglich die Mitglieder des besonderen Verhandlungsgremiums mitzuteilen (§ 11 Abs. 1 S. 2 SEBG). Gelingt die Wahl oder Bestellung nicht innerhalb der vorgegebenen Frist und haben die Arbeitnehmer diese Fristverzögerung zu vertreten,[150] findet das Verhandlungsverfahren mit dem noch nicht vollständig besetzten besonderen Verhandlungsgremium statt (§ 11 Abs. 2 SEBG).[151] Nach Mitteilung bzw. des Ablaufs der Zehn-Wochen-Frist, obliegt es den Leitungen der beteiligten Gesellschaften, zur konstituierenden Sitzung einzuladen (§ 12 Abs. 1 S. 1 SEBG). Mit dem Tag der Einladung beginnt die eigentliche Verhandlungsfrist zu laufen (§ 20 Abs. 1 SEBG). Die Verhandlungsdauer ist regelmäßig auf sechs Monate beschränkt (§ 20 Abs. 1 S. 1 SEBG),

---

[150] Die Arbeitgeberverbände lehnten das zusätzliche Kriterium des Vertretenmüssens ab, vgl. BDA, BDI, DIHK, GDV, BdB und Dt. Aktieninstitut, Gemeinsame Stellungnahme, zu § 11 SEBG, S. 9.

[151] Nach Ablauf der Frist gewählte oder bestellte Mitglieder können jederzeit in die Verhandlungen einsteigen, müssen aber das bisherige Stadium der Verhandlungen akzeptieren (§ 11 Abs. 2 S. 2 SEBG).

wobei die Parteien sie einvernehmlich auf bis zu insgesamt einem Jahr verlängern können (§ 20 Abs. 2 SEBG).

B. Der Grundsatz der vertrauensvollen Zusammenarbeit

Der Gesetzgeber stellte die Verhandlungen nach dem Vorbild von § 2 Abs. 1 BetrVG und § 8 Abs. 3 S. 1 EBRG unter den Grundsatz der vertrauensvollen Zusammenarbeit (§ 13 Abs. 1 S. 2 SEBG). Er verpflichtet die Leitungen sowie das besondere Verhandlungsgremium insbesondere dazu, die Verhandlungen mit dem ernsten Willen zu einer Einigung zu führen.[152] Er begründet keinen durchsetzbaren Verhandlungsanspruch.[153] Vielmehr sind die Rechtsfolgen ergebnisloser Verhandlungen durch das Eingreifen der gesetzlichen Auffangregelung einer abschließenden Regelung zugeführt.

C. Die Beschlussfassung des besonderen Verhandlungsgremiums

Grundsätzlich beschließt das besondere Verhandlungsgremium mit der Mehrheit seiner Mitglieder, in der zugleich die Mehrheit der vertretenen Arbeitnehmer enthalten sein muss (§ 15 Abs. 2 SEBG). Die Einfügung dieses zusätzlichen Kriteriums beruht auf dem Umstand, dass nicht alle Mitglieder die identische Arbeitnehmerzahl im besonderen Verhandlungsgremium repräsentieren. Zu einem ist eine mögliche Abweichung auf das Verfahren zur Bildung des besonderen Verhandlungsgremiums zurückzuführen, welches in § 5 SEBG die mitgliedstaatliche Mindestrepräsentation in den Vordergrund stellt. Zum anderen ist es Sache der Mitgliedstaaten, festzulegen, wie viele Arbeitnehmer ein Mitglied vertreten soll. Der deutsche Gesetzgeber entschied sich für eine gleichmäßige Aufteilung der in Deutschland beschäftigten Arbeitnehmer auf die für sie gewählten Mitglieder des besonderen Verhandlungsgremiums (§ 15 Abs. 2 S. 2 SEBG). Der österreichische Gesetzgeber beispielsweise überlässt diese Entscheidung dem zur Entsendung berechtigten Arbeitnehmervertretungsorgan.[154]

---

152 Reg.Begr. zu § 13 Abs. 1 SEBG, BT-Drucks. 15/3405, S. 49; *Brandt* BB-Special 2/2005, 1 (5); *Calle Lambach*, Beteiligung Europ. Gesellschaft, S. 161; *Freis* in Nagel/Freis/Kleinsorge, Beteiligung SE, § 13 Rn. 5; *Hennings* in Manz/Mayer/Schröder, Europäische Aktiengesellschaft, Art. 3 SE-RL Rn. 86; *Jacobs* in Münch. Komm. AktG, § 13 SEBG Rn. 3; *Krause* BB 2005, 1221 (1225); Ebenso zu § 8 Abs. 3 S. 1 EBRG: *Blanke*, EBRG, § 8 Rn. 10; *Klebe* in Däubler/Kittner/Klebe, BetrVG, § 8 EBRG Rn. 7; *Müller*, EBRG, § 8 Rn. 3; *Oetker* in GK-BetrVG, vor § 106 Rn. 86.

153 *Freis* in Nagel/Freis/Kleinsorge, Beteiligung SE, § 13 Rn. 5; *Krause* BB 2005, 1221 (1225); Ebenso zu § 8 Abs. 3 S. 1 EBRG: *Müller*, EBRG, § 8 Rn. 3; *Oetker* in GK-BetrVG, vor § 106 Rn. 86.

154 § 217 Abs. 2 ArbVG: „Im Fall, dass mehrere österreichische Mitglieder in das besondere Verhandlungsgremium zu entsenden sind, hat das gemäß § 218 zur Entsendung berechtigte Organ zugleich mit dem Entsendungsbeschluss auch Beschluss darüber zu fassen, wie viele Arbeitnehmer von einem entsendeten Mitglied jeweils vertreten werden. Dabei ist darauf Bedacht zu nehmen, dass alle in Österreich beschäftigten Arbeit-

Mit Ausnahme des Sonderfalls der Gründung einer SE im Wege der Umwandlung (§ 16 Abs. 3 SEBG)[155] kann das besondere Verhandlungsgremium beschließen, keine Verhandlungen aufzunehmen oder diese abzubrechen (§ 16 Abs. 1 S. 1 SEBG).[156] Dieser Beschluss beendet das Verfahren mit der Folge, dass die Regelungen der §§ 22 bis 33 SEBG über den SE-Betriebsrat kraft Gesetzes und der §§ 34 bis 38 SEBG über die Mitbestimmung kraft Gesetzes keine Anwendung finden (§ 16 Abs. 2 SEBG). Stattdessen greifen die Vorschriften des EBRG, deren Anwendungsbereich ansonsten das SEBG aufgrund der funktionalen Ähnlichkeit vom SE-Betriebsrat und Europäischem Betriebsrat sperrt (§ 47 Abs. 1 Nr. 2 SEBG). Zudem finden die nationalen Vorschriften für die Unterrichtung und Anhörung, also im Inland das BetrVG und das SprAuG, Anwendung (§ 16 Abs. 1 S. 3 SEBG). Die SE bleibt infolge des Negativbeschlusses nur gänzlich frei von jeglicher Unternehmensmitbestimmung.[157] Zur Sicherung bestehender Unternehmensmitbestimmungsrechte ist die Nichtaufnahme oder der Abbruch von Verhandlungen mit höheren Anforderungen an den Beschluss des besonderen Verhandlungsgremiums verbunden. Es ist eine Mehrheit von zwei Dritteln der Mitglieder erforderlich, die mindestens zwei Drittel der Arbeitnehmer in mindestens zwei Mitgliedstaaten vertreten (§ 16 Abs. 1 S. 2 SEBG).

Der Verzicht auf die Verhandlungen und damit auf die Unternehmensmitbestimmung muss nicht von Dauer sein. Nach zwei Jahren kann es unter den Voraussetzungen des § 18 Abs. 1 SEBG zu einer erneuten Bildung des besonderen Verhandlungsgremiums kommen. Im Gegensatz zur Rechtslage in der ersten Ver-

---

nehmer von einem solchen Mitglied vertreten werden." Vgl. dazu *Gahleitner* in Kalss/Hügel, SE-Kommentar, § 217 ArbVG Rn. 3.

155 Kritisch zu dieser Ausnahme: *Lange* EuZW 2003, 301 (304).

156 Ein solcher Negativbeschluss ist auch dann nicht möglich, wenn eine Verschmelzungs-SE in einem Mitgliedstaat gegründet werden soll, der von der so gen. Optionslösung des Art. 7 Abs. 3 SE-RL Gebrauch gemacht hat. Art. 7 Abs. 3 SE-RL ermächtigt die Mitgliedstaaten, für den Gründungsfall der Verschmelzung von der Anwendung der Auffangregelung absehen. Im Gegenzug verlangt Art. 12 Abs. 3 SE-VO zwingend den Abschluss einer Vereinbarung. Entgegen der Forderung des Bundesrats und einer verbreiteten Ansicht in der Literatur hat sich der deutsche Gesetzgeber gegen die Optionslösung entschieden. Vgl. dazu Stellungnahme des Bundesrats, BT-Drucks. 438/04, S. 2 und Gegenäußerung der Bundesregierung, BT-Drucks. 15/3656, S. 8. Die Optionslösung befürworteten auch: *Kübler* ZHR 167 (2003), 222 (227); *Hirte* NZG 2002, 1 (6); *Kämmerer/Veil* ZIP 2005, 369 (371); wohl auch *Wisskirchen/Prinz* DB 2004, 2638 (2642), Fn. 51. Ablehnend: *Nagel* DB 2004, 1299 (1303 f.); *Niklas* NZA 2004, 1200 (1205). Der zwingende Abschluss einer Beteiligungsvereinbarung als Eintragungsvoraussetzung würde den Arbeitnehmern die Möglichkeit eröffnen, den Rechtsformwechsel zu blockieren. Dies käme einem unzulässigen Eingriff in das Eigentumsrecht der Anteilseigner gleich, weshalb der Gesetzgeber zu Recht von der Ermächtigung des Art. 7 Abs. 3 SE-RL keinen Gebrauch gemacht hat. Vgl. nur BVerfG, Urteil v. 1. 3. 1979, BVerfGE 50, 290 (345 ff.).

157 Dazu auch *Oetker* BB-Special 1/2005, 2 (10); *ders.* in Lutter/Hommelhoff, Europ. Gesellschaft, S. 277 (302).

handlungsphase findet nicht automatisch die gesetzliche Auffangregelung Anwendung, wenn die Verhandlungen scheitern (§ 18 Abs. 2 SEBG). Der Grund liegt darin, dass die in der mitbestimmungsfreien SE beschäftigten Arbeitnehmer keinen Bestandsschutz genießen. Diesen haben sie im Rahmen der ersten Verhandlungen mit dem Verzicht aufgegeben.[158]

Eine doppelte qualifizierte Mehrheit ist auch dann erforderlich, wenn die Verhandlungen eine Minderung der Mitbestimmungsrechte zur Folge hätten und ein bestimmter Anteil an Arbeitnehmern bislang über Mitbestimmungsrechte verfügte (§ 15 Abs. 3 SEBG). Im Fall einer SE, die durch Verschmelzung gegründet werden soll, muss sich die Mitbestimmung auf mindestens 25 % (Nr. 1), bei Gründung einer Holding- oder Tochter-SE auf mindestens 50 % der Gesamtzahl der Arbeitnehmer der beteiligten Gesellschaften und der betroffenen Tochtergesellschaften erstrecken (Nr. 2). Einzig im Umwandlungsfall ist eine Vereinbarung, die eine Minderung der Mitbestimmungsrechte zur Folge hat, gem. § 15 Abs. 5 SEBG gesperrt. Insgesamt ist der Tatbestand des § 15 Abs. 3 SEBG im Hinblick auf seine Auslegung und seine Richtlinienkonformität im Schrifttum heftig umstritten, weshalb ihm an späterer Stelle ein gesonderter Abschnitt gewidmet ist.

D. Inhaltliche Anforderungen an die Vereinbarung zur Mitbestimmung in der monistischen SE

§ 21 SEBG stellt einen Mindestkatalog hinsichtlich des Inhalts der abzuschließenden Vereinbarung auf. Die in § 21 Abs. 1 und Abs. 2 SEBG geforderten Angaben zum Geltungsbereich, dem Zeitpunkt des Inkrafttretens einschließlich der Laufzeit, zur Errichtung eines SE-Betriebsrats oder eines sonstigen Verfahrens zur Unterrichtung und Anhörung der Arbeitnehmer sind zwingend,[159] wogegen den Parteien der Abschluss einer Vereinbarung zur Mitbestimmung in der SE, abgesehen vom Gründungsfall der Umwandlung, frei steht. Dies stellt die eingangs in § 21 Abs. 3 SEBG gewählte Formulierung „Für den Fall, dass die Parteien eine Vereinbarung über die Mitbestimmung treffen, [...]“ ausdrücklich klar.[160] Sehen die Parteien von dem Abschluss einer Vereinbarung ab, ist ein Negativbeschluss des besonderen Verhandlungsgremiums Eintragungsvoraussetzung (Art. 12 Abs. 2 SE-VO, § 16 Abs. 1 SEBG). Entscheiden sich die Parteien für den Abschluss einer Vereinbarung zur Mitbestimmung, soll diese nach § 21 Abs. 3 SEBG insbesondere die Zahl der Arbeitnehmervertreter im Verwal-

---

158 *Krause* BB 2005, 1221 (1225).

159 Reg.Begr. zu § 21 Abs. 1 SEBG, BT-Drucks. 15/3405, S. 51.

160 *Freis* in Nagel/Freis/Kleinsorge, Beteiligung SE, § 21 Rn. 19; *Grobys* NZA 2005, 84 (88); *Kienast* in Jannott/Frodermann, Handbuch SE, Kapitel 13 Rn. 376; *Krause* BB 2005, 1221 (1226); *Oetker* ZESAR 2005, 3 (8); *ders.* in Lutter/Hommelhoff, Europ. Gesellschaft, S. 277 (300); *Schwarz*, SE-VO, Einleitung Rn. 286. Ebenso für Art. 4 Abs. 2 lit. g SE-RL: *Hennings* in Manz/Mayer/Schröder, Europäische Aktiengesellschaft, Art. 4 SE-RL Rn. 26; *Herfs-Röttgen* NZA 2002, 358 (363).

tungsrat der SE (Nr. 1), das Wahl- bzw. Bestellungsverfahren (Nr. 2) und deren Rechte (Nr. 3) enthalten. § 21 Abs. 3 SEBG ist als „Soll-Vorschrift" gestaltet, so dass es sich bei diesen Angaben nicht um Wirksamkeitsvoraussetzungen handelt. Inhaltlich stehen den Parteien damit zahlreiche Optionen für ein sinnvolles Modell zur Mitbestimmung in der monistischen SE offen, auf welche im Rahmen des Teil 1: § 8 umfassend eingegangen werden soll.

Nur für die SE, die durch Umwandlung einer deutschen Aktiengesellschaft gegründet werden soll, enthält § 21 Abs. 6 SEBG eine Sonderbestimmung, welche anordnet, dass in der Vereinbarung „in Bezug auf alle Komponenten der Arbeitnehmerbeteiligung" [161] zumindest das gleiche Ausmaß gewährleistet werden muss, das in der Gesellschaft besteht, die in eine SE umgewandelt werden soll. Gem. § 21 Abs. 6 S. 2 SEBG gilt dies auch „bei einem Wechsel der Gesellschaft von einer dualistischen zu einer monistischen Organisationsstruktur und umgekehrt".[162] Da dies im Falle des Wechsels zum monistischen System bedeutet, dass der Anteil der Arbeitnehmervertreter im deutschen Aufsichtsrat 1:1 auf den Verwaltungsrat übertragen werden muss,[163] dürfte das monistische System für diesen Gründungsfall wohl keine ernsthafte Alternative zum bewährten dualistischen Modell darstellen.

§ 7 Strukturunabhängige Problemstellungen der Mitbestimmung kraft Vereinbarung

A. Die Vereinbarung über die Arbeitnehmerbeteiligung als Eintragungsvoraussetzung

Art. 12 Abs. 2 SE-VO ist die wichtigste Regelung, die die Verhandlungen über die Beteiligung der Arbeitnehmer mit dem Gründungsprozess verknüpft. Nach dieser Norm kann eine SE erst eingetragen werden, wenn

- entweder das besondere Verhandlungsgremium und die Leitungen der beteiligten Gesellschaften eine Vereinbarung über die Beteiligung der Arbeitnehmer beschlossen haben, oder
- das besondere Verhandlungsgremium gem. § 16 SEBG beschlossen hat, keine Verhandlungen aufzunehmen oder bereits aufgenommene Verhandlungen abzubrechen, oder

---

161 Zur Auslegung des Begriffs in Teil 1: § 8 E.

162 § 21 Abs. 6 S. 2 SEBG gilt aufgrund seiner systematischen Stellung nur für die Umwandlungs-SE und nicht, wie von *Kienast* irrtümlich angenommen, für alle Gründungsvarianten. Anders *Kienast* in Jannott/Frodermann, Handbuch SE, Kapitel 13 Rn. 398.

163 Unklar dagegen *Krause* BB 2005, 1221 (1226).

- die in § 20 SEBG normierte Verhandlungsfrist abgelaufen ist, ohne dass eine Vereinbarung über die Beteiligung der Arbeitnehmer zustande gekommen ist.

Ergänzend hierzu schreibt Art. 12 Abs. 4 SE-VO vor, dass die Satzung der SE zu keinem Zeitpunkt im Widerspruch zu der ausgehandelten Vereinbarung stehen darf. Ist dies trotzdem der Fall, ist die Satzung – soweit erforderlich – zu ändern.

I. Die Prüfungspflicht des Registergerichts

Aus dieser engen Verknüpfung von Beteiligungsvereinbarung und Registereintragung ergibt sich die Fragestellung, ob das zuständige Registergericht die Eintragung der SE ablehnen muss, wenn nicht alle Voraussetzungen für eine wirksame Vereinbarung bzw. einer der Ausnahmetatbestände vorliegen. Der Wortlaut des Art. 12 Abs. 2 SE-VO scheint mit der Formulierung „eine SE kann erst eingetragen werden, wenn [...]“ eine Prüfungspflicht des zuständigen Gerichts als selbstverständlich vorauszusetzen.[164] Eine Bestätigung findet diese Auslegung unter systematischen Gesichtspunkten in den in Art. 26 Abs. 3 SE-VO und Art. 32 Abs. 6 SE-VO enthaltenen Sonderregelungen für die Verschmelzungs- und Holding-SE und in der Verweisungsvorschrift des § 3 SEAG. Art. 26 Abs. 3 SE-VO verlangt, dass die zuständige Behörde, in Deutschland das Registergericht, insbesondere kontrolliert, ob die sich verschmelzenden Gesellschaften einem gleich lautenden Verschmelzungsplan zugestimmt haben und ob eine Vereinbarung über die Beteiligung der Arbeitnehmer abgeschlossen worden ist.[165] Ähnlich sieht Art. 33 Abs. 5 SE-VO für die Gründung einer Holding-SE vor, dass diese erst eingetragen werden kann, wenn die durch Art. 32 SE-VO geforderten Formalitäten nachweislich erfüllt sind, also auch nach Art. 32 Abs. 6 SE-VO das Verhandlungsverfahren entsprechend den Anforderungen der SE-RL durchgeführt wurde. Die beiden Sonderbestimmungen sind nur dahingehend klarstellender Natur, in welcher Phase des Gründungsverfahrens die Überprüfung der Voraussetzungen für eine wirksame Vereinbarung erfolgen soll, ohne dass daraus zu schließen ist, dass die Vereinbarung für die übrigen Gründungsvarianten einen geringeren Stellenwert einnimmt.[166] § 3 SEAG verweist für die Eintragung der SE auf die aktienrechtlichen Vorschriften zur Eintragung ins Handelsregister (§§ 36 ff. AktG).[167] Nach § 38 Abs. 1 S. 1 AktG hat das Gericht

---

164 *Kleindiek* in Lutter/Hommelhoff, Europ. Gesellschaft, S. 95 (105); *Oetker* in Lutter/Hommelhoff, Europ. Gesellschaft, S. 277 (288).

165 *Kleindiek* in Lutter/Hommelhoff, Europ. Gesellschaft, S. 95 (103).

166 *Kleindiek* in Lutter/Hommelhoff, Europ. Gesellschaft, S. 95 (103).

167 §§ 36 ff. AktG sind die Umsetzungsvorschriften zur Ersten Richtlinie 68/151 EWG des Rates v. 9. 3. 1968 zur Koordinierung der Schutzbestimmungen, die in den Mitgliedstaaten den Gesellschaften im Sinne des Artikels 58 Abs. 2 des Vertrages im Interesse der Gesellschafter sowie Dritter vorgeschrieben sind, um diese Bestimmungen gleichwertig zu gestalten, ABl. EG Nr. L 65 v. 14. 3. 1968, S. 8 ff. (Erste gesellschaftsrechtli-

zu prüfen, ob die Gesellschaft ordnungsgemäß errichtet und angemeldet ist. § 38 Abs. 3 Nr. 1 AktG bestimmt, dass das Registergericht die Eintragung der Gesellschaft ablehnen darf, wenn aufgrund zwingender gesetzlicher Vorschriften Tatsachen oder Rechtsverhältnisse in der Satzung bestimmt sein müssen und diese mangelhaft, fehlend oder nichtig sind. Demzufolge bezieht sich die Prüfungskompetenz des Registergerichts über Art. 12 Abs. 4 SE-VO, der die Übereinstimmung der Satzung mit der Vereinbarung vorschreibt, automatisch auch auf die abzuschließende Vereinbarung.

II. Nachweis über den Abschluss der Vereinbarung bei Anmeldung

Die Vereinbarung unterliegt dem Schriftformerfordernis (§ 13 Abs. 1 SEBG), womit der Nachweis über den Abschluss der Vereinbarung ohne Schwierigkeiten erbracht werden kann. Über die nach § 17 S. 1 SEBG anzufertigende Niederschrift, von welcher die Leitungen nach § 17 S. 2 SEBG eine Abschrift erhalten, kann dokumentiert werden, ob das notwendige Beschlussquorum des besonderen Verhandlungsgremiums erreicht wurde (§ 17 S. 1 Nr. 1 SEBG). Auf demselben Weg gelingt der Nachweis für den Fall, dass das besondere Verhandlungsgremium einen Negativbeschluss im Sinne des § 16 Abs. 1 SEBG gefasst hat (§ 17 S. 1 Nr. 2 SEBG). Unproblematisch erweist sich schließlich auch die Bescheinigung über den fruchtlosen Ablauf der Verhandlungsfrist, da der Beginn der Verhandlungen an die Einladung zur konstituierenden Sitzung des besonderen Verhandlungsgremiums anknüpft.[168] § 12 Abs. 1 SEBG setzt zwar nicht voraus, dass die Einladung schriftlich zu erfolgen hat, aufgrund der damit verbundenen Rechtsfolgen ist dies dennoch dringend anzuraten. Alternativ bestünde für das Registergericht im Rahmen des Amtsermittlungsgrundsatzes (§ 12 FGG) die Möglichkeit, zur Glaubhaftmachung des ergebnislosen Ablaufs, die Vorlage einer entsprechenden Versicherung des Leitungs- oder Verwaltungsorgans der an der SE-Gründung beteiligten Gesellschaften zu verlangen.[169]

III. Umfang der Prüfungspflicht

Der Grundsatz der Verhältnismäßigkeit gebietet, dass nicht jeder Fehler im Verhandlungsverfahren die Entstehung der SE verhindern kann. Die relativ kurze Verhandlungsdauer gewährleistet, dass es nicht zu einer übermäßigen Verzögerung des Gründungsprozesses kommt. Um auch die Registereintragung zügig

---

che Richtlinie – Publizitätsrichtlinie), zuletzt geändert durch die Richtlinie 2003/58/EG des Europäischen Parlaments und des Rates v. 15. 7. 2003 zur Änderung der Richtlinie 68/151/EWG des Rates in Bezug auf die Offenlegungspflichten von Gesellschaften bestimmter Rechtsformen, ABl. EG Nr. L 221 v. 4. 9. 2003, S. 13 ff. Vgl. zur Eintragung einer AG ins Handelsregister: *Terbrack*, Rpfleger 2003, 225 ff.; *ders.* Rpfleger 2005, S. 237 ff.

168 *Oetker* in Lutter/Hommelhoff, Europ. Gesellschaft, S. 277 (288).

169 So der Vorschlag von *Kleindiek* in Lutter/Hommelhoff, Europ. Gesellschaft, S. 95 (104).

vorantreiben zu können, muss der Kompliziertheit des Verhandlungsverfahrens Rechnung getragen werden. Daneben gilt es, eine Wiederholung des Verfahrens aus Kostengründen möglichst zu vermeiden.

1. Fehlerhafte Zusammensetzung des besonderen Verhandlungsgremiums

Ist das besondere Verhandlungsgremium fehlerhaft zusammengesetzt und das Verhandlungsverfahren im Übrigen reibungsfrei verlaufen, kommt im Interesse der Rechtssicherheit eine Ablehnung der Eintragung nur in Ausnahmefällen in Betracht. Aufgrund der grenzüberschreitenden Zusammensetzung des besonderen Verhandlungsgremiums müssen die Mitglieder darauf vertrauen können, dass die jeweiligen nationalen Wahlvorschriften eingehalten wurden. Die Rechtsprechung erkennt die Nichtigkeit der Wahl von Arbeitnehmervertretern nur dann an, wenn gegen wesentliche Grundsätze des Wahlrechts in einem so hohen Maße verstoßen worden ist, dass nicht einmal der Anschein einer dem Gesetz entsprechenden Wahl mehr vorliegt.[170] Dementsprechend ist die Wahl der Mitglieder des besonderen Verhandlungsgremiums nur bei einem groben, offensichtlichen Verstoß gegen wesentliche Wahlvorschriften des SEBG nichtig und zwar rückwirkend,[171] so dass das besondere Verhandlungsgremium von Anfang an nicht bestanden hat. Folge ist die Nichtigkeit der von ihm abgeschlossenen Vereinbarung und eine Versagung der Eintragung der SE durch das Registergericht. Ein grober, offensichtlicher Verstoß ist unter Umständen anzunehmen, wenn die Arbeitnehmer aus einem Mitgliedstaat überhaupt nicht im besonderen Verhandlungsgremium vertreten sind.

Im Übrigen ist allenfalls eine Anfechtung der Wahl der Mitglieder des besonderen Verhandlungsgremiums möglich. Das SEBG enthält diesbezüglich keine ausdrückliche Regelung. In Betracht kommt eine analoge Anwendung der Wahlanfechtungsvorschriften von Arbeitnehmervertretern, wie sie im Einzelnen in § 19 BetrVG für den Betriebsrat, in § 8 Abs. 1 SprAuG für den Sprecherausschuss und in §§ 22 MitbestG, 11 DrittelbG, 10 l MontanMitbestErgG, 37 Abs.

---

170 BAG, Urteil v. 2. 3. 1955, BAGE 1, 317 ff. = AP Nr. 1 zu § 18 BetrVG mit Anm. *Dietz*; BAG, Urteil v. 24. 1. 1964, BAGE 15, 235 ff. = AP Nr. 6 zu § 3 BetrVG mit Anm. *Küchenhoff*; BAG, Urteil v. 28. 4. 1964, BAGE 16, 1 (6 ff). = AP Nr. 3 zu § 4 BetrVG mit Anm. *Dietz*; BAG, Urteil v. 28. 11. 1977, BAGE 29, 392 ff. = BB 1978, 1011 ff.; BAG, Urteil v. 10. 6. 1983, BAGE 44, 57 ff. = DB 1983, 2142 ff.; BAG, Urteil v. 22. 3. 2000, BAGE 94, 144 ff. = NZA 2000, 1119 ff.; *Fitting/Kaiser/Heither/Engels/Schmidt*, BetrVG, § 19 Rn. 4; *Fitting/Wlotzke/Wißmann*, MitbestG, § 22 Rn. 6; *Kienast* in Jannott/Frodermann, Handbuch SE, Kapitel 13 Rn. 171; *Müller*, EBRG, § 11 Rn. 13; *Raiser*, MitbestG, § 22 Rn. 20; *Schneider* in Däubler/Kittner/Klebe, BetrVG, § 19 Rn. 39; *Thüsing* in Richardi, BetrVG, § 19 Rn. 3 und 75.

171 *Kienast* in Jannott/Frodermann, Handbuch SE, Kapitel 13 Rn. 172; *Fitting/Kaiser/Heither/Engels/Schmidt*, BetrVG, § 19 Rn. 6; *Fitting/Wlotzke/Wißmann*, MitbestG, § 22 Rn. 15; *Raiser*, MitbestG, § 22 Rn. 23; *Schneider* in Däubler/Kittner/Klebe, BetrVG, § 19 Rn. 43.

2 SEBG für die Arbeitnehmervertreter im Aufsichts- bzw. Verwaltungsrat vorgesehen sind. § 36 Abs. 3 S. 2 SEBG verweist für die Wahl der Arbeitnehmervertreter im Aufsichts- bzw. Verwaltungsrat der SE auf die Wahlvorschriften des besonderen Verhandlungsgremiums, weshalb umgekehrt für die Anfechtung der Wahl auch § 37 Abs. 2 SEBG entsprechend gelten muss.[172] Allen Vorschriften gemeinsam ist, dass sie eine Anfechtung nur unter eingeschränkten Voraussetzungen ermöglichen. Es muss gegen wesentliche Vorschriften über das Wahlrecht, die Wählbarkeit oder das Wahlverfahren verstoßen worden sein, ohne dass eine Berichtigung erfolgt ist, es sei denn, dass durch den Verstoß das Wahlergebnis nicht geändert oder beeinflusst werden konnte. Als wesentlich sind nur solche Vorschriften anzusehen, die tragende Grundprinzipien der Wahl zum besonderen Verhandlungsgremium enthalten.[173] Hierzu zählen vor allem Vorschriften die zwingender Natur sind,[174] wie z. B. die §§ 6 Abs. 3 und 4 SEBG, die die Mindestrepräsentanz der Gewerkschaftsvertreter und der leitenden Angestellten absichern. Im Gegensatz zur Feststellung der Nichtigkeit hat die erfolgreiche Anfechtung keine rückwirkende Kraft, sondern wirkt nur für die Zukunft.[175] Die Rechtswirksamkeit einer zwischenzeitlich abgeschlossenen Vereinbarung zur Beteiligung der Arbeitnehmer in der SE bleibt damit unberührt.

2. *Mängel in der Beschlussfassung des besonderen Verhandlungsgremiums*

Auch bei der Beschlussfassung des besonderen Verhandlungsgremiums führt nicht jeder Mangel zwangsläufig zur Unwirksamkeit des Beschlusses und der darauf beruhenden Vereinbarung. Bei Kollegialorganen bewirken Mängel des Verfahrens die Unwirksamkeit des Beschlusses, wenn sie als wesentlich anzuse-

---

172 *Kienast* in Jannott/Frodermann, Handbuch SE, Kapitel 13 Rn. 168, Fn. 142; ähnlich auch *Grobys* NZA 2005, 84 (87), Fn. 21; *Jacobs* in Münch. Komm. AktG, § 10 SEBG Rn. 6. Zweifel treten nur hinsichtlich der Monatsfrist des § 37 Abs. 2 S. 3 SEBG auf, welche angesichts der kurzen Existenzberechtigung des besonderen Verhandlungsgremiums zu lang erscheint. §§ 19 BetrVG, 8 Abs. 1 SprAuG, 22 MitbestG, 11 DrittelbG, 10 l MontanMitbestG sehen dagegen nur eine Anfechtungsfrist von zwei Wochen vor. Für eine entsprechende Anwendung der Zwei-Wochen Frist des § 19 BetrVG: *Kleinsorge* in Nagel/Freis/Kleinsorge, Beteiligung SE, § 10 Rn. 9.

173 *Fitting/Kaiser/Heither/Engels/Schmidt*, BetrVG, § 19 Rn. 10; *Thüsing* in Richardi, BetrVG, § 19 Rn. 5.

174 BAG, Urteil v. 2. 2. 1962, BAGE 12, 244 (252 ff.) = AP Nr. 10 zu § 13 BetrVG; BAG, Urteil v. 14. 9. 1988, BAGE 59, 328 ff. = BB 1989, 496 ff.; *Fitting/Kaiser/Heither/Engels/Schmidt*, BetrVG, § 19 Rn. 10; *Kreutz* in GK-BetrVG, § 19 Rn. 17 ff.; *Raiser*, MitbestG, § 22 Rn. 6; *Schneider* in Däubler/Kittner/Klebe, BetrVG, § 19 Rn. 3; *Thüsing* in Richardi, BetrVG, § 19 Rn. 5.

175 *Fitting/Kaiser/Heither/Engels/Schmidt*, BetrVG, § 19 Rn. 49 f.; *Fitting/Wlotzke/Wißmann*, MitbestG, § 22 Rn. 37; *Hanau* in Hanau/Ulmer, MitbestG, § 22 Rn. 18; *Löwisch* in Löwisch/Kaiser, BetrVG, § 19 Rn. 14; *Raiser*, MitbestG, § 22 Rn. 19; *Schneider* in Däubler/Kittner/Klebe, BetrVG, § 19 Rn. 34; *Thüsing* in Richardi, BetrVG, § 19 Rn. 62.

hen sind.[176] Es bedarf daher für jede Norm der Prüfung, ob es sich nach ihrem Zweck um eine Ordnungsvorschrift oder um eine Wirksamkeitsvoraussetzung handelt. Im Zweifel muss abgewogen werden, ob das Allgemeininteresse oder das Schutzinteresse der Betroffenen an der Beachtung der Verfahrensvorschrift höher zu bewerten ist als das Interesse an der Aufrechterhaltung des Beschlusses und der Rechtssicherheit.[177] Beispielsweise ist das qualifizierte Mehrheitserfordernis zwingende Voraussetzung für einen Beschluss nach §§ 15 Abs. 3 und 16 SEBG. Das erhöhte Mehrheitsquorum ist Ausdruck des Bestandsschutzprinzips, welchem die SE-RL oberste Priorität einräumt. Deshalb sind diese Vorschriften zweifelsohne als „wesentlich" anzusehen und ein Verstoß gegen diese führt zur Unwirksamkeit des Beschlusses und damit auch zur Unwirksamkeit der getroffenen Vereinbarung.[178] Gleiches gilt für einen Verstoß gegen die Sonderbestimmungen der §§ 15 Abs. 5 und 16 Abs. 3 SEBG für den Gründungsfall der Umwandlung. In allen diesen Fällen muss das Registergericht die Eintragung der SE ablehnen.

3. *Inhaltliche Mängel der Vereinbarung*

Im Gegensatz zu den inhaltlichen Mindestanforderungen der §§ 21 Abs. 1 und Abs. 2 SEBG für die vereinbarten Unterrichtungs- und Anhörungsrechte schließt die Formulierung des § 21 Abs. 3 als „Soll-Vorschrift" eine Eintragungsverweigerung wegen inhaltlicher Mängel der Mitbestimmungsvereinbarung regelmäßig aus. Nach § 1 Abs. 3 SEBG ist die Vereinbarung so auszulegen, dass die Ziele der Europäischen Gemeinschaft, die Beteiligung der Arbeitnehmer in der SE sicherzustellen, gefördert werden.[179] Bei auftretenden Regelungslücken oder Widersprüchen sind die Vorschriften zur Mitbestimmung kraft Gesetzes anzuwenden.[180]

IV. Die Eintragung der SE trotz fehlender oder nichtiger Vereinbarung

Keine Regelungen enthalten das SEAG und das SEBG für den Fall, dass das Registergericht die SE eingetragen hat, obwohl das Verhandlungsverfahren nicht stattgefunden hat oder mit Fehlern behaftet ist.[181] Insoweit bedarf es einer

---

176 *M. Hoffmann-Becking* in Münch. Handb. Gesellschaftsrecht IV, § 31 Rn. 97 ff.; *Semler* in Münch. Komm. AktG, § 108 Rn. 217 ff. *Thüsing* in Richardi, BetrVG, § 33 Rn. 41; *Wiese/Raab* in GK-BetrVG, § 33 Rn. 51.

177 *Wiese/Raab* in GK-BetrVG, § 33 Rn. 51.

178 Ähnlich auch *Oetker* in Lutter/Hommelhoff, Europ. Gesellschaft, S. 277 (288).

179 Kritisch zu dieser Auslegungsregel: *Krause* BB 2005, 1221 (1222 f.).

180 *Jacobs* in Münch. Komm. AktG, § 21 SEBG Rn. 8. Für die Vereinbarung nach dem EBRG: *Däubler* in Däubler/Kittner/Klebe, BetrVG, § 17 EBRG Rn. 17. Ausführlich zur Lückenfüllung in Teil 1: § 7 B. II.

181 Genau diese Problematik stellte sich in Österreich. Am 12. 10. 2004 entstand dort mit der Bauholding Strabag SE im Wege der Umwandlung die zweite Societas Europaea überhaupt. Die Konzernleitung versäumte die Bildung eines besonderen Verhandlungsgremiums und traf stattdessen mit den österreichischen Arbeitnehmervertretern eine

Untersuchung, ob die bestehenden nationalen Rechtsbehelfe – ggf. über eine europarechtskonforme Auslegung – zur Durchsetzung der Beteiligungsrechte der Arbeitnehmer in der bereits eingetragenen SE herangezogen werden können.

1. Lösungsansätze der Literatur für eine analoge Anwendung des § 144 a FGG bzw. eine Amtslöschung nach § 142 FGG

Diskussionsanregungen boten bislang *Kleindiek* und *Oetker*. Während *Kleindiek* eine analoge Anwendung des § 144 a FGG vorschlägt,[182] tendiert *Oetker* für die Einleitung eines Amtslöschungsverfahrens nach § 142 FGG.[183] Beiden Lösungsansätzen ist gemeinsam, dass den Beteiligten noch vor der Löschung bzw. Auflösung der SE die Möglichkeit einzuräumen ist, den zur Unzulässigkeit der Eintragung führenden Mangel zu beseitigen, weshalb sich der rechtspraktische Unterschied, wie *Kleindiek* richtig feststellt,[184] letztlich in Grenzen halten dürfte.

Kleindiek führt zur Begründung der Analogiefähigkeit des § 144 a FGG überwiegend wertende aber auch systematische Gesichtspunkte an. So hebt er die Einhaltung der Verfahrensvorgaben als Eintragungsvoraussetzung des Art. 12 Abs. 2 SE-VO hervor. Zudem verlange Art. 12 Abs. 2 SE-RL von den Mitgliedstaaten, geeignete Maßnahmen für den Fall der Nichteinhaltung der Richtlinie vorzusehen; sie haben insbesondere dafür zu sorgen, dass Verwaltungs- oder Gerichtsverfahren bestehen, mit denen die Erfüllung der sich aus dieser Richtlinie ergebenden Verpflichtungen durchgesetzt werden kann. *Kleindiek* beruft sich weiterhin auf den „erkennbar hohen Stellenwert, den der europäische Gesetzgeber der Arbeitnehmerbeteiligung ausweislich der Erwägungsgründe der Richtlinie [...] hat zubilligen wollen" sowie auf die „zentrale Bedeutung" des Regelungsinhalts der abzuschließenden Vereinbarung. Er findet die Bestätigung seines Lösungsvorschlags in der Regelung des Art. 30 S. 2 SE-VO und in § 52 SEAG.[185] Nach Art. 30 S. 2 SE-VO kann das Fehlen einer Kontrolle der Rechtmäßigkeit der Verschmelzung gemäß Art. 25 und 26 SE-VO einen Grund für die Auflösung darstellen. Gem. § 52 SEAG gilt das Auseinanderfallen von Sitz und Hauptverwaltung, entgegen der Verpflichtung des Art. 7 SE-VO, als Satzungsmangel im Sinne des § 262 Abs. 1 Nr. 5 AktG, der zur Eröffnung des Auflösungsverfahrens nach § 144 a FGG führen kann.

Vereinbarung über ihre Vertretung im Aufsichtsrat der SE, ohne die in den anderen Mitgliedstaaten beschäftigten Arbeitnehmer einzubeziehen. Gegen die Eintragung legten die deutsche IG Bau, die belgische Gewerkschaft ACV Bouw en Industrie/CSC Bâtiment et Industrie, der belgische Betriebsrat von Strabag und die Bundesarbeitskammer von Österreich Rechtsmittel beim zuständigen Firmenbuch ein. Ausführlich zur Gründung der Bauholding Strabag SE und anderen inzwischen gegründeten SEs unter: www.seeurope-network.org/hompages/seeurope/ companies.html (Stand: 30. 06. 2006).

182 *Kleindiek* in Lutter/Hommelhoff, Europ. Gesellschaft, S. 95 (104 ff.).

183 *Oetker* in Lutter/Hommelhoff, Europ. Gesellschaft, S. 277 (288 ff.).

184 *Kleindiek* in Lutter/Hommelhoff, Europ. Gesellschaft, S. 95 (107).

185 *Kleindiek* in Lutter/Hommelhoff, Europ. Gesellschaft, S. 95 (106).

Oetker lehnt die Einleitung eines Verfahrens nach § 144 a FGG mit der Begründung ab, die vorgenannte Bestimmung verlange ausdrücklich einen Mangel der Satzung und die Voraussetzungen für eine analoge Anwendung der Vorschriften würden nicht vorliegen.[186] Ähnlich wie *Kleindiek* bekräftigt er den hohen Stellenwert, welchen der Mitbestimmungssicherung aufgrund der europarechtlichen Vorgaben zukommt. Angesichts dessen würden gute Gründe dafür sprechen, das Vorliegen einer Beteiligungsvereinbarung, den Verzichtsbeschluss des besonderen Verhandlungsgremiums bzw. den Ablauf der Verhandlungsfrist in den Rang einer „wesentlichen" Eintragungsvoraussetzung i. S. d. § 142 FGG zu erheben.[187] *Oetker* wirft zugleich die Möglichkeit der Einleitung eines aktienrechtlichen Statusverfahrens auf, äußert jedoch Zweifel hinsichtlich der durch § 98 Abs. 2 AktG geforderten Tatbestandsvoraussetzungen.[188]

2. *Stellungnahme*

a) Verfahren nach § 275 AktG i. V. m. § 144 FGG

Das Aktienrecht sieht für den Fall schwerwiegender Satzungsmängel die Möglichkeit einer Nichtigkeitsklage vor (§ 275 AktG). Klagebefugt sind zwar nur Aktionäre und Mitglieder des Vorstands und des Aufsichtsrats (§ 275 Abs. 1 S. 1 AktG), über eine europarechtskonforme Auslegung könnte diese Hürde jedoch durch eine Ausdehnung der Klagebefugnis auf die Mitglieder des Verwaltungsrats überwunden werden. Liegt ein öffentliches Interesse vor, kann das Registergericht von Amts wegen nach § 144 FGG die Löschung der Gesellschaft herbeiführen, wenn einer der drei Tatbestände im Sinne des § 275 Abs. 1 S. 1 AktG erfüllt ist. Enthält die Satzung keine Bestimmungen über die Höhe des Grundkapitals oder über den Gegenstand des Unternehmens oder sind die Bestimmungen der Satzung über den Gegenstand des Unternehmens nichtig, ist eine Löschung der Gesellschaft möglich. Die Mitbestimmungsvereinbarung wirkt sich zwar über Art. 12 Abs. 4 SE-VO auf die materielle Richtigkeit der Satzung aus, allerdings hat sie keinen Einfluss auf den Gegenstand des Unternehmens, sondern nur auf die Zusammensetzung seiner Organe, so dass die Tatbestandsvoraussetzungen des § 275 Abs. 1 S. 1 AktG nicht gegeben sind. Einer europarechtskonformen Rechtsfortbildung im Wege einer Analogie steht das in § 275 Abs. 1 S. 2 AktG ausdrücklich normierte Analogieverbot entgegen.[189]

b) Verfahren nach § 144 a FGG

Einen weiteren denkbaren Rechtsbehelf gewährt der von *Kleindiek* zur Diskussion gestellte § 144 a FGG. § 144 a FGG erfasst das Fehlen oder die Nichtigkeit

---

186 *Oetker* in Lutter/Hommelhoff, Europ. Gesellschaft, S. 277 (289).

187 *Oetker* in Lutter/Hommelhoff, Europ. Gesellschaft, S. 277 (288).

188 *Oetker* in Lutter/Hommelhoff, Europ. Gesellschaft, S. 277 (289).

189 Allgemein zum Analogieverbot: *Canaris*, Die Feststellung von Lücken im Gesetz, S. 177 ff.

von Bestimmungen über Firma, Sitz, Grund- oder Stammkapital, Aktien und Stammeinlagen und den Vorstand und sieht ein besonderes gerichtliches Verfahren vor, in dem das Registergericht die Gesellschaft zur Behebung des Mangels durch Satzungsänderung auffordert. Da die Satzung gem. Art. 12 Abs. 4 SE-VO zu keinem Zeitpunkt im Widerspruch zu der ausgehandelten Vereinbarung stehen darf, könnte das Verfahren nach § 144 a FGG darüber hinaus auch zur Korrektur etwaiger Fehler der ausgehandelten Mitbestimmungsvereinbarung dienen. § 144 a FGG ergänzt den § 144 FGG, weicht aber insoweit von diesem ab, als dass das Gericht bei Vorliegen der Voraussetzungen des § 144 a FGG verpflichtet ist, das darin vorgesehene Verfahren einzuleiten, während nach § 144 FGG die Einleitung und Durchführung des Verfahrens dem pflichtgemäßen Ermessen des Gerichts obliegt.[190]

Einziger Tatbestand, auf den § 144 a FGG verweist und der für die Eintragung einer SE trotz fehlerhafter Vereinbarung überhaupt in Betracht kommt, ist der des § 23 Abs. 3 Nr. 6 AktG. Danach muss die Satzung die Zahl der Mitglieder des Vorstands oder die Regeln bestimmen, nach denen diese Zahl festgelegt wird. Selbst bei Befürwortung einer entsprechenden Anwendung auf die Mitglieder des Verwaltungsrats, hilft der Rechtsbehelf des § 144 a FGG i. V. m. § 23 Abs. 3 Nr. 6 AktG nicht weiter, da die Festlegung der Anzahl der Verwaltungsratsmitglieder und der Regeln für ihre Festlegung nach Art. 43 Abs. 2 S. 1 SE-VO ausdrücklich der Satzung vorbehalten ist und dem Einfluss der Mitbestimmungsvereinbarung damit gänzlich entzogen ist. Ein für Art. 12 Abs. 4 SE-VO erforderlicher Widerspruch zwischen Mitbestimmungsvereinbarung und Satzung kann folglich von vornherein nicht zutage treten.

In Betracht kommt allenfalls eine analoge Anwendung des § 144 a FGG. Primäre Voraussetzung der Rechtsfindung praeter legem ist das Vorliegen einer Regelungslücke.[191] Deren Vorliegen lässt sich anhand der Regelungsabsicht, des Planes des Gesetzgebers und der immanenten Teleologie des Gesetzes beurteilen.[192] Dagegen spricht die Existenz des § 142 FGG, der die Einleitung eines Amtslöschungsverfahrens ermöglicht, wenn eine Gesellschaft ins Handelsregister eingetragen wurde, obgleich sie wegen „Mangels einer wesentlichen Voraussetzung" unzulässig war. Mit der offenen Formulierung legt § 142 FGG seiner Anwendung einen unbestimmten wertausfüllungsbedürftigen Rechtsbegriff zugrunde und bietet im Gegensatz zu § 144 a FGG keine festen Merkmale, unter die einschlägige Sachverhaltsvoraussetzungen subsumiert werden könnten. Unbestimmte Rechtsbegriffe haben im Allgemeinen den Zweck, eine Berücksichtigung der besonderen Umstände im Einzelfall zu ermöglichen und schließlich

190 *Winkler* in Keidel/Kuntze/Engelhardt, FGG, § 144 Rn. 6.

191 *Larenz/Canaris*, Methodenlehre, S. 191 ff.

192 *Bydlinski*, Methodenlehre, S. 473; *Larenz/Canaris*, Methodenlehre, S. 191 und 194.

auch veränderten gesetzlichen Rahmenbedingungen Rechnung zu tragen.[193] Auf diese Weise gestattet § 142 FGG in seiner direkten Anwendung ein Verfahren zur Durchsetzung der Beteiligungsrechte der Arbeitnehmer nach Eintragung der SE. Die Sicherung erworbener Rechte der Arbeitnehmer über ihre Beteiligung an Unternehmensentscheidungen ist „fundamentaler Grundsatz“ und „erklärtes Ziel“ der SE-RL (18. Erwägungsgrund). Weiterhin haben die Mitgliedstaaten nach Art. 12 Abs. 2 SE-RL dafür zu sorgen, dass Verwaltungs- und Gerichtsverfahren bestehen, mit denen die Erfüllung der sich aus dieser Richtlinie ergebenden Verpflichtungen durchgesetzt werden kann. Aufgrund der europarechtlichen Vorgaben sind die Voraussetzungen des Art. 12 Abs. 2 SE-VO als wesentlich im Sinne des § 142 FGG anzusehen. § 142 FGG wird zwar, wie *Kleindiek* richtig ausführt, von § 144 a FGG als lex specialis verdrängt.[194] Allerdings gilt dies nur für den von ihm direkt geregelten Bereich.[195] Eine analoge Anwendung des § 144 a FGG scheitert demzufolge an dem Erfordernis einer Regelungslücke.

c) Verfahren nach § 142 FGG

Einschlägige Verfahrensvorschrift für den Fall, dass das Registergericht eine SE eingetragen hat, obwohl das Verhandlungsverfahren mit Mängeln behaftet ist, ist damit § 142 FGG. Zu beachten ist, dass die eingetragene SE grundsätzlich Bestandsschutz genießt[196] und nicht jeder Mangel im Verhandlungsverfahren die Einleitung eines Amtslöschungsverfahrens rechtfertigen kann.[197] Anknüpfungspunkt sind die unmittelbaren Tatbestandsvoraussetzungen des Art. 12 Abs. 2 SE-VO. Danach kann eine SE erst eingetragen werden, wenn eine Vereinbarung über die Beteiligung der Arbeitnehmer geschlossen worden ist oder das besondere Verhandlungsgremium einen Negativbeschluss im Sinne des § 16 SEBG gefasst hat oder die Verhandlungsfrist abgelaufen ist. Letztere Voraussetzung erledigt sich durch bloßes Zuwarten.[198] Die daraus resultierende Rechtsfolge, die Anwendung der gesetzlichen Auffangbestimmungen, ist zwar gemäß Art. 7 Abs. 1 S. 2 lit. b 1. Spiegelstrich SE-RL von der Zustimmung der zuständigen Organe der Gründungsgesellschaften abhängig.[199] Diese gilt jedoch als konkludent erklärt mit dem Festhalten an der Eintragung der SE. Praktisch ist das Amtslöschungsverfahren damit auf die Fälle beschränkt, in denen überhaupt kein be-

---

193 *Canaris*, Die Feststellung von Lücken im Gesetz, S. 28; *ders.* in FS für Bydlinski, S. 47 (71 ff.).

194 *Winkler* in Keidel/Kuntze/Winkler, FGG, § 142 Rn. 6 und § 144 a Rn. 2.

195 So ausdrücklich *Winkler* in Keidel/Kuntze/Engelhardt, FGG, § 144 a Rn. 2; ähnlich auch *Hüffer* in Münch. Komm. AktG, § 275 Rn. 37; *Kraft* in Kölner Komm. AktG, § 278 Rn. 8.

196 *Raiser*, Recht der Kapitalgesellschaften, Rn. 40; *K. Schmidt*, Gesellschaftsrecht, § 6 II 1 a), S. 149.

197 So zutreffend *Oetker* in Lutter/Hommelhoff, Europ. Gesellschaft, S. 277 (288 f.).

198 So auch *Kleindiek* in Lutter/Hommelhoff, Europ. Gesellschaft, S. 95 (104 f.).

199 Seltsamerweise fehlt die entsprechende Umsetzung in § 22 Abs. 1 Nr. 2 SEBG, so dass diese Voraussetzung in die Norm hineingelesen werden muss.

sonderes Verhandlungsgremium gebildet wurde und deshalb die in § 20 SEBG angesetzte Verhandlungsfrist nicht beginnen konnte.[200] Den Beteiligten ist die Möglichkeit einzuräumen, den Eintragungsmangel zu beseitigen, also das Verhandlungsverfahren nachzuholen.[201] Kommen diese der Aufforderung des Registergerichts nicht nach, ist die SE durch Eintragung eines Vermerks zu löschen.

Keine Anwendung findet § 142 FGG, wenn die SE durch Verschmelzung gegründet wird. Art. 30 S. 1 SE-VO legt für die durch Verschmelzung gegründete SE fest, dass diese nach der Eintragung nicht mehr für nichtig erklärt werden kann. Nur wenn das Registergericht das Vorliegen einer Beteiligungsvereinbarung nicht kontrolliert hat, ist nach Art. 30 S. 2 SE-VO eine Auflösung der SE möglich. Da Art. 30 S. 2 SE-VO als „Kann-Vorschrift" ohne nähere Determinierung nicht unmittelbar anwendbar ist, ist die Norm als Regelungsermächtigung anzusehen.[202] Im Gleichlauf zu §§ 20 Abs. 2, 36 Abs. 1 S. 2 UmwG, wonach Mängel in der Verschmelzung die Wirkungen der Eintragungen unberührt lassen, hat der deutsche Gesetzgeber für die SE von der Ermächtigung des Art. 30 S. 2 SE-VO keinen Gebrauch gemacht. Demzufolge ist bei der Verschmelzungs-SE auch bei fehlender Kontrolle der Voraussetzungen des Art. 12 Abs. 2 SE-VO eine Löschung der Gesellschaft nicht möglich.

d) Wiederholung des Verhandlungsverfahrens analog § 18 Abs. 3 SEBG und Durchsetzung der Neuzusammensetzung des mitbestimmten Organs über die Einleitung eines Statusverfahrens

Im Fall der Gründung einer Verschmelzungs-SE oder auch bei den übrigen Gründungsvarianten, wenn ein Verhandlungsverfahren zwar formal durchgeführt, aber mit gravierenden Mängeln behaftet ist, stellt sich die Frage, welche Rechtsbehelfe zur Sicherung der Beteiligungsrechte der Arbeitnehmer in der bereits eingetragenen SE zur Verfügung stehen. Sachgerecht wäre ein Verfahren, welches wie § 142 FGG den Beteiligten die Möglichkeit zur Beseitigung des Mangels durch eine einfache Wiederholung des Verhandlungsverfahrens einräumt. Hierfür bietet sich eine analoge Anwendung des § 18 Abs. 3 SEBG an. § 18 Abs. 3 SEBG verpflichtet zur Wiederaufnahme von Verhandlungen, wenn strukturelle Änderungen der SE geplant sind, die geeignet sind, Beteiligungsrechte der Arbeitnehmer zu mindern.

Zur Durchsetzung der Neubesetzung des Aufsichts- oder Verwaltungsrats könnte die Einleitung eines Statusverfahrens nach §§ 97, 98 AktG für die dualistische

---

[200] *Kleindiek* in Lutter/Hommelhoff, Europ. Gesellschaft, S. 95 (104 f.).

[201] *Kleindiek* in Lutter/Hommelhoff, Europ. Gesellschaft, S. 95 (106 f.); *Oetker* in Lutter/ Hommelhoff, Europ. Gesellschaft, S. 277 (289).

[202] *Hügel* in Kalss/Hügel, SE-Kommentar, § 24 SEG Rn. 34; a. A. *Kleindiek* in Lutter/ Hommelhoff, Europ. Gesellschaft, S. 95 (107 f.).

SE[203] bzw. §§ 25, 26 SEAG für die monistische SE dienen. Das Anwendungsverhältnis von § 18 Abs. 3 SEBG zu den Vorschriften des Statusverfahrens ist noch weitgehend ungeklärt. Ausweislich der Gesetzesmaterialien zum aktienrechtlichen Statusverfahren wurde es für den Wechsel des Mitbestimmungsstatus konzipiert.[204] Darüber hinaus steht zur Diskussion, ob ein Statusverfahren auch dann durchzuführen ist, wenn innerhalb derselben Form der Mitbestimmung zwingende gesetzliche Schwellenwerte überschritten werden, die zur Folge haben, dass der Aufsichtsrat vergrößert oder verkleinert werden muss.[205] Gerade diese beiden Hauptanwendungsgebiete des Statusverfahrens spielen für die SE, gleichgültig ob monistisch oder dualistisch strukturiert, nur eine untergeordnete Rolle. Ein Wechsel des Mitbestimmungsgesetzes ist für die SE nicht vorgesehen. Nach Art. 39 Abs. 4 und Art. 43 Abs. 2 SE-VO unterliegt die Größe des Aufsichts- bzw. Verwaltungsorgans der Satzungsfreiheit. §§ 17 Abs. 1 und 23 Abs. 1 SEAG sehen lediglich mitbestimmungsrechtlich unabhängige Höchst- und Mindestzahlen vor, die die Einleitung eines Statusverfahrens nach den bisherigen Grundsätzen noch rechtfertigen könnten. Mit dem neuen Mitbestimmungskonzept in der SE, welches dem Verhandlungsprinzip den Vorrang einräumt, verändert sich also zugleich der Anwendungsbereich des Statusverfahrens, wie der abweichende Wortlaut der §§ 25, 26 SEAG bestätigt. So ist in § 25 Abs. 1 S. 1 SEAG die Rede von „vertraglichen oder gesetzlichen Vorschriften“, welche für die Zusammensetzung des Verwaltungsrats maßgeblich sein können. Gem. § 26 Abs. 1 S. 1 SEAG muss streitig oder ungewiss sein, nach „welchen Vorschriften“ (§ 98 Abs. 1 S. 1 AktG: „nach welchen gesetzlichen Vorschriften“) der Verwaltungsrat zusammenzusetzen ist.[206] Angesichts dessen, dass der Zweck des § 18 Abs. 3 SEBG darin liegt, durch die Wiederaufnahme der Verhandlungen eine Anpassung der Zusammensetzung des mitbestimmten Organs an die veränderten Rahmenbedingungen zu ermöglichen, sprechen gute Gründe dafür, die Vorschriften zum Statusverfahren als verfahrensrechtliche Ergänzung des materiellen Anspruchs auf Wiederaufnahme der Verhandlungen nach § 18 Abs. 3 SEBG anzusehen.[207]

---

203 § 17 Abs. 3 SEAG erweitert den Kreis der Antragsberechtigten auf den SE-Betriebsrat. Ausführlich zum aktienrechtlichen Statusverfahren: *Göz* ZIP 1998, 1523 ff.; *Martens* DB 1978, 1065 ff.; *Oetker* ZHR 149 (1985), 575 ff.; *Rosendahl* AG 1985, 325 ff.

204 Reg.Begr. zu § 93 AktG, BT-Drucks. IV/171, S. 133; *Göz* ZIP 1998, 1523 (1524); *Oetker* ZHR 149 (1985), 575 (577); *ders.* in Erfurter Komm. Arbeitsrecht, § 99 AktG Rn. 4.

205 Zustimmend: *M. Hoffmann-Becking* in Münch. Handb. Gesellschaftsrecht IV, § 28 Rn. 53; *Oetker* ZHR 149 (1985), 575 (577 ff.); *ders.* in Erfurter Komm. Arbeitsrecht, § 99 AktG Rn. 4; *Semler* in Münch. Komm. AktG, § 97 Rn. 20 ff.; *Ulmer* in Hanau/Ulmer, MitbestG, § 6 Rn. 14. Ablehnend: *Göz* ZIP 1998, 1523 (1525 ff.); *Rosendahl* AG 1985, 325 (328 ff.).

206 Für die dualistische SE sind die §§ 97, 98 AktG entsprechend extensiv auszulegen.

207 So wohl auch *Kienast* in Jannott/Frodermann, Handbuch SE, Kapitel 13 Rn. 191.

§ 18 Abs. 3 SEBG und die Vorschriften zum Statusverfahren verlangen eine Änderung der tatsächlichen Umstände,[208] so dass allenfalls eine analoge Anwendung in Betracht zu ziehen ist. Da es an einer eigenständigen Verfahrensvorschrift fehlt, ist eine planwidrige Regelungslücke gegeben. Weiterhin müssten die mit einer Wiederaufnahme der Verhandlungen verbundenen Rechtsfolgen infolge einer hinreichenden Ähnlichkeit der Tatbestände auf den hier vorliegenden Sachverhalt erstreckt werden können.[209] Dies ist bei wertender Betrachtung vor dem Hintergrund zu bejahen, dass die Anordnung der Wiederaufnahme der Verhandlungen dem in der SE-RL verankerten Vorrang des Verhandlungsprinzips Rechnung trägt. In beiden Fällen dienen die neuen Verhandlungen einer nachträglichen Anpassung des bestehenden Mitbestimmungsstatus an die tatsächlichen Verhältnisse. Scheitern die Verhandlungen, gelangt nach § 18 Abs. 3 S. 3 SEBG die gesetzliche Auffangregelung zur Anwendung, wenn es den Verhandlungsparteien nicht gelingt den Verfahrensmangel zu beseitigen.

Wie im Rahmen des § 142 FGG gilt auch hier wieder, dass nicht jeder Mangel im Verhandlungsverfahren einen Wiederholungsanspruch begründen kann. Das Verhandlungsverfahren muss mit solch gravierenden Mängeln behaftet sein, dass diese die Nichtigkeit der Vereinbarung zur Folge haben. Zur Abgrenzung bietet sich ein Rückgriff auf die von der Rechtsprechung aufgestellten Kriterien zur Nichtigkeit der Wahl von Arbeitnehmervertretern an. Auch dort wird nach einem abgeschlossenen Verfahren aus Gründen der Rechtssicherheit eine Nichtigkeit nur in engen Ausnahmefällen angenommen.[210] Es muss gegen wesentliche Grundsätze des Verhandlungsverfahrens in einem so hohen Maße verstoßen worden sein, dass nicht einmal der Anschein eines dem Gesetz entsprechenden Verhandlungsverfahrens vorliegt. Ein grober, offensichtlicher Verstoß ist z. B. anzunehmen, wenn die Arbeitnehmer eines oder mehrerer Mitgliedstaaten über-

---

[208] Die Regierungsbegründung zu § 18 Abs. 3 SEBG nennt beispielhaft die Aufnahme eines mitbestimmten Unternehmens mit einer größeren Anzahl von Arbeitnehmern, vgl. Reg.Begr. zu § 18 Abs. 3 SEBG, BT-Drucks. 15/3405, S. 50. Zum Erfordernis einer Änderung der tatsächlichen Umstände im Rahmen des Statusverfahrens: Reg.Begr. zu § 93 AktG, BT-Drucks. IV/171, S. 133; *Oetker* ZHR 149 (1985), 575 (576 f.).

[209] *Bydlinski*, Methodenlehre, S. 475; *Canaris*, Die Feststellung von Lücken im Gesetz, S. 71; *Larenz/Canaris*, Methodenlehre, S. 202. Weitergehend für die richtlinienkonforme Rechtsfortbildung: *Canaris* in FS für Bydlinski, S. 47 (89).

[210] BAG, Urteil v. 2. 3. 1955, BAGE 1, 317 ff. = AP Nr. 1 zu § 18 BetrVG mit Anm. *Dietz*; BAG, Urteil v. 24. 1. 1964, BAGE 15, 235 ff. = AP Nr. 6 zu § 3 BetrVG mit Anm. *Küchenhoff*; BAG, Urteil v. 28. 4. 1964, BAGE 16, 1 (6 ff). = AP Nr. 3 zu § 4 BetrVG mit Anm. *Dietz*; BAG, Urteil v. 28. 11. 1977, BAGE 29, 392 ff. = BB 1978, 1011 ff.; BAG, Urteil v. 10. 6. 1983, BAGE 44, 57 ff. = DB 1983, 2142 ff.; BAG, Urteil v. 22. 3. 2000, BAGE 94, 144 ff. = NZA 2000, 1119 ff.; *Fitting/Kaiser/Heither/Engels/Schmidt*, BetrVG, § 19 Rn. 4; *Fitting/Wlotzke/Wißmann*, MitbestG, § 22 Rn. 6; *Kienast* in Jannott/Frodermann, Handbuch SE, Kapitel 13 Rn. 171; *Müller*, EBRG, § 11 Rn. 13; *Raiser*, MitbestG, § 22 Rn. 20; *Schneider* in Däubler/Kittner/Klebe, BetrVG, § 19 Rn. 39; *Thüsing* in Richardi, BetrVG, § 19 Rn. 3 und 75.

haupt nicht an den Verhandlungen beteiligt wurden. Andere Mängel, wie z. B. Beschlussmängel des besonderen Verhandlungsgremiums, müssten mit der Eintragung als geheilt angesehen werden.

e) Ergebnis

Bei Eintragung einer SE trotz Verstoßes gegen die Voraussetzungen des Art. 12 Abs. 2 SE-VO ist zu differenzieren: Wurde versäumt, ein besonderes Verhandlungsgremium zu bilden und damit Verhandlungen zur Beteiligung der Arbeitnehmer in der SE überhaupt einzuleiten, steht das Amtslöschungsverfahren nach § 142 FGG zur Verfügung. Erfolgte die Eintragung der SE auf der Basis einer abgeschlossenen Beteiligungsvereinbarung, die wegen eines groben, offensichtlichen Verstoßes gegen wesentliche Verfahrensvorschriften nichtig ist, sind die Verhandlungen analog § 18 Abs. 3 SEBG wieder aufzunehmen. Die Neuzusammensetzung des mitbestimmten Organs ist dann über das Statusverfahren herbeizuführen.

B. Rechtsnatur und Auslegung der Vereinbarung

Eine weitere strukturunabhängige Problemstellung bildet die Rechtsnatur der Vereinbarung. Die Richtlinie und das SEBG enthalten keine Aussage darüber, um was für eine Art von Vereinbarung es sich bei der Einigung zwischen dem besonderen Verhandlungsgremium und der Unternehmensleitung über die Beteiligung der Arbeitnehmer handelt und in welcher Weise die Vereinbarung ihre Wirkung entfalten soll. Bereits die Rechtsnatur der Vereinbarung über die Errichtung eines Europäischen Betriebsrats ist umstritten.[211] Der Regelungsbereich der Vereinbarung in der SE geht über die nach dem EBRG hinaus, da sie auch Bestimmungen über die Beteiligung der Arbeitnehmer in den Unternehmensorganen trifft und damit direkt auf die Unternehmensleitung Einfluss ausübt. Schließlich ist mit der Bestimmung der Rechtsnatur der Vereinbarung unmittelbar die Ermittlung der einschlägigen Auslegungsgrundsätze verbunden, welche deshalb Gegenstand des daran anschließenden Abschnitts sein sollen.

I. Rechtsnatur der Vereinbarung

Soweit die SE ihren Sitz in Deutschland hat, ist die Rechtsnatur nach deutschem Recht zu beurteilen (§ 3 Abs. 1 SEBG).[212] Sicher ist, dass es sich um einen Kollektivvertrag handeln muss, weil an dem Zustandekommen der Vereinbarung

---

211 *Däubler* in Däubler, BetrVG, § 17 EBRG Rn. 6 ff.; *Eckhoff*, Der Europäische Betriebsrat, S. 274 ff.; *Glückert*, Implementierung Euro-Betriebsräte-Richtlinie, S. 131 ff.; *Joost* in Münch. Handb. Arbeitsrecht, § 366 Rn. 98 ff.; *Oetker* in GK-BetrVG, vor § 106 Rn. 125 f. m. w. N.

212 Oetker in FS für Konzen (im Druck). Dagegen für eine Bestimmung der Rechtsnatur nach Maßgabe des Gemeinschaftsrechts *Schwarz*, SE-VO, Einleitung Rn. 285.

das besondere Verhandlungsgremium als grenzüberschreitender Repräsentant aller Arbeitnehmer beteiligt ist.

1. Tarifvertrag

In Betracht kommt zunächst ein Tarifvertrag.[213] Jeder Tarifvertrag kann in einen schuldrechtlichen und einen normativen Teil gegliedert werden. Der schuldrechtliche Teil bezieht sich auf die Rechte und Pflichten der vertragsschließenden Parteien. Der normative Teil könnte hier in den Regelungen zur Zusammensetzung des Aufsichts- bzw. Verwaltungsrats und den entsprechenden Kompetenzen der Arbeitnehmervertreter gesehen werden. Die Einordnung der Vereinbarung als Tarifvertrag hätte den Vorteil, dass sie durch Arbeitskampfmaßnahmen durchgesetzt werden könnte.

a) Vertragsgegenstand

Gem. § 1 Abs. 1 TVG regelt der Tarifvertrag die Rechte und Pflichten der Tarifvertragsparteien und enthält Rechtsnormen, die den Inhalt, den Abschluss und die Beendigung von Arbeitsverhältnissen, sowie betriebliche und betriebsverfassungsrechtliche Fragen ordnen können. Zunächst müsste also die Vereinbarung mit dem besonderen Verhandlungsgremium über die Beteiligung der Arbeitnehmer betriebliche Fragen i. S. d. § 1 Abs. 1 TVG zum Gegenstand haben. Betriebliche Fragen sind Regelungen, die einheitlich und unmittelbar die Organisation und Gestaltung des Betriebes, also der Betriebsmittel und der Belegschaft, betreffen.[214] Die Vereinbarung zur Beteiligung der Arbeitnehmer in den Organen der SE greift nicht in die betriebliche Organisation, sondern in die gesellschaftsrechtliche Organisation des Unternehmens, d. h. des Arbeitgebers selbst ein und stellt daher keine betriebliche Frage i. S. d. § 1 Abs. 1 TVG dar.[215] Ebenso hat die Vereinbarung keine betriebsverfassungsrechtliche Frage zum Gegenstand. Unter Betriebsverfassung ist die Gesamtheit der Regeln über die Rechtsstellung der Arbeitnehmer im Betrieb einschließlich ihrer Organe, ihrer Rechte und Pflichten und ihrer Stellung zum Arbeitgeber zu verstehen.[216] Zwar fallen hierunter die getroffenen Regelungen, die die Unterrichtung und Anhörung der Arbeitnehmer in der SE betreffen, doch zweifelhaft ist, ob hiervon auch Regelungen zur unternehmerischen Mitbestimmung erfasst sind. Das Schrifttum lehnt dies überwiegend ab mit der Begründung, dass die Betriebsverfassung als Gegenstück zur Unternehmensverfassung konzipiert ist.[217] Während die Be-

---

213 So *Blanpain/Schmidt/Schweibert*, Europäisches Arbeitsrecht, S. 393 für die Vereinbarung nach dem EBRG.

214 *Löwisch/Rieble* in Münch. Handb. Arbeitsrecht, § 261 Rn. 4.

215 *Hanau* ZGR 2001, 75 (81).

216 *Schaub*, Arbeitsrechts-Handbuch, § 202 Rn. 20; *Wiedemann*, TVG, § 1 Rn. 587.

217 *Wißmann* in Münch. Handb. Arbeitsrecht, § 375 Rn. 18; *Wiedemann*, TVG, § 1 Rn. 593 m. w. N.; a. A. *Jahnke*,Tarifautonomie und Mitbestimmung, S. 87 f.

triebsverfassung als partnerschaftliches Organisationsmodell zur friedlichen Konfliktschlichtung aufgebaut ist, ist die Unternehmensverfassung auf Integration aller am Unternehmen beteiligten Kräfte im selben Beschlussorgan angelegt.[218]

b) Vertragsparteien

Entscheidend gegen die Einordnung als Tarifvertrag spricht, dass Tarifvertragsparteien auf Arbeitnehmerseite gem. § 2 TVG nur Gewerkschaften oder ihre Spitzenorganisationen sein können. Jedes dritte Mitglied des besonderen Verhandlungsgremiums muss zwar nach § 6 Abs. 3 SEBG ein Vertreter einer Gewerkschaft sein, doch stellt das besondere Verhandlungsgremium ein selbständiges durch die Arbeitnehmer legitimiertes Organ dar. Die Gewerkschaftsvertreter selbst verhandeln nur in ihrer Eigenschaft als Mitglieder des besonderen Verhandlungsgremiums.[219]

c) Durchsetzung der Vereinbarung

Weiterhin spricht gegen den Charakter als Tarifvertrag die fehlende Erstreikbarkeit. So sind Auffanglösungen für den Fall des Scheiterns der Verhandlungen vorgesehen. Sinn und Zweck des Streiks ist es, Konflikte einer Lösung heranzuführen und über den Streik als Druckmittel die Äquivalenz zwischen den verhandelnden Parteien herzustellen.[220] Im Rahmen der Europäischen Aktiengesellschaft wird dies schon durch die gesetzliche Auffangregelung erreicht, so dass für den Streik nach der gesetzlichen Konzeption kein Raum verbleibt.[221] Ein anderes Ergebnis würde zudem dem in § 13 Abs. 1 S. 2 SEBG niedergelegten Grundsatz der vertrauensvollen Zusammenarbeit widersprechen.[222]

---

218 *Wiedemann*, TVG, § 1 Rn. 593.

219 *Calle Lambach*, Beteiligung Europ. Gesellschaft, S. 172; *Hanau* ZGR 2001, 75 (105); *Hennings* in Manz/Mayer/Schröder, Europäische Aktiengesellschaft, Art. 4 SE-RL Rn. 33; *Herfs-Röttgen* NZA 2002, 358 (363); *Jacobs* in Münch. Komm. AktG, § 21 SEBG Rn. 6; *Kienast* in Jannott/Frodermann, Handbuch SE, Kapitel 13 Rn. 352; *Kraushaar* BB 2003, 1614 (1619); *Oetker* in FS für Konzen (im Druck). Zur Vereinbarung nach dem EBRG: *Däubler* in *Däubler*, BetrVG, § 17 EBRG Rn. 7; *Däubler/Klebe* AiB 1995, 557 (568); *Eckhoff*, Der Europäische Betriebsrat, 275; *Joost* in Münch. Handb. Arbeitsrecht, § 366 Rn. 98; *Lerche*, Der Europäische Betriebsrat und der deutsche Wirtschaftsausschuss, S. 231; *Müller*, EBRG, § 17 Rn. 3; *Weiss* AuR 1995, 438 (443).

220 *Otto* in Münch. Handb. Arbeitsrecht, § 282 Rn. 48.

221 Vgl. *Hanau* ZGR 2001, 75 (105); *Herfs-Röttgen* NZA 2002, 358 (364); *Jacobs* in Münch. Komm. AktG, § 21 SEBG Rn. 6; *Kienast* in Jannott/Frodermann, Handbuch SE, Kapitel 13 Rn. 352; *Kraushaar* BB 2003, 1614 (1619); *Oetker* in Lutter/Hommelhoff, Europ. Gesellschaft , S. 277 (299), Fn. 84; *ders.* in FS für Konzen (im Druck).

222 *Calle Lambach*, Beteiligung Europ. Gesellschaft, S. 162; *Henssler* in Ulmer/Habersack/Henssler, Mitbestimmungsrecht, Einl. SEBG Rn. 153; *Oetker* in FS für Konzen (im Druck). Ebenso zu § 8 Abs. 3 S. 1 EBRG: *Blanke*, EBRG, § 8 Rn. 12; *Klebe* in Däub-

2. *Betriebsvereinbarung*

Die Vereinbarung zwischen Arbeitgeber- und Arbeitnehmervertretern könnte als Betriebsvereinbarung zu qualifizieren sein. Als solche würde die Vereinbarung nach Art. 77 Abs. 4 S. 1 BetrVG normative Wirkung entfalten.

a) Vertragsgegenstand

Eine Betriebsvereinbarung i. S. d. deutschen Betriebsverfassungsrechts ist ein Vertrag zwischen Arbeitgeber und Betriebsrat, der die Regelung aller Angelegenheiten zum Gegenstand haben kann, auf die sich die Regelungskompetenz der Betriebspartner erstreckt.[223] Die Vereinbarung zwischen Unternehmensleitung und besonderem Verhandlungsgremium regelt die Unternehmensverfassung, d. h. die Zusammensetzung des mitbestimmten Organs. Wie schon gesagt ist die Unternehmensverfassung nach allgemeiner Meinung gerade das Gegenstück zur Betriebsverfassung, womit der Regelungsbereich der Vereinbarung über den einer Betriebsvereinbarung hinausgeht.[224]

b) Vertragsparteien

Hinzu kommt, dass eine Betriebsvereinbarung nur von einem Betriebsrat abgeschlossen werden kann.[225] Die deutschen Mitglieder des besonderen Verhandlungsgremiums werden zwar von einem Wahlgremium entsendet, welches sich aus den Betriebsräten, Gesamt- oder Konzernbetriebsräten der deutschen Gründungsgesellschaften zusammensetzt, so dass die Legitimation der deutschen Mitglieder letztlich auf die Betriebsräte rückführbar ist. Das besondere Verhandlungsgremium zeichnet sich jedoch gerade durch seine grenzüberschreitende Zusammensetzung aus. Das Wahl- bzw. Bestellungsverfahren der ausländischen Mitglieder richtet sich nach dem Recht ihres Landes (vgl. § 6 Abs. 1 SEBG), welches gänzlich andere Regelungen treffen kann. So kennen einige Mitgliedstaaten nur eine gewerkschaftliche Interessenvertretung, wie z. B. Schweden, mit der Folge, dass es für deren Mitglieder an einer Legitimation durch betriebliche Arbeitnehmervertretungen fehlt.[226]

---

ler/Kittner/Klebe, BetrVG, § 8 Rn. 7; *Müller*, EBRG, § 8 Rn. 3; *Oetker* in GK-BetrVG, vor § 106 Rn. 260.

223 *Matthes* in Münch. Handb. Arbeitsrecht, § 328 Rn. 1 ff.

224 *Herfs-Röttgen* NZA 2002, 358 (364).

225 *Kreutz* in GK-BetrVG, § 77 Rn. 38; zur Vereinbarung nach dem EBRG: *Eckhoff*, Der Europäische Betriebsrat, S. 275; *Joost* in Münch. Handb. Arbeitsrecht, § 366 Rn. 98; *Lerche*, Der Europäische Betriebsrat und der deutsche Wirtschaftsausschuss, S. 231; *Müller*, EBRG, § 17 Rn. 3; *Weiss* AuR 1995, 438 (443); a.A.: *Hanau* in FS für Vieregge, S. 319 (333 f.).

226 *Calle Lambach*, Beteiligung Europ. Gesellschaft, S. 172; *Herfs-Röttgen* NZA 2002, 358 (364); *Jacobs* in Münch. Komm. AktG, § 21 SEBG Rn. 6; *Kienast* in Jannott/Frodermann, Handbuch SE, Kapitel 13 Rn. 352; *Kraushaar* BB 2003, 1614 (1619); *Oetker* in

3. *Schuldrechtlicher Vertrag*

In Betracht kommt der Abschluss eines rein schuldrechtlichen Vertrages, der auf der Privatautonomie der Parteien basiert.[227]

a) Vertragsgegenstand

Kennzeichnend für den schuldrechtlichen Vertrag ist, dass die Vertragsparteien durch ihn gegenseitig Rechte und Pflichten begründen. Die Vereinbarung gewährt zwar einzelnen Arbeitnehmern einen Anspruch auf einen Sitz im Aufsichts- bzw. Verwaltungsrat und begründet für diese als Mitglieder des jeweiligen Organs entsprechende Rechte und Pflichten (§ 21 Abs. 3 Nr. 3 SEBG). Gegen die Einordnung als schuldrechtlichen Vertrag spricht jedoch, dass der Schwerpunkt der Vereinbarung in einem Organisationsakt liegt, nämlich der Zusammensetzung des mitbestimmten Organs der SE.[228] Die Rechtsstellung der Arbeitnehmervertreter ist eher sekundärer Natur.

b) Vertragsparteien

Weiterhin sind Vertragsparteien der Vereinbarung die Unternehmensleitung auf der einen Seite und das besondere Verhandlungsgremium auf der anderen Seite. Dabei begründet das besondere Verhandlungsgremium keine Rechte und Pflichten für sich selbst, sondern für die zukünftigen Arbeitnehmervertreter im Unternehmensorgan. In Betracht kommt folglich lediglich ein Vertrag zugunsten Dritter.[229] Problematisch dabei ist, dass die Stellung der Arbeitnehmervertreter im Unternehmensorgan nicht nur mit Rechten, sondern auch mit zahlreichen Pflichten verbunden ist. Verträge zulasten Dritter sind grundsätzlich unzulässig.[230] Im Rahmen der Vereinbarung nach dem EBRG wird in der Literatur teilweise die Auffassung vertreten, es läge trotz der Pflichten, die dem Europäischen Betriebsrat durch die Vereinbarung auferlegt werden, ein schuldrechtlicher Vertrag zugunsten Dritter vor, da die Vereinbarung erst den Europäischen Betriebsrat als Institution entstehen lässt und damit bloße Rechtspositionen mit Beschränkungen schafft.[231] Diese Argumentation ist auf die Vereinbarung über

---

FS für Konzen (im Druck); zur Vereinbarung nach dem EBRG: *Däubler* in *Däubler*, BetrVG, § 17 EBRG Rn. 8; *Joost* in Münch. Handb. Arbeitsrecht, § 366 Rn. 98.

227 So *Jacobs* in Münch. Komm. AktG, § 21 SEBG Rn. 7.

228 *Hennings* in Manz/Mayer/Schröder, Europäische Aktiengesellschaft, Art. 4 SE-RL Rn. 34; *Herfs-Röttgen* NZA 2002, 358 (364); *Kienast* in Jannott/Frodermann, Handbuch SE, Kapitel 13 Rn. 352; zur Vereinbarung nach dem EBRG: *Joost* in Münch. Handb. Arbeitsrecht, § 366 Rn. 98.

229 So *Jacobs* in Münch. Komm. AktG, § 21 SEBG Rn. 7.

230 Zur Vereinbarung nach dem EBRG: *Glückert*, Implementierung Euro-Betriebsräte-Richtlinie, S. 132; *Kuffner*, Beteiligung Europ. Aktiengesellschaft, S. 150 f.

231 *Eckhoff*, Der Europäische Betriebsrat, S. 276; *Oetker* in GK-BetrVG, vor § 106 Rn. 126; *I. Schmidt* RdA 2001, Sonderbeilage zu Heft 5, 12 (18); *Sandmann*, Die Euro-Betriebsrats-Richtlinie 94/45/EG, S. 156 ff.

die Unternehmensmitbestimmung in der SE nicht übertragbar.[232] Die Arbeitnehmervertreter im Verwaltungsrat bzw. Aufsichtsrat nehmen ihre Funktion als natürliche Personen mit allen Rechten und Pflichten wahr, es wird keine neue Institution gebildet.

c) Durchsetzung der Vereinbarung

Gegen das Vorliegen eines rein schuldrechtlichen Vertrages spricht ferner die fehlende Durchsetzungsmöglichkeit der getroffenen Vereinbarung. Das besondere Verhandlungsgremium als Vertragspartner ist nicht als Dauerinstitution konzipiert. Die Amtszeit des besonderen Verhandlungsgremiums beginnt mit dessen Einsetzung zur Aufnahme von Verhandlungen über die Vereinbarung über die Beteiligung der Arbeitnehmer in der SE und endet mit Abschluss der Vereinbarung bzw. dem Beschluss, keine Verhandlungen zu eröffnen oder diese zu beenden oder mit Eingreifen der Auffangregelung.[233] Es fehlt zwar an einer ausdrücklichen Regelung zur Amtszeit des besonderen Verhandlungsgremiums und Art. 3 Abs. 6 Abschnitt 4 SE-RL bestimmt, dass das besondere Verhandlungsgremium frühestens zwei Jahre nach einem Negativbeschluss „wieder einberufen" werden kann, womit der europäische Gesetzgeber von einer Reaktivierung eines noch bestehenden Gremiums auszugehen scheint.[234] Nach Sinn und Zweck der SE-RL ist das besondere Verhandlungsgremium aber allein zum Abschluss einer Vereinbarung über die Beteiligung der Arbeitnehmer zu bilden. Ist diese erfolgt, verliert das besondere Verhandlungsgremium seine Existenzberechtigung. Weitergehende Aufgaben wie die Überwachung und Durchsetzung der Vereinbarung sind dem besonderen Verhandlungsgremium nicht zugeordnet.[235] Dementsprechend stellt § 18 Abs. 1 SEBG klar, dass ein besonderes Verhandlungsgremium für die Wiederaufnahme von Verhandlungen „erneut gebildet" wird. Auch § 18 Abs. 3 SEBG, der die Wiederaufnahme von Verhandlungen bei geplanten strukturellen Änderungen der SE regelt, spricht nur vom „neu zu bildenden" besonderen Verhandlungsgremium. Für die Durchsetzung eines schuldrechtlichen Vertrages können grundsätzlich nur Vertragsparteien sorgen. Mit Wegfall des besonderen Verhandlungsgremiums ist es ihm tatsächlich und

---

232 Einschränkend auch *Oetker* in Lutter/Hommelhoff, Europ. Gesellschaft, S. 277 (299), Fn. 84; *ders.* in FS für Konzen (im Druck): Sofern die Vereinbarung Regelungen zur Mitbestimmung der Arbeitnehmer im Aufsichts- oder Verwaltungsorgan der SE trifft, weist sie eine über § 18 EBRG hinausgehende organisationsrechtliche Dimension auf, die es zumindest bei diesem Inhalt rechtfertigt, die Beteiligungsvereinbarung als Organisationsvertrag zu qualifizieren.

233 *Kraushaar* BB 2003, 1614 (1619).

234 Zum BVG nach dem EBRG: *Oetker* in GK-BetrVG, Vor § 106 Rn. 89.

235 Zum BVG nach dem EBRG: *Däubler* in *Däubler*, BetrVG, § 17 EBRG Rn. 11; *Eckhoff*, Der Europäische Betriebsrat, S. 218 f.; *Oetker* in GK-BetrVG, Vor § 106 Rn. 90; *Joost* in Münch. Handb. Arbeitsrecht, § 366 Rn. 76; *Müller*, EBRG, § 17 Rn. 3; a.A. *Hanau* in FS für Vieregge, S. 319 (334).

rechtlich unmöglich, die Vereinbarung einklagen zu können. Bei einem echten Vertrag zugunsten Dritter steht zwar gleichzeitig auch dem Dritten ein Klagerecht zu, aus den oben genannten Gründen ist diese Vertragskonstellation hier nicht gegeben.

4. *Kollektivvertrag mit normativer Wirkung*

Nach der Zielsetzung der SE-RL soll die getroffene Vereinbarung für alle Beteiligten bindend sein. Dafür muss die Vereinbarung mit normativer Wirkung ausgestattet sein. Allerdings setzt eine normative Wirkung grundsätzlich eine besondere Legitimation durch den Gesetzgeber voraus.[236] Eine dem § 4 Abs. 1 TVG bzw. dem § 77 Abs. 4 S. 1 BetrVG entsprechende ausdrückliche Anordnung durch den Gesetzgeber fehlt im SEBG. Die Mitbestimmung durch individuelle Vereinbarung festzulegen, sollte jedoch nur die Möglichkeit eröffnen, die Mitbestimmung flexibel an die jeweilige Unternehmenssituation anzupassen. Im Grad der Verbindlichkeit sollte die Vereinbarung nach Sinn und Zweck der SE-RL keinesfalls hinter den Auffangvorschriften zurückbleiben.[237] Nur wenn man der Vereinbarung normative Wirkung zuspricht, ist es auch nach Wegfall des besonderen Verhandlungsgremiums möglich, die getroffene Vereinbarung durchzusetzen.

Bedenken hinsichtlich des normativen Charakters der Mitbestimmungsvereinbarung könnten mit der Begründung geäußert werden, dass es anderenfalls der Verpflichtung zur Anpassung der Satzung in Art. 12 Abs. 4 SE-VO nicht bedurft hätte.[238] Art. 12 Abs. 4 SE-VO soll aber nur den inhaltlichen Gleichlauf von Satzung und Mitbestimmungsvereinbarung garantieren. Eine Aussage über die Rechtsnatur der Vereinbarung kann hieraus nicht gezogen werden, da für diese gerade das Recht des Sitzstaates maßgeblich ist. Die Vereinbarung über die Beteiligung der Arbeitnehmer in der Europäischen Aktiengesellschaft stellt folglich eine neue Form des Kollektivvertrages mit normativer Wirkung dar, der neben den Tarifvertrag und die Betriebsvereinbarung in das deutsche Rechtssystem einzuordnen ist.[239] Für die gerichtliche Durchsetzung der Vereinbarung können nach § 10 ArbGG alle nach dem SEBG beteiligten Personen sorgen.

---

236 BVerfG, Urteil v. 24. 5. 1977, NJW 1977, 2255 (2255); BAG, Beschluss des Großen Senats vom 29. 11. 1967, AP Nr. 13 zu Art. 9 GG; *Eckhoff*, Der Europäische Betriebsrat, S. 276; *Oetker* in EAS, Europäisches Betriebsverfassungsrecht, B 8300, Rn. 119; *Weiss* AuR 1995, 438 (443).

237 *Calle Lambach*, Beteiligung Europ. Gesellschaft, S. 172; a. A. *Jacobs* in Münch. Komm. AktG, § 21 SEBG Rn. 6; Zur Vereinbarung nach dem EBRG: *Glückert*, Implementierung Euro-Betriebsräte-Richtlinie, S. 133; *Däubler* in Däubler, BetrVG, § 17 EBRG Rn. 11; *Schiek* RdA 2001, 218 (232).

238 *Oetker* in Lutter/Hommelhoff, Europ. Gesellschaft, S. 277 (299), Fn. 84.

239 Ebenfalls *Calle Lambach*, Beteiligung Europ. Gesellschaft, S. 172; *Hennings* in Manz/Mayer/Schröder, Europäische Aktiengesellschaft, Art. 4 SE-RL Rn. 34; *Herfs-Röttgen*

II. Auslegung der Vereinbarung

Welche Grundsätze für die Auslegung von Normenverträgen Anwendung finden, ist umstritten. Während das BAG und eine verbreitete Ansicht in der Literatur eine Auslegung bevorzugt, die sich an den Grundsätzen der Gesetzesauslegung orientiert,[240] sind nach anderer Auffassung Normenverträge wie Verträge auszulegen.[241] Vor allem für die Lückenschließung ist der Meinungsstreit von Relevanz, als dass es dabei um die Beantwortung der Frage geht, unter welchen Voraussetzungen auf die Vorschriften zur Mitbestimmung kraft Gesetzes zurückgegriffen werden kann.

1. Anwendung der Grundsätze der Vertragsauslegung

Bei Anwendung der Grundsätze der Vertragsauslegung stehen für die Ausfüllung von Lücken in der Vereinbarung zwei Möglichkeiten zur Verfügung. Die eine Möglichkeit ist die der ergänzenden Vertragsauslegung, deren Zulässigkeit auf § 157 BGB gestützt wird. Ausgehend vom Sinn und Zweck des konkreten Vertrages ist zu ermitteln, welche Regelung sich für die in der Vereinbarung offen gebliebene Frage unter Berücksichtigung des Grundsatzes von Treu und Glauben ergibt, also den Interessen beider Parteien so weit wie möglich gerecht wird.[242] Die andere Möglichkeit ist die der Anwendung des dispositiven Gesetzesrechts,[243] was in dem hiesigen Fall zu einer Anwendung der Vorschriften zur Mitbestimmung kraft Gesetzes führen würde.

Das Verhältnis dieser beiden Wege zur Lückenfüllung zueinander ist wiederum umstritten und wird von der herrschenden Ansicht zugunsten eines Vorrangs des

---

NZA 2002, 358 (364); *Kuffner*, Beteiligung Europ. Aktiengesellschaft, S. 150 f.; *Schwarz*, SE-VO, Einleitung Rn. 285. Ähnlich *Freis* in Nagel/Freis/Kleinsorge, Beteiligung SE, § 13 Rn. 5; *Henssler* in Ulmer/Habersack/Henssler, Mitbestimmungsrecht, Einl. SEBG Rn. 153; *Kienast* in Jannott/Frodermann, Handbuch SE, Kapitel 13 Rn. 353 und *Kraushaar* BB 2003, 1614 (1619), welche von einem Kollektivvertrag sui generis sprechen.

240 BAG, Urteil v. 2. 6. 1961, AP Nr. 68 zu Art. 3 GG; Urteil v. 12. 9. 1984, AP Nr. 135 zu § 1 TVG Auslegung; Urteil v. 23. 10. 1996, AP Nr. 38 zu § 23 a BAT, Bl. 2; Urteil v. 5. 2. 1998, AP Nr. 3 zu § 1 TVG Tarifverträge: Apotheken, Bl. 1 R; Urteil v. 24. 11. 1999, AP Nr. 35 zu § 1 TVG Tarifverträge: Druckindustrie, Bl. 2 R; *Herschel* in FS für Molitor, S. 161 (180); *Nikisch*, Arbeitsrecht II, § 69 III 1, S. 219; *Nipperdey* in Hueck/Nipperdey, Lehrbuch des Arbeitsrechts II 1, § 18 V 3, S. 356.

241 *Däubler* in Däubler, TVG, Einleitung Rn. 499 ff.; *Wank* in Wiedemann, TVG, § 1 Rn. 775 ff.; *Zöllner* RdA 1964, 443 (449). So ursprünglich auch das RAG, Urteil vom 29. 9. 1928, RAGE 2, 235 (238); RAG, Urteil vom 23. 9. 1933, ARS 19, 29 (30).

242 *Bork*, BGB AT, Rn. 537; *Brox*, BGB AT, Rn. 138; *Heckel* AcP 159 (1960/61), 106 (107); *Larenz* NJW 1963, 737 (737); *Larenz/Canaris*, Methodenlehre, S. 121; *Larenz/Wolf*, BGB AT, § 28 Rn. 113.

243 *Bork*, BGB AT, Rn. 534; *Brox*, BGB AT, Rn. 138; *Larenz* NJW 1963, 737 (737); *Larenz/Canaris*, Methodenlehre, S. 121; *Larenz/Wolf*, BGB AT, § 28 Rn. 109 ff.; *Medicus*, BGB AT, Rn. 340 ff.; *Wolf* in Soergel, BGB, § 157 Rn. 109.

dispositiven Gesetzesrechts gelöst.[244] Hier ergibt sich die Besonderheit, dass der Gesetzgeber mit § 1 Abs. 3 SEBG eine Auslegungsregel statuiert, welche den Vorrang des dispositiven Gesetzesrechts zu bestätigen scheint. Nach § 1 Abs. 3 SEBG ist die Vereinbarung so auszulegen, dass die Ziele der Europäischen Gemeinschaft, die Beteiligung der Arbeitnehmer in der SE sicherzustellen, gefördert werden. Über einen Rückgriff auf die gesetzlichen Auffangbestimmungen kann dem damit bezweckten Bestandsschutz der Beteiligungsrechte der Arbeitnehmer am ehesten Rechnung getragen werden.[245] Fehlt beispielsweise eine Regelung zur Rechtsstellung der Arbeitnehmervertreter im Verwaltungsrat oder ist die getroffene Regelung unzulässig,[246] ist der in § 38 Abs. 1 SEBG verankerte Gleichbehandlungsgrundsatz maßgeblich.

Allerdings nimmt die herrschende Ansicht zwei Einschränkungen vor. Zum einen ist ein Anwendungsvorrang des dispositiven Gesetzesrechts nur dann angemessen, wenn die privatautonome Vereinbarung von dem Regelungstypus, auf den die dispositive Norm zugeschnitten ist, nicht erheblich abweicht.[247] So erweist sich die Anwendung des § 38 Abs. 2 SEBG als schwierig, wenn es an einem ausdrücklichen Verzicht auf die Bestellung eines für den Bereich Arbeit und Soziales zuständigen geschäftsführenden Direktors fehlt. Dieser dient dazu, die Funktion des Arbeitsdirektors nach § 33 MitbestG und § 13 Montan-MitbestG zu erhalten.[248] Vereinbaren die Verhandlungsparteien ein Mitbestimmungsmodell, welches sich erheblich von der quasi-paritätischen Mitbestimmung des MitbestG und Montan-MitbestG unterscheidet, sprechen gute Gründe dafür, über eine ergänzende Vertragsauslegung von einem Verzicht auf eine entsprechende Funktionszuweisung an einen der geschäftsführenden Direktoren auszugehen.

---

244 BGH, Urteil v. 1. 2. 1984, BGHZ 90, 69 (75); Urteil v. 13. 11. 1997, BGHZ 137, 153 (157); Urteil v. 22. 12. 2000, BGHZ 146, 250 (261); *Bork*, BGB AT, Rn. 534; *Brox*, BGB AT, Rn. 138; *Henckel* AcP 159 (1960/61), 106 (124); *Mangold* NJW 1961, 2284 (2284); differenzierend *Larenz* NJW 1963, 737 (740 f.); *Larenz/Wolf*, BGB AT, § 28 Rn. 109 ff.; *Medicus*, BGB AT, Rn. 340 ff.; *Wolf* in Soergel, BGB, § 157 Rn. 109 ff.

245 Ähnlich *Jacobs* in Münch. Komm. AktG, § 21 SEBG Rn. 8; *Kienast* in Jannott/Frodermann, Handbuch SE, Kapitel 13 Rn. 405. Für die Vereinbarung nach dem EBRG: *Däubler* in Däubler/Kittner/Klebe, BetrVG, § 17 EBRG Rn. 17. Kritisch allerdings *Krause* BB 2005, 1221 (1222 f.).

246 Zu den Gestaltungsgrenzen in Bezug auf die Rechtsstellung der Arbeitnehmervertreter im Verwaltungsrat ausführlich in Teil 1: § 8 C.

247 BGH, Urteil v. 12. 2. 1988, NJW 1988, 2099 (2100); Urteil v. 1. 12. 1997, NJW 1998, 1480 (1480); *Bork*, BGB AT, Rn. 534; *Larenz* NJW 1963, 737 (741); *Larenz/Canaris*, Methodenlehre, S. 121; *Larenz/Wolf*, BGB AT, § 28 Rn. 109; *Mayer-Maly* in Münch. Komm. BGB, § 157 Rn. 38; *Wolf* in Soergel, BGB, § 157 Rn. 113.

248 Reg.Begr. zu § 38 Abs. 2 SEBG, BT-Drucks. 15/3405, S. 55.

Zum anderen tritt dispositives Gesetzesrecht auch dann zurück, wenn es im Widerspruch zum erklärten oder mutmaßlichen Willen der Parteien steht.[249] So dürfte das Vorschlagsrecht der Gewerkschaften und leitenden Angestellten im Rahmen des Wahlverfahrens bei starker ausländischer Beteiligung regelmäßig nicht dem mutmaßlichen Willen der Verhandlungsparteien entsprechen, selbst wenn diese gem. § 21 Abs. 5 SEBG bezüglich der Sitzverteilung und Bestellung der Arbeitnehmervertreter die Vorschrift des § 36 SEBG für entsprechend anwendbar erklärten.

2. *Anwendung der Grundsätze der Gesetzesauslegung*

Bei Anwendung der Grundsätze der Gesetzesauslegung spielen allgemeine Wertungsmaßstäbe eine größere Rolle als es bei Anwendung der Grundsätze der Vertragsauslegung der Fall ist.[250] Während sich der Inhalt der Willenserklärungen entscheidend nach dem tatsächlichen Gewollten bestimmt, sind Gesetze grundsätzlich aus sich selbst heraus zu interpretieren. Das BAG fordert darüber hinaus, dass der Wille der Verhandlungsparteien im Vertragstext seinen Niederschlag gefunden haben muss.[251]

Die Lückenfüllung geschieht im Wege der (richterlichen) Rechtsfortbildung und ist zunächst vom Bestehen einer planwidrigen Regelungslücke abhängig.[252] Die Unvollständigkeit eines Gesetzes ergibt sich aus dem zugrunde liegenden Regelungsplan, welcher sich im Wege der historischen und teleologischen Auslegung erschließt.[253] Die Gleichsetzung der Auslegung von Normenverträgen mit der Gesetzesauslegung hat zur Folge, dass anstelle der Regelungsabsicht des Gesetzgebers der Wille der Parteien zu ermitteln ist. Fehlt es beispielsweise an einer Bestimmung bezüglich der Bestellung eines für den Bereich Arbeit und Soziales zuständigen geschäftsführenden Direktors, könnte es sich dabei um eine bewusste Lücke handeln, deren Schließung mittels (richterlicher) Rechtsfortbildung verwehrt ist.[254] Es könnte aber auch eine unbewusste Lücke vorliegen, weil die-

---

249 BGH, Urteil v. 19. 3. 1975, NJW 1975, 1116 (1116); Urteil v. 1. 6. 1994, BGHZ 126, 150 (159); Urteil v. 14. 3. 1997, BGHZ 135, 92 (98); *Bork*, BGB AT, Rn. 537; *Larenz/Wolf*, BGB AT, § 28 Rn. 109; *Wolf* in Soergel, BGB, § 157 Rn. 114.

250 *Larenz/Canaris*, Methodenlehre, S. 168.

251 BAG, Urteil v. 2. 6. 1961, AP Nr. 68 zu Art. 3 GG; Urteil v. 12. 9. 1984, AP Nr. 135 zu § 1 TVG Auslegung; Urteil v. 25. 11. 1987, AP Nr. 18 zu § 1 TVG Auslösung, Bl. 2; Urteil v. 15. 6. 1994, AP Nr. 179 zu §§ 22, 23 BAT 1975, Bl. 2 R; Urteil v. 8. 3. 1995, AP Nr. 5 zu § 1 TVG Verweisungstarifvertrag, Bl. 2 R; Urteil v. 23. 10. 1996, AP Nr. 38 zu § 23 a BAT, Bl. 2; Urteil v. 5. 2. 1998, AP Nr. 3 zu § 1 TVG Tarifverträge: Apotheken, Bl. 1 R; Urteil v. 24. 11. 1999, AP Nr. 35 zu § 1 TVG: Druckindustrie, Bl. 2 R.

252 *Larenz/Canaris*, Methodenlehre, S. 191 ff.

253 *Larenz/Canaris*, Methodenlehre, S. 194.

254 *Canaris*, Die Feststellung von Lücken im Gesetz, S. 134. Zu Tarifverträgen: BAG, Urteil v. 23. 9. 1981, AP Nr. 19 zu § 611 BGB Lehrer, Dozenten; Urteil v. 24. 2. 1988, AP Nr. 2 zu § 1 TVG Tarifverträge: Schuhindustrie, Bl. 3 R; *Däubler* in Däubler, TVG, Einleitung Rn. 522; *Nikisch*, Arbeitsrecht II, § 69 III 1, 4, S. 220, 223; *Nipperdey* in

ses spezifische Problem bei Abschluss der Mitbestimmungsvereinbarung übersehen wurde.

Zweite Voraussetzung einer richterlichen Rechtsfortbildung im Wege einer analogen Anwendung der Vorschriften zur Mitbestimmung kraft Gesetzes ist, dass diese zur Lückenfüllung geeignet sind. Die Analogie gründet sich darauf, dass zwei Tatbestände infolge ihrer Ähnlichkeit in den für die gesetzliche Bewertung maßgebenden Hinsichten gleich zu bewerten sind, also die Interessenlage vergleichbar ist.[255] In ähnlicher Weise verlangt das BAG zur Auslegung von Normenverträgen, es gebühre im Zweifel derjenigen Auslegung der Vorrang, die zu einer vernünftigen, sachgerechten, zweckorientierten und praktisch brauchbaren Regelung führt.[256] Sind die Voraussetzungen für eine analoge Anwendung der gesetzlichen Auffangbestimmungen nicht gegeben, stehen methodisch die Mittel der teleologischen Extension, der teleologischen Reduktion und des Umkehrschlusses zur Verfügung.[257]

3. *Ergebnis*

Der praktische Unterschied zwischen den beiden Lösungsansätzen besteht nur marginal.[258] In beiden Fällen ist zur Lückenschließung auf die Vorschriften zur Mitbestimmung kraft Gesetzes zurückzugreifen, es sei denn, die Interessenlage weicht objektiv oder subjektiv erheblich von den gesetzlichen Bestimmungen ab. Die Theorie der Gesetzesauslegung hat den Vorteil, dass allgemeine Wertungsmaßstäbe eine stärkere Berücksichtigung finden. Damit verbunden ist eine höhere Rechtssicherheit der Vertragsunterworfenen, welche den Gang der Verhandlungen und die Entwicklung bis hin zum endgültigen Text der Mitbestimmungsvereinbarung häufig nicht verfolgen können. Die nach § 17 SEBG anzufertigende Niederschrift enthält nur Fragmente des Verhandlungsprozesses, welche keinen Aufschluss über inhaltliche Dispute der Verhandlungsparteien geben. § 1 Abs. 3 SEBG misst dem Bestandsschutz der Beteiligungsrechte besondere Bedeutung bei und unterwirft die Auslegung der Vereinbarung dieser Zielsetzung, weshalb gute Gründe dafür sprechen, im Zweifelsfall auf die Mitbestimmungsvereinbarung die Grundsätze der Gesetzesauslegung anzuwenden.[259]

Hueck/Nipperdey, Lehrbuch des Arbeitsrechts II 1, § 18 V 3, S. 363; *Wank* in Wiedemann, TVG, § 1 Rn. 815.

255 *Bydlinski*, Methodenlehre, S. 475; *Larenz/Canaris*, Methodenlehre, S. 202; *Pawlowski*, Methodenlehre, Rn. 481 f.

256 BAG, Urteil v. 25. 11. 1987, AP Nr. 18 zu § 1 TVG Auslösung, Bl. 3; Urteil v. 5. 2. 1998, AP Nr. 3 zu § 1 TVG Tarifverträge: Apotheken, Bl. 1 R; Urteil v. 24. 11. 1999, AP Nr. 35 zu § 1 TVG: Druckindustrie, Bl. 2 R.

257 Vgl. dazu nur *Canaris*, Die Feststellung von Lücken im Gesetz, S. 88 ff.

258 Zu den verbleibenden Unterschieden: *Däubler* in Däubler, TVG, Einleitung Rn. 493; *Nipperdey* in Hueck/Nipperdey, Lehrbuch des Arbeitsrechts II 1, § 18 V 3, S. 357; *Wank* in Wiedemann, TVG, § 1 Rn. 779.

259 So auch *Oetker* in FS für Konzen (im Druck).

C. Minderung der Mitbestimmungsrechte als Folge der Verhandlungen – Reichweite des erhöhten Beschlussquorums nach § 15 Abs. 3 SEBG

Angesichts der Zementierung des am weitest reichenden Mitbestimmungsregimes durch die gesetzliche Auffangregelung hängt die Etablierung der monistischen SE unter deutscher Beteiligung maßgeblich von dem Abschluss einer erfolgreichen Vereinbarung ab. Diese eröffnet die Möglichkeit, ein Modell unterhalb eines paritätisch besetzten Verwaltungsrats zu vereinbaren. Indessen sind damit erhöhte Anforderungen an die Beschlussfassung des besonderen Verhandlungsgremiums verbunden. Gem. § 15 Abs. 3 SEBG ist ein Beschluss mit der Mehrheit von zwei Dritteln der Mitglieder des besonderen Verhandlungsgremiums erforderlich, die mindestens zwei Drittel der Arbeitnehmer in mindestens zwei Mitgliedstaaten vertreten, wenn die Verhandlungen eine Minderung der Mitbestimmungsrechte zur Folge hätten. Dies gilt im Falle einer SE, die durch Verschmelzung gegründet werden soll, sofern sich die Mitbestimmung auf mindestens 25 % der Gesamtzahl der Arbeitnehmer der beteiligten Gesellschaften und der betroffenen Tochtergesellschaften erstreckt oder im Falle einer SE, die als Holding-Gesellschaft oder als Tochtergesellschaft gegründet werden soll, sofern sich die Mitbestimmung auf mindestens 50 % der Gesamtzahl der Arbeitnehmer erstreckt (§ 15 Abs. 3 S. 2 SEBG).

I. Begriff der „Minderung der Mitbestimmungsrechte" nach § 15 Abs. 4 SEBG

Ob die in der Vereinbarung festgelegte Mitbestimmung zu einer Minderung der Mitbestimmung bei den beteiligten Gesellschaften führt, beurteilt sich nach § 15 Abs. 4 SEBG, dessen Tatbestand durch zwei Alternativen erfüllt sein kann. Entweder

- ist der Anteil der Arbeitnehmervertreter im Verwaltungsorgan geringer als der höchste in den beteiligten Gesellschaften bestehende Anteil (Nr. 1) oder
- das Recht, Mitglieder des Aufsichts- oder Verwaltungsorgans zu wählen, zu bestellen, zu empfehlen oder abzulehnen, wird beseitigt oder eingeschränkt (Nr. 2).

Hinsichtlich der beiden Tatbestandsalternativen stellt sich die Frage, wie weit deren Anwendungsbereich reicht.

1. Vergleich der Zusammensetzung der mitbestimmten Organe gem. § 15 Abs. 4 Nr. 1 SEBG

a) Einzelbetrachtung der Gründungsgesellschaften

Entscheidend für die Anwendbarkeit des § 15 Abs. 4 Nr. 1 SEBG ist vorab, aus welcher Sicht die getroffene Vereinbarung eine Verschlechterung im Sinne des § 15 Abs. 4 Nr. 1 SEBG darstellt. Fusionieren z. B. spanische sociedad anónima, welche mitbestimmungsfrei ist, und eine deutsche Aktiengesellschaft, die dem DrittelbG unterliegt, zu einer gemeinsamen monistischen SE, bei der die Arbeitnehmer im Verwaltungsrat nach der ausgehandelten Vereinbarung zu einem Fünftel beteiligt sind, bedeutet die getroffene Vereinbarung aus deutscher Sicht eine Reduzierung des bisherigen Mitbestimmungsstandards. Bei einer Gesamtbetrachtung wäre eine Verbesserung erreicht, da nunmehr alle Arbeitnehmer durch die von ihnen gewählten Arbeitnehmervertreter repräsentiert wären.[260] Vereinzelt wird deswegen in Frage gestellt, ob im Sinne des Vorher-Nachher-Prinzips überhaupt von einer Minderung des Mitbestimmungsstandards gesprochen werden kann.[261] Dass § 15 Abs. 4 Nr. 1 SEBG eine Einzelbetrachtung vornimmt, ergibt sich aus dem Wortlaut.[262] Der neue Mitbestimmungsstandard wird mit einer der beteiligten Gesellschaften verglichen, und zwar mit der mit dem höchsten bestehenden Anteil. Dies findet seine Bestätigung im Sinn und Zweck der Vorschrift. Dem § 15 Abs. 4 Nr. 1 SEBG liegt eine formale Betrachtungsweise zugrunde, um die Anwendung einfach zu gestalten. Eine Gesamtbetrachtung wäre praktisch kaum durchführbar. Verschlechterungen der einen Seite müssten gegen Verbesserungen der anderen Seite abgewogen werden, jeweils unter Berücksichtigung der betroffenen Arbeitnehmerzahl.[263] Zudem greift der Bestandsschutz der Beteiligungsrechte der Arbeitnehmer einer beteiligten Gesellschaft unabhängig davon, mit welcher Gesellschaft der jeweilige Arbeitgeber zu einer gemeinsamen SE zusammengeht.

b) Kein Bestandsschutz bezüglich der absoluten Arbeitnehmersitze

Überdies ergibt sich die Fragestellung, ob sich der durch das erhöhte Beschlussquorum garantierte Bestandsschutz auch auf die absolute Zahl der Arbeitnehmersitze bezieht. Die wohl herrschende Ansicht lehnt dies ab und beruft sich auf den Wortlaut des § 15 Abs. 4 Nr. 1 SEBG („Anteil"). Zugleich zieht sie die Vorschriften des Art. 40 Abs. 3 und des Art. 43 Abs. 2 SE-VO heran, welche die Festlegung der Zahl der Mitglieder des Aufsichts- oder Verwaltungsorgans der Satzung vorbehalten.[264] Abweichend davon, äußert *Krause* Zweifel hinsichtlich eines Bestandsschutzes, der sich nur auf das prozentuale Verhältnis der Arbeitnehmervertreter zu den Vertretern der Anteilseigner erstreckt. So beruft er sich auf den Wortlaut des § 21 Abs. 3 Nr. 1 SEBG, wonach die Vereinbarung „die Zahl" der Arbeitnehmervertreter festlegen soll. Dies würden die §§ 17, 23

---

260 *Kienast* in Jannott/Frodermann, Handbuch SE, Kapitel 13 Rn. 348; *Nagel* AuR 2001, 406 (407 f.); *Herfs-Röttgen* NZA 2001, 358 (361).

261 *Herfs-Röttgen* NZA 2001, 358 (361).

262 *Brandt* BB-Special 2/2005, 1 (5); *Jacobs* in Münch. Komm. AktG, § 15 SEBG Rn. 12. Für die SE-RL: *Nagel* AuR 2001, 406 (407 f.); *Herfs-Röttgen* NZA 2001, 358 (361).

263 *Nagel* AuR 2001, 406 (407 f.); *Herfs-Röttgen* NZA 2001, 358 (361).

264 *Freis* in Nagel/Freis/Kleinsorge, Beteiligung SE, § 15 Rn. 21; *Henssler* RdA 2005, 330 (335); *Jacobs* in Münch. Komm. AktG, § 15 SEBG Rn. 12; *Kallmeyer* AG 2003, 197 (199 f.); *Oetker* in Lutter/Hommelhoff, Europ. Gesellschaft, S. 277 (304).

SEAG bestätigen, die zwar zunächst bestimmte Gremiengrößen statuieren, dann aber entsprechend § 95 S. 5 AktG dem SEBG den Vorrang einräumen und damit insbesondere die Vereinbarung nach § 21 SEBG meinen würden. Weiter führt er gegen den in Art. 40 Abs. 3 und des Art. 43 Abs. 2 SE-VO normierten Satzungsvorbehalt die Vorschrift des Art. 12 Abs. 4 SE-VO an, welche der Vereinbarung ganz generell den Vorrang gegenüber der Satzung der SE gebe, und auch Art. 4 Abs. 2 lit. g SE-RL nenne die Zahl der Arbeitnehmervertreter als Gegenstand einer solchen Einigung.[265]

Ob die von *Krause* aufgeworfenen Argumente tatsächlich eine extensive Auslegung des § 15 Abs. 4 Nr. 1 SEBG begründen können, bedarf einer Auslegung der zur Diskussion stehenden Norm. Der Wortlaut des § 15 Abs. 4 Nr. 1 SEBG spricht für die von der herrschenden Ansicht vorgenommenen Beschränkung auf das proportionale Vertretungsverhältnis. Anderenfalls wäre nicht der „Anteil" der Arbeitnehmervertreter sondern deren „Zahl" Maßstab für die Vorher-Nachher-Betrachtung. *Krause* bezieht sich überwiegend auf systematische Erwägungen, welche entgegen seiner Auffassung eine restriktive Auslegung des § 15 Abs. 4 Nr. 1 SEBG nicht widerlegen. Dass § 21 Abs. 3 Nr. 1 SEBG in wortidentischer Umsetzung zu Art. 4 Abs. 2 lit. g SE-RL diesen Begriffswechsel vornimmt ist unerheblich, weil es sich bei dieser Norm um eine bloße „Soll-Vorschrift" handelt. Selbstverständlich bleibt es den Parteien unbenommen, die Vereinbarung und die Satzung aufeinander abzustimmen.[266] Der Rückgriff auf die Zahl der Arbeitnehmervertreter in § 21 Abs. 3 Nr. 1 SEBG ist sinnvoll, da die durch die Satzung festgelegte Mitgliederzahl des mitbestimmten Organs nicht zwingend so teilbar ist, dass die Errechnung eines exakten Anteils an Arbeitnehmervertretern möglich ist. Beispielsweise erscheint eine Bestimmung, wonach 42,857 % der Mitglieder des Verwaltungsrats Arbeitnehmervertreter sein sollen, geradezu grotesk, wenn diese nach der Vereinbarung drei von insgesamt sieben durch die Satzung vorgegebenen Sitzen im Verwaltungsrat für sich beanspruchen dürfen. Auch aus Art. 12 Abs. 4 SE-VO lässt sich ein Bestandsschutz der absoluten Arbeitnehmersitze nicht herleiten. Danach soll nur ein auftretender Widerspruch zwischen Satzung und Vereinbarung zugunsten der Beteiligungsrechte der Arbeitnehmer durch eine Anpassung der Satzung gelöst werden, ohne dass der Norm ein kompetenzzuweisender Charakter zukommt. Schließlich belegen historisch-teleologische Argumente, dass sich der durch § 15 Abs. 4 Nr. 1 SEBG gewährleistete Bestandsschutz nicht auf die absolute Zahl der Arbeitnehmersitze bezieht. Die Regierungsbegründung zu § 15 Abs. 4 Nr. 1 SEBG spricht sich ausdrücklich dagegen aus.[267]

---

265 *Krause* BB 2005, 1221 (1226).

266 *Hennings* in Manz/Mayer/Schröder, Europäische Aktiengesellschaft, Art. 4 SE-RL Rn. 8.

267 Reg.Begr. zu § 15 Abs. 4 SEBG, BT-Drucks. 15/3405, S. 50.

c) Kein Bestandsschutz bezüglich der Rechtsstellung der Arbeitnehmervertreter

Ebenso unberücksichtigt bleibt die Rechtsstellung der Arbeitnehmervertreter, welche ihnen durch die Vereinbarung eingeräumt werden soll. Dies kann dann zu unbefriedigenden Ergebnissen führen, wenn die bisherige Zusammensetzung des mitbestimmten Organs für die SE beibehalten werden soll, den Arbeitnehmervertretern allerdings bei bestimmten Entscheidungen lediglich eine beratende Funktion zugestanden wird. Teilweise wird deshalb eine Regelungskompetenz der Verhandlungsparteien in Bezug auf die Rechtsstellung der Arbeitnehmervertreter abgelehnt.[268] Folgt man dieser Ansicht nicht, bleibt es bei der Notwendigkeit eines einfachen Mehrheitsbeschlusses. Denkbar ist zwar eine analoge Anwendung des § 15 Abs. 4 Nr. 1 SEBG, deren Voraussetzungen jedoch mangels Planwidrigkeit der Regelungslücke verneint werden müssen.

d) Kein Bestandsschutz bezüglich der Ausgestaltung des Wahlverfahrens

Unerheblich für die Vorher-Nachher-Betrachtung nach § 15 Abs. 4 Nr. 1 SEBG ist auch, ob die Arbeitnehmer die Mitglieder des mitbestimmten Organs selbst wählen oder nur unverbindliche Empfehlungen abgeben dürfen.[269] Voraussetzung ist nach § 15 Abs. 4 Nr. 1 SEBG nur, dass die gewählten oder vorgeschlagenen Mitglieder als „Arbeitnehmervertreter“ zu qualifizieren sind. Insoweit weicht die Vorschrift von Art. 3 Abs. 4 S. 4 SE-RL ab, welcher auf den Anteil der „Mitglieder der Organe der SE“ abstellt. § 15 Abs. 4 Nr. 1 SEBG ist also in seinem Anwendungsbereich enger gefasst als die Parallelvorschrift der SE-RL. Diese Änderung erfolgte im Hinblick auf das niederländische Mitbestimmungsrecht in seiner Fassung bis zum 30. 9. 2004. Die niederländische N. V. ist wie die deutsche Aktiengesellschaft dualistisch strukturiert. Nach bisherigem Recht erfolgte die Besetzung des Aufsichtsrats im Wege der Kooptation, d. h. die Mitglieder des Aufsichtsorgans wählten neu aufzunehmende Mitglieder selbst hinzu. Dem Betriebsrat (ondernemingsraad) stand neben dem Vorstand und der Hauptversammlung nur ein Vorschlags- und Vetorecht zu, welches sich aber auf alle Mitglieder des Aufsichtsrats bezog.[270] In der Literatur wurde kritisiert, dass bei strikter Umsetzung des Art. 3 Abs. 4 S. 4 SE-RL das deutsche Mitbestimmungsrecht immer schwächer wäre als das nach niederländischem Recht, weil Letzteres sämtliche Aufsichtsratsmitglieder erfasse, Ersteres dagegen nur die Arbeit-

268 *Oetker* in FS für Konzen (im Druck); *Seibt* AG 2005, 413 (423); *ders.* in Lutter/Hommelhoff, Europ. Gesellschaft, S. 67 (82). Ausführlich dazu in Teil 1: § 8 C.

269 Zu Art. 3 Abs. 4 S. 4 SE-RL: *Reichert/Brandes* ZGR 2003, 767 (785 f.); *Wißmann* in FS für Wiedemann, S. 685 (691 f.).

270 Ausführlich zum Unternehmensmitbestimmungsrecht in den Niederlanden nach alter Rechtslage: *Geck*, Mitbestimmung durch Kooptation; *Figge*, Mitbestimmung auf Unternehmensebene, S. 76 ff.; *Mävers*, Mitbestimmung Europ. Aktiengesellschaft, S. 58 ff.; *Pichot*, Arbeitnehmervertreter in Europa, S. 122 f.; *Timmerman/Spanjaard* in Baums/Ulmer, Unternehmens-Mitbestimmung, S. 75 (83 ff.).

nehmervertreter. Dabei bliebe unberücksichtigt, dass in Deutschland die Mitbestimmung paritätisch ausgestaltet sei, dagegen in den Niederlanden lediglich ein indirektes Mitbestimmungsrecht bestehe, so dass das deutsche Mitbestimmungsmodell als höherwertig anzusehen sei.[271] Der deutsche Gesetzgeber nahm sich dieser Kritik an und beschränkte deshalb die Vorher-Nachher-Betrachtung in § 15 Abs. 4 Nr. 1 SEBG auf die „Arbeitnehmervertreter". Nach dem bisherigen niederländischen Kooptationsmodell bezog sich das Empfehlungsrecht des Betriebsrats auf alle Mitglieder des Aufsichtsrats, so dass eine Spezifikation einzelner Mitglieder als Arbeitnehmervertreter nicht möglich war. Dieses Mitbestimmungsmodell fiel unter den eigens eingeführten § 15 Abs. 4 Nr. 2 SEBG, auf dessen Richtlinienkonformität im Anschluss näher eingegangen werden soll.

Zum 1. 10. 2004 hat der niederländische Gesetzgeber nach jahrelangen Diskussionen sein Mitbestimmungsrecht grundlegend reformiert. Die Wahl der Mitglieder des Aufsichtsrats erfolgt nun durch die Hauptversammlung, während der Aufsichtsrat nur über ein Vorschlagsrecht verfügt. Auch dem Betriebsrat steht weiterhin ein Vorschlagsrecht zu, welches sich auf ein Drittel der Aufsichtsratsmitglieder bezieht. Der Aufsichtsrat kann gegen die Empfehlungen des Betriebsrats Bedenken bei der Kammer für Unternehmenssachen anmelden, wenn davon auszugehen ist, dass der Kandidat sich für die Erfüllung der Aufgaben nicht eignet oder die ordnungsgemäße Zusammensetzung nicht gewährleistet wäre. Die Hauptversammlung kann dagegen die Vorschläge des Aufsichtsrats und des Betriebsrats mit einem Beschluss mit einer Zwei-Drittel-Mehrheit abweisen.[272] Unklar ist, ob dieses neue Modell jetzt unter § 2 Abs. 12 Nr. 1 SEBG fällt oder wie das bisherige Mitbestimmungsmodell als einziges Mitbestimmungsmodell aller 28 Vertragsstaaten des Europäischen Wirtschaftsraums von der Definition des § 2 Abs. 12 Nr. 2 SEBG erfasst ist. Angesichts dessen, dass die Empfehlungen des Betriebsrats nicht zwingender Natur sind, also der Hauptversammlung ein Vetorecht zusteht, spricht vieles dafür, dass auch das neue niederländische Mitbestimmungsmodell weiterhin durch den Mitbestimmungsbegriff in § 2 Abs. 12 Nr. 2 SEBG definiert ist.[273] Für die Anwendung des § 15 Abs. 4 Nr. 1 SEBG ist eine Entscheidung unerheblich. Bezieht sich das Empfehlungsrecht nur auf ein Drittel der Mitglieder des Aufsichts- oder Verwaltungsorgans können diese jetzt als Arbeitnehmervertreter im Sinne des § 15 Abs.

---

271 *Reichert/Brandes* ZGR 2003, 767 (785 ff.); *Wißmann* in FS für Wiedemann, S. 685 (691 f.).

272 Art. 158 Burgerlijk Wetboek (Bürgerliches Gesetzbuch der Niederlande). Vgl. dazu die Vorschläge zur gesetzlichen Regelung des Aufsichtsrats bei Großunternehmen des Sozialwirtschaftlichen Rats in den Niederlanden (Social-Economische Raad – SER), in deutscher Fassung abrufbar unter: www.ser.nl/_upload/databank_duits/d_2001_02.pdf (Stand: 30. 06. 2006). Ausführlich zu den Entwürfen auch *Berentsen* Mitbestimmung 6/2002, 31 ff.; *Timmerman/Spanjaard* in Baums/Ulmer, Unternehmens-Mitbestimmung, S. 75 (92 f.).

273 So wohl auch *Köstler* DStR 2005, 745 (748).

4 Nr. 1 SEBG konkretisiert werden. Das neue niederländische Mitbestimmungsmodell fällt damit abweichend von der alten Rechtslage nun auch unter den Awendungsbereich des § 15 Abs. 4 Nr. 1 SEBG und ist einer quantitativen Vorher-Nachher-Betrachtung zugänglich.

e) Wechsel der Organisationsstruktur

Fraglich ist, inwieweit der Wechsel in die monistische Organisationsstruktur für die Anwendbarkeit des § 15 Abs. 4 Nr. 1 SEBG von Bedeutung ist. Nach dessen Wortlaut scheint es unerheblich zu sein, ob die Arbeitnehmervertreter Mitglieder des Aufsichtsrats oder des Verwaltungsrats sind. § 15 Abs. 4 Nr. 1 SEBG bezieht sich auf das „Aufsichts- oder Verwaltungsorgan der SE“ und auch Art. 3 Abs. 4 Abschnitt 2 SE-RL spricht nur von den „Organen der SE“. Systematische Erwägungen scheinen dies zu bestätigen. Nach Art. 45 SE-VO ist eine paritätische Besetzung des Verwaltungsrats möglich unter der Auflage, dass zum Vorsitzenden ein Anteilseignervertreter bestellt wird.[274] Konsequenz wäre, dass ein qualifizierter Mehrheitsbeschluss des besonderen Verhandlungsgremiums immer dann erforderlich wäre, wenn die paritätische Besetzung des Aufsichtsrats bzw. die Drittelbeteiligung nicht auf den Verwaltungsrat der zu gründenden SE übertragen wird. Dagegen ist jedoch einzuwenden, dass Verwaltungsrat und Aufsichtsrat funktional nicht miteinander vergleichbar sind.[275] Während die Arbeitnehmervertreter im Verwaltungsrat grundsätzlich an der Leitung der Gesellschaft zu beteiligen sind, ist ihre Rolle im Aufsichtsrat auf eine reine Überwachungstätigkeit beschränkt. Die Einflussmöglichkeiten der Arbeitnehmervertreter im Verwaltungsrat gehen damit weit über die im Aufsichtsrat hinaus.[276] Auch Art. 45 SE-VO lässt keinen Schluss auf eine zwingende paritätische Besetzung des Verwaltungsrats zu. Vielmehr ist fraglich, ob der Verordnungsgeber überhaupt an die Möglichkeit eines paritätisch besetzten Verwaltungsrats gedacht hat. So ist das Mitbestimmungsgesetz Ursache für die Sonderregelungen in Art. 50 Abs. 2 und Abs. 3 SE-VO. Dort ist aber nur vom „Aufsichtsorgan“ die Rede.[277] Selbst wenn man davon ausgeht, dass es sich dabei um ein Redaktionsversehen handelt, bedeutet die Zulassung des paritätisch besetzten Verwaltungsrats in Art. 45 SE-VO nicht, dass der Verwaltungsrat automatisch paritätisch zu besetzen ist, wenn eine deutsche Aktiengesellschaft an der Gründung einer monistisch strukturierten SE beteiligt ist. Vielmehr soll Art. 45 SE-VO nur das Übergewicht der Anteilseignerseite sicherstellen, falls es zu einer paritätischen

---

274 *Köstler* ZGR 2003, 800 (804).

275 *Frodermann* in Jannott/Frodermann, Handbuch SE, Kapitel 5 Rn. 192; *Reichert/Brandes* ZGR 2003, 767 (788).

276 Statt aller *Frodermann* in Jannott/Frodermann, Handbuch SE, Kapitel 5 Rn. 193 und 209; *Kienast* in Jannott/Frodermann, Handbuch SE, Kapitel 13 Rn. 296 ff.; *Reichert/Brandes* ZGR 2003, 767 (790); *Teichmann* BB 2004, 53 (57).

277 Ebenso *Roth* ZfA 2004, 431 (442).

Zusammensetzung des Verwaltungsrats kommen *sollte.*[278] An anderer Stelle wurde bereits dargelegt, dass aufgrund des Begriffs „Anteil" nicht die Zahlen der Arbeitnehmervertreter im Rahmen der Vorher-Nachher-Betrachtung identisch sein müssen, was gleichfalls bei einem Wechsel zur monistischen Organisationsstruktur gilt.

Das parallele Problem stellt sich im Rahmen der Auffangregelung: Gem. Teil 3 des Anhangs hat die Auffangregelung zu gewährleisten, dass die Arbeitnehmer der SE, ihre Tochtergesellschaften und Betriebe das Recht haben, einen Teil der Mitglieder des Verwaltungsorgans der SE zu wählen oder zu bestellen oder deren Bestellung zu empfehlen oder abzulehnen, wobei die Zahl dieser Mitglieder sich wiederum „nach dem höchsten maßgeblichen Anteil in den Kontroll- bzw. Leitungsorganen der beteiligten Gesellschaften vor der Eintragung der SE bemisst." Was im Einzelnen darunter zu verstehen ist, soll an späterer Stelle geklärt werden.[279] Jedenfalls geht die SE-RL nicht davon aus, dass die Arbeitnehmerzahlen im Aufsichtsrat und Verwaltungsrat identisch sein müssen, sondern die Mitbestimmungssysteme insgesamt über eine Homogenität verfügen. Wann eine Minderung der Mitbestimmungsrechte gegeben ist, hängt eng zusammen mit der Gestaltung des monistischen Systems für die SE durch den nationalen Gesetzgeber. Maßstab bei Wechsel der Organisationsstruktur zum monistischen Systems ist daher, wie sich der Verwaltungsrat zusammensetzen würde, wenn die gesetzliche Auffangregelung eingreifen würde. Eine Minderung der Mitbestimmungsrechte liegt vor, wenn die Vereinbarung negativ von diesem gesetzlichen Standard abweicht.

Die deutsche Auffangregelung sieht eine 1:1-Übertragung der Parität bzw. Drittelbeteiligung des Aufsichtsrats auf den Verwaltungsrats vor. Es verwundert, dass der deutsche Gesetzgeber qualitative Elemente in die Vorher-Nachher-Betrachtung einbrachte, um den Unterschied zwischen dem Repräsentationsmodell und dem (inzwischen überholten) Kooptationsmodell im Aufsichtsrat herauszustellen, während für den Wechsel zur monistischen Organisationsstruktur eine rein formale Betrachtungsweise im Vordergrund steht, obwohl die Beteiligung der Arbeitnehmer im Verwaltungsrat gleichfalls einen erheblichen qualitativen Unterschied zur Unternehmensmitbestimmung im Aufsichtsrat in sich trägt. Ob er dazu aufgrund der Vorgaben der Richtlinie verpflichtet war, soll an dieser Stelle erst einmal dahinstehen und im Rahmen der Abhandlung über die gesetzliche Auffangregelung ausführlich untersucht werden. Für die Vereinbarung heißt das: setzte sich der Aufsichtsrat vorher zur Hälfte aus Arbeitnehmervertretern zusammen, liegt eine Minderung der Mitbestimmungsrechte vor, wenn die

---

278 *Brandt* BB-Special 2/2005, 3; *Henssler* in FS für Ulmer, S. 193 (207); *Reichert/Brandes* ZGR 2003, 767 (788) Fn. 77.

279 Vgl. ausführlich dazu in Teil 1: § 10 C.

Vereinbarung nicht die hälftige Zusammensetzung für den Verwaltungsrat übernimmt. Entsprechendes gilt für die Drittelbeteiligung.

2. *Vergleich der Wahlverfahren gem. § 15 Abs. 4 Nr. 2 SEBG*

Erhebliche qualitative Unterschiede, die die rein quantitative Vorher-Nachher-Betrachtung des § 15 Abs. 4 Nr. 1 SEBG zunächst unberücksichtigt lässt, fängt zum Teil § 15 Abs. 4 Nr. 2 SEBG wieder auf. Danach liegt eine Minderung auch („oder") vor, wenn infolge der Beteiligungsvereinbarung das Recht zur Bestellung, Empfehlung oder Ablehnung von Mitgliedern des Aufsichts- oder Verwaltungsorgans beseitigt oder eingeschränkt wird. § 15 Abs. 4 Nr. 2 SEBG kommt beispielsweise zur Anwendung, wenn an der Gründung einer SE eine niederländische Gesellschaft beteiligt ist, deren Aufsichtsrat sich im Übergangszeitraum immer noch nach dem alten Kooptationsmodell zusammensetzt, weil noch keine Neuwahlen stattfanden, und dieses Modell für die SE übernommen werden soll. Das alte niederländische Mitbestimmungsmodell ist nicht vom Wortlaut des § 15 Abs. 4 Nr. 1 SEBG erfasst, so dass erst die Awendung des § 15 Abs. 4 Nr. 2 SEBG Klarheit darüber bringt, ob die Verhandlungen eine Minderung der Mitbestimmungsrechte zur Folge haben. Weiterhin ist denkbar, dass eine deutsche paritätisch mitbestimmte Aktiengesellschaft und eine ausländische mitbestimmungsfreie Gesellschaft eine gemeinsame monistische SE gründen wollen und sich die Verhandlungsparteien auf einen Kompromiss verständigen, bei dem der Verwaltungsrat der SE zwar hälftig mit Arbeitnehmervertretern besetzt ist, allerdings der Hauptversammlung abweichend von § 36 Abs. 4 SEBG ein Vetorecht eingeräumt wird. Da der Anteil der Arbeitnehmervertreter gleich bleibt, liegt keine Minderung der Mitbestimmungsrechte nach § 15 Abs. 4 Nr. 1 SEBG vor, so dass sich die Beantwortung der Frage nach § 15 Abs. 4 Nr. 2 SEBG richtet.

a) Auslegung des § 15 Abs. 4 Nr. 2 SEBG

Im Übrigen ist die Anwendung des § 15 Abs. 4 Nr. 2 SEBG noch weitgehend ungeklärt. Nach dessen Wortlaut genügt es, wenn das Recht, Mitglieder des Aufsichts- oder Verwaltungsorgans der Gesellschaft zu wählen, zu bestellen, zu empfehlen oder abzulehnen, „beseitigt" oder „eingeschränkt" wird. Bei wortgetreuer Anwendung der ersten Tatbestandsalternative wäre immer ein mit qualifizierter Mehrheit zu fassender Beschluss des besonderen Verhandlungsgremiums erforderlich, wenn an der Gründung der SE eine niederländische Gesellschaft beteiligt ist und für das Aufsichts- oder Verwaltungsorgan das deutsche Mitbestimmungsmodell vereinbart wird. Denn in diesem Fall wird das Recht der niederländischen Arbeitnehmer, ein Drittel der Mitglieder des Aufsichtsorgans zu empfehlen, beseitigt.[280] Diese Form der Auslegung des § 15 Abs. 4 Nr. 2 SEBG

---

280 So *Jacobs* in Münch. Komm. AktG, § 15 SEBG Rn. 17: *Oetker* in Lutter/Hommelhoff, Europ. Gesellschaft, S. 277 (304).

hat den Vorteil, dass sie – entsprechend der SE-RL – von jeglicher qualitativer Vorher-Nachher-Betrachtung befreit. § 15 Abs. 4 Nr. 2 SEBG wäre immer einschlägig, wenn es zu einem Wechsel zwischen den beiden Mitbestimmungsmodellen kommt.

Allerdings verbliebe dann der Alternative „einschränken" keinerlei Anwendungsbereich mehr. Deshalb sprechen gute Gründe dafür, die Alternative „beseitigen" nur dann als erfüllt anzusehen, wenn den Arbeitnehmern die Mitbestimmungsrechte gänzlich entzogen werden. Neben dem Wortlaut des § 15 Abs. 4 Nr. 2 SEBG findet diese Auslegung auch in einer systematischen Betrachtung der Norm ihre Entsprechung. In dem beschriebenen Beispielsfall käme die Vereinbarung einem Beschluss gleich, gem. § 21 Abs. 5 SEBG die gesetzliche Auffangregelung zur Anwendung gelangen zu lassen, für den ebenfalls ein einfacher Mehrheitsbeschluss des besonderen Verhandlungsgremiums genügt. Hinzu kommt, dass der Zweck des § 15 Abs. 4 Nr. 2 SEBG darin liegt, den Bestandsschutz der Beteiligungsrechte der Arbeitnehmer für ein widerspruchsfreies Ergebnis der Vorher-Nachher-Betrachtung auf das Wahlverfahren auszudehnen. Wird der Verlust einer Mitbestimmungsform durch eine stärkere Mitbestimmungsform kompensiert, fehlt es an der Schutzbedürftigkeit der Arbeitnehmer. § 15 Abs. 4 Nr. 2 SEBG kommt folglich nicht zur Anwendung, wenn die Vereinbarung ein Wahlverfahren vorsieht, welches den Arbeitnehmern stärkere Einflussmöglichkeiten einräumt als ihnen nach dem bisherigen Wahlverfahren zukamen. Im Ergebnis läuft dies auf eine qualitative Vorher-Nachher-Betrachtung hinaus.

b) § 15 Abs. 4 Nr. 2 SEBG als Ausfüllungsnorm einer planwidrigen Regelungslücke der SE-Richtlinie

Während § 15 Abs. 4 Nr. 1 SEBG eine Entsprechung in Art. 3 Abs. 4 S. 4 SE-RL findet, fehlt es für § 15 Abs. 4 Nr. 2 SEBG an einem europäischen Vorbild. Teilweise wird aufgrund dessen die Richtlinienkonformität des § 15 Abs. 4 Nr. 2 SEBG abgelehnt.[281] Der Gesetzgeber dürfe nicht über die Richtlinie hinausgehen, da eine solche Erweiterung der notwendigen einheitlichen Rechtsanwendung in allen Mitgliedstaaten entgegenstehe.[282] Diese Kritik überzeugt jedoch nicht, da sie nicht berücksichtigt, dass es dem nationalen Gesetzgeber grundsätzlich unbenommen bleibt, einen höheren Standard als die Richtlinie festzulegen.[283] Eine Ausnahme gilt nur, wenn die Richtlinie zugleich einen Höchst-

281 So BDA, BDI, DIHK, GDV, BdB und Dt. Aktieninstitut, Gemeinsame Stellungnahme, zu § 15 SEBG, S. 9 f.; *Grobys* NZA 2004, 779 (781); *Hennings* in Manz/Mayer/ Schröder, Europäische Aktiengesellschaft, Art. 3 SE-RL Rn. 92; a. A. *Köstler* in Theisen/ Wenz, Europäische Aktiengesellschaft, S. 331 (345); *Niklas* NZA 2004, 1200 (1203).

282 BDA, BDI, DIHK, GDV, BdB und Dt. Aktieninstitut, Gemeinsame Stellungnahme, zu § 15 SEBG, S. 9 f.

283 *Krause* BB 2005, 1221 (1226 f.). Allgemein dazu: *Bleckmann* RIW 1987, 929 (932 f.); *Everling* in FS für R. Schmidt, S. 165 (170); *Grundmann* JZ 1996, 274 (283 ff.); *Jarass*

standard aufstellt, was dann der Fall ist, wenn über die gewöhnlich angestrebte Rechtsangleichung hinaus eine Rechtsvereinheitlichung des nationalen Rechts beabsichtigt ist.[284] Während letztere Zielsetzung für das mit § 15 Abs. 3 SEBG umgesetzte erhöhte Beschlussquorum unter Umständen noch bejaht werden kann, bestehen für die Definition des Begriffs der „Minderung der Mitbestimmungsrechte" berechtigte Zweifel, da diese nur die Ermittlung des Tatbestandes von Art. 3 Abs. 4 S. 3 SE-RL bzw. § 15 Abs. 3 SEBG erleichtern soll.

Weiterhin hat der nationale Gesetzgeber die fraglichen Bestimmungen so umzusetzen, dass sich insgesamt ein widerspruchsfreies Regelungskonzept ergibt.[285] Gerade dies hätte eine wortgetreue Umsetzung der SE-RL nicht gewährleistet, wie die obigen Ausführungen zeigten. Der 18. Erwägungsgrund der SE-RL räumt dem Bestandsschutz der Beteiligungsrechte der Arbeitnehmer oberste Priorität ein, weshalb davon ausgegangen werden kann, dass der europäische Gesetzgeber den auftretenden Widerspruch, der sich aus einer formalen Gleichbehandlung der beiden Mitbestimmungsmodelle ergibt, nicht bedacht hat. Die Erwägungsgründe werden mit der Verabschiedung Bestandteil der SE-RL. Sie geben den Willen und die Zielsetzung des europäischen Gesetzgebers wieder, weshalb auch der EuGH immer wieder auf diese zurückgreift und ihnen eine besonders hohe Bedeutung beimisst.[286] Er bedient sich dieser auch, um eine Korrektur eines an sich eindeutigen Wortlauts vorzunehmen.[287] § 15 Abs. 4 Nr. 2 SEBG dient dazu, der Zielsetzung der SE-RL zu entsprechen. Das Argument, eine Erweiterung stehe der notwendigen einheitlichen Rechtsanwendung in allen Mitgliedstaaten entgegen, erweist sich vor diesem Hintergrund als reines Hilfsargument. § 15 Abs. 4 Nr. 2 SEBG ist richtlinienkonform.

NJW 1990, 2420 (2421); *Lutter* JZ 1992, 593 (606); *Steindorff* EuZW 1990, 251 (253) und auch BGH, Urteil v. 15. 1. 1990, NJW 1990, 982 (982).

284 *Lutter* JZ 1992, 593 (606); *Rörig*, Direktwirkung von Richtlinien, S. 138 f.

285 *Franzen*, Privatrechtsangleichung, S. 349; *Grundmann* JZ 1996, 274 (283 und 286); *Lutter* JZ 1992, 593 (603).

286 EuGH, Urteil v. 15. 10. 1969, Slg. 1969, 349 (356) (Markus & Walsh); EuGH, Urteil v. 4. 10. 1972, Slg. 1972, 961 (968 f.) (Brunner); EuGH, Urteil v. 15. 11. 1972, Slg. 1972, 1091 (1096 f.) (Aimer); EuGH, Urteil v. 6. 12. 1979, Slg. 1979, 3639 (3648) (Nehlsen); EuGH, Urteil v. 13. 3. 1980, Slg. 1980, 813 (823) (van Walsum); EuGH, Urteil v. 6. 5. 1980, Slg. 1980, 1495 (1505) (Lee); EuGH, Urteil v. 17. 11. 1983, Slg. 1983, 3781 (3791 ff.) (Merck) EuGH, Urteil v. 28. 4. 1999, Slg. 1999 I, 2423 (2443) (Luksch). *Lutter* JZ 1992, 593 (600); *Bleckmann* RIW 1987, 929 (931); *ders.* NJW 1982, 1177 (1178); *Müller/Christensen*, Juristische Methodik II, S. 65 und 83; *Rörig*, Direktwirkung von Richtlinien, S. 152.

287 EuGH, Urteil v. 18. 6. 1991, Slg. 1991, 2971 (2984) (Piageme); ausführlich zur Auslegung gegen den Wortlaut durch den EuGH: *Anweiler*, Auslegungsmethoden des EuGH, S. 169 ff. und 404 ff.; *Buck*, Auslegungsmethoden des EuGH, S. 170 f.; *G. Hoffmann-Becking*, Normaufbau und Methode, S. 297 ff.; *Hommelhoff* in Schulze, Auslegung, S. 29 (32 f.); *Pescatore* ZEuP, 1 (10); *Schulte-Nölke* in Schulze, Auslegung, S. 143 (157); *Weber* in Groeben/Thiesing/Ehlermann, EU-/EG-Vertrag, Art. 248 Rn. 15.

II. Die gründungsabhängigen Schwellenwerte des § 15 Abs. 3 SEBG

Die Hürde des erhöhten Beschlussquorums entfällt, wenn die Mitbestimmung vor der Gründung der SE nur eine Minderheit der Arbeitnehmer erfasste. Wie bereits erwähnt, muss sich die Mitbestimmung nach § 15 Abs. 3 S. 2 SEBG im Falle einer SE, die durch Verschmelzung gegründet wird, auf mindestens 25 % (Nr. 1) oder im Falle einer Holding- oder Tochter-SE auf mindestens 50 % der Gesamtzahl der Arbeitnehmer der beteiligten Gesellschaften und der betroffenen Tochtergesellschaften erstrecken (Nr. 2).[288] Entgegen des insoweit missverständlichen Wortlauts („die Mitbestimmung") ist nicht erforderlich, dass für 25 % bzw. 50 % der Arbeitnehmer eine Minderung der Mitbestimmung eintreten würde.[289]

Abweichend von Art. 3 Abs. 4 S. 3 SE-RL, der für die Berechnung der Schwellenwerte an die Arbeitnehmer der beteiligten Gesellschaften anknüpft, erweitert § 15 Abs. 3 SEBG den Kreis der einzubeziehenden Arbeitnehmer um die Arbeitnehmer der betroffenen Tochtergesellschaften.[290] Zur Begründung führt der Gesetzgeber an, dass nach deutschem Mitbestimmungsrecht bei den Aufsichtsratswahlen der Konzernobergesellschaft auch die Arbeitnehmer der Tochtergesellschaften wahlberechtigt seien. Diese Wahlrechte könnten nur gewahrt werden, wenn für die Bemessung der Prozentschwellen die Arbeitnehmerzahlen der Tochtergesellschaften ebenfalls berücksichtigt werden. Diese Umsetzung entspräche dem Sinn der Richtlinie, wonach bestehende Mitbestimmungsrechte grundsätzlich nicht verloren gehen sollen (Erwägungsgrund 18 der SE-RL).[291] Ob der Gesetzgeber mit dieser Auffassung Recht behält, ist im Schrifttum umstritten.

1. *Positionen der Literatur zur Einbeziehung der Arbeitnehmer betroffener Tochtergesellschaften in die Berechnung der Schwellenwerte*

Für die Einbeziehung der Arbeitnehmer betroffener Tochtergesellschaften entsprechend den Bemühungen des deutschen Gesetzgebers werden die Erwägungsgründe (3) und (18) der SE-RL angeführt, welche gegen eine bewusste Ausklammerung der betroffenen Tochtergesellschaften in Art. 3 Abs. 4 S. 3 SE-

---

288 Die Differenzierung beruht auf der Erwägung, dass der europäische Gesetzgeber die Gefahr der Beseitigung bestehender Mitbestimmungsrechte im Falle der Gründung einer SE im Wege der Verschmelzung höher einschätzt. Vgl. 10. Erwägungsgrund der SE-RL. An der Differenzierung der Schwellenwerte scheiterte noch auf dem Sozialministerrat v. 25. 9. 1999 eine Einigung. Der spanische Arbeitsminister forderte einen einheitlichen Schwellenwert von 50 %. Vgl. *Veelken* in GS für Bloymeyer, S. 491 (516).

289 Reg.Begr. zu § 15 Abs. 3 SEBG, BT-Drucks. 15/3405, S. 49.

290 Ebenso § 15 Abs. 3 SECBG-Ref., Art. 2 des Referentenentwurfs des BMJ zum Gesetz zur Einführung der Europäischen Genossenschaft und zur Änderung des Genossenschaftsrechts v. 19. 10. 2005.

291 Reg.Begr. zu § 15 Abs. 3 SEBG, BT-Drucks. 15/3405, S. 49 f.

RL sprechen würden.[292] Zusätzlich sei zu bedenken, dass gerade in Holding-Strukturen die überwiegende Zahl der Arbeitnehmer in Tochtergesellschaften und nicht bei der Holding tätig ist. Klammerte man die Arbeitnehmer in den „betroffenen Tochtergesellschaften" aus, könnten die Schwellenwerte des § 15 Abs. 3 S. 2 SEBG durch die Bildung von Holding-Gesellschaften und eine Verlagerung von Entscheidungszuständigkeiten auf diese leicht unterschritten werden.[293] Die Berücksichtigung der in den betroffenen Tochtergesellschaften beschäftigten Arbeitnehmer in § 15 Abs. 3 S. 2 SEBG durch den Gesetzgeber entspreche auch dem Lichte des Art. 11 SE-RL und sei Ausdruck des in § 43 SEBG kodifizierten Missbrauchsverbots.[294]

Die herrschende Ansicht sieht die Einbeziehung der Arbeitnehmer betroffener Tochtergesellschaften als richtlinienwidrig an.[295] Der Wortlaut der SE-RL wäre insoweit eindeutig und nicht auslegungsfähig. Zur Auslegung einer grenzüberschreitenden Regelung könne im Übrigen nicht auf deutsches Mitbestimmungsrecht abgestellt werden. Schließlich gäbe es keine Anhaltspunkte für ein Redaktionsversehen.[296] Weiterhin seien die „übergangenen" Arbeitnehmer der Tochtergesellschaften auch nicht besonders schutzwürdig, da sie ohnehin im besonderen Verhandlungsgremium vertreten – und damit unmittelbar entscheidungsbefugt – seien.[297] Vor allem wird aber eingewandt, dass sich dieser Berechnungsmodus nicht nur zugunsten, sondern auch zulasten der Mitbestimmung auswirke. Erhöhe sich die Gesamtarbeitnehmeranzahl falle der Anteil der Arbeitnehmer in den beteiligten Gesellschaften, die der Mitbestimmung unterliegen, nämlich geringer aus.[298]

2. *Stellungnahme und zugleich Auslegung des Art. 3 Abs. 4 S. 3 SE-RL*

Der Wortlaut des Art. 3 Abs. 4 S. 3 SE-RL spricht gegen die Ausdehnung der Schwellenwerte auf die Arbeitnehmer der betroffenen Tochtergesellschaften. Der in Art. 3 Abs. 4 S. 3 SE-RL verwendete Begriff der „beteiligten Gesell-

---

292 *Freis* in Nagel/Freis/Kleinsorge, Beteiligung SE, § 15 Rn. 16; *Jacobs* in Münch. Komm. AktG, § 15 SEBG Rn. 10.

293 *Freis* in Nagel/Freis/Kleinsorge, Beteiligung SE, § 15 Rn. 14; *Jacobs* in Münch. Komm. AktG, § 15 SEBG Rn. 10; *Niklas* NZA 2004, 1200 (1203).

294 *Jacobs* in Münch. Komm. AktG, § 15 SEBG Rn. 10.

295 *Grobys* NZA 2004, 779 (781); *ders.* NZA 2005, 84 (89); *Hennings* in Manz/Mayer/Schröder, Europäische Aktiengesellschaft, Art. 3 SE-RL Rn. 93 ff.; *Kallmeyer* ZIP 2004, 1442 (1443), im Ergebnis dagegen noch offengelassen *ders.* in v. Rosen, Europa AG, S. 14 (24); *Kienast* in Jannott/Frodermann, Handbuch SE, 13. Kapitel Rn. 267 f.; *Krause* BB 2005, 1221 (1227).

296 *Hennings* in Manz/Mayer/Schröder, Europäische Aktiengesellschaft, Art. 3 SE-RL Rn. 94; *Kallmeyer* ZIP 2004, 1442 (1443); *Schwarz*, SE-VO, Einl. Rn. 269.

297 *Grobys* NZA 2005, 84 (89).

298 So oder ähnlich *Hennings* in Manz/Mayer/Schröder, Europäische Aktiengesellschaft, Art. 3 SE-RL Rn. 94; *Kienast* in Jannott/Frodermann, Handbuch SE, Kapitel 13 Rn. 267; *Krause* BB 2005, 1221 (1227).

schaften" ist zusätzlich in Art. 2 lit. b SE-RL definiert, so dass jedwede Zweifel über die Auslegung ausgeschlossen sind. Ein Redaktionsversehen des Richtliniengebers anzunehmen, ist wohl kaum vertretbar. Vielmehr hat der europäische Gesetzgeber bewusst entschieden, den Bestandsschutz der Mitbestimmungsrechte der Arbeitnehmer der beteiligten Gesellschaften in den Vordergrund zu stellen.

Anders als bei der Rechtsfortbildung nationalen Rechts, bedarf es jedoch für die Änderung des Wortlauts bei der Umsetzung von Richtlinien keiner planwidrigen Regelungslücke. Bereits im Rahmen des § 15 Abs. 4 SEBG wurde ausgeführt, dass es dem nationalen Gesetzgeber grundsätzlich frei steht, einen höheren Standard als die Richtlinie festzulegen.[299] Vor dem Hintergrund der regelmäßig geringen Bedeutung der wörtlichen Auslegung im europäischen Recht[300] rückt verstärkt die sich in den Erwägungsgründen widerspiegelnde Zielsetzung der SE-RL in den Mittelpunkt der Betrachtung. Nach dem 18. Erwägungsgrund ist die Sicherung erworbener Rechte der Arbeitnehmer über ihre Beteiligung an Unternehmensentscheidungen fundamentaler Grundsatz und erklärtes Ziel der SE-RL, was für die von dem deutschen Gesetzgeber vorgenommene Ausdehnung spricht. Ansonsten käme es zu unbefriedigenden Ergebnissen, wenn an der Gründung einer SE ein Holdingkonzern beteiligt ist. Regelmäßig ist dann die überwiegende Anzahl der Arbeitnehmer nicht in der Konzernobergesellschaft, sondern in den Tochtergesellschaften beschäftigt, welche völlig außen vor bleiben würden. Unerheblich ist, dass die Arbeitnehmer der Tochtergesellschaften Mitglieder im besonderen Verhandlungsgremium und damit unmittelbar entscheidungsbefugt sein können. Zum einen haben sie im Gegensatz zu den Arbeitnehmern der beteiligten Gesellschaften keinen Anspruch auf eine Mindestrepräsentanz im besonderen Verhandlungsgremium. Zum anderen nützt ihnen selbst eine Mitgliedschaft im besonderen Verhandlungsgremium wenig, wenn die ausländischen Gründungsgesellschaften gegenüber der deutschen Holdinggesellschaft die dominierende Anzahl an Arbeitnehmern stellen.

Der Kern des Problems liegt darin, dass die Arbeitnehmer betroffener Tochtergesellschaften nicht nur für die Berechnung der Schwellenwerte, sondern gleichzeitig auch für die Berechnung der gesamten Arbeitnehmerzahl einbezogen werden. Zu welchen Konsequenzen dies führt, zeigt folgendes Beispiel:

---

299 Vgl. dazu bereits in Teil 1: § 7 C. I. 2. b) und allgemein *Bleckmann* RIW 1987, 929 (932 f.); *Everling* in FS für R. Schmidt, S. 165 (170); *Grundmann* JZ 1996, 274 (283 ff.); *Jarass* NJW 1990, 2420 (2421); *Lutter* JZ 1992, 593 (606); *Steindorff* EuZW 1990, 251 (253) und auch BGH, Urteil v. 15. 1. 1990, NJW 1990, 982 (982). Anders *Schwarz*, SE-VO, Einl. Rn. 269.

300 Vgl. EuGH, Urteil v. 18. 6. 1991, Slg. 1991, 2971 (2984) (Piageme); *Anweiler*, Auslegungsmethoden des EuGH, S. 145 ff.; *Bleckmann* NJW 1982, 1177 (1178); *Buck*, Auslegungsmethoden des EuGH, S. 170 f.; *Grundmann/Riesenhuber* JuS 2001, 529 (529 f.); *Hommelhoff* in Schulze, Auslegung, S. 29 (32 f.); *Lutter* JZ 1992, 593 (599); *P. Meyer* Jura 1994, 455 (456); *Nölke* in Schulze, Auslegung, S. 143 (157 f.); *Oppermann*, Europarecht, Rn. 683; *Pescatore* ZEuP 1998, 1 (10).

Beispiel: Zwei deutsche Aktiengesellschaften (AG1 und AG2) beschließen eine gemeinsame Holding-SE mit Sitz in Deutschland zu gründen. Beide verfügen über Tochtergesellschaften in anderen Mitgliedstaaten, so dass das Kriterium der Mehrstaatlichkeit nach Art. 2 Abs. 2 lit. b SE-VO erfüllt ist.[300] Die AG1 beschäftigt selbst 2500 Arbeitnehmer und unterliegt dem Anwendungsbereich des MitbestG. Ihre Tochtergesellschaft in Spanien beschäftigt 3000 Arbeitnehmer, die Tochtergesellschaft in Belgien 2000 Arbeitnehmer und die englische Tochtergesellschaft 1000 Arbeitnehmer. Die AG2 beschäftigt selbst 5000 Arbeitnehmer und für diese ist ebenfalls das MitbestG einschlägig. Ihre Tochtergesellschaft liegt in Spanien und verfügt über 2500 Arbeitnehmer. In der neuen Holding-SE soll der Verwaltungsrat zu einem Drittel mit Arbeitnehmern besetzt werden.

Stellt man entsprechend der SE-RL nur auf die Arbeitnehmer der beteiligten Gesellschaften ab, verfügen alle der 7500 Arbeitnehmer, die bei der AG1 und AG2 beschäftigt sind, über Mitbestimmungsrechte. Für die Billigung des Drittelbeteiligungsmodells ist demzufolge ein Beschluss des besonderen Verhandlungsgremiums mit doppelter Zwei-Drittel-Mehrheit erforderlich. Die Anwendung des § 15 Abs. 3 SEBG führt dagegen dazu, dass der Beschluss bereits mit der absoluten Mehrheit gefasst werden kann. Die mitbestimmungsfreien Tochtergesellschaften der AG1 und AG2 werden zu (mittelbar) betroffenen Tochtergesellschaften der Holding-SE, so dass deren Arbeitnehmer nach § 15 Abs. 3 SEBG in die Berechnung einzubeziehen wären. Insgesamt verfügen nur 7500 Arbeitnehmer von ingesamt 16.000 Arbeitnehmern (46,875 %) über Mitbestimmungsrechte, so dass die Schwelle des § 15 Abs. 3 Nr. 2 SEBG nicht überschritten wäre. Im umgekehrten Fall, in dem die Arbeitnehmer betroffener Tochtergesellschaften über keine Mitbestimmungsrechte verfügen, liegt § 15 Abs. 3 Nr. 2 SEBG folglich unter dem durch Art. 3 Abs. 4 S. 3 SE-RL vorgegebenen Standard. Eine abweichende nationale Umsetzung führt zur Richtlinienwidrigkeit der gesamten Norm, wenn sie sich nur in einem Fall als unvereinbar mit der Richtlinie herausstellt.[301] Der EuGH nimmt eine Richtlinienwidrigkeit bereits in den Fällen an, in denen die fraglichen Rechtsvorschriften „nicht so konkret, genau und eindeutig sind, wie es notwendig ist, um dem Erfordernis der Rechtssicherheit in vollem

---

300 Nach Auffassung von *Hommelhoff* schaffe eine Auslandstochter oder –niederlassung dem Rechtsträger selbst die Qualität eines ausländischen Rechtsträgers, so dass an der Gründung einer Holding-SE zwei Gesellschaften aus einem Mitgliedstaat beteiligt sein könnten und nur *eine* von ihnen eine Tochtergesellschaft oder auch nur eine Zweigniederlassung in einem anderen Mitgliedstaat haben müsse. Vgl. *Hommelhoff* AG 2001, 279 (281), Fn. 15. Ihm folgend: *Kallmeyer* AG 2003, 197 (199); *Kuffner*, Beteiligung Europ. Aktiengesellschaft, S. 64 ff. Dagegen spricht jedoch der eindeutige Wortlaut des Art. 2 Abs. 2 SE-VO. Ebenso: *Bayer* in Lutter/Hommelhoff, Europ. Gesellschaft, S. 25 (30), Fn. 25; *Hirte* NZG 2002, 1 (3); *Jahn/Herfs-Röttgen* DB 2001, 631 (633); *Pluskat* DStR 2001, 1483 (1485); *Schröder* in Manz/Mayer/Schröder, Europäische Aktiengesellschaft, Art. 2 SE-VO Rn. 38; *Schulz/Geismar* DStR 2001, 1078 (1080 f.); *Schwarz* ZIP 2001, 1847 (1850).

301 *Grundmann* JZ 1996, 274 (283) mit zahlreichen Nachweisen der Rspr. des EuGH.

Umfang zu genügen."[303] Vor allem Mischsachverhalte könnten bei einer differenzierten Betrachtung des § 15 Abs. 3 SEBG kaum eingeordnet werden. § 15 Abs. 3 SEBG ist deshalb – nicht nur in der genannten Fallkonstellation, sondern generell – richtlinienwidrig.[304]

3. *Rechtsfolgen des Richtlinienverstoßes für die Anwendbarkeit des § 15 Abs. 3 SEBG*

Es stellt sich die Frage, welche Folgen sich für die Anwendbarkeit der Norm ergeben. *Kienast* schlägt vor, § 15 Abs. 3 SEBG richtlinienkonform so auszulegen, dass die Arbeitnehmer betroffener Tochtergesellschaften bei der Berechnung der Gesamtzahl der Arbeitnehmer entgegen dem Wortlaut nicht mitzuzählen sind.[305] Nach *Hennings* müsse § 15 Abs. 3 SEBG trotz Richtlinienverstoßes angewendet werden, denn die bloße Unvereinbarkeit nationaler Regelungen mit Vorgaben einer europäischen Richtlinie setze die nationale Regelung noch nicht außer Kraft. Eine richtlinienkonforme Auslegung scheide aus, weil der Wortlaut des § 15 Abs. 3 SEBG die Einbeziehung der betroffenen Tochtergesellschaften vorsehe und die Streichung dieses Tatbestandselements keine Auslegung mehr, sondern eine Inhaltsänderung wäre.[306]

a) Unmittelbare Anwendung des Art. 3 Abs. 4 S. 3 SE-RL

Das SEBG wirft an mehreren Stellen Zweifel auf, ob es mit der Richtlinie im Einklang steht. Hier ergibt sich jedoch die Besonderheit, dass ein offensichtlicher Verstoß gegen eine detaillierte Norm der Richtlinie vorliegt, während sich sonst die Richtlinienwidrigkeit erst aus Systematik und Sinn und Zweck der Richtlinie ergibt. Grundsätzlich entfaltet die Richtlinie nach Art. 249 Abs. 3 EG-Vertrag nur mittelbare Wirkung. Ist jedoch eine Richtlinienbestimmung unbedingt und hinreichend genau, so dass dem nationalen Gesetzgeber jeglicher Ermessensspielraum verwehrt ist, wie es hier der Fall ist, spricht der EuGH dieser unter bestimmten Voraussetzungen eine unmittelbare Wirkung zu.[307] § 15 Abs. 3 SEBG müsste dann aufgrund des Anwendungsvorrangs des Gemeinschaftsrechts außer Betracht bleiben, d. h. entsprechend dem Art. 3 Abs. 4 SE-RL dürften nur die Arbeitnehmer der beteiligten Gesellschaften für die Berechnung der

---

303 EuGH, Urteil v. 28. 1. 1991, Slg. 1991 I, 865 (879) (Kommission/Deutschland). Ähnlich auch EuGH, Urteil v. 4. 4. 1974, Slg. 1974, 359 (372) (Kommission/Frankreich); EuGH, Urteil v. 7. 2. 1985, Slg. 1985, 491 (507) (Kommission/Frankreich).

304 Im Ergebnis ebenso *Schwarz*, SE-VO, Einl. Rn. 269.

305 *Kienast* in Jannott/Frodermann, Handbuch SE, Kapitel 13 Rn. 269.

306 *Hennings* in Manz/Mayer/Schröder, Europäische Aktiengesellschaft, Art. 3 SE-RL Rn. 95. Ähnlich auch *Kallmeyer* ZIP 2004, 1442 (1443).

307 Ständige Rspr. seit EuGH, Urteil v. 6. 10. 1970, Slg. 1970, 825 (837 ff.) (Grad oder auch „Leberpfennig"); Ausführlich zu den Voraussetzungen: *Herrmann*, Richtlinienumsetzung, S. 64 ff.; *Lutter*, Europäisches Unternehmensrecht, S. 16 ff.; *Rörig*, Direktwirkung von Richtlinien, S. 13 ff.; *Streinz*, Europarecht, Rn. 394 ff.

Schwellenwerte einzubeziehen sein. Problematisch ist jedoch, dass nach der Rechtsprechung des EuGH die Richtlinienbestimmung keine Belastung für den Bürger darstellen darf, d. h. in so gen. „horizontalen" Rechtsverhältnissen zwischen den Bürgern scheidet eine unmittelbare Wirkung von Richtlinien aus.[307] Eine unmittelbare Anwendung des Art. 3 Abs. 4 SE-RL würde zulasten der Arbeitnehmer der betroffenen Tochtergesellschaften gehen, da diese entgegen dem nationalen Recht keine Berücksichtigung bei der Berechnung der Schwellenwerte finden würden.

Allerdings hat der EuGH immer wieder auch in Streitigkeiten zwischen Privaten eine Berufung auf Richtlinienvorschriften zugelassen, die von entscheidender Bedeutung für den Prozessausgang sein konnten.[308] So befasste er sich anhand des Art. 6 der Arbeitszeitrichtlinie[309] in seinem Urteil vom 5. 10. 2004 erneut mit der unmittelbaren Wirkung von Richtlinien und führte aus, „dass sogar eine klare, genaue und unbedingte Richtlinienbestimmung mit der *dem Einzelnen Rechte gewährt oder Verpflichtungen auferlegt werden sollen*, im Rahmen eines Rechtsstreits, in dem sich ausschließlich Private gegenüberstehen, nicht als solche Anwendung finden kann."[310] Der EuGH scheint damit das Verbot der horizontalen Wirkung auf Richtlinienvorschriften zu begrenzen, die eine Verpflichtung Einzelner begründen und daher in einem nationalen Gerichtsverfahren als Rechtsgrundlage der Entscheidung herangezogen werden müssen. Ist dies nicht der Fall, ist ein unmittelbarer Rückgriff auf die Richtlinienbestimmung möglich.[311] Über die unmittelbare Anwendung des Art. 3 Abs. 4 SE-RL werden die Arbeitnehmer der betroffenen Tochtergesellschaften nicht in irgendeiner Weise zu etwas verpflichtet, sondern lediglich nicht mitgezählt. Ein Ausschluss der Arbeitnehmer der betroffenen Tochtergesellschaften bei der Berechnung der Schwellenwerte wirkt sich allenfalls mittelbar auf deren Beteiligungsrechte aus.[312] Unter Zugrundelegung dieser Differenzierung wäre hier die unmittelbare Anwendbarkeit des Art. 3 Abs. 4 S. 3 SE-RL zu bejahen.

---

307 EuGH, Urteil v. 26. 2. 1986, Slg. 1986, 723 (749) (Marshall); EuGH, Urteil v. 5. 10. 2004, NZA 2004, 1145 (1151) (Pfeiffer). In der Literatur strittig, vgl. z.B. für eine unmittelbare Wirkung: *Emmert* EWS 1992, 53 (63 ff.); gegen eine unmittelbare Wirkung: *Herber* EuZW 1991, 401 (403 f.).

308 EuGH, Urteil v. 26. 9. 2000, Slg. 2000, I, 7535 (7584 f.) (Unilever); *Gundel* EuZW 2001, 143 ff.; *Herrmann*, Richtlinienumsetzung, S. 64 ff.; *Rörig*, Direktwirkung von Richtlinien, S. 37 ff.

309 Richtlinie 93/104/EG des Rates v. 23. 11. 1993 über bestimmte Aspekte der Arbeitszeitgestaltung, ABl. EG Nr. L 307, S. 18.

310 EuGH, Urteil v. 5. 10. 2004, NZA 2004, 1145 (1151) (Pfeiffer). Vgl. dazu die Besprechung von *Riesenhuber/Domröse* RIW 2005, 47 (48); *Schlachter* RdA 2005, 115 (117 ff.).

311 *Rörig*, Direktwirkung von Richtlinien, S. 49; *Streinz*, Europarecht, Rn. 399 a.

312 Vgl. dazu *Rörig*, Direktwirkung von Richtlinien, S. 51.

b) Richtlinienkonforme Reduktion des § 15 Abs. 3 SEBG

Doch selbst bei anderer Rechtsauffassung könnte eine richtlinienkonforme Auslegung des § 15 Abs. 3 SEBG zu demselben Ergebnis führen, nur auf anderer methodenrechtlicher Grundlage. Im Gegensatz zur Anerkennung der unmittelbaren Wirkung der einschlägigen Richtlinienbestimmung, kann die richtlinienkonforme Auslegung nationalen Rechts auch Auswirkungen im „horizontalem" Verhältnis haben.[314] Abweichend von der deutschen Methodenlehre umschreibt der EuGH mit dem Gebot der richtlinienkonformen Auslegung sowohl die Auslegung im herkömmlichen Sinne als auch die Rechtsfortbildung.[315] Die Auslegung findet ihre Grenze im Wortlaut bzw. Wortsinn der auszulegenden Norm. Lassen diese keinen Beurteilungsspielraum zu, kann die richtlinienkonforme Auslegung nicht dazu dienen, sich über den eindeutigen Wortlaut einfach hinwegzusetzen.[316] Die Rechtsfortbildung wie hier im Wege einer richtlinienkonformen Reduktion dient dagegen dazu, eine in ihrem Wortlaut zu weit gefasste Norm auf den ihr nach der immanenten Teleologie des Gesetzes zukommenden Anwendungsbereich zurückzuführen.[317] Der EuGH betont ausdrücklich:

> „Es ist Sache des nationalen Gerichts, das zur Durchführung der Richtlinie erlassene Gesetz unter voller Ausschöpfung des Beurteilungsspielraums, den ihm das nationale Recht einräumt, in Übereinstimmung mit den Anforderungen des Gemeinschaftsrechts auszulegen und anzuwenden."[318]

Lässt das nationale Recht eine Korrektur über den Wortlaut hinaus zu, muss sich das Gericht dieses methodischen Instruments bedienen, um eine richtlinienkonforme Anwendung der fraglichen Norm zu erreichen. Entgegen der Auffassung

---

314 EuGH, Urteil v. 10. 4. 1984, Slg. 1984, 1921 (1942) (Harz); EuGH, Urteil v. 13. 11. 1990, Slg. 1990 I, 4135 (4159) (Marleasing); *Canaris* in FS für Bydlinski, S. 47 (79); *Riesenhuber/Domröse*, RIW 2005, 47 (48); *Rörig*, Direktwirkung von Richtlinien, S. 135 f.; *Streinz*, Europarecht, Rn. 403 ff.; *ders.* in Isensee/Kirchhof, Handb. Staatsrecht VII, § 182 Rn. 14.

315 Vgl. nur EuGH, Urteil v. 23. 3. 2000, NJW 2000, 1323 (1324) (Berliner Kindl); *Canaris* in FS für Bydlinski, S. 47 (81 f.); *Dänzer-Vanotti* RIW 1992, 733 (734); *Grundmann/ Riesenhuber* JuS 2001, 529 (535); *Rörig*, Direktwirkung von Richtlinien, S. 125 und 155; *Riesenhuber/Dornröse* RIW 2005, 47 (50) bevorzugen deshalb den Oberbegriff der „richtlinienkonformen Rechtsfindung".

316 *Canaris* in FS für Bydlinski, S. 47 (66 und 70 f.); *Everling* ZGR 1992, 376 (388); *Jarass* EuR 1991, 211 (218); *Lutter* JZ 1992, 593 (605); *Müller/Christensen*, Juristische Methodik II, S. 351 ff. *Rörig*, Direktwirkung von Richtlinien, S. 146; Einschränkend *Brechmann*, Die richtlinienkonforme Auslegung, S. 267: Nicht der Wortlaut an sich kann die Grenze der Ausbildung bilden, sondern nur der vom Gesetzgeber für den Wortlaut vorgesehene Kontext der Norm. Allgemein zur Wortlautgrenze: *Bydlinski*, Methodenlehre, S. 437 ff.; *Canaris*, Die Feststellung von Lücken im Gesetz, S. 22 ff.; *Depenheuer*, Der Wortlaut als Grenze, S. 4 ff.; *Fikentscher*, Methoden des Rechts IV, S. 288; *Larenz/Canaris*, Methodenlehre, S. 141 ff.

317 *Canaris*, Die Feststellung von Lücken im Gesetz, S. 83.

318 EuGH, Urteil vom 10. 4. 1984, Slg. 1984, 1891 (1909) (von Colson und Kamann).

Hennings ist also eine „Inhaltsänderung" des § 15 Abs. 3 SEBG möglich, wenn die nationalen Voraussetzungen für eine teleologische Reduktion gegeben sind.[318]

Zunächst müsste § 15 Abs. 3 SEBG planwidrig lückenhaft sein.[319] Lückenhaft ist das Gesetz, wenn es nach seinem möglichen Wortsinn keine richtlinienkonforme Regelung enthält.[320] Diese Voraussetzung ist nach den hiesigen Ausführungen gegeben. Planwidrigkeit setzt wiederum voraus, dass eine Berechnung zulasten der Mitbestimmung der Arbeitnehmer vom Gesetzgeber nicht vorgesehen war. Angesichts der Regierungsbegründung war der Gesetzgeber redlich darum bemüht, die Zielsetzung der SE-RL richtig umzusetzen und die Mitbestimmungsrechte der Arbeitnehmer im Konzern zu erhalten, was ihm aber misslungen ist.[321] Während im seltenen Fall einer bewusst fehlerhaften Umsetzung eine richtlinienkonforme Rechtsfortbildung contra legem an den nationalen methodenrechtlichen Grenzen scheitert,[322] ist bei einem unbewussten Richtlinienverstoß dem erklärten Umsetzungswillen des nationalen Gesetzgebers und der gemeinschaftsrechtlichen Verpflichtung, alles zu tun, um zu einem richtlinienkonformen Ergebnis zu gelangen, Rechnung zu tragen.[323] Da der deutsche Gesetzgeber schlichtweg übersah, dass sich die Berechnung der Schwellenwerte durch die Einbeziehung der Arbeitnehmer betroffener Tochtergesellschaften auch zulasten der Mitbestimmung auswirken kann, ist die auftretende Lücke planwidrig. Gegen die Planwidrigkeit spricht auch nicht die Tatsache, dass die Parallelbestimmung des § 15 Abs. 3 SCEBG an der Einbeziehung der Arbeitnehmer betroffener Tochtergesellschaften weiterhin festhält, weil der Gesetzge-

---

318 Es handelt sich dabei nicht um eine Rechtsfindung contra legem, da die Fortbildung des Rechts streng innerhalb der Wertungen des Gesetzes folgt. Vgl. *Canaris*, Die Feststellung von Lücken im Gesetz, S. 83.

319 Allgemein zu diesem Erfordernis bei der Ausfüllung von Gesetzeslücken: *Bydlinski*, Methodenlehre, S. 473; *Canaris*, Die Feststellung von Lücken im Gesetz, S. 31 ff.; *Engisch*, Einführung in das juristische Denken, S. 180 ff.; *Larenz/Canaris*, Methodenlehre, S. 194 f.

320 *Canaris* in FS für Bydlinski, S. 47 (85); ähnlich *Franzen*, Privatrechtsangleichung, S. 419.

321 *Kienast* in Jannott/Frodermann, Handbuch SE, Kapitel 13 Rn. 268.

322 *Brechmann*, Die richtlinienkonforme Auslegung, S. 269; *Canaris* in FS für Bydlinski, S. 47 (85 f.); *Franzen*, Privatrechtsangleichung, S. 313 und 416; *Grundmann* JZ 1996, 274 (282); *Grundmann/Riesenhuber* JuS 2001, 529 (535); *Nettesheim* AöR 119 (1994), 261 (284 ff.); *Riesenhuber/Domröse* RIW 2005, 47 (51); *Rörig*, Direktwirkung von Richtlinien, S. 157; *Schlachter* RdA 2005, 115 (118); *Schnorbus* AcP 201 (2001), 860 (898 f.).

323 *Brechmann*, Die richtlinienkonforme Auslegung, S. 269; *Grundmann* JZ 1996, 274 (282); *Franzen*, Privatrechtsangleichung, S. 313 und 416; *Riesenhuber/Domröse* RIW 2005, 47 (51 f.); *Schlachter* RdA 2005, 115 (118). Einschränkend *Canaris* in FS für Bydlinski, S. 47 (98 f.) der bei einem unbewussten Richtlinienverstoß eine unmittelbare Anwendung der Richtlinienbestimmung bevorzugt.

ber ausweislich der wortidentischen Begründung das Problem bis dato nicht erkannt zu haben scheint.[324]

Schließlich müssten für eine teleologische Reduktion des § 15 Abs. 3 SEBG Sinn und Zweck der Norm die Einschränkung selbst fordern.[325] Hier ergibt sich dies bereits aus der Lückenfeststellung, also aus dem Verstoß des § 15 Abs. 3 SEBG gegen die SE-RL. § 15 Abs. 3 SEBG dient der Umsetzung des Art. 3 Abs. 4 S. 3 SE-RL, bleibt jedoch in seinem Standard hinter dem der Richtliniennorm zurück. Um die Konformität des § 15 Abs. 3 SEBG zur SE-RL zu erreichen, ist die Norm dahingehend zu reduzieren, dass die Arbeitnehmer betroffener Tochtergesellschaften entgegen dem Wortlaut für die Berechnung der Schwellenwerte nicht zu berücksichtigen sind.[326]

§ 8 Die Vereinbarung und ihre Optionen für eine sinnvolle Implementierung der Mitbestimmung in das monistische System

Der Erfolg des monistischen Systems in Deutschland hängt von der Fragestellung ab, welche Möglichkeiten zur Verfügung stehen, um die Mitbestimmung auch für ausländische Fusionspartner akzeptabel zu gestalten. Allerdings ist mit der Vereinbarung ein unmittelbarer Eingriff in die interne Organisationsstruktur der SE verbunden. Es entstehen Kollisionspunkte mit zwingenden Vorschriften des Gesellschaftsrechts, der Satzungsfreiheit und der Organisationsautonomie des Verwaltungsrats.[327] Im Folgenden soll anhand einzelner Normen untersucht werden, ob und in welchem Umfang diese der Privatautonomie der Verhandlungsparteien hinsichtlich bestimmter Mitbestimmungsmodelle Grenzen setzen.

A. Optionen für die Zusammensetzung des mitbestimmten Verwaltungsrats

Nach § 21 Abs. 3 Nr. 1 SEBG soll die Vereinbarung die Zahl der Arbeitnehmervertreter im Verwaltungsrat festlegen. Es wird empfohlen, über eine quantitative Beschränkung der Arbeitnehmervertreter im Verwaltungsrat zugleich deren qualitativen Einfluss auf die Leitungsentscheidungen einzuschränken.[328]

---

324 Vgl. Begründung zu § 15 Abs. 3 SCEBG-Reg.Entwurf, BR-Drucks. 71/06, S. 196.

325 *Larenz/Canaris*, Methodenlehre, S. 210 ff.

326 *Streinz* macht die Wahl zwischen einer richtlinienkonformen Reduktion oder der Außerachtlassung der nationalen Vorschrift davon abhängig, ob für das nationale Recht ein richtlinienkonformer Anwendungsbereich verbleibt, vgl. *Streinz*, Europarecht, Rn. 405. Danach wäre hier die Methode der richtlinienkonformen Reduktion vorzuziehen.

327 *Hennings* in Manz/Mayer/Schröder, Europäische Aktiengesellschaft, Art. 4 SE-RL Rn. 7; *Hommelhoff* in Lutter/Hommelhoff, Europ. Gesellschaft, S. 5 (16).

328 *Brandt* BB-Special 2/2005, 3; *Frodermann* in Jannott/Frodermann, Handbuch SE, Kapitel 5 Rn. 189; *Kämmerer/Veil* ZIP 2005, 369 (370); *Kienast* in Jannott/Frodermann, Handbuch SE, Kapitel 13 Rn. 301; *Krause* BB 2005, 1221 (1228); *Minuth*, Führungssysteme SE, S. 222; *Müller-Bonanni/Melot de Beauregard* GmbHR 2005, 195 (196); *Seibt* AG 2005, 413 (420 f.).

I. Die Gremiengröße als Bezugspunkt zur Bestimmung des Arbeitnehmeranteils im Verwaltungsrat

Die genaue Bestimmung des Anteils der Arbeitnehmervertreter ist abhängig von der Größe des Verwaltungsrats als Gesamtorgan. Daraus ergibt sich die vorab zu klärende Fragestellung, ob die Größe des Verwaltungsrats Gegenstand der Vereinbarung sein kann.

1. Meinungsstand

Bislang findet die Problematik im Schrifttum nur zurückhaltende Beachtung. *Kallmeyer* lehnt eine dahingehende Vereinbarung ausdrücklich mit der Begründung ab, dass diese nach Art. 43 Abs. 2 SE-VO der Satzung vorbehalten sei.[330] Ebenfalls verneint *Oetker* eine entsprechende Regelungsermächtigung, da sich eine Regelung zur Größe des Aufsichts- oder Verwaltungsorgans außerhalb der durch die Legaldefinition abgesteckten Grenzen bewege.[331] Allerdings könnten nach seiner Auffassung die Verhandlungsparteien die Gesamtgröße des Verwaltungsrats indirekt beeinflussen, wenn sie in der Beteiligungsvereinbarung neben der Zahl der mitbestimmten Mitglieder des Verwaltungsrats zugleich festlegten, dass diese einem bestimmten Anteil an der Gesamtzahl entsprechen.[332]

Überwiegend finden sich nur Ausführungen zu Art. 12 Abs. 4 SE-VO dergestalt, dass die Satzung eine gerade Mitgliederzahl vorsehen müsse, wenn die Vereinbarung eine paritätische Mitbestimmung enthalte. Sehe sie in einem solchen Fall eine ungerade Anzahl an Mitgliedern vor, müsse sie durch Hauptversammlungsbeschluss an die Beteiligungsvereinbarung angepasst werden.[333] Diese Autoren scheinen es folglich als selbstverständlich vorauszusetzen, dass die Größe des Verwaltungsrats nicht Inhalt der Mitbestimmungsvereinbarung sein kann.

Eine andere Auffassung vertritt *Hennings*. Die Zahl der Mitglieder des Verwaltungsrats könnten die Verhandlungsparteien abweichend von der geplanten Satzung vereinbaren, da mit ihr der Anteil und die Anzahl der Arbeitnehmervertreter im Gesellschaftsorgan der SE direkt zusammenhänge.[334] Nach *Seibt* sei die Größe des Verwaltungsrats innerhalb der Grenzen des § 23 Abs. 1 SEAG in der Vereinbarung frei bestimmbar, wobei eine Begründung für diese extensive Interpretation der Verhandlungsautonomie fehlt.[335]

---

330 *Kallmeyer* AG 2003, 197 (199);

331 *Oetker* in FS für Konzen (im Druck).

332 *Oetker* in FS für Konzen (im Druck).

333 *Grobys* NZA 2005, 84 (88); *Ihrig/Wagner* BB 2004, 1749 (1756); *Jacobs* in Münch. Komm. AktG, § 21 SEBG Rn. 14.

334 *Hennings* in Manz/Mayer/Schröder, Europäische Aktiengesellschaft, Art. 4 SE-RL Rn. 28.

335 *Seibt* AG 2005, 413 (422 f.).

Krause zieht zumindest die Möglichkeit in Betracht, dass die Beteiligungsvereinbarung die durch Art. 43 Abs. 2 SE-VO gewährte Satzungsautonomie hinsichtlich der Größe des Verwaltungsrats verdrängt. § 23 SEAG würde zwar zunächst bestimmte Gremiengrößen statuieren, dann aber entsprechend § 95 S. 5 AktG jeweils dem SEBG den Vorrang einräumen und damit insbesondere die Vereinbarung nach § 21 SEBG meinen. Weiter würde Art. 12 Abs. 4 SE-VO der Vereinbarung ganz generell den Vorrang gegenüber der Satzung der SE geben. Im Ergebnis lässt *Krause* eine Entscheidung aber offen.[336]

2. *Stellungnahme und zugleich Auslegung des § 21 Abs. 3 Nr. 1 SEBG*

a) Wörtliche Auslegung

Nach § 21 Abs. 3 Nr. 1 SEBG soll insbesondere die Zahl der Mitglieder des Aufsichts- oder Verwaltungsorgans der SE vereinbart werden, „welche die Arbeitnehmer wählen oder bestellen können oder deren Bestellung sie empfehlen oder ablehnen können." Dem Wortlaut der Norm entsprechend kann die Vereinbarung eine absolute Größe festlegen, aber nur die der Anzahl der Arbeitnehmervertreter, wie die Einschränkung durch den 2. Halbsatz bestätigt. Im Hinblick auf den bloßen Empfehlungscharakter des § 21 Abs. 3 Nr. 1 SEBG bezüglich des Inhalts der Vereinbarung ist die Aussagekraft des Wortlauts der Norm allerdings begrenzt.

b) Systematische Auslegung

Gegen die Möglichkeit, die Gremiengröße in der Mitbestimmungsvereinbarung zu statuieren, spricht der Bedeutungszusammenhang des § 21 Abs. 3 Nr. 1 SEBG im Regelungsgefüge der gesellschaftsrechtlichen Vorschriften. Nach Art. 43 Abs. 2 SE-VO ist die Festlegung der Zahl der Mitglieder des Verwaltungsorgans oder der Regeln für ihre Festlegung dem Satzungsgeber vorbehalten. Zugleich sieht Art. 43 Abs. 2 SE-VO Ausnahmen vor. Die Mitgliedstaaten können eine Mindestzahl und erforderlichenfalls eine Höchstzahl festsetzen (Art. 43 Abs. 2 S. 2 SE-VO). Ist die SE mitbestimmt, muss das Verwaltungsorgan aus mindestens drei Mitgliedern bestehen (Art. 43 Abs. 2 S. 3 SE-VO). Im Gegensatz zu Art. 43 Abs. 3 SE-VO wird die nach Maßgabe der SE-RL geschlossene Beteiligungsvereinbarung in Art. 43 Abs. 2 SE-VO nicht genannt, woraus zu schließen ist, dass die Größe des Verwaltungsrats nicht Inhalt der Vereinbarung sein kann, sondern zwingend der Satzung vorbehalten ist.[337]

Art. 12 Abs. 4 SE-VO lässt ebenfalls keine Rückschlüsse auf eine Kompetenz der Verhandlungsparteien zu einer inhaltlichen Normierung der Verwaltungsratsgröße zu. Bereits im Rahmen der Ausführungen zur Auslegung des § 15 Abs. 4 Nr. 1 SEBG wurde dargelegt, dass danach nur ein auftretender Widerspruch

---

336 *Krause* BB 2005, 1221 (1226).
337 *Krause* BB 2005, 1221 (1226).

zwischen Satzung und Vereinbarung zugunsten der Beteiligungsrechte der Arbeitnehmer durch eine Anpassung der Satzung gelöst werden soll, ohne dass der Norm ein kompetenzzuweisender Charakter zukommt.[338] Satzungsänderungen fallen in den Kompetenzbereich der Hauptversammlung. Zwar müssen die Hauptversammlungen der beteiligten Gesellschaften jeder Bestimmung der Vereinbarung, die die Satzung ändert, zustimmen, so dass die Anteilseigner nicht übergangen werden können.[339] Allerdings gilt dies nur für die Vereinbarung, die vor der Gründung der SE abgeschlossen wurde. Um die Satzung einer nach der Gründung der SE getroffenen Vereinbarung anzupassen, können die Mitgliedstaaten nach Art. 12 Abs. 4 S. 3 SE-VO vorsehen, dass das Leitungs- oder Verwaltungsorgan der SE befugt ist, die Satzungsänderung ohne weiteren Beschluss der Hauptversammlung vorzunehmen. Der deutsche Gesetzgeber hat von dieser Ermächtigung zwar keinen Gebrauch gemacht. Dennoch ist davon auszugehen, dass die SE-VO eine Anpassung der Satzung an die Vereinbarung ohne Beschluss der Hauptversammlung nur im dafür notwendigen Umfang zulassen will, ohne der Hauptversammlung deren Kompetenzen gänzlich entziehen zu wollen.[340]

Entgegen der Auffassung *Krauses* lässt sich ein anderes Ergebnis auch nicht aus § 23 SEAG ableiten. § 23 Abs. 1 SEAG legt entsprechend der Ermächtigung des Art. 43 Abs. 2 S. 2 SE-VO Mindest- und Höchstzahlen fest. Zugleich normiert § 23 Abs. 2 SEAG: „Die Beteiligung der Arbeitnehmer nach dem SE-Beteiligungsgesetz bleibt unberührt." Aus der Regelungssystematik ergibt sich, dass die Beteiligungsvereinbarung nicht die Satzungsautonomie gänzlich verdrängt, sondern im Einzelfall nur eine Modifizierung der Mindest- und Höchstzahlen zugunsten der Mitbestimmungsvereinbarung vorgenommen werden muss.[341] Die Formulierung „bleibt unberührt" ist dem § 95 S. 5 AktG entlehnt, welchem nicht mehr als eine klarstellende Funktion zugesprochen wird.[342] Legt beispielsweise die Satzung einer SE mit einem Grundkapital von zwei Millionen Euro fest, dass der Verwaltungsrat aus fünfzehn Mitgliedern bestehen soll und einigen sich die Verhandlungsparteien auf eine paritätische Mitbestimmung, kann die Höchstmitgliederzahl nun entgegen § 23 Abs. 1 S. 2 SEAG nicht fünfzehn, sondern nur

---

338 Vgl. dazu in Teil 1: § 7 C. I. 1. b)

339 Vgl. Art. 23 Abs. 1 i. V. m. Art. 20 Abs. 1 lit. h und Art. 23 Abs. 2 SE-VO für die Verschmelzungs-SE; Art. 32 Abs. 6 S. 1 i. V. m. Art. 32 Abs. 2 S. 3 i. V. m. Art. 20 Abs. 1 lit. h und Art. 32 Abs. 6 S. 3 SE-VO für die Holding-SE; Art. 37 Abs. 7 S. 1 SE-VO für die Umwandlungs-SE. Dazu auch *Hennings* in Manz/Mayer/Schröder, Europäische Aktiengesellschaft, Art. 4 SE-RL Rn. 8; *Seibt* AG 2005, 413 (418).

340 So zutreffend *Hennings* in Manz/Mayer/Schröder, Europäische Aktiengesellschaft, Art. 4 SE-RL Rn. 8, der jedoch abweichend die Gesamtzahl der Organmitglieder als möglichen Inhalt der Vereinbarung ansieht und mit dieser Argumentation nur Vereinbarungen zur inneren Organisation des Verwaltungsrats ausschließen will.

341 *Ihrig/Wagner* BB 2004, 1749 (1756).

342 *Hüffer*, AktG, § 95 Rn. 6; *Semler* in Münch. Komm. AktG, § 95 Rn. 31.

vierzehn betragen. Nach Art. 12 Abs. 4 SE-VO wäre die Satzung entsprechend anzupassen.

c) Teleologische Auslegung

Das durch die systematischen Erwägungen gefundene Ergebnis bestätigt eine teleologische Auslegung des § 21 Abs. 3 Nr. 1 SEBG. Die Mitbestimmungsvereinbarung dient dazu, den Arbeitnehmern eine Beteiligung an den Unternehmensentscheidungen in der SE zu sichern (18. Erwägungsgrund der SE-RL). Die Verantwortung für die Satzung bleibt bei der Hauptversammlung. Ein Eingriff in die Kompetenzen der Hauptversammlung wäre allenfalls dann sachlich zu rechtfertigen, wenn dieser unabdingbare Voraussetzung zur Sicherung der Beteiligungsrechte der Arbeitnehmer wäre. Die Bestimmung des Arbeitnehmeranteils kann sich zwar über Art. 12 Abs. 4 SE-VO auf die festgelegte Größe des Verwaltungsrats auswirken, allerdings führt dies nicht umgekehrt zu dem Schluss, dass die Bestimmung der Größe des Verwaltungsrats notwendige Voraussetzung für die Sicherung der Beteiligungsrechte der Arbeitnehmer ist. § 15 Abs. 4 Nr. 1 SEBG zeigt, dass sich der Bestandsschutz nur auf den proportionalen Anteil der Arbeitnehmervertreter im mitbestimmten Organ erstreckt.

d) Ergebnis für die Bestimmung des Arbeitnehmeranteils im Verwaltungsrat

Zusammenfassend bleibt festzuhalten, dass die Größe des Verwaltungsrats nicht Gegenstand der Vereinbarung sein kann. Die Verhandlungsparteien können sich entweder auf einen proportionalen Arbeitnehmeranteil im Verwaltungsrat verständigen oder alternativ eine feste Zahl bestimmen. Art. 43 Abs. 2 SE-VO schließt selbstverständlich nicht aus, eine Regelung in Orientierung an der Größe des Verwaltungsrats für den Fall vorzusehen, dass sich der Satzungsgeber autonom für diese Gesamtmitgliederzahl entscheidet. Eine faktische Beschränkung der Satzungsautonomie ergibt sich aus dem Umstand, dass mit der Festlegung des Anteils an Arbeitnehmervertretern die letztlich mögliche Größe des Verwaltungsrats unmittelbar zusammenhängt. Sieht die Vereinbarung beispielsweise eine Sechstelbeteiligung der Arbeitnehmer vor, muss die Gesamtzahl der Mitglieder zwingend sechs, zwölf oder achtzehn betragen.[342] Zulässig dürfte auch die Koppelung eines proportionalen Anteils mit Mindestsitzen sein, solange die Vereinbarung dem Satzungsgeber noch genügend Spielraum nach oben offen lässt. So könnte z. B. vereinbart werden, dass die Arbeitnehmervertretung ein Fünftel der Sitze im Verwaltungsrat, mindestens aber zwei Mitglieder stellen muss.[343] Unzulässig wäre dagegen eine Vereinbarung, die eine Siebtelbeteiligung vorsieht und die Mindestzahl der Arbeitnehmervertreter zugleich auf drei festsetzt, da dann der Verwaltungsrat aus mindestens 21 Mitgliedern bestehen

---

342 Es sind die Höchstgrenzen des § 23 Abs. 1 S. 2 SEAG zu beachten.

343 So der Vorschlag der Sachverständigengruppe „European Systems of Worker Involvement“ von 1997 unter dem Vorsitz von Davignon für die gesetzliche Auffangregelung. Vgl. Punkt 83 des Abschlussberichts.

müsste und Abweichungen noch oben wegen § 23 Abs. 1 S. 2 SEAG nicht möglich sind.

II. Die Anzahl der nicht geschäftsführenden Verwaltungsratsmitglieder als Bezugspunkt zur Bestimmung des Arbeitnehmeranteils im Verwaltungsrat

1. Problemstellung

Die herrschende Ansicht in der Literatur befürwortet ein Modell, welches die paritätische Mitbestimmung des Aufsichtsrats nicht nominal wie § 35 SEBG, sondern funktional auf den Verwaltungsrat überträgt. In die Position des Aufsichtsrats treten im monistischen System, zumindest funktional vergleichbar, die nicht geschäftsführenden Verwaltungsratsmitglieder, so dass über die Vereinbarung die Zusammensetzung des Aufsichtsrats auf diese Mitgliedergruppe übertragen werden könnte.[344] Über die Bestellung und Abberufung der geschäftsführenden Direktoren ist letztlich auch der Arbeitnehmervertreteranteil im Verwaltungsrat einer dynamischen Anpassung unterworfen, weshalb dieses Modell eine gewisse Rechtsunsicherheit hinsichtlich der absoluten Zahl der Arbeitnehmersitze im Verwaltungsrat in sich birgt. Im Schrifttum bislang unerörtet ist die Fragestellung geblieben, ob die Verhandlungsparteien zur Bestimmung des Arbeitnehmeranteils im Verwaltungsrat zusätzlich die genaue Zahl der nicht geschäftsführenden Verwaltungsratsmitglieder festlegen können, um eine nachträgliche Kräfteverschiebung zulasten der Arbeitnehmervertreter zu verhindern.

2. Stellungnahme und zugleich Auslegung des § 21 Abs. 3 Nr. 1 SEBG

Mit der ausdrücklichen Bezugnahme auf „die Zahl der Mitglieder des Aufsichts- oder Verwaltungsorgans der SE, welche die Arbeitnehmer wählen oder bestellen können oder deren Bestellung sie empfehlen oder ablehnen können“ enthält § 21 Abs. 3 Nr. 1 SEBG keine Aussage zugunsten weitergehender Befugnisse der Verhandlungsparteien.

Ein entsprechendes Gestaltungsverbot der Verhandlungsparteien ergibt sich wiederum aus einer systematischen Betrachtung der Norm im Kontext der gesellschaftsrechtlichen Vorschriften. Nach § 40 Abs. 1 S. 1 SEAG fällt die Entschei-

---

344 *Seibt* AG 2005, 413 (425). In dieser Form für eine gesetzliche Auffangregelung: BDA, BDI, DIHK, GDV, BdB und Dt. Aktieninstitut, Gemeinsame Stellungnahme, S. 2 und 7; *Brandt* BB-Special 2/2005, 2 (3); Handelsrechtsausschuss des DAV, Stellungnahme zum Regierungsentwurf, NZG 2004, 957 (960); *Henssler* in FS für Ulmer, S. 193 (208 f.); *Jacobs* in Münch. Komm. AktG, § 35 SEBG Rn. 23 f.; *Kämmerer/Veil* ZIP 2004, 369 (375); *Manz* in Manz/Mayer/Schröder, Europäische Aktiengesellschaft, Art. 43 SE-VO Rn. 129; *Reichert/Brandes* ZGR 2003, 767 (790 ff.); *Seibt* NZA 2004, Heft 21, Umschlagseite IX (XI f.); *Teichmann* BB 2004, 53 (56 f.); *ders.* in Lutter/Hommelhoff, Europ. Gesellschaft, S. 195 (215). In der Tendenz auch *M. Hoffmann-Becking* ZGR 2004, 355 (381 f.); *Fleischer* AcP 204 (2004), 502 (522); *Roth* ZfA 2004, 431 (445 ff.)

dung über die Bestellung der geschäftsführenden Direktoren in den Kompetenzbereich des Verwaltungsrats. Dieser tritt zwar selbst als Verhandlungspartner einer nach der Gründung der SE getroffenen Vereinbarung auf, so dass er als solcher auf seine Rechtspositionen verzichten könnte. Gegen diese Schlussfolgerung besteht jedoch der berechtigte Einwand, dass der Gesetzgeber hinsichtlich der inhaltlichen Gestaltungsmöglichkeiten der Mitbestimmungsvereinbarung wohl kaum differenzieren wollte, ob die Vereinbarung vor oder nach Gründung der SE geschlossen wurde. Vor Gründung der SE schließen auf Arbeitgeberseite die Leitungen der Gründungsgesellschaften die Mitbestimmungsvereinbarung ab. Die Bestellung der geschäftsführenden Direktoren zählt zu den Kernkompetenzen des Verwaltungsrats und selbst ein freiwilliger Verzicht ist untersagt. Dies stellen die Vorschriften der §§ 40 Abs. 2 S. 3 SEAG und 34 Abs. 4 S. 2 SEAG ausdrücklich klar.

Betroffen wären zudem nicht nur die Kompetenzen des Verwaltungsrats, sondern auch die der Hauptversammlung, da diese als Satzungsgeberin entsprechend des § 40 Abs. 1 S. 4 SEAG Regelungen über die Bestellung eines oder mehrerer geschäftsführender Direktoren treffen kann. Inhaltliche Regelungen über die Art und Weise der Geschäftsführung fallen unter die Ermächtigung des § 40 Abs. 4 S. 2 SEAG, so dass der Hauptanwendungsbereich des Satzungsvorbehalts nach § 40 Abs. 1 S. 4 SEAG die Festlegung der Anzahl der geschäftsführenden Direktoren und die Entscheidung, ob es sich um Verwaltungsratsmitglieder handelt oder nicht, ist.[346] Könnten die Verhandlungsparteien eine Regelung über die Bestellung der geschäftsführenden Direktoren treffen, wäre die Satzung nach Art. 12 Abs. 4 SE-VO entsprechend anzupassen und der in § 40 Abs. 1 S. 4 SEAG normierte Satzungsvorbehalt liefe leer. Die Verknüpfung von Satzung und Mitbestimmungsvereinbarung in Art. 12 Abs. 4 SE-VO zeigt zwar, dass satzungsdispositive Regelungsbereiche einer Regelung in der Mitbestimmungsvereinbarung zugänglich sein können.[347] Voraussetzung ist jedoch eine entsprechende Gestaltungsermächtigung,[348] an der es für die Bestimmung der genauen Anzahl der geschäftsführenden Direktoren fehlt.

---

[346] *Kolster* in Jannott/Frodermann, Handbuch SE, Kapitel 4 Rn. 79.

[347] So *Hennings* in Manz/Mayer/Schröder, Europäische Aktiengesellschaft, Art. 4 SE-RL Rn. 8; *Seibt* AG 2005, 413 (426).

[348] Abzulehnen ist die Auffassung von *Hennings* in Manz/Mayer/Schröder, Europäische Aktiengesellschaft, Art. 4 SE-RL Rn. 8, wonach es genüge, wenn der jeweilige Regelungsbereich die Arbeitnehmermitbestimmung unmittelbar beeinflusst. Das Abgrenzungskriterium ist zu ungenau und entbehrt einer gesetzlichen Grundlage.

B. Optionen für das Wahl- bzw. Bestellungsverfahren der Arbeitnehmervertreter im Verwaltungsrat

Nach § 21 Abs. 3 Nr. 2 SEBG soll die Vereinbarung das Verfahren festlegen, nach dem die Arbeitnehmer ihre Vertreter wählen oder bestellen oder deren Bestellung empfehlen oder ablehnen können.

I. Entsprechende Anwendung des § 36 SEBG

Im Rahmen dessen könnten zunächst die Regelungen des § 36 SEBG zur Sitzverteilung und Bestellung gem. § 21 Abs. 5 SEBG („oder in Teilen gelten") für entsprechend anwendbar erklärt werden. Das Wahlverfahren ist im Wesentlichen mit dem zur Errichtung des besonderen Verhandlungsgremiums identisch, so dass man den Verfahrensablauf bereits einmal durchgegangen ist und ausreichend Erfahrungen mit diesen Wahlvorschriften sammeln konnte. Die Mindestrepräsentanz der Gewerkschaften und der leitenden Angestellten kann abbedungen werden.[349] Umgekehrt steht jedoch einer Umgestaltung des Vorschlagsrechts der Gewerkschaften in ein direktes Ernennungsrecht der Wortlaut des § 21 Abs. 3 Nr. 2 SEBG („Arbeitnehmer") entgegen.[350]

II. Einführung eines Vetorechts der Hauptversammlung

In Entsprechung des § 2 Abs. 12 Nr. 2 SEBG und in Anlehnung an das niederländische Mitbestimmungsrecht[351] könnte die Vereinbarung statt eines direkten Wahlrechts ein bloßes Empfehlungsrecht vorsehen. Dies könnte so aussehen, dass die Wahl aller Mitglieder des Verwaltungsrats der Hauptversammlung obliegt und der SE-Betriebsrat oder die nationalen Arbeitnehmervertretungen bezüglich eines bestimmten Anteils Empfehlungen abgeben können, welche die Hauptversammlung mit einem qualifizierten Mehrheitsbeschluss, sei es mit einer Zweidrittel- oder Dreiviertelmehrheit, zurückweisen kann.

III. Einführung eines autonomen Wahlverfahrens für die Arbeitnehmervertreter im Verwaltungsrat

1. *Problemstellung*

Es stellt sich die Frage, ob das Wahlverfahren für die Arbeitnehmervertreter im Verwaltungsrat auch autonom von der Hauptversammlung gestaltet werden kann. In Art. 43 Abs. 3 SE-VO heißt es diesbezüglich:

> „Das Mitglied/die Mitglieder des Verwaltungsorgans wird/werden von der Hauptversammlung bestellt. Die Mitglieder des ersten Verwaltungsorgans können jedoch durch die Satzung bestellt werden. Art. 47 Absatz 4 oder eine etwaige nach

349 Ähnlich *Seibt* AG 2005, 413 (423).

350 A. A. wohl *Seibt* AG 2005, 413 (423).

351 Vgl. dazu bereits in Teil 1: § 7 C. I. 1. d)

Maßgabe der Richtlinie 2001/86/EG geschlossene Vereinbarung über die Mitbestimmung bleibt hiervon unberührt."

Die Beantwortung der Frage hängt davon ab, in welchem Kontext die Öffnungsklausel zugunsten der Mitbestimmungsvereinbarung in Satz 3 zu verstehen ist. Einerseits könnte sich die Formulierung „bleibt hiervon unberührt" allein auf die Bestellung der Mitglieder des ersten Verwaltungsorgans beziehen (Satz 2).[352] Andererseits wäre denkbar, dass sich die Ermächtigung auch auf Satz 1 erstreckt mit der Folge, dass die Verhandlungsparteien generell die Möglichkeit haben, abweichende Regelungen zur Wahl der Arbeitnehmervertreter zu treffen.[353]

2. *Stellungnahme und Auslegung des Art. 43 Abs. 3 S. 3 SE-VO*

a) Auslegung des Wortlauts und der Systematik

Für letztere Interpretation spricht das äußere Erscheinungsbild des Art. 43 Abs. 3 SE-VO. Hätte der europäische Gesetzgeber ein engeres Verständnis gewollt, hätte er dies durch einen für das erste Verwaltungsorgan eigens formulierten Absatzes oder durch eine veränderte Interpunktion (Komma oder Semikolon zwischen Satz 2 und Satz 3) kenntlich machen können. Der Argumentation *Oetkers* folgend, könnte sich ein anderes Ergebnis aus dem Umstand ergeben, dass über die nach Maßgabe der SE-RL abgeschlossene Beteiligungsvereinbarung hinaus die Vorschrift des Art. 47 Abs. 4 SE-VO unberührt bleiben soll.[354] Der Inhalt der Norm ist weniger von Bedeutung als ihre systematische Stellung. Sie ist im Abschnitt 3 der gemeinsamen Vorschriften für das monistische und das dualistische System positioniert. Demzufolge beansprucht Art. 47 Abs. 4 SE-VO auch ohne die Klarstellung in Art. 43 Abs. 3 S. 3 SE-VO seine volle Geltung für die Bestellung der Verwaltungsratsmitglieder. Die nochmalige Erwähnung der Vorschrift in Art. 43 Abs. 3 S. 3 SE-VO macht nur Sinn, wenn damit ein eigenständiger Aussagegehalt verbunden ist. Dieser lässt sich allenfalls für die Bestellung des ersten Verwaltungsorgans begründen, weil diesbezüglich nur Art. 43 Abs. 3 S. 2 SE-VO und die Parallelbestimmung für das dualistische System in Art. 40 Abs. 2 S. 2 SE-VO Sonderregelungen treffen.

b) Teleologische Auslegung

Wortlaut und Systematik lassen verschiedene Deutungsmöglichkeiten offen, so dass Art. 43 Abs. 3 S. 3 SE-VO einer teleologischen Betrachtung bedarf. Die SE erwirbt ihre Rechtspersönlichkeit am Tag ihrer Eintragung ins Handelsregister (Art. 16 Abs. 1 SE-VO). Zugleich erhält die Hauptversammlung erst mit diesem Stichtag ihre Existenzberechtigung und ist in der Lage, die Mitglieder des Verwaltungsrats zu bestellen. Um zu verhindern, dass der erste Verwaltungsrat ent-

---

352 So *Oetker* in FS für Konzen (im Druck); wohl auch *Manz* in Manz/Mayer/Schröder, Europäische Aktiengesellschaft, Art. 43 SE-VO Rn. 47.

353 So wohl *Brandt*, Hauptversammlung Europ. Aktiengesellschaft, S. 139.

354 *Oetker* in FS für Konzen (im Druck).

sprechend den Satzungsbestimmungen ausschließlich mit Anteilseignervertretern besetzt wird, kann die Mitbestimmungsvereinbarung gem. Art. 43 Abs. 3 S. 3 SE-VO entsprechende Vorkehrungen treffen.[355] Existiert dagegen die Hauptversammlung als Bestellungsorgan, fehlt es aufgrund des bindenden Vorschlagsrechts an der Schutzbedürftigkeit der Arbeitnehmer, um ein autonomes Wahlverfahren vereinbaren zu können. Bei einem extensiven Verständnis des Art. 43 Abs. 3 S. 3 SE-VO wäre zudem nicht erklärbar, warum der europäische Gesetzgeber nur für die Beteiligungsvereinbarung Abweichungen zulässt, während die Mitgliedstaaten bei der Umsetzung der gesetzlichen Auffangregelung für die Arbeitnehmervertreter zwingend den formalen Bestellungsstatus der Hauptversammlung aufrechtzuerhalten haben, wenngleich die Möglichkeit eines direkten Wahlverfahrens aus den nationalen Mitbestimmungsgesetzen, wie dem MitbestG und dem DrittelbG, bekannt gewesen sein musste.[356] § 2 Abs. 12 Nr. 1 SEBG definiert zwar in Entsprechung des Art. 2 lit. k 1. Spiegelstrich SE-RL die Mitbestimmung als die Wahrnehmung des Rechts, einen Teil der Mitglieder des Aufsichts- oder Verwaltungsorgans der Gesellschaft zu wählen oder zu bestellen, lässt jedoch die konstitutive Wirkung des formalen Bestellungsakts der Hauptversammlung unberührt.[357] Art. 43 Abs. 3 S. 3 SE-VO erlaubt deshalb nur Sonderregelungen für den ersten Verwaltungsrat. Im Übrigen ist eine Vereinbarung, die das Wahlverfahren autonom der Hauptversammlung ausgestaltet, unzulässig.

C. Anknüpfung an die Kompetenzen der Arbeitnehmervertreter

Nach § 21 Abs. 3 Nr. 3 SEBG soll die Vereinbarung insbesondere die Rechte der Arbeitnehmervertreter konkretisieren. Auch diese Regelungsermächtigung findet ihre Grenze in zwingenden gesellschaftsrechtlichen Vorschriften, der Satzungsfreiheit und der Organisationsautonomie des Verwaltungsrats.

I. Einschränkung des Stimmrechts

Unklar ist, ob die Mitbestimmungsvereinbarung ein eingeschränktes Stimmrecht der Arbeitnehmervertreter vorsehen kann. Denkbar wäre, den Arbeitnehmervertretern bei Geschäftsführungsmaßnahmen, die der Verwaltungsrat in zulässiger Weise anstelle der geschäftsführenden Direktoren selbst wahrnimmt, ein Stimmverbot aufzuerlegen, so dass sich ihre rechtlichen Einflussmöglichkeiten im Wesentlichen auf die Kontrolle dieser Maßnahmen beschränken.

1. Meinungsstand

Das Schrifttum beschäftigte sich bislang vor allem mit der Frage, ob eine Differenzierung des Stimmrechts als gesetzliches Auffangmodell zur Implementie-

---

355 *Kienast* in Jannott/Frodermann, Handbuch SE, Kapitel 13 Rn. 387.

356 Vgl. Reg.Begr. zu § 36 Abs. 4 SEBG, BT-Drucks. 15/3405, S. 55.

357 Reg.Begr. zu § 2 Abs. 12 SEBG, BT-Drucks. 15/3405, S. 45; *Nagel* in Nagel/Freis/Kleinsorge, Beteiligung SE, § 2 Rn. 27.

rung der paritätischen Mitbestimmung in das monistische System zur Verfügung steht.[358] Ausführungen zur Zulässigkeit eines Stimmverbots kraft Vereinbarung sind nur vereinzelt anzutreffen. Für diese Möglichkeit spricht sich *Kallmeyer* aus und beruft sich auf den Wortlaut des § 21 Abs. 3 Nr. 3 SEBG.[359] Erstaunlicherweise nehmen auch die Gewerkschaften eine liberale Haltung ein. Nach der Konzeption der Auffangregelung hätten die Arbeitnehmervertreter zwar stets die gleichen Rechte wie die Anteilseignervertreter. Im Zuge von Verhandlungen sei aber alles offen. Das Unternehmen könnte eine Zahl von Sitzen anbieten, verbunden mit abgeschwächten Rechten der Arbeitnehmervertreter.[360]

Seibt sieht Regelungen als unzulässig an, nach denen den Arbeitnehmervertretern kein Stimmrecht oder sogar bloß ein Gaststatus zukommt. Als Organmitglieder mit der Funktion der Überwachung der Geschäftsleitung seien sie gleichberechtigt mit den Anteilseignervertretern zu behandeln.[361] Auch *Oetker* nimmt eine ablehnende Position mit Berufung auf die Rechtsanwendungshierarchie in Art. 9 Abs. 1 lit. c SE-VO ein.[362] *Teichmann* äußerte sich dahingehend, Versuche, die mit den größeren Einflussmöglichkeiten verbundene Verantwortung durch gesellschaftsrechtliche Gestaltungen zu umgehen – sei es aus Sicht der Anteilseigner, um die Arbeitnehmer vom Entscheidungszentrum fern zu halten, sei es aus Sicht der Arbeitnehmer, um eine persönliche Haftung zu vermeiden – seien unzulässig. Soweit ersichtlich gäbe es keine Rechtsordnung, in der sich das monistische Leitungsorgan durch privatautonome Gestaltung seiner Verantwortung für die Unternehmensleitung entledigen könne. Differenzierungen des Stimmrechts widersprächen daher dem Wesen des monistischen Systems.[363] Indem *Teichmann* Bezug auf die „privatautonome Gestaltung" nimmt, scheint auch er die Einführung eines Stimmverbots kraft Vereinbarung als unzulässig anzusehen.

2. *Stellungnahme und zugleich Auslegung des § 21 Abs. 3 Nr. 3 SEBG*

a) Auslegung des Wortlauts und der Systematik

Der weite Wortlaut des § 21 Abs. 3 Nr. 3 SEBG scheint die Einführung eines Stimmverbots für Leitungsentscheidungen zuzulassen. § 38 Abs. 1 SEBG, wonach die Arbeitnehmervertreter im Verwaltungsrat die gleichen Rechte und

---

358 So erstmals der Vorschlag von *Kallmeyer* ZIP 2003, 1531 (1535). Ablehnend: *Jacobs* in Münch. Komm. AktG, § 35 SEBG Rn. 22; *Kämmerer/Veil* ZIP 2005, 369 (375); *Teichmann* BB 2004, 53 (57).

359 Nachdem sein Vorschlag für ein gesetzliches Auffangmodell in der Literatur auf heftige Kritik stieß. Vgl. *Kallmeyer* ZIP 2004, 1442 (1444); ihm folgend: *Minuth*, Führungssysteme SE, S. 208 und 222; für Österreich: *Gahleitner* in Kalss/Hügel, SE-Kommentar, § 230 ArbVG Rn. 3.

360 Vgl. Hans-Böckler-Stiftung, Arbeitshilfe Nr. 6, S. 41.

361 *Seibt* AG 2005, 413 (423); *ders.* in Lutter/Hommelhoff, Europ. Gesellschaft, S. 67 (82).

362 *Oetker* in FS für Konzen (im Druck).

363 *Teichmann* BB 2004, 53 (57).

Pflichten wie die Mitglieder haben, die die Anteilseignervertreter vertreten, gilt angesichts seiner systematischen Stellung unter dem Abschnitt „Mitbestimmung kraft Gesetzes" nur für den Verwaltungsrat, dessen Zusammensetzung sich nach der gesetzlichen Auffangregelung richtet. Aus der Tatsache, dass eine vergleichbare Vorschrift für die Mitbestimmung kraft Vereinbarung fehlt, könnte im Umkehrschluss anzunehmen sein, dass es im Rahmen der Mitbestimmungsvereinbarung möglich ist, den Arbeitnehmervertretern im Verwaltungsrat nur eine Mitgliedschaft „minderen Rechts" zuzusprechen.

Auch die SE-VO enthält keine ausdrückliche Regelung zu der Frage, ob alle Organmitglieder zwingend den gleichen Rechten und Pflichten unterliegen. Ist die SE-VO lückenhaft, kommt die Generalverweisung des Art. 9 SE-VO zur Anwendung.[364] Gem. Art. 9 Abs. 1 lit. b, ii SE-VO unterliegt die SE den Rechtsvorschriften der Mitgliedstaaten, die auf eine nach dem Recht des Sitzstaats der SE gegründete Aktiengesellschaft Anwendung finden würden. Der Verweis umfasst das Aktienrecht des Sitzstaats in seiner jeweils gültigen Fassung, einschließlich des Richterrechts und der ungeschriebenen Rechtsgrundsätze.[365] Die Mitglieder eines deutschen Aufsichtsrats haben, auch wenn ihre Mitgliedschaft auf unterschiedlichen Wahl- oder Berufungsverfahren beruht, die gleichen Rechte und Pflichten und sie tragen unabhängig davon, ob sie dem Aufsichtsrat als Anteilseigner- oder Arbeitnehmervertreter angehören, die gleiche Verantwortung für das Unternehmen. Wenngleich dieser Gleichbehandlungsgrundsatz nur in § 4 Abs. 3 Montan-MitbestG und § 5 Abs. 4 Montan-MitbestErgG eine ausdrückliche Erwähnung findet, ist dessen Geltung in der Literatur unbestritten[366] und auch von der Rechtsprechung des BGH ausdrücklich anerkannt[367]. Über die Verweisungsnorm des Art. 9 Abs. 1 lit. b, ii SE-VO könnte der aktienrechtliche Gleichbehandlungsgrundsatz auch für die Organe der SE uneingeschränkte Geltung erlangen. § 38 Abs. 1 SEBG käme in diesem Fall nicht mehr als eine klarstellende Bedeutung zu.

Ob allerdings allein der Verweis auf das nationale Aktienrecht in Art. 9 Abs. 1 lit. b, ii SE-VO eine Übertragung des aktienrechtlichen Gleichbehandlungsgrundsatzes auf die SE rechtfertigt, ist zumindest für die monistische SE mehr

---

364 *M. Casper* in FS für Ulmer, S. 51 (53 ff.).

365 *M. Casper* in FS für Ulmer, S. 51 (68 f.); *Hirte* NZG 2002, 1 (3); *Hommelhoff* in Lutter/Hommelhoff, Europ. Gesellschaft, S. 5 (20 f.); *Teichmann* ZGR 2002, 383 (398 f.); *Wagner* NZG 2002, 985 (989).

366 *Fitting/Wlotzke/Wißmann*, MitbestG, § 25 Rn. 77; *Köstler/Kittner/Zachert*, Aufsichtsratspraxis, Rn. 592; *Lutter/Krieger*, Rechte und Pflichten des Aufsichtsrats, Rn. 691; Raiser, MitbestG, § 25 Rn. 119; *Ulmer* in Hanau/Ulmer, MitbestG, § 25 Rn. 76.

367 BGH, Urteil v. 25. 2. 1982, BGHZ 83, 106 (112 f.); Urteil v. 25. 2. 1982, BGHZ 83, 144 (147); Urteil v. 25. 2. 1982, BGHZ 83, 151 (154); Urteil v. 15. 12. 1986, BGHZ 99, 211 (216); Urteil v. 17. 5. 1993, BGHZ 122, 342 (342).

als zweifelhaft.[368] § 20 SEAG schließt die Anwendbarkeit der §§ 76 bis 116 AktG für die monistische SE ausdrücklich aus. In der Konsequenz verbietet § 20 SEAG auch die Übertragung des aktienrechtlichen Gleichbehandlungsgrundsatzes.[369] Denkbar wäre zwar, der Verweisungsnorm des Art. 9 Abs. 1 lit. b, ii SE-VO als höherrangiges Recht einen Anwendungsvorrang einzuräumen. Da das deutsche Aktienrecht das monistische System nicht kennt, hatte der deutsche Gesetzgeber allerdings nach Art. 43 Abs. 4 SE-VO die Möglichkeit, das monistische System umfassend einer eigenständigen deutschen Regelung zuzuführen.[370] Der Gleichbehandlungsgrundsatz könnte allenfalls aus der Systematik und Teleologie der §§ 21 ff. SEAG seinen eigenständigen Begründungsansatz finden.

Zudem verweist Art. 1 Abs. 4 SE-VO hinsichtlich der Beteiligung der Arbeitnehmer auf die SE-RL, deren Art. 4 Abs. 2 lit. g - wortidentisch dem § 21 Abs. 3 Nr. 3 SEBG - die Rechtsstellung der Arbeitnehmervertreter zur Dispositionsbefugnis der Verhandlungsparteien stellt. Gem. Art. 13 Abs. 2 SE-RL finden einzelstaatliche Gepflogenheiten in Bezug auf die Mitbestimmung der Arbeitnehmer in den Gesellschaftsorganen, die nicht der Umsetzung der SE-RL dienen, keine Anwendung auf die SE. Ein Gleichbehandlungsgebot der Arbeitnehmervertreter mit den Anteilseignervertretern im Verwaltungsrat kann deshalb nicht damit begründet werden, dass die Mitbestimmung auf Integration und Kooperation angelegt sei und demzufolge eine Gleichstellung der Arbeitnehmervertreter mit den übrigen Verwaltungsratsmitgliedern unumgänglich sei.[371] Es handelt sich dabei um ein typisch deutsches Phänomen, wie die abschließende rechtsvergleichende Untersuchung zeigen wird.

b) Teleologische Auslegung

Die Mitbestimmungsvereinbarung konkretisiert nach § 21 Abs. 3 Nr. 3 SEBG die Rechte der Arbeitnehmervertreter als „Mitglieder" des Verwaltungsrats. Mit der mitgliedschaftlichen Stellung der Arbeitnehmervertreter im Verwaltungsrat könnte eine zwingende Gleichbehandlung verbunden sein. Alle Verwaltungsratsmitglieder stehen in einer gemeinsamen Verantwortung gegenüber der SE,

---

368 Für die dualistische SE müsste geprüft werden, ob die Interessenlage des Aufsichtsrats der SE mit der des Aufsichtsrats der AG vergleichbar ist. Angesichts der Möglichkeit, die Mitbestimmung durch eine individuell auf das Unternehmen zugeschnittene Vereinbarung auszugestalten, ist dies ebenfalls fraglich. Vgl. zum Lückenschluss im SE-Statut: *M. Casper* in FS für Ulmer, S. 51 (58 f.); *Wagner* NZG 2002, 985 (988 ff).

369 A. A. *Oetker* in FS für Konzen (im Druck).

370 *Frodermann* in Jannott/Frodermann, Handbuch SE, Kapitel 5 Rn. 131; *Hommelhoff* AG 2001, 279 (284); *Neye/Teichmann* AG 2003, 169 (175); *Teichmann* in Lutter/Hommelhoff, Europ. Gesellschaft, S. 195 (197).

371 *Fitting/Wlotzke/Wißmann*, MitbestG, § 25 Rn. 77; *Martens* DB 1980, 1381 (1384); *Rehbinder* ZGR 1979, 471 (489); *Rittner* DB 1980, 2493 (2499); *Ulmer* in Hanau/Ulmer, MitbestG § 25 Rn. 76. Kritisch dazu *Canaris* DB 1981, Beilage Nr. 14, 2 f.

der sie durch eine gemeinsame, haftungsrechtlich gebundene Amtsausübung gerecht werden müssen. Mit der Einführung eines Stimmverbots geht eine Beschränkung des Verantwortungsbereichs der Arbeitnehmervertreter einher. § 39 SEAG enthält bezüglich der Sorgfaltspflicht und der Verantwortlichkeit der Verwaltungsratsmitglieder keine Öffnungsklausel zugunsten der Mitbestimmungsvereinbarung, sondern verweist für alle Mitglieder einheitlich auf § 93 AktG. Der Verweis auf § 93 AktG bedeutet zwar auch, dass es keine kollektive Verantwortung des Verwaltungsrats als solchem ohne Rücksicht auf das persönliche Verschulden des einzelnen Verwaltungsratsmitglieds gibt.[372] Der Verwaltungsrat ist über die Bildung von Ausschüssen zur Arbeitsteilung und der damit verbundenen Einschränkung der Verantwortungsbereiche seiner Mitglieder berechtigt.[373] Bezüglich bestimmter Aufgabenbereiche normiert § 34 Abs. 4 S. 2 SEAG jedoch einen Plenarvorbehalt, welcher sich unter anderem auch auf die Leitungsfunktion des Verwaltungsrats nach § 22 Abs. 1 SEAG erstreckt. Hintergrund dessen ist, dass jedes Verwaltungsratsmitglied mit Amtsantritt das Recht und die Pflicht übernimmt, die Gesellschaft zu leiten, die Grundlinien ihrer Tätigkeit zu bestimmen und deren Umsetzung zu überwachen. Der Gesetzgeber bringt mit dem Plenarvorbehalt des § 34 Abs. 4 S. 2 SEAG zum Ausdruck, dass jedem Mitglied ein Verantwortungsbereich für ganz zentrale Aufgaben des Verwaltungsrats verbleiben muss.[374] Kann sich das Verwaltungsratsmitglied dieser Verantwortung nicht durch interne Aufgabenverteilung entziehen, kann die Leitungsfunktion in ihrem Kernbereich auch nicht zur Disposition in Form privatautonomer Vereinbarungen stehen. Aus denselben Gründen verbietet § 40 Abs. 2 S. 3 SEAG eine Delegation der Leitungsaufgaben auf die geschäftsführenden Direktoren. Unzulässig ist deshalb eine Vereinbarung, die den Arbeitnehmervertretern einen rein beratenden Status im Verwaltungsrat zuerkennt. §§ 34 Abs. 4 S. 2 und 40 Abs. 2 S. 3 SEAG bestätigen zugleich, dass der Grundsatz der gemeinsamen Verantwortung aller Verwaltungsratsmitglieder der Einführung eines Stimmverbots der Arbeitnehmervertreter bei Geschäftsführungsmaßnahmen nicht entgegensteht.

Die mitgliedschaftliche Stellung der Arbeitnehmervertreter im Verwaltungsrat könnte darüber hinaus eine Gleichbehandlung erfordern, weil anderenfalls die Funktionsfähigkeit des Verwaltungsrats gefährdet wäre. Die Funktionsfähigkeit

---

372 Anders dagegen noch der Art. 77 des Verordnungsentwurfs von 1991, der eine zwingende gesamtschuldnerische Haftung aller Organmitglieder für eigenes und für fremdes Fehlverhalten vorsah. Vgl. dazu *Hommelhoff* AG 2001, 279 (283), *ders.* AG 1990, 422 (428).

373 Vgl. nur zur differenzierten Haftung von Ausschuss- und Nichtausschussmitgliedern: *Deckert* ZIP 1996, 985 (992); *Rellermeyer*, Aufsichtsratsausschüsse, S. 57; *Siebel* in Semler, Arbeitshandbuch für Aufsichtsratsmitglieder, G Rn. 17.

374 Zu § 107 Abs. 3 S. 2 AktG: *Hommelhoff* in FS für Werner, S. 315 (321); *Rellermeyer*, Aufsichtsratsausschüsse, S. 22; *Siebel* in Semler, Arbeitshandbuch für Aufsichtsratsmitglieder, G Rn. 18.

des Verwaltungsrats hängt davon ab, dass sich zwischen den Mitgliedern ein ausreichendes Maß an reibungsloser Kooperation und Integration vollzieht.[374] Je stärker die Zugehörigkeit zur jeweiligen Bank betont wird, umso größer sind die Gefahren andauernder Konfrontationen.[375] Ein generelles Stimmverbot der Arbeitnehmervertreter würde der auf einen integrativen Willensbildungsprozess angelegten Funktion des Verwaltungsrats nicht gerecht werden. Die Arbeitnehmervertreter verdienten kaum die Bezeichnung als „Mitglieder" des Verwaltungsrats, sondern amtierten allenfalls als Beobachter.

Demgegenüber spricht das Erfordernis der Funktionsfähigkeit des Verwaltungsrats für die Zulässigkeit eines partiellen Stimmverbots bei Geschäftsführungsmaßnahmen. Erhaltung der Funktionsfähigkeit bedeutet auch, die institutionellen Voraussetzungen für eine optimale Erfüllung der dem Verwaltungsrat vorgegebenen Funktionen zu schaffen.[376] Alle Organmitglieder sind verpflichtet, ihre Tätigkeit vorrangig am Unternehmensinteresse auszurichten.[377] Für die Mitglieder des Leitungsorgans hat jenes eine höhere Bedeutung, weil ihr Amt sie ausschließlich dazu verpflichtet, das Unternehmen in eigener Verantwortung zu leiten. Demgegenüber vereinigt das Aufsichtsratsamt eine Doppelrolle. Zum einen ist der Aufsichtsrat Unternehmensorgan, zum anderen sollen seine Mitglieder die Gruppeninteressen im Unternehmen zur Geltung bringen. Daraus wird die Schlussfolgerung gezogen, dass die Grenze, bis zu der Sonderinteressen rechtmäßig wahrgenommen dürfen, für Mitglieder des Aufsichtsorgans weiter zu ziehen ist als für die Mitglieder des Leitungsorgans.[378] Im monistischen System fällt das Aufsichtsorgan ersatzlos weg, die Arbeitnehmer werden in das Leitungsorgan integriert und sind somit in einem höheren Maße der Verpflichtung auf das Unternehmensinteresse unterworfen. Der damit verbundene Interessen-

---

374 Zur Funktionsfähigkeit des mitbestimmten Aufsichtsrats: BVerfG, Urteil v. 1. 3. 1979, BVerfGE 50, 290 (350 ff.); *Canaris* DB 1981, Beilage Nr. 14, 4; *Fitting/Wlotzke/Wißmann*, MitbestG, § 29 Rn. 3; *Heinsius* AG 1977, 281 (284); *Martens* DB 1980, 1381 (1383); *Paefgen*, Struktur und Aufsichtsratsverfassung, S. 130; *Raiser*, MitbestG, § 25 Rn. 12, 109; *Rittner* DB 1980, 2493 (2499); *Ulmer* in Hanau/Ulmer, MitbestG, § 25 Rn. 7, 11.

375 *Martens* DB 1980, 1381 (1383).

376 *Paefgen*, Struktur und Aufsichtsratsverfassung, S. 131.

377 BVerfG, Urteil vom 1. 3. 1979, BVerfGE 50, 290 (350); BGH, Urteil vom 25. 2. 1982, BGHZ 83, 106 (120); Urteil vom 25. 2. 1982, BGHZ 83, 144 (149); *Fitting/Wlotzke/Wißmann*, MitbestG, § 25 Rn. 94 ff.; *Junge* in FS für v. Caemmerer, S. 547 ff.; *Paefgen*, Struktur und Aufsichtsratsverfassung, S. 75 ff.; *Raisch* in FS für Hefermehl, S. 347 ff.; *Raiser*, MitbestG, § 25 Rn. 109 ff.; *ders.* in FS für R. Schmidt, S. 101 (113 ff.); *Schilling* in FS für Gessler, S. 159 (165); *Semler*, Leitung und Überwachung, S. 31 ff.; *Ulmer* in Hanau/Ulmer, MitbestG, § 25 Rn. 93 ff.

378 *Junge* in FS für Caemmerer, S. 547 (556); *Raisch* in FS für Hefermehl, S. 347 (353 ff.); *Nagel* DB 1982, 2677 (2679); *Raiser*, MitbestG, § 25 Rn. 114; ähnlich auch *Fitting/Wlotzke/Wißmann*, MitbestG, § 25 Rn. 96, die für den Bereich des MitbestG eine Wandlung des Unternehmensinteresses hin zur stärkeren Sozialbindung des Unternehmens sehen.

konflikt ist vorprogrammiert. Einerseits wirken sie unmittelbar an den Unternehmensentscheidungen mit und treten quasi als Arbeitgeber auf, andererseits sind sie Arbeitnehmer des selbigen Unternehmens und diesen Entscheidungen selbst unterworfen.[380] Ein differenziertes Stimmrecht bei Geschäftsführungsmaßnahmen kann diese Verschiebung zugunsten der Arbeitnehmerinteressen wieder entkräften und zu einer faktischen Annäherung des monistischen an das dualistische System und der daran anknüpfenden deutschen Mitbestimmungsidee führen. Weiterhin schließt der Gleichbehandlungsgrundsatz keineswegs jede Unterscheidung aus. Unzulässig sind lediglich Differenzierungen, die nicht in ihrem sachlichen Zusammenhang mit dem jeweils zur Gleichbehandlung führenden Rechtsverhältnis gerechtfertigt und darum willkürlich sind.[381] Der Vorwurf der Willkürlichkeit entbehrt für die Einführung eines Stimmverbots der Arbeitnehmervertreter bei Geschäftsführungsmaßnahmen einer Grundlage, denn das Stimmverbot basiert auf der autonomen Entscheidung der Verhandlungsparteien, Interessenkonflikte zu vermeiden und Maßnahmen der Geschäftsführung frei von jeglichen Arbeitnehmereinflüssen zu gestalten, gleichgültig ob diese letztlich von den geschäftsführenden Direktoren oder vom Verwaltungsrat selbst wahrgenommen werden.

c) Rechtsvergleichende Auslegung

Eine rechtsvergleichende Betrachtung unterstützt das durch die systematisch-teleologische Auslegung gefundene Ergebnis.[382] Ein Stimmverbot von Arbeitnehmervertretern ist gleich in mehreren Mitgliedstaaten anzutreffen. In Frankreich kann der comité d'entreprise zwei bis vier Vertreter in den Verwaltungsrat entsenden, welche eine rein beratende Funktion wahrnehmen. Sie sind keine ordentlichen Mitglieder und verfügen über kein Stimmrecht im Verwaltungsrat.[383] Angesichts dieser eher formalen Stellung der Arbeitnehmervertreter im französischen Verwaltungsrat bestehen allerdings Zweifel dahingehend, ob das französische Modell überhaupt als Mitbestimmung im Sinne des § 2 Abs. 12 SEBG zu begreifen ist, so dass die rechtsvergleichende Argumentation nicht vorbehaltlos auf das französische Stimmverbot gestützt werden kann.

---

380 *Henssler* in FS für Ulmer, S. 193 (202); *Reichert/Brandes* ZGR 2003, 767 (790).

381 So *G. Hueck*, Grundsatz der gleichmäßigen Behandlung, S. 173 ff., 323 ff.; ihm folgend: *Heinsius* AG 1977, 281 (284); *Canaris* DB 1981, Beilage Nr. 14, 3 f.; *Rehbinder* ZGR 1979, 471 (489); a. A. *Martens* DB 1980, 1381 (1383).

382 Vgl. ausführlich zur Rechtsvergleichung als Mittel der richtlinienkonformen Auslegung: *Grundmann/Riesenhuber* JuS 2001, 529 (533 f.); *Franzen*, Privatrechtsangleichung, S. 454 und 465 ff.; *Lutter* JZ 1992, 593 (603 f.); *P. Meyer* Jura 1994, 455 (457); *Schulze* in Schulze, Auslegung, S. 9 (16).

383 *Abeltshauser*, Strukturalternativen, S. 90 f.; *Barten*, Arbeitnehmervertretung in Frankreich, S. 296 f.; *Körner*, Formen der Arbeitnehmermitwirkung, S. 121 f.; *Wenker*, Arbeitnehmermitbestimmung in Deutschland und Frankreich, S. 101.

Einen höheren Aussagegehalt zum Verständnis der SE-RL hat die österreichische Regelung des § 110 Abs. 4 S. 2 i. V. m. § 248 Abs. 2 ArbVG. Das Recht der Arbeitnehmervertreter auf Sitz und Stimme ist für Ausschüsse eingeschränkt, die die Beziehungen zwischen der Gesellschaft und den geschäftsführenden Direktoren regeln, ausgenommen sind Beschlüsse über die Bestellung und Abberufung von geschäftsführenden Direktoren sowie über die Einräumung von Optionen auf Aktien der Gesellschaft. Die österreichische Regelung ist damit dem hier vertretenen Lösungsansatz vergleichbar. Bezüglich Grundlagenentscheidungen, wozu die Bestellung und Abberufung von geschäftsführenden Direktoren zählt, ist eine Einschränkung des Stimmrechts der Arbeitnehmervertreter unzulässig. § 110 Abs. 4 S. 2 i. V. m. § 248 Abs. 2 ArbVG erfasst vor allem Ausschüsse, die die Verträge der geschäftsführenden Direktoren aushandeln.[384] Die österreichische Kommentarliteratur sieht ein darüber hinausgehendes Stimmverbot der Arbeitnehmervertreter kraft Mitbestimmungsvereinbarung als selbstverständlich an.[385]

Auch das finnische Mitbestimmungsrecht kennt eine Ungleichbehandlung der Verwaltungsratsmitglieder, welche an die Gruppenzugehörigkeit anknüpft. Der finnische Gesetzgeber räumt den Arbeitnehmervertretern zwar grundsätzlich die gleiche Rechtsstellung wie den Anteilseignervertretern ein. Ihnen ist allerdings nicht nur das Stimmrecht, sondern sogar das Teilnahmerecht bei Gesprächen über die Auswahl oder Entlassung von Mitgliedern der Geschäftsleitung, Klauseln über Arbeitsverträge, Gehälter, Arbeitsbedingungen und soziale Konflikte, untersagt.[386]

Die rechtsvergleichende Auslegung kann zwar nicht dazu dienen, in nationale Regelungen fremde, aus anderen Rechtsordnungen entnommene Wertungen hineinzulegen.[387] Hier ergibt sich jedoch die Besonderheit, dass der deutsche Gesetzgeber den Wortlaut der europäischen Parallelvorschrift des Art. 4 Abs. 2 lit. g SE-RL identisch übernahm. Die Verpflichtung zur richtlinienkonformen Auslegung hat zur Folge, dass bei Übernahme von Begriffen aus der Richtlinie der gemeinschaftsrechtliche Wortsinn auch für die Auslegung von Begriffen im nationalen Recht maßgebend ist, es sei denn, der nationale Gesetzgeber misst diesem ausdrücklich einen anderen Bedeutungsinhalt zu, was hier nicht der Fall ist.[388] Die rechtsvergleichende Auslegung trägt zum Verständnis des Art. 4 Abs. 2 lit. g SE-RL bei und zeigt, dass dem Gleichbehandlungsgrundsatz über die Mitbestimmungsvereinbarung eine Durchbrechung widerfahren kann.

---

384 *Gahleitner* in Kalss/Hügel, SE-Kommentar, § 248 ArbVG Rn. 3.

385 *Gahleitner* in Kalss/Hügel, SE-Kommentar, § 230 ArbVG Rn. 3.

386 *Pichot*, Arbeitnehmervertreter in Europa, S. 247; Hans-Böckler-Stiftung, Arbeitshilfe Nr. 11, S. 25.

387 *Grundmann/Riesenhuber* JuS 2001, 529 (533).

388 *Franzen*, Privatrechtsangleichung, S. 349; *Rörig*, Direktwirkung von Richtlinien, S. 147.

d) Ergebnis für die Einführung eines Stimmverbots

Die Mitbestimmungsvereinbarung kann abweichend vom allgemeinen Gleichbehandlungsgrundsatz ein Stimmverbot für die Arbeitnehmervertreter einführen. Da mit dem Stimmverbot zugleich eine Einschränkung der haftungsrechtlichen Folgen einhergeht, ist die Einführung eines Stimmverbots allerdings für solche Aufgabenbereiche unzulässig, deren Verantwortung sich die Arbeitnehmervertreter nicht entziehen können. Der Gesetzgeber traf in § 34 Abs. 4 S. 2 SEAG eine Vorauswahl. Unzulässig ist die Einführung eines Stimmverbots bei der Wahl des Verwaltungsratsvorsitzenden und seines Stellvertreters (§ 34 Abs. 1 S. 1 SEAG), bei der Leitung der Gesellschaft, der Bestimmung der Grundlinien ihrer Tätigkeit und Überwachung der Umsetzung (§ 22 Abs. 1 SEAG) und bei der Bestellung der geschäftsführenden Direktoren (§ 40 Abs. 1 S. 1 SEAG). Zulässig ist die Festlegung eines Stimmverbots der Arbeitnehmervertreter, soweit der Verwaltungsrat anstelle der geschäftsführenden Direktoren selbst Geschäftsführungsmaßnahmen wahrnimmt.

II. Einsetzung und arbeitnehmerfreie Besetzung von Ausschüssen

Das Prinzip der Gesamtverantwortung schließt nicht aus, dass die Vorbereitung bestimmter Entscheidungen, oder in den Grenzen des § 34 Abs. 4 S. 2 SEAG auch Entscheidungsbefugnisse, auf Ausschüsse delegiert werden. Es stellt sich die Frage, ob die Verhandlungsparteien die Einrichtung bestimmter Ausschüsse verbindlich festlegen können, um über eine Aufgabenverteilung und eine entsprechende Besetzung der Ausschüsse den Arbeitnehmereinfluss auf Kontrollentscheidungen zu begrenzen.

1. Positionen der Literatur zur Einrichtung eines Planungs- oder Exekutivausschusses

Einige Autoren, allen voran *Gruber* und *Weller*, schlugen im Rahmen der Diskussion um die Implementierung des deutschen Mitbestimmungsmodells in die monistische SE eine gesetzliche Pflicht zur Bildung eines so gen. Planungsausschusses vor, welcher ausschließlich mit Anteilseignervertretern zu besetzen sei und sich mit der Vorbereitung von Beschlüssen des Verwaltungsrats zur Unternehmensplanung und mit Grundsatzentscheidungen befasse.[389] In diese Richtung tendieren auch die Vorschläge zur Einrichtung eines so gen. Exekutivausschusses, soweit der Verwaltungrat die laufenden Geschäftsführungsaufgaben nicht nur überwacht, sondern sie selbst entsprechend des § 22 Abs. 1 SEAG

[389] *Gruber/Weller* NZG 2003, 297 (300); ähnlich auch *Kallmeyer* ZIP 2003, 1531 (1535); *Merkt* ZGR 2003, 650 (667), Fn. 79; *Reichert/Brandes* ZGR 2003, 767 (793 f.).

wahrnimmt.[390] Es wird angeregt, den Exekutivausschuss ausschließlich mit geschäftsführenden Verwaltungsratsmitgliedern zu besetzen.[391]

Die Möglichkeit, die Einrichtung arbeitnehmerfreier Ausschüsse inhaltlich in der Mitbestimmungsvereinbarung festzulegen, wird dagegen mit dem Hinweis auf die Organisationsautonomie des Verwaltungsrats abgelehnt.[392] Zulässig seien nur Formulierungen, die keinen Zwang zur Bildung eines Planungs- und Exekutivausschusses nach sich ziehen, sondern eine Übertragung bestimmter Befugnisse auf den Ausschuss für den Fall vorsehen, dass ein solcher vom Verwaltungsrat gebildet wird.[393] Weiterhin seien Regelungen über das Verfahren und die Beschlussfassung des Verwaltungsratsausschusses möglich.[394] Die wohl herrschende Ansicht knüpft damit an hergebrachte Grundsätze zur Organisationsautonomie des Aufsichtsrats an[395] und überträgt diese auf den Verwaltungsrat einer monistischen SE.

2. *Stellungnahme*

Hinsichtlich der Zulässigkeit entsprechender Klauseln in der Mitbestimmungsvereinbarung ist zwischen der Einsetzung und der personellen Besetzung eines Planungs- oder Exekutivausschusses zu unterscheiden.[396]

---

390 *Eder* NZG 2004, 544 (546); *Frodermann* in Jannott/Frodermann, Handbuch SE, Kapitel 5 Rn. 218; *Reichert/Brandes* ZGR 2003, 767 (795 f.).

391 *Frodermann* in Jannott/Frodermann, Handbuch SE, Kapitel 5 Rn. 219; *Reichert/Brandes* ZGR 2003, 767 (796).

392 *Eder* NZG 2004, 544 (546); *Oetker* in FS für Konzen (im Druck); *Seibt* AG 2005, 413 (426); *ders.* in Lutter/Hommelhoff, Europ. Gesellschaft, S. 67 (86); ähnlich auch *Reichert/Brandes* ZGR 2003, 767 (796).

393 *Eder* NZG 2004, 544 (546); *Seibt* AG 2005, 413 (426); *ders.* in Lutter/Hommelhoff, Europ. Gesellschaft, S. 67 (86).

394 *Seibt* in Lutter/Hommelhoff, Europ. Gesellschaft, S. 67 (86).

395 Vgl. dazu nur BGH, Urteil v. 25. 2. 1982, BGHZ 83, 144 (148); *Fitting/Wlotzke/Wißmann*, MitbestG, § 29 Rn. 29; *Köstler/Kittner/Zachert*, Aufsichtsratspraxis, Rn. 288; *Paefgen*, Struktur und Aufsichtsratsverfassung, S. 306 ff.; *Raiser*, MitbestG, § 25 Rn. 49; *Rellermeyer*, Aufsichtsratsausschüsse, S. 67 ff.; *Siebel* in Semler, Arbeitsrechtshandbuch für Aufsichtsratsmitglieder, G Rn. 27 ff.; *Schmiedermair/Kolb* in Beck'sches Handbuch der AG, § 7 Rn. 176 ff.; *Ulmer* in Hanau/Ulmer, MitbestG, § 25 Rn. 124. Umstritten ist der Umfang der Organisationsautonomie nur hinsichtlich solcher Aufgaben, die die Satzung dem Aufsichtsrat über seinen eigentlichen Aufgabenbereich hinaus übertragen hat. Da die Vereinbarung allein das Verhältnis zwischen Arbeitnehmer- und Anteilseignervertretern regeln kann, ist diese Ausnahmekonstellation nicht einschlägig. Vgl. zu diesem Problem ausführlich: *Fitting/Wlotzke/Wißmann*, MitbestG, § 29 Rn. 29; *Rellermeyer*, Aufsichtsratsausschüsse, S. 70 ff.; *Ulmer* in Hanau/Ulmer, MitbestG, § 25 Rn. 132.

396 *Rellermeyer*, Aufsichtsratsausschüsse, S. 67.

a) Einsetzung eines Planungs- oder Exekutivausschusses

Gegen die Option, die Einsetzung eines Planungs- oder Exekutivausschusses in der Mitbestimmungsvereinbarung inhaltlich festzulegen, spricht der Wortlaut des § 21 Abs. 3 Nr. 3 SEBG. Die Norm stellt nur die Rechtsstellung der Arbeitnehmervertreter und nicht die des Verwaltungsrats zur Disposition der Verhandlungsparteien.[397] Mitbestimmung versteht sich nach § 2 Abs. 12 SEBG als die Einflussnahme der Arbeitnehmer auf die Angelegenheiten einer Gesellschaft durch die Wahrnehmung des Rechts, einen Teil der Mitglieder des Verwaltungsrats zu wählen oder zu bestellen bzw. zu empfehlen oder abzulehnen. Die Wahrnehmung des Rechts, organisationsrechtliche Vorkehrungen zu treffen, ist nicht genannt. Die Möglichkeit der Ausschussbildung soll dem Verwaltungsrat zur Erleichterung der Erfüllung der ihm zur autonomen Wahrnehmung übertragenen Aufgaben dienen. Sie ist organisationsrechtlicher Ausfluss seines Selbstbestimmungsrechts bei der Ausübung der ihm gesetzlich zugewiesenen sachlichen Kompetenzen.[398] Dies bedeutet, dass, trotz der Delegation von Aufgaben durch den Verwaltungsrat auf einzelne Ausschüsse, alle Mitglieder des Verwaltungsrats in einem gewissen Umfang für die Erledigung dieser Angelegenheiten verantwortlich bleiben.[399] Planungs- und Exekutivausschuss werden nicht an Stelle, sondern zur Unterstützung des Verwaltungsrats tätig, wie sich aus der Vorschrift des § 34 Abs. 4 S. 2 SEAG ergibt. Ausdruck der Organisationsautonomie des Verwaltungsrats ist das Recht, den Ausschuss wieder aufzulösen und alle Kompetenzen an sich zu ziehen.[400] Eine verbindliche Anordnung zur Bildung eines Planungs- oder Exekutivausschusses in der Mitbestimmungsvereinbarung würde dem Verwaltungsrat dieses Recht vorenthalten, was zu einer grundlegenden Änderung des Verhältnisses zwischen Verwaltungsrat und Ausschuss führen würde. Der Planungs- oder Exekutivausschuss bestünde wie ein eigenständiges Organ neben dem Verwaltungsrat.[401] Insoweit unterscheidet sich die Organisationsautonomie des Verwaltungsrats nicht von der des Aufsichtsrats mit der Folge, dass die hergebrachten Grundsätze zur Organisationsautonomie des Aufsichtsrats zu Recht auf den Verwaltungsrat zu übertragen sind. Verbindliche Vorgaben zur Bildung eines Planungs- oder Exekutivausschusses sind unzulässig. Die Mitbestimmungsvereinbarung kann lediglich Regelungen treffen für den Fall, dass

---

[397] *Oetker* in FS für Konzen (im Druck).

[398] *Nagel* DB 1982, 2677 (2677); *Paefgen*, Struktur und Aufsichtsratsverfassung, S. 309.

[399] *Rellermeyer*, Aufsichtsratsausschüsse, S. 69.

[400] *M. Hoffmann-Becking* in Münch. Handb. Gesellschaftsrecht IV, § 32 Rn. 4; *Nagel* DB 1982, 2677 (2678); *Siebel* in Semler, Arbeitshandbuch für Aufsichtsratsmitglieder, G Rn. 9; *Rellermeyer*, Aufsichtsratsausschüsse, S. 69.

[401] *Rellermeyer*, Aufsichtsratsausschüsse, S. 69. Vgl. auch zu dem vergleichbaren Problem der Unzulässigkeit der Selbstbeschränkung des Aufsichtsrats durch qualifizierte Änderungsklauseln in der Geschäftsordnung: *Rellermeyer*, Aufsichtsratsausschüsse, S. 81.

sich der Verwaltungsrat autonom für die Einsetzung eines entsprechenden Ausschusses entscheidet.[402]

b) Arbeitnehmerfreie Besetzung eines Planungs- oder Exekutivausschusses

Fraglich ist, ob selbige Ausführungen auch für Bestimmungen gelten, die die arbeitnehmerfreie Besetzung des Planungs- oder Exekutivausschusses vorsehen, falls der Verwaltungsrat einen solchen einrichten möchte. Der Wortlaut des § 21 Abs. 3 Nr. 3 SEBG lässt nur Vereinbarungen hinsichtlich der Rechtsstellung der Arbeitnehmervertreter zu. Deshalb sind Regelungen unzulässig, die den Verwaltungsratsvorsitzenden, seinen Stellvertreter oder einen Anteilseignervertreter zu geborenen Mitgliedern des Planungs- oder Exekutivausschusses erklären.[403] Umgekehrt scheint § 21 Abs. 3 Nr. 3 SEBG eine Vereinbarung zu erlauben, die die Arbeitnehmervertreter verpflichtet, auf ein Amt in diesen Ausschüssen zu verzichten bzw. sich nicht für die Wahl zur Verfügung zu stellen.

Ein engeres Verständnis der Norm könnte wiederum § 34 Abs. 4 SEBG verlangen. Das Recht des Verwaltungsrats zur Bestellung von Ausschüssen umfasst auch die Kompetenz, über die personelle Zusammensetzung dieser Ausschüsse zu entscheiden.[404] Ein Ausschluss der Mitgliedschaft von Arbeitnehmervertretern kraft Mitbestimmungsvereinbarung würde dem Verwaltungsrat die Entscheidungsfreiheit darüber schmälern, wer letztlich dem Planungs- oder Exekutivausschuss angehören soll.

Allerdings können die Arbeitnehmervertreter nach herrschender Auffassung grundsätzlich auf die Übernahme eines Ausschussmandats verzichten.[405] Machen sie davon Gebrauch, stehen sie nicht mehr für die Besetzung der Ausschüsse zur Verfügung. Im Einzelnen werden an die Wirksamkeit eines solchen Verzichts unterschiedliche Anforderungen gestellt. *Nagel* und *Ulmer* verlangen einen einstimmigen Beschluss des Aufsichtsrats.[406] Faktisch räumen sie also den

---

402 So auch *Eder* NZG 2004, 544 (546); *Seibt* AG 2005, 413 (426); *ders.* in Lutter/Hommelhoff, Europ. Gesellschaft, S. 67 (86).

403 BGH, Urteil v. 25. 2. 1982, BGHZ 83, 106 (115 f.); *Fitting/Wlotzke/Wißmann*, MitbestG, § 29 Rn. 35; *Nagel* DB 1982, 2677 (2677); *Paefgen*, Struktur und Aufsichtsratsverfassung, S. 319 f.; *Raiser*, MitbestG, § 25 Rn. 50; *Rellermeyer*, Aufsichtsratsausschüsse, S. 131 f.; *Säcker*, Aufsichtsratsausschüsse, S. 30; *Ulmer* in Hanau/Ulmer, MitbestG, § 25 Rn. 128. A. A. *Canaris* DB 1981, Beilage Nr. 14, 14.

404 BGH, Urteil v. 25. 2. 1982, BGHZ 83, 106 (116 f.); *Fitting/Wlotzke/Wißmann*, MitbestG, § 29 Rn. 35; *Paefgen*, Struktur und Aufsichtsratsverfassung, S. 319; *Raiser*, MitbestG, § 25 Rn. 50; *Rellermeyer*, Aufsichtsratsausschüsse, S. 129; *Säcker*, Aufsichtsratsausschüsse, S. 30; *Ulmer* in Hanau/Ulmer, MitbestG, § 25 Rn. 128.

405 *Nagel* DB 1982, 2677 (2681); *Oetker* in GK-AktG, § 25 MitbestG Rn. 35; *Paefgen*, Struktur und Aufsichtsratsverfassung, S. 352 f.; *Raiser*, MitbestG, § 25 Rn. 56; *Rellermeyer*, Aufsichtsratsausschüsse, S. 116 ff.; *Ulmer* in Hanau/Ulmer, MitbestG, § 25 Rn. 127 f.

406 *Nagel* DB 1982, 2677 (2681); *Ulmer* in Hanau/Ulmer, MitbestG, § 25 Rn. 128.

Anteilseignervertretern die Möglichkeit ein, dem Verzicht der Arbeitnehmervertreter zu widersprechen. Für die Mitbestimmungsvereinbarung würde dies bedeuten, dass verbindliche Vorgaben hinsichtlich der personellen Zusammensetzung des Planungs- oder Exekutivausschusses unzulässig wären, da anderenfalls das Mitspracherecht der Anteilseignervertreter unterlaufen würde. *Rellermeyer* wendet gegen das Erfordernis eines einstimmigen Beschlusses zutreffend ein, dass die Haltung der Anteilseignervertreter für einen Verzicht der Arbeitnehmervertreter ohne Bedeutung sein muss, solange keine Pflicht zur Mitwirkung besteht.[407] Von einer solchen Pflicht sei insbesondere dann auszugehen, wenn ein Mitglied auf dem betreffenden Gebiet über besondere Fähigkeiten und Erfahrungen verfüge und gerade deshalb in den Verwaltungsrat gewählt werde.[408] Die Einrichtung eines arbeitnehmerfreien Planungs- oder Exekutivausschusses dient dagegen dazu, den Einfluss der Arbeitnehmervertreter faktisch auf die Kontrollfunktion, vergleichbar ihren bisherigen Beteiligungsrechten, zu beschränken, so dass eine Mitwirkungspflicht der Arbeitnehmervertreter wohl kaum sachlich begründet werden kann. Weiterhin wäre unklar, welche Rechtsfolgen sich ergeben, wenn ein einstimmiger Beschluss des Verwaltungsrats zur Billigung des Verzichts nicht zustande kommt und sich gleichzeitig kein Arbeitnehmervertreter für die Wahl zur Verfügung stellt. *Ulmer* führt selbst aus, dass kein Mitglied gezwungen sei, gegen seinen Willen einen Ausschusssitz zu übernehmen.[409] Überdies fehlt es an einer gesetzlichen Grundlage für einen einstimmigen Beschluss des Verwaltungsrats. Die Ansicht von *Nagel* und *Ulmer* ist in sich widersprüchlich und deshalb abzulehnen.

Im Übrigen wird der Wille der Arbeitnehmervertreter, ein Amt in einem Ausschuss nicht wahrzunehmen, über die Organisationsautonomie des Aufsichtsrats gestellt. *Paefgen* verlangt für die Wirksamkeit eines Verzichts einen Mehrheitsbeschluss der Arbeitnehmervertreter und stützt sich dabei auf den Rechtsgedanken des § 27 Abs. 2 S. 2 MitbestG.[410] Für die SE ergibt sich die Besonderheit, dass das besondere Verhandlungsgremium anstatt der Arbeitnehmervertreter über deren Rechtspositionen im Voraus verfügt. Das Mehrheitserfordernis für einen wirksamen Verzicht kraft Mitbestimmungsvereinbarung gewährleistet die Regelung des § 15 Abs. 2 SEBG, wonach es für die Billigung einer solchen Vereinbarung mindestens eines Beschlusses des besonderen Verhandlungsgremiums mit der Mehrheit seiner Mitglieder, in der zugleich die Mehrheit der vertretenen Arbeitnehmer enthalten sein muss, bedarf. Ähnliche Anforderungen an die Wirksamkeit eines Verzichts der Arbeitnehmervertreter stellt *Raiser* auf. Ein Verstoß gegen das Diskriminierungsverbot läge dann nicht vor, wenn die Arbeitnehmervertreter einer einseitigen Besetzung des Ausschusses zugestimmt

---

407 *Rellermeyer*, Aufsichtsratsausschüsse, S. 118.

408 *Rellermeyer*, Aufsichtsratsausschüsse, S. 117.

409 *Ulmer* in Hanau/Ulmer, MitbestG, § 25 Rn. 128.

410 *Paefgen*, Struktur und Aufsichtsratsverfassung, S. 352 f.

hätten. Je weniger Arbeitnehmervertreter zustimmen, desto näher läge die Vermutung, dass die einseitige Besetzung sachlich nicht gerechtfertigt sei.[411] Nach *Rellermeyer* sei ein Verzicht auf eine Beteiligung im Ausschuss nur in dem bereits erwähnten, hier nicht gegebenen Ausnahmefall ausgeschlossen. Besondere Anforderungen an die Wirksamkeit eines Verzichts stellt er nicht auf. Vielmehr käme ein Verzicht der Arbeitnehmervertreter dadurch zum Ausdruck, dass sich keiner der Arbeitnehmervertreter für die Wahl zur Verfügung stellt. Damit brächten sie einstimmig zum Ausdruck, dass sie sich nicht an der Arbeit des Ausschusses beteiligen wollen.[412] Wie *Paefgen* und *Raiser* nimmt *Rellermeyer* eine faktische Einschränkung der Organisationsautonomie des Aufsichtsrats in Kauf. Stellen sich die Arbeitnehmervertreter nicht zur Wahl, kann der Aufsichtsrat nur über die verbleibenden zur Wahl stehenden Anteilseignervertreter und ihre Mitgliedschaft in dem Ausschuss entscheiden. Eine Mitwirkung der Anteilseignervertreter für die Wirksamkeit eines Verzichts verlangen sie zu Recht nicht. Eine Mitbestimmungsvereinbarung, die die Mitgliedschaft der Arbeitnehmervertreter in einem vom Verwaltungsrat autonom errichteten Planungs- oder Exekutivausschuss ausschließt, wäre danach zulässig, da so oder so der Verzicht der Arbeitnehmervertreter einem Einfluss des Verwaltungsrats als Gesamtorgan entzogen wäre.

c) Ergebnis für die Einrichtung eines arbeitnehmerfreien Planungs- oder Exekutivausschusses

Die Verhandlungsparteien können keine Regelungen betreffend die Bildung eines bestimmten Ausschusses, beispielsweise eines Planungs- oder Exekutivausschusses, treffen. Auch hinsichtlich der Besetzung sind Regelungen unzulässig, die den Verwaltungsratsvorsitzenden, seinen Stellvertreter oder andere Anteilseignervertreter zu geborenen Mitgliedern des Planungs- oder Exekutivausschusses erklären, da § 21 Abs. 3 Nr. 3 SEBG nur die Rechtsposition der Arbeitnehmervertreter zur Disposition der Verhandlungsparteien stellt. Zulässig ist dagegen ein Verzicht auf eine Mitgliedschaft der Arbeitnehmervertreter im Planungs- oder Exekutivausschuss für den Fall, dass sich der Verwaltungsrat für die Bildung eines solchen Ausschusses entscheidet.

III. Vereinbarungen über den Plenarvorbehalt nach Art. 48 Abs. 1 SE-VO

Trotz der Möglichkeit, Geschäftsführungsmaßnahmen an die geschäftsführenden Direktoren zu delegieren, behält der Verwaltungsrat seine originäre Zuständigkeit. Ob und inwieweit er von seiner Delegationsbefugnis Gebrauch macht, ist Ausdruck seiner Selbstorganisation. Die Anteilseignerversammlung kann die Organisationsautonomie des Verwaltungsrats beschränken, indem sie als Satzungsgeber nach Art. 48 Abs. 1 S. 1 SE-VO für bestimmte Arten von Geschäf-

---

411 *Raiser*, MitbestG, § 25 Rn. 56.

412 *Rellermeyer*, Aufsichtsratsausschüsse, S. 118 f.

ten einen ausdrücklichen Beschluss des Verwaltungsrats verlangt.[412] Käme den Verhandlungsparteien selbige Befugnis zu, könnte die Arbeitnehmerseite über einen Plenarvorbehalt ihren Einfluss auf bestimmte Unternehmensentscheidungen absichern.[413] Denkbar wäre beispielsweise die Festlegung eines Plenarvorbehalts bei Personalentscheidungen, insbesondere der Einstellung von leitenden Angestellten als unmittelbare Vorgesetzte der Arbeitnehmer, oder auch bei Geschäften, die die Errichtung, den Erwerb und die Veräußerung von Betrieben und Betriebsteilen vorsehen, in denen ein bestimmter Prozentsatz an Arbeitnehmern beschäftigt ist.[414] Einer entsprechenden Gestaltungsbefugnis der Verhandlungsparteien steht jedoch der Wortlaut des Art. 48 Abs. 1 SE-VO entgegen, welcher explizit nur die Anteilseignerversammlung als Satzungsgeberin ermächtigt. Zudem bestimmt § 40 Abs. 2 S. 3 SEAG: „Gesetzlich dem Verwaltungsrat zugewiesene Aufgaben können nicht auf die geschäftsführenden Direktoren übertragen werden." Der Bezug auf die „gesetzlich" zugewiesenen Aufgaben bestätigt, dass der Gesetzgeber eine Beschränkung der Delegationsbefugnis kraft Vereinbarung nicht andachte. Die Festlegung eines Plenarvorbehalts in der Mitbestimmungsvereinbarung ist deshalb unzulässig.[415]

D. Optionen außerhalb des Verwaltungsrats

I. Verlagerung der Mitbestimmung aus dem Verwaltungsrat in ein gesondertes Arbeitnehmervertretungsorgan

Teilweise wird vorgeschlagen, die unternehmensbezogene Beteiligung und Mitwirkung der Arbeitnehmer aus dem Verwaltungsrat in ein gesondertes Arbeitnehmervertretungsorgan zu verlagern.[416] § 21 Abs. 3 SEBG geht dagegen

---

412 Vgl. zu Art. 48 Abs. 1 SE-VO: *Frodermann* in Jannott/Frodermann, Handbuch SE, Kapitel 5 Rn. 252 ff.; *Horn* DB 2005, 147 (150); *Merkt* ZGR 2003, 650 (662); *Teichmann* ZGR 2002, 383 (454); *ders.* in Lutter/Hommelhoff, Europ. Gesellschaft, S. 195 (211 f.).

413 Dafür *Freis* in Nagel/Freis/Kleinsorge, Beteiligung SE, § 21 Rn. 23; *Köstler* in Theisen/Wenz, Europäische Aktiengesellschaft, S. 331 (351). Vgl. allgemein zu Zustimmungsvorbehalten in Mitbestimmungsvereinbarungen: *Köstler/Kittner/Zachert*, Aufsichtsratspraxis, Rn. 240.

414 Vgl. dazu auch der Zustimmungskatalog in § 6 Abs. 2 des Entwurfes eines Gesetzes über die Mitbestimmung der Arbeitnehmer in Großunternehmen und Großkonzernen (Mitbestimmungsgesetz) des DGB vom 5. 10. 1982, abgedruckt in RdA 1983, S. 41 (42). Kritisch *Langenberg* DB 1984, 1765 ff.

415 Ebenso *Oetker* in FS für Konzen (im Druck). *Freis* in Nagel/Freis/Kleinsorge, Beteiligung SE, § 21 Rn. 23 hält es es für möglich, einen Katalog von Geschäften zu vereinbaren, die der Zustimmung der Arbeitnehmervertreter bedürfen. Offen auch *Köstler* in Theisen/Wenz, Europäische Aktiengesellschaft, S. 331 (351).

416 *Kienast* in Jannott/Frodermann, Handbuch SE, Kapitel 13 Rn. 301, Fn. 286; *Müller-Bonanni/Melot de Beauregard* GmbHR 2005, 195 (199); *Roth* ZfA 2004, 431 (456 ff.); *Seibt* AG 2004, 413 (423 ff.); *Teichmann* BB 2004, 53 (57). Die Idee für die Bildung eines gesonderten Arbeitnehmervertretungsorgans geht im nationalen Raum auf Reformbestrebungen des Berliner Netzwerks Corporate Governance zurück. Dieses regte in seinen 12 Thesen zur „Modernisierung der Mitbestimmung" vom 5. 12. 2003 an, die

von einer integrativen Unternehmensverfassung aus, womit sich die Frage nach den rechtlichen Voraussetzungen eines solchen Mitbestimmungsmodells stellt.

1. Positionen der Literatur zur Bildung eines gesonderten Arbeitnehmervertretungsorgans

In der Literatur sind überwiegend nur Ausführungen zu den mit der Bildung eines gesonderten Arbeitnehmervertretungsorgans verbundenen Vorteilen anzutreffen.[417] Teilweise werden die verfahrensrechtlichen Gestaltungsmöglichkeiten durchgespielt.[418] *Roth* spricht sich darüber hinaus für die Möglichkeit aus, die Bildung eines gesonderten Arbeitnehmervertretungsorgans als gesetzliches Auffangmodell für die monistische SE zu nutzen.[419] *Seibt* bildet Parallelen zur statusbegründenden Mitbestimmungsvereinbarung, wonach die Errichtung eines zusätzlichen Beratungsgremiums in Ergänzung zum Aufsichtsrat und seine Besetzung mit Arbeitnehmervertretern tauglicher Gegenstand sein könne. Demgegenüber sei eine Ersetzung einer nach gesetzlichen Vorschriften zwingenden Arbeitnehmervertretung im Aufsichtsrat durch Schaffung eines mitbestimmten Beratungsgremiums de lege lata zwar nicht zulässig.[420] Für die SE gelte die Beschränkung jedoch nicht, solange dem Gremium keine korporative Organqualität zukomme.[421] Eine Begründung für diese Differenzierung fehlt.

2. Stellungnahme und zugleich Auslegung des § 21 Abs. 3 SEBG

Angesichts des Wortlauts des § 21 Abs. 3 SEBG bestehen gegen eine Vereinbarung, welche die Unternehmensmitbestimmung aus dem Verwaltungsrat auslagert, berechtigte Einwände. Die Norm geht davon aus, dass die von den Arbeitnehmern gewählten Vertreter Mitglieder des Verwaltungsrats sind. Weiterhin sollen die Verhandlungsparteien eine Vereinbarung über die „Mitbestimmung“ treffen. Diese ist in § 2 Abs. 12 SEBG definiert als die Wahrnehmung des Rechts, einen Teil der Mitglieder des Verwaltungsrats zu wählen oder zu

---

Unternehmensmitbestimmung generell aus dem Aufsichtsrat auszulagern und einem Konsultationsrat zu übertragen, der in Ergänzung der Gremien der betrieblichen Mitbestimmung für unternehmerische Angelegenheiten zuständig ist. Die Thesen sind abrufbar unter www.bccg.tu-berlin.de/main/publikationen/12-Thesen-Papier.pdf (Stand: 30. 6. 2006); vgl. dazu ausführlich: *Kirchner* AG 2004, 197 ff.; *Säcker* AG 2004, 180 ff.; *Schwalbach* AG 2004, 186 ff.; *Schwark* AG 2004, 173 ff.; *v. Werder* AG 2004, 166 ff.; *Windbichler* AG 2004, 190 ff. Ähnlich bereits *Däubler* KJ 1990, 14 (29 f.), der die vertragliche Einsetzung eines europäischen Wirtschaftsausschusses vorschlug.

417 *Müller-Bonanni/Melot de Beauregard* GmbHR 2005, 195 (199); *Roth* ZfA 2004, 431 (458); *Schwarz*, SE-VO, Einl. Rn. 291; *Seibt* AG 2005, 413 (424); *Teichmann* BB 2004, 53 (57).

418 *Roth* ZfA 2004, 431 (459 ff.); *Teichmann* BB 2004, 53 (57).

419 *Roth* ZfA 2004, 431 (456 ff.).

420 *Seibt* AG 2005, 413 (422).

421 *Seibt* AG 2005, 413 (423); a. A. ohne Begründung: *Köstler* in Theisen/Wenz, Europäische Aktiengesellschaft, S. 331 (349).

bestellen, oder zu empfehlen oder abzulehnen. Selbst wenn die Einflussmöglichkeiten des Arbeitnehmervertretungsorgans so ausgestaltet sind, dass sie qualitiativ einer direkten Vertretung im Verwaltungsrat entsprechen, ist dieses Mitbestimmungsmodell jedenfalls nicht als Mitbestimmung im Sinne des SEBG zu qualifizieren.

Aus systematischer Hinsicht könnten sich Bedenken deshalb ergeben, weil § 21 Abs. 2 SEBG für die Unterrichtungs- und Anhörungsrechte ein abweichendes Verfahren ausdrücklich zulässt und es für die Mitbestimmung an einer vergleichbaren Ermächtigung fehlt. Allerdings ist der Umkehrschluss nur dann berechtigt, wenn die Beschränkung ersichtlich vom Gesetzgeber gewollt oder nach der Teleologie der Norm geboten ist.[422] Ob dies der Fall ist, ist im Wege der Auslegung zu ermitteln. Dagegen spricht, dass der Gesetzgeber an die Vereinbarung über das Verfahren zur Unterrichtung und Anhörung der Arbeitnehmer insgesamt höhere inhaltliche Anforderungen stellt. § 21 Abs. 2 S. 2 SEBG erklärt die zwingenden Vorgaben des § 21 Abs. 1 SEBG für entsprechend anwendbar. Im Gegensatz dazu ist § 21 Abs. 3 SEBG als „Soll-Vorschrift" ausgestaltet. Den Verhandlungsparteien steht die Entscheidung darüber, ob sie einen Teil der Sitze des Verwaltungsrats mit Arbeitnehmervertretern besetzen wollen, frei.[423] Das besondere Verhandlungsgremium kann sogar beschließen, keine Verhandlungen aufzunehmen oder bereits aufgenommene Verhandlungen abzubrechen mit der Folge, dass die SE frei von jeglicher Unternehmensmitbestimmung ist (§ 16 Abs. 2 SEBG). Mit Hilfe des *argumentum a maiore ad minus* ließe sich anführen, dass die Verhandlungsparteien anstatt eines gänzlichen Verzichts erst recht Regelungen treffen können, die den Verlust der Mitgliedschaft durch die Einrichtung eines gesonderten Arbeitnehmervertretungsorgans kompensieren. Auch die gesellschaftsrechtlichen Vorschriften lassen keine Rückschlüsse auf die Unzulässigkeit einer entsprechenden Mitbestimmungsvereinbarung zu. Die Funktion des Arbeitnehmervertretungsorgans ist spezifisch auf die Wahrnehmung der Arbeitnehmerinteressen ausgerichtet. Es handelt sich nicht um ein Organ der Unternehmensleitung, so dass dessen Existenz mit dem Wesen des monistischen Systems vereinbar ist. Die Organisationsautonomie des Verwaltungsrats und die Satzungskompetenz der Anteilseignerversammlung bleiben unberührt.

Den von der SE-RL bezweckten Bestandsschutz erworbener Mitgliedschaftsrechte der Arbeitnehmer in den Organen der beteiligten Gesellschaften gewährleistet das erhöhte Mehrheitserfordernis des § 15 Abs. 3 SEBG. Angesichts der

---

422 *Larenz/Canaris*, Methodenlehre, S. 209.

423 *Grobys* NZA 2005, 84 (88); *Kienast* in Jannott/Frodermann, Handbuch SE, Kapitel 13 Rn. 376; *Krause* BB 2005, 1221 (1226); *Oetker* ZESAR 2005, 3 (8); *ders.* in Lutter/Hommelhoff, Europ. Gesellschaft, S. 277 (300). Ebenso für Art. 4 Abs. 2 lit. g SE-RL *Hennings* in Manz/Mayer/Schröder, Europäische Aktiengesellschaft, Art. 4 SE-RL Rn. 26; *Herfs-Röttgen* NZA 2002, 358 (363).

formalen Betrachtung des § 15 Abs. 4 SEBG ist eine Minderung der Mitbestimmungsrechte im Sinne der Definition selbst dann gegeben, wenn die Einflussmöglichkeiten des Arbeitnehmervertretungsorgans qualitativ einer direkten Vertretung im Verwaltungsrat entsprechen. Zum einen ist der Anteil der Arbeitnehmervertreter im Aufsichts- oder Verwaltungsorgan geringer (Nr. 1) und zum anderen wird das Recht, Mitglieder des Aufsichts- oder Verwaltungsorgans der Gesellschaft zu wählen, zu bestellen, zu empfehlen oder abzulehnen, beseitigt (Nr. 2).

Die Zulässigkeit eines gesonderten Arbeitnehmervertretungsorgans kraft Vereinbarung bestätigt die Entstehungsgeschichte der SE-RL. Der Kommissionsentwurf zur SE-RL von 1989[424] sah noch in Anlehnung an das französische Mitbestimmungsrecht neben dem Repräsentationsmodell, dem Kooptationsmodell und dem Vereinbarungsmodell die Bildung eines gesonderten Arbeitnehmervertretungsorgans vor. Die Streichung in späteren Entwürfen und der letztlich verabschiedeten Fassung beruhte nicht auf der Auslagerung der Unternehmensmitbestimmung an sich, sondern primär darauf, dass es dem Arbeitnehmervertretungsorgan an direkten Einflussmöglichkeiten fehlte, ihm lediglich Unterrichtungs- und Anhörungsrechte zugestanden wurden und deshalb die fehlende Gleichwertigkeit zu den übrigen Mitbestimmungsmodellen auf heftige Kritik stieß.[425] Eine Vereinbarung, die die Auslagerung der Mitbestimmung auf ein gesondertes Arbeitnehmervertretungsorgan vorsieht, ist zulässig.

II. Verzicht auf die Bestellung eines für den Bereich Arbeit und Soziales zuständigen geschäftsführenden Direktors

Um die Funktion des Arbeitsdirektors zu erhalten, schreibt § 38 Abs. 2 SEBG für die monistische SE, deren Mitbestimmung sich nach der gesetzlichen Auffangregelung richtet, vor, dass der Verwaltungsrat mindestens zwei geschäftsführende Direktoren zu bestellen hat, wovon einer für den Bereich Arbeit und Soziales zuständig ist. Fraglich ist, ob die Verhandlungsparteien auf diese Funktionszuweisung verzichten können. In § 21 Abs. 3 SEBG findet der für den Bereich Arbeit und Soziales zuständige geschäftsführende Direktor keine Erwähnung. Seine rechtliche Stellung als Mitglied der Geschäftsführung und seine volle Integration auf dieser Ebene berechtigen zwar nicht zu der Annahme, ihn als Organ der Mitbestimmung zu bewerten.[426] Die spezifische Ressortzuteilung und

---

[424] Vorschlag für eine Richtlinie des Rates zur Ergänzung des SE-Statuts hinsichtlich der Stellung der Arbeitnehmer vom 25. 8. 1989, ABl. EG Nr. C 263 vom 16. 10. 1989, S. 69 ff. Vorbild war der geänderte Vorschlag einer fünften Richtlinie nach Art. 54 Abs. 3 lit. g) des EWG-Vertrages über die Struktur der Aktiengesellschaft sowie die Befugnisse und Verpflichtungen ihrer Organe, ABl. EG Nr. C 240 vom 9. 9. 1983, S. 2 ff.

[425] Vgl. umfassend dazu: *Abeltshauser* AG 1990, 289 (296 f.); *ders.*, Strukturalternativen, S. 212; *Mävers*, Mitbestimmung Europ. Aktiengesellschaft, S. 223 ff.; *Wunsch-Semmler*, Entwicklungsrichtlinien, S. 81 jeweils m. w. N.

[426] *Fitting/Wlotzke/Wißmann*, MitbestG, § 33 Rn. 12; *Rumpff* in GK-MitbestG, § 33 Rn. 11.

die systematische Stellung des § 38 Abs. 2 SEBG belegen jedoch, dass dessen Funktion in einem unmittelbaren Zusammenhang mit den Beteiligungsrechten der Arbeitnehmer steht und zumindest mitbestimmungsrechtliche Bezüge aufweist. Er nimmt eine Mittlerrolle zwischen Unternehmensleitung und Belegschaft wahr und soll vor allem die soziale Komponente bei der Gestaltung der Unternehmenspolitik zur Geltung bringen.[427] Möchte das Verhandlungsgremium als Repräsentationsorgan der Arbeitnehmer darauf verzichten, fehlt es für die zwingende Bestellung eines speziell für diesen Aufgabenbereich zuständigen geschäftsführenden Direktors an einer sachlichen Rechtfertigung. Deshalb muss auch der für den Bereich Arbeit und Soziales zuständige geschäftsführende Direktor einer abweichenden Regelung in der Mitbestimmungsvereinbarung zugänglich sein. Machen die Verhandlungsparteien von dieser Möglichkeit Gebrauch, bestünde für den Verwaltungsrat die Möglichkeit, nur einen, gemäß § 40 Abs. 1 S. 1 SEAG zwingend erforderlichen, geschäftsführenden Direktor zu bestellen.

E. Inhaltliche Schranken der Vereinbarung bei der durch Umwandlung gegründeten SE

Wird eine SE durch Umwandlung gegründet (Art. 2 Abs. 4 SE-VO), stellt § 21 Abs. 6 SEBG den Verhandlungsparteien besondere Schranken für den Inhalt der Beteiligungsvereinbarung auf. Die Vorschrift bestimmt:

> „Unbeschadet des Verhältnisses dieses Gesetzes zu anderen Regelungen der Mitbestimmung der Arbeitnehmer im Unternehmen muss in der Vereinbarung im Fall einer durch Umwandlung gegründeten SE in Bezug auf alle Komponenten der Arbeitnehmerbeteiligung zumindest das gleiche Ausmaß gewährleistet werden, das in der Gesellschaft besteht, die in eine SE umgewandelt werden soll. Dies gilt auch bei einem Wechsel der Gesellschaft von einer dualistischen zu einer monistischen Organisationsstruktur und umgekehrt."

Zur Konkretisierung der inhaltlichen Schranken bedarf es der Klärung, was unter den in gleichem Ausmaß zu gewährleistenden Komponenten der Arbeitnehmerbeteiligung, insbesondere der Mitbestimmung, zu verstehen ist. Die eingangs gewählte Formulierung („Unbeschadet des Verhältnisses dieses Gesetzes zu anderen Regelungen der Mitbestimmung der Arbeitnehmer im Unternehmen") stellt klar, dass § 47 Abs. 1 Nr. 1 SEBG, welcher das Anwendungsverhältnis des SEBG zu den nationalen Mitbestimmungsgesetzen bestimmt, auch im Falle der Gründung einer SE durch Umwandlung gilt. Dies bedeutet, dass § 21 Abs. 6 SEBG keinesfalls eine inhaltsgleiche Übernahme der bisherigen gesetzlichen Mitbestimmungsvorschriften auf die monistische SE voraussetzt. Indem § 21 Abs. 6 SEBG „das gleiche Ausmaß" der bisherigen Mitbestimmung fordert, lässt die Norm darauf schließen, dass Abweichungen im Vergleich zum Vorgründungszustand möglich sind, solange Umfang und Quali-

---

427 *Fitting/Wlotzke/Wißmann*, MitbestG, § 33 Rn. 12.

tät der Mitbestimmung erhalten bleiben.[429] Deshalb erstreckt sich der durch § 21 Abs. 6 SEBG garantierte Bestandsschutz nicht auf die Zahl oder Zusammensetzung der Arbeitnehmervertreter, wie es die bislang maßgebende gesetzliche Regelung zur Mitbestimmung vorsah.[430] Sinn und Zweck der Vorschrift besteht nur darin, eine Flucht aus den nationalen Mitbestimmungsvorschriften zu verhindern, ohne dass die Norm auf den Schutz der absoluten Arbeitnehmerzahl oder die Repräsentation bestimmter Arbeitnehmergruppen abzielt.[431]

Hinweise auf die durch § 21 Abs. 6 SEBG gesetzten inhaltlichen Schranken gibt ein systematischer Vergleich mit den Vorschriften der §§ 15 Abs. 5, 16 Abs. 3 SEBG, welche eine Minderung und ein Verzicht auf die Mitbestimmungsrechte bei der durch Umwandlung gegründeten SE explizit ausschließen. Da nach § 15 Abs. 4 SEBG eine Minderung der Mitbestimmungsrechte bedeutet, dass der Anteil der Arbeitnehmervertreter im Verwaltungsrat der SE geringer ist als der vor der Umwandlung bestehende Anteil (Nr. 1) oder das Recht, Organmitglieder zu wählen oder zu bestellen, beseitigt oder eingeschränkt wird (Nr. 2), erstreckt sich der durch § 21 Abs. 6 SEBG gewährte Bestandsschutz in der monistischen SE sowohl auf den zahlenmäßigen Anteil der Arbeitnehmervertreter als auch auf das Wahlverfahren. Letzteres wird jedoch durch die zwingende Vorschrift des Art. 43 Abs. 3 S. 1 SE-VO modifiziert, woraus folgt, dass es den Verhandlungsparteien nicht nur versagt ist, den Arbeitnehmern ein bloßes Empfehlungs- oder Vetorecht im Sinne des § 12 Nr. 2 SEBG einzuräumen, sondern auch die Wahlvorschriften des MitbestG oder DrittelbG nicht inhaltlich übernommen werden dürfen. Weiterhin bedeutet eine qualitative Entsprechung der vereinbarten Mitbestimmung, dass Abweichungen vom aktienrechtlichen Gleichbehandlungsgrundsatz nicht zulässig sind. Anderenfalls könnte der mit § 21 Abs. 6 SEBG verfolgte Bestandsschutz über die Einräumung eines Stimmverbots unterlaufen werden. Im Ergebnis fallen unter die Komponenten der Mitbestimmung, die im gleichen Ausmaß zu gewährleisten sind, die Elemente des in § 21 Abs. 3 SEBG normierten Inhaltskatalogs.

Darüber hinaus ist unklar, ob der Funktion des Arbeitsdirektors über die Bestellung eines für den Bereich Arbeit und Soziales zuständigen geschäftsführenden Direktors entsprochen werden muss. § 21 Abs. 6 SEBG ist unmittelbar dem Wortlaut des Art. 4 Abs. 2 lit. g SE-RL entlehnt. Die SE-RL sieht selbst eine Etablierung eines für den Bereich Arbeit und Soziales zuständigen geschäftsführenden Direktors nicht vor, was zunächst gegen dessen Einbeziehung in den durch § 21 Abs. 6 SEBG gewährleisteten Bestandsschutz zu sprechen scheint.

---

429 *Hennings* in Manz/Mayer/Schröder, Europäische Aktiengesellschaft, Art. 4 SE-RL Rn. 38; *Henssler* in Ulmer/Habersack/Henssler, Mitbestimmungsrecht, Einl. SEBG Rn. 192; *Oetker* in FS für Konzen (im Druck). Unklar *Freis* in Nagel/Freis/Kleinsorge, Beteiligung SE, § 21 Rn. 33 ff.

430 *Oetker* in FS für Konzen (im Druck); *Seibt* Der Konzern 2005, 407 (418).

431 *Oetker* in FS für Konzen (im Druck).

Allerdings hat sich der europäische Gesetzgeber mit Art. 4 Abs. 2 lit. g SE-RL eines offenen Tatbestandes bedient, wodurch eine autonome, ausschließlich aus dem Gemeinschaftsrecht heraus entwickelte Auslegung grundsätzlichen Bedenken ausgesetzt ist. Der Richtliniengeber entzieht sich bewußt einer detaillierten Inhaltsvorgabe, womit zugleich eine Vergrößerung des nationalen Umsetzungs- und Auslegungsspielraums verbunden ist.[432] Gemäß dem 3. Erwägungsgrund der SE-RL sollen die Mitgliedstaaten dafür Sorge tragen, dass die Gründung einer SE nicht zu einer Einschränkung der Gepflogenheiten der Arbeitnehmerbeteiligung führt, die in der Gesellschaft vor der Umwandlung herrschten. Dieser Zielsetzung entspricht eine Auslegung, welche trotz inhaltsgleicher Übernahme zusätzlich eine Konkretisierung im nationalen Kontext sucht. Aus der Vorschrift des § 38 Abs. 2 S. 2 SEBG ist zu schließen, dass der deutsche Gesetzgeber den Arbeitsdirektor als eine wesentliche Komponente der Mitbestimmung begreift. Existierte in der Gesellschaft vor der Umwandlung ein Arbeitsdirektor, können die Verhandlungsparteien deshalb auf den für den Bereich Arbeit und Soziales zuständigen geschäftsführenden Direktor nicht verzichten. Unterlag die umzuwandelnde Gesellschaft dagegen den Regelungen des DrittelbG, ist die Bestellung eines für den Bereich Arbeit und Soziales zuständigen geschäftsführenden Direktors entbehrlich.

§ 9 Die Vereinbarung in der bestehenden SE mit monistischem System

Die Vorschriften zum Abschluss einer Beteiligungsvereinbarung knüpfen vorrangig an die Neugründung einer SE an. Bestimmungen, die das Schicksal der Beteiligung der Arbeitnehmer in der bestehenden SE regeln, sind nur vereinzelt zu finden.

A. Nachträgliche strukturelle Änderungen der SE

Zu den Vorschriften über die Beteiligung der Arbeitnehmer in der bereits bestehenden SE zählt § 18 Abs. 3 SE-VO, welcher besagt:

> „Sind strukturelle Änderungen der SE geplant, die geeignet sind, Beteiligungsrechte der Arbeitnehmer zu mindern, finden auf Veranlassung der Leitung der SE oder des SE-Betriebsrats Verhandlungen über die Beteiligungsrechte der Arbeitnehmer der SE statt. Anstelle des neu zu bildenden besonderen Verhandlungsgremiums können die Verhandlungen mit der Leitung der SE einvernehmlich von dem SE-Betriebsrat gemeinsam mit Vertretern der von der geplanten strukturellen Änderung betroffenen Arbeitnehmer, die bisher nicht von dem SE-Betriebsrat vertreten werden, geführt werden. Wird in diesen Verhandlungen keine Einigung erzielt, sind die §§ 22 bis 33 über den SE-Betriebsrat kraft Gesetzes und die §§ 34 bis 38 über die Mitbestimmung kraft Gesetzes anzuwenden."

---

[432] *Franzen*, Privatrechtsangleichung, S. 542; *Bleckmann* RIW 1987, 929 (934); nicht ganz eindeutig *ders.* ZGR 1992, 364 (374); *Canaris* EuZW 1994, 417 (417).

wären."[438] Gestützt wird dieses Verständnis auf den Wortlaut des 18. Erwägungsgrundes der SE-RL, welcher an den Begriff der Neugründung der SE anknüpft,[439] und auf das in der Regierungsbegründung gewählte Beispiel der Verschmelzung der SE mit einem mitbestimmten Unternehmen.[440] Weiterhin sei eine enge Auslegung deshalb erforderlich, weil jede Neuverhandlung, die zu einer Veränderung der Mitbestimmung führt, die Neubesetzung des Aufsichts- oder Verwaltungsrats erfordern kann, die im Wege eines Statusverfahrens umgesetzt werden müsse. Wegen dieser weitgehenden Konsequenzen könne eine Veränderung nur im Ausnahmefall berücksichtigt werden.[441] Schließlich sei zu berücksichtigen, dass die Verletzung des § 18 Abs. 3 SEBG gemäß § 43 SEBG die Vermutung eines Missbrauchs der SE begründe, welcher nach § 45 Abs. 1 Nr. 2 SEBG mit Freiheitsstrafe von bis zu zwei Jahren oder mit Geldstrafe bedroht sei. Die Missbrauchsvermutung verstoße gegen den verfassungsrechtlich im Rechtsstaatsprinzip verankertem Grundsatz in dubio pro reo.[442] Deshalb sei eine restriktive Auslegung des § 18 Abs. 3 SEBG geboten.[443]

Als Anwendungsfälle des § 18 Abs. 3 SEBG werden beispielhaft genannt: Die Verschmelzung einer Gesellschaft auf eine SE,[444] die Spaltung mit einer SE als aufnehmende Rechtsträgerin,[445] die Beteiligung einer Gesellschaft an einer Holding-SE[446] und die Beteiligung einer Gesellschaft an einer Tochter-SE.[447] Nicht als strukturelle Änderung im Sinne des § 18 Abs. 3 SEBG werden dagegen angesehen: Der Erwerb wesentlicher Beteiligungen an anderen Unternehmen durch die SE,[448] der Erwerb von Betrieben oder Betriebsteilen,[449] die Veräuße-

---

438 *Kienast* in Jannott/Frodermann, Handbuch SE, 13. Kapitel Rn. 193.

439 *Wollburg/Banerjea* ZIP 2005, 277 (278).

440 *Wollburg/Banerjea* ZIP 2005, 277 (278 f.).

441 *Kienast* in Jannott/Frodermann, Handbuch SE, 13. Kapitel Rn. 192.

442 BDA, BDI,DIHK, GDV, BdB und Dt. Aktieninstitut, Gemeinsame Stellungnahme, zu §§ 43, 45 SEBG, S. 12; *Calle Lambach* RIW 2005, 161 (167 f.); *Grobys* NZA 2004, 779 (781); *Krause* BB 2005, 1221 (1228); *Müller-Bonanni/Melot de Beauregard* GmbHR 2005, 195 (200); *Wollburg/Banerjea* ZIP 2005, 277 (278 f.). A. A. *Niklas* NZA 2004, 1200 (1205).

443 *Krause* BB 2005, 1221 (1228); *Müller-Bonanni/Melot de Beauregard* GmbHR 2005, 195 (200); *Wollburg/Banerjea* ZIP 2005, 277 (278).

444 *Kienast* in Jannott/Frodermann, Handbuch SE, Kapitel 13 Rn. 192; *Kleinsorge* in Baums/Cahn, Europäische Aktiengesellschaft, S. 140 (150); *Wollburg/Banerjea* ZIP 2005, 277 (282).

445 *Jacobs* in Münch. Komm. AktG, § 18 SEBG Rn. 16; *Kleinsorge* RdA 2002, 343 (351); *Köstler* ZGR 2003, 800 (808); *Wollburg/Banerjea* ZIP 2005, 277 (282).

446 *Kienast* in Jannott/Frodermann, Handbuch SE, Kapitel 13 Rn. 192.

447 *Kienast* in Jannott/Frodermann, Handbuch SE, Kapitel 13 Rn. 192.

448 *Henssler* RdA 2005, 330 (335); *Müller-Bonanni/Melot de Beauregard* GmbHR 2005, 195 (199 f.); *Wollburg/Banerjea* ZIP 2005, 277 (280); anders aber *Köstler* in Theisen/Wenz, Europäische Aktiengesellschaft, S. 331 (371).

449 *Jacobs* in Münch. Komm. AktG, § 18 SEBG Rn. 17; *Kienast* in Jannott/Frodermann, Handbuch SE, Kapitel 13 Rn. 193; *Wollburg/Banerjea* ZIP 2005, 277 (280).

rung von Betrieben oder Betriebsteilen,[450] der Erwerb einer oder mehrerer mitbestimmter Aktiengesellschaften durch eine NewCo-SE[451] und reine Veränderungen der Belegschaftsgröße.[452] Uneinigkeit besteht dahingehend, ob auch eine grenzüberschreitende Sitzverlegung der SE die Rechtsfolgen des § 18 Abs. 3 SEBG auslöst.[453]

2. *Stellungnahme und zugleich Auslegung des § 18 Abs. 3 SEBG*

a) Auslegung des Wortlauts und der Systematik

Der Wortlaut des § 18 Abs. 3 SEBG lässt keine eindeutigen Schlussfolgerungen für ein restriktives oder extensives Verständnis der Norm zu. Entgegen verbreiteter Ansicht[454] zwingt in systematischer Hinsicht der Straftatbestand des § 45 Abs. 1 Nr. 2 SEBG gleichfalls nicht zu einer restriktiven Interpretation des § 18 Abs. 3 SEBG. Eine genaue Lektüre des Wortlauts des § 45 Abs. 1 Nr. 2 SEBG zeigt, dass die Norm nicht auf den Vermutungstatbestand des § 43 S. 2 SEBG, sondern nur auf dessen Satz 1 verweist. Der Vorwurf eines Verstoßes des § 45 Abs. 1 Nr. 2 SEBG gegen den Grundsatz in dubio pro reo und die daraus gezogene Schlussfolgerung einer restriktiven Auslegung des § 18 Abs. 3 SEBG sind deshalb unbegründet. Unabhängig davon bestehen essentielle Unterschiede zwischen den Tatbestandsvoraussetzungen des § 18 Abs. 3 SEBG, des § 43 S. 2

---

450 *Henssler* RdA 2005, 330 (334); *Jacobs* in Münch. Komm. AktG, § 18 SEBG Rn. 16.

451 *Müller-Bonanni/Melot de Beauregard* GmbHR 2005, 195 (200); *Wollburg/Banerjea* ZIP 2005, 277 (279 f.); a. A. *Blanke*, EBRG, Teil A Rn. 126 f.; *Köstler* in Theisen/Wenz, Europäische Aktiengesellschaft, S. 331 (372 ff.); unklar *Jacobs* in Münch. Komm. AktG, § 18 SEBG Rn. 17.

452 *Blanke*, EBRG, Teil A Rn. 108; *Henssler* RdA 2005, 330 (334); *Jacobs* in Münch. Komm. AktG, § 18 Rn. 18; *Kienast* in Jannott/Frodermann, Handbuch SE, Kapitel 13 Rn. 193; *Köstler* in Theisen/Wenz, Europäische Aktiengesellschaft, S. 331 (370 f.); *Müller-Bonanni/Melot de Beauregard* GmbHR 2005, 195 (200); *Schwarz*, SE-VO, Einl. Rn. 253; *Wollburg/Banerjea* ZIP 2005, 277 (280).

453 Dafür *Grundmann* in v. Rosen, Europa AG, S. 47 (59 f.); *Nagel* AuR 2004, 281 (286); *ders.* DB 2004, 1299 (1302); *Thümmel*, Europäische Aktiengesellschaft, Rn. 341. Ablehnend *Blanke*, EBRG, Teil A Rn. 30; *Hunger* in Jannott/Frodermann, Handbuch SE, Kapitel 9 Rn. 37; *Kienast* in Jannott/Frodermann, Handbuch SE, Kapitel 13 Rn. 193; *Köstler* in Theisen/Wenz, Europäische Aktiengesellschaft, S. 331 (368 f.); *Wenz* in Theisen/Wenz, Europäische Aktiengesellschaft, S. 189 (234); *Wollburg/Banerjea* ZIP 2005, 277 (283). Im Ergebnis offen gelassen *Freis* in Nagel/Freis/Kleinsorge, Beteiligung SE, § 18 Rn. 11; unklar *Jacobs* in Münch. Komm. AktG, § 18 SEBG Rn. 16; ebenfalls unklar im Vorfeld *Kleinsorge* RdA 2002, 343 (351), der die Sitzverlegung nicht als Strukturveränderung ansieht, aber neue Verhandlungen dennoch für sachgerecht hält.

454 BDA, BDI,DIHK, GDV, BdB und Dt. Aktieninstitut, Gemeinsame Stellungnahme, zu §§ 43, 45 SEBG, S. 12; *Calle Lambach* RIW 2005, 161 (167 f.); *Grobys* NZA 2004, 779 (781); *Krause* BB 2005, 1221 (1228); *Müller-Bonanni/Melot de Beauregard* GmbHR 2005, 195 (200); *Wollburg/Banerjea* ZIP 2005, 277 (278 f.). A. A. *Niklas* NZA 2004, 1200 (1205).

SEBG und des § 45 Abs. 1 Nr. 2 SEBG, welche voreilige Rückschlüsse für die Auslegung des Begriffs der strukturellen Änderungen verbieten. Die Missbrauchsvermutung des § 43 S. 2 SEBG setzt zusätzlich einen engen zeitlichen Zusammenhang zwischen der SE-Gründung und der nachfolgenden strukturellen Änderung voraus.[455] § 45 Abs. 1 Nr. 2 SEBG verlangt nach der Regierungsbegründung ein „gezieltes Ausnutzen" der Rechtsform der SE,[456] während es für § 18 Abs. 3 SEBG unerheblich ist, mit welcher subjektiven Tendenz die strukturelle Änderung durchgeführt wird. Demzufolge ist § 18 Abs. 3 SEBG insgesamt in seinem Anwendungsbereich weiter als die anderen genannten Vorschriften.

Hinweise für die Auslegung des § 18 Abs. 3 SEBG könnte der systematische Vergleich mit der Vorschrift des § 5 Abs. 4 SEBG geben. Der Gesetzgeber unterscheidet dort zwischen „Änderungen in der Struktur" und „Änderungen der Arbeitnehmerzahl", welche jeweils eine Neuzusammensetzung des besonderen Verhandlungsgremiums rechtfertigen können. Während der Begriff der „Änderungen in der Struktur" gleichbedeutend mit dem Begriff der „strukturellen Änderungen" ist, fehlt das Tatbestandsmerkmal der „Änderungen der Arbeitnehmerzahl" in § 18 Abs. 3 SEBG. § 18 Abs. 3 SEBG ist demzufolge in seinem Anwendungsbereich enger gefasst als die vergleichbare Vorschrift des § 5 Abs. 4 SEBG. Die Differenzierung in § 5 Abs. 4 SEBG zeigt, dass reine Veränderungen der Belegschaftsgröße nicht unter den Begriff der strukturellen Änderungen fallen können.[457] Zu demselben Ergebnis führt ein systematischer Vergleich des § 18 Abs. 3 SEBG mit § 25 SEBG. Gem. § 25 S. 1 SEBG hat die Leitung der SE alle zwei Jahre zu prüfen, ob Änderungen der SE und ihrer Tochtergesellschaften und Betriebe, insbesondere bei den Arbeitnehmerzahlen in den einzelnen Mitgliedstaaten eingetreten sind, was zu einer Neuzusammensetzung des SE-Betriebsrats führen kann. Statt „strukturellen Änderungen" genügen „Änderungen". Zugleich hebt § 25 S. 1 SEBG die Fallgruppe der Änderungen der Arbeitnehmerzahlen („insbesondere") hervor, woraus für die Auslegung des § 18 Abs. 3 SEBG im Umkehrschluss anzunehmen ist, dass reine Personalveränderungen nicht geeignet sind, einen Wiederaufnahmeanspruch nach § 18 Abs. 3 SEBG auszulösen.

Einen Anhaltspunkt für die systematische Auslegung des § 18 Abs. 3 SEBG bietet die Vorschrift des Art. 8 SE-VO, wenn es um die Frage geht, ob eine grenzüberschreitende Sitzverlegung der SE eine Wiederaufnahme der Verhandlungen nach § 18 Abs. 3 SEBG zur Folge hat. Art. 8 Abs. 2 lit. c SE-VO sieht vor, dass der Verlegungsplan die etwaigen Folgen der Verlegung für die Beteiligung der

---

455 *Köstler* in Theisen/Wenz, Europäische Aktiengesellschaft, S. 331 (370); *Nagel* NZG 2004, 833 (839).

456 Reg.Begr. zu § 43 SEBG, BT-Drucks. 15/3405, S. 57.

457 Ebenso *Kienast* in Jannott/Frodermann, Handbuch SE, Kapitel 13 Rn. 191; ohne Begründung auch *Köstler* in Theisen/Wenz, Europäische Aktiengesellschaft, S. 331 (370 f.).

Arbeitnehmer enthält, was für die Vermutung spricht, dass die Sitzverlegung als strukturelle Änderung im Sinne des § 18 Abs. 3 SEBG anzusehen ist, da sie Auswirkungen auf die Beteiligungsrechte der Arbeitnehmer zu haben scheint. Dieser Schlussfolgerung steht jedoch entgegen, dass die grenzüberschreitende Sitzverlegung nach Art. 8 Abs. 1 S. 2 SE-VO weder zur Auflösung der SE noch zur Gründung einer neuen juristischen Person führt. Die Konzeption der SE-VO geht also davon aus, dass die SE unverändert fortbesteht.[458] Die vor der Sitzverlegung bestehende Zusammensetzung des mitbestimmten Organs, sei es aufgrund der Vereinbarung oder über die Vorschriften zur Mitbestimmung kraft Gesetzes, bleibt weiterhin erhalten, so dass es für einen Wiederaufnahmeanspruch an der Schutzbedürftigkeit der Arbeitnehmer fehlt.[459] Art. 8 Abs. 2 lit. c SE-VO dient allenfalls dazu, praktische Hindernisse, die sich aus der Sitzverlegung in einen anderen Mitgliedstaat ergeben können, zu überwinden.[460]

b) Teleologische Auslegung

Der Begriff der „strukturellen Änderungen" ist der im 18. Erwägungsgrund der SE-RL gewählten Formulierung entlehnt, wonach das Vorher-Nachher-Prinzip auch für „strukturelle Veränderungen" einer bereits gegründeten SE und für die von den strukturellen Änderungsprozessen betroffenen Gesellschaften gilt. Im Rahmen der teleologischen Auslegung treten deshalb die Zielsetzung der SE-RL und der durch die übernommene Formulierung zum Ausdruck kommende Umsetzungswille des deutschen Gesetzgebers in den Vordergrund der Untersuchung.[461] Der im 18. Erwägungsgrund hergestellte unmittelbare Bezug zur „Neugründung" einer SE und die Hervorhebung des Vorher-Nachher-Prinzips legen die Vermutung nahe, dass die Mitbestimmungssicherung in der bereits gegründeten SE unter denselben Voraussetzungen gelten soll, unter denen die Mitbestimmungssicherung auch im Gründungsprozess eingreifen würde. Die Beteiligung der Arbeitnehmer soll also in gleicher Weise erfolgen, als wenn die strukturelle Änderung bereits *vor* der Gründung der SE erfolgt wäre.[462] Dieses Verständnis vermeidet, dass die Wahl des Zeitpunkts der Umstrukturierungs-

---

458 *Hunger* in Jannott/Frodermann, Handbuch SE, Kapitel 9 Rn. 2 und 37.

459 *Hunger* in Jannott/Frodermann, Handbuch SE, Kapitel 9 Rn. 37; *Kienast* in Jannott/ Frodermann, Handbuch SE, Kapitel 13 Rn. 199; *Köstler* in Theisen/Wenz, Europäische Aktiengesellschaft, S. 331 (368 f.); *Wenz* in Theisen/Wenz, Europäische Aktiengesellschaft, S. 189 (234); ähnlich auch *Wollburg/Banerjea* ZIP 2005, 277 (283). Kritisch auch die österreichische Literatur zu § 228 Abs. 2 ArbVG, welcher die Sitzverlegung als wesentliche Änderung der Struktur der SE nennt: *Gahleitner* in Kalss/Hügel, SE-Kommentar, § 228 ArbVG Rn. 3; *Kalss/Greda* GesRZ 2004, 91 (96).

460 Vgl. dazu ausführlich: *Hunger* in Jannott/Frodermann, Handbuch SE, Kapitel 9 Rn. 37 ff.

461 *Brechmann*, Die richtlinienkonforme Auslegung, S. 261; *Canaris* in FS für Bydlinski, S. 47 (51 f.); *Everling* RabelsZ 50 (1986), 193 (224); *Franzen*, Privatrechtsangleichung, S. 303; *Herber* EuZW 1991, 401 (403); *Rörig*, Direktwirkung von Richtlinien, S. 154.

462 So auch *Kienast* in Jannott/Frodermann, Handbuch SE, Kapitel 13 Rn. 192.

maßnahmen ausschlaggebend für die Beteiligungsrechte der Arbeitnehmer ist und entspricht dem in Art. 11 SE-RL und 43 SEBG normierten Missbrauchsverbot.[463] Als strukturelle Änderungen sind deshalb solche Vorgänge anzusehen, die abweichende Voraussetzungen für das Verhandlungsverfahren zur Folge gehabt hätten, wenn sie bereits vor Gründung der SE gegeben gewesen wären.

Dabei ist für die Vorher-Nachher-Betrachtung unerheblich, ob die Maßnahme gründungsähnlichen Charakter aufweist.[464] Zum einen ist dem § 18 Abs. 3 SEBG eine solche Einschränkung nicht zu entnehmen. Zum anderen ist dieses Kriterium zur Präzisierung des Begriffs der strukturellen Änderungen nicht geeignet.[465] Es nimmt eine Vorauswahl vor, ohne die mit der Regelung des § 18 Abs. 3 SEBG verbundene Zielsetzung ins Blickfeld der Betrachtung zu stellen. So schließt § 2 Abs. 4 SEBG in Entsprechung des Art. 2 lit. d SE-RL die Arbeitnehmer der Betriebe, die zu einem Betrieb der SE werden sollen, in den Schutzbereich der SE-RL ein, weshalb im Einzelfall auch der bloße Erwerb von Betrieben oder Betriebsteilen durch die SE einen Neuverhandlungsanspruch auslösen kann.[466] Das SEBG nimmt zwar eine Mitvertretung von Arbeitnehmern durch andere Arbeitnehmervertretungen in Kauf (vgl. § 8 Abs. 2 S. 2 und Abs. 3 S. 2 SEBG), so dass das besondere Verhandlungsgremium durch die mit dem Betriebsübergang einhergehenden neuen Arbeitnehmer nicht automatisch seine Repräsentativität verliert. Allerdings verlangt das Vorher-Nachher-Prinzip eine Wiederaufnahme der Verhandlungen, wenn beispielsweise bei Gründung der SE die maßgeblichen Schwellenwerte nicht überschritten wurden, dies durch den Erwerb des Betriebes oder des Betriebsteils nun aber der Fall ist. Ebenso ist der Erwerb eines Betriebes als strukturelle Änderung im Sinne des § 18 Abs. 3 SEBG zu begreifen, wenn dieser in einem anderen Mitgliedstaat liegt und so viele Arbeitnehmer beschäftigt, dass den ausländischen Arbeitnehmern nach § 36 Abs. 1 SEBG ein eigener Sitz im Verwaltungsrat der SE zugewiesen werden müsste.

Der Bestandsschutz der Beteiligungsrechte erstreckt sich auf die SE als konzernverbundenes Unternehmen. Dies verdeutlicht der Wortlaut des 18. Erwägungsgrundes der SE-RL, wonach das Vorher-Nachher-Prinzip nicht nur für die SE selbst, sondern auch für die „von den strukturellen Änderungsprozessen betroffenen Gesellschaften“ gilt. Darüber hinaus stellt § 2 Abs. 9 S. 2 SEBG ausdrücklich klar, dass zu den Beteiligungsrechten im Sinne des SEBG auch die Wahrnehmung dieser Rechte in den Konzernunternehmen der SE gehört. Entge-

---

[463] *Kienast* in Jannott/Frodermann, Handbuch SE, Kapitel 13 Rn. 192.

[464] So aber *Jacobs* in Münch. Komm. AktG, § 18 SEBG Rn. 12; *Krause* BB 2005, 1221 (1228); *Wollburg/Banerjea* ZIP 2005, 277 (278).

[465] Ebenso *Köstler* in Theisen/Wenz, Europäische Aktiengesellschaft, S. 331 (370).

[466] A. A. *Jacobs* in Münch. Komm. AktG, § 18 SEBG Rn. 17; *Kienast* in Jannott/Frodermann, Handbuch SE, Kapitel 13 Rn. 193; *Wollburg/Banerjea* ZIP 2005, 277 (280).

gen einer Literaturansicht[467] erfasst § 18 Abs. 3 SEBG demzufolge auch die Fälle, in denen die SE wesentliche Beteiligungen an anderen Unternehmen erwirbt, so dass diese als betroffene Tochtergesellschaften im Sinne des § 2 Abs. 4 SEBG anzusehen sind. Entsprechendes gilt für den Erwerb einer oder mehrerer mitbestimmter Aktiengesellschaften durch eine mitbestimmungsfreie NewCo-SE.[468] Wären die akquirierten Gesellschaften bereits vor der Gründung der NewCo-SE Tochtergesellschaften der SE gewesen, hätten deren Arbeitnehmer in den Verhandlungsprozess einbezogen werden müssen.[469]

c) Historische Auslegung

Eine historische Betrachtung der Norm lässt kaum Rückschlüsse auf ihre Auslegung zu. Die Regierungsbegründung beschränkt sich im Wesentlichen darauf, den Inhalt der Regelung wiederzugeben. Wie bereits erwähnt, nennt sie lediglich den Anwendungsfall, dass eine SE ein mitbestimmtes Unternehmen mit einer größeren Zahl von Arbeitnehmern aufnimmt, in der SE bisher keine Mitbestimmung galt.[470] Das gewählte Beispiel zeigt, dass sich der Bestandsschutz nach dem Willen des Gesetzgebers nicht nur auf die Arbeitnehmer erstreckt, die bereits in der SE beschäftigt sind, sondern auch die Beteiligungsrechte der Arbeitnehmer, die noch nicht für die SE oder ihre Tochtergesellschaften tätig sind, in den Schutzbereich des § 18 Abs. 3 SEBG fallen.[471] Darüber hinausgehende Schlussfolgerungen, dass der Gesetzgeber den Anwendungsbereich auf Vorgänge gründungsähnlichen Charakters beschränken wolle,[472] sind angesichts des

---

467 *Müller-Bonanni/Melot de Beauregard* GmbHR 2005, 195 (199 f.); *Wollburg/Banerjea* ZIP 2005, 277 (280).

468 In der Praxis wurden aufgrund des national begrenzten Anwendungsbereichs des UmwG grenzüberschreitende Zusammenschlüsse häufig dadurch vollzogen, dass eine durch einen Treuhänder neu gegründete Gesellschaft (NewCo) zwei zusammenschließende Aktiengesellschaften jeweils durch ein öffentliches Übernahmeangebot erwirbt. Auf diese Weise entsteht ein Holdingkonzern mit der NewCo als Konzernspitze und den Gründungsgesellschaften als Tochtergesellschaften. Spektakulärstes Beispiel der letzten Jahre ist der Zusammenschluss der Daimler-Benz AG mit der Chrysler Corporation zur Daimler-Chrysler AG. Dieses Transaktionsmodell erscheint auch noch nach der durch die SE-Verordnung geschaffenen Möglichkeit der direkten Gründung einer Holding-SE attraktiv, da dafür kein Beschluss der Hauptversammlung erforderlich und damit gleichzeitig das Risiko der Anfechtung gebannt ist. Vgl. zu dem Modell: *Hansen* AG 1998, R 244 ff.; *Walter* JuS 2003, 206 ff.

469 So auch *Köstler* in Theisen/Wenz, Europäische Aktiengesellschaft, S. 331 (372 ff.); a. A. *Müller-Bonanni/Melot de Beauregard* GmbHR 2005, 195 (200); *Wollburg/Banerjea* ZIP 2005, 277 (279). Unklar *Jacobs* in Münch. Komm. AktG, § 18 SEBG Rn. 17: eine Korrektur könnte allenfalls nach § 43 SEBG erfolgen.

470 Reg.Begr. zu § 18 Abs. 3 SEBG, BT-Drucks. 15/3405, S. 50.

471 So auch *Jacobs* in Münch. Komm. AktG, § 18 SEBG Rn. 14; *Köstler* in Theisen/Wenz, Europäische Aktiengesellschaft, S. 331 (373 f.).

472 So *Wollburg/Banerjea* ZIP 2005, 277 (278 f.).

rein repräsentativen Charakters des gewählten Beispiels rechtspolitisch motiviert und in der Sache unbegründet.

d) Ergebnis

Unter dem Begriff der strukturellen Änderungen fallen solche Vorgänge, die abweichende Voraussetzungen für das Verhandlungsverfahren zur Folge gehabt hätten, wenn sie bereits vor Gründung der SE gegeben gewesen wären. Dazu zählen neben den Gründungstatbeständen, der Erwerb wesentlicher Beteiligungen an anderen Unternehmen durch die SE und der Erwerb von Betrieben oder Betriebsteilen, welche zur Folge haben, dass diese zu Tochtergesellschaften oder Betrieben der SE werden.[473] Keine strukturellen Änderungen der SE sind reine Veränderungen der Belegschaftsgröße und die grenzüberschreitende Sitzverlegung.

3. Wechsel der Organisationsstruktur als strukturelle Änderung im Sinne des § 18 Abs. 3 SEBG

Im Hinblick auf das Thema der Arbeit soll gesondert auf die Fragestellung eingegangen werden, inwieweit ein Wechsel vom dualistischen zum monistischen System oder umgekehrt zu einer Wiederaufnahme der Verhandlungen nach § 18 Abs. 3 SEBG führen kann. So weit ersichtlich hat sich die Literatur mit dieser Problematik noch nicht befasst. Der Wortlaut der Norm lässt vermuten, dass sie auch den Wechsel der Organisationsstruktur in ihren Anwendungsbereich einschließt. § 18 Abs. 3 SEBG stellt allgemein auf das Vorliegen „struktureller Änderungen" ab und nimmt keine Differenzierung zwischen Änderungen der inneren und äußeren Struktur der SE vor. Ebenso ist unschädlich, dass der Wechsel des Organisationsmodells die Beschäftigtenzahl unberührt lässt, da diesbezügliche Veränderungen nicht Tatbestandsmerkmal des § 18 Abs. 3 SEBG sind. Der Wechsel zum monistischen bzw. dualistischen System muss lediglich geeignet sein, die Beteiligungsrechte zu mindern. Dieses Kriterium könnte dadurch erfüllt sein, dass bei einem Wechsel das Organ, in dem die Mitbestimmung verankert ist, abgeschafft wird.

Gegen die Anwendbarkeit des § 18 Abs. 3 SEBG könnte die vom Gesetzgeber beabsichtigte mitbestimmungsrechtliche Gleichbehandlung beider Organisationsmodelle sprechen, welche vor allem in den Vorschriften der §§ 15 Abs. 4, 21 Abs. 6 S. 2, 35 Abs. 1 und Abs. 2 SEBG zum Ausdruck kommt. Bei einem Wechsel würde dies bedeuten, dass die ausgehandelte Vereinbarung inhaltsgleich auf das neue Organisationsmodell zu übertragen wäre. Sieht die Vereinbarung beispielsweise eine Drittelbeteiligung der Arbeitnehmer im Aufsichtsrat der SE vor, könnte das Modell für den neuen Verwaltungsrat weiterhin uneingeschränkte Geltung beanspruchen. Diesem Verständnis steht jedoch Sinn und

---

473 Ähnlich auch die österreichische Regelung des § 228 Abs. 2 ArbVG.

Zweck des Verhandlungsprinzips entgegen. Der Vorrang der Verhandlungslösung soll „einen sinnvollen Ausgleich der in den einzelnen Mitgliedstaaten bestehenden Rechtslagen und zugleich eine sachgerechte Anpassung an die Bedürfnisse und Strukturen der zukünftigen SE"[474] ermöglichen. Die Zielsetzung schlägt fehl, wenn das ausgehandelte Mitbestimmungsmodell veränderten inneren oder äußeren Strukturbedingungen unterworfen ist. Zu den praktischen Schwierigkeiten treten die Konflikte, die sich aus den unterschiedlichen Funktionen von Aufsichtsrat und Verwaltungsrat ergeben. Die SE wäre faktisch gezwungen, in der einmal gewählten Organisationsstruktur zu verbleiben. Eine Kontinuität des bisherigen Mitbestimmungsmodells käme einer unzulässigen Einschränkung der durch Art. 38 lit. b SE-VO gebotenen Wahlfreiheit zwischen dem beiden Organisationsmodellen gleich. Teleologische Argumente sprechen deshalb dafür, den Anwendungsbereich des § 18 Abs. 3 SEBG auf die Fälle eines geplanten Wechsels vom dualistischen zum monistischen System oder umgekehrt auszudehnen.[475] Die hiesige Fallgruppe bestätigt zugleich die hier vertretene Auffassung, dass der Wiederaufnahmeanspruch nach § 18 Abs. 3 SEBG nicht auf die Gründungstatbestände beschränkt werden kann.

II. Begriff der „Minderung der Beteiligungsrechte"

§ 18 Abs. 3 SEBG verlangt überdies, dass die strukturellen Änderungen geeignet sind, Beteiligungsrechte der Arbeitnehmer zu mindern. Umstritten ist die Auslegung des Tatbestandsmerkmals „Minderung der Beteiligungsrechte".

1. Einschränkende Auslegung des § 18 Abs. 3 SEBG auf Unternehmensmitbestimmungsrechte?

Grobys und *Kallmeyer* fordern, § 18 Abs. 3 SEBG einschränkend dahin auszulegen, dass unter Beteiligungsrechten lediglich die Regelungen zur Unternehmensmitbestimmung zu verstehen sind. Sie stützen ihre Auffassung auf den Wortlaut des 18. Erwägungsgrundes der SE-RL, der von den Rechten der Arbeitnehmer über ihre „Beteiligung an Unternehmensentscheidungen" spricht.[476] Da § 2 Abs. 9 SEBG zu den Beteiligungsrechten auch die Rechte, die den Arbeitnehmern und ihren Vertretern im Bereich der sonstigen Beteiligung zustehen, zählt, könnten Verhandlungen schon erzwungen werden, wenn die bei der SE nach der strukturellen Änderung bestehende Regelung in irgendeiner Hinsicht hinter dem deutschen BetrVG zurück bleibe. Vor allem sei es sinnlos, dass beim Scheitern der Verhandlungen über die betriebliche Mitbestimmung die ganze Auffangregelung einschließlich der unternehmerischen Mitbestimmung Anwen-

---

474 Reg.Begr. Allgemeiner Teil zu Art. 2 SEEG, BT-Drucks. 15/3405, S. 41.

475 Ebenso die österreichische Regelung des § 228 Abs. 2 ArbVG.

476 *Grobys* NZA 2005, 84 (91); *Kallmeyer* ZIP 2004, 1442 (1444).

dung finden soll. Die Bezugnahme auf alle Beteiligungsrechte in § 18 Abs. 3 SEBG schieße weit über das Ziel hinaus.[477]

Zweifel treten zunächst hinsichtlich der von den beiden Autoren gewählten methodischen Vorgehensweise auf. Bedarf eine gesetzliche Regelung entgegen ihrem Wortsinn, aber gemäß der immanenten Teleologie des Gesetzes einer Einschränkung, die im Gesetzestext nicht enthalten ist, geschieht die Korrektur entweder durch einschränkende Auslegung oder durch teleologische Reduktion der betreffenden Norm. Während der Anwendungsbereich im ersten Fall durch Annahme einer engeren statt einer auch möglichen weiteren Wortbedeutung eingeschränkt wird, wird durch die teleologische Reduktion eine einschränkende Norm hinzugefügt.[478] In dem hiesigen Fall ist der Begriff der Beteiligungsrechte in § 2 Abs. 9 SEBG legal definiert. Wenn der Gesetzgeber einen Rechtsbegriff verwendet, dann ist er in der Regel so zu verstehen, wie er von den spezielleren Vorschriften definiert ist.[479] Wollte man § 18 Abs. 3 SEBG vor diesem Hintergrund dergestalt auslegen, dass er nur die Unternehmensmitbestimmungsrechte erfasst, würde dies in einem offenen Widerspruch zum Wortlaut der Vorschrift stehen. Dementsprechend bliebe einzig die Möglichkeit einer teleologischen Reduktion des § 18 Abs. 3 SEBG.

2. *Teleologische Reduktion des § 18 Abs. 3 SEBG auf Unternehmensmitbestimmungsrechte?*

Voraussetzung der teleologischen Reduktion ist das Vorliegen einer verdeckten Regelungslücke.[480] Lückenhaft ist die Norm, wenn sie nach ihrem möglichen Wortsinn keine richtlinienkonforme Regelung enthält.[481] Der 18. Erwägungsgrund der SE-RL, um dessen Umsetzung sich der deutsche Gesetzgeber mit der Regelung des § 18 Abs. 3 SEBG bemühte, spricht von der Beteiligung der Arbeitnehmer an „Unternehmensentscheidungen". Entgegen der Auffassung *Grobys* und *Kallmeyers* erfasst der 18. Erwägungsgrund damit nicht nur die unternehmerische Mitbestimmung, sondern die in § 2 Abs. 9 SEBG genannten Rechte der Unterrichtung und Anhörung, da die Arbeitnehmer auch durch diese Rechte Einfluss auf die „Unternehmensentscheidungen" ausüben können.[482] Der 11. Erwägungsgrund und die Vorgaben des Anhangs der SE-RL zur Umsetzung der gesetzlichen Auffangbestimmungen bestätigen, dass sich der Bestandsschutz auf die Mitbestimmung und auf die Unterrichtungs- und Anhörungsrechte der Arbeitnehmer erstreckt. Selbst bei anderem Verständnis der Formulierung des

---

477 *Kallmeyer* ZIP 2004, 1442 (1444).

478 Zur Unterscheidung: *Larenz/Canaris*, Methodenlehre, S. 211.

479 *Larenz/Canaris*, Methodenlehre, S. 142.

480 Zu dem Begriff der verdeckten Regelungslücke: *Canaris*, Die Feststellung von Lücken im Gesetz, S. 136; *Larenz/Canaris*, Methodenlehre, S. 198 und 210 f.

481 *Canaris* in FS für Bydlinski, S. 47 (85); ähnlich *Franzen*, Privatrechtsangleichung, S. 419.

482 Treffend *Jacobs* in Münch. Komm. AktG, § 18 SEBG Rn. 15.

18. Erwägungsgrundes ist eine teleologische Reduktion des § 18 Abs. 3 SEBG aus europarechtlichen Gesichtspunkten nicht gefordert, weil es dem nationalen Gesetzgeber unbenommen bleibt, einen höheren Standard als die SE-RL festzulegen.[483]

Zweite Voraussetzung für eine teleologische Reduktion ist die Planwidrigkeit der Regelungslücke.[484] Angesichts der Legaldefinition in § 2 Abs. 9 SEBG sprechen gute Gründe gegen die Annahme, dass der Gesetzgeber den Anwendungsbereich des § 18 Abs. 3 SEBG irrtümlich zu weit formulierte. In der Regierungsbegründung ist zwar das Beispiel einer Minderung der Mitbestimmungsrechte neu hinzukommender Arbeitnehmer gesondert aufgeführt,[485] dieses lässt jedoch keine Rückschlüsse auf ein Regelungsversehen des Gesetzgebers bezüglich der Formulierung des § 18 Abs. 3 SEBG zu.

Schließlich müssten Sinn und Zweck des § 18 Abs. 3 SEBG eine Beschränkung des Anwendungsbereichs selbst fordern.[486] Das Verhandlungsverfahren ist zeit- und kostenintensiv. Jede neu ausgehandelte Zusammensetzung des Aufsichts- oder Verwaltungsrats bedarf der Umsetzung im Wege des Statusverfahrens.[487] Die Verknüpfung von betrieblicher und unternehmerischer Mitbestimmung in § 18 Abs. 3 SEBG könnte unverhältnismäßig sein, wenn jede strukturelle Änderung mit Einfluss auf die betrieblichen Beteiligungsrechte zwangsläufig zu einer Neuaufnahme der Verhandlungen über die Organzusammensetzung führen könnte. Entgegen der Auffassung *Kallmeyers*[488] entfaltet eine Minderung der betriebsverfassungsrechtlichen Beteiligungsrechte für sich alleine noch nicht die Kraft, einen Wiederaufnahmeanspruch nach § 18 Abs. 3 SEBG auszulösen. Mit der Formulierung „sonstige Beteiligung" in § 2 Abs. 9 SEBG sind nicht die Beteiligungsrechte der Arbeitnehmer nach dem BetrVG gemeint. Dies widerspräche der Systematik des SEBG, welches nach § 47 Abs. 2 SEBG die nationalen Regelungen und Strukturen über die Arbeitnehmervertretungen unberührt lässt. § 18 Abs. 3 SEBG erstreckt sich über die Unternehmensmitbestimmungsrechte

---

483 *Bleckmann* RIW 1987, 929 (932 f.); *Everling* in FS für R. Schmidt, S. 165 (170); *Grundmann* JZ 1996, 274 (283 ff.); *Jarass* NJW 1990, 2420 (2421); *Lutter* JZ 1992, 593 (606); *Steindorff* EuZW 1990, 251 (253) und auch BGH, Urteil v. 15. 1. 1990, NJW 1990, 982 (982).

484 *Bydlinski*, Methodenlehre, S. 473; *Canaris*, Die Feststellung von Lücken im Gesetz, S. 31 ff.; *Engisch*, Einführung in das juristische Denken, S. 180 ff.; *Larenz/Canaris*, Methodenlehre, S. 194 f.

485 Reg.Begr. zu § 18 SEBG, BT-Drucks. 15/3405, S. 50.

486 *Bydlinski*, Methodenlehre, S. 480; *Fikentscher*, Methoden des Rechts IV, S. 286 f.; *Larenz/Canaris*, Methodenlehre, S. 210.

487 *Kienast* in Jannott/Frodermann, Handbuch SE, Kapitel 13 Rn. 192.

488 *Kallmeyer* ZIP 2004, 1442 (1444).

hinaus nur auf die Unterrichtungs- und Anhörungsrechte, welche den Arbeitnehmern durch das SEBG eingeräumt sind.[489]

Diese sind wiederum Sonderregelungen unterworfen, welche in ihrem Anwendungsbereich weiter gefasst sind. Gem. § 21 Abs. 1 Nr. 2 SEBG muss die Vereinbarung Regelungen dazu treffen, welche Auswirkungen wesentliche Änderungen der Zahl der in der SE beschäftigten Arbeitnehmer auf die Zusammensetzung des SE-Betriebsrats, die Anzahl seiner Mitglieder und die Sitzverteilung haben. Maßgeblich für eine Anpassung der Zusammensetzung des SE-Betriebsrats ist damit die in der Vereinbarung getroffene Bestimmung und nicht § 18 Abs. 3 SEBG. Für den SE-Betriebsrat kraft Gesetzes spiegelt sich die Sondervorschrift in § 25 SEBG wieder. Faktisch ist der Anwendungsbereich des § 18 Abs. 3 SEBG damit auf strukturelle Änderungen beschränkt, die immer zugleich eine Neuzusammensetzung des mitbestimmten Aufsichts- oder Verwaltungsrats rechtfertigen. Für eine teleologische Reduktion des § 18 Abs. 3 SEBG fehlt es also auch an der Erforderlichkeit.

III. Strukturelle Änderungen der SE, die geeignet sind, die Beteiligungsrechte der Arbeitnehmer auszuweiten

Im umgekehrten Fall, d. h. wenn strukturellen Änderungen geplant sind, die geeignet sind, die Beteiligungsrechte der Arbeitnehmer auszuweiten, entzieht sich das SEBG einer gesetzlichen Regelung.[490]

1. Lückenschluss durch analoge Anwendung des § 325 UmwG?

In Betracht kommt eine analoge Anwendung des § 325 UmwG.[491] § 325 UmwG sieht eine Anpassung der Mitbestimmung vor, wenn durch Abspaltung oder Ausgliederung die gesetzlichen Voraussetzungen für die Beteiligung der Arbeitnehmer im Aufsichtsrat entfallen. Für einen Übergangszeitraum von fünf Jahren lässt die Norm den bisherigen Mitbestimmungsstatus fortbestehen, wenn die Arbeitnehmerzahl nicht unter ein Viertel der gesetzlich geforderten Zahl gesunken ist. Die entsprechende Anwendung des § 325 UmwG könnte sich aus der Generalverweisung des Art. 9 Abs. 1 lit. c, ii SE-VO ergeben. Voraussetzung des Art. 9 Abs. 1 lit. c, ii SE-VO ist, dass die zu regelnde Fragestellung in den potentiellen Anwendungsbereich der SE-VO fällt.[492] Hinsichtlich der entsprechenden

---

489 A. A. *Nagel* in Nagel/Freis/Kleinsorge, Beteiligung SE, § 2 Rn. 20.

490 Kritisch dazu *Müller-Bonanni/Melot de Beauregard* GmbHR 2005, 195 (197 f.). Großzügiger das österreichische Recht, vgl. § 228 Abs. 1 ArbVG: „(...), sofern wesentliche Änderungen der Struktur der Europäischen Gesellschaft stattfinden, die die Interessen der Arbeitnehmer in Bezug auf ihre Beteiligungsrechte *betreffen*.“.

491 Ähnlich *Kallmeyer* ZIP 2004, 1442 (1444). Für eine an § 325 UmwG angelehnte Bestimmung für die SE bereits: *Herfs-Röttgen* NZA 2002, 358 (365); ablehnend: *Kleinsorge* RdA 2002, 343 (351) Fn. 105.

492 *Brandt/Scheifele* DStR 2002, 547 (549); *M. Casper* in FS für Ulmer, S. 51 (65); *Kuhn* in Jannott/Frodermann, Handbuch SE, Kapitel 2 Rn. 23; *Lächler/Oplustil* NZG 2005, 381

Anwendung des § 325 UmwG ergeben sich Bedenken, als dass die Norm zwar in einem Gesetz des deutschen Gesellschaftsrechts verankert ist, aber eher mitbestimmungsrechtlichen Bezug aufweist[493] und als solche dem potentiellen Regelungsbereich der SE-RL unterfällt. Allerdings gelten nach dem 19. Erwägungsgrund der SE-VO die Bestimmungen der SE-RL als „untrennbare Ergänzung“ der Verordnung und Art. 9 Abs. 1 lit. c, i SE-VO scheint zumindest die nationalen Umsetzungsvorschriften zur SE-RL in die Normenpyramide des Art. 9 SE-VO einzubeziehen. Nach der fraglichen Bestimmung sind primär die Rechtsvorschriften zur Anwendung berufen, die die Mitgliedstaaten in Anwendung der „speziell die SE betreffenden Gemeinschaftsmaßnahmen“ erlassen. Neben dem SEAG, welches vorrangig die in der SE-VO enthaltenen Spezialverweisungen umsetzt, fällt in den Anwendungsbereich des Art. 9 Abs. 1 lit. c, i SE-VO bislang nur das SEBG.[494] Das SEBG ist selbst lückenhaft, so dass über Art. 9 Abs. 1 lit. c, ii SE-VO die Vorschrift des § 325 UmwG zur Anwendung gelangen könnte.

Diese Schlussfolgerung ist jedoch dem Einwand ausgesetzt, dass nach Art. 13 Abs. 2 SE-RL einzelstaatliche Rechtsvorschriften und/oder Gepflogenheiten in Bezug auf die Mitbestimmung der Arbeitnehmer in den Gesellschaftsorganen, die nicht zur Umsetzung der SE-RL dienen, keine Anwendung auf die SE finden. § 325 UmwG regelt die Mitbestimmung der Arbeitnehmer im Aufsichtsrat für den Fall, dass die gesetzlichen Voraussetzungen nachträglich entfallen, und ist deshalb als einzelstaatliche Mitbestimmungsvorschrift in seiner Anwendung nach Art. 13 Abs. 2 SE-RL gesperrt. Art. 13 Abs. 2 SE-RL durchbricht die Normenpyramide des Art. 9 Abs. 1 SE-VO und verdrängt als lex specialis die in Art. 9 Abs. 1 lit. c, ii SE-VO normierte Generalverweisung auf das ergänzende mitgliedstaatliche Recht.[495]

2. *Analoge Anwendung des § 18 Abs. 3 SEBG?*

Scheitert ein Rückgriff auf ergänzendes Mitbestimmungsrecht an Art. 13 Abs. 2 SE-RL, könnte die Lösung der Problematik in einer Erweiterung der Umsetzungsvorschriften des SEBG liegen. In Betracht kommt eine analoge Anwendung des § 18 Abs. 3 SEBG. Dazu müsste die gesetzliche Regelung eine planwi-

---

(384); *Schröder/Fuchs* in Manz/Mayer/Schröder, Europäische Aktiengesellschaft, Art. 9 SE-VO Rn. 8; *Thoma/Leuering* NJW 2002, 1449 (1450).

493 Vgl. zum rechtspolitischen Hintergrund nur *Schupp*, Mitbestimmungsbeibehaltung, S. 245 ff.

494 *Schröder/Fuchs* in Manz/Mayer/Schröder, Europäische Aktiengesellschaft, Art. 9 SE-VO Rn. 7; *Wagner* NZG 2002, 985 (989).

495 *Hennings* in Manz/Mayer/Schröder, Europäische Aktiengesellschaft, Art. 13 SE-RL Rn. 4.

drige Unvollständigkeit aufweisen.[495] Ein Regelungsversehen des Gesetzgebers kann nicht auf den Umstand gestützt werden, dass § 21 Abs. 4 SEBG im Gegensatz zu § 18 Abs. 3 SEBG das Kriterium der Minderung der Beteiligungsrechte nicht enthält. Während der Gesetzgeber mit § 18 Abs. 3 SEBG eine Sicherung bestehender Beteiligungsrechte verfolgt und dementsprechend auf das zusätzliche Tatbestandsmerkmal abstellt, fordert § 21 Abs. 4 SEBG die Verhandlungsparteien auf, in der Vereinbarung bereits entsprechende Vorkehrungen zum Verfahrensablauf zu treffen.[496] Die Regierungsbegründung stellt klar, dass die gesetzliche Regelung des § 18 Abs. 3 SEBG nicht abbedungen werden kann.[497] § 21 Abs. 4 SEBG steht damit in einem unmittelbaren Zusammenhang mit § 18 Abs. 3 SEBG, geht aber darüber hinaus, indem es den Verhandlungsparteien nach dem Wortlaut unbenommen bleibt, in der Vereinbarung eine Regelung für den Fall zu treffen, dass sich der Mitbestimmungsstandard durch strukturelle Änderungen erhöht.

Gegen das Vorliegen einer planwidrigen Regelungslücke spricht die mit § 18 Abs. 3 SEBG verbundene Regelungsabsicht, bestehende Beteiligungsrechte der Arbeitnehmer zu sichern. Dieser Zielsetzung wäre eine Ausdehnung des Anwendungsbereichs auf Fälle, in denen es darum geht, bestehende Beteiligungsrechte der Arbeitnehmer abzubauen, gegenläufig. Darüber hinaus ergibt sich die Lückenhaftigkeit auch nicht aus der SE-RL. Nach deren 18. Erwägungsgrundes ist nur die „Sicherung erworbener Rechte der Arbeitnehmer“ fundamentaler Grundsatz und erklärtes Ziel der Richtlinie. Anpassungen des Mitbestimmungsstandards nach unten sind von der Richtlinie nicht vorgesehen und auch nicht gefordert. § 21 Abs. 4 SEBG, der nach seinem Wortlaut entsprechende Vorkehrungen kraft Vereinbarung erlaubt, findet keine Parallelbestimmung in der SE-RL und geht über deren Regelungsanspruch hinaus. Fehlt eine Bestimmung in der Vereinbarung, besteht kein Anspruch auf Wiederaufnahme der Verhandlungen.[498]

B. Die SE als Gründungsgesellschaft neuer Gesellschaften in der Rechtsform der SE und die Anforderungen an die Vereinbarung

Die SE ist nicht nur regelmäßig in einen bereits bestehenden Konzernverbund eingegliedert, sondern kann selbst an der Gründung einer neuen SE beteiligt sein. Für diese ergibt sich die Fragestellung, ob und inwieweit sich der supranationale Charakter der Gründungs-SE auf ihre Mitbestimmungsgestaltung auswirkt.

---

495 *Bydlinski*, Methodenlehre, S. 473; *Canaris*, Die Feststellung von Lücken im Gesetz, S. 31 ff.; *Engisch*, Einführung in das juristische Denken, S. 180 ff.; *Larenz/Canaris*, Methodenlehre, S. 194 f.

496 Vgl. auch *Kienast* in Jannott/Frodermann, Handbuch SE, Kapitel 13 Rn. 393.

497 Reg.Begr. zu § 18 Abs. 4 SEBG, BT-Drucks. 15/3405, S. 51.

498 So auch *Müller-Bonanni/Melot de Beauregard* GmbHR 2005, 195 (197); *Wollburg/ Banerjea* ZIP 2005, 277 (282 f.).

I. Gründung einer sekundären Tochter-SE gem. Art. 3 Abs. 2 SE-VO

Art. 3 Abs. 2 SE-VO eröffnet der SE die Möglichkeit, eigene Tochtergesellschaften in Form einer SE zu gründen. Im Gegensatz zu den übrigen Gründungsvarianten bedarf es hierfür keines grenzüberschreitenden Bezugs, da den supranationalen Charakter bereits die Mutter-SE gewährleistet.[500] Umstritten ist, wie es sich mit der Mitbestimmung in der Tochter-SE verhält. *Veelken* zieht aus der Tatsache, dass die SE-RL die sekundäre Gründungsform der durch die Mutter-SE gegründeten Tochter-SE nicht erwähnt, den Schluss, dass für die Tochter-SE eine gemeinschaftsrechtliche Mitbestimmung nicht stattfindet. Es bleibe bei der eventuellen Mitbestimmung der Mutter-SE.[501] Aufgrund der Vorschrift des § 47 Abs. 1 Nr. 1 SEBG können auch die nationalen Mitbestimmungsgesetze für die Tochter-SE keine Geltung beanspruchen, so dass nach der Auffassung *Veelkens* die Tochter-SE frei von jeglicher Unternehmensmitbestimmung wäre.

Grobys zieht die Möglichkeit in Erwägung, dass das bei der Mutter-SE bestehende Mitbestimmungsregime auch für die gegründete Tochtergesellschaft maßgeblich sein könnte.[502] Er lässt allerdings offen, wie die praktische Umsetzung aussehen soll. Denkbar wäre zum einen eine 1:1-Übertragung des Inhalts der für die Mutter-SE getroffenen Vereinbarung. Zum anderen wäre es möglich, die Gründung der Tochter-SE als strukturelle Änderung der Mutter-SE anzusehen, mit der Folge, dass nach § 18 Abs. 3 SEBG eine Wiederaufnahme der Verhandlungen erfolgen muss.

Vorherrschend ist wohl die Tendenz, die Gründung der sekundären Tochter-SE der Gründung einer primären Tochter-SE gleichzustellen.[503] Auch bei dieser Gründungsform sei dem Grundprinzip und erklärten Ziel der SE-RL zum Schutz erworbener Rechte der Arbeitnehmer Rechnung zu tragen.[504] *Kienast* diskutiert darüber hinaus, ob zur Vereinfachung des Verfahrens anstelle des eigens zu bildenden besonderen Verhandlungsgremiums der SE-Betriebsrat fungieren kann. Im Ergebnis lehnt er die Möglichkeit einer Vertretung durch den SE-Betriebsrat aufgrund der unterschiedlichen Zusammensetzung der beiden Gremien ab.[505]

Nach Art. 12 Abs. 2 SE-VO ist der Abschluss einer Beteiligungsvereinbarung oder das Vorliegen einer der Ausnahmetatbestände zwingende Eintragungsvor-

---

500 *Hirte* NZG 2002, 1 (4); *Jannott* in Jannott/Frodermann, Handbuch SE, Kapitel 5 Rn. 27; *Schröder* in Manz/Mayer/Schröder, Europäische Aktiengesellschaft, Art. 2 SE-VO Rn. 39.

501 *Veelken* in GS für Blomeyer, S. 491 (513 f.).

502 *Grobys* NZA 2005, 84 (91).

503 *Jannott* in Jannott/Frodermann, Handbuch SE, Kapitel 5 Rn. 271 f.; *Kienast* in Jannott/ Frodermann, Handbuch SE, Kapitel 13 Rn. 201 ff. und 265. Ähnlich *Kallmeyer* in v. Rosen, Europa AG, S. 14 (25 ff.), der die Vorschriften analog anwenden will.

504 *Kienast* in Jannott/Frodermann, Handbuch SE, Kapitel 13 Rn. 202 und 265.

505 *Kienast* in Jannott/Frodermann, Handbuch SE, Kapitel 13 Rn. 206 f.

aussetzung. Mangels Einschränkung gilt dies für jede SE, also auch für die durch eine Mutter-SE gegründete Tochter-SE. Anderenfalls könnte die sekundäre Gründung der Tochter-SE dazu missbraucht werden, den Arbeitnehmern Beteiligungsrechte zu entziehen oder vorzuenthalten, was der europäische Gesetzgeber gerade verhindern will (Art. 11 SE-RL). *Veelkens* Ansicht für eine Mitbestimmungsfreiheit der Tochter-SE ist im Hinblick auf die Tatbestandsvoraussetzungen des Art. 12 Abs. 2 SE-VO nicht haltbar.

Auch eine inhaltliche Übertragung der Mitbestimmungsvereinbarung der Mutter-SE auf die Tochter-SE verbietet der Wortlaut des Art. 12 Abs. 2 SE-VO, der angesichts des Verweises auf die Vorschriften der SE-RL von der Durchführung eines eigenständigen Verhandlungsverfahrens auszugehen scheint. Zudem wäre eine 1:1-Übertragung der Zusammensetzung der Arbeitnehmerbank kaum sinnvoll, da die Gründung einer Tochter-SE im Gegensatz zu der Gründung der Mutter-SE keines grenzüberschreitenden Bezugs bedarf bzw. völlig neuen Rahmenbedingungen unterliegt. Denkbar wäre zwar, dass die Gründung der Tochter-SE einen Wiederaufnahmeanspruch der Verhandlungen nach § 18 Abs. 3 SEBG auslöst, der eine Anpassung an die neuen Konzernstrukturen ermöglicht. Die systematische Stellung des Art. 3 Abs. 2 SE-VO innerhalb der Gründungsvorschriften spricht jedoch dafür, dass der europäische Gesetzgeber die sekundäre Gründung einer Tochter-SE gleichfalls als primären Gründungsakt und nicht als strukturelle Änderung der Mutter-SE im Sinne des § 18 Abs. 3 SEBG begreift. Dies veranschaulicht die Vorschrift des Art. 3 Abs. 1 SE-VO, wonach die SE bei Gründung einer Tochter-SE über einen Verweis auf Art. 2 Abs. 3 SE-VO einer nationalen Aktiengesellschaft gleichgestellt wird. Rechtsfolge des § 18 Abs. 3 SEBG wäre allenfalls eine Eingliederung der Arbeitnehmer der Tochter-SE in die Unternehmensmitbestimmung der Mutter-SE. Die Frage der Beteiligung der Arbeitnehmer an den Unternehmensentscheidungen in der Tochter-SE selbst bliebe weiterhin ungeklärt.

Um den Anforderungen des Art. 12 Abs. 2 SE-VO zu genügen, muss die Mitbestimmung für die Tochter-SE neu verhandelt werden.[506] Dafür bedarf es der Bildung eines besonderen Verhandlungsgremiums, welches sich regelmäßig aus Arbeitnehmervertretern der Mutter-SE als einzige beteiligte Gesellschaft im Sinne des § 2 Abs. 2 SEBG zusammensetzt.[507] Eine genaue Betrachtung der Vorschriften des SEBG und der SE-RL zeigt, dass sie die sekundäre Gründung einer Tochter-SE zwar nicht explizit erwähnen, sie eine Anwendung auf diese Gründungsvariante aber auch nicht ausschließen. In welcher Form die SE gegründet wird, ist vor allem für die Berechnung der Schwellenwerte in §§ 15 Abs. 3 S. 2 Nr. 1 und 34 Abs. 1 Nr. 3 SEBG von Relevanz. Diese gelten „im Falle

---

[506] *Kallmeyer* in v. Rosen, Europa AG, S. 14 (25); *ders.* AG 2003, 197 (202); *Kienast* in Jannott/Frodermann, Handbuch SE, Kapitel 13 Rn. 201 ff. und 265.

[507] *Kienast* in Jannott/Frodermann, Handbuch SE, Kapitel 13 Rn. 206 f.

einer SE, die als [...] Tochtergesellschaft gegründet werden soll" bzw. „im Fall einer durch Errichtung [...] einer Tochtergesellschaft gegründeten SE". Die Rechtsform der Gründungsgesellschaft ist unerheblich, so dass §§ 15 Abs. 3 S. 2 Nr. 1 und 34 Abs. 1 Nr. 3 SEBG auch dann gelten, wenn die Tochter-SE durch eine SE gegründet wird. § 2 Abs. 2 SEBG definiert den Begriff der beteiligten Gesellschaften, ohne ihn auf Gesellschaften nationaler Rechtsformen zu beschränken. Zahlreiche Vorschriften, insbesondere des Teil 2 zur Bildung und Zusammensetzung des besonderen Verhandlungsgremiums, gehen von einem grenzüberschreitenden Gründungsprozess aus. Art. 3 Abs. 2 SE-VO setzt diesen tatbestandlich nicht voraus, verbietet ihn aber auch nicht. Zusammenfassend ergibt sich demnach, dass den Anforderungen des Art. 12 Abs. 2 SE-VO zur Eintragung der sekundären Tochter-SE durch die Einleitung eines Verhandlungsverfahrens, auf welches die Vorschriften zur Gründung einer Tochter-SE Anwendung finden, entsprochen werden kann.

II. Beteiligung einer SE an der Gründung einer weiteren SE gem. Art. 3 Abs. 1 SE-VO

Der Gründungstatbestand des Art. 3 Abs. 2 SE-VO ist keineswegs abschließend. Vielmehr gilt die SE gem. Art. 3 Abs. 1 SE-VO als „Aktiengesellschaft, die zum Zwecke der Anwendung des Artikels 2 Absätze 1, 2 und 3 dem Recht des Sitzmitgliedstaats unterliegt." Einer SE stehen damit alle Gründungsformen offen, die auch einer Aktiengesellschaft nationalen Rechts zur Verfügung stehen.[508] Sie kann also mit einer AG oder einer anderen SE zu einer SE verschmelzen (Art. 2 Abs. 1 SE-VO), mit einer AG, einer anderen SE oder einer GmbH eine gemeinsame Holding-SE gründen (Art. 2 Abs. 2 SE-VO) oder mit einer anderen Gesellschaft eine gemeinsame Tochter-SE gründen (Art. 2 Abs. 3 SE-VO). Die Gleichstellung der SE mit einer nationalen Aktiengesellschaft bedeutet, dass die Rechtsform der SE im Falle der Gründung einer neuen Verschmelzungs- oder Holding-SE nicht von dem Erfordernis der Mehrstaatlichkeit entbindet.[509] Fraglich ist, ob das Mehrstaatlichkeitsprinzip auch dann gilt, wenn die SE an der Gründung einer gemeinsamen Tochter-SE beteiligt ist. Der Wortlaut des Art. 3 Abs. 1 SE-VO, welcher uneingeschränkt auf Art. 2 Abs. 3 SE-VO verweist, scheint von dieser Tatbestandsvoraussetzung nicht entbinden zu wollen. Allerdings könnte diejenige Gesellschaft, die über die Rechtsform der SE verfügt, die Tochter-SE nach Art. 3 Abs. 2 SE-VO alleine gründen und die andere Gesellschaft anschließend an der Tochter-SE beteiligen. Aufgrund der Sonderregelung des Art. 3 Abs. 2 SE-VO sprechen die besseren Gründe für die Annahme, dass sich der Verweis unter Ausblendung des Mehrstaatlichkeitsprinzips nur auf die

---

508 *Schröder* in Manz/Mayer/Schröder, Europäische Aktiengesellschaft, Art. 3 SE-VO Rn. 1.

509 *Schröder* in Manz/Mayer/Schröder, Europäische Aktiengesellschaft, Art. 3 SE-VO Rn. 3.

sonstigen Vorschriften zur Gründung einer Tochter-SE bezieht.[509] Für das Verfahren zur Beteiligung der Arbeitnehmer in der neuen SE finden die Vorschriften des SEBG uneingeschränkt Anwendung.

III. Die SE als Muttergesellschaft einer Umwandlungs-SE

Die Gründung einer Tochter-SE durch eine bereits bestehende SE ist insbesondere dann von praktischer Bedeutung, wenn nicht nur die Konzernobergesellschaft, sondern alle Unternehmen eines Konzerns die Rechtsform der SE annehmen sollen. Auf diese Weise entstehen ein einheitliches supranationales Erscheinungsbild und die Möglichkeit, für alle Konzernunternehmen einheitlich die monistische Organisationsstruktur zu wählen. Die Gründung der Mutter-SE erfolgt im Wege der Umwandlung. Die Mutter-SE könnte nach Art. 3 Abs. 2 SE-VO weitere SEs gründen, in welche sie anschließend die Beteiligungen an den vorhandenen nationalen Konzerngesellschaften als Sacheinlage in die neuen Tochter-SEs einbringt.[510] Nachteil dieses zweistufigen Gründungsprozesses ist die doppelte Belastung mit dem Verhandlungsverfahren zur Beteiligung der Arbeitnehmer in der Tochter-SE. Zum einen bedarf es der Einleitung des Verhandlungsverfahrens, um die Eintragung der Tochter-SE als Vorratsgesellschaft entsprechend den Anforderungen des Art. 12 Abs. 2 SE-VO zu erreichen.[511] Zum anderen löst der Übergang der Beteiligungen einen Wiederaufnahmeanspruch nach § 18 Abs. 3 SEBG aus. Während die nationale Tochtergesellschaft zum Gründungszeitpunkt der Vorrats-SE lediglich Schwestergesellschaft ist und deren Arbeitnehmer in die Verhandlungen noch nicht einbezogen werden konnten, führt die zweite Stufe der Einlageerbringung zu einer Minderung ihrer bisherigen nationalen Mitbestimmungsrechte und löst die damit verknüpften Rechtsfolgen des § 18 Abs. 3 SEBG aus.

Um die mit dem zweifachen Verhandlungsprozess verbundenen zeitlichen und finanziellen Belastungen umgehen zu können, könnte ein Rechtsformwechsel der Tochtergesellschaften im Wege der Umwandlung Abhilfe schaffen. Gem. Art. 2 Abs. 4 SE-VO müsste die Tochtergesellschaft dafür seit mindestens zwei Jahren selbst eine dem Recht eines anderen Mitgliedstaats unterliegende Tochtergesellschaft haben, d. h. dem Konzern müssten noch Enkelgesellschaften angehören, was nicht immer unbedingt der Fall ist. Ist geplant, dass die Enkelgesellschaften ebenfalls den Rechtsformzusatz SE annehmen, müssten die Enkelgesellschaften wiederum über eigene ausländische Tochtergesellschaften verfügen. Einer Vereinfachung des Rechtsformwechsels der Tochtergesellschaften könnte eine Rechtsfortbildung der europäischen Norm mittels des *argumentum a*

---

509 A. A. *Schröder* in Manz/Mayer/Schröder, Europäische Aktiengesellschaft, Art. 3 SE-VO Rn. 18.

510 So der Vorschlag von *Kallmeyer* in v. Rosen, Europa AG, S. 14 (26); *ders.* AG 2003, 197 (202).

511 Kritisch auch *Henssler* RdA 2005, 330 (334 f.).

maiore ad minus dienen. Insoweit unterscheidet sich die Rechtsfortbildung auf europäischer Ebene nicht von den aus der deutschen Methodenlehre bekannten Voraussetzungen.[512]

Erstens ist das Bestehen einer offenen Regelungslücke des Art. 2 Abs. 4 SE-VO notwendig. Das erfordert wiederum, dass die Norm planwidrig für eine bestimmte Fallgruppe keine Regel enthält, die auf sie anwendbar wäre, obgleich die Norm nach ihrer eigenen Teleologie eine solche Regel enthalten sollte.[513] Sinn und Zweck der von Art. 2 Abs. 4 SE-VO geforderten Existenz einer Tochtergesellschaft in einem anderen Mitgliedstaat besteht darin, den grenzüberschreitenden Charakter der zukünftigen SE zu gewährleisten, ohne dass es auf die Rechtsform konkret ankommt. Vielmehr handelt es sich bei der Mehrstaatlichkeit um ein formales Kriterium, um der supranationalen Bedeutung des Rechtsformzusatzes Ausdruck zu verleihen.[514] Während gute Gründe für den Ausschluss von ausländischen Zweigniederlassungen bestehen, da diese nicht die notwendige Festigkeit der grenzüberschreitenden Tätigkeit des jeweiligen Unternehmens garantieren, gewährleistet der Konzernbund eine hinreichende Selbständigkeit aller in diesem Konzernverbund eingegliederten Gesellschaften in den jeweiligen Mitgliedstaaten. Die Richtung des Abhängigkeitsverhältnisses ist angesichts der rein formalen Bedeutung für die grenzüberschreitende Tätigkeit unerheblich, weshalb nach der Teleologie des Art. 2 Abs. 4 SE-VO für die Umwandlung einer nationalen Gesellschaft in eine SE nicht nur die Existenz einer Tochtergesellschaft, sondern auch die Existenz einer Muttergesellschaft in einem anderen Mitgliedstaat genügen sollte.

Zweite Voraussetzung des Erst-recht-Schlusses ist, dass die an den Tatbestand anknüpfende Rechtsfolge erst recht für den ihm ähnlichen Tatbestand gilt, weil die ratio legis der gesetzlichen Regel auf den ähnlichen Tatbestand sogar in einem noch höheren Maße zutrifft.[515] Art. 2 Abs. 3 SE-VO verdeutlicht, dass die neu zu gründende SE nicht die zentrale Leitungsfunktion des Konzerns übernehmen muss und die Gründungsvoraussetzungen für eine abhängige SE sogar erleichtert werden. Sofern für die Umwandlungs-SE die Existenz einer Tochtergesellschaft in einem anderen Mitgliedstaat genügt, um die grenzüberschreitende Bedeutung der umzuwandelnden Gesellschaft zu untermauern, muss erst recht die Existenz einer ausländischen Muttergesellschaft genügen. Ist diese bereits in der Rechtsform der SE organisiert, kann nach Sinn und Zweck des Art. 3 Abs. 2 SE-VO auf das Erfordernis der Mehrstaatlichkeit verzichtet werden, da

---

512 Vgl. EuGH, Urteil v. 13. 5. 1971, Slg. 1971, 411 (426) (International Fruit Company). Ausführlich dazu *Anweiler*, Auslegungsmethoden des EuGH, S. 323 f.

513 *Larenz/Canaris*, Methodenlehre, S. 198.

514 *M. Casper* in FS für Ulmer, S. 51 (64); *Hirte* NZG 2002, 1 (4); *Hommelhoff* AG 2001, 279 (280); *Jannott* in Jannott/Frodermann, Handbuch SE, Kapitel 3 Rn. 1; *Schröder* in Manz/Mayer/Schröder, Europäische Aktiengesellschaft, Art. 2 SE-VO Rn. 43.

515 *Larenz/Canaris*, Methodenlehre, S. 208.

dieses bereits durch die Mutter-SE indiziert ist.[517] Die Erweiterung des Anwendungsbereichs des Art. 2 Abs. 4 SE-VO eröffnet bei einem geplanten Rechtsformwechsel eines ganzen Konzerns die Möglichkeit, auf die Gründung von Vorratsgesellschaften und die erste Stufe der Verhandlungen zur Beteiligung der Arbeitnehmer zu verzichten. Zugleich ist gewährleistet, dass der bisherige Mitbestimmungsstandard in Bezug auf alle Komponenten der Arbeitnehmerbeteiligung erhalten bleibt (§ 21 Abs. 6 SEBG). Vor dem Hintergrund, dass der Konzern in seiner bisherigen äußeren Struktur identisch fortbesteht und nur einheitlich als SE firmieren will, um sich beispielsweise in allen Konzernebenen monistisch organisieren zu können, entspricht die analoge Anwendung der für die Umwandlungs-SE geltenden Mitbestimmungsvorschriften dem erhöhten Bestandsschutzinteresse der SE-RL. Zusammenfassend bleibt damit festzuhalten, dass bei einem Rechtsformwechsel eines ganzen Konzerns für die Muttergesellschaft die Umwandlungsvorschriften direkt und für die Tochtergesellschaften analog anzuwenden sind. Dies gilt sowohl im Hinblick auf die gesellschaftsrechtlichen Voraussetzungen als auch für die Mitbestimmung.

---

517 *Hirte* NZG 2002, 1 (4); *Jannott* in Jannott/Frodermann, Handbuch SE, Kapitel 13 Rn. 27; *Schröder* in Manz/Mayer/Schröder, Europäische Aktiengesellschaft, Art. 2 SE-VO Rn. 39.

Teil 4: Die Mitbestimmung in der monistischen SE kraft Gesetzes

Führen die Verhandlungen zwischen dem besonderen Verhandlungsgremium und dem jeweils zuständigen Organ der beteiligten Gesellschaften nicht zu einer Vereinbarung, greifen regelmäßig die Vorschriften zur Mitbestimmung kraft Gesetzes (§§ 34 bis 38 SEBG).[517] Die damit verbundene Zielsetzung nennt der bereits erwähnte 18. Erwägungsgrund der SE-RL in seinen ersten beiden Sätzen:

> „Die Sicherung erworbener Rechte der Arbeitnehmer über ihre Beteiligung an Unternehmensentscheidungen ist fundamentaler Grundsatz und erklärtes Ziel dieser Richtlinie. Die vor der Gründung von SE bestehenden Rechte der Arbeitnehmer sollten deshalb Ausgangspunkt auch für die Gestaltung ihrer Beteiligungsrechte in der SE (Vorher-Nachher-Prinzip) sein."

Die Umsetzung ist relativ unproblematisch, wenn die SE wie eine mitbestimmte Aktiengesellschaft dualistisch strukturiert ist. Dagegen wird die Verwirklichung dieser Zielsetzung für die gesetzlich mitbestimmte monistische SE kontrovers diskutiert und kritisiert. Die aufgeworfenen Streitpunkte sollen im Folgenden näher untersucht und einer Klärung zugeführt werden.

§ 10 Die Zusammensetzung des mitbestimmten Verwaltungsrats

Zu den umstrittensten Problemen zählt die Zusammensetzung des gesetzlich mitbestimmten Verwaltungsrats. Es bedarf der Klärung, welche Anforderungen die zentrale Vorschrift des § 35 SEBG im Einzelnen an die Mitbestimmung einer monistischen SE stellt und ob die Vorschrift in dieser Form mit SE-RL, SE-VO und Grundgesetz vereinbar ist.

A. Voraussetzungen für die Anwendbarkeit der Vorschriften zur Mitbestimmung kraft Gesetzes

Mit dem Scheitern der Verhandlungen ist nicht zwingend das Eingreifen der gesetzlichen Auffangregelung verbunden, weshalb vorab ein kurzer Überblick über die Anwendungsvoraussetzungen gegeben werden soll. Die Anwendbarkeit der Vorschriften zur Mitbestimmung kraft Gesetzes ist sowohl von subjektiven, als auch von objektiven Komponenten abhängig. Insoweit setzte der deutsche Gesetzgeber die zwingenden Vorgaben des Art. 7 SE-RL um.

I. Subjektive Komponenten

Erstens finden die Vorschriften ab dem Zeitpunkt der Eintragung der SE Anwendung, wenn die Parteien dies vereinbaren (§§ 34 Abs. 1 i. V. m. 22 Abs. 1 Nr. 1 SEBG). Diese Variante wird eher die Ausnahme bilden und nur relevant sein, wenn beide Parteien an einer schnellen und konfliktarmen Lösung interessiert sind.

---

[517] Eine Ausnahme gilt nach § 39 SEBG für Tendenzunternehmen.

Zweitens haben die Vorschriften zur Mitbestimmung kraft Gesetzes ihren Anwendungsbereich, wenn innerhalb der Verhandlungsfrist keine Vereinbarung zustande gekommen ist, die Verhandlungen also scheiterten (§§ 34 Abs. 1 i. V. m. 22 Abs. 1 Nr. 2 SEBG).[519] Sie gelten indes nicht ipso iure, sondern nur wenn die Leitungen der beteiligten Gesellschaften ihrer Anwendung und damit der Fortsetzung des Verfahrens zur Eintragung der SE zustimmen.[520] Überdies darf das besondere Verhandlungsgremium nicht beschlossen haben, keine Verhandlungen aufzunehmen oder bereits aufgenommene Verhandlungen abzubrechen. § 16 Abs. 1 Abs. 2 S. 2 SEBG ordnet für diesen Fall die Mitbestimmungsfreiheit der SE an.

II. Objektive Komponenten

Weiterhin knüpfen die Vorschriften zur Mitbestimmung kraft Gesetzes an die unterschiedlichen Gründungsformen an. Da § 35 Abs. 1 SEBG für die durch Umwandlung gegründete SE normiert, dass die Regelung zur Mitbestimmung erhalten bleibt, die in der Gesellschaft vor der Umwandlung bestanden hat, setzt § 34 Abs. 1 Nr. 1 SEBG zunächst voraus, dass die Gründungsgesellschaft überhaupt unter das deutsche Mitbestimmungsrecht fiel.

In den übrigen Gründungsfällen folgt § 34 Abs. 1 SEBG der bereits bekannten Abstufung. Im Falle einer durch Verschmelzung gegründeten SE muss vor der Eintragung der SE in einer oder mehreren der beteiligten Gesellschaften eine oder mehrere Formen der Mitbestimmung bestanden haben, welche sich auf mindestens 25 Prozent der Gesamtzahl der Arbeitnehmer aller beteiligten Gesellschaften[521] erstreckten. Bei der Gründung einer Holding- oder Tochter-SE erhöht sich das Quorum auf 50 Prozent. Unter diesen Schwellenwerten greifen die Vorschriften zur Mitbestimmung kraft Gesetzes trotzdem, wenn das besondere Verhandlungsgremium einen entsprechenden einseitigen Beschluss gefasst hat.[522]

---

519 Das SEBG erfasst nicht die Konstellation, dass die Verhandlungen frühzeitig ins Stocken geraten und bereits vor Ablauf der Sechs-Monats-Frist aus Sicht beider Parteien eine Einigung unmöglich ist. *Grobys* NZA 2005, 84 (88) will den (einvernehmlichen) Abbruch der Verhandlungen im Sinne einer Erklärung nach §§ 34 Abs. 1 i. V. m. 22 Abs. 1 Nr. 1 SEBG auslegen. Diesen Automatismus zu Recht ablehnend: *Jacobs* in Münch. Komm. AktG, § 22 SEBG Rn. 3.

520 So ausdrücklich in Art. 7 Abs. 1 S. 2 lit. b 1. Spiegelstrich SE-RL. Seltsamerweise fehlt die entsprechende Umsetzung in § 22 Abs. 1 Nr. 2 SEBG, so dass diese Voraussetzung in die Norm hineingelesen werden muss. Vgl. *Lutter* BB 2002, 1 (6); *Veelken* in GS für Blomeyer, S. 491 (514 f.).

521 Die Einbeziehung der Arbeitnehmer der betroffenen Tochtergesellschaften ist richtlinienwidrig. Vgl. dazu oben in Teil 1: § 7 C. II.

522 Kritisch dazu *Calle Lambach*, Beteiligung Europ. Gesellschaft, S. 203 f.; *dies.* RIW 2005, 161 (165).

Bestand mehr als eine Mitbestimmungsform[522] in den verschiedenen beteiligten Gesellschaften, so obliegt dem besonderen Verhandlungsgremium die Entscheidung, welche von ihnen in der SE einzuführen ist (§ 34 Abs. 2 S. 1 SEBG). Unterbleibt ein entsprechender Beschluss des Gremiums, besteht bei deutscher Beteiligung ein Vorrang des deutschen Mitbestimmungsmodells (§ 34 Abs. 2 S. 2 SEBG), ansonsten findet die Form der Mitbestimmung Anwendung, die sich auf die höchste Zahl der in den beteiligten Gesellschaften beschäftigten Arbeitnehmer erstreckt (§ 34 Abs. 2 S. 2 SEBG).

B. Auslegungs- und Anwendungsprobleme des § 35 SEBG

§ 35 SEBG ordnet für die Zusammensetzung des mitbestimmten Aufsichts- oder Verwaltungsorgans an:

> „(1) Liegen die Voraussetzungen des § 34 Abs. 1 Nr. 1 (Gründung einer SE durch Umwandlung) vor, bleibt die Regelung zur Mitbestimmung erhalten, die in der Gesellschaft vor der Umwandlung bestanden hat.
> (2) Liegen die Voraussetzungen des § 34 Abs. 1 Nr. 2 (Gründung einer SE durch Verschmelzung) oder des § 34 Abs. 1 Nr. 3 (Gründung einer Holding-SE oder Tochter-SE) vor, haben die Arbeitnehmer der SE, ihrer Tochtergesellschaften und Betriebe das Recht, einen Teil der Mitglieder des Aufsichts- oder Verwaltungsorgans zu wählen oder zu bestellen oder deren Bestellung zu empfehlen oder abzulehnen. Die Zahl dieser Mitglieder im Aufsichts- oder Verwaltungsorgan richtet sich nach dem höchsten Anteil an Arbeitnehmervertretern, der in den Organen der beteiligten Gesellschaften vor der Gründung der SE bestanden hat."

§ 35 SEBG greift mit den Formulierungen „Regelung zur Mitbestimmung" und „dem höchsten Anteil an Arbeitnehmervertretern" auf unbestimmte Rechtsbegriffe zurück. Soll die SE über eine monistische Organisationsstruktur verfügen, stellt sich die Frage, inwieweit § 35 SEBG eine Übertragung der Zusammensetzung eines mitbestimmten Aufsichtsrats auf den Verwaltungsrat verlangt. Diesbezüglich ist es erforderlich, im Wege der Auslegung die genannten Formulierungen einer Konkretisierung zuzuführen.

I. Begriff der „Regelung zur Mitbestimmung" in § 35 Abs. 1 SEBG

1. Positionen der Literatur mit restriktivem und extensivem Lösungsansatz

Hinsichtlich der Auslegung des in § 35 Abs. 1 SEBG gewählten Begriffs der „Regelung zur Mitbestimmung" sind in der Literatur zwei unterschiedliche Lösungsansätze erkennbar. Zum Teil wird der Norm ein extensives Verständnis zugrunde gelegt. Nach *Wisskirchen* und *Prinz* hätten die nationalen Regelungen

---

[522] Unter „Form der Mitbestimmung" ist dabei ausschließlich das Prinzip des Mitbestimmungssystems im Sinne des § 2 Abs. 12 SEBG gemeint, also ob die Arbeitnehmer einen Teil der Mitglieder des Aufsichts- oder Verwaltungsorgans direkt wählen oder bestellen (Nr. 1) oder lediglich Empfehlungen abgegeben können (Nr. 2).

zur Unternehmensmitbestimmung weiterhin Geltung.[524] Dies würde bedeuten, dass die Vorschriften des MitbestG, DrittelbG, Montan-MitbestG bzw. Montan-MitbestErgG auf die monistische SE entsprechend anzuwenden wären. Ähnlich führt *Calle Lambach* aus, dass sowohl die Form als auch die Zahl sich nach der Mitbestimmungspraxis richten würden, die aufgrund der Vorschriften eines Mitgliedstaats innerhalb der Gründungsgesellschaft vor der Umwandlung galten.[525] Abweichend von § 15 Abs. 4 und § 35 Abs. 2 SEBG soll sich der Bestandsschutz also auch auf die absolute Zahl der Arbeitnehmervertreter in dem mitbestimmten Organ erstrecken. Nach *Köstler* müsse innerhalb der Arbeitnehmerseite die innere Struktur (Beschäftigte des Unternehmens/Gewerkschaftsvertreter) unverändert bleiben, wenn die Aktiengesellschaft vorher unter die Vorschriften des MitbestG 1976 fiel.[526]

Die herrschende Ansicht legt den § 35 Abs. 1 SEBG, in Anlehnung an die Regelung des § 35 Abs. 2 SEBG für die übrigen Gründungsformen, restriktiv aus. Es sei nur der proportionale Anteil der Arbeitnehmervertreter zu übernehmen, während sich die Größe des Verwaltungsrats nach Art. 43 Abs. 2 SE-VO und das Wahlverfahren und die Rechtsstellung der Arbeitnehmervertreter nach den Vorschriften des SEBG richten würden.[527]

2. *Stellungnahme und zugleich Auslegung des § 35 Abs. 1 SEBG*

a) Wortlaut des § 35 Abs. 1 SEBG für ein extensives Verständnis

Der Wortlaut des § 35 Abs. 1 SEBG („Regelung") scheint zu der Schlussfolgerung zu zwingen, dass sämtliche Vorschriften des MitbestG, DrittelbG, Montan-MitbestG bzw. Montan-MitbestErgG auf die monistische SE zu übertragen sind.[528] Diese sind zwar auf den Aufsichtsrat zugeschnitten, was jedoch eine analoge Anwendung der Vorschriften auf den mitbestimmten Verwaltungsrat nicht von vornherein ausschließen muss.

---

524 *Wisskirchen/Prinz* DB 2004, 2638 (2641 f.).

525 *Calle Lambach*, Beteiligung Europ. Gesellschaft, S. 201 noch zu Teil 3 lit. a des Anhangs zur SE-RL; ähnlich auch in RIW 2005, 161 (167): es wird die bisher praktizierte Mitbestimmungsform auch hinsichtlich des Anteils der Arbeitnehmervertreter im Aufsichts- bzw. Verwaltungsrat unverändert auf die SE übertragen.

526 *Köstler* in Theisen/Wenz, Europäische Aktiengesellschaft, S. 331 (361).

527 So *Grobys* NZA 2005, 84 (90); *Ihrig/Wagner* BB 2004, 1749 (1755); *Jacobs* in Münch. Komm. AktG, § 35 SEBG Rn. 9; *Krause* BB 2005, 1221 (1227); *Müller-Bonanni/Melot de Beauregard* GmbHR 2005, 195 (197); *Oetker* in Lutter/Hommelhoff, Europ. Gesellschaft, S. 277 (306 ff.). Ebenso für die österreichische Regelung: *Gahleitner* in Kalss/Hügel, SE-Kommentar, § 245 ArbVG Rn. 2.

528 *Ihrig/Wagner* BB 2004, 1749 (1755); *Müller-Bonanni/Melot de Beauregard* GmbHR 2005, 195 (197); *Oetker* in Lutter/Hommelhoff, Europ. Gesellschaft, S. 277 (306).

b) Systematik des § 35 Abs. 1 SEBG für ein restriktives Verständnis

Ein anderes Verständnis legt eine systematische Betrachtung der Norm nahe. § 35 Abs. 1 SEBG betrifft nach der amtlichen Überschrift nur den „Umfang der Mitbestimmung". Sein systematischer Zusammenhang mit § 35 Abs. 2 SEBG spricht dafür, dass der Gesetzgeber den Begriff der „Regelung zur Mitbestimmung" allein im Sinne einer Übertragung des Anteils an Arbeitnehmervertretern verstanden haben will.

Eine analoge Anwendung der Vorschriften der Mitbestimmungsgesetze würde voraussetzen, dass diese sich in den für die mitbestimmte monistische SE vorgesehenen Regelungskomplex einfügen können. Dagegen spricht, dass drei von vier Mitbestimmungsgesetzen von einer festen Mandatszahl des Aufsichtsrats ausgehen. Nach § 4 Abs. 1 Montan-MitbestG besteht der Aufsichtsrat aus elf Mitgliedern, nach § 5 Abs. 1 Montan-MitbestErgG aus fünfzehn Mitgliedern und nach § 7 Abs. 1 MitbestG aus zwölf, sechzehn bzw. zwanzig Mitgliedern. Nur das DrittelbG überlässt die Bestimmung der Größe des Aufsichtsrats dem Satzungsgeber. Indessen obliegt die Festlegung der Zahl der Mitglieder des Verwaltungsorgans oder der Regeln für ihre Festlegung generell dem Satzungsgeber. Es wurde bereits ausgeführt, dass Art. 43 Abs. 2 SE-VO keine Abweichungen zugunsten der mitbestimmten SE zulässt.[529]

Weiterhin stünde die Anwendung des § 29 MitbestG, der das Stimmrecht des Vorsitzenden regelt, im Widerspruch zu Art. 50 Abs. 2 SE-VO. Während § 29 MitbestG bei Stimmengleichheit zunächst eine erneute Abstimmung vorsieht und erst bei erneuter Stimmengleichheit dem Aufsichtsratsvorsitzenden eine zusätzliche Stimme gewährt, verzichtet Art. 50 Abs. 2 SE-VO auf die zweite Abstimmungsrunde und bestimmt, dass bei Stimmengleichheit die Stimme des Vorsitzenden den Ausschlag gibt. Nach Art. 9 Abs. 1 SE-VO gehen die Bestimmungen der SE-VO grundsätzlich vor. Zwar verweist Art. 1 Abs. 4 SE-VO hinsichtlich der Beteiligung der Arbeitnehmer auf die ergänzende SE-RL, woraus man den Schluss ziehen könnte, dass § 35 Abs. 1 SEBG als lex specialis zu bewerten ist und über diesen § 29 MitbestG zur Anwendung gelangt.[530] Allerdings handelt es sich bei § 29 MitbestG um eine Norm, die nach Auffassung des europäischen Gesetzgebers rein gesellschaftsrechtlichen Charakter aufweist, wie die systematische Stellung des Art. 50 Abs. 2 SE-VO bestätigt.

Das MitbestG, DrittelbG, Montan-MitbestG und das Montan-MitbestErgG erfassen nur die deutschen Arbeitnehmer. Im Gegensatz dazu setzt die SE-VO immer einen grenzüberschreitenden Bezug voraus. Art. 2 Abs. 4 SE-VO verlangt für die Gründung einer SE im Wege der Umwandlung, dass die Aktienge-

---

529 Ähnlich auch *Ihrig/Wagner* BB 2004, 1749 (1755); *Müller-Bonanni/Melot de Beauregard* GmbHR 2005, 195 (197).

530 *Oetker* in Lutter/Hommelhoff, Europ. Gesellschaft, S. 277 (307).

sellschaft seit mindestens zwei Jahren eine dem Recht eines anderen Mitgliedstaats unterliegende Tochtergesellschaft hat. Denkbar wäre zwar eine analoge Anwendung des § 5 MitbestG auf die Arbeitnehmer ausländischer Tochtergesellschaften. Diese wäre aber nicht nur gegenläufig zu der bislang ganz herrschenden Meinung zu § 5 MitbestG.[531] Zudem sieht § 36 Abs. 1 SEBG, entsprechend des Teil 3 lit. b 3. Absatz des Anhangs zur SE-RL, eine Verteilung der Zahl der Sitze auf die beteiligten Mitgliedstaaten durch den SE-Betriebsrat vor. Mangels Ausnahmeregelung gilt § 36 SEBG auch für die Umwandlungs-SE. Dessen Abs. 3 gibt in der Konsequenz gleichfalls das Verhältnis zwischen den beschäftigten Arbeitnehmern, Gewerkschaftsvertretern und leitenden Angestellten vor.[532]

Schließlich kann die Satzung nach § 40 Abs. 1 Satz 4 SEAG Regelungen über die Bestellung eines oder mehrerer geschäftsführender Direktoren treffen. Die zwingenden Bestimmungen der §§ 31, 33 MitbestG zum Bestellungsverfahren, welche analog auf die Bestellung der geschäftsführenden Direktoren angewendet werden müssten, wären damit nicht vereinbar. Anderenfalls hätte es einer ausdrücklichen Klarstellung bedurft.[533] Im Gegenteil, der Gesetzgeber äußerte sich zu § 38 Abs. 2 SEBG, dass außer der Zuweisung der Funktion für den Bereich Arbeit und Soziales weitere Vorgaben, etwa über das Bestellungsverfahren der geschäftsführenden Direktoren, nicht gemacht werden sollen.[534]

c) Ergebnis

Im Ergebnis ist festzuhalten, dass sich der Begriff der „Regelung zur Mitbestimmung“ nur auf den proportionalen Anteil an Arbeitnehmervertretern im Aufsichtsrat der Gründungsgesellschaft bezieht. Mangels Einschränkung gilt § 35 Abs. 1 SEBG auch für eine durch Umwandlung gegründete monistische SE. Ob sich der Anteil der Arbeitnehmervertreter auf alle Verwaltungsratsmitglieder oder nur auf die Mitglieder bezieht, die keine geschäftsführende Position wahrnehmen, soll anhand des § 35 Abs. 2 SEBG geklärt werden.

II. Begriff des „höchsten Anteils an Arbeitnehmervertretern“ in § 35 Abs. 2 S. 2 SEBG

Die Auslegung der für die übrigen Gründungsvarianten maßgeblichen Vorschrift des § 35 Abs. 2 S. 2 SEBG zur Bestimmung des Arbeitnehmervertreteranteils

---

531 Vgl. LG Düsseldorf, Urteil v. 5. 6. 1979, DB 1979, 1451 f.; *Ebenroth/Sura* ZHR 144 (1980), 610 (615 ff.); *Fitting/Wlotzke/Wißmann*, MitbestG, § 3 Rn. 14 ff.; *Lutter* in FS für Zweigert, S. 251 (259 f.); *Raiser*, MitbestG, § 5 Rn. 29 jeweils m. w. N.; a. A. *Däubler* RabelsZ 39 (1975), 444 (451 ff.).

532 A. A. *Köstler* in Theisen/Wenz, Europäische Aktiengesellschaft, S. 331 (361).

533 *Müller-Bonanni/Melot de Beauregard* GmbHR 2005, 195 (197); *Oetker* in Lutter/Hommelhoff, Europ. Gesellschaft, S. 277 (307 f.).

534 Reg.Begr. zu § 38 Abs. 2 SEBG, BT-Drucks. 15/3405, S. 55.

soll zunächst unter Ausblendung der richtlinienkonformen Auslegung erfolgen. Denn mit dem zweistufigen Rechtssetzungsverfahren ist ein zweistufiges Auslegungsverfahren verbunden. Nicht nur die Vorschrift des § 35 Abs. 2 S. 2 SEBG, sondern auch die dirigierende europäische Norm des Teil 3 lit. b des Anhangs zur SE-RL bedarf der Auslegung, um die im ersten Schritt gefundenen Lösungsmöglichkeiten auf ihre Richtlinienkonformität hin zu überprüfen.[534] Dies erschwert in dem hiesigen Fall die Übersichtlichkeit, da die Auslegung beider Normen weit mehr Divergenzen ausgesetzt ist, als der nahezu identische Wortlaut vermutet lässt. Weiterhin ist das Bestehen eines Auslegungs- und Beurteilungsspielraums und die Respektierung der lex-lata-Grenze Voraussetzung für eine richtlinienkonforme Auslegung. Darüber muss bei komplexeren Sachverhalten zunächst unabhängig von dem Bestreben nach einem richtlinienkonformen Ergebnis geurteilt werden, da anderenfalls die Gefahr besteht, das nationale Recht vorschnell im Sinne einer Offenheit für die Möglichkeit einer richtlinienkonformen Auslegung zu verbiegen, so dass die vorläufige Ausblendung der richtlinienkonformen Auslegung ein höheres Maß an Methodenehrlichkeit gewährleistet.[535] Hinzu treten Kollisionen mit gesellschaftsrechtlichen Bestimmungen der SE-VO und des Grundgesetzes, welche die richtlinienkonforme Auslegung zu einer europarechtskonformen Auslegung anwachsen lassen[536] bzw. um eine verfassungskonforme Auslegung ergänzen.[537] Die Auslegung des § 35 Abs. 2 S. 2 SEBG im rein nationalen, einfachgesetzlichen Kontext ist deshalb keineswegs als abschließendes Ergebnis zu werten, sondern dient einer ersten Konkretisierung der Auslegungsgrenzen auf europäischer und verfassungsrechtlicher Ebene.

1. Positionen der Literatur zum nominalen und funktionalen Verständnis des § 35 Abs. 2 S. 2 SEBG

Der Forderung der Literatur vor Erlass des SEBG, den Anteil der Arbeitnehmervertreter funktional auf den Verwaltungsrat zu übertragen, indem die Arbeitnehmer nur an der Wahl der nicht geschäftsführenden Verwaltungsratsmitglieder beteiligt werden,[538] antwortete der Gesetzgeber mit einer nahezu iden-

---

534 *Brechmann*, Die richtlinienkonforme Auslegung, S. 259; *Canaris* in FS für Bydlinski, S. 47 (80 f.); *Franzen*, Privatrechtsangleichung, S. 347.

535 So zutreffend *Canaris* in FS für Bydlinski, S. 47 (81).

536 Zur Unterscheidung zwischen richtlinien- und europarechtskonformer Auslegung vgl. *Brechmann*, Die richtlinienkonforme Auslegung, S. 66; *Ehricke* RabelsZ 59 (1995), 598 (603 f.); *Franzen*, Privatrechtsangleichung, S. 299 f.

537 Zum Verhältnis von richtlinien- und verfassungskonformer Auslegung: *Brechmann*, Die richtlinienkonforme Auslegung, S. 27 ff.; *Canaris* in FS für Bydlinski, S. 47 (79 f.); *Dänzer-Vannotti* DB 1994, 1052 (1054 f.); *Franzen*, Privatrechtsangleichung, S. 323 ff.; *Ress* DÖV 1994, 489 (491).

538 *Henssler* in FS für Ulmer, S. 193 (208 f.); *Kämmerer/Veil* ZIP 2004, 369 (375); *Manz* in Manz/Mayer/Schröder, Europäische Aktiengesellschaft, Art. 43 SE-VO Rn. 129; *Reichert/Brandes* ZGR 2003, 767 (790 ff.); *Seibt* NZA 2004, Heft 21, Umschlagseite IX

tischen Übernahme des Richtlinienwortlauts. Überwiegend wird daraus geschlossen, dass § 35 Abs. 2 S. 2 SEBG eine nominale Übertragung der bisherigen proportionalen Zusammensetzung des Aufsichtsrats auf den Verwaltungsrat verlangt.[539] Eine Begründung für dieses Verständnis ist nur vereinzelt anzutreffen. *Brandt* führt aus, ob der Gesetzgeber das Problem der Ausweitung der Mitbestimmung gesehen habe, lasse sich zwar weder dem SEBG, noch der Regierungsbegründung zum Regierungsentwurf entnehmen. Gesetzgeberischer Knackpunkt sei aber die Urschrift des § 35 Abs. 2 SEBG, da sie nicht zwischen dem monistischen und dem dualistischen Modell differenziere.[540] *Seibt* orientiert sich am Wortlaut des § 35 Abs. 2 S. 2 SEBG, welcher im Gegensatz zur parallelen Bestimmung der SE-RL, in der von dem Anteil *in den beteiligten Gesellschaften* die Rede ist, auf den Anteil *in den Organen der beteiligten Gesellschaften* abstellt.[541] *Frodermann* stützt sich auf den Ablauf des Gesetzgebungsverfahrens. Ein von den CDU/CSU- und FDP-Fraktionen eingebrachter Änderungsvorschlag zu § 35 SEBG[542] fand weder im Rechtsausschuss[543] noch

---

(XI f.); *Teichmann* BB 2004, 53 (56 f.). In der Tendenz auch *M. Hoffmann-Becking* ZGR 2004, 355 (381 f.); *Fleischer* AcP 204 (2004), 502 (522); *Roth* ZfA 2004, 431 (445 ff.). A.A. *Kleinsorge* in Baums/Cahn, Europäische Aktiengesellschaft, S. 140 (149); *Köstler* ZGR 2003, 800 (804 f.); *ders.* DStR 2005, 745 (748); *Nagel* in Nagel/Freis/Kleinsorge, Beteiligung SE, 2. Teil Rn. 74; *Nagel/Köklü* ZESAR 2004, 175 (179); *Niklas* NZA 2004, 1200 (1204); *Wisskirchen/Prinz* DB 2004, 2638 (2641). Unklar *Ihrig/Wagner* BB 2004, 1749 (1757).

539 *Brandt* BB-Special 2/2005, 1 (2); *Hennings* in Manz/Mayer/Schröder, Europäische Aktiengesellschaft, Anhang: Auffangregelung Teil 3 SE-RL Rn. 16; *Horn* DB 2005, 147 (152); *Frodermann* in Jannott/Frodermann, Handbuch SE, Kapitel 5 Rn. 201 ff.; *Kallmeyer* ZIP 2004, 1442 (1445); *Kämmerer/Veil* ZIP 2005, 369 (376); *Kienast* in Jannott/Frodermann, Handbuch SE, Kapitel 13 Rn. 280; *Krause* BB 2005, 1221 (1228); *Manz* in Manz/Mayer/Schröder, Europäische Aktiengesellschaft, Art. 43 SE-VO Rn. 129; *Seibt* AG 2005, 413 (425); *Thümmel*, Europäische Aktiengesellschaft, Rn. 332.

540 *Brandt* BB-Special 2/2005, 1 (2).

541 *Seibt* NZA 2004, Heft 21, Umschlagseite IX (XII) setzt sich zwar ausdrücklich nur mit der Auslegung der Richtlinienbestimmung auseinander. Hätte der europäische Gesetzgeber nach seiner Auffassung tatsächlich eine rein schematische Betrachtungsweise bezweckt und eine sinnentsprechende Überführung der nationalen Mitbestimmungssysteme verhindern wollen, hätte er formuliert, dass sich die Zahl der Arbeitnehmervertreter nach dem „Anteil *in dem Organ der beteiligten Gesellschaften* mit dem höchsten maßgeblichen Anteil vor der Eintragung der SE bemisst." Da § 35 Abs. 2 S. 2 SEBG genau diese Formulierung verwendet, scheint *Seibt* der Norm ein nominales Verständnis zugrunde zu legen.

542 Der Änderungsvorschlag sah eine Ergänzung des § 35 SEBG um einen Absatz 3 vor: „Hatte die Gesellschaft, deren bisherige Mitbestimmung gem. § 35 Abs. 1 erhalten bleibt, vor der Eintragung der SE ein Aufsichtsorgan und daneben ein Leitungsorgan (dualistisches Modell) und bezog sich die Mitbestimmung der Arbeitnehmer auf das Aufsichtsorgan, wird bei der Gründung einer monistisch geführten SE zur Bemessung der Anzahl der Arbeitnehmervertreter im Verwaltungsrat die Anzahl der Verwaltungsratsmitglieder nicht mitgezählt, die aufgrund einer die Anzahl der zu geschäftsführenden Direktoren bestellten Verwaltungsratsmitglieder konkret bestimmenden Satzungs-

im Bundestag[545] eine Mehrheit, und auch die durch den Bundesrat eingeleitete Einberufung des Vermittlungsausschusses[546] hätte keine Veränderung herbeigeführt.[547]

Eine gegenteilige Position zum nationalen Auslegungsspielraum der Norm nimmt *Teichmann* ein. Eine Auslegung des § 35 Abs. 2 S. 2 SEBG, dass bei einem Übergang von einem paritätisch bestimmten Aufsichtsrat zum monistischen Verwaltungsrat die Hälfte der Sitze des Verwaltungsrats von Arbeitnehmervertretern zu besetzen sei, sei keineswegs zwingend. § 35 Abs. 2 S. 2 SEBG sei ebenso offen formuliert wie die SE-RL, deren Text er nahezu wörtlich übernimmt. Es heiße lediglich, dass sich der Anteil nach dem vorher in den Organen herrschenden Anteil „bemisst"; dass der konkrete Bezugspunkt des Vergleichs bzw. die Bemessungsgrundlage bei einem Wechsel in das monistische System nicht die geschäftsführenden Direktoren sein können, räume das SEBG selbst ein. Denn es sehe für das monistische Modell in Parallele zum dualistischen einen Arbeitsdirektor vor (§ 38 Abs. 2 SEBG), was nur unter der Prämisse Sinn ergebe, dass geschäftsführende Direktoren nicht unter die Mitbestimmung fallen.[548] Ebenso scheint *Jacobs* einen entsprechenden Auslegungsspielraum vorauszusetzen, indem er sich für eine verfassungskonforme Auslegung des § 35 Abs. 2 S. 2 SEBG im Sinne einer funktionalen Übertragung des bisherigen Mitbestimmungsniveaus ausspricht.[549]

---

regelung zugleich geschäftsführende Direktoren sind. Die gem. § 35 Abs. 1 maßgeblichen Regelungen zur Mitbestimmung betreffend den Anteil der Arbeitnehmervertreter beziehen sich in diesem Fall auf die Gesamtheit der nicht geschäftsführenden Mitglieder des Verwaltungsrats. Gleiches gilt im Fall des § 35 Abs. 2, wenn die höchste Anzahl an Arbeitnehmervertretern in dem Aufsichtsorgan einer Gesellschaft bestand, die ein Aufsichtsorgan und ein Leitungsorgan hatte (dualistisches Modell) und bei der sich die Mitbestimmung der Arbeitnehmer auf das Aufsichtsorgan bezog." Vgl. BT-Drucks. 15/4053 vom 27.10.2004, S. 116 ff. und auch den Änderungsvorschlag von *Seibt* in seiner Stellungnahme vor dem Rechtsausschuss des Deutschen Bundestages, abgedruckt in NZA 2004, Heft 21, Umschlagseite IX (XII f.).

544 BT-Drucks. 15/4053 v. 27. 10. 2004.

545 Zweite und Dritte Lesung des Deutschen Bundestags am 29. 10. 2004, Pl.Prot. 15/136, S. 12497D-12508A.

546 BR-Drucks. 850/04 (B). Vgl. auch zuvor die Stellungnahme des Bundesrats, BR-Drucks. 438/04 (B) vom 9. 7. 2004, S. 3 und die Gegenäußerung der Bundesregierung, BT-Drucks. 15/3656 vom 24. 8. 2004.

547 *Frodermann* in Jannott/Frodermann, Handbuch SE, Kapitel 5 Rn. 204.

548 *Teichmann* in Lutter/Hommelhoff, Europ.Gesellschaft, S. 195 (215 f.).

549 *Jacobs* in Münch. Komm. AktG, § 35 SEBG Rn. 23 f.; a.A. *Kämmerer/Veil* ZIP 2005, 369 (376), die zwar ebenfalls einen Grundrechtsverstoß bejahen, aber die Voraussetzungen einer verfassungskonformen Auslegung ablehnen.

2. *Stellungnahme*

a) Wörtliche Auslegung

Der Wortlaut des § 35 Abs. 2 S. 2 SEBG lässt keine eindeutigen Schlussfolgerungen für ein nominales oder funktionales Verständnis der Norm zu. Besteht der „höchste Anteil an Arbeitnehmervertretern" in einer beteiligten Gesellschaft, die dualistisch strukturiert ist, sind die Arbeitnehmervertreter im Aufsichtsrat vertreten. Im monistischen System werden Vorstand und Aufsichtsrat zu einem Organ verschmolzen. Parallel zum dualistischen System könnte sich deshalb der „Anteil an Arbeitnehmervertretern" nur auf diejenigen Organmitglieder beziehen, die nicht zugleich die Geschäftsführung wahrnehmen. Der Begriff „Anteil" lässt als unbestimmter Rechtsbegriff Spielraum für eine funktionale Interpretation zu. Auf eine nominale Betrachtungsweise deutet der Umstand hin, dass § 35 Abs. 2 S. 2 SEBG eingangs die geschäftsführenden Organmitglieder nicht aus dem Anwendungsbereich der Norm ausdrücklich ausschließt, sondern Bezug auf die „Zahl dieser Arbeitnehmervertreter im (...) Verwaltungsorgan" nimmt.

Entgegen der Auffassung *Seibts*[550] lassen sich wohl keine Erkenntnisse für die wörtliche Auslegung daraus gewinnen, dass sich der Gesetzgeber nicht am maßgeblichen Anteil „in den beteiligten Gesellschaften" orientiert, sondern abweichend vom Wortlaut der SE-RL formulierte, dass sich die Zahl der Arbeitnehmervertreter nach dem Anteil bemisst, der „in dem Organ der beteiligten Gesellschaft" bestanden hat. In beiden Fällen fehlt ein Bezug auf die Funktion des Organs bzw. auf die Struktur der Gesellschaft, so dass die Abweichung des deutschen Gesetzgebers vom Wortlaut der SE-RL eher als eine redaktionelle Feinheit zu werten ist.

b) Systematische Auslegung

Teichmanns systematische Argumentation, mittels der Vorschrift des § 38 Abs. 2 S. 2 SEBG auf eine funktionale Betrachtungsweise des § 35 Abs. 2 S. 2 SEBG zu schließen,[551] ist ebenfalls berechtigten Einwänden ausgesetzt. Die erstgenannte Vorschrift ist im Regelungskontext zu den übrigen gesetzlichen Auffangvorschriften zu sehen, welche eine strukturunabhängige Annäherung an die Vorschriften des MitbestG anstreben. Dies machte eine Verankerung der Funktion des Arbeitsdirektors auf der Ebene der Geschäftsführung notwendig, ohne dass der Vorschrift des § 38 Abs. 2 S. 2 SEBG eine Aussage bezüglich der Zusammensetzung des Verwaltungsrats zu entnehmen ist. Übereinstimmend dazu differenzieren die Besetzungsvorschriften der § 36 Abs. 3 S. 2 i. V. m. §§ 6 Abs. 3 bis 4 SEBG und die Vorschrift des § 38 Abs. 3 SEBG zur Wahl des weiteren Mitglieds nicht danach, ob die gesetzlich mitbestimmte SE monistisch oder dua-

---

550 *Seibt* NZA 2004, Heft 21, Umschlagseite IX (XII).

551 *Teichmann* in Lutter/Hommelhoff, Europ. Gesellschaft, S. 195 (215 f.).

listisch strukturiert ist. Anderenfalls hätte es im letzteren Fall einer Klarstellung bedurft, welche Funktion das weitere Mitglied innerhalb des Verwaltungsrats wahrnehmen soll.

Für ein nominales Verständnis des § 35 Abs. 2 S. 2 SEBG spricht in systematischer Hinsicht weiterhin die Tatsache, dass die Regelung des § 40 Abs. 1 S. 2 SEAG zur Bestellung von Verwaltungsratsmitgliedern zu geschäftsführenden Direktoren entgegen den Forderungen der CDU/CSU-Fraktion[552] kein ausdrückliches Verbot enthält, die Position mit einem Arbeitnehmervertreter zu besetzen. Vielmehr legt § 38 Abs. 1 SEBG fest, dass die Arbeitnehmervertreter im Verwaltungsrat die gleichen Rechte und Pflichten wie die Mitglieder haben, die die Anteilseigner vertreten, womit sich das Gebot der Gleichbehandlung auch auf den Zugang zu den geschäftsführenden Positionen erstreckt.[553] Für die rechtliche Bewertung ohne Bedeutung ist die Frage, ob diese Option in der Praxis tatsächlich durchsetzungsfähig ist. Die Vorschrift des § 35 Abs. 3 SEAG spricht dafür, dass selbst der Gesetzgeber nicht von einer derartigen Übung auszugehen scheint, denn § 35 Abs. 3 SEAG soll über den Stimmenzuwachs in der Person des Verwaltungsratsvorsitzenden die Mehrheitsfähigkeit der verbleibenden nicht geschäftsführenden Anteilseignervertreter sichern, was nur unter der Prämisse einen Sinn ergibt, dass die geschäftsführenden Direktoren aus den Reihen der Anteilseigner stammen. Zumindest hinsichtlich des geschäftsführenden Direktors, dessen Zuständigkeit gem. § 38 Abs. 2 S. 2 SEBG zwingend dem Bereich Arbeit und Soziales vorbehalten ist, ist die Bestellung eines Arbeitnehmervertreters nicht gänzlich auszuschließen. In einem systematischen Widerspruch zu der Vorschrift des § 40 Abs. 1 Satz 2 SEAG stünde eine Auslegung des § 35 Abs. 2 Satz 2 SEBG, welche die paritätische Mitbestimmung plötzlich von der Geschäftsführereigenschaft der einzelnen Mitglieder abhängig macht.

Zu selbigem Ergebnis führt eine nähere Betrachtung des § 40 Abs. 1 S. 1 SEAG, wonach die Bestellung der geschäftsführenden Direktoren dem Verwaltungsrat obliegt. Er entscheidet, wie viele geschäftsführende Direktoren notwendig sind und welche davon aus den eigenen Reihen stammen sollen. Bei funktionaler Be-

---

552 Der Änderungsantrag der CDU/CSU-Fraktion sah eine Ergänzung des § 40 Abs. 1 S. 2 SEAG um einen Satz 3 vor: „Nicht zu geschäftsführenden Direktoren können Mitglieder des Verwaltungsrats bestellt werden, die gem. § 35 des SE-Beteiligungsgesetzes von den Arbeitnehmern der SE gewählt oder bestellt oder zur Bestellung empfohlen wurden." Vgl. BT-Drucks. 15/4053, S. 116.

553 A. A. *Ihrig/Wagner* BB 2004, 1749 (1758); *Kallmeyer* ZIP 2003, 1531 (1534); *Seibt* NZA 2004, Heft 21, Umschlagseite IX (XI), die darin eine eklatante Ausweitung der Mitbestimmung sehen. Da über den Stichentscheid des Verwaltungsratsvorsitzenden ein Arbeitnehmervertreter nicht gegen den Willen der übrigen Verwaltungsratsmitglieder zum geschäftsführenden Direktor bestellt werden kann, spricht grundsätzlich nichts gegen die Möglichkeit, auf freiwilliger Bais die Mitbestimmung auszuweiten. Vgl. zum ähnlich gelagerten Problem der Bestellung eines Arbeitnehmervertreters zum Aufsichtsratsvorsitzenden: BVerfG, Urteil vom 1. 3. 10979, BVerfGE 50, 290 (328 f.).

trachtung müsste also bereits ein Verwaltungsrat existieren, bevor festgestellt werden kann, wie hoch der Anteil der verbleibenden nicht geschäftsführenden Verwaltungsratsmitglieder ist, um diesen hälftig zwischen Anteilseigner- und Arbeitnehmervertretern aufzuteilen. Ungeachtet dessen eröffnet § 40 Abs. 1 S. 5 SEAG zwar die Möglichkeit, über die Satzung entsprechende Vorkehrungen zu treffen. Hätte der Gesetzgeber ein funktionales Verständnis des § 35 Abs. 2 S. 2 SEBG bezwecken wollen, hätte er allerdings die Vorschrift des § 40 Abs. 1 S. 5 SEAG dahingehend formulieren müssen, dass die Satzung einer gesetzlich mitbestimmten SE neben der Größe des Verwaltungsrats zwingend Angaben zur Anzahl der geschäftsführenden Verwaltungsratsmitglieder enthalten muss, um auf diese Weise die praktische Umsetzung des § 35 Abs. 2 S. 2 SEBG überhaupt erst zu ermöglichen.

c) Historisch-teleologische Auslegung

Unterstützung könnte das durch die systematische Auslegung gefundene Ergebnis in einer historisch-teleologischen Betrachtung der Norm finden. Prägend für die Zielrichtung der teleologischen Auslegung ist die Frage, ob sich diese objektiv, also das Ziel der Auslegung in der Erschließung des dem Gesetz selbst innewohnenden Sinnes liegt, oder subjektiv über die Erforschung des historisch-psychologischen Willens des Gesetzgebers bestimmt.[554] Der methodische Streit zwischen objektiver und subjektiver Theorie wird bei der Auslegung von Umsetzungsvorschriften von der Frage überlagert, ob der entgegenstehende Wille des nationalen Gesetzgebers einer europarechtskonformen Auslegung bzw. Rechtsfortbildung Grenzen setzt.[555] Da hier das eigentliche Ziel in der Suche nach dem Vorhandensein eines für eine europarechtskonforme Auslegung erforderlichen Beurteilungsspielraums liegt, zeigt sich im Rahmen der teleologischen Auslegung die Schwierigkeit, § 35 Abs. 2 S. 2 SEBG isoliert vom europäischen Kontext auszulegen.[556] Wie eingangs klargestellt, soll die Auslegung des § 35 Abs. 2 S. 2 SEBG nicht um ihrer selbst willen geschehen, sondern einer Konkretisierung der Auslegungsgrenzen auf europäischer Ebene dienen. Deshalb muss abweichend von der objektiven Theorie der Zweck des § 35 Abs. 2 S. 2 SEBG danach bestimmt werden, welche Regelungsabsicht der deutsche Gesetzgeber verfolgt.

---

554 Vgl. ausführlich zur objektiven und subjektiven Theorie: *Larenz/Canaris*, Methodenlehre, S. 137 ff. m. w. N.

555 So die h. M.: *Brechmann*, Die richtlinienkonforme Auslegung, S. 265 ff.; *Canaris* in FS für Bydlinski, S. 47 (99); *Franzen*, Privatrechtsangleichung, S. 313 und 399 f.; *Grundmann/Riesenhuber* JuS 2001, 529 (535); *Nettesheim* AöR 119 (1994), 261 (284 ff.); *Riesenhuber/Dornröse* RIW 2005, 47 (51); *Rörig*, Direktwirkung von Richtlinien, S. 157; *Rüffler* ÖJZ 1997, 121 (126); *M. Schmidt* RabelsZ 59 (1995), 569 (585); *Schnorbus* AcP 201 (2001), 860 (898 f.); *Wank* in FS für Stahlhacke, S. 633 (641). A. A. *Lutter* JZ 1992, 593 (607); *Möllers* EuR 1998, 20 (44 ff.).

556 *Canaris* in FS für Bydlinski, S. 47 (81 und 97) spricht von einem „Hin- und-Her-Wandern des Blickes“ zwischen nationalem Recht und Richtlinie.

Abgesehen von der Feststellung, dass die Vorschrift vorrangig die Parallelbestimmung des Anhangs zur SE-RL umsetzen soll, erweist sich angesichts der knappen Regierungsbegründung ein teleologischer Befund für eine funktionale oder nominale Auslegung des § 35 Abs. 2 S. 2 SEBG als schwierig. Nicht vertretbar ist die Annahme, dass der Gesetzgeber die Problematik nicht gesehen hat. Auf welche Weise die Implementierung der paritätischen Mitbestimmung in das monistische System erfolgen könnte, ist ausführlich von der juristischen Fachliteratur,[556] den Verbänden[557] und im Gesetzgebungsverfahren diskutiert worden. Anhaltspunkte für einen gesetzgeberischen Willen dahingehend, dass § 35 Abs. 2 S. 2 SEBG zu einer 1:1-Übertragung der paritätischen Mitbestimmung unabhängig von der Organisationsstruktur der SE verpflichten soll, bietet mittelbar die Regierungsbegründung:

> „Während die Verordnung von einer ungeraden Zahl der Sitze ausgeht, kann aber der Sitzanteil von 50 Prozent aus dem Mitbestimmungsgesetz dazu zwingen, auch bei der SE eine gerade Anzahl von Sitzen vorzusehen."[558]

Die Bezugnahme auf die Organgröße mit gerader Sitzzahl ergibt nur Sinn, wenn alle Verwaltungsratsmitglieder für die Berechnung des maßgeblichen Anteils der Arbeitnehmervertreter berücksichtigt werden. Unter Zugrundelegung eines funktionalen Verständnisses müssten allenfalls die nicht geschäftsführenden Mitglieder des Verwaltungsrats eine gerade Sitzzahl bilden, während mit Hilfe der verbleibenden geschäftsführenden Verwaltungsratsmitglieder die Gesamtzahl der Organmitglieder modifiziert werden könnte. Für ein nominales Verständnis des § 35 Abs. 2 S. 2 SEBG spricht darüber hinaus, dass der Änderungsvorschlag der CDU/CSU-Fraktion zur Einfügung eines dritten Absatzes, wonach zur Bemessung der Anzahl der Arbeitnehmervertreter die Anzahl der Verwaltungsratsmitglieder, die zugleich geschäftsführende Direktoren sind, nicht mitgezählt werden soll,[559] sowohl im Rechtsausschuss[560] als auch im Bun-

---

556 Für eine funktionale Übertragung: *Henssler* in FS für Ulmer, S. 193 (208 f.); *Kämmerer/Veil* ZIP 2004, 369 (375); *Manz* in Manz/Mayer/Schröder, Europäische Aktiengesellschaft, Art. 43 SE-VO Rn. 129; *Reichert/Brandes* ZGR 2003, 767 (790 ff.); *Seibt* NZA 2004, Heft 21, Umschlagseite IX (XI f.); *Teichmann* BB 2004, 53 (56 f.). In der Tendenz auch *M. Hoffmann-Becking* ZGR 2004, 355 (381 f.); *Fleischer* AcP 204 (2004), 502 (522); *Roth* ZfA 2004, 431 (445 ff.). Für eine nominale Übertragung: *Kleinsorge* in Baums/Cahn, Europäische Aktiengesellschaft, S. 140 (149); *Köstler* ZGR 2003, 800 (804 f.); *ders.* DStR 2005, 745 (748); *Nagel* in Nagel/Freis/Kleinsorge, Beteiligung SE, 2. Teil Rn. 74; *Nagel/Köklü* ZESAR 2004, 175 (179); *Niklas* NZA 2004, 1200 (1204); *Wisskirchen/Prinz* DB 2004, 2638 (2641). Unklar *Ihrig/Wagner* BB 2004, 1749 (1757).

557 BDA, BDI, DIHK, GDV, BdB und Dt. Aktieninstitut, Gemeinsame Stellungnahme, S. 2 und 7; DGB, Stellungnahme zur SE-Richtlinie, S. 8; Handelsrechtsausschuss des DAV, Stellungnahme zum Regierungsentwurf, NZG 2004, 957 (960).

558 Reg.Begr. zu § 35 Abs. 2 S. 2 SEBG, BT-Drucks. 15/3405, S. 54 f.

559 Vgl. zum genauen Inhalt des Änderungsvorschlags in Fn. 542.

560 BT-Drucks. 15/4053 vom 27. 10. 2004.

destag[562] keine Mehrheit fand. Schließlich reagierte die Bundesregierung auf die Kritik des Bundesrats[563] wie folgt:

> „Bei der Ausgestaltung der Mitbestimmung in einer SE unterscheidet die Richtlinie nicht zwischem dem monistischen und dem dualistischen System. Alle Mitglieder im Aufsichts- oder Verwaltungsrat der SE haben die gleichen Rechte und Pflichten. An diese Vorgaben, die das Umsetzungsgesetz beachtet, ist der nationale Gesetzgeber gebunden. Eine andere Ausgestaltung wäre mit europäischem Recht nicht vereinbar."[564]

Die Beweggründe für die Fassung des § 35 Abs. 2 S. 2 SEBG beruhen also auf einer Deutung der Parallelbestimmung des Anhangs zur SE-RL als zwingendes höherrangiges Recht für eine formale Gleichbehandlung beider Organisationssysteme. Aufgrund dessen musste sich der deutsche Gesetzgeber an die Direktiven der SE-RL gebunden halten mit der Folge, dass allein ein nominales Verständnis des § 35 Abs. 2 S. 2 SEBG der Regelungsabsicht des Gesetzgebers entsprechen kann.

3. *Rechtsfolge für die Rechtsfortbildung des § 35 SEBG de lege lata*

Der durch Auslegung des § 35 SEBG ermittelte gesetzgeberische Wille ist für die weitere Untersuchung insoweit von Bedeutung, als dass es um die Beantwortung der Frage geht, ob eine funktionale Rechtsfortbildung der Norm de lege lata noch möglich ist. Hinsichtlich einer verfassungskonformen Auslegung sieht das BVerfG die Grenzen dann als überschritten an, wenn sich das Fachgericht „aus der Rolle des Normanwenders in die einer normsetzenden Instanz" begibt und dabei „objektiv nicht bereit [ist], sich Recht und Gesetz zu unterwerfen".[565] Eine solche Anmaßung gesetzgeberischer Befugnisse liegt namentlich dann vor, wenn sich das Fachgericht „über eine eindeutige Entscheidung oder eine abschließende Regelung des Gesetzgebers hinwegsetzt."[566] Einer verfassungskonformen Auslegung im Sinne einer funktionalen Interpretation des § 35 SEBG sind damit durch den entgegenstehenden gesetzgeberischen Willen Grenzen gesetzt.[567]

Im Gegensatz zum Gebot einer verfassungskonformen Auslegung soll nach vereinzelt vertretener Ansicht das Gebot einer europarechtskonformen Auslegung

---

562 Zweite und Dritte Lesung des Deutschen Bundestags am 29. 10. 2004, Pl.Prot. 15/136, S. 12497D-12508A.

563 Stellungnahme des Bundesrats, BR-Drucks. 438/04 (B) v. 9. 7. 2004, S. 3.

564 Gegenäußerung der Bundesregierung zu Nr. 4, BT-Drucks. 15/3656, S. 8.

565 BVerfG, Urteil v. 15. 7. 1981, BVerfGE 58, 300 (328); Urteil v. 14. 5. 1985, BVerfGE 69, 315 (372).

566 BVerfG, Urteil v. 19. 10. 1983, BVerfGE 65, 182 (191 f.); Urteil v. 3. 4. 1990, BVerfGE 82, 6 (12); Urteil v. 20. 8. 1993, NJW 1993, 2600 (2600).

567 Dies nicht berücksichtigend: *Jacobs* in Münch. Komm. AktG, § 35 SEBG Rn. 23 f.; *Teichmann* in Lutter/Hommelhoff, Europ.Gesellschaft, S. 195 (215 f.).

im Einzelfall auch eine Rechtsfortbildung contra legem legitimieren können.[568] *Lutter* greift dafür auf die Figur des „objektivierten Gesetzgebungswillens" zurück und meint, dass der Wille des nationalen Gesetzgebers unabhängig von seinem tatsächlichen Willen anhand der Anforderungen der europäischen Norm zu bestimmen sei.[569] Nach *Möllers* finde sich bei unzureichender Richtlinienumsetzung die Wertentscheidung der Richtlinie in der umgesetzten Norm wieder, wenn auch in unvollkommener Form. Würde man eine Richtlinie nur wegen unzureichender Umsetzung durch den deutschen Gesetzgeber wirkungslos belassen, würde dies den Rechtsschutz des Betroffenen deutlich verkürzen.[570] Die ganz herrschende Meinung sieht jedoch auch hierin eine unzulässige Durchbrechung des Gewaltenteilungsprinzips.[571] Dem ist zuzustimmen, als dass der EuGH die Bindung der Gerichte an das nationale Gesetz respektiert und auch eine europarechtskonforme Rechtsfortbildung nicht gegen den ausdrücklichen gesetzgeberischen Willen verlangt. Die nationalen Gerichte sind zur europarechtskonformen Rechtsfortbildung allein nach Maßgabe des Beurteilungsspielraums aufgefordert, den ihnen das nationale Recht einräumt.[572] Versuche der Literatur, § 35 SEBG funktional auszulegen, weil SE-RL oder Grundgesetz dies erfordern würden,[573] missachten die von EuGH und BVerfG anerkannte lex-lata-Grenze. Für die weitere Untersuchung bedeutet dies, dass der nominalen Anordnung des § 35 SEBG im Falle einer Europarechts- oder Verfassungswidrigkeit allenfalls über eine Gesetzesänderung begegnet werden könnte.

---

568 *Lutter* JZ 1992, 606 (607); *Möllers* EuR 1998, 20 (44 f.).

569 *Lutter*, Europäisches Unternehmensrecht, S. 27 f.; *ders.* JZ 1992, 593 (607).

570 *Möllers* EuR 1998, 20 (45).

571 *Brechmann*, Die richtlinienkonforme Auslegung, S. 265 ff.; *Canaris* in FS für Bydlinski, S. 47 (99); *Franzen*, Privatrechtsangleichung, S. 313 und 399 f.; *Grundmann/Riesenhuber* JuS 2001, 529 (535); *Nettesheim* AöR 119 (1994), 261 (284 ff.); *Riesenhuber/Dornröse* RIW 2005, 47 (51); *Rörig*, Direktwirkung von Richtlinien, S. 157; *Rüffler* ÖJZ 1997, 121 (126); *M. Schmidt* RabelsZ 59 (1995), 569 (585); *Schnorbus* AcP 201 (2001), 860 (898 f.); *Wank* in FS für Stahlhacke, S. 633 (641).

572 EuGH, Urteil v. 10. 4. 1984, Slg. 1984, 1891 (1909) (von Colson und Kamann). Eine Ausnahme ist allenfalls dann denkbar, wenn der Gesetzgeber irrtümlich eine Richtlinienbestimmung falsch umsetzt. Vgl. dazu *Brechmann*, Die richtlinienkonforme Auslegung, S. 269; *Grundmann* JZ 1996, 274 (282); *Franzen*, Privatrechtsangleichung, S. 313 und 416; *Riesenhuber/Domröse* RIW 2005, 47 (51 f.); *Schlachter* RdA 2005, 115 (118). Einschränkend *Canaris* in FS für Bydlinski, S. 47 (98 f.) der bei einem unbewussten Richtlinienverstoß eine unmittelbare Anwendung der Richtlinienbestimmung bevorzugt.

573 So *Jacobs* in Münch. Komm. AktG, § 35 SEBG Rn. 23 f.; *Teichmann* in Lutter/Hommelhoff, Europ. Gesellschaft, S. 195 (215 f.); richtig dagegen *Kämmerer/Veil* ZIP 2005, 369 (376), die zwar einen Grundrechtsverstoß bejahen, aber die Voraussetzungen einer verfassungskonformen Auslegung ablehnen.

C. Gestaltungsspielraum der Richtlinie zur Implementierung der paritätischen Mitbestimmung in das monistische System

Dennoch soll nicht unbeantwortet bleiben, ob Teil 3 lit. b des Anhangs zur SE-RL den nationalen Gesetzgeber zu einer formalen Gleichbehandlung der Mitbestimmung im monistischen und dualistischen System verpflichtet, denn dann wäre selbst de lege ferenda eine Änderung des § 35 SEBG ausgeschlossen. Weiterhin wären Ausführungen zu einer Verfassungskonformität der entsprechenden Bestimmung hinfällig.[574] Gegebenenfalls könnten die europäischen Grundrechte als Beurteilungsmaßstab dienen, deren Voraussetzungen für einen Grundrechtsverstoß wesentlich enger gefasst sind als das Grundgesetz es fordert.[575]

I. Positionen der Literatur zum nominalen und funktionalen Verständnis und zur Unanwendbarkeit des Teils 3 lit. b S. 1 des Anhangs zur SE-Richtlinie auf das monistische System

Ein Teil der Literatur sieht den Wortlaut des Teils 3 lit. b S. 1 des Anhangs zur SE-RL für eine nominale Übertragung der paritätischen Mitbestimmung auf den Verwaltungsrat als zwingend an.[576] Die Vorschrift differenziere nicht danach, ob die SE dualistisch oder monistisch strukturiert ist. Alle Mitglieder im Verwaltungsrat hätten die gleichen Rechte und Pflichten.[577] Die Parität sei in die europarechtlichen Überlegungen einbezogen worden, denn Art. 45 S. 2 SE-VO sehe für den Fall, dass die Hälfte der Mitglieder des Verwaltungsorgans von den Arbeitnehmern bestellt wird, die Wahl eines Vorsitzenden aus dem Kreis der von

---

574 Dazu aber BDA, BDI, DIHK, GDV, BdB und Dt. Aktieninstitut, Gemeinsame Stellungnahme, S. 2; *Gruber/Weller* NZG 2003, 297 (299); *Henssler* in FS für Ulmer, S. 193 (202); *Horn* DB 2005, 147 (152); *Jacobs* in Münch. Komm. AktG, § 35 SEBG Rn. 18 ff.; *Kallmeyer* ZIP 2003, 1531 (1534); *Kämmerer/Veil* ZIP 2005, 369 ff.; *Roth* ZfA 2004, 431 (452 ff.); *Wisskirchen/Prinz* DB 2004, 2638 (2641).

575 Vgl. nur EuGH, Urteil v. 5. 10. 1994, Slg. 1994 I, 4973 (5068) (Deutschland/Rat); Urteil v. 13. 12. 1994, Slg. 1994 I, 5555 (5581) (SMW Winzersekt); *Bleckmann*, Europarecht, Rn. 470; *J. Casper* DÖV 2000, 349 (355 f. und 359); *Ehlers* in Ehlers, Europäische Grundrechte, § 7 VII 3 Rn. 85; *Hommel*, Grundrechtsschutz, S. 107 ff.; *Jacobs* in Münch. Komm. AktG, § 35 SEBG Rn. 18; *Kämmerer/Veil* ZIP 2005, 369 (371).

576 *Blanke*, EBRG, Teil A Rn. 164; *Kienast* in Jannott/Frodermann, Handbuch SE, Kapitel 13 Rn. 280; *Kleinsorge* in Baums/Cahn, Europäische Aktiengesellschaft, S. 140 (149); *Köstler* ZGR 2003, 800 (804 f.); *ders.* DStR 2005, 745 (748); *ders.* in Theisen/Wenz, Europäische Aktiengesellschaft, S. 331 (361); *Nagel* in Nagel/Freis/Kleinsorge, Beteiligung SE, 2. Teil Rn. 74; *Nagel/Köklü* ZESAR 2004, 175 (179); *Niklas* NZA 2004, 1200 (1204); *Schwarz*, SE-VO, Art. 43 Rn. 80; *Wisskirchen/ Prinz* DB 2004, 2638 (2641); DGB, Stellungnahme zur SE-Richtlinie, S. 8; Unklar *Ihrig/Wagner* BB 2004, 1749 (1757).

577 *Köstler* ZGR 2003, 800 (804); *Niklas* NZA 2004, 1200 (1204); *Wisskirchen/Prinz* DB 2004, 2638 (2641).

der Hauptversammlung der Aktionäre bestellten Mitglieder vor.[578] Auch werde eine Differenzierung zwischen geschäftsführenden und nicht geschäftsführenden Organmitgliedern nicht vorgenommen, was entscheidend für eine nominale Parität im Verwaltungsrat spreche.[579]

Die Gegenansicht kritisiert, dass dieses Verständnis dem Grundgedanken des Vorher-Nachher-Prinzips widersprechen und zu einer eklatanten Ausweitung der bestehenden Mitbestimmung führen würde.[580] Der Wortlaut, in welchem vom „höchsten maßgeblichen Anteil" die Rede ist, lasse zumindest Offenheit für eine Dynamisierung erahnen.[581] Für ein funktionales Verständnis spreche der 18. Erwägungsgrund der SE-RL, wonach die vor der Gründung bestehenden Rechte der Arbeitnehmer Ausgangspunkt für die Gestaltung ihrer Beteiligungsrechte in der SE sein sollen. Mit diesem „Ausgangspunkt" ziele die Richtlinie gerade nicht auf ein schematisches Durchpausen der bisherigen Mitbestimmung ab.[582] Eine nominale Übertragung der paritätischen Mitbestimmung würde dazu führen, dass die Arbeitnehmervertreter in der Gruppe der nicht geschäftsführenden Mitglieder die Mehrheit bilden. Die Möglichkeit einer internen Funktionstrennung sei aber ein für das monistische System typisches Gestaltungselement, das auch der 14. Erwägungsgrund der SE-VO berücksichtigt. Eine Auslegung der SE-RL, die diesen Weg verbaut, wäre nicht systemgerecht.[583] Weiterhin seien die deutschen Regelungen der §§ 27, 29 MitbestG wohl Vorbild für Art. 42 SE-VO gewesen und nur fehlerhafterweise ohne weitere Anpassung auf das monistische System übertragen worden.[584] Auch Art. 45 würde keine hälftige Beteiligung vorschreiben, sondern lediglich für den Fall einer hälftigen Beteiligung vorsehen,

---

578 *Köstler* ZGR 2003, 800 (804); *ders.* in Theisen/Wenz, Europäische Aktiengesellschaft, S. 331 (361); *Niklas* NZA 2004, 1200 (1204); *Schwarz*, SE-VO, Einl. Rn. 83; *Wisskirchen/Prinz* DB 2004, 2638 (2641).

579 *Kienast* in Jannott/Frodermann, Handbuch SE, Kapitel 13 Rn. 280; *Nagel/Köklü* ZESAR 2004, 175 (179).

580 BDA, BDI, DIHK, GDV, BdB und Dt. Aktieninstitut, Stellungnahme, S. 2 und 7; *Brandt* BB-Special 2/2005, S. 2; Handelsrechtsausschuss des DAV, Stellungnahme zum Regierungsentwurf, NZG 2004, 957 (960); *Henssler* in FS für Ulmer, S. 193 (208 f.); *Jacobs* in Münch. Komm. AktG, § 35 SEBG Rn. 24; *Kallmeyer* ZIP 2003, 1531 (1535); *Kämmerer/Veil* ZIP 2004, 369 (376); *Manz* in Manz/Mayer/Schröder, Europäische Aktiengesellschaft, Art. 43 SE-VO Rn. 129; *Reichert/Brandes* ZGR 2003, 767 (790 ff.); *Seibt* NZA 2004, Heft 21, Umschlagseite IX (XI f.); *Teichmann* BB 2004, 53 (56 f.). Kritisch auch für die österreichische Regelung, die sich wie die deutsche Auffangregelung auf die Wiedergabe des Wortlauts der SE-RL beschränkt: *Kalss/Greda* GesRZ 2004, 91 (103).

581 *Kämmerer/Veil* ZIP 2004, 369 (376); *Seibt* NZA 2004, Heft 21, Umschlagseite IX (XI f.).

582 *Jacobs* in Münch. Komm. AktG, § 35 SEBG Rn. 24; *Kämmerer/Veil* ZIP 2004, 369 (376); *Teichmann* BB 2004, 53 (56).

583 *Teichmann* BB 2004, 53 (57).

584 *Brandt* BB-Special 2/2005, S. 2.

dass der Verwaltungsratsvorsitzende ein Vertreter der Kapitalseite sein muss.[585] Schließlich habe auch bereits Art. 21 d Abs. 1 des Vorschlags einer Strukturrichtlinie[586] den Anteil der Arbeitnehmervertreter allein auf die nicht geschäftsführenden Verwaltungsratsmitglieder beschränkt.[587]

Weitergehend hält *Roth* die im Anhang zur SE-RL als Auffangregelung vorgesehene Anwendung aller Komponenten der Mitbestimmung sowie des Anteils der Arbeitnehmervertreter nur auf den Verbleib der Gesellschaft im monistischen bzw. im dualistischen System für anwendbar. Im Hinblick auf die Wahlmöglichkeit nach Art. 38 lit. b SE-VO sei es Aufgabe des nationalen Gesetzgebers, Vorschriften für die Mitbestimmung im Verwaltungsrat bzw. Aufsichtsrat zu schaffen, wenn das nationale Gesellschaftsrecht bislang nur ein monistisches oder ein dualistisches System vorgesehen hatte.[588] Selbst eine integrative Unternehmensverfassung sei nicht vorgegeben, so dass die Mitbestimmung im monistischen System auch vollständig aus dem Verwaltungsrat ausgelagert werden könne.[589]

II. Stellungnahme und zugleich Auslegung des Teils 3 lit. b S. 1 des Anhangs zur SE-Richtlinie

Die Auslegung europäischer Rechtsakte unterliegt eigenständigen Regeln. Der EuGH bedient sich zwar auch des in Deutschland bekannten Auslegungskanons von Wortlaut, Systematik, Teleologie und Entstehungsgeschichte.[590] Allerdings kommen bei jedem Auslegungsschritt Besonderheiten des Gemeinschaftsrechts zum Tragen, welche im Rahmen der einzelnen Auslegungsschritte zu berücksichtigen sind.

1. Wörtliche Auslegung

Wie für jede Auslegung ist auch für die Auslegung von Richtlinien die Feststellung der Wortbedeutung und des Wortsinns Ausgangspunkt der Überlegungen.[591] Angesichts des nahezu identischen Wortlauts ergeben sich hierzu keine

---

585 *Brandt* BB-Special 2/2005, S. 2; *Henssler* in FS für Ulmer, S. 193 (202); *Reichert/Brandes* ZGR 2003, 767 (788), Fn. 77.

586 Geänderter Vorschlag einer fünften Richtlinie nach Art. 54 Abs. 3 lit. g des EWG-Vertrages über die Struktur der Aktiengesellschaft sowie die Befugnisse und Verpflichtungen ihrer Organe, ABl. EG Nr. C 240 v. 9. 9. 1983, S. 2 ff.

587 *Henssler* in FS für Ulmer, S. 193 (209); *Jacobs* in Münch. Komm. AktG, § 35 SEBG Rn. 24.

588 *Roth* ZfA 2004, 431 (442).

589 *Roth* ZfA 2004, 431 (457 ff.).

590 *Bach* JZ 1990, 1108 (1112); *Lutter* JZ 1992, 593 (598); *Teichmann* ZGR 2003, 383 (403).

591 Vgl. dazu nur EuGH, Urteil v. 23. 3. 1982, Slg. 1982, 1035 (1049 f.) (Levin); Urteil v. 11. 11. 1997, Slg. 1997 I, S. 6191 (6223) (Sabel); *Bleckmann* NJW 1982, 1177 (1178); Dörig, Direktwirkung von Richtlinien, S. 145; *Franzen*, Privatrechtsangleichung, S.

Abweichungen zur grammatischen Auslegung des § 35 SEBG. Zwar müssen für eine genaue Feststellung des Richtlinienwortlauts die anderen sprachlichen Fassungen zusätzlich Berücksichtigung finden, da sämtliche Amtssprachen verbindlich sind.[592] Sowohl die in der englischen Fassung gewählte Formulierung „equal to the highest proportion in force in the participating companies concerned before registration of the SE“ und auch die französische Fassung „égal à la plus élevée des proprotions en vigueur dans les sociétés participantes concernées avant l'immatriculation de la SE“ geben jedoch wenig Aufschluss über den wahren Sinngehalt der Norm.

Darüber hinaus wird dem Wortlaut europäischer Richtlinienbestimmungen weit weniger Bedeutung beigemessen, als dies bei der Anwendung und Auslegung nationaler Rechtsvorschriften der Fall ist.[593] Der Grund liegt darin, dass der EuGH in Anlehnung an die französische Doktrin mit dem Begriff der Auslegung die Rechtsfortbildung einschließt,[594] welche bekanntermaßen ihre Grenze nicht im Wortlaut einer Norm findet, sondern ihre Grenzsetzung maßgeblich durch den der Norm innewohnenden Zweck erfährt. Die Rechtsfortbildung ist diesbezüglich nicht allein dem EuGH vorbehalten, sondern eröffnet jedem Mitgliedstaat die Möglichkeit, bei der Umsetzung einer Richtlinienbestimmung Änderungen des Wortlauts vorzunehmen, um auf diese Weise Sinn und Zweck der Richtlinie näher herauszuarbeiten bzw., wie *Grundmann* zutreffend beschreibt, die Richtlinie zu „perfektionieren“.[595] Sie sind verpflichtet, die fraglichen Bestimmungen so umzusetzen, dass sich insgesamt ein widerspruchsfreies Regelungskonzept ergibt.[596] Dieser den Mitgliedstaaten zuerkannte Gestaltungsspielraum beruht auf der Rechtsnatur der Richtlinie, welche im Gegensatz zur Veror-

---

446; *Grundmann/Riesenhuber* JuS 2001, 529 (529 f.); *Lutter* JZ 1992, 593 (599); *P. Meyer* Jura 1994, 455 (456); *Teichmann* ZGR 2003, 383 (404).

592 EuGH, Urteil v. 23. 3. 1982, Slg. 1982, 1035 (1048 f.) (Levin); Urteil v. 11. 11. 1997, Slg. 1997 I, S. 6191 (6223) (Sabel); *Bleckmann* NJW 1982, 1177 (1178); Dörig, Direktwirkung von Richtlinien, S. 145 f.; *Franzen*, Privatrechtsangleichung, S. 446; *Grundmann/Riesenhuber* JuS 2001, 529 (529 f.); *Kutscher* EuR 1981, 392 (401); *Lutter* JZ 1992, 593 (599); *P. Meyer* Jura 1994, 455 (456); *Teichmann* ZGR 2003, 383 (404).

593 EuGH, Urteil v. 18. 6. 1991, Slg. 1991, 2971 (2984) (Piageme); *Anweiler*, Auslegungsmethoden des EuGH, S. 145 ff.; *Bleckmann* NJW 1982, 1177 (1178); *Buck*, Auslegungsmethoden des EuGH, S. 170 f.; *Grundmann/Riesenhuber* JuS 2001, 529 (529 f.); *Hommelhoff* in Schulze, Auslegung, S. 29 (32 f.); *Lutter* JZ 1992, 593 (599); *P. Meyer* Jura 1994, 455 (456); *Nölke* in Schulze, Auslegung, S. 143 (157 f.); *Oppermann*, Europarecht, Rn. 683; *Pescatore* ZEuP 1998, 1 (10).

594 Vgl. nur EuGH, Urteil v. 23. 3. 2000, NJW 2000, 1323 (1324) (Berliner Kindl); *Canaris* in FS für Bydlinski, S. 47 (81); *Dänzer-Vanotti* RIW 1992, 733 (734); *Franzen*, Privatrechtsangleichung, S. 358; *Grundmann/Riesenhuber* JuS 2001, 529 (535); *Riesenhuber/Dornröse* RIW 2005, 47 (50) bevorzugen deshalb den Oberbegriff der „richtlinienkonformen Rechtsfindung“; *Rörig*, Direktwirkung von Richtlinien, S. 125 und 155.

595 *Grundmann* JZ 1996, 274 (283 ff.).

596 *Franzen*, Privatrechtsangleichung, S. 349; *Grundmann* JZ 1996, 274 (283 und 286); *Lutter* JZ 1992, 593 (603).

dnung keine unmittelbare Wirkung entfaltet und lediglich eine Rechtsangleichung der nationalen Rechtssysteme bezweckt (Art. 249 Abs. 3 EG-Vertrag). Selbst über einen an sich eindeutigen Wortlaut können sie sich hinwegsetzen, um Ziel und Zweck der Richtlinie besser zu entsprechen.[596] Perfektionierungsarbeit leistete der deutsche Gesetzgeber bereits selbst im Rahmen des § 15 Abs. 4 SEBG durch Einfügung zusätzlicher qualitativer Vergleichselemente zur Bestimmung des Tatbestandes der Minderung der Mitbestimmungsrechte und im Rahmen der §§ 15 Abs. 3, 34 Abs. 1 Nr. 2 und Nr. 3 SEBG mit dem in jenem Fall missglückten Versuch einer Sicherung bestehender konzernrechtlicher Mitbestimmungsrechte.[597] Die Frage, ob die SE-RL dem Gesetzgeber einen Gestaltungsspielraum zur Implementierung der Mitbestimmung in das monistische System überlässt, kann deshalb entgegen zahlreicher Stimmen der Literatur[598] nicht allein anhand des Wortlauts des Teils 3 lit. b S. 1 des Anhangs zur SE-RL entschieden werden.

2. *Systematische Auslegung*

Für das systematische Verständnis der genannten Richtlinienbestimmung ist zum einen ihr Bedeutungszusammenhang innerhalb der im Anhang aufgeführten Auffangregelung zu beleuchten. Zum anderen fließen die Vorschriften der SE-VO in die systematische Auslegung ein, da SE-VO und SE-RL nach dem Willen des europäischen Gesetzgebers eine untrennbare Einheit bilden (19. Erwägungsgrund der SE-VO).[599] Einige Vertreter der nominalen Theorie stützen ihre Argumentation auf den Grundsatz der Gleichbehandlung, welcher im letzten Satz des 3. Teils eine ausdrückliche Normierung widerfuhr.[600] Offen bleibt zwar, ob der Gleichbehandlungsgrundsatz überhaupt gilt, wenn man, der Auffassung *Roths* folgend, den Geltungsanspruch der Auffangregelung im Falle eines Wechsels der Organisationsstruktur bereits vom Grundsatz her bestreitet. Im Gegensatz zu § 38 Abs. 1 SEBG ist allerdings in jedem Fall die Annahme verfehlt, dass sich das Gleichbehandlungsgebot zugleich auf den Zugang zu den geschäftsführenden Positionen erstreckt, da die Einführung der geschäftsführen-

---

596 Ausführlich zur Auslegung gegen den eindeutigen Wortlaut durch den EuGH: *Buck*, Auslegungsmethoden des EuGH, S. 170 f.

597 Vgl. dazu in Teil 1: § 7 C.

598 So *Kienast* in Jannott/Frodermann, Handbuch SE, Kapitel 13 Rn. 280; *Kleinsorge* in Baums/Cahn, Europäische Aktiengesellschaft, S. 140 (149); *Köstler* ZGR 2003, 800 (804 f.); *ders.* DStR 2005, 745 (748); *Nagel* in Nagel/Freis/Kleinsorge, Beteiligung SE, 2. Teil Rn. 74; *Nagel/Köklü* ZESAR 2004, 175 (179); *Niklas* NZA 2004, 1200 (1204); Schwarz, SE-VO Art. 43 Rn. 80; *Wisskirchen/Prinz* DB 2004, 2638 (2641) und auch DGB, Stellungnahme zur SE-RL, S. 8. Unklar *Ihrig/Wagner* BB 2004, 1749 (1757).

599 Ausführlich zur systematischen Auslegung im Europarecht: *Grundmann/Riesenhuber* JuS 2001, 529 (531); *Lutter* JZ 1992, 593 (595); *P. Meyer* Jura 1994, 455 (456); *Oppermann*, Europarecht, Rn. 684; *Zuleeg* in Groeben/Thiesing/Ehlermann, EU-/EG-Vertrag, Art. 1 Rn. 37.

600 *Niklas* NZA 2004, 1200 (1204); *Wisskirchen/Prinz* DB 2004, 2638 (2641).

den Direktoren auf einer autonomen Entscheidung des deutschen Gesetzgebers beruht. Art. 43 Abs. 4 SE-VO legt diesbezüglich lediglich fest, dass die Mitgliedstaaten, deren Recht bislang keine Vorschriften über ein monistisches System enthält, entsprechende Vorschriften in Bezug auf die SE erlassen können.

Entsprechende Erkenntnisse, die für ein nominales Verständnis des Teils 3 lit. b S. 1 des Anhangs zur SE-RL sprechen, lassen sich auch nicht aus der Vorschrift des Art. 45 S. 2 SE-VO gewinnen.[601] Art. 45 S. 2 SE-VO spricht zwar die Möglichkeit an, dass die Hälfte der Mitglieder des Verwaltungsorgans von den Arbeitnehmern bestellt wird, schreibt aber nicht zwingend eine paritätische Besetzung des Organs vor. Anderenfalls stünde Art. 45 S. 2 SE-VO in einem systematischen Widerspruch zu der Regelung des Art. 1 Abs. 4 SE-VO, welche hinsichtlich der Beteiligung der Arbeitnehmer in der SE auf die Normen der SE-RL verweist. Art. 45 S. 2 SE-VO kann allenfalls dahingehend verstanden werden, dass der Stichentscheid des Verwaltungsratsvorsitzenden das Übergewicht der Anteilseignervertreter sicherstellt, *falls* es zu einer paritätischen Zusammensetzung des Verwaltungsrats kommen sollte.[602] Im Gegenteil deuten die Vorschriften der Art. 50 Abs. 2 und Abs. 3 SE-VO darauf hin, dass der Verordnungsgeber die Möglichkeit eines paritätisch besetzten Verwaltungsrats allenfalls sekundär in seine Überlegungen einbezog, denn die genannten Vorschriften gehen in Orientierung an den Regelungen des MitbestG nur auf das Aufsichtsorgan ein.[603]

3. *Teleologische Auslegung*

Zentrale Bedeutung hat die Auslegung nach dem Sinn und Zweck der europäischen Ermächtigungsnorm.[604] Ihre Teleologie ergibt sich namentlich aus den Erwägungsgründen, welche jedem europäischen Rechtsakt gem. Art. 253 EG-Vertrag voranzustellen sind und rechtsverbindliche Wirkung entfalten.[605] Der 18. Erwägungsgrund stellt klar, dass die Sicherung erworbener Rechte der Arbeitnehmer über ihre Beteiligung an Unternehmensentscheidungen „fundamentaler Grundsatz" und „erklärtes Ziel" der Richtlinie ist. Weiterhin sollen die vor der Gründung bestehenden Rechte der Arbeitnehmer Ausgangspunkt für die Gestaltung ihrer Beteiligungsrechte in der SE sein (Vorher-Nachher-Prinzip). Ist an der Gründung einer SE eine den Vorschriften des MitbestG unterliegende Ge-

---

601 A. A. *Köstler* ZGR 2003, 800 (804); *Niklas* NZA 2004, 1200 (1204); *Wisskirchen/Prinz* DB 2004, 2638 (2641).

602 So zutreffend *Brandt* BB-Special 2/2005, 3; *Henssler* in FS für Ulmer, S. 193 (207); *Reichert/Brandes* ZGR 2003, 767 (788) Fn. 77.

603 Ebenso *Roth* ZfA 2004, 431 (442).

604 Zur herausragenden Bedeutung der teleologischen Auslegung im Gesellschaftsrecht vgl. nur *Hommelhoff* in Schulze, Auslegung, S. 29 (37).

605 EuGH, Urteil v. 13. 3. 1980, Slg. 1980, 813 (823) (van Walsum); EuGH, Urteil v. 6. 5. 1980, Slg. 1980, 1495 (1507) (Lee); EuGH, Urteil v. 17 .11. 1983, Slg. 1983, 3781 (3793) (Merck); *Bleckmann* RIW 1987, 929 (931); *Grundmann/Riesenhuber* JuS 2001, 529 (531); *Lutter* JZ 1992, 593 (600); *Teichmann* ZGR 2003, 383 (405).

sellschaft beteiligt, hatten die Arbeitnehmer bisher das Recht, über die Wahl eigener Vertreter in den Aufsichtsrat der Gesellschaft hälftig an der Kontrolle der vom Vorstand getroffenen Leitungsentscheidungen beteiligt zu sein. Ein nominales Verständnis des Teils 3 lit. b S. 1 des Anhangs zur SE-RL hätte zur Folge, dass diese statt dessen über eine paritätische Besetzung des Verwaltungsrats die Leitungsentscheidungen unmittelbar mitentscheiden könnten und damit die bisherige Intensität der Mitbestimmung in der deutschen Aktiengesellschaft aufgrund des funktionalen Unterschieds zwischen Verwaltungsrat und Aufsichtsrat deutlich ausgeweitet wird. Dieses Verständnis widerspricht jedoch dem 18. Erwägungsgrund, welcher allein die Sicherung und nicht die Mehrung bestehender Beteiligungsrechte beabsichtigt.[606]

Weiterhin erklärt der 14. Erwägungsgrund der SE-VO eine klare Abgrenzung der Verantwortungsbereiche jener Personen, denen die Geschäftsführung obliegt, und der Personen, die mit der Aufsicht betraut sind, für „wünschenswert". Die Möglichkeit, einen Teil der Mitglieder des Verwaltungsrats zu geschäftsführenden Direktoren zu bestellen, wie § 40 Abs. 1 S. 2 SEAG es vorsieht, entspricht dem mutmaßlichen Willen des europäischen Gesetzgebers. Eine nominale Übertragung der paritätischen Mitbestimmung führte jedoch dazu, dass die Arbeitnehmervertreter innerhalb der verbleibenden nicht geschäftsführenden Mitglieder die Mehrheit stellen und damit die Kontrolle der Geschäftsführung in ihren Händen liegt. Eine Ausdehnung der bisherigen Beteiligungsrechte der Arbeitnehmer würde sich demzufolge nicht nur auf der Leitungsebene sondern auch hinsichtlich des Einflusses der Arbeitnehmer innerhalb der vom Verwaltungsrat wahrzunehmenden Kontrollfunktion ergeben und damit über die Zielsetzung der SE-RL hinausgehen.[607]

Hinweise darauf, dass der europäische Gesetzgeber die Vorschrift des Teils 3 lit. b S. 1 des Anhangs zur SE-RL funktional verstanden haben will, gibt der 11. Erwägungsgrund. Demnach sollen bestimmte Standardanforderungen gelten, wenn die Verhandlungen nicht zu einer Vereinbarung führen. Diese Standardanforderungen sollen eine effiziente Praxis der Mitbestimmung in dem „einschlägigen" Organ der SE gewährleisten, sofern und soweit es eine „derartige" Mitbestimmung vor der Errichtung der SE in einer der beteiligten Gesellschaften gegeben hat. Ist an der Gründung einer SE eine Aktiengesellschaft beteiligt, deren Aufsichtsrat sich nach den Vorschriften des MitbestG zusammensetzt, dann ist die paritätische Mitbestimmung gem. Teil 3 lit. b S. 1 des Anhangs zur SE-RL nur unter der Voraussetzung für die SE maßgeblich, dass sie über einen Aufsichtsrat verfügt. Denn nur dann ist das „einschlägige" Organ in

---

606 Ebenso *Jacobs* in Münch. Komm. AktG, § 35 SEBG Rn. 24; *Kämmerer/Veil* ZIP 2004, 369 (376); *Teichmann* BB 2004, 53 (56).

607 Im Ergebnis ebenso *Teichmann* BB 2004, 53 (57).

der SE vorhanden und es existierte eine „derartige“ Mitbestimmung in einer der Gründungsgesellschaften.

Die Formulierung des 11. Erwägungsgrundes wirft die Frage auf, ob die gesetzliche Auffangregelung als „Standardanforderung“ an die Mitbestimmung generell nur gilt, wenn die SE im dualistischen System verbleibt.[609] Dagegen spricht Art. 11 SE-RL, welcher den Mitgliedstaaten einen Regelungsauftrag erteilt, geeignete Maßnahmen zu treffen, um zu verhindern, dass eine SE dazu missbraucht wird, Arbeitnehmern Beteiligungsrechte zu entziehen oder vorzuenthalten. Ebenso trifft der 18. Erwägungsgrund hinsichtlich der Sicherung bestehender Beteiligungsrechte keine Unterscheidung danach, welcher Organisationsstruktur die SE unterliegt. Als Beteiligung umschreibt Art. 2 lit. h SE-RL neben der Unterrichtung und Anhörung des Arbeitnehmervertreterorgans die Mitbestimmung, welche wiederum in Art. 2 lit. k SE-RL definiert ist als die Einflussnahme des Organs zur Vertretung der Arbeitnehmer und/oder der Arbeitnehmervertreter auf die Angelegenheiten einer Gesellschaft durch die Wahrnehmung des Rechts, einen Teil der Mitglieder des Aufsichts- oder des Verwaltungsorgans der Gesellschaft zu wählen oder zu bestellen, oder die Wahrnehmung des Rechts, die Bestellung eines Teils der oder aller Mitglieder des Aufsichts- oder des Verwaltungsorgans der Gesellschaft zu empfehlen und/oder abzulehnen. Für die monistische SE bedeutet dies, dass Mitbestimmung im Sinne der SE-RL nur dann gegeben ist, wenn die Arbeitnehmer direkt im Verwaltungsrat vertreten sind. Entgegen der Auffassung *Roths* ergibt sich aus der Systematik der SE-RL, dass eine integrative Unternehmensverfassung auch für die monistische SE zwingend vorgegeben ist.

4. *Historische Auslegung*

Die historische Auslegung spielt für das Gemeinschaftsrecht in der Regelung nur eine untergeordnete Rolle, weil die Entstehungsgeschichte nicht in Form von Protokollen festgehalten und veröffentlicht wird.[610] Im Hinblick auf die SE-VO und die SE-RL kommt dieser Auslegungsmethode dennoch Bedeutung zu, da der jahrzehntelange Entwicklungsprozess mit zahlreichen Vorentwürfen dokumentiert ist.[611] Für ein funktionales Verständnis des Teils 3 lit. b S. 1 SE-RL spricht der Kommissionsentwurf von 1989, welcher erstmals das monistische System als alternative Organisationsstruktur zum dualistischen System einführ-

---

609 So *Roth* ZfA 2004, 431 (442).

610 *Brandt*, Hauptversammlung Europ. Aktiengesellschaft, S. 16 f.; *Grundmann*, Europäisches Gesellschaftsrecht, Rn. 72; *Grundmann/Riesenhuber* JuS 2001, 529 (530 f.); *Lutter* JZ 1992, 593 (599); *P. Meyer* Jura 1994, 455 (457); *Oppermann*, Europarecht, Rn. 687; *Schulte-Nölke* in Schulze, Auslegung, S. 143 (158); *Teichmann* ZGR 2003, 383 (404); *Zuleeg* in Groeben/Thiesing/Ehlermann, EU-/EG-Vertrag, Art. 1 Rn. 36.

611 *Brandt*, Hauptversammlung Europ. Aktiengesellschaft, S. 16; *M. Casper* in FS für Ulmer, S. 51 (56); *Kalss/Greda* in Kalss/Hügel, SE-Kommentar, Allg. Teil Rn. 32; *Teichmann* ZGR 2003, 383 (404).

te.[612] Gleichzeitig legte er verbindlich die Implementierung des auf die bislang dualistisch strukturierte SE zugeschnittenen Mitbestimmungsrechts fest.[613] Dafür knüpfte er an die funktionale Trennung zwischen geschäftsführenden und nicht geschäftsführenden Verwaltungsratsmitgliedern an. Es sollte mindestens ein Drittel und höchstens die Hälfte der nicht geschäftsführenden Mitglieder von den Arbeitnehmern bestellt werden.[614] Der Kommissionsvorschlag zur SE-RL von 1989 eröffnete neben der unmittelbaren Beteiligung der Arbeitnehmer im Verwaltungsrat auch die Möglichkeiten, die Mitbestimmung nach dem Kooptationsmodell nach niederländischem Vorbild zu gestalten, ein gesondertes Arbeitnehmervertretungsorgan einzurichten oder diese einer tarifvertraglichen Regelung vorzubehalten. Während die letzten drei Mitbestimmungsmodelle wegen fehlender Gleichwertigkeit in der Literatur heftig kritisiert wurden, sah man die Gleichwertigkeit von mitbestimmtem Aufsichtsorgan und mitbestimmtem board-System als erreicht an, unter der Option, dass im Verwaltungsrat eine saubere Trennung zwischen den beiden Funktionsbereichen gesetzlich abgesichert ist.[615] Beide Formen der Mitbestimmung wurden einheitlich als das „deutsche Modell" bezeichnet.[616] Die letztliche Streichung der fraglichen Bestimmung fiel der gesamten Neuorientierung vom Kodifikations- zum Verweisungsmodell zum Opfer, ohne dass Rückschlüsse auf eine Abkehr vom ursprünglichen funktionalen Verständnis gezogen werden können.[617]

III. Rechtsfolge für den Geltungsanspruch des § 35 SEBG

Zwar verwendet die SE-RL im Anhang hinsichtlich der gesetzlichen Auffangregelung den nahezu identischen Wortlaut wie § 35 SEBG. Allerdings folgt die europäische Ermächtigungsnorm ihren eigenen Auslegungsregeln, welche hier zu einem abweichenden Auslegungsergebnis führen. Im Gegensatz zu § 35 SEBG setzen Teil 3 lit. b S. 1 und lit. a des Anhangs zur SE-RL keine nominale

---

612 Vorschlag einer Verordnung (EWG) des Rates über das Statut der Europäischen Aktiengesellschaft v. 25. 8. 1989, ABl. EG Nr. C 263 v. 16. 10. 1989, S. 41 ff. Vorbild war der geänderter Vorschlag einer fünften Richtlinie nach Art. 54 Abs. 3 lit. g des EWG-Vertrages über die Struktur der Aktiengesellschaft sowie die Befugnisse und Verpflichtungen ihrer Organe, ABl. EG Nr. C 240 v. 9. 9.1983, S. 2 ff.

613 Vorschlag für eine Richtlinie des Rates zur Ergänzung des SE-Statuts hinsichtlich der Stellung der Arbeitnehmer v. 25. 8. 1989, ABl. EG Nr. C 263 v. 16. 10. 1989, S. 69 ff.

614 Dazu *Abeltshauser*, Strukturalternativen, S. 198 ff. und 219; *Henssler* in FS für Ulmer, S. 193 (209).

615 *Abeltshauser*, Strukturalternativen, S. 198 ff., 210 ff. und 219; *Figge*, Mitbestimmung auf Unternehmensebene, S. 143.

616 Vgl. so bei *Mävers*, Mitbestimmung Europ. Aktiengesellschaft, S. 216 ff.; *Oetker* in GK-AktG, MitbestG, Vorbem. Rn. 121; *Veelken* in GS für Blomeyer, S. 491 (509).

617 Vgl. ausführlich zum Entwicklungsprozess: *Blanquet* ZGR 2002, 20 (46 ff.); *Fleischer* AcP 204 (2004), 502 (505 ff.); *Henssler* in FS für Ulmer, S. 193 (194 f.); *Junker* ZfA 2005, 211 (219); *Kübler* ZHR 167 (2003), 222 (223); *Lutter* BB 2002, 1 (3); *Teichmann* ZGR 2002, 383 (390 ff.); *Veelken* in GS für Blomeyer, S. 491 (498 ff.).

Übertragung der bisherigen Mitbestimmung vom Aufsichtsrat auf den Verwaltungsrat der SE voraus. Die SE-RL eröffnete dem deutschen Gesetzgeber genügend Gestaltungsspielraum, um den Schwierigkeiten, die sich aus einer paritätischen Mitbestimmung im monistischen System ergeben können, zu begegnen. Ob der Gesetzgeber strengere Anforderungen als die SE-RL stellen darf, ist davon abhängig, ob die SE-RL Abweichungen nach oben als zulässig erachtet. Dafür spricht die Formulierung des 18. Erwägungsgrundes, wonach die vor der Gründung der SE bestehenden Rechte der Arbeitnehmer Ausgangspunkt für die Gestaltung ihrer Beteiligungsrechte in der SE sein *sollten*. In systematischer Hinsicht gibt die Vorschrift des Art. 45 S. 2 SE-VO Hinweise darauf, dass die Gestaltungsgrenze allenfalls dann überschritten ist, wenn die Arbeitnehmervertreter mehr als die Hälfte der Mitglieder im Verwaltungsorgan stellen. Zu bedenken ist auch, dass der 18. Erwägungsgrund mit der Sicherung der bestehenden Beteiligungsrechte der Arbeitnehmer einen Mindeststandard aufstellt, welcher bei gleichzeitiger Deutung in einen Höchststandard die Rechtsangleichung de facto in eine Rechtsvereinheitlichung umwandeln würde.[618] Die Interpretation einer Richtlinienbestimmung als Höchstnorm würde der Rechtsnatur der Richtlinie grundsätzlich widersprechen und wäre ein schwerwiegender Eingriff in das System der nationalen Rechte.[619] Hätte der europäische Gesetzgeber dies bezwecken wollen, hätte er den 3. Teil des Anhangs zur SE-RL eindeutiger formulieren müssen und zwar so, dass jedwede Zweifel über seine Auslegung ausgeschlossen sind. Die Tatsache, dass der Gesetzgeber über die Zielsetzung der SE-RL hinausschießt, macht die Vorschrift des § 35 SEBG deshalb noch nicht richtlinienwidrig.

D. Die paritätische Mitbestimmung im monistischen System vor dem Hintergrund der Verknüpfung von Verordnung und Richtlinie

Die Entstehungsgeschichte zeigt, dass die Abspaltung der Mitbestimmungsproblematik in eine gesonderte Richtlinie mehr politische Gründe hatte, als dass sie eine sachliche Rechtfertigung fand. Der europäische Gesetzgeber betrachtet beide Rechtsakte unabhängig von der formalen Trennung weiterhin als rechtliche Einheit, was er im 19. Erwägungsgrund der SE-VO zum Ausdruck bringt und durch die Festlegung eines gemeinsamen Stichtages von SE-VO und SE-RL am 9. 10. 2004 bestätigt. Die SE-RL steht zwar selbst dem durch die Vorschrift des § 35 SEBG angelegten nominalen Verständnis nicht entgegen. Doch aus der engen Vernküpfung von SE-RL und SE-VO ergibt sich die Fragestellung, ob ein durch die Anwendung des § 35 SEBG bedingtes faktisches Übergewicht der Ar-

---

618 *Grundmann* JZ 1996, 274 (277 ff.); *Lutter* JZ 1992, 593 (606). Allgemein zur Möglichkeit des Gesetzgebers, über den Standard der Richtlinie hinauszugehen: *Bleckmann* RIW 1987, 929 (932 f.); *Everling* in FS für R. Schmidt, S. 165 (170); *Jarass* NJW 1990, 2420 (2421); *Steindorff* EuZW 1990, 251 (253) und auch BGH, Urteil v. 15. 1. 1990, NJW 1990, 982 (982).

619 *Lutter* JZ 1992, 593 (606).

beitnehmervertreter innerhalb der nicht geschäftsführenden Verwaltungsratsmitglieder auch konform mit den gesellschaftsrechtlichen Anforderungen der SE-VO ist.

I. Das Modell der internen geschäftsführenden Direktoren bei paritätischer Mitbestimmung und der effet utile-Grundsatz

Die Literatur setzte den Schwerpunkt ihrer Argumentation für ein funktionales Verständnis des § 35 SEBG überwiegend auf eine zielorientierte Richtlinienauslegung verbunden mit einer Grundrechtsprüfung und beschäftigte sich nur vereinzelt mit der Frage nach der Verordnungskonformität der fraglichen Bestimmung. Davon abweichend wird zum Teil in der durch § 35 SEBG angeordneten 1:1-Übertragung der paritätischen Mitbestimmung auf den Verwaltungsrat ein Verstoß gegen das Erfordernis des effet utile gesehen. Der nationale Gesetzgeber dürfe die durch Art. 38 SE-VO vorgegebene Wahlmöglichkeit zwischen Aufsichts- und Verwaltungsratssystem nicht durch eine ineffiziente Ausgestaltung des Verwaltungsrats praktisch auf den Aufsichtsrat beschränken.[620] Ähnlich kritisierten Bundesrat und Arbeitgeberverbände, dass ein echter Wettbewerb der Systeme – wie von der SE-VO vorgesehen – kaum zu erwarten sei.[621]

Als gemeinschaftsrechtsspezifische Auslegungsmaxime erweist sich der effet utile-Grundsatz als besondere Ausformung der sich an der Teleologie gemeinschaftsrechtlicher Normen ausrichtenden Auslegungsmethode.[622] Im Falle mehrerer denkbarer Auslegungsalternativen ist derjenigen Auslegung der Vorzug zu geben, die die praktische Wirksamkeit der betroffenen Vorschrift zu wahren geeignet ist.[623] Dies bedeutet, dass das monistische System in der deutschen Ausformung nicht isoliert anhand des effet utile-Grundsatzes überprüfbar ist, sondern Voraussetzung das Vorliegen einer europäischen, der teleologischen Auslegung zugänglichen Rechtsnorm ist.[624] In dem hiesigen Fall kommen als Anknüpfungspunkt die Vorschriften der Art. 43 Abs. 4 SE-VO und Art. 38 lit. b SE-VO in Betracht, welche beide zwar das monistische System nennen und die Mitgliedstaaten faktisch zur Bereitstellung dieses Organisationsmodells als Al-

---

620 *Kämmerer/Veil* ZIP 2005, 369 (374); *Roth* ZfA 2004, 431 (444 f.); *Seibt* NZA 2004, Heft 21, Umschlagsseite IX (XII); ähnlich *Brandt* BB-Special 2/2005, 2: für eine funktionale Übertragung der pariätischen Mitbestimmung spreche die Wahrung der Gestaltungsfreiheit.

621 Stellungnahme des Bundesrats, BR-Drucks. 438/04, S. 10; BDA, BDI, DIHK, GDV, BDB und Dt. Aktieninstitut, Stellungnahme, S. 6.

622 *Kohler-Gehrig* JA 1998, 807 (810); *P. Meyer* Jura 1994, 455 (457); *Mosiek*, Effet utile, S. 6 f.; *Pietzcker* in FS für Everling, Band II, S. 1095 (1095).

623 So ausdrücklich EuGH, Urteil v. 22. 9. 1988, Slg. 1988, 5013 (5042) (Saarland/Minister für Industrie); Urteil v. 24. 2. 2000, Slg. 2000 I, 1129 (1151).

624 Vereinzelte Stimmen der Literatur begreifen den effet utile auch als einen über eine bloße Auslegungsregel hinausgehenden autonomen Rechtsgrundsatz. Kritisch dazu *Mosiek*, Effet utile, S. 9 ff.

ternative zu dem bereits national bekannten dualistischen System verpflichten,[624] aber keine konkreten Vorgaben hinsichtlich seiner einfachgesetzlichen Ausgestaltung machen. Mit den §§ 20 ff. SEAG kam der deutsche Gesetzgeber dem Regelungsauftrag nach; in welcher Weise er das monistische System gestaltet, bleibt ihm überlassen. Aus dem effet utile-Grundsatz lässt sich ein anderweitiges Verständnis ebenfalls nicht herleiten, denn er ist nicht in der Lage, den zugestandenen Ermessensspielraum in eine konkrete Umsetzungsverpflichtung zu verwandeln.[625] Zumindest zeigt die Vorschrift des Art. 45 S. 2 SE-VO, dass der europäische Gesetzgeber ein Verwaltungsorgan, welches sich zur Hälfte mit Arbeitnehmervertretern zusammensetzt, immer noch für funktionsfähig hält.

Ein anderweitiges Verständnis könnte sich ergeben, weil der 14. Erwägungsgrund gleichzeitig eine klare Abgrenzung der Verantwortungsbereiche jener Personen, denen die Geschäftsführung obliegt, und der Personen, die mit der Aufsicht betraut sind, für wünschenswert erklärt. Auch diesem Regelungsanliegen hat der deutsche Gesetzgeber so zu entsprechen, dass das Gemeinschaftsrecht seinen maximalen Wirkungsgrad innerhalb der nationalen Rechtsordnung entfaltet.[626] Für die Auslegung des Art. 38 lit. b SE-VO bedeutet dies, dass die personelle Trennung zwischen Geschäftsführungs- und Aufsichtsfunktion in der Weise zu erfolgen hat, dass die satzungsmäßige Wahlfreiheit zwischen dualistischen und monistischen System gewahrt ist. Es könnten sich diesbezüglich Bedenken für den Fall ergeben, dass der Verwaltungsrat entsprechend des § 40 Abs. 1 S. 2 SEAG eigene Mitglieder zu geschäftsführenden Direktoren bestellen möchte. Denn dann würde das nominale Verständnis des § 35 SEBG zu einer Gewichtsverschiebung zugunsten der Arbeitnehmervertreter innerhalb der Gruppe der nicht geschäftsführenden Verwaltungsratsmitglieder führen. Bei paritätischer Besetzung des Verwaltungsrats hätte dies zur Folge, dass bei Meinungsverschiedenheiten zwischen den Vertretern der Anteilseigner die Arbeitneh-mervertreter den Konflikt entscheiden. Umgekehrt wäre der geschäftsführende Direktor, dessen Tätigkeit es zu überwachen gilt, bei Abstimmungen „das Zünglein

---

624 So h. M.: *Bungert/Beier* EWS 2002, 1 (3); *Frodermann* in Jannott/Frodermann, Handbuch SE, Kapitel 5 Rn. 8 f.; *Gruber/Weller* NZG 2003, 297 (298), Fn. 10; *Ihrig/Wagner* BB 2003, 969 (974); *Kleinsorge* RdA 2002, 343 (346), Fn. 56; *Neye/Teichmann* AG 2003, 169 (175); *Teichmann* ZGR 2002, 383 (442); *Theisen/Hölzl* in Theisen/Wenz, Europäische Aktiengesellschaft, S. 247 (258); *Thoma/Leuering* NJW 2002, 1449 (1451); *Veelken* in GS für Blomeyer, S. 491 (518 f.). In der Tendenz auch: *Brandt* NZG 2002, 991 (991), Fn. 6; Handelsrechtsausschuss des DAV, Stellungnahme zum Diskussionsentwurf, NZG 2004, 75 (81); *Lutter* BB 2002, 1 (4); *Schwarz* ZIP 2001, 1847 (1854); *Wißmann* in FS für Wiedemann, S. 685 (689). A. A. *Hirte* NZG 2002, 1 (5), Fn. 51; *Kübler* ZHR 167 (2003), 222 (231); *Menjucq* ZGR 2003, 679 (679); *Schulz/Geismar* DStR 2001, 1078 (1082).

625 *Zuleeg* in Groeben/Thiesing/Ehlermann, EU-/EG-Vertrag, Art. 5 EGV Rn. 4.

626 *M. Casper* in FS für Ulmer, S. 51 (55); *Teichmann* ZGR 2003, 383 (406). Für Österreich *Kalss/Greda* in Kalss/Hügel, SE-Kommentar, Allg. Teil Rn. 32.

an der Waage".[627] Die Zielsetzung, eine funktionale Trennung zwischen Geschäftsführung und Aufsicht so durchzuführen, dass das monistische System seinen maximalen Wirkungsgrad entfaltet, wäre bei paritätischer Besetzung des Verwaltungsrats in dieser Form nicht gewahrt.

II. Das Modell der externen geschäftsführenden Direktoren als Gestaltungsalternative

Allerdings lässt § 40 SEAG dem Verwaltungsrat immer noch die Möglichkeit, dritte Personen mit der Geschäftsführungsfunktion zu betrauen. Die Formulierung des § 40 Abs. 1 S. 2 SEAG scheint dafür zu sprechen, dass der Gesetzgeber dieses Modell sogar als den Regelfall beschreibt. Nehmen Dritte die Funktion der geschäftsführenden Direktoren wahr mit der Folge, dass die Geschäftsführung vollständig aus dem Verwaltungsrat ausgelagert ist, kommt das monistische System dem dualistischen System faktisch sehr nahe.[628] Die paritätische Mitbestimmung ist hier weniger problematisch und von Art. 45 S. 2 SE-VO als funktionsfähig anerkannt. Zwar stellt sich die Mitbestimmung gegenüber dem dualistischen System immer noch intensiver dar, da der Verwaltungsrat anders als der Aufsichtsrat für die Gesamtleitung der Gesellschaft und zu Richtlinien und Weisungen an das Kollegium der geschäftsführenden Direktoren befugt ist. Das Modell der externen geschäftsführenden Direktoren gewährleistet aber zumindest, dass die Anteilseignervertreter innerhalb der Aufsichtspersonen weiterhin mehrheitsfähig bleiben.

Die Möglichkeit, Dritte zu geschäftsführenden Direktoren zu bestellen, ist indessen gerade aufgrund der dadurch hergestellten Nähe zum dualistischen System auf Kritik gestoßen und als unvereinbar mit Art. 38 lit. b SE-VO angesehen worden. Wäre dies tatsächlich der Fall, könnte die paritätisch mitbestimmte SE nicht auf das Modell der externen geschäftsführenden Direktoren verwiesen werden, womit die vom Gesetzgeber vorgesehene gesetzliche Ausgestaltung des monistischen Systems trotz der beiden Alternativen den Anforderungen der SE-VO bzw. dem effet utile-Grundsatz nicht genügen würde.

1. Positionen der Literatur zur Vereinbarkeit des Modells der externen geschäftsführenden Direktoren mit Art. 38 lit. b SEVO

Nach Auffassung des Handelsrechtsausschusses des DAV sei das monistische System in Wahrheit ein „verdecktes dualistisches System". Der deutsche Gesetzgeber könne sich nicht über Art. 38 lit. b SE-VO hinwegsetzen, wonach die SE nur über ein einziges Verwaltungsorgan verfüge. Das verbiete eine Organqualität von geschäftsführenden Direktoren, die nicht dem Verwaltungsrat ange-

---

627 So zutreffend *Teichmann* BB 2004, 53 (57).

628 *Frodermann* in Jannott/Frodermann, Handbuch SE, Kapitel 5 Rn. 173; *M. Hoffmann-Becking* ZGR 2004, 355 (381); *Kallmeyer* ZIP 2003, 1531 (1533 ff.); *Niklas* NZA 2004, 1200 (1204).

hören. Die geschäftsführenden Direktoren dürften nur ein exekutives Teil-Organ des Verwaltungsrats sein, so dass auf die Beteiligung Dritter verzichtet werden müsse.[630] Auch *Hoffmann-Becking* äußerte sich ablehnend gegenüber der vom deutschen Gesetzgeber geschaffenen Möglichkeit, Dritte zu geschäftsführenden Direktoren zu bestellen. Art. 38, 43 SE-VO würden für die monistisch verfasste SE den Verwaltungsrat als einziges Verwaltungsorgan bestimmen. Jedenfalls nach deutschem Verständnis folge daraus zwingend, dass nur die Mitglieder des Verwaltungsrats mit einer originären Vertretungsmacht ausgestattet sein können.[631] Der 14. Erwägungsgrund der SE-VO, wonach „eine klare Abgrenzung der Verantwortungsbereiche jener Personen, denen die Geschäftsführung obliegt, und der Personen, die mit der Aufsicht betraut sind, wünschenswert“ ist, lege zwar nahe, innerhalb des einheitlichen Verwaltungsorgans zwischen geschäftsführenden und nicht geschäftsführenden Mitgliedern zu differenzieren. Aber der 14. Erwägungsgrund rechtfertige nicht die Schaffung eines neben oder unter dem Verwaltungsrat stehenden eigenständigen Geschäftsführungsorgans mit nicht dem Verwaltungsrat angehörenden Mitgliedern.[632]

Horn hält der Kritik entgegen, dass selbst im Fall einer nur von Dritten besetzten Geschäftsleitung der Verwaltungsrat das Heft in der Hand behalte. Aus Art. 38 SE-VO sei nicht zu entnehmen, dass der Verwaltungsrat nicht die laufende Geschäftsführung an Dritte delegieren könne, und in zahlreichen Gesellschaften in Ländern mit monistischem System gehöre das Top-Management nicht dem Board an. Ein Verbot durch Art. 38 SE-VO widerspräche völlig der Grundidee des monistischen Systems und seiner vielgepriesenen Flexibilität.[633] Nach *Teichmann* müsse es im monistischen System ein Verwaltungsorgan geben; das besage aber noch nichts darüber, welche sonstigen Organe, Gremien oder Funktionsträger es dort gebe. Wie *Horn* beruft er sich auf die ausländische Praxis. Beispielsweise lasse sich der englische Company Secretary als Organ der Gesellschaft verstehen, ohne dass dies bislang jemanden auf den Gedanken gebracht hätte, das englische System sei „verkappt dualistisch“. Entscheidend sei, dass das Verwaltungsorgan im Unternehmen tatsächlich die Oberleitung inne habe.[634]

---

630 Handelsrechtsausschuss des DAV, Stellungnahme zum Diskussionsentwurf, NZG 2004, 75 (82) und zum Regierungsentwurf, NZG 2004, 957 (959).

631 *M. Hoffmann-Becking* ZGR 2004, 355 (370).

632 *M. Hoffmann-Becking* ZGR 2004, 355 (371).

633 *Horn* DB 2005, 147 (151).

634 *Teichmannn* in Lutter/Hommelhoff, Europ. Gesellschaft, S. 195 (218); ähnlich bereits *ders.* BB 2004, 53 (58).

2. *Stellungnahme und zugleich Auslegung des Art. 38 lit. b SE-VO*

a) Wörtliche Auslegung

Die Bezeichnung „monistisch" lässt auf die Existenz eines einzigen Organs schließen, welches Art. 38 lit. b SE-VO durch einen Klammerzusatz mit dem Verwaltungsorgan definiert. Problematisch an dieser Schlussfolgerung ist, dass sie die Existenz der Hauptversammlung neben dem Verwaltungsorgan nicht erklären kann. Hinzu kommt, dass es an einer Einschränkung durch das Wort „nur" fehlt.[635] Die explizite Erwähnung des Verwaltungsorgans ist deshalb allenfalls als Abgrenzungskriterium zum dualistischen System zu begreifen, welches anstelle des Verwaltungsorgans über ein Aufsichtsorgan und einen Vorstand verfügen soll. Art. 38 lit. b SE-VO stellt Aufsichts- und Leitungsorgan/e der beiden Systeme zur Typisierung gegenüber, ohne dass die Vorschrift Hinweise auf die Existenz weiterer Organe gibt.[636]

b) Systematische Auslegung

In systematischer Hinsicht deutet die Vorschrift des Art. 43 Abs. 1 S. 2 SE-VO auf die Zulässigkeit von externen geschäftsführenden Direktoren hin, da sie bestimmte Mitgliedstaaten ausdrücklich dazu ermächtigt, einfachgesetzlich die Bestellung von „Geschäftsführern" vorzuschreiben. Der „Geschäftsführer" ist zweifelsohne mit dem „geschäftsführenden Direktor" gleichzusetzen. Der deutsche Gesetzgeber entschied sich für eine Änderung der Terminologie, da diese Bezeichung bereits im GmbH-Recht vergeben ist und Verwechslungen im Rechtsverkehr ausgeschlossen werden sollten. Bedenken könnten sich aufgrund der Tatsache ergeben, dass sich Art. 43 Abs. 1 S. 2 SE-VO nur an die Mitgliedstaaten richtet, die nach nationalem Recht die Funktion des Geschäftsführers bereits kennen.[637] Daraus könnte im Umkehrschluss anzunehmen sein, dass für die anderen Mitgliedstaaten die Einführung von Geschäftsführern bzw. geschäftsführenden Direktoren neben dem Verwaltungsorgan untersagt ist.[638] Allerdings ist Art. 43 Abs. 1 S. 2 SE-VO im systematischen Zusammenhang zu der Parallelvorschrift des Art. 39 Abs. 5 SE-VO zu betrachten. Beide Vorschriften

---

635 *Teichmann* in Lutter/Hommelhoff, Europ. Gesellschaft, S. 195 (218).

636 *Teichmann* in Lutter/Hommelhoff, Europ. Gesellschaft, S. 195 (218).

637 Irrtümlicherweise nahmen zahlreiche Autoren zunächst an, Art. 43 Abs. 1 S. 2 SE-VO greife auch für den deutschen Gesetzgeber. Vgl. *Brandt* DStR 2003, 1208 (1212); *Habersack*, Europäisches Gesellschaftsrecht, S. 410; *Henssler* in GS für Heinze, S. 333 (338) Fn. 19; *Ihrig/Wagner* BB 2003, 969 (975); *Kallmeyer* ZIP 2003, 1531 (1531); *Reichert/Brandes* ZGR 2003, 767 (789); *Schiessl* ZHR 167 (2003), 235 (251): Eine Klarstellung erfolgte durch *Neye* in Baums/Cahn, Europäische Aktiengesellschaft, S. 131 (136); *Teichmann* BB 2004, 53 (59); *ders.* in Lutter/Hommelhoff, Europ. Gesellschaft, S. 195 (220).

638 So *M. Hoffmann-Becking* ZGR 2004, 355 (375).

wurden auf Wunsch Schwedens eingeführt,[639] dessen Aktienrecht für Aktiengesellschaften mit einem Grundkapital von mindestens einer Million SEK die Bestellung eines Geschäftsführers vorschreibt, der die Angelegenheiten der laufenden Geschäftsführung besorgt. Wie im deutschen Recht kann er dem Verwaltungsrat angehören, muss es aber nicht.[640] Da Schweden bislang nur das monistische System kennt, ist es verpflichtet, das dualistische System einzuführen. Um diesbezüglich die Position des Geschäftsführers neben Aufsichtsrat und Vorstand weiterhin aufrechtzuerhalten, bedurfte es aufgrund der Einmaligkeit im europäischen Rechtsraum einer besonderen Ermächtigung, welche auf Wunsch Schwedens auch erfolgte.[641] Der Vollständigkeit halber wurde wohl die Parallelnorm für das monistische System eingeführt, um Unstimmigkeit zu vermeiden. Art. 43 Abs. 1 S. 2 SE-VO kommt deshalb für das monistische System nicht mehr als eine klarstellende Bedeutung zu.[642] Für die Mitgliedstaaten, die das monistische System neu regeln müssen, ist die Vorschrift des Art. 43 Abs. 4 SE-VO einschlägig, welche keinerlei Beschränkungen hinsichtlich der Etablierung von geschäftsführenden Direktoren enthält.

c) Teleologische Auslegung

Fraglich ist, ob Sinn und Zweck des Art. 38 lit. b SE-VO ein anderweitiges Verständnis fordern. Der Handelsrechtsausschuss des DAV und *Hoffmann-Becking* stützen ihre Kritik vor allem auf die den geschäftsführenden Direktoren zukommende Organqualität, welche Art. 38 lit. b SE-VO neben dem Verwaltungsorgan verbieten würde.[643] Teilweise wird wohl deshalb versucht, den geschäftsführenden Direktoren ihre Organqualität abzusprechen mit der Begründung, die geschäftsführenden Direktoren seien zwar zur Vertretung der SE berufen, jedoch werde dieses Gremium aus externen, jederzeit abrufbaren und weisungsgebundenen Dritten dadurch nicht zu einem „Organ" der SE.[644] Unbestritten ist, dass die Funktion der geschäftsführenden Direktoren im großen Maße an die des

---

639 *Neye/Teichmann* AG 2003, 169 (176) Fn. 38; *Teichmann* BB 2004, 53 (Fn. 77); *ders.* in Lutter/Hommelhoff, Europ. Gesellschaft, S. 195 (219).

640 Vgl. auch zum schwedischen Modell: *Danelius* in Baums/Cahn, Europäische Aktiengesellschaft, S. 38 (46 f.); *M. Hoffmann-Becking* ZGR 2004, 355 (374); *Krage* AG 1998, 226 (229 f.).

641 Vgl. zum Geschäftsführer neben Leitungs- und Aufsichtsorgan nach dem schwedischen SEG: *Hein* in Jannott/Frodermann, Handbuch SE, Kapitel 16 Rn. 3427 ff.

642 Ebenso *Horn* DB 2005, 147 (151); *Neye* in Baums/Cahn, Europäische Aktiengesellschaft, S. 131 (136); *Neye/Teichmann* AG 2003, 169 (176) Fn. 38.

643 Handelsrechtsausschuss des DAV, Stellungnahme zum Diskussionsentwurf, NZG 2004, 75 (82) und zum Regierungsentwurf, NZG 2004, 957 (959); *M. Hoffmann-Becking* ZGR 2004, 355 (371 ff.).

644 *Seibt* NZA 2004, Heft 21, Umschlagseite IX (XI). Ohne Begründung *Kallmeyer* ZIP 2003, 1531 (1531). *Kalss/Greda* GesRZ 2004, 91 (102); *dies.* in Kalss/Hügel, SE-Kommentar, § 56 SEG Rn. 4 unterscheiden zwischen materieller und formeller Organqualität und sehen nur Erstere als gegeben an.

GmbH-Geschäftsführers erinnert.[645] Für diesen besteht ebenfalls die Möglichkeit, seine Position einem Dritten zuzusprechen.[646] Der GmbH-Geschäftsführer vertritt wie der geschäftsführende Direktor die Gesellschaft unbeschränkt nach außen, ist dabei aber an die Beschränkungen gebunden, die ihm durch die Gesellschafterversammlung auferlegt werden (§ 37 Abs. 1 GmbHG). Die maßgeblichen Entscheidungen zur Unternehmenspolitik fallen in der Gesellschafterversammlung, welche – vergleichbar dem Verwaltungsrat in der monistischen SE – oberstes Organ und Entscheidungszentrum der GmbH ist.[647] Das Weisungsrecht der Gesellschafterversammlung wird gleichfalls dadurch ergänzt, dass der GmbH-Geschäftsführer gem. § 38 Abs. 1 GmbHG jederzeit wieder abberufen werden kann.[648] Die Bestellung des GmbH-Geschäftsführers ist ebenfalls zwingend.[649] Da der GmbH-Geschäftsführer vor diesem Hintergrund zweifelsohne als Organ der GmbH angesehen wird,[650] ist denknotwendig auch von einer Organqualität des geschäftsführenden Direktors auszugehen.[651] Verfehlt ist jedoch die Schlussfolgerung, dass mit der Organqualität des geschäftsführenden Direktors ein Verstoß gegen die Vorschrift des Art. 38 lit. b SE-VO verbunden ist. Die Organqualität des geschäftsführenden Direktors besteht unabhängig von der Entscheidung, ob dieser aus den Reihen der Verwaltungsratsmitglieder stammen soll oder nicht. Bereits der Vergleich zum GmbH-Recht zeigt, dass die Zugehörigkeit einer Person zu zwei Organen möglich sein kann. Deshalb ist auch der interne geschäftsführende Direktor, neben seiner Zugehörigkeit zum Verwaltungsorgan, eigenständiges Organ der SE und nicht, wie vom Handelsrechtsausschuss des DAV angenommen, ein so genanntes „exekutives Teil-Organ" des Verwaltungsorgans, abgesehen davon, dass dieser Begriff im deutschen Aktienrecht nicht existiert. Ließe Art. 38 lit. b SE-VO nur die Bestellung

---

645 *Brandt* DStR 2003, 1208 (1212); *ders.* BB-Special 2/2005, 1 (3); *Frodermann* in Jannott/Frodermann, Handbuch SE, Kapitel 5 Rn. 141; *Ihrig/Wagner* BB 2003, 969 (975); *Merkt* ZGR 2003, 650 (663); *Nagel* DB 2004, 1299 (1304); *ders.* NZG 2004, 833 (836); *Teichmann* BB 2004, 53 (55); *ders.* in Lutter/Hommelhoff, Europ. Gesellschaft, S. 195 (206).

646 *Raiser*, Recht der Kapitalgesellschaften, S. 541; *Zöllner* in Baumbach/Hueck, GmbHG, § 35 Rn. 12.

647 Ausführlich zum Verhältnis des GmbH-Geschäftsführers zur Gesellschafterversammlung: *Raiser*, Recht der Kapitalgesellschaften, S. 537 und 539.

648 § 38 Abs. 1 GmbHG spricht zwar nur vom Widerruf der Bestellung. Es soll aber nicht der Bestellungsakt ex tunc rückgängig gemacht, sondern dessen Stellung als Geschäftsführer ex nunc beendet werden, weshalb auch hier allgemein der Begriff der Abberufung verwendet wird. Vgl. *Schneider* in Scholz, GmbHG, § 38 Rn. 14.

649 *Schneider* in Scholz, GmbHG, § 35 Rn. 12; *Zöllner* in Baumbach/Hueck, GmbHG, § 35 Rn. 1.

650 *Altmeppen* in Roth/Altmeppen, GmbHG, § 35 Rn. 1; *Lutter/Hommelhoff*, GmbHG, § 35 Rn. 1; *Raiser*, Recht der Kapitalgesellschaften, S. 537; *Sudhoff/Sudhoff*, Der Gesellschaftsvertrag der GmbH, S. 232; *Zöllner* in Baumbach/Hueck, GmbHG, § 35 Rn. 7.

651 So auch *Teichmann* BB 2004, 53 (54), der den geschäftsführenden Direktor als „ausführendes Organ des Verwaltungsrats" bezeichnet.

eines Organs zu, dürften überhaupt keine geschäftsführenden Direktoren bestellt werden. Dass dies nicht im Sinne des Verordnungsgebers liegt, zeigt der 14. Erwägungsgrund der SE-VO, der eine klare Abgrenzung von Geschäftsführung und Aufsicht fordert.

d) Rechtsvergleichende Auslegung

Enthält das nationale Aktienrecht noch keine Vorschriften über ein monistisches System, kann dieser Mitgliedstaat gem. Art. 43 Abs. 4 SE-VO „entsprechende Vorschriften" in Bezug auf die SE erlassen. Mit dieser Formulierung nimmt der europäische Gesetzgeber Bezug auf die in anderen Mitgliedstaaten bereits ausgeformten monistischen Systeme. Dieses Verständnis ergibt sich aus dem 14. Erwägungsgrund der SE-VO, welcher darauf hinweist, dass „in der Gemeinschaft hinsichtlich der Verwaltung der Aktiengesellschaften derzeit zwei verschiedene Systeme bestehen". Deshalb ist für die Auslegung des Art. 38 lit. b SE-VO die in den anderen Mitgliedstaaten bestehende Rechtslage von besonderer Bedeutung.

In Großbritannien, dem Mitgliedstaat, der zuvörderst mit dem monistischen System in Verbindung gebracht wird, zeigt sich zunehmend die Tendenz, die Geschäftsführung vollständig aus dem eigentlichen board herauszunehmen und einem „management board", der nur aus geschäftsführenden Personen besteht, zu übertragen. Wie die geschäftsführenden Direktoren im deutschen monistischen System, ist der management board mit der Führung der täglichen Geschäfte und der Vertretung der Gesellschaft nach außen beauftragt.[652] In Frankreich ist seit der Reform von 2001 eine personelle Teilung der Position des „Président Directeur Général" auf den „Président", also den Vorsitzenden des Verwaltungsrats, und auf den „Directeur Général", den geschäftsführenden Direktor, möglich (Art. 225-51-1 Code de Commerce). Der Directeur Général wird durch den Verwaltungsrat bestellt; er kann, muss aber nicht Mitglied des Verwaltungsrats sein. Gleiches gilt für die „Directeurs Généreaux Délégues", die übrigen geschäftsführenden Direktoren, von denen der Verwaltungsrat bis zu fünf dem Directeur Général zur Seite stellen kann (Art. 225-53 Code de Commerce). Der Directeur Général besitzt umfassende gesetzliche Vertretungsmacht und Geschäftsführungsbefugnis (Art. 225-56 Code de Commerce), wobei er wie der deutsche geschäftsführende Direktor im Innenverhältnis den bindenden Vorgaben des Verwaltungsrats unterliegt (Art. 225-35 Code de Commerce).[653] Beispielhaft ist auch die Entwicklung in Belgien, dessen Gesellschaftsrecht ebenalls dem monistischen System folgt. Schon früh etablierte es sich in der Praxis, einen wesentlichen Teil der Befugnisse des Verwaltungsrats auf einen Managementausschuss („Comité de Direction") oder, in kleineren Gesellschaften, einem Ma-

---

[652] *P. Davies* ZGR 2001, 268 (283); *Wendt*, Kontrolle der Geschäftsführung, S. 227.

[653] *M. Hoffmann-Becking* ZGR 2004, 355 (375); *Menjucq* ZGR 2003, 679 (680); *Teichmann* ZGR 2002, 383 (448).

nagement Director („Administrateur Délégué") zu übertragen, obwohl das belgische Gesellschaftsrecht diese Struktur nicht vorsah. Letztlich wurde dann doch die Notwendigkeit gesehen, die gesetzlichen Rahmenbedingungen an die allgemeine Entwicklung anzupassen, was im August 2002 erfolgte.[654] In Dänemark ist sogar nur das Modell mit der Auslagerung der täglichen Geschäftsführung gesetzlich verankert.[655] Auf die schwedische Rechtslage wurde bereits im Rahmen der systematischen Auslegung eingegangen. Angesichts der europaweiten Verbreitung ist es nicht vertretbar, allein das Modell mit interner Geschäftsführung als „echtes" monistisches System zu bezeichnen.[656]

Für *Hoffmann-Becking* ist die Ausgestaltung des monistischen Systems in anderen Mitgliedstaaten nicht ausreichend, um eine Kompetenz des deutschen Gesetzgebers für ein Modell mit externen geschäftsführenden Direktoren zu begründen. Für eine Übertragung der Geschäftsführung und der gesetzlichen Vertretung auf ein Gremium von Personen, die nicht dem Verwaltungsrat angehören, bedürfe es einer besonderen Ermächtigung, die zwar in einigen nationalen Aktienrechten für die dortigen Aktiengesellschaften enthalten sei, nicht aber in der SE-VO für die SE.[657] Dem ist entgegenzuhalten, dass der deutsche Gesetzgeber mit dem SEAG für die SE auf deutschem Territorium die Ermächtigung gerade schafft, womit die deutsche Rechtslage der der Vergleichsstaaten entspricht. Verfehlt ist die Annahme, dass der Verordnungsgeber eine Aufspaltung der Mitgliedstaaten in zwei Lager beabsichtigte: die, die bereits über ein monistisches System verfügen und welchen deshalb ein größerer Gestaltungsspielraum zustehen soll und die Mitgliedstaaten, die erst die entsprechenden Vorschriften umsetzen müssen. Eine solche Schlussfolgerung widerspräche nicht nur dem Sinn und Zweck der SE-VO, der Verwirklichung des Binnenmarktes durch eine weitgehende Rechtsangleichung auf dem Gebiet des Gesellschaftsrechts. Zudem hätte angesichts der europaweiten Verbreitung des monistischen Systems mit ausgelagerter Geschäftsführung ausdrücklich klargestellt werden müssen, dass es sich dabei nicht um ein monistisches System im Sinne des Art. 38 lit. b SE-VO handelt.

---

654 Loi modifiant le Code des sociétés et la loi du 2 mars 1989 relative à la publicité des participations importantes, dans les sociétés cotées en bourse et réglementant les offres publiques d'acquisition, v. 2. 8. 2002, veröffentlicht im Moniteur belge (belgisches Amtsblatt) v. 22. 8. 2002, zweiter Teil (abrufbar unter www.ejustice.just.fgov.be, Stand: 30.06.2006). Ausführlich zum belgischen Modell: *E. Hoffmann* Grundzüge belgisches Wirtschaftsrecht, S. 90; *Windbichler* ZGR 1985, 50 (68); *Wymeersch* ZGR 2004, 53 ff.

655 *Andersen* in Baums/Ulmer, Unternehmens-Mitbestimmung, S. 11 (12).

656 So aber *Roth* ZfA 2004, 431 (441 f.); *Seibt* NZA 2004, Heft 21, Umschlagsseite IX (XII).

657 *M. Hoffmann-Becking* ZGR 2004, 355 (372 und 376).

e) Historische Auslegung

Der historische Befund zur Entstehung der SE-VO bestätigt die Zulässigkeit einer Übertragung der Geschäftsführung auf Dritte. Art. 66 Abs. 2 S. 1 SE-VO des Entwurfs von 1989 beschränkte die Delegation der laufenden Geschäftsführungsmaßnahmen noch auf die Mitglieder des Verwaltungsorgans.[657] Bereits im Entwurf von 1991 erfuhr Art. 66 Abs. 2 S. 1 SE-VO jedoch eine Öffnung, welche auch die Bestellung von Dritten zu geschäftsführenden Direktoren ermöglichte.[658] In der weiteren Entstehungsgeschichte ist ein zunehmender Regelungsverzicht des europäischen Gesetzgebers zu verzeichnen, verbunden mit einer entsprechenden Gestaltungsermächtigung an die Mitgliedstaaten (Art. 43 Abs. 4 SE-VO). Daraus folgt, dass eine Auslagerung der Geschäftsführung auf Dritte in die Überlegungen des Verordnungsgebers einbezogen wurde und als monistisch im Sinne des Art. 38 lit. b SE-VO zu qualifizieren ist.

3. Ergebnis

Art. 43 Abs. 4 SE-VO überlässt die Entscheidung darüber, *wie* das monistische System im Einzelnen ausgestaltet ist, den Mitgliedstaaten. Während der mitbestimmungsfreien SE zwei Gestaltungsmöglichkeiten, nämlich das monistische Modell mit interner und das monistische Modell mit externer Geschäftsführung, zur Verfügung stehen, reduziert sich die Entscheidung einer paritätisch mitbestimmten SE faktisch auf das letztgenannte Modell. Da dieses jedoch selbst ein „echtes" monistisches System im Sinne des Art. 38 lit. b SE-VO darstellt, kann Ersteres in Verbindung mit der Vorschrift des § 35 SEBG für sich allein noch keinen Verstoß gegen die satzungsmäßige Wahlfreiheit des Art. 38 lit. b SE-VO begründen. Anderenfalls stünde dies in einem klaren Widerspruch zu der Grundidee des monistischen Systems und seiner vielgepriesenen Flexibilität.[659] Auch aus dem effet utile-Grundsatz lässt sich ein anderweitiges Ergebnis nicht herleiten, weil diesem keine kompetenzbegrenzende Wirkung zukommen kann.

---

657 Vorschlag einer Verordnung (EWG) des Rates über das Statut der Europäischen Aktiengesellschaft v. 25. 8. 1989, ABl. EG Nr. C 263 v. 16. 10. 1989, S. 69 ff. = BT-Drucks. 11/5427, S. 2 ff. = BR-Drucks. 488/89 (mit Begründung); dazu auch *Manz* in Manz/Mayer/Schröder, Europäische Aktiengesellschaft, Art. 43 SE-VO Rn. 13; *Mävers*, Mitbestimmung Europ. Aktiengesellschaft, S. 213.

658 Geänderter Vorschlag für eine Verordnung (EWG) des Rates über das Statut der Europäischen Aktiengesellschaften v. 16. 5. 1991, ABl. EG Nr. C 176 v. 8. 7. 1991, S. 1 ff. = BT-Drucks. 12/1004, S. 1 ff. (mit Begründung); dazu auch *Manz* in Manz/Mayer/Schröder, Europäische Aktiengesellschaft, Art. 43 SE-VO Rn. 13.

659 So zutreffend für den umgekehrten Fall: *Horn* DB 2005, 147 (151).

III. Vereinbarkeit des § 35 SEBG mit dem Diskriminierungsverbot

1. Begriff der Diskriminierung im Europäischen Gemeinschaftsrecht

Denkbar wäre, dass die mitbestimmungsrechtliche Gleichstellung von monistischem und dualistischem System gegen das Diskriminierungsverbot verstößt, welches in Art. 10 SE-VO und dem 5. Erwägungsgrund der SE-VO seinen speziellen Niederschlag gefunden hat. Auch hier ist daran zu erinnern, dass ein Verstoß allenfalls eine Änderung des § 35 SEBG de lege ferenda bewirken könnte. In Art. 10 SE-VO heißt es wie folgt:

> „Vorbehaltlich der Bestimmungen dieser Verordnung wird eine SE in jedem Mitgliedstaat wie eine Aktiengesellschaft behandelt, die nach dem Recht des Sitzstaats der SE gegründet wurde."

Mit anderen Worten verbietet Art. 10 SE-VO die Etablierung von Sonderregelungen für die SE, sofern diese nicht Deckung in speziellen Ermächtigungen der SE-VO finden.[661] Da die SE-RL entsprechend des 19. Erwägungsgrundes der SE-VO mit den Vorschriften der SE-VO eine untrennbare Einheit bildet, ist eine Ungleichbehandlung in Bezug auf die Mitbestimmung ebenfalls nur erlaubt, wenn die SE-RL einen diesbezüglichen Regelungsauftrag enthält. Weiterhin bestimmt der 5. Erwägungsgrund der SE-VO:

> „Die Mitgliedstaaten sind verpflichtet, dafür zu sorgen, dass die Bestimmungen, die auf Europäische Gesellschaften aufgrund dieser Verordnung anwendbar sind, weder zu einer Diskriminierung dadurch führen, dass die Europäischen Gesellschaften ungerechtfertigterweise anders behandelt werden als die Aktiengesellschaften, noch unverhältnismäßig strenge Auflagen für die Errichtung einer Europäischen Gesellschaft oder die Verlegung ihres Sitzes mit sich bringen."

Während Art. 10 SE-VO positiv die Gleichbehandlungspflicht normiert, drückt der 5. Erwägungsgrund mit dem Begriff der „Diskriminierung" nur negativ eine unzulässige Verletzung der positiven Gleichbehandlungspflicht aus.[662] Beide sind eine sekundärrechtliche Ausprägung des allgemeinen Gleichheitsgrundsatzes.[663] Der 5. Erwägungsgrund der SE-VO geht allerdings über das Gleichbehandlungsgebot des Art. 10 SE-VO insoweit hinaus, als dass er die Mitgliedstaaten selbst dann zu einer Gleichbehandlung von SE und nationaler Aktiengesellschaft verpflichtet, wenn die SE-VO und - wegen des 19. Erwägungsgrundes – die SE-RL die Schaffung eigenständiger Rechtsvorschriften in Bezug

---

661 *Kalss/Greda* in Kalss/Hügel, SE-Kommentar, Allg. Teil Rn. 30.

662 *Ipsen*, Gemeinschaftsrecht, S. 593; *Feige*, Gleichheitssatz, S. 17, 20; *M. Meyer*, Diskriminierungsverbot, S. 35; *Plötscher*, Begriff der Diskriminierung, S. 33; *Reitmaier*, Inländerdiskriminierungen, S. 10; *Schwarze*, Europäisches Verwaltungsrecht I, S. 545; *Zuleeg* in FS für Börner, S. 473 (474).

663 *Plötscher*, Begriff der Diskriminierung, S. 36 f.; *Zuleeg* in FS für Börner, S. 473 (474). In Abgrenzung zum allgemeinen Gleichbehandlungsgrundsatz soll im Folgenden der Begriff der Diskriminierung verwendet werden.

auf die SE erlauben. Betroffen hiervon ist die Vorschrift des Art. 43 Abs. 4 SE-VO, welche die Mitgliedstaaten, deren nationales Aktienrecht bislang das monistische System nicht kennt, dazu auffordert, entsprechende Vorschriften für die SE zu erlassen, ohne dass Art. 43 Abs. 4 SE-VO einen Regelungsanspruch hinsichtlich des übrigen Aktienrechts zur Einführung des monistischen Systems erhebt. Für die SE bedeutet dies, dass die Mitgliedstaaten bei erstmaliger Bereitstellung des monistischen Systems verpflichtet sind, dieses unabhängig von den strukturellen Unterschieden gleichwertig zum dualistischen System zu gestalten und es denselben Rahmenbedingungen zu unterwerfen. Davon eingeschlossen ist wiederum das Mitbestimmungsrecht, welches bislang nur für die dualistische Aktiengesellschaft und GmbH galt.

Allerdings liegt die Problematik der Vorschrift des § 35 SEBG nicht darin, dass sie die monistische SE gegenüber der nationalen Aktiengesellschaft einer abweichenden Mitbestimmungsregelung zuführt, sondern umgekehrt keine Differenzierung entsprechend ihren strukturellen Unterschieden vornimmt. Der Vorwurf liegt also in einer Gleichbehandlung von Ungleichem. Die vom EuGH gewählte Begriffsdefinition deutet darauf hin, dass – parallel zu Art. 3 Abs. 1 GG – auch diese Fallgruppe unter das gemeinschaftsrechtliche Diskriminierungsverbot fallen soll:

> „Nach ständiger Rechtsprechung liegt eine Diskriminierung vor, wenn unterschiedliche Vorschriften auf gleiche Sachverhalte angewandt werden oder wenn dieselbe Vorschrift auf ungleiche Sachverhalte angewandt wird."[664]

Tatsächlich hatte der EuGH aber bislang keinen Fall zu entscheiden, indem es wirklich auf die rechtliche Beurteilung einer Gleichbehandlung von Ungleichem ankam. So untersuchte der EuGH trotz dieser Definition durchweg allein die Zulässigkeit von Differenzierungen, nicht jedoch von fehlenden Differenzierungen.[665] Soweit in der Literatur überhaupt eine Auseinandersetzung mit dieser Fallgruppe stattfindet, wird entgegen der Begriffsdefinition des EuGH eine Anwendung derjenigen Diskriminierungsverbote abgelehnt, die spezielle Diskriminierungskriterien nennen und deren Tatbestand deshalb gleiche Sachverhalte denknotwendig nicht erfassen kann.[666] Art. 10 SE-VO und Erwägungsgrund 5 unterscheiden sich hiervon, als dass sie nur allgemein von „Diskriminie-

---

664 EuGH, Urteil v. 27. 10. 1998, Slg. 1998 I, 6401 (6455) (Boyle); ähnlich bereits in Urteil v. 16. 7. 1956, Slg. 1955/56, 197 (322) (Fédération Charbonnière de Belgique/Hohe Behörde); Urteil v. 29. 11. 1956, Slg. 1955/56, 331 (369) (Société des Charbonnages/Hohe Behörde); Urteil v. 17. 7. 1963, Slg. 1963, 357 (384) (Italien/Kommission); Urteil v. 23. 2. 1983, Slg. 1983, 371 (387 f.) (Wagner); Urteil v. 14. 2. 1995, Slg. 1995 I, 225 (259) (Schumacker).

665 So zumindest die Analyse von *Plötscher*, Begriff der Diskriminierung, S. 90 f. und 270.

666 *Glöckner* EuR 2000, 592 (597 f.); *M. Meyer*, Diskriminierungsverbot, S. 35; *Plötscher*, Begriff der Diskriminierung, S. 70 f., 279, 296 und 319; *Steindorff* ZHR 158 (1994), 149 (161 f.).

rung“ oder „wird [...] wie eine Aktiengesellschaft behandelt“ sprechen, ohne konkrete Diskriminierungstatbestände vorzugeben. Als so gen. allgemeine Diskriminierungsverbote lassen sie genügend Spielraum, dass jede Gleichbehandlung durch einen Wechsel des Vergleichspunktes zugleich als Ungleichbehandlung angesehen werden kann.[666] So behandelt § 35 SEBG den mitbestimmten Aufsichtsrat und den mitbestimmten Verwaltungsrat zwar formal gleich. Bezogen auf die mit § 35 SEBG verbundene Rechtsfolge liegt jedoch eine Ungleichbehandlung vor, da die unterschiedlichen Funktionen von Aufsichts- und Verwaltungsrat der paritätischen Mitbestimmung ein jeweils unterschiedliches Gewicht verleihen. Anders als im Rahmen des Art. 3 Abs. 1 GG kommt deshalb der Gleichbehandlung von unvergleichbaren Sachverhalten im Rahmen des gemeinschaftsrechtlichen Diskriminierungsbegriffs keine eigenständige Bedeutung zu, sondern ist wie im hiesigen Fall als Ungleichbehandlung zu begreifen.[667]

2. *Rechtfertigung der Diskriminierung*

Bedeutung hat dies für die Rechtfertigung der Diskriminierung: Während im Rahmen des Art. 3 Abs. 1 GG der Spielraum einer Gleichbehandlung von Ungleichem größer ist als bei einer Ungleichbehandlung von Gleichem,[668] unterliegen nach dem gemeinschaftsrechtlichen Diskriminierungsbegriff beide Fallgruppen demselben Rechtfertigungsmaßstab. Der EuGH stellt indes darauf ab, ob die ungleiche Behandlung „objektiv gerechtfertigt“ ist.[669] Welche Anforderungen die nationalen Bestimmungen konkret dafür erfüllen müssen, lässt sich aus den Entscheidungen des EuGH nicht einheitlich erschließen. Erkennbar ist zumindest, dass er dem nationalen Gesetzgeber einen breiten Ermessensspielraum einräumt.[670] Im Rahmen allgemeiner Diskriminierungsverbote ist häufig die Verknüpfung der objektiven Rechtfertigung mit dem Willkürverbot anzutreffen,[671]

---

666 Vgl. zu Art. 34 Abs. 2 UAbs. 2 EGV: EuGH, Urteil v. 21. 2. 1979, Slg. 1979, 713 (723) (Stölting/Hauptzollamt Hamburg-Jonas); Urteil v. 29. 6. 1988, Slg. 1988, 3443 (3461) (Van Landschoot/ Mera) und *Plötscher*, Begriff der Diskriminierung, S. 91.

667 *Plötscher*, Begriff der Diskriminierung, S. 91 f.

668 *Bleckmann*, Staatsrecht II, S. 637 f.; *Jarass* in Jarass/Pieroth, GG, Art. 3 Rn. 28.

669 EuGH, Urteil v. 24. 10. 1973, Slg. 1973, 1055 (1074) (Merkur/Kommission); Urteil v. 13. 6. 1978, Slg. 1978, 1317 (1333) (Denkavit/Finanzamt Warendorf); Urteil v. 13. 11. 1984, Slg. 1984, 3791 (3800 f.) (Racke/Hauptzollamt Mainz); Urteil v. 29. 6. 1988, Slg. 1988, 3443 (3461) (Van Landschoot/Mera); *Schwarze*, Europäisches Verwaltungsrecht I, S. 568 ff. m. w. N. Eine dogmatisch richtige strikte Trennung zwischen Tatbestand und Rechtfertigung führt der EuGH nicht immer durch. Teilweise lehnt er bereits die Vergleichbarkeit ab. Vgl. dazu *Plötscher*, Begriff der Diskriminierung, S. 64 ff. und 92; *Schwarze*, Europäisches Verwaltungsrecht I, S. 558 ff. m. w. N.

670 *Kischel* EuGRZ 1997, 1 (5); *Plötscher*, Begriff der Diskriminierung, S. 93; *Zuleeg* in FS für Börner, S. 473 (481).

671 Zu Art. 34 Abs. 2 UAbs. 2 EGV: EuGH, Urteil v. 15. 9. 1982, Slg. 1982, 2885 (2921) (Kind/EWG); Urteil v. 17. 5. 1988, Slg. 1988, 2647 (2673) (Erpelding); Urteil v. 21. 2. 1990, Slg. 1990 I, 435 (482) (Wuidart); *Kischel* EuGRZ 1997, 1 (5); *Plötscher*, Begriff

was dafür spricht, dass auch ein Verstoß des § 35 SEBG gegen Art. 10 SE-VO und den 5. Erwägungsgrund der SE-VO nur dann anzunehmen ist, wenn die formale Gleichstellung von mitbestimmten Aufsichtsrat und mitbestimmten Verwaltungsrat willkürlich erscheint. Dafür müsste die Verschiedenheit so bedeutsam sein, dass ihre Gleichstellung mit einer am Gerechtigkeitsgedanken orientierten Betrachtungsweise unerträglich erscheint.[673] Der Gesetzgeber muss nicht die richtigste oder zweckmäßigste Regelung treffen, sondern lediglich die äußersten Grenzen wahren.

Eine mit der formalen Betrachtungsweise des § 35 SEBG verbundene Grenzüberschreitung ist angesichts des offenen Tatbestandes der parallelen Ermächtigungsnorm des 3. Teils des Anhangs zur SE-RL kaum sachlich begründbar. Dessen Auslegung ergab, dass er sich für die Mitgliedstaaten lediglich als ein Mindeststandard zum Erhalt der bestehenden Mitbestimmungsrechte der Arbeitnehmer darstellt. Anderenfalls hätte der europäische Gesetzgeber nicht eine Rechtsangleichung, sondern eine Rechtsvereinheitlichung bezweckt, was angesichts der Rechtsnatur der Richtlinie wiederum einer ausdrücklichen Klarstellung bedurft hätte.[674] § 35 SEBG schießt zwar über die Zielsetzung der SE-RL hinaus, wovon dessen Richtlinienkonformität jedoch unberührt bleibt. Die Annahme einer Überschreitung der Willkürlichkeitsgrenze stünde hierzu in einem systematischen Widerspruch, zumal die Beteiligung der Arbeitnehmer in der SE in § 1 Abs. 4 SE-VO primär dem Regelungsbereich der SE-RL zugewiesen ist. Zudem hat die nominale Anordnung des § 35 SEBG gegenüber einer funktionalen Betrachtungsweise den, wenn auch bestreitbaren, Vorteil, dass sie den Vorher-Nachher-Vergleich erleichtert und die Schaffung eines eigenständigen Mitbestimmungsregimes für die monistische SE entbehrlich macht. Schließlich ist zu beachten, dass sich die Problematik des paritätisch mitbestimmten Verwaltungsrats ausschließlich dann verschärft, wenn die geschäftsführenden Direktoren aus den Reihen des Verwaltungsrats bestellt werden, während sich beim Modell der externen geschäftsführenden Direktoren der funktionelle Unterschied zum dualistischen System mitbestimmungsrechtlich nur marginal niederschlägt. Unter Zugrundelegung des vom EuGH zugestandenen weiten Ermessensspielraums ist die formale Gleichsetzung von mitbestimmtem Aufsichtsrat und mitbestimmtem Verwaltungsrat nicht willkürlich. Ein Verstoß des § 35 SEBG gegen das Diskriminierungsverbot ist folglich nicht gegeben.

---

der Diskriminierung, S. 93; *Schwarze*, Europäisches Verwaltungsrecht I, S. 568 ff.; *Zuleeg* in FS für Börner, S. 473 (481).

673 So BVerfG, Urteil v. 3. 12. 1980, BVerfGE 55, 261 (269). Der EuGH nimmt selbst nur eine einzelfallbezogene Konkretisierung des Willkürlichkeitsbegriffs vor.

674 *Grundmann* JZ 1996, 274 (277 ff.); *Lutter* JZ 1992, 593 (606). Allgemein zur Möglichkeit des Gesetzgebers, über die Standard der Richtlinie hinauszugehen: *Bleckmann* RIW 1987, 929 (932 f.); *Everling* in FS für R. Schmidt, S. 165 (170); *Jarass* NJW 1990, 2420 (2421); *Steindorff* EuZW 1990, 251 (253) und auch BGH, Urteil v. 15. 1. 1990, NJW 1990, 982 (982).

E. Die paritätische Mitbestimmung vor dem Grundgesetz

Der gegenüber der SE-RL angelegte strengere Mitbestimmungsmaßstab des § 35 SEBG wirft indessen die Frage nach dessen Vereinbarkeit mit dem Grundgesetz auf. Indem § 35 SEBG zu einer nominalen Übertragung der paritätischen Mitbestimmung auf den Verwaltungsrat der SE zwingt, scheint die Diskussion zur Verfassungsmäßigkeit der paritätischen Mitbestimmung, welche in den siebziger Jahren des letzten Jahrhunderts mit Inkraftreten des MitbestG entfachte und deren Abschluss das Mitbestimmungsurteil des Bundesverfassungsgerichts vom 1. 3. 1979[675] bildete, über dreißig Jahre später eine Neuauflage zu erleben.

I. Meinungsstand

Im Mittelpunkt der Auseinandersetzung zur Verfassungsmäßigkeit des § 35 SEBG steht das Eigentumsrecht der Anteilseigner. Verbreitet wird dessen Verletzung durch den deutschen Gesetzgeber bejaht[676] und auf folgende Argumentation gestützt: Der Stichentscheid des Vorsitzenden eröffne den Anteilseignern zwar einen Weg, um sich gegenüber den Arbeitnehmervertretern durchzusetzen und damit das vom Bundesverfassungsgericht geforderte Letztentscheidungsrecht zu verwirklichen. Sie wären aber zu einer einheitlichen Stimmabgabe gezwungen. Eine Durchsetzung eigenständiger Positionen der Anteilseigner wäre faktisch unmöglich.[677] Die Existenz verfassungsrechtlich unproblematischer Organisationsmodelle sei unerheblich. Das dualistische Modell eigne sich häufig nicht. Die Bestellung externer geschäftsführender Direktoren begegne selbst verfassungsrechtlichen Einwänden.[678] Weiterhin müsse sich die führende Rolle der Anteilseigner in der personalen Zusammensetzung des Leitungsgremiums zumindest widerspiegeln. Eine qualifizierte Mehrheit (etwa von zwei Dritteln) der Anteilseignervertreter im Verwaltungsrat trüge den Anforderungen des Mitbestimmungsurteils und damit der Eigentumsgarantie Rechnung, hingegen nicht das Modell einer numerisch-paritätischen Mitwirkung der Arbeitnehmer.[679] Schließlich wäre die effektive Kontrolle der Geschäftsleitung in einer echten

---

[675] BVerfG, Urteil v. 1. 3. 1979, BVerfGE 50, 290 ff. Aus der älteren Literatur dazu nur *Badura*, Paritätische Mitbestimmung; *Nagel*, Paritätische Mitbestimmung; *Papier* ZGR 1979, 444 ff.; *Raiser* JZ 1979, 489 ff.; *Rehbinder* ZGR 1979, 484 ff.; *Rittner* JZ 1979, 743 ff.; *Säcker* RdA 1979, 380 ff. Aus der jüngeren Literatur dazu nur *Schupp*, Mitbestimmungsbeibehaltung, S. 53 ff.

[676] *Gruber/Weller* NZG 2003, 297 (299); *Jacobs* in Münch. Komm. zum AktG, § 35 SEBG Rn. 18 ff.; *Kämmerer/Veil* ZIP 2005, 369 ff.; *Roth* ZfA 2004, 431 (452 ff.); BDA, BDI, DIHK, GDV, BdB und Dt. Aktieninstitut, Gemeinsame Stellungnahme, S. 2. In der Tendenz auch: *Henssler* in FS für Ulmer, S. 193 (202); *Horn* DB 2005, 147 (152); *Kallmeyer* ZIP 2003, 1531 (1534); *Wisskirchen/Prinz* DB 2004, 2638 (2641) und bereits *Wunsch-Semmler*, Entwicklungsrichtlinien, S. 78.

[677] *Jacobs* in Münch. Komm. zum AktG, § 35 SEBG Rn. 20; *Kämmerer/Veil* ZIP 2005, 369 (372 f.); *Roth* ZfA 2004, 431 (453 f.).

[678] *Kämmerer/Veil* ZIP 2005, 369 (374).

[679] *Kämmerer/Veil* ZIP 2005, 369 (375).

monistischen SE, in der einer oder mehrere geschäftsführende Direktoren aus dem Kreis der im Verwaltungsrat vertretenen Anteilseignervertreter stammen, in die Hände der Arbeitnehmervertreter gelegt. Die Majorisierung eines Kontrollgremiums durch eine mit Eigeninteressen ausgestattete Gruppe widerspreche dem gesellschaftsrechtlichen Erfordernis einer unabhängigen Kontrolle.[680]

Neben dem Eigentumsrecht der Anteilseigner wird die Verfassungskonformität des § 35 SEBG im Hinblick auf das Eigentumsrecht der SE als Unternehmensträger in Frage gestellt. Die Arbeitnehmer stünden als gleichzeitige Vertragspartner des Unternehmens in einem durch gegenläufige Interessen geprägten Austauschverhältnis. Einerseits hätten sie unmittelbar Einfluss auf die Geschäftsführung und treten quasi als Arbeitgeber auf, andererseits seien sie Arbeitnehmer des selbigen Unternehmens. Dies stelle einen verfassungsrechtlichen unzulässigen Eingriff in die unternehmerische Entscheidungsfreiheit dar.[681]

II. Stellungnahme

1. § 35 SEBG als nationaler Umsetzungsakt europäischen Gemeinschaftsrechts – Die Grundrechte als Prüfungsmaßstab?

Vorab ist zu klären, ob die Vorschrift des § 35 SEBG überhaupt anhand des Grundgesetzes überprüft werden kann. In ihrer Erscheinung als Umsetzungsnorm der SE-RL, könnten für deren Kontrolle allein die Gemeinschaftsgrundrechte maßgeblich sein. Die verfassungsrechtliche Überprüfung von Gemeinschaftsrecht ist seit der „Solange II"-Entscheidung[682] erheblich eingeschränkt. Das Bundesverfassungsgericht hat seine Rechtskontrolle eingestellt, solange der EuGH einen ausreichenden Grundrechtsschutz gewährleistet. Dieser tendiert zwar dazu, den Mitgliedstaaten in Bezug auf die wirtschaftsbezogenen Grundrechte wie das Eigentumsrecht einen weiten Ermessensspielraum zuzusprechen und die Überprüfung auf eine Evidenzkontrolle zu beschränken.[683] Zweck und Rechtfertigung der Zurücknahme der bundesverfassungsgerichtlichen Kontrolle und damit des nationalen Schutzstandards wird jedoch darüber hinaus in der Bewahrung der einheitlichen Geltung des Gemeinschaftsrechts gesehen.[684] Das Bundesverfassungsgericht hat seine Zuständigkeit ausdrücklich für unmittelbar

---

680 *Kämmerer/Veil* ZIP 2005, 369 (375).

681 BDA, BDI, DIHK, GDV, BdB und Dt. Aktieninstitut, Gemeinsame Stellungnahme, S. 2; *Henssler* in FS für Ulmer, S. 193 (202); *Reichert/Brandes* ZGR 2003, 767 (790) halten es für zweifelhaft, ob dadurch bereits Art. 14 Abs. 1 GG verletzt ist.

682 BVerfG, Urteil v. 22. 10. 1986, BVerfGE 73, 339 ff.

683 EuGH, Urteil v. 5. 10. 1994, Slg. 1994 I, 4973 (5068) (Deutschland/Rat); Urteil v. 13. 12. 1994, Slg. 1994 I, 5555 (5581) (SMW Winzersekt); *Bleckmann*, Europarecht, Rn. 470; *J. Casper* DÖV 2000, 349 (355 f. und 359); *Ehlers* in Ehlers, Europäische Grundrechte, § 7 VII 3 Rn. 85; *Hommel*, Grundrechtsschutz, S. 107 ff.; *Jacobs* in Münch. Komm. AktG, § 35 SEBG Rn. 18; *Kämmerer/Veil* ZIP 2005, 369 (371).

684 *Bleckmann* in Bleckmann, Europarecht, Rn. 448; *Stein* in FS für Zeidler, S. 1711 (1727).

geltendes Gemeinschaftsrecht, den EG-Vertrag und Verordnungen im Sinne des Art. 249 Abs. 2 EG-Vertrag, ausgeschlossen.[685] Die SE-RL grenzt sich davon ab, weil sie keine unmittelbare Rechtswirkung gegenüber dem Einzelnen entfaltet, sondern von der Umsetzung in nationales Recht durch das SEBG abhängig ist (Art. 249 Abs. 3 EG-Vertrag). Das SEBG bleibt trotz der europäischen Vorgaben ein Akt deutscher Hoheitsgewalt und ist als solcher dem Grundgesetz unterworfen.[686] Um zu vermeiden, dass über die Anwendung des SEBG die Richtlinie selbst zum Gegenstand einer verfassungsrechtlichen Kontrolle wird, ist das SEBG einer Überprüfung entzogen, soweit der Inhalt durch die SE-RL zwingend vorgegeben ist.[687] Diejenigen, die den Wortlaut der SE-RL als zwingend für eine nominale Übertragung der Mitbestimmungsregeln auf den Verwaltungsrat der SE ansehen,[688] sind folglich von einer Rechtfertigung vor dem Grundgesetz befreit.[689] Nach der hier vertretenen Auffassung lässt die SE-RL einen ausreichenden Gestaltungsspielraum, der eine Überprüfung des § 35 SEBG auf seine Vereinbarkeit mit dem Grundgesetz erlaubt.

2. *Die paritätische Mitbestimmung in der monistischen SE im Lichte der Eigentumsgarantie der Anteilseigner*

a) Der soziale Bezug des Anteilseigentums - die vom Bundesverfassungsgericht gezogenen Grenzen der Sozialbindung

Das Anteilseigentum spaltet sich in ein mitgliedschaftliches und ein vermögensrechtliches Element. Letzteres zeichnet sich dadurch aus, dass der Anteilseigentümer über sein Anteil verfügen und ihn nutzen kann. Eine Verletzung des vermögensrechtlichen Elements des Anteilseigentums ist erst dann gegeben, wenn es so stark beeinträchtigt ist, dass Substanz und Zuordnungsverhältnis nicht mehr erhalten sind, das Anteilseigentum also faktisch wertlos ist.[690] Angesichts dieser hohen Anforderungen berührt die mit § 35 SEBG verbundene paritätische Mitbestimmung im Verwaltungsrat der SE deshalb allenfalls das mitgliedschaftliche Element des Anteilseigentums, welches sich durch seine gesell-

---

685 *J. Casper* DÖV 2000, 349 (351 f.); *Stein* in FS für Zeidler, S. 1711 (1726).

686 Vgl. dazu allgemein: *Bleckmann* in Bleckmann, Europarecht, Rn. 420; *Stein* in FS für Zeidler, S. 1711 (1726); *Streinz* in Isensee/Kirchhof, Handb. Staatsrecht VII, § 182 Rn. 57.

687 *Bleckmann* in Bleckmann, Europarecht, Rn. 444; *Stein* in FS für Zeidler, S. 1711 (1726).

688 *Kienast* in Jannott/Frodermann, Handbuch SE, Kapitel 13 Rn. 280; *Kleinsorge* in Baums/Cahn, Europäische Aktiengesellschaft, S. 140 (149); *Köstler* ZGR 2003, 800 (804 f.); *ders.* DStR 2005, 745 (748); *ders.* in Theisen/Wenz, Europäische Aktiengesellschaft, S. 331 (361); *Nagel/Köklü* ZESAR 2004, 175 (179); *Niklas* NZA 2004, 1200 (1203 f.); *Nagel* in Nagel/Freis/Kleinsorge, Beteiligung SE, 2. Teil Rn. 74; *Wisskirchen/Prinz* DB 2004, 2638 (2641); DGB, Stellungnahme zur SE-Richtlinie, S. 8.

689 Zutreffend *Schwarz*, SE-VO, Art. 43 Rn. 94.

690 *Kämmerer/Veil* ZIP 2005, 369 (371); *Nagel*, Paritätische Mitbestimmung, S. 53.

schaftsrechtliche Einbindung auszeichnet. Der Anteilseigner nimmt seine Verwaltungsrechte regelmäßig über die Organe der Gesellschaft wahr.[690] Handelt es sich dabei in der dualistischen Gesellschaft um die Hauptversammlung, den Aufsichtsrat und den Vorstand, werden in der monistischen SE die unternehmerischen Entscheidungen in der Hauptversammlung und im Verwaltungsrat getroffen. Typischerweise fallen also der Gebrauch des Eigentums und die Verantwortung für diesen Gebrauch beim Anteilseigentum auseinander. Dies gilt unabhängig davon, ob die jeweilige Gesellschaft dualistisch oder monistisch organisiert ist, da nach der Rechtsprechung des Bundesverfassungsgerichts die Verlagerung von Zuständigkeiten eines Gesellschaftsorgans auf ein anderes für sich genommen nicht ausreicht, um eine Substanzverletzung des Anteilseigentums anzunehmen.[691]

Der vom Bundesverfassungsgericht als eine Art Wesensgehalt der Grundrechte angesehene „personale Bezug" des Anteilseigentums ist weniger ausgeprägt als es beim Sacheigentum üblicherweise der Fall ist.[692] Demgegenüber haften dem Anteilseigentum ein weittragender sozialer Bezug und eine bedeutende soziale Funktion an.[693] Der soziale Bezug äußert sich darin, dass Nutzung und Verfügung nicht lediglich innerhalb der Sphäre des Eigentümers bleiben, sondern Belange Dritter berühren, die auf die Nutzung dieses Eigentums angewiesen sind. Daran anknüpfend sind die Grenzen für eine Überschreitung einer zulässigen Inhalts- und Schrankenbestimmung relativ hoch angesetzt, da das Bundesverfassungsgericht die Befugnis des Gesetzgebers zur Inhalts- und Schrankenbestimmung um so weiter sieht, je mehr das Eigentum in einem sozialen Bezug oder in einer sozialen Funktion steht.[694]

Die Grenze der Sozialbindung des Anteilseigentums ist erst dann erreicht, wenn über das im Unternehmen investierte Kapital gegen den Willen aller Anteilseigner entschieden werden kann, diese aufgrund der Mitbestimmung die Kontrolle über die Führungsauswahl im Unternehmen verlieren oder ihnen das Letztentscheidungsrecht entzogen wird.[695]

b) Das Letztentscheidungsrecht und die Mehrheitsfähigkeit der Anteilseigner

Die Möglichkeit, die Hälfte des Verwaltungsrats mit Arbeitnehmervertretern zu besetzen, berücksichtigt Art. 45 S. 2 SE-VO, der für diesen Fall vorschreibt,

---

690 BVerfG, Urteil v. 1. 3. 1979, BVerfGE 50, 290 (342). *Stumpf* NJW 2003, 9 (11).

691 BVerfG, Urteil v. 1. 3. 1979, BVerfGE 50, 290 (346); vgl. auch *Stumpf* NJW 2003, 9 (10 f.).

692 BVerfG, Urteil v. 1. 3. 1979, BVerfGE 50, 290 (347 f.).

693 BVerfG, Urteil v. 1. 3. 1979, BVerfGE 50, 290 (348).

694 BVerfG, Urteil v. 1. 3. 1979, BVerfGE 50, 290 (340 f.). Kritisch zu der Differenzierung: *Badura*, Paritätische Mitbestimmung, S. 41; *Papier* ZGR 1979, 444 (462 f.).

695 BVerfG, Urteil v. 1. 3. 1979, BVerfGE 50, 290 (350); hierzu nur *Rehbinder* ZGR 1979, 471 (484 ff.).

dass zum Verwaltungsratsvorsitzenden nur ein Anteilseignervertreter gewählt werden darf. Der Grund liegt darin, dass Art. 50 Abs. 2 S. 2 SE-VO bei Stimmengleichheit den Stichentscheid dem Verwaltungsratsvorsitzenden zuweist und damit über seine Person das Letztentscheidungsrecht der Anteilseignerseite sicherstellt. Innerhalb des Gesamtorgans Verwaltungsrat bleibt über die Person des von der Anteilseignerseite gestellten Vorsitzenden die Mitbestimmung der Arbeitnehmer dadurch hinter einer paritätischen Mitbestimmung zurück.

Verfassungsrechtliche Bedenken könnten sich deshalb ergeben, weil § 40 Abs. 1 S. 1 SEAG dem Verwaltungsrat die Bestellung mindestens eines geschäftsführenden Direktors vorschreibt, welcher gem. § 40 Abs. 1 S. 2 SEAG auch aus den eigenen Reihen stammen kann. Entscheidet sich der Verwaltungsrat für diese Option, verschiebt sich das Kräfteverhältnis innerhalb der verbleibenden nicht geschäftsführenden Mitglieder zugunsten der Arbeitnehmervertreter. [697] Allerdings zeichnet sich das monistische System gegenüber dem dualistischen System dadurch aus, dass es Kontrolle und Leitung der SE in einem Organ vereint und die personelle Differenzierung zwischen geschäftsführenden und nicht geschäftsführenden Verwaltungsratsmitgliedern allenfalls eine faktische Trennung der beiden Funktionen fördern soll, während das dualistische System jene institutionell voraussetzt. Gem. § 22 Abs. 1 SEAG bleibt die Leitung der Gesellschaft, unabhängig von der Übertragung bestimmter Geschäftsführungsmaßnahmen an die geschäftsführenden Direktoren, beim Verwaltungsrat. Er ist nicht nur gegenüber den geschäftsführenden Direktoren weisungsberechtigt, sondern kann bestimmte Geschäftsführungsmaßnahmen jederzeit wieder an sich ziehen. Die geschäftsführenden Direktoren sind ihm persönlich und sachlich unterstellt und können gem. § 40 Abs. 5 SEAG jederzeit wieder abberufen werden. Innerhalb des Verwaltungsrats sind die von den einzelnen Mitgliedern wahrzunehmenden Aufgaben nicht von vornherein auf bestimmte Bereiche beschränkt. Die nicht geschäftsführenden Verwaltungsratsmitglieder müssen nicht zwingend nur mit Kontrollaufgaben betraut werden, genauso wenig wie die geschäftsführenden Verwaltungsratsmitglieder ausschließlich Aufgaben der Geschäftsführung wahrzunehmen haben.[698] Rechtlich sind alle Mitglieder des Verwaltungsrats als Einheit zu betrachten, unabhängig von der Tatsache, dass einzelne von ihnen zugleich geschäftsführende Positionen wahrnehmen. Sie bleiben Teil des Verwaltungsrats und verfügen über das volle Stimmrecht. Der Stichentscheid des

---

697 Das SEAG stellt zwar keine persönlichen Anforderungen an die geschäftsführenden Direktoren, so dass an sich auch Arbeitnehmervertreter zu geschäftsführenden Direktoren bestellt werden können. Im Regelfall kann aber aufgrund des Stichentscheids des Verwaltungsratsvorsitzenden davon ausgegangen werden, dass diese Positionen auf Anteilseignervertreter übertragen werden. A. A. *Ihrig/Wagner* BB 2004, 1749 (1758); *Kallmeyer* ZIP 2003, 1531 (1534); *Seibt* NZA 2004, Heft 21, Umschlagseite IX (XI) die die Bestellung von Arbeitnehmervertretern zu geschäftsführenden Direktoren sogar als rechtlich unzulässig ansehen.

698 Ähnlich auch *Schwarz*, SE-VO, Art. 43 Rn. 82.

Verwaltungsratsvorsitzenden sichert das Letztentscheidungsrecht und damit die Mehrheitsfähigkeit der Anteilseignerseite ab.

Roth hält die Vorschrift des § 35 SEBG dennoch für verfassungsrechtlich bedenklich, weil sie bei paritätischer Mitbestimmung eine eigenständige und auf die Vertretung eigenständiger Positionen gerichtete Vertretung der Minderheitsaktionäre von vornherein unmöglich mache und die Minderheitsvertreter verpflichte, mit der Mehrheit der Anteilseignervertreter zu stimmen.[699] *Roth* berücksichtigt nicht, dass das Bundesverfassungsgericht die Interessen der Minderheitsaktionäre ausdrücklich hinter die der Arbeitnehmer stellt. Es genüge, wenn die Anteilseigner in ihrer Gesamtheit den maßgeblichen Einfluss im Unternehmen behalten. Solange die Anteilseignerseite aufgrund der rechtlichen Regelung das Übergewicht habe, könne auch allein in dem Umstand, dass sie dieses bei Zusammengehen einer Minderheit mit der Arbeitnehmerseite verlieren kann, keine rechtlich relevante Struktur- oder Substanzveränderung des Anteilseigentums erblickt werden.[700]

Teilweise wird ein Geltungsanspruch dieser Argumentation für den mitbestimmten Verwaltungsrat der SE bestritten. Das Bundesverfassungsgericht hätte das strukturelle Konfliktpotential mit Blick auf die beschränkten Funktionen eines Aufsichtsrats beurteilt. Es sei schwerlich denkbar, dass eine dem Willen der Eigentümermehrheit widersprechende Unternehmensleitung von der sozialen Bindung des Anteilseigentums legitimiert werde. Die Anteilseigner hätten in diesem Organ nur noch die Wahl zwischen Majorisierung oder Zwangskollektivierung ihrer Interessen. Den Arbeitnehmern könne es u. U. nicht schwer fallen, die Arbeitgeber im Falle struktureller Verwerfungen der Arbeitgeberbank sowie im Einzelfall zu überstimmen und damit mit ihrer Mehrheit Leitungsentscheidungen für das Unternehmen zu treffen. Wenn die Vertreter der Anteilseigner dies verhindern wollten, müssten sie eine Front bilden, wobei der Individualposition des einzelnen Anteilseigners dem Kollektiv zum Opfer gebracht werde.[701] Die Mehrheitsfähigkeit der Arbeitnehmervertreter würde allerdings voraussetzen, dass diese erstens ihre Stimme einheitlich abgegeben und zweitens mindestens einen Anteilseignervertreter für sich gewinnen können. Dies genügt nach der Rechtsprechung des Bundesverfassungsgerichts nicht, um auf einen unverhältnismäßigen Eingriff in das Eigentum der Anteilseigentümer schließen. Denn die Arbeitnehmerbank sei nicht homogen zusammengesetzt. Zwar müsse mit einem einheitlichen Abstimmungsverhalten gerechnet werden und es mögen sogar typischerweise Fraktionsbildungen zu erwarten sein. Aber dass sich die verschiedenen Arbeitnehmergruppen stets zu geschlossener Stimmabgabe zusammenfinden werden, könne angesichts der deutlichen Interessenunterschiede zwischen

---

699 *Roth* ZfA 2004, 431 (453 f.).

700 BVerfG, Urteil v. 1. 3. 1979, BVerfGE 50, 290 (346).

701 *Kämmerer/Veil* ZIP 2005, 369 (373). Ähnlich *Jacobs* in Münch. Komm. AktG, § 35 SEBG Rn. 20.

diesen Gruppen nicht angenommen werden. Auf der anderen Seite fehle es an Anhaltspunkten dafür, dass sich die Anteilseignerseite in der Regel nicht einheitlich verhalten werde. Sofern es zu Fraktionsbildungen komme, könne nicht davon ausgegangen werden, dass diese sich auf die Arbeitnehmer beschränken werden.[702] Der mitbestimmte Verwaltungsrat unterscheidet sich insoweit nicht von einem mitbestimmten Aufsichtsrat, denn auch innerhalb des Verwaltungsrats sind Fraktionsbildungen nicht zwangsläufig mit der Eigenschaft als Arbeitnehmervertreter verbunden.

Ist ein geschäftsführendes Verwaltungsratsmitglied aus rechtlichen Gründen gehindert, an der Beschlussfassung im Verwaltungsrat teilzunehmen, sichert § 35 Abs. 3 SEAG über einen Stimmenzuwachs in der Person des Verwaltungsratsvorsitzenden die Mehrheitsfähigkeit der Anteilseignerseite ab. Nicht auszuschließen ist, dass im Einzelfall die Arbeitnehmervertreter ein Übergewicht im Verwaltungsrat bilden, z. B. weil der Verwaltungsratsvorsitzende oder andere Anteilseignervertreter bei Abstimmungen aus rein tatsächlichen Gründen fehlen. Allerdings kann die Abwesenheit nicht als Regelfall angesehen werden, und das SEAG sieht auch für diese Fälle Kompensationsmöglichkeiten vor. Nach § 34 Abs. 1 SEAG ist für den Vorsitzenden gleichzeitig ein Stellvertreter aus der Mitte des Verwaltungsrats zu wählen, der die Rechte und Pflichten des Vorsitzenden wahrnimmt, wenn dieser verhindert ist. Daneben ermöglicht § 35 Abs. 1 SEAG, dass abwesende Mitglieder über schriftliche Stimmabgaben an den Beschlussfassungen des Verwaltungsrats teilnehmen können, welche durch andere Mitglieder oder andere Personen, die zur Teilnahme an der Sitzung berechtigt sind, übergeben werden können.

c) Erhaltung der Kompetenz zur Führungsauswahl

In einer dualistisch strukturierten Aktiengesellschaft kommt die Führung und Leitung der Gesellschaft dem Vorstand zu. Dessen Mitglieder bestellt der Aufsichtsrat, so dass den Anteilseignern ein unmittelbarer Einfluss auf die Zusammensetzung des Vorstandes versagt ist. Die gesellschaftsrechtliche Vermittlung der mit dem Anteilseigentum vermittelten Befugnisse ist weniger stark ausgeprägt, als es zum Beispiel in einer GmbH der Fall ist, in der die Gesellschafter das Recht haben, die Geschäftsführer selbst zu bestellen und abzuberufen.[703] Deshalb fordert das Bundesverfassungsgericht in seinem Mitbestimmungsurteil von 1979, dass den Anteilseignern im Aufsichtsrat als Bestellungsorgan die Kontrolle über die Führungsauswahl im Unternehmen belassen bleibt.[704] Über die leichte Unterparität im Aufsichtsrat ist garantiert, dass die Mitglieder des Vorstandes nicht gegen den Willen aller Anteilseigner bestellt werden können und sie letztlich die Kontrolle über die Auswahl der Führungspersonen behalten.

---

702 BVerfG, Urteil v. 1. 3. 1979, BVerfGE 50, 290 (329).

703 BVerfG, Urteil v. 1. 3. 1979, BVerfGE 50, 290 (343).

704 BVerfG, Urteil v. 1. 3. 1979, BVerfGE 50, 290 (347 und 350).

Auf diese Weise setzt sich die Mehrheitsfähigkeit der Anteilseigner mittelbar im Leitungsorgan fort.

Das Anteilseigentum an einer monistisch strukturierten SE ist in diesem Punkt mit dem Anteilseigentum an einer GmbH vergleichbar. Da es an einem Aufsichtsorgan fehlt, kommt die Bestellungskompetenz bezüglich der Mitglieder des Verwaltungsrats nach Art. 43 Abs. 3 SE-VO direkt der Hauptversammlung, also den Anteilseignern, zu. Die mitgliedschaftsrechtliche Position der Anteilseigner ist stärker als es in einer SE mit dualistischer Struktur oder einer deutschen Aktiengesellschaft der Fall ist. Zwar ist die Hauptversammlung bei einem paritätisch zu besetzenden Verwaltungsrat nach § 36 Abs. 4 S. 2 SEBG für die Hälfte der Mitglieder an die Wahlvorschläge des Wahlgremiums gebunden, so dass ihr insofern nicht mehr als eine rein notarielle Funktion zukommt. Doch stellt die Anteilseignerseite im Verwaltungsrat den Vorsitzenden, wodurch den Anteilseignern bei der Führung der SE ein leichtes Übergewicht verbleibt. Den Anteilseignern gebührt damit nicht nur die Kontrolle über die Auswahl der Führungspersonen, sondern sogar die Kontrolle über die unmittelbare Leitung der Gesellschaft. Selbst wenn die Hälfte der Verwaltungsratsmitglieder durch Arbeitnehmervertreter gestellt werden müssen, gehen in diesem Punkt das SEAG und das SEBG über die Mindestanforderungen des Bundesverfassungsgerichts hinaus.[705]

3. *Die Organisationsfreiheit der monistischen SE am Maßstab der Art. 14 und Art. 12 GG*

a) Die SE als Grundrechtsträger

Das Bundesverfassungsgericht bejaht nicht nur einen Eigentumsschutz der Anteilseigner, sondern auch der Kapitalgesellschaften gegen Eingriffe des Gesetzgebers in ihre innere Organisation und in das Verfahren zur Willensbildung. Organisation und Verfahren hätten in aller Regel materielle Wirkungen, oft seien sie sogar um dieser Wirkung willen geschaffen. Die Organisation und das Verfahren zur Willensbildung seien Funktionsbedingung der Garantie des Eigentums, auf die sie sich als juristische Personen des Privatrechts berufen könnten (Art. 19 Abs. 3 GG).[706] Der Grund liegt darin, dass erst die gesellschaftsrechtliche Organisation des Eigentums in den Kapitalgesellschaften eine unternehmerische Nutzung des Eigentums im größeren Maßstab ermöglicht.[707]

Neben Art. 14 Abs. 1 GG kann sich die SE auch auf das in Art. 12 Abs. 1 GG verankerte Grundrecht berufen, das die Unternehmerfreiheit im Sinne freier

---

705 A. A. *Kämmerer/Veil* ZIP 2005, 369 (374 f.); *Roth* ZfA 2004, 431 (452).

706 BVerfG, Urteil v. 1. 3. 1979, BVerfGE 50, 290 (351). Kritisch *Nagel*, Paritätische Mitbestimmung, S. 29.

707 *Badura/Rittner/Rüthers*, Mitbestimmungsgesetz, S. 206.

Gründung und Führung von Unternehmen schützt.[708] Wahrnehmung von Unternehmerfreiheit bedeutet sowohl die Gründung und Führung eines Klein- oder Mittelbetriebs als auch die Tätigkeit eines Großunternehmens. Während sich bei Ersteren der personale Grundzug des Grundrechts auch im wirtschaftlichen Bereich voll verwirklicht, geht dieser nach Auffassung des Bundesverfassungsgerichts bei Großunternehmen nahezu gänzlich verloren.[709] Für die SE bedeutet dies, dass sie zwar vom Schutzbereich des Art. 12 Abs. 1 GG erfasst ist, der Gesetzgeber aber über eine größere Regelungsbefugnis verfügt.[710] Wegen des aufgrund der Größe des Unternehmens eingeschränkten personalen Bezugs der Berufsausübung sind die Befugnisse nicht anders als im Rahmen des Art. 14 Abs. 1 GG zu bestimmen, weshalb die verfassungsrechtlichen Grenzen für beide Grundrechte in dem hiesigen Fall gleichermaßen gelten.[711]

b) Die Funktionsfähigkeit der SE bzw. Verhinderung der Funktionsunfähigkeit nahe kommender Zustände

Das Bundesverfassungsgericht sieht eine Verletzung der genannten Grundrechte erst dann, wenn die Mitbestimmung zur Funktionsunfähigkeit der Unternehmen führen würde oder wenn sie der Funktionsunfähigkeit nahe kommende Zustände zur Folge hätte, etwa deswegen, weil die Willensbildung in den Unternehmen so kompliziert würde, dass Entscheidungen nicht oder kaum mehr getroffen werden könnten.[712] Es fragt sich, ab wann von einer solchen „Funktionsunfähigkeit" gesprochen werden kann. Das Grundgesetz schafft dem Gesetzgeber grundsätzlich einen weiten Regelungsspielraum, solange er sich in den Grenzen hält, die ihm insbesondere durch die Grundrechte und durch die Kompetenzzuweisungen des Grundgesetzes gezogen werden. Deshalb ist nur in Extremfällen ein Verstoß gegen Art. 14 Abs. 1 GG bzw. Art. 12 Abs. 1 GG denkbar.[713] Allein das von *Roth* angeführte Argument, dass von einer Beeinträchtigung der Funktionsfähigkeit des Unternehmens ausgegangen werden kann, weil es sich um eine international

---

708 Allgemein zu Kapitalgesellschaften: BVerfG, Urteil v. 1. 3. 1979, BVerfGE 50, 290 (363); zuvor bereits BVerfG, Beschluss v. 16. 3. 1971, BVerfGE 30, 212 (312); Beschluss v. 29. 11. 1967, BVerfGE 22, 380 (383). Aus der Literatur: *Jarass* in Jarass/ Pieroth, GG, Art. 12 Rn. 10 a; *Schupp*, Mitbestimmungsbeibehaltung, S. 77; *Wieland* in Dreier, GG, Art. 12 Rn. 64. A. A. aufgrund einer überhöhten individualistischen Auslegung des Art. 12 Abs. 1 GG: *Haußleiter* DÖV 1952, 496 (497); *Nagel*, Paritätische Mitbestimmung, S. 35.

709 BVerfG, Urteil v. 1. 3. 1979, BVerfGE 50, 290 (363).

710 BVerfG, Urteil v. 1. 3. 1979, BVerfGE 50, 290 (364).

711 BVerfG, Urteil v. 1. 3. 1979, BVerfGE 50, 290 (364 f.).

712 BVerfG, Urteil v. 1. 3. 1979, BVerfGE 50, 290 (352). Zum Begriff der Funktionsfähigkeit ausführlich auch *G. Müller* DB 1979, Beilage Nr. 5, S. 11 f. der den Begriff weit im Sinne eines wirtschaftlich optimalen Funktionierens interpretiert. Dagegen zu Recht: *Wendeling-Schröder/Spieker* NJW 1981, 145 (147 f.).

713 *Nagel*, Paritätische Mitbestimmung, S. 31 f.

völlig unübliche Bestellung der Organmitglieder handelt,[714] ist nicht ausreichend. Maßstab ist allein das Grundgesetz und nicht ausländische Gepflogenheiten.

Voraussetzung für die Funktionsfähigkeit eines Gesellschaftsorgans, welches sich aus verschiedenen Mitgliedern zusammensetzt, ist, dass es mehrheitsfähig ist, um Entscheidungen finden und durchsetzen zu können.[715] In der Satzung kann gewählt werden, ob der Verwaltungsrat aus einer ungeraden oder einer geraden Mitgliederzahl bestehen soll. Das SEBG schränkt diese Wahlmöglichkeit ein. Ist nach § 35 SEBG die paritätische Zusammensetzung des Aufsichtsrats auf den Verwaltungsrat zu übertragen, muss dieser zwingend aus einer geraden Mitgliederzahl bestehen.[716] Art. 50 Abs. 2 S. 1 SE-VO stellt für diesen Fall sicher, dass aufgrund des Stichentscheids in der Person des Verwaltungsratsvorsitzenden dennoch Mehrheitsentscheidungen möglich sind. Rechtlich ist die Funktionsfähigkeit des Verwaltungsrats und damit der SE abgesichert.

Zu fragen ist, ob die Beteiligung der Arbeitnehmer im Verwaltungsrat der SE zu faktischen Erschwerungen solchen Gewichts führt, welche der Funktionsunfähigkeit nahe kommende Zustände zur Folge haben. Die nochmalige Steigerung des bisherigen Mitbestimmungsniveaus trägt zwar nicht gerade zur Attraktivität des Verwaltungsratsmodells bei.[717] Mangelnde Attraktivität ist aber nicht zwangsläufig auf einen „der Funktionsunfähigkeit nahe kommenden Zustand" zurückzuführen. Die Gefahr ist aus verfassungsrechtlichen Gesichtspunkten bereits durch die zur Verfügung stehende Option gebannt, die Rolle des geschäftsführenden Direktors einem von außen kommenden Dritten zukommen zu lassen. Für die Bestellung des geschäftsführenden Direktors gelten die üblichen Abstimmungsregelungen, so dass sich der Verwaltungsrat nicht gegen den Willen aller Anteilseignervertreter für einen geschäftsführenden Direktor entscheiden kann. Das Modell mit externer Geschäftsführung ermöglicht es, die Geschäftsführung trotz monistischer Organisationsstruktur weitgehend frei von Arbeitnehmereinflüssen zu halten. Im Gegensatz zum Aufsichtsrat kann der Verwaltungsrat - und mit ihm die Arbeitnehmervertreter als gleichberechtigte Mitglieder des Verwaltungsrats - zwar aktiv in die Geschäftsführungspolitik eingreifen und den geschäftsführenden Direktoren entsprechende Weisungen erteilen (§§ 22 Abs. 1, 44 Abs. 2 SEAG). Innerhalb des Gesamtorgans bleiben die Anteilseignervertreter jedoch in jedem Fall mehrheitsfähig.[718] Ein Gebot, dass

---

[714] *Roth* ZfA 2004, 431 (445).

[715] *Oetker* in GK-AktG, MitbestG, Vorbem. Rn. 39.

[716] A. A. *Teichmann* in Lutter/Hommelhoff, Europ. Gesellschaft, S. 195 (202 f.). Vgl. ausführlich zu dieser Problematik in Teil 1: § 13 A.

[717] *Reichert/Brandes* ZGR 2003, 767 (790); BDA, BDI, DIHK, GDV, BdB und Dt. Aktieninstitut, Gemeinsame Stellungnahme, S. 2.

[718] Vgl. zu diesem Modell auch *Frodermann* in Jannott/Frodermann, Handbuch SE, Kapitel 5 Rn. 173; *M. Hoffmann-Becking* ZGR 2004, 355 (381); *Kallmeyer* ZIP 2003, 1531 (1533 ff.); *Niklas* NZA 2004, 1200 (1204).

Modell mit interner Geschäftsführung auch für eine paritätisch mitbestimmte SE attraktiv zu gestalten, lässt sich nicht einmal aus der SE-VO herleiten, so dass sich selbige Verpflichtung erst recht nicht mit Hilfe des Grundgesetzes begründen lässt.[719]

Die Funktionsfähigkeit des Unternehmens nicht nur rechtlich, sondern auch faktisch zu gewährleisten, heißt vor allem den Vorrang des Unternehmensinteresses sicherzustellen.[720] Dieser könnte dadurch gefährdet sein, dass die Arbeitnehmer als gleichzeitige Vertragspartner des Unternehmens in einem durch gegenläufige Interessen geprägten Austauschverhältnis stehen. Einerseits haben sie unmittelbar Einfluss auf die Geschäftsführung und treten quasi als Arbeitgeber auf, andererseits sind sie Arbeitnehmer des selbigen Unternehmens. Teilweise wird darin ein verfassungsrechtlich unzulässiger Eingriff in die unternehmerische Entscheidungsfreiheit gesehen.[721] Unabhängig davon, wie viele Arbeitnehmervertreter Mitglied des Verwaltungsrats sind, haben sie qualitativ gesehen eine stärkere Stellung als im Aufsichtsrat. Dies folgt aus der Funktion des Verwaltungsrats, der Leitung und Aufsicht in einem Organ vereint.[722] In der Beteiligung der Arbeitnehmer an der Leitung der SE liegt gerade der Wesensunterschied zur dualistischen Verfassung. Das Argument der Interessenkollision der Arbeitnehmervertreter kann demzufolge nicht an einer bestimmten quantitativen Größe verankert werden. Selbst eine Drittelbeteiligung der Arbeitnehmer im Verwaltungsrat würde sich als einen unzulässigen Eingriff in Art. 14 Abs. 1 GG und Art. 12 Abs. 1 GG erweisen. Gegen eine Drittelbeteiligung im Verwaltungsrat bestehen aber nach einhelliger Meinung keine Bedenken.[723] Weiterhin haben die Arbeitnehmervertreter als Mitglieder des Verwaltungsrats nicht nur die gleichen Rechte, sondern unterliegen auch den gleichen Pflichten wie die Mitglieder, die die Anteilseigner vertreten (§ 38 Abs. 1 SEBG). Alle Mitglieder des Verwaltungsrats haben ihre Handlungen am Unternehmensinteresse zu orientieren.[724]

---

719 A. A. *Jacobs* in Münch. Komm. AktG, § 35 SEBG Rn. 21; *Kämmerer/Veil* ZIP 2005, 369 (374), die insoweit nicht klar zwischen den Anforderungen des Grundgesetzes und den Anforderungen der SE-Verordnung trennen.

720 *Raiser* in FS für R. Schmidt, S. 101 (116).

721 BDA, BDI, DIHK, GDV, BdB und Dt. Aktieninstitut Gemeinsame Stellungnahme, S. 2; *Henssler* in FS für Ulmer, S. 193 (202). *Reichert/Brandes* ZGR 2003, 767 (790) halten es für zweifelhaft, ob dadurch bereits Art. 14 Abs. 1 GG verletzt ist.

722 *Teichmann* BB 2004, 53 (57).

723 Vgl. dazu nur *Reichert/Brandes* ZGR 2003, 767 (792); BDA, BDI, DIHK, GDV, BdB und Dt. Aktieninstitut, Gemeinsame Stellungnahme, S. 7.

724 BVerfG, Urteil v. 1. 3. 1979, BVerfGE 50, 290 (350); BGH, Urteil v. 25. 2. 1982, BGHZ 83, 106 (120); Urteil v. 25. 2. 1982, BGHZ 83, 144 (149); *Fitting/Wlotzke/Wißmann*, MitbestG, § 25 Rn. 94 ff.; *Jacobs* in Münchener Komm. AktG, § 40 SEBG Rn. 7; *Junge* in FS für v. Caemmerer, S. 547 ff.; *Paefgen*, Struktur und Aufsichtsratsverfassung, S. 75 ff.; *Raisch* in FS für Hefermehl, S. 347 ff.; *Raiser*, MitbestG, § 25 Rn. 109 ff.; *ders.* in FS für R. Schmidt, S. 101 (113 ff.); *Schilling* in FS für Gessler, S. 159

Dieses ist auch zugleich Maßstab für ihre rechtliche Verantwortlichkeit. Verletzen sie schuldhaft ihre Pflicht, machen sie sich gegenüber der Gesellschaft schadenersatzpflichtig. Wie die Vertreter der Anteilseigner im Verwaltungsrat verpflichtet sind, das Unternehmensinteresse über ein davon abweichendes Interesse der Anteilseignergesellschaft zu stellen, müssen für die Arbeitnehmervertreter die Arbeitnehmerinteressen zurücktreten, soweit sich diese nicht mit dem Unternehmensinteresse in Einklang bringen lassen.[725] Ein Interessenkonflikt kann bei allen Mitgliedern des Verwaltungsrats auftreten, gleichgültig ob es sich um Arbeitnehmervertreter handelt. Über die Grundsätze des Verbots des Insichgeschäfts und des Richtens in eigener Sache, greift für die betroffenen Verwaltungsratsmitglieder im Einzelfall das Stimmverbot.[726] Von einem der Funktionsunfähigkeit nahe kommenden Zustand kann unter diesen Umständen nicht gesprochen werden, so dass die Vorschrift des § 35 SEBG in Bezug auf das Eigentumsrecht und die unternehmerische Entscheidungsfreiheit der SE verhältnismäßig ist.

4. *Die Vereinigungsfreiheit der monistischen SE als Kapitalgesellschaft*

Die SE ist als juristische Person des Privatrechts eine Vereinigung, die dem Schutz des Art. 9 Abs. 1 GG unterstellt ist. Für größere Kapitalgesellschaften, auf die die Rechtsform der SE zugeschnitten ist, zieht das Bundesverfassungsgericht mit Hinweis auf das dort abgeschwächte personale Element zwar in Zweifel, ob diese sich überhaupt auf die durch Art. 9 Abs. 1 GG geschützte kollektive Vereinigungsfreiheit berufen können.[727] Die Literatur sieht in der Argumentation des Bundesverfassungsgerichts jedoch keinen Ausschluss der Grundrechtsträgerschaft, sondern wegen des sozialen Bezugs nur eine Erweiterung des gesetzgeberischen Gestaltungsspielraums.[728] Das Bundesverfassungsgericht sieht parallel zu Art. 14 Abs. 1 GG und Art. 12 Abs. 1 GG die durch Art. 9 Abs. 1 GG gezogene Grenze erst als überschritten an, wenn die Funktionsfähigkeit der Gesellschaft gefährdet ist.[729] Bei größeren Kapitalgesellschaften trete das personale Element zurück, während das Wirken der Gesellschaften in höherem Maße als dasjenige anderer Vereinigungen der Zusammenordnung und des Ausgleichs mit anderen schutzbedürftigen Belangen bedürfe. Wesentliche Funktion der Kapitalgesellschaft sei die Ansammlung und Nutzung von Kapital. Die Mitgliedschaft sei in der Regel nicht Bestandteil der Lebensgestaltung des Einzelnen,

---

(165); *Semler*, Leitung und Überwachung, S. 31 ff.;*Ulmer* in Hanau/Ulmer, MitbestG, § 25 Rn. 93 ff.

725 BGH, Urteil v. 5. 6. 1975, BGHZ 64, 325 (331); *Fitting/Wlotzke/Wißmann*, MitbestG, § 25 Rn. 96; *Hopt* ZGR 2004, 1 (39 ff.); *Oetker* in GK-AktG, MitbestG § 25 Rn. 22; *Raiser*, MitbestG, § 25 Rn. 113.

726 Vgl. zu den verschiedenen Fallgruppen des § 35 Abs. 3 SEAG in Teil 1: § 12 C.

727 BVerfG, Urteil v. 1. 3. 1979, BVerfGE 50, 290 (355 f.) lässt eine Entscheidung offen.

728 Statt aller *Bauer* in Dreier, GG, Art. 9 Rn. 30.

729 BVerfG, Urteil v. 1. 3. 1979, BVerfGE 50, 290 (357).

und die Bindungen der Mitglieder untereinander und zur Gesellschaft seien typischerweise von geringerer Intensität als die einer sonstigen Personenvereinigung. So würden sich Stimmrecht und Stimmgewicht nicht nach der Mitgliedschaft richten, sondern nach der Höhe des Kapitalanteils, und die Organe der Kapitalgesellschaft bräuchten nicht aus Mitgliedern bestehen.[729] Die Selbstbestimmung sei von vornherein wenig ausgeprägt. Unternehmensmitbestimmung berühre damit Art. 9 Abs. 1 GG „nur an der Peripherie“ und nicht im Kern. Sofern eine ausgestaltende Regelung nicht sachfremd sei, sondern im Interesse schutzwürdiger Belange ergehe, sei ein „gewisses Maß“ an Fremdbestimmung in Kauf zunehmen.[730]

Die Hauptversammlung wählt zwar alle Mitglieder des Verwaltungsrats. Sind jedoch die §§ 34 ff. SEBG anwendbar, ist die Hälfte bzw. ein Drittel der Mitglieder aufgrund des bindenden Vorschlagsrechts der Entscheidungsbefugnis der Hauptversammlung entzogen. Für das MitbestG entschied das Bundesverfassungsgericht, es genüge, dass der ausschlaggebende Einfluss im Aufsichtsrat den Anteilseignern verbleibt, da die Willensbildung im Aufsichtsrat ohnehin dem unmittelbaren Einfluss der Anteilseigner entzogen sei. Nicht anders verhielte es sich mit der Bestimmung des vertretungsberechtigten Leitungsorgans.[731] Legt man die Argumentation des Bundesverfassungsgerichts zugrunde, ist es folglich unerheblich, ob die Mitbestimmung im Aufsichtsrat oder im Verwaltungsrat verankert ist. Die Anteilseigner haben auf die Willensbildung im Verwaltungsrat ebenso wenig Einfluss wie auf die im Aufsichtsrat. Das Bundesverfassungsgericht hat eine Fremdbestimmung im Leitungsorgan ausdrücklich für zulässig erachtet, indem es die Beteiligung der Arbeitnehmer bei der Bestimmung des Arbeitsdirektors auf eine Stufe mit der Mitbestimmung im Aufsichtsrat stellt. Ein Verstoß gegen Art. 9 Abs. 1 GG ist damit nicht ersichtlich.

5. Die Gegnerunabhängigkeit des Tarifvertragssystems

Verfassungsrechtliche Bedenken hinsichtlich des § 35 SEBG könnten sich aufgrund der in Art. 9 Abs. 3 GG garantierten Koalitionsfreiheit ergeben. Mehr noch als die durch Art. 9 Abs. 1 GG gewährleistete Vereinigungsfreiheit bedarf sie einer gesetzlichen Ausgestaltung. Zum einen müssen die erforderlichen Rechtsinstitute und Normkomplexe erst geschaffen werden. Zum anderen berührt die Tätigkeit der Koalitionen eine Vielzahl von Belangen im Bereich der Wirtschafts- und Sozialordnung. Vor allem ist die Koalitionsfreiheit auf sich wandelnde wirtschaftliche und soziale Bedingungen bezogen, die mehr noch als bei anderen Freiheitsrechten die Möglichkeit zu Modifikationen und Fortentwicklungen lassen müssen. Deshalb geht das Bundesverfassungsgericht in seiner

---

729 BVerfG, Urteil v. 1. 3. 1979, BVerfGE 50, 290 (357 f.).

730 BVerfG, Urteil v. 1. 3. 1979, BVerfGE 50, 290 (359 f.); kritisch dazu *Säcker* RdA 1979, 380 (386 f.).

731 BVerfG, Urteil v. 1. 3. 1979, BVerfGE 50, 290 (360).

ständigen Rechtsprechung davon aus, dass Art. 9 Abs. 3 GG die Koalitionsfreiheit nur in ihrem Kernbereich schützt.[733]

In seinem Mitbestimmungsurteil setzt sich das Bundesverfassungsgericht mit drei Aspekten der Koalitionsfreiheit und der durch sie gesetzten Gestaltungsgrenzen näher auseinander. Erstens geht es der Frage nach, ob die Koalitionsfreiheit einer anderweitigen Förderung der Arbeits- und Wirtschaftsbedingungen entgegensteht, was das Gericht verneint, da Art. 9 Abs. 3 GG dem Tarifvertragssystem kein Ausschließlichkeitsprivileg zuspricht.[734] Zweitens lehnt das Gericht eine Einschränkung der Gegnerunabhängigkeit der Koalitionen der Arbeitgeber aufgrund der Unternehmensmitbestimmung ab. Die Vertretungsorgane seien an das Unternehmensinteresse gebunden[735] und der durch die Mitbestimmung begründete Einfluss der Arbeitnehmer vermittele sich nur mehrfach und könne sich damit in der Intensität nach nur abgeschwächt in die Koalitionen der Arbeitgeber fortsetzen.[736] Drittens stellt das Bundesverfassungsgericht fest, dass das MitbestG ungeachtet etwaiger Gewichtsverlagerungen nach der Prognose des Gesetzgebers nicht zu nachhaltigen Funktionseinbußen oder gar zur Funktionsunfähigkeit des Tarifvertragssystems führt.[737]

Während der Wechsel vom dualistischen zum monistischen System für den ersten und den letzten Punkt keine anderen Schlussfolgerungen rechtfertigt, stellt sich doch die Frage, welche Folgen die gesteigerte Mitbestimmung für die Gegnerunabhängigkeit der Arbeitgeberverbände hat. Eine Beteiligung der Arbeitnehmer im Verwaltungsrat führt aufgrund des erweiterten Kompetenzbereichs des Verwaltungsrats gegenüber dem Aufsichtsrat zu einer stärkeren Einflussnahme der Arbeitnehmervertreter in allen Bereichen. Vor allem das Vorhandensein von Gewerkschaftsvertretern im Verwaltungsrat der SE erscheint problematisch. Dabei ist jedoch zu beachten, dass die Problematik der Gegnerunabhängigkeit der Tarifparteien wohl eher theoretischer als praktischer Natur sein wird. Es herrscht Einigkeit zwischen Gewerkschaften, Anteilseignern und Ar-

---

733 BVerfG, Urteil v. 1. 3. 1979, BVerfGE 50, 290 (368) m. w. N.

734 BVerfG, Urteil v. 1. 3. 1979, BVerfGE 50, 290 (371); hierzu *Kübler/Schmidt/Simitis*, Mitbestimmung, S. 42 ff., 214 ff.; *Papier* ZGR 1979, 444 (465); *Schwerdtfeger*, Unternehmerische Mitbestimmung, S. 255 f.

735 BVerfG, Urteil v. 1. 3. 1979, BVerfGE 50, 290 (374). Kritisch zur Schwäche dieses Arguments *Schupp*, Mitbestimmungsbeibehaltung, S. 80 f.

736 BVerfG, Urteil v. 1. 3. 1979, BVerfGE 50, 290 (375 f.); hierzu *Badura/Rittner/Rüthers*, Mitbestimmungsgesetz, S. 154 f. und 240 f.; *Däubler*, Grundrecht auf Mitbestimmung, S. 411 ff.; *Jung*, Unabhängigkeit, S. 143 ff.; *Kübler/Schmidt/Simitis*, Mitbestimmung, S. 47 ff.; *Schupp*, Mitbestimmungsbeibehaltung, S. 81 f.; *Stein*, Qualifizierte Mitbestimmung, S. 93 ff.; *Papier* ZGR 1979, 444 (465 ff.); *Zöllner* RdA 1969, 65 (70 f.); *Zöllner/Seiter* ZfA 1970, 97 (122 ff.).

737 BVerfG, Urteil v. 1. 3. 1979, BVerfGE 50, 290 (376 f.); hierzu *Däubler*, Grundrecht auf Mitbestimmung, S. 422 f.; *Zöllner/Seiter* ZfA 1970, 97 (114 ff.); kritisch *Säcker* RdA 1979, 380 (383).

beitgebern über die personelle Trennung von Unternehmensmitbestimmung und Tarifautonomie.[738] Unabhängig davon, dient die Forderung nach der Unabhängigkeit der Koalitionen der Arbeitgeber nach der Rechtsprechung des Bundesverfassungsgerichts vor allem den Interessen ihrer Mitgliedsunternehmen.[739] Als Mitglieder des Verwaltungsrats sind die Arbeitnehmervertreter verpflichtet, ihre Funktion im Unternehmensinteresse wahrzunehmen.[740] Das Bundesverfassungsgericht geht für die verfassungsrechtliche Prüfung grundsätzlich davon aus, dass die Vertreter mitbestimmter Unternehmen in den Arbeitgeberkoalitionen und deren Gremien sich dieser Rechtspflicht gemäß verhalten, die es ihnen verbietet, Interessen der Gegenseite wahrzunehmen.[741] Um die Arbeitseffizienz des Verwaltungsrats sicherzustellen, wird es vor allem bei größeren Unternehmen zu einer Funktionsaufteilung zwischen den Mitgliedern des Verwaltungsrats kommen. Entsprechend der bisherigen Praxis werden zur Vertretung der Interessen der SE in der Arbeitgeberkoalition wohl nicht die Arbeitnehmervertreter, sondern die Vertreter der Anteilseigner entsandt.

Selbst wenn dies nicht der Fall ist, dürfte sich die Zahl der Arbeitnehmervertreter auf der nächsten Stufe der Verbände von Arbeitgebervereinigungen weiter verringern. Gleichgültig ob die mitbestimmte SE monistisch oder dualistisch strukturiert ist, das Ausmaß eines möglichen Arbeitnehmereinflusses in den Arbeitgebervereinigungen und deren Verbänden kann nur erheblich unter dem Maß liegen, der der Arbeitnehmerseite in den mitbestimmten Unternehmen zukommt.[742] Das Bundesverfassungsgericht stellt ausdrücklich klar, dass die Arbeitgeberkoalitionen durch Satzungsrecht den Einfluss der Arbeitnehmer- und Gewerkschaftsseite abschwächen oder ausschalten können.[743] Ein Verstoß des § 35 SEBG gegen Art. 9 Abs. 3 GG ist deshalb nicht ersichtlich.

6. *Ergebnis*

Das Bundesverfassungsgericht stellt in seinem Mitbestimmungsurteil an eine Grundrechtsverletzung relativ hohe Anforderungen. Die unmittelbare Beteili-

---

738 Vgl. ausführlich zur Aufsichtsratspraxis bei Tarifauseinandersetzungen: *Matthießen*, Stimmrecht und Interessenkollision, S. 444 ff. m.w.N.

739 BVerfG, Urteil v. 1. 3. 1979, BVerfGE 50, 290 (374).

740 BVerfG, Urteil v. 1. 3. 1979, BVerfGE 50, 290 (350); BGH, Urteil v. 25. 2. 1982, BGHZ 83, 106 (120); Urteil v. 25. 2. 1982, BGHZ 83, 144 (149); *Fitting/Wlotzke/Wißmann*, MitbestG, § 25 Rn. 94 ff.; *Jacobs* in Münchener Komm. AktG, § 40 SEBG Rn. 7; *Junge* in FS für v. Caemmerer, S. 547 ff.; *Paefgen*, Struktur und Aufsichtsratsverfassung, S. 75 ff.; *Raisch* in FS für Hefermehl, S. 347 ff.; *Raiser*, MitbestG, § 25 Rn. 109 ff.; *ders.* in FS für R. Schmidt, S. 101 (113 ff.); *Schilling* in FS für Gessler, S. 159 (165); *Semler*, Leitung und Überwachung, S. 31 ff.;*Ulmer* in Hanau/Ulmer, MitbestG, § 25 Rn. 93 ff.

741 BVerfG, Urteil v. 1. 3. 1979, BVerfGE 50, 290 (374).

742 BVerfG, Urteil v. 1. 3. 1979, BVerfGE 50, 290 (375).

743 BVerfG, Urteil v. 1. 3. 1979, BVerfGE 50, 290 (375).

gung der Arbeitnehmer an der Unternehmensleitung greift zwar stärker in die Grundrechte von Anteilseignern und Gesellschaft ein. Selbst bei hälftiger Besetzung des Verwaltungsrats mit Arbeitnehmervertretern sind jedoch die verfassungsrechtlichen Grenzen der oben aufgeführten Grundrechte nicht überschritten. Für die Anwendung des § 35 SEBG bedeutet dies, dass die faktische Ausdehnung bei paritätischer Mitbestimmung zwar rechtspolitisch überdacht werden sollte, zumal die SE-RL den notwendigen Gestaltungsspielraum gibt, aber aus verfassungsrechtlichen Gesichtspunkten eine Änderung de lege ferenda nicht geboten ist.

§ 11 Die Rechte und Pflichten der Arbeitnehmervertreter aus ihrer Mitglied schaft im Verwaltungsrat

In Bezug auf die mitgliedschaftlichen Rechte und Pflichten der Arbeitnehmervertreter im Verwaltungsrat bediente sich der deutsche Gesetzgeber überwiegend der Verweisungstechnik, indem er die jeweiligen nationalen Gesetze und Gepflogenheiten für anwendbar erklärt. Bekannte Problempunkte des deutschen Unternehmensmitbestimmungsrechts kehren damit in der monistischen SE wieder. Da sich die Arbeit vor allem zum Ziel setzt, die Zielkonflikte herauszuarbeiten, derer sich eine mitbestimmte monistische SE speziell aufgrund der veränderten Organisationsstruktur ausgesetzt sieht, soll an dieser Stelle eine überblicksmäßige Darstellung über die Rechte und Pflichten der Arbeitnehmervertreter im Verwaltungsrat genügen.

A. Recht auf Gleichbehandlung

Gem. Art. 38 Abs. 1 SEBG haben die Arbeitnehmervertreter im Verwaltungsrat die gleichen Rechte und Pflichten wie die Mitglieder, die die Anteilseigner vertreten. Der deutsche Gesetzgeber kam mit der Normierung des Gleichbehandlungsgebots nicht nur dem Rechtssetzungsbefehl der SE-RL (Teil 3 lit. b letzter Satz des Anhangs) nach, sondern setzte zugleich die deutsche Mitbestimmungstradition für die mitbestimmte SE fort. Danach haben alle Verwaltungsratsmitglieder ein gleiches Recht auf Information, auf Teilnahme an den Verwaltungsratssitzungen und auf Mitwirkung an den Beratungen und Entscheidungen des Verwaltungsrats. Den Arbeitnehmervertretern steht das gleiche Stimmrecht wie den Anteilseignervertretern zu. Kehrseite ist, dass sie auch die gleiche Verantwortung und Haftung trifft (dazu unter Punkt I und J).

B. Weisungsfreiheit

Die Verwaltungsratsmitglieder sind bei ihrer Tätigkeit an Weisungen und Aufträge rechtlich nicht gebunden. Die Arbeitnehmervertreter können sich rechtlich nicht wirksam verpflichten, sich für bestimmte Entscheidungen einzusetzen oder ihr Amt niederzulegen, wenn sie in einer Frage mit den Vorstellungen der durch sie vertretenen Arbeitnehmer oder Gewerkschaften abweichen.[744] Allerdings sind sie nicht frei von rein tatsächlichen Einflüssen. Die Arbeitnehmervertreter können sich mit Betriebsräten oder Gewerkschaften beraten. Sie können Standpunkte der betrieblichen Interessenvertretungen in den Verwaltungsrat hineintragen und einer Entscheidungsfindung unterziehen. Auch rein tatsächliche Einflüsse dürfen dabei jedoch nicht eine solche Intensität annehmen, dass die eigenverantwortliche Amtsführung des Verwaltungsratsmitglieds wesentlich erschwert wird und der Willensbildungsprozess im Verwaltungsrat behindert wird.[745]

C. Recht auf Vergütung

Bezüglich der Vergütung der Verwaltungsratsmitglieder verweist § 38 Abs. 1 SEAG auf die Vorschrift des § 113 AktG. Der Bundesrat kritisierte im Gesetzgebungsverfahren, dass es mit der Rechtsstellung der Mitglieder des Verwaltungsrats nicht vereinbar wäre, im Bereich der Vergütung pauschal auf die für den Aufsichtsrat geltenden Vorschriften zu verweisen.[746] Dahinter steht wohl die Überlegung, dass der Verwaltungsrat oberstes Leitungsorgan der SE ist, weshalb ein Verweis auf die für den Vorstand geltende Vergütungsregelung nahe liegen könnte. Dem steht jedoch entgegen, dass deren Festlegung dem Aufsichtsrat obliegt, welcher in der monistischen SE fehlt. Um nicht die Mitglieder des Verwaltungsrats zur „Selbstbedienung" ermächtigen zu müssen, bleibt nur die Möglichkeit, parallel zum Aufsichtsrat der Aktiengesellschaft die Festsetzung in der Satzung oder eine Bewilligung durch die Hauptversammlung anzuordnen. Demgegenüber zwingt der Verweis auf die Vorschrift des § 113 AktG nicht zu dem Schluss, dass sich die Höhe der Vergütung an der Vergütung der Aufsichtsratsmitglieder orientieren muss. Dies folgt zum einen aus dem Umstand, dass § 113 AktG nach § 38 Abs. 1 SEAG „entsprechend" Anwendung findet. Zum anderen verweist § 38 Abs. 1 SEAG auf die gesamte Vorschrift des § 113 AktG, einschließlich des Abs. 1 S. 3, wonach die Vergütung in einem angemessenen Verhältnis zu den wahrzunehmenden Aufgaben und der Lage der Gesellschaft stehen soll. Aufgrund des erweiterten Aufgabenbereichs des Verwaltungsrats ist eine höhere Vergütung der Organmitglieder sachlich gerechtfertigt und damit angemessen im Sinne des § 113 Abs. 1 S. 3 AktG.

---

[744] *Fitting/Wlotzke/Wißmann*, MitbestG, § 25 Rn. 78; *Köstler/Kittner/Zachert*, Aufsichtsratspraxis, Rn. 593; *Oetker* in GK-AktG, MitbestG § 25 Rn. 27; *ders.* in Erfurter Komm. Arbeitsrecht, § 111 AktG Rn. 25; *Raiser*, MitbestG, § 25 Rn. 121; *Ulmer* in Hanau/Ulmer, MitbestG, § 25 Rn. 78; *Wißmann* in Münch. Handb. Arbeitsrecht, § 380 Rn. 18.

[745] *Fitting/Wlotzke/Wißmann*, MitbestG, § 25 Rn. 78; *Köstler/Kittner/Zachert*, Aufsichtsratspraxis, Rn. 593; *Ulmer* in Hanau/Ulmer, MitbestG, § 25 Rn. 80.

[746] Stellungnahme des Bundesrates v. 9. 7. 2004, BT-Drucks. 438/04, S. 10.

Die Arbeitnehmervertreter haben Anspruch auf die gleiche Vergütung wie die Anteilseignervertreter, da die Bevorzugung einer Gruppe einen Verstoß gegen den Gleichbehandlungsgrundsatz bedeuten würde. Angesichts des höheren Arbeitsaufwands erscheint jedoch eine höhere Vergütung der geschäftsführenden Verwaltungsratsmitglieder angemessen, wofür zugleich die ausländische Praxis spricht. In Ländern, in denen das monistische System vorherrschend ist, sind Differenzierungen von nicht unbeträchtlicher Höhe zwischen executive und non-executive directors üblich.[747] In Deutschland wird sich die Höhe der Vergütung der geschäftsführenden Verwaltungsratsmitglieder an der für Vorstandsmitglieder orientieren, während sich die Vergütung der nicht geschäftsführenden Verwaltungsratsmitglieder aufgrund des höheren Haftungsrisikos wohl über dem Vergütungsniveau der Aufsichtsratsmitglieder einfinden wird.

D. Recht auf Information

Zur Wahrnehmung der Belegschaftsinteressen benötigen die Arbeitnehmervertreter hinreichende Informationen über die Geschehnisse in der Gesellschaft. Zunächst erfolgt die Informationsvermittlung gem. Art. 44 Abs. 1 SE-VO durch die mindestens alle drei Monate stattfindenden Verwaltungsratssitzungen. Jedes Verwaltungsratsmitglied darf von allen Informationen, die dem Verwaltungsrat übermittelt werden, gem. Art. 44 Abs. 2 SE-VO Kenntnis nehmen. Die Unterrichtung über die laufenden Geschäfte erfolgt gem. § 40 Abs. 6 SEAG durch die geschäftsführenden Direktoren, die entsprechend § 90 AktG an den Verwaltungsrat zu berichten haben.[748] Die Teilnahme an den Sitzungen des Verwaltungsrats garantiert somit gegenüber dem dualistischen System bereits institutionell einen größeren Informationsfluss zwischen den Leitungs- und den Aufsichtspersonen und eine bessere Einsicht in das Tagesgeschäft.[749]

Zu dem Recht auf Information zählt auch das Recht auf Informationsweitergabe. Für eine effektive Vertretung der Arbeitnehmerinteressen ist ein reger Austausch an Informationen zwischen den verschiedenen Arbeitnehmerinstitutionen erforderlich. Die Grenze zeigt die Verschwiegenheitspflicht auf. Art. 49 SE-VO ordnet an, dass alle Informationen, die der Verwaltungsrat erhält, auch über das Amt hinaus vertraulich behandelt werden müssen. Die Verschwiegenheitspflicht wird im zweiten Halbsatz insofern eingeschränkt, als dass sie nicht gilt, wenn eine Informationsweitergabe nach nationalem Recht vorgeschrieben oder zuläs-

---

747 *Berrar*, Entwicklung Corporate Governance, S. 162; *Leyens* RabelsZ 67 (2003), 57 (74).

748 *Frodermann* in Jannott/Frodermann, Handbuch SE, Kapitel 5 Rn. 262.

749 Zu den Vorteilen des monistischen Systems auf der Informationsebene: *Braun* Jura 2005, 150 (155); *Endres* ZHR 163 (1999), 441 (455); *Schiessl* ZHR 167 (2003), 235 (241 f.).

sig ist oder im öffentlichen Interesse liegt.[750] Ergänzt wird die Verschwiegenheitspflicht auf nationaler Ebene durch § 39 SEAG i. V. m. § 93 Abs. 1 S. 2 AktG, wonach die Verwaltungsratsmitglieder über vertrauliche Angaben und Geheimnisse der Gesellschaft, namentlich Betriebs- oder Geschäftsgeheimnisse, die ihnen durch ihre Tätigkeit im Verwaltungsrat bekannt geworden sind, Stillschweigen zu bewahren haben.[751] Im Gegensatz zu den Mitgliedern des SE-Betriebsrats hängt der Geheimnisschutz nicht von einer formellen Geheimhaltungserklärung ab, sondern bestimmt sich nach dem Unternehmensinteresse.[752] Besteht ein objektives Interesse der Gesellschaft an der Geheimhaltung, ist eine Informationsweitergabe untersagt.[753] Ein Verstoß kann die Pflicht zum Schadensersatz zur Folge haben (§ 39 SEAG i. V. m. § 93 Abs. 2 AktG). Die Verschwiegenheitspflicht gilt nicht gegenüber Sachverständigen, die ein Verwaltungsratsmitglied gem. § 36 Abs. 1 S. 2 SEAG in zulässiger Weise zur Beratung hinzuzieht. Allerdings haftet das Verwaltungsratsmitglied, wenn der Sachverständige eine vertrauliche Angelegenheit oder ein Geheimnis einem Unbefugten mitteilt (§ 278 BGB).[754]

E. Recht auf Freistellung und Lohnfortzahlung

Das SEBG enthält keine ausdrückliche Regelung über Freistellungsrechte der Arbeitnehmervertreter zur Wahrnehmung ihrer Aufgaben im Verwaltungsrat. § 42 Abs. 1 Nr. 4 SEBG besagt nur, dass die Arbeitnehmervertreter im Verwaltungsorgan der SE den gleichen Schutz und die gleichen Sicherheiten genießen wie die Arbeitnehmervertreter nach den Gesetzen und Gepflogenheiten des Mitgliedstaats, in dem sie beschäftigt sind. Gem. § 42 S. 2 Nr. 2 SEBG gilt dies insbesondere für die Teilnahme an den Sitzungen des Verwaltungsrats. Für die Arbeitnehmervertreter im deutschen Aufsichtsrat wird verbreitet ein Recht auf Freistellung zur Erfüllung der Aufsichtsratspflichten abgelehnt. Nur bei Kollision der Rechtspflichten aus beiden Rechtsverhältnissen, z. B. weil die Wahrnehmung der Aufsichtsratstätigkeit allein während der Arbeitszeit möglich ist,

---

750 *Frodermann* in Jannott/Frodermann, Handbuch SE, Kapitel 5 Rn. 263. Ohne Einschränkung noch Art. 74 des Verordnungsvorschlags von 1991, vgl. dazu *Schwarz* ZIP 2001, 1847 (1856).

751 Vgl. dazu *G. Hueck* RdA 1975, 35 (42); *Fitting/Wlotzke/Wißmann*, MitbestG, § 25 Rn. 113; *Oetker* in GK-AktG, MitbestG § 25 Rn. 25; *Raiser*, MitbestG, § 25 Rn. 132; *Ulmer* in Hanau/Ulmer, MitbestG, § 25 Rn. 100 f.

752 Vgl. § 41 Abs. 2 SEBG. Dazu auch *Jacobs* in Münch. Komm. AktG, § 41 SEBG Rn. 1 und 6; *Oetker* ZESAR 2005, 3 (12); *ders.* BB-Special 2/2005, 2 (13); *ders.* in Lutter/Hommelhoff, Europ. Gesellschaft, S. 277 (316).

753 *Frodermann* in Jannott/Frodermann, Handbuch SE, Kapitel 5 Rn. 264; *Hefermehl/Spindler* in Münch. Komm. AktG, § 93 Rn. 45 ff.

754 *Köstler/Kittner/Zachert*, Aufsichtsratspraxis, Rn. 454.

genieße das Aufsichtsratsmandat den Vorrang.[755] Für die Arbeitnehmervertreter im Verwaltungsrat bedeutet dies, dass das Mandat nicht automatisch einen Anspruch auf Freistellung von den Pflichten aus dem Arbeitsvertrag begründet.[756]

Umstritten ist auch, ob der Anspruch auf Arbeitsentgelt während der Aufsichtsratstätigkeit fortbesteht. Während teilweise eine Analogie zu § 37 Abs. 2 BetrVG befürwortet wird,[757] lehnt die Gegenansicht einen solchen Anspruch ab, da die Wahrnehmung des Aufsichtsratsmandats zusätzlich vergütet und damit die finanzielle Einbuße kompensiert werde. Nur wenn eine derartige Vergütung fehle oder keinen angemessenen Ausgleich schaffe, bleibe der Anspruch auf Arbeitsentgelt bestehen, weil ansonsten eine Benachteiligung wegen der Aufsichtsratstätigkeit eintreten würde.[758] Über § 42 S. 1 Nr. 4 i. V. m. S. 2 Nr. 3 SEBG setzt sich der Meinungsstreit für die Arbeitnehmervertreter im Verwaltungsrat fort.[759] Allerdings wird die praktische Bedeutung der Problematik gering sein. Erstens greift § 42 SEBG nur für diejenigen Arbeitnehmervertreter, die in Deutschland beschäftigt sind.[760] Zweitens werden die deutschen unternehmensanghörigen Arbeitnehmervertreter im Verwaltungsrat der SE oftmals gleichzeitig Betriebsratsmitglieder sein, so dass § 38 BetrVG zur Anwendung gelangt.[761] Schließlich ist es in der Praxis üblich, freiwillig Arbeitsentgelt und Gremienvergütung nebeneinander in voller Höhe zu zahlen.[762]

F. Kündigungsschutz

Gem. § 42 S. 1 Nr. 4 i. V. m. S. 2 Nr. 1 SEBG unterliegen die deutschen Arbeitnehmervertreter im Verwaltungsrat dem gleichen Kündigungsschutz wie Arbeitnehmervertreter im Aufsichtsrat einer deutschen Aktiengesellschaft. Sind die Arbeitnehmervertreter gleichzeitig Betriebsratsmitglieder, gehören sie dem Wahlvorstand an oder sind sie Wahlbewerber, gilt für sie der erweiterte Kündigungsschutz der §§ 103 BetrVG, 15 KSchG. Danach können sie nur aus wichtigem Grund und bei Zustimmung des Betriebsrats gekündigt werden, deren Ersetzung wiederum nur durch das Arbeitsgericht erfolgen kann. Für die übrigen Arbeitnehmervertreter fehlt es an ausdrücklichen Kündigungsschutzvorschriften.

---

755 *Hanau* in Hanau/Ulmer, MitbestG, § 26 Rn. 5; *Fitting/Wlotzke/Wißmann*, MitbestG, § 26 Rn. 7; *Oetker* in GK-AktG, MitbestG § 26 Rn. 6; *ders.* in Erfurter Komm. Arbeitsrecht, § 26 MitbestG Rn. 3 f.; *Raiser*, MitbestG, § 26 Rn. 6.

756 So auch *Jacobs* in Münch. Komm. AktG, § 42 SEBG Rn. 7.

757 *Fitting/Wlotzke/Wißmann*, MitbestG, § 26 Rn. 10; *Reich/Lewerenz* AuR 1976, 353 (366).

758 *Hanau* in Hanau/Ulmer, MitbestG, § 26 Rn. 5; *Jacklofsky*, Arbeitnehmerstellung und Aufsichtsratsamt, S. 98 ff.; *Oetker* in GK-AktG, MitbestG § 26 Rn. 7; *Raiser*, MitbestG, § 26 Rn. 6.

759 So auch *Jacobs* in Münch. Komm. AktG, § 42 SEBG Rn. 9.

760 Kritisch zu dieser Beschränkung: *Jacobs* in Münch. Komm. AktG, § 42 SEBG Rn. 1.

761 *Oetker* in GK-AktG, MitbestG § 26 Rn. 8.

762 *Raiser*, MitbestG, § 26 Rn. 6.

Teilweise wird eine analoge Anwendung der §§ 103 BetrVG, 15 KSchG diskutiert,[763] von der Rechtsprechung und der herrschenden Literatur jedoch mangels Planwidrigkeit der Regelungslücke abgelehnt.[764] Eine ordentliche Kündigung ist vielmehr nach § 134 BGB nichtig, wenn sie gegen das in § 44 Nr. 3 SEBG verankerte Benachteiligungsverbot verstößt, was der Fall ist, wenn mit ihr die Absicht verfolgt wird, einen Arbeitnehmervertreter aus dem Verwaltungsrat hinauszudrängen oder für seine Tätigkeit dort zu maßregeln.[765]

G. Sonstiger Schutz der Tätigkeit der Arbeitnehmervertreter im Verwaltungsrat

Art. 12 Abs. 2 SE-RL verpflichtet die Mitgliedstaaten, geeignete Maßnahmen für den Fall der Nichteinhaltung der Richtlinie vorzusehen. Dementsprechend normiert § 44 SEBG einen Errichtungs- und Tätigkeitsschutz, welcher sowohl die Errichtung des besonderen Verhandlungsgremiums, des SE-Betriebsrats als auch die Vertretung der Arbeitnehmer im mitbestimmten Verwaltungsrat erfasst und sich an § 42 EBRG orientiert. Es darf niemand die Wahl oder Bestellung, Empfehlung oder Ablehnung der Arbeitnehmervertreter im Verwaltungsorgan behindern oder durch Zufügung oder Androhung von Nachteilen oder durch Gewährung oder Versprechen von Vorteilen beeinflussen (Nr. 1), die Tätigkeit der Arbeitnehmervertreter im Verwaltungsorgan behindern oder stören (Nr. 2) oder einen Arbeitnehmervertreter im Aufsichts- oder Verwaltungsorgan wegen seiner Tätigkeit benachteiligen oder begünstigen (Nr. 3). Zu beachten ist, dass § 44 SEBG kein Verschulden voraussetzt, sondern allein die objektive Beeinträchtigung genügt.

H. Rechte der Arbeitnehmervertreter im Arbeitskampf

Parallel zum Aufsichtsratsmandat steht das Verwaltungsratsmandat einer Beteiligung der Arbeitnehmervertreter an einem rechtmäßigen Arbeitskampf nicht entgegen, da das Mandat nichts an der Arbeitnehmereigenschaft ändert.[766] Für

---

763 *Reich/Lewerenz* AuR 1976, 353 (365); *Naendrup* AuR 1979, 204 ff.

764 BAG, Urteil v. 4. 4. 1976, AP Nr. 1 zu § 626 BGB Arbeitnehmervertreter im Aufsichtsrat = DB 1974, 1067 (1068); *Fitting/Wlotzke/Wißmann*, MitbestG, § 26 Rn. 16; *Hanau* in Hanau/Ulmer, MitbestG, § 26 Rn. 14; *Jacklofsky*, Arbeitnehmerstellung und Aufsichtsratsamt, S. 201 ff.; *Oetker* in GK-AktG, MitbestG § 26 Rn. 12; *ders.* in Erfurter Komm. Arbeitsrecht, § 26 MitbestG Rn. 7; *Raiser*, MitbestG, § 26 Rn. 8; *Wißmann* in Münch. Handb. Arbeitsrecht, Band 3, § 370 Rn. 25.

765 Ähnlich auch *Oetker* BB-Special 1/2005, 2 (13). Zur parallelen Norm des § 26 MitbestG: *Fitting/Wlotzke/Wißmann*, MitbestG § 26 Rn. 17; *Mertens* in Kölner Komm. AktG, Anhang § 117 B § 26 MitbestG Rn. 8; *Oetker* in GK-AktG, MitbestG § 26 Rn. 13; *Raiser*, MitbestG, § 26 Rn. 8; *Wißmann* in Münch. Handb. Arbeitsrecht, Band 3, § 370 Rn. 25. Zu § 9 DrittelbG: *Oetker* in Erfurter Komm. Arbeitsrecht, § 9 DrittelbG i. V. m. § 26 MitbestG Rn. 7.

766 *Jacobs* in Münch. Komm. AktG, § 40 SEBG Rn. 8. Allgemeine Meinung zum Aufsichtsratsmandat, vgl. dazu *Fitting/Wlotzke/Wißmann*, MitbestG, § 25 Rn. 120; *Köstler/*

die Arbeitnehmervertreter im Aufsichtsrat ist umstritten, ob diese sich über eine reine Arbeitsniederlegung hinaus führend an einem Arbeitskampf beteiligen dürfen, was die herrschende Auffassung gleichfalls bejaht[767] und von der Gegenansicht mit der Berufung auf gesellschaftsrechtliche Treuepflichten abgelehnt wird.[768] Der Meinungsstreit ist jedoch eher theoretischer Natur. Es herrscht Einigkeit zwischen Gewerkschaften, Anteilseignern und Arbeitgebern, dass Unternehmensmitbestimmung und Tarifautonomie in ihren Funktionen für Belegschaft und Unternehmen personell zu trennen sind.[769] Diese Praxis wird sich wohl im mitbestimmten Verwaltungsrat durch strenge Aufgabentrennung fortsetzen.

I. Pflichten der Arbeitnehmervertreter im Verwaltungsrat

Jedes Verwaltungsratsmitglied hat die Pflicht, an der Wahrnehmung der Aufgaben des Verwaltungsrats mitzuwirken. Es hat sich an der Wahl des Verwaltungsratsvorsitzenden und seines Stellvertreters sowie an der Bestellung der geschäftsführenden Direktoren zu beteiligen. Es hat an den Sitzungen des Verwaltungsrats teilzunehmen und sich hinreichend auf die Sitzungen vorzubereiten. Die Arbeitnehmervertreter haben sich bei ihrer Tätigkeit im Verwaltungsrat vorrangig am Unternehmensinteresse zu orientieren, also die Selbsterhaltung und den Erfolg des Unternehmens zu sichern.[770] Sie unterliegen der gesellschaftsrechtlichen Treuepflicht. Diese verbietet es den Arbeitnehmervertretern zwar nicht, die Belange der Belegschaft wahrzunehmen. Im Gegenteil folgt aus ihr,

---

Kittner/Zachert, Aufsichtsratspraxis, Rn. 633; *Oetker* in GK-AktG, MitbestG § 26 Rn. 17.

767 *Däubler* in Däubler, Arbeitskampfrecht, Rn. 135; *Fitting/Raiser/Heither/Engels*, BetrVG, § 76 BetrVG 1952, Rn. 177; *Fitting/Wlotzke/Wißmann*, MitbestG, § 25 Rn. 120; *Hanau* in Hanau/Ulmer, MitbestG, § 26 Rn. 23; *Köstler/Kittner/Zachert*, Aufsichtsratspraxis, Rn. 634; *Löwisch/Rieble* in Löwisch, Arbeitskampf- und Schlichtungsrecht, S. 130; *Möllers* NZG 2003, 697 (698); *Oetker* in GK-AktG, MitbestG § 26 Rn. 17; *Raiser*, MitbestG, § 25 Rn. 141 ff.; *Wißmann* in Münch. Handb. Arbeitsrecht, Band 3, § 370 Rn. 23.

768 *Hoffmann/Lehmann/Weinmann*, MitbestG, § 25 Rn. 134; *Hopt* ZGR 2004, 1 (36 f.); *Lutter/Krieger*, Rechte und Pflichten des Aufsichtsrats, Rn. 305; *Mertens* AG 1977, 306 (311 ff.).

769 Vgl. ausführlich zur Aufsichtsratspraxis bei Tarifauseinandersetzungen: *Matthießen*, Stimmrecht und Interessenkollision, S. 444 ff. m. w. N. und auch *Raiser*, MitbestG, § 25 Rn. 140.

770 BVerfG, Urteil v. 1. 3. 1979, BVerfGE 50, 290 (350); BGH, Urteil v. 25. 2. 1982, BGHZ 83, 106 (120); Urteil v. 25. 2. 1982, BGHZ 83, 144 (149); *Fitting/Wlotzke/Wißmann*, MitbestG, § 25 Rn. 94 ff.; *Jacobs* in Münch. Komm. AktG, § 40 SEBG Rn. 7; *Junge* in FS für v. Caemmerer, S. 547 ff.; *Paefgen*, Struktur und Aufsichtsratsverfassung, S. 75 ff.; *Raisch* in FS für Hefermehl, S. 347 ff.; *Raiser*, MitbestG, § 25 Rn. 109 ff.; *ders.* in FS für R. Schmidt, S. 101 (113 ff.); *Schilling* in FS für Gessler, S. 159 (165); *Semler*, Leitung und Überwachung, S. 31 ff.;*Ulmer* in Hanau/Ulmer, MitbestG, § 25 Rn. 93 ff.

dass die Arbeitnehmervertreter im besonderen Maße zur Treue gegenüber der Belegschaft verpflichtet sind, wie dies umgekehrt auch für die Verpflichtung der Anteilseignervertreter gegenüber den Kapitaleignern gilt.[771] Sind die Sonderinteressen jedoch nicht mit dem Unternehmensinteresse vereinbar, müssen Erstere zurücktreten.[772]

J. Haftung der Arbeitnehmervertreter

Von zentraler Bedeutung für die Mitbestimmung der Arbeitnehmer im Verwaltungsrat ist die Haftung seiner Mitglieder. Art. 51 SE-VO verweist für die Haftung der Organe *für Schäden, die sie der SE* durch Verletzung ihrer gesetzlichen, satzungsmäßigen oder sonstigen Pflichten in Ausübung ihres Amtes zugefügt haben, auf das nationale Aktienrecht.[773] Dagegen fehlt eine explizite Regelung bezüglich einer Außenhaftung. Ob Art. 51 SE-VO die Haftungsfrage abschließend regeln wollte[774] oder über Art. 9 lit. c, ii SE-VO das Recht des Sitzstaates zur Anwendung gelangt,[775] kann für eine SE mit Sitz in Deutschland dahinstehen: das deutsche Aktienrecht kennt eine solche Außenhaftung nicht und auch das SEAG schweigt dazu. In Entsprechung des Art. 51 SE-VO verweist § 39 SEAG vielmehr auf § 93 AktG, der eine Ersatzpflicht gegenüber der Gesellschaft begründet und zugleich die Möglichkeit eröffnet, die Haftung der Verwaltungsratsmitglieder entsprechend ihrem wahrzunehmenden Funktionsbereich anzupassen.[776]

Gem. § 39 SEAG i. V. m. § 93 Abs. 1 S. 1, Abs. 2 S. 1 AktG haften die Arbeitnehmervertreter als Mitglieder des Verwaltungsrats der Gesellschaft auf Schadenersatz, wenn sie schuldhaft nicht die Sorgfalt eines ordentlichen und gewis-

---

771 Vgl. zum parallelen Problem im Aufsichtsrat: *Fitting/Wlotzke/Wißmann*, MitbestG, § 25 Rn. 96; *Köstler/Kittner/Zachert*, Aufsichtsratsratspraxis, Rn. 645.

772 Vgl. zum parallelen Problem im Aufsichtsrat: BGH, Urteil v. 5. 6. 1975, BGHZ 64, 325 (331); *Fitting/Wlotzke/Wißmann*, MitbestG, § 25 Rn. 96; *Hopt* ZGR 2004, 1 (39 ff.); *Oetker* in GK-AktG, MitbestG § 25 Rn. 22; *Raiser*, MitbestG, § 25 Rn. 113.

773 Anders noch Art. 77 des Verordnungsvorschlags von 1991, der eine zwingende gesamtschuldnerische Haftung aller Organmitglieder für eigenes und fremdes Fehlverhalten vorsah. Kritisch dazu: *Hommelhoff* AG 2001, 279 (283 f.); *Schwarz* ZIP 2001, 1847 (1856).

774 Vor dem Hintergrund, dass eine Außenhaftung in vielen Mitgliedstaaten mit monistischer Organisationsstruktur verbreitet ist, ist eher nicht von einer abschließenden Regelung des Art. 51 SE-VO auszugehen. Vgl. dazu *Merkt* ZGR 2003, 650 (674).

775 So *Hirte* NZG 2002, 1 (5); *Kuffner*, Beteiligung Europ. Aktiengesellschaft, S. 83; *Merkt* ZGR 2003, 650 (674).

776 *Frodermann* in Jannott/Frodermann, Handbuch SE, Kapitel 5 Rn. 269; *M. Hoffmann-Becking* ZGR 2003, 355 (380); *Teichmann* in Lutter/Hommelhoff, Europ. Gesellschaft, S. 195 (212). Ein Verweis auf § 116 AktG zu den Pflichten des Aufsichtsrats hätte wegen der dortigen Verweisung auf § 93 AktG nur einen verweisungstechnischen Umweg bedeutet, womit ein direkter Verweis auf § 93 AktG näher lag. Vgl. dazu auch *Waclawik* DB 2004, 1191 (1196).

senhaften Verwaltungsratsmitglieds einhalten und der Gesellschaft daraus ein Schaden entsteht.[777] Da damit eine relativ strenge Haftung verbunden ist, welche die Gefahr einer Überwälzung des Unternehmensrisikos auf die Organe in sich birgt, fügte der Gesetzgeber mit dem UMAG[778] zum 1. 11. 2005 als neuen § 93 Abs. 1 S. 2 AktG folgende Regelung ein:

> „Eine Pflichtverletzung liegt nicht vor, wenn das Vorstandsmitglied bei einer unternehmerischen Entscheidung vernünftigerweise annehmen durfte, auf der Grundlage angemessener Information zum Wohl der Gesellschaft zu handeln."

Er schuf damit der von der Rechtsprechung entwickelten Business Judgement Rule[779] eine gesetzliche Grundlage, geht jedoch darüber hinaus, indem es nunmehr ausreicht, dass das Organmitglied davon ausgehen durfte, seine Entscheidung auf der Basis angemessener Informationen getroffen zu haben.[780] Für die Arbeitnehmervertreter im Verwaltungsrat bedeutet dies eine Haftungsprivilegierung beispielsweise für den Fall, dass sie annehmen durften, die geschäftsführenden Direktoren seien ihrer Berichtspflicht nach § 40 Abs. 6 SEAG i. V. m. § 90 AktG hinreichend nachgekommen. Im Übrigen lässt § 93 Abs. 1 S. 2 AktG das Prinzip der Gesamtverantwortung unberührt. Jedes Verwaltungsratsmitglied haftet nicht nur für seine eigenen Entscheidungen, sondern auch für die der anderen Verwaltungsratsmitglieder, wenn ihn selbst der Vorwurf eines schuldhaften Sorgfaltspflichtverstoßes trifft. Eine Geschäftsverteilung, beispielsweise durch die Bildung von Ausschüssen, hebt die Pflicht der unzuständigen Verwaltungsratsmitglieder nicht auf. Vielmehr wandelt sich deren Pflicht in eine Überwachungspflicht und eine Pflicht zum Einschreiten im Fall der Feststellung von

---

777 Für börsennotierte Gesellschaften wiederholt Ziff. 3.8 des DCGK in verkürzter Form den Gesetzestext. Ungeklärt ist bislang des Verhältnis der Empfehlung des DCGK zum Sorgfaltsmaßstab des § 93 AktG. Allgemein wird davon ausgegangen, dass der DCGK nur eine unverbindliche Verhaltensempfehlung geben will. Vgl. dazu *Frodermann* in Jannott/Frodermann, Handbuch SE, Kapitel 5 Rn. 295; *Hefermehl/Spindler* in Münch. Komm. AktG, § 93 Rn. 36; *Ringleb* in Ringleb/Kremer/Lutter/v. Werder, DCGK, Rn. 51 ff.

778 Gesetz zur Unternehmensintegrität und Modernisierung des Anfechtungsrechts (UMAG) v. 22. 9. 2005, BGBl. 2005 I Nr. 60 v. 27. 9. 2005; vgl. auch den Regierungsentwurf, BT-Drucks. 15/5092 v. 14. 3. 2005, und Beschlussempfehlung und Bericht des Rechtsausschusses, BT-Drucks. 15/5693 v. 15. 6. 2005. Grundlegend hierzu *Gehb* ZRP 2005, 145 ff.; *Hoor* DStR 2004, 2104 ff.; *Kock/Dinkel* NZG 2004, 441 ff.; *Roth* BB 2004, 1066 ff.; *Schütz* NZG 2005, 5 ff.; *Thümmel* DB 2004, 471 ff.; *Wilsing* ZIP 2004, 1082 ff.

779 BGH, Urteil v. 21. 4. 1997, BGHZ 135, 244 (253); Urteil v. 23. 6. 1997, BGHZ 136, 133 (140). Dazu auch *Frodermann* in Jannott/Frodermann, Handbuch SE, Kapitel 5 Rn. 292; *Hefermehl/Spindler* in Münch. Komm. AktG, § 93 Rn. 24 ff; *Hüffer*, AktG, § 93 Rn. 13 a; *Thümmel* DB 2004, 471 (471 f.).

780 Zustimmend *Frodermann* in Jannott/Frodermann, Handbuch SE, Kapitel 5 Rn. 312; *Kock/Dinkel* NZG 2004, 441 (444). Kritisch *Thümmel* DB 2004, 471 (472); *Wilsing* ZIP 2004, 1082 (1089).

Pflichtverletzungen.[781] Gleiches gilt für die Geschäftsführung, welche zwar den geschäftsführenden Direktoren obliegt, aber nach § 44 Abs. 2 SEAG den Anweisungen des Verwaltungsrats unterworfen ist. Auch können sich die Arbeitnehmervertreter nicht auf mangelnde Kenntnisse und Fähigkeiten zur Unternehmensleitung berufen, da das Gesetz nicht zwischen Anteilseigner- und Arbeitnehmervertretern differenziert.[782] Mangelndes Fachwissen müssen die Arbeitnehmervertreter gegebenfalls durch die Hinzuziehung von Sachverständigen ausgleichen (§ 36 Abs. 1 S. 2 SEAG).[783]

§ 12 Sonderbestimmungen zur inneren Ordnung des Verwaltungsrats

Über die Umsetzung der von der SE-RL gestellten Forderungen hinaus fügte der deutsche Gesetzgeber einige Sonderbestimmungen ein, um den spezifischen Besonderheiten des deutschen Mitbestimmungsrechts Rechnung zu tragen. Dabei steht zunächst die Absicherung der Funktion des Arbeitsdirektors und des weiteren Mitglieds im Montanbereich im Vordergrund der Untersuchung. Weiter enthält § 35 Abs. 3 SEAG eine gesellschaftsrechtliche Sonderregelung zum Stimmrecht des Verwaltungsratsvorsitzenden. Sie findet ihre Rechtfertigung in der paritätischen Zusammensetzung des Verwaltungsrats, weshalb ihr im Anschluss ein eigenständiger Abschnitt gewidmet werden soll.

A. Der „für den Bereich Arbeit und Soziales" zuständige geschäftsführende Direktor nach § 38 Abs. 2 S. 2 SEBG

§ 38 Abs. 2 S. 2 SEBG legt zwingend fest, dass einer von mindestens zwei zu bestellenden geschäftsführenden Direktoren für den Bereich Arbeit und Soziales zuständig ist. Nach der Regierungsbegründung soll die Regelung die im deutschen Mitbestimmungsrecht bewährte Funktion des Arbeitsdirektors aufgreifen.[784]

---

781 BGH, Urteil v. 15. 10. 1996, BGHZ 133, 370 (377 ff.); *Frodermann* in Jannott/Frodermann, Handbuch SE, Kapitel 5 Rn. 294; *Hefermehl/Spindler* in Münch. Komm. AktG, § 93 Rn. 71; Hüffer, AktG, § 93 Rn. 13 b; *Teichmann* in Lutter/Hommelhoff, Europ. Gesellschaft, S. 195 (212 f.).

782 BGH, Urteil v. 15. 11. 1982, BGHZ 85, 293 (295) = BB 1983, 101 ff.; *Edenfeld/Neuanfang* AG 1999, 49 ff.; *Fitting/Wlotzke/Wißmann*, MitbestG, § 25 Rn. 122; *Frodermann* in Jannott/Frodermann, Handbuch SE, Kapitel 5 Rn. 297; *Jacklowfsky*, Arbeitnehmerstellung und Aufsichtsratsamt, S. 280 ff.; *Jürgens*, Mitbestimmung und Verantwortlichkeit, S. 107 ff.; *Oetker* in Erfurter Komm. Arbeitsrecht, § 116 AktG Rn. 3; *Raiser*, MitbestG, § 25 Rn. 122; *Wiesner* in Münch. Handb. Gesellschaftsrecht IV, § 26 Rn. 7.

783 *Fitting/Wlotzke/Wißmann*, MitbestG, § 25 Rn. 122; *Wiesner* in Münch. Handb. Gesellschaftsrecht IV, § 26 Rn. 7.

784 Reg.Begr. zu § 38 Abs. 2 SEBG, BT-Drucks. 15/3405, S. 55.

I. Funktion und Aufgabenbereich des für den Bereich Arbeit und Soziales zuständigen geschäftsführenden Direktors

Die Bestellung eines Arbeitsdirektors als gleichberechtigtes Mitglied des Vorstandes schreiben die Vorschriften § 33 MitbestG und § 13 Montan-MitbestG vor.[784] Während die genannten Parallelbestimmungen gänzlich auf eine nähere Umschreibung des vom Arbeitsdirektor wahrzunehmenden Aufgabenbereichs verzichten,[785] unternimmt § 38 Abs. 2 S. 2 SEBG mit der Formulierung „für den Bereich Arbeit und Soziales" den Versuch, die Ressortzuständigkeit des betroffenen geschäftsführenden Direktors zu konkretisieren. Ob aufgrund dessen von einem veränderten Funktionsbereich des für den Bereich Arbeit und Soziales zuständigen geschäftsführenden Direktors gesprochen werden kann, ist jedoch zweifelhaft.[786] Dagegen spricht die Regierungsbegründung zu § 38 Abs. 2 SEBG, welche einen Bezug zur bewährten Funktion des Arbeitsdirektors herstellt.[787] Ebenso legt die Entstehungsgeschichte des § 33 MitbestG ein anderweitiges Verständnis nahe. Ähnlich wie § 38 Abs. 2 S. 2 SEBG sah der Regierungsentwurf zu § 33 MitbestG noch vor, dass ein Mitglied des Vertretungsorgans „vorwiegend für Personal- und Sozialangelegenheiten" zuständig sein muss.[788] Schließlich ist § 38 Abs. 2 S. 2 SEBG Ausdruck des Bestandsschutzprinzips, weshalb die besseren Gründe dafür sprechen, die hergebrachten Grundsätze, die für die Konkretisierung des Aufgabenbereichs des Arbeitsdirektors entwickelt wurden, entsprechend auf den für den Bereich Arbeit und Soziales zuständigen geschäftsführenden Direktor anzuwenden.[789] Dem für den Bereich Arbeit und Soziales zuständigen geschäftsführenden Direktor muss also ein unentziehbarer Kernbereich an Aufgaben in Arbeits- und Sozialangelegenheiten erhalten bleiben,[790] was nicht die Möglichkeit ausschließt, ihm zusätzliche Aufgabenbereiche

---

[784] Ausführlich zur Entstehungsgeschichte des Arbeitsdirektors: *Fitting/Wlotzke/Wißmann*, MitbestG, § 33 Rn. 3 ff.; *Hanau* in Hanau/Ulmer, MitbestG, § 33 Rn. 8 ff.

[785] Zur Verfassungsmäßigkeit des § 33 MitbestG im Hinblick auf seine Bestimmtheit: BVerfG, Urteil v. 1. 3. 1979, BVerfGE 50, 290 (378 ff.).

[786] So aber *Oetker* in Lutter/Hommelhoff, Europ. Gesellschaft, S. 277 (311 f.).

[787] So zutreffend auch *Oetker* in Lutter/Hommelhoff, Europ. Gesellschaft, S. 277 (312), Fn. 137.

[788] BT-Drucks. VII/4845, S. 9 f.

[789] So wohl auch *Grobys* NZA 2004, 779 (780); *Hennings* in Manz/Mayer/Schröder, Die Europäische Aktiengesellschaft, Anhang: Auffangregelung Teil 3 SE-RL Rn. 31; *Kienast* in Jannott/Frodermann, Handbuch SE, Kapitel 13 Rn. 291; *Krause* BB 2005, 1221 (1228), die eine Funktionsidentität nicht in Frage stellen. A. A. *Oetker* in Lutter/Hommelhoff, Europ. Gesellschaft, S. 277 (312).

[790] BGH, Urteil v. 14. 11. 1993, BGHZ 89, 48 (59); *Fitting/Wlotzke/Wißmann*, MitbestG, § 33 Rn. 32; *Gach* in Münch. Komm. AktG, § 33 MitbestG Rn. 32 ff.; *Hammacher* RdA 1993, 163 (164); *Hanau* in Hanau/Ulmer, MitbestG, § 33 Rn. 12, 39; *Oetker* in GK-AktG, MitbestG § 33 Rn. 19; *ders.* in Erfurter Komm. Arbeitsrecht, § 33 MitbestG Rn. 18; *Raiser*, MitbestG, § 33 Rn. 16; *Säcker* DB 1977, 1993 (1994). A. A. *D. Hoffmann* BB 1977, 17 (19) nach dessen Auffassung der Aufgabenbereich erst im Rahmen eines Geschäftsverteilungsplans zugewiesen werden muss.

zu übertragen, solange sie aufgrund ihres Umfangs die Erfüllung der eigentlichen Aufgaben nicht beeinträchtigen.[792]

II. Die Sicherung der Position des Arbeitsdirektors als einzelstaatliche „Gepflogenheit"

Es stellt sich die Frage, ob die SE-RL die Einführung einer spezifischen Ressortzuteilung in der Person des geschäftsführenden Direktors überhaupt erlaubt, da sie selbst keine ausdrückliche Regelung enthält. Bestritten wird die Vereinbarkeit des § 38 Abs. 2 S. 2 SEBG von *Grobys* mit Berufung auf die Vorschrift des Art. 13 Abs. 2 SE-RL. Diese schreibt vor:

> „Einzelstaatliche Rechtsvorschriften und/oder Gepflogenheiten in Bezug auf die Mitbestimmung der Arbeitnehmer in den Gesellschaftsorganen, die nicht zur Umsetzung dieser Richtlinie dienen, finden keine Anwendung auf gemäß der Verordnung (EG) Nr. 2157/2001 gegründete und von dieser Richtlinie erfasste Gesellschaften."

Nach Auffassung *Grobys* handelt es sich bei dem Arbeitsdirektor um eine typisch einzelstaatliche „Gepflogenheit", die nach Art. 13 Abs. 2 SE-RL keine Anwendung auf eine SE finden soll. Anders als in einer früheren Entwurfsfassung sei die Pflicht zur Bestellung eines Arbeitsdirektors gerade nicht in die Endfassung der Richtlinie aufgenommen worden.[793] *Grobys* Kritik beruht zunächst auf einer irrtümlichen Deutung des Wortlauts der Norm. Art. 13 Abs. 2 SE-RL verbietet die Anwendung einzelstaatlicher Gepflogenheiten, „die nicht zur Umsetzung dieser Richtlinie dienen". Damit schließt Art. 13 Abs. 2 SE-RL als lex specialis zu Art. 9 lit. c, ii SE-VO die Anwendung der nationalen Mitbestimmungsgesetze zur Lückenschließung des SEBG aus, ohne eine Aussage bezüglich des zulässigen Inhalts des SEBG als Umsetzungsgesetz der SE-RL selbst treffen zu wollen.[794] Für eine SE mit Sitz in Deutschland ist die Anknüpfung an die „einzelstaatlichen Gepflogenheiten in Bezug auf die Mitbestimmung" weniger von Bedeutung, da diese allenfalls ihren Niederschlag in Form von statusbegründenden oder statuserhaltenden Mitbestimmungsvereinbarungen gefunden haben, welche nun für die neu gegründete SE gem. Art. 13 Abs. 2 SE-RL keine Geltung mehr beanspruchen dürfen. Die Ergänzung der „einzelstaatlichen Rechtsvorschriften" um den Begriff der „einzelstaatlichen Gepflogenhei-

---

[792] *Fitting/Wlotzke/Wißmann*, MitbestG, § 33 Rn. 35 f.; *D. Hoffmann* BB 1977, 17 (21); *Raiser*, MitbestG, § 33 Rn. 22; *Säcker* DB 1977, 1993 (1995). Einschränkend *Oetker* in Erfurter Komm. Arbeitsrecht, § 33 MitbestG Rn. 23 nach dem der zulässige Umfang weiterer Aufgabenbereiche von dem Ausmaß der Personal- und Sozialangelegenheiten in dem konkreten Unternehmen abhängt.

[793] *Grobys* NZA 2004, 779 (780); *ders.* NZA 2005, 84 (90). Ihm folgend *Schwarz*, SE-VO, Art. 43 Rn. 99; A. A. *Krause* BB 2005, 1221 (1228) wonach die Regelung über den Arbeitsdirektor europarechtlich wohl noch haltbar sein soll.

[794] *Hennings* in Manz/Mayer/Schröder, Die Europäische Aktiengesellschaft, Art. 13 SE-RL Rn. 4.

ten" erfolgte vor allem im Hinblick auf das im skandinavischen Rechtskreis verbreitete Tarifmodell, welches der Begriff der „Rechtsvorschriften" nicht erfasst und es eine Fortgeltung der für die skandinavischen beteiligten Gesellschaften vereinbarten Mitbestimmungsverträge ebenfalls auszuschließen galt. Aufgrund der geringen Bedeutung für eine SE mit Sitz in Deutschland verzichtete der deutsche Gesetzgeber bei der Umsetzung des Art. 13 Abs. 2 SE-RL in § 47 Abs. 1 Nr. 1 SEBG gänzlich auf eine Übernahme des Begriffs der „Gepflogenheiten" und wählte stattdessen die Formulierung „inländische Rechtsvorschriften und Regelungen". Der Regelungsgehalt des Art. 13 Abs. 2 SE-RL bzw. § 47 Abs. 1 Nr. 1 SEBG bezieht sich also nicht auf die Rechtssetzung, sondern lediglich auf die Rechtsanwendung, wie die amtlichen Überschriften bestätigen („Verhältnis dieser Richtlinie zu anderen Bestimmungen" bzw. „Geltung nationalen Rechts"). Anderenfalls stünde Art. 13 Abs. 2 SE-RL in einem systematischen Widerspruch zum 3. Erwägungsgrund, welcher die Mitgliedstaaten zur Sicherung einzelstaatlicher Gepflogenheiten der Arbeitnehmerbeteiligung verpflichtet. Würde jede mitbestimmungsrechtliche Besonderheit, die es als „Gepflogenheit" gemäß des 3. Erwägungsgrund zu erhalten gilt, gleichzeitig als „Gepflogenheit" im Sinne des Art. 13 Abs. 2 SE-RL verstanden werden, hätte dies zur Konsequenz, dass sich der Anwendungsbereich des 3. Erwägungsgrundes auf Null reduziert. Die Erwägungsgründe sind zwar verbindliche Auslegungsgrundsätze, setzen jedoch einen auslegungsfähigen Rechtsrahmen voraus[795] mit der Folge, dass Art. 13 Abs. 2 SE-RL einen Rückgriff auf den 3. Erwägungsgrund vollständig sperren würde. Wären alle deutschen „Gepflogenheiten", die der Gesetzgeber mit dem SEBG in das Mitbestimmungssystem der SE zu integrieren versuchte, unvereinbar mit Art. 13 Abs. 2 SE-RL, hätte er z. B. auch keine Sonderregelungen in Bezug auf die leitenden Angestellten treffen dürfen. Diesbezüglich erhebt *Grobys* jedoch keine Einwände. Zusammenfassend lässt sich damit festhalten, dass von der Vorschrift des Art. 13 Abs. 2 SE-RL nicht auf eine Richtlinienwidrigkeit der in § 38 Abs. 2 S. 2 SEBG vorgeschriebenen Bestellung des für den Bereich Arbeit und Soziales zuständigen geschäftsführenden Direktors geschlossen werden kann.

III. Die beteiligte Gesellschaft im Anwendungsbereich des DrittelbG - Teleologische Reduktion des § 38 Abs. 2 S. 2 SEBG?

Bedenken könnten sich deshalb ergeben, weil § 38 Abs. 2 S. 2 SEBG selbst dann greift, wenn die an der Gründung der SE beteiligten deutschen Gesellschaften ausschließlich der Mitbestimmung nach dem DrittelbG unterliegen. § 38 Abs. 2 S. 2 SEBG ginge in diesem Fall über die Zielsetzung des 3. Erwä-

---

[795] Zur Bedeutung der Erwägungsgründe bei der Auslegung von Richtlinien: EuGH, Urteil v. 13. 3. 1980, Slg. 1980, 813 (823) (van Walsum); EuGH, Urteil v. 6. 5. 1980, Slg. 1980, 1495 (1507) (Lee); EuGH, Urteil v. 17. 11. 1983, Slg. 1983, 3781 (3793) (Merck); *Bleckmann* RIW 1987, 929 (931); *Grundmann/Riesenhuber* JuS 2001, 529 (531); *Lutter* JZ 1992, 593 (600); *Teichmann* ZGR 2003, 383 (405).

gungsgrundes hinaus,[796] weshalb im Hinblick auf die Richtlinienkonformität eine teleologische Reduktion des § 38 Abs. 2 S. 2 SEBG gerechtfertigt sein könnte. Dazu müsste die Vorschrift planwidrig einer Einschränkung bedürfen, die im Gesetzestext nicht enthalten ist.[797] Gegen ein Regelungsversehen des Gesetzgebers spricht in systematischer Hinsicht die Vorschrift des § 38 Abs. 3 SEBG, welche eine Sonderregelung für den Fall enthält, dass zu den beteiligten Gesellschaften eine montanmitbestimmte Gesellschaft gehört. Aus der Tatsache, dass § 38 Abs. 2 S. 2 SEBG im Gegensatz zu § 38 Abs. 3 SEBG keine Differenzierung danach vornimmt, welchen Mitbestimmungsvorschriften die beteiligten Gesellschaften vor der Gründung der SE unterlagen, folgt im Umkehrschluss, dass eine Ausnahme für die dem DrittelbG unterliegenden Gesellschaften vom Gesetzgeber ersichtlich nicht gewollt ist. Eine teleologische Reduktion ist auch nicht deshalb gefordert, weil der Gesetzgeber über die Zielsetzung des 3. Erwägungsgrundes hinausschießt. Die Mitgliedstaaten können grundsätzlich einen höheren Standard festlegen, als die Richtlinie vorgibt.[798] Eine Ausnahme gilt nur, wenn die Richtlinie zugleich einen Höchststandard aufstellt, was dann der Fall ist, wenn über die gewöhnlich angestrebte Rechtsangleichung hinaus eine Rechtsvereinheitlichung des nationalen Rechts beabsichtigt ist.[799] Der 3. Erwägungsgrund überlässt die Implementierung der einzelstaatlichen mitbestimmungsrechtlichen Besonderheiten bewusst der Entscheidung der Mitgliedstaaten, weshalb neben der Planwidrigkeit aus europarechtlichen Gesichtspunkten die methodischen Voraussetzungen für eine teleologische Reduktion des § 38 Abs. 2 S. 2 SEBG als nicht gegeben angesehen werden müssen.

IV. § 38 Abs. 2 S. 2 SEBG und die Besonderheiten im Montanbereich

Als schwieriger erweist sich die Anwendung des § 38 Abs. 2 S. 2 SEBG, wenn eine der beteiligten Gesellschaften aus dem Montanbereich stammt. Gem. § 13 Abs. 1 S. 2 Montan-MitbestG kann der Arbeitsdirektor nicht gegen die Mehrheit der Stimmen der Arbeitnehmervertreter bestellt und abberufen werden, womit die Vorschrift den Arbeitnehmervertretern faktisch ein Vetorecht einräumt.[800] Indessen ist für die Bestellung des für den Bereich Arbeit und Soziales zuständigen geschäftsführenden Direktors das allgemeine Bestellungsverfahren maßgeblich, d. h. seine Bestellung obliegt dem Verwaltungsrat, welcher gem. Art. 50

---

[796] *Oetker* in Lutter/Hommelhoff, Europ. Gesellschaft, S. 277 (311).

[797] *Bydlinski*, Methodenlehre, S. 473; *Canaris*, Die Feststellung von Lücken im Gesetz, S. 31 ff.; *Engisch*, Einführung in das juristische Denken, S. 180 ff.; *Larenz/Canaris*, Methodenlehre, S. 194 f.

[798] *Bleckmann* RIW 1987, 929 (932 f.); *Everling* in FS für R. Schmidt, S. 165 (170); *Grundmann* JZ 1996, 274 (283 ff.); *Jarass* NJW 1990, 2420 (2421); *Lutter* JZ 1992, 593 (606); *Steindorff* EuZW 1990, 251 (253) und auch BGH, Urteil v. 15. 1. 1990, NJW 1990, 982 (982).

[799] *Lutter* JZ 1992, 593 (606); *Rörig*, Direktwirkung von Richtlinien, S. 138 f.

[800] *Oetker* in GK-AktG, MitbestG § 33 Rn. 2; *Spie/Piesker*, Geschäftsbereich Arbeitsdirektor, S. 52.

Abs. 1 lit. b SE-VO mit einfacher Mehrheit der anwesenden oder vertretenen Mitglieder entscheidet. Für die Arbeitnehmervertreter bedeutet dies, dass sie ihren Kandidaten, selbst geschlossen, nicht gegen die Stimmen der übrigen Verwaltungsratsmitglieder durchsetzen können, wenn es den Anteilseignervertretern gelingt, das gem. § 38 Abs. 3 SEBG zu bestellende weitere Mitglied auf ihre Seite zu ziehen. Unverbindliche, in der Satzung oder durch Vereinbarung begründete Vorschlags- und Zustimmungsrechte sind ebenfalls unwirksam, sofern sie geeignet sind, einen gewissen Druck auf den Verwaltungsrat auszuüben und seine Entscheidungsfreiheit zu beeinträchtigen.[801]

1. Die Ressortzuständigkeit in Arbeits- und Sozialangelegenheiten als unzureichender Bestandsschutz aufgrund der Streichung des Vetorechts der Arbeitnehmervertreter im Bestellungsverfahren

Aus der Streichung des im Montanbereich vorgesehen Vetorechts in § 38 Abs. 2 S. 2 SEBG ergibt sich die Frage nach der Vereinbarkeit der genannten Vorschrift mit der SE-RL. Gegen die Richtlinienkonformität des § 38 Abs. 2 S. 2 SEBG könnte der bereits erwähnte 3. Erwägungsgrund der SE-RL anzuführen sein, welcher fordert, dass „die Gründung einer SE nicht zur Beseitigung oder zur Einschränkung der Gepflogenheiten der Arbeitnehmerbeteiligung führt, die in den an der Gründung einer SE beteiligten Gesellschaften herrschten." Indem § 38 Abs. 2 S. 2 SEBG die Bestellung des für den Bereich Arbeit und Soziales zuständigen geschäftsführenden Direktors nicht in Abhängigkeit von der Mehrheit der Stimmen der Arbeitnehmervertreter im Verwaltungsrat stellt, könnte die SE-Gründung die Möglichkeit eröffnen, die durch § 13 Abs. 1 S. 2 Montan-MitbestG hergestellte Vertrauensbasis der Arbeitnehmervertreter gegenüber dem Arbeitsdirektor zu beseitigen und ihn durch einen anteilseignerfreundlichen Kandidaten zu ersetzen.

Der 3. Erwägungsgrund ist jedoch so auszulegen, dass er eine Übernahme der bisherigen gesetzlichen Mitbestimmungsvorschriften nicht per se fordert, solange die neue Regelung der bisherigen Rechtslage qualitativ weitgehend entspricht. Dies folgt aus der Vorschrift des Art. 13 Abs. 2 SE-RL, welche ein eigenständiges Regelungswerk für die SE in Bezug auf die Mitbestimmung der Arbeitnehmer voraussetzt und eine Ergänzung durch nationale Mitbestimmungsvorschriften, selbst mit dem Ziel, bestehende Beteiligungsrechte der Arbeitnehmer zu sichern, verbietet. § 38 Abs. 2 S. 2 SEBG orientiert sich an § 33 MitbestG, welcher die Bestellung des Arbeitsdirektors der Bestellung der übrigen Vorstandsmitglieder gleichstellt. Bei Einfügung des § 33 MitbestG wurde zwar diskutiert, ob das Vetorecht der Arbeitnehmervertreter nach § 13 Montan-MitbestG sinnvoll ist und für § 33 MitbestG übernommen werden sollte. Letztlich wurde eine an § 13 Montan-MitbestG angelehnte Fassung des § 33 MitbestG aber mit

---

801 *Fitting/Wlotzke/Wißmann*, MitbestG, § 33 Rn. 17; *Raiser*, MitbestG, § 33 Rn. 7; *Zöllner* DB 1976, 1766 (1767).

der Begründung abgelehnt, dass das im Interesse des Unternehmens und des sozialen Friedens in den Betrieben erforderliche Vertrauensverhältnis zwischen dem Arbeitsdirektor und der Arbeitnehmerschaft auch ohne besonderes Bestellungsverfahren hergestellt werden könnte.[802] Die Streichung des Vetorechts zugunsten eines einheitlichen Bestellungsverfahrens für alle geschäftsführenden Direktoren könnte also sachlich gerechtfertigt sein, weil die praktische Relevanz des Vetorechts der Arbeitnehmervertreter als gering einzustufen ist. Es ist jedoch zu beobachten, dass bei der Wahl des nach dem MitbestG zu bestellenden Arbeitsdirektors dem Aufsichtsratsvorsitzenden und dem Vorsitzenden der Geschäftsführung eine dominierende Rolle zukommt, während im Montanbereich der dominierende Einfluss bei den Arbeitnehmervertretern verbleibt.[803] Die rechtliche Absicherung des Arbeitnehmereinflusses im Bestellungsverfahren schlägt sich folglich auch faktisch in der zu treffenden Personalentscheidung nieder. Zwar ist den Arbeitnehmervertretern im Verwaltungsrat der Einfluss auf die Bestellung ihres Wunschkandidaten nicht gänzlich entzogen. Die Wahrnehmung der Aufgaben in Arbeits- und Sozialangelegenheiten setzt ein ungetrübtes Verhältnis zur Belegschaft voraus. Ist dieses Verhältnis so schlecht, dass das Amt nicht wirksam ausgeübt werden kann, verletzt der Verwaltungsrat seine Pflichten, wenn er ihn dennoch bestellt.[804] Eine Pflichtverletzung wird jedoch nur in Ausnahmefällen bejaht werden können, da dem Verwaltungsrat bei der Bestellung des für den Bereich Arbeit und Soziales zuständigen geschäftsführenden Direktors ein breiter Ermessenspielraum zukommt.[805] Sowohl rechtlich als auch faktisch steht § 38 Abs. 2 S. 2 SEBG damit hinter der Vorschrift des § 13 Abs. 1 S. 2 Montan-MitbestG zurück und verstößt gegen den 3. Erwägungsgrund der SE-RL.[806]

2. *Rechtsfolgen des Richtlinienverstoßes für die Anwendbarkeit des § 38 Abs. 2 S. 2 SEBG*

Damit ergibt sich die Frage, welche Rechtsfolgen sich aus der Richtlinienwidrigkeit des § 38 Abs. 2 S. 2 SEBG für die Rechtsanwendung ergeben. Das Gebot der richtlinienkonformen Auslegung umschreibt in Anlehnung an die französische Doktrin zugleich die Rechtsfortbildung im Wege einer Analogie.[807] Ist an

---

802 BT-Drucks. VII/4845, S. 9.

803 *Gerum*, Mitbestimmung und Corporate Governance, S. 33; *Oetker* in GK-AktG, MitbestG § 33 Rn. 3.

804 *Fitting/Wlotzke/Wißmann*, MitbestG, § 33 Rn. 19; *Hanau* in Hanau/Ulmer, MitbestG, § 33 Rn. 29; *Oetker* in GK-AktG, MitbestG § 33 Rn. 6; *Raiser*, MitbestG, § 33 Rn. 7.

805 *Oetker* in GK-AktG, MitbestG § 33 Rn. 6; *Zöllner* DB 1976, 1766 (1767).

806 A.A. *Henssler* RdA 2005, 330 (336).

807 Vgl. nur EuGH, Urteil v. 23. 3. 2000, NJW 2000, 1323 (1324) (Berliner Kindl); *Canaris* in FS für Bydlinski, S. 47 (81); *Dänzer-Vanotti* RIW 1992, 733 (734); *Franzen*, Privatrechtsangleichung, S. 358; *Grundmann/Riesenhuber* JuS 2001, 529 (535); *Riesenhuber/Dornröse* RIW 2005, 47 (50) bevorzugen deshalb den Oberbegriff der „richtlinienkon-

der Gründung einer SE eine Gesellschaft aus dem Montanbereich beteiligt, könnte zur Herstellung der Richtlinienkonformität eine analoge Anwendung des § 13 Abs. 1 S. 2 Montan-MitbestG geboten sein. Allerdings unterliegt die richtlinienkonforme Auslegung den nationalen methodischen Grenzen,[808] weshalb sie nicht vom Erfordernis einer planwidrigen Regelungslücke entbinden kann. Die Regierungsbegründung zu § 38 Abs. 2 S. 2 SEBG bezog die Ausgestaltung des Bestellungsverfahrens des für den Bereich Arbeit und Soziales zuständigen geschäftsführenden Direktors in ihre Überlegungen mit ein und besagt ausdrücklich, dass weitere Vorgaben zum Bestellungsverfahren nicht gemacht werden sollen.[809] Eine analoge Anwendung des § 13 Abs. 1 S. 2 Montan-MitbestG scheitert folglich an der Planwidrigkeit der Streichung des Vetorechts durch den Gesetzgeber. Darüber hinaus steht einer entsprechenden Anwendung des § 13 Abs. 1 S. 2 Montan-MitbestG das Analogieverbot des Art. 13 Abs. 2 SE-RL entgegen, welches die Heranziehung nationaler Mitbestimmungsvorschriften zur Lückenschließung des SEBG verbietet. Demzufolge ist eine Korrektur des § 38 Abs. 2 S. 2 SEBG für den Fall, dass an der Gründung einer SE eine Gesellschaft aus dem Montanbereich beteiligt ist, de lege lata nicht möglich, so dass die Vorschrift des § 38 Abs. 2 S. 2 SEBG zwar richtlinienwidrig, aber für die Rechtsanwendung verbindlich ist.

B. Das weitere Mitglied nach § 38 Abs. 3 SEBG

§ 38 Abs. 3 SEBG sieht die Wahl eines weiteren Mitglieds auf gemeinsamen Vorschlag der Anteilseigner- und der Arbeitnehmervertreter vor, wenn eine der beteiligten Gesellschaften aus dem Montanbereich stammt. Das weitere Mitglied darf entsprechend dem § 4 Abs. 2 Montan-MitbestG in keinem näheren Verhältnis zu dem Unternehmen, den Gewerkschaften oder den Arbeitgeberverbänden stehen. Abweichend von der Regelung des § 36 Abs. 4 SEBG ist die Hauptversammlung an den Vorschlag nicht gebunden.[810]

---

formen Rechtsfindung"; *Rörig*, Die Direktwirkung von Richtlinien in Privatrechtsverhältnissen, S. 125 und 155.

808 EuGH, Urteil v. 10. 4. 1984, Slg. 1984, 1891 (1909) (von Colson und Kamann); EuGH, Urteil v. 13. 11. 1990, Slg. 1990 I, 4156 (4159) (Marleasing); EuGH, Urteil v. 25. 2. 1999, Slg. 1999 I, 1119 (1134) (Carbonari); *Brechmann*, Die richtlinienkonforme Auslegung, S. 50; *Canaris* in FS für Bydlinski, S. 47 (57 ff.); *Franzen*, Privatrechtsangleichung, S. 375 ff.; *Grundmann/Riesenhuber* JuS 2001, 529 (534); *Rörig*, Direktwirkung von Richtlinien, S. 125; a. A. *Lutter*, Europäisches Unternehmensrecht, S. 27 f.; *ders.* JZ 1992, 593 (607).

809 Reg.Begr. zu § 38 Abs. 2 SEBG, BT-Drucks. 15/3405, S. 55.

810 Vgl. dazu auch *Hennings* in Manz/Mayer/Schröder, Die Europäische Aktiengesellschaft, Anhang: Auffangregelung Teil 3 SE-RL Rn. 31.

I. Vereinbarkeit der Wahl des weiteren Mitglieds mit Art. 45 S. 2, 50 Abs. 2 SE-VO

Verbreitet wird die Vereinbarkeit des § 38 Abs. 3 SEBG mit der SE-VO in Frage gestellt. Art. 45 S. 2, 50 Abs. 2 SE-VO würden bei paritätischer Mitbestimmung das Letztentscheidungsrecht zwingend dem von der Anteilseignerseite stammenden Verwaltungsratsvorsitzenden zuweisen, was mit der Vorschrift des § 38 Abs. 3 SEBG nicht mehr gewährleistet wäre.[811]

Der Wortlaut der genannten Normen scheint jedoch die Wahl eines weiteren Mitglieds entsprechend dem § 38 Abs. 3 SEBG nicht verbieten zu wollen. Gem. Art. 45 S. 2 SE-VO muss ein von der Hauptversammlung bestelltes Mitglied zum Vorsitzenden gewählt werden, wenn die Hälfte der Mitglieder des Verwaltungsorgans von den Arbeitnehmern bestellt wird, also sich der Verwaltungsrat hälftig aus Arbeitnehmervertretern zusammensetzt. Art. 2 lit. e SE-RL verweist hinsichtlich des Begriffs des Arbeitnehmervertreters auf das jeweilige mitgliedstaatliche Recht. § 4 Abs. 2 Montan-MitbestG begreift das weitere Mitglied wiederum nicht als Arbeitnehmervertreter, wie das Verbot der Eigenschaft als Repräsentant einer Gewerkschaft oder als Arbeitnehmer des Unternehmens bestätigt. Da § 38 Abs. 3 SEBG ausweislich der Regierungsbegründung Bezug auf das Montan-MitbestG unternimmt,[812] ist demzufolge auch das weitere Mitglied im Sinne des § 38 Abs. 3 SEBG kein Vertreter der Arbeitnehmer, sondern als neutral im Sinne des Montan-MitbestG zu qualifizieren. Wird nun der paritätisch besetzte Verwaltungsrat gem. § 38 Abs. 3 SEBG durch die Wahl eines weiteren Mitglieds ergänzt, setzt sich dieses nicht mehr zur Hälfte aus Arbeitnehmervertretern zusammen, sondern bleibt dahinter zurück mit der Folge, dass Art. 45 S. 2 SE-VO tatbestandlich gar nicht einschlägig ist. Art. 45 S. 2 SE-VO i. V. m. Art. 50 Abs. 2 SE-VO geben also nur eine Lösung vor, wie mit Pattsituationen zu verfahren ist, *falls* es zu einer hälftigen Zusammensetzung des Verwaltungsrats mit Arbeitnehmervertretern kommt, ohne das eine mitgliedstaatliche Pflicht besteht, für den Verwaltungsrat eine hälftige Arbeitnehmervertretung vorzuschreiben.[813]

Systematisch wird dieses Verständnis durch die Bestimmungen des Art. 47 SE-VO bestätigt. Diese verweisen hinsichtlich der persönlichen Anforderungen an eine Organmitgliedschaft auf das für die nationalen Aktiengesellschaften geltende Recht, was bedeutet, dass es der Entscheidung der Mitgliedstaaten überlassen

---

811 *Calle Lambach* RIW 2005, 161 (167); *Grobys* NZA 2004, 779 (780); *ders.* NZA 2005, 84 (90); *Henssler* RdA 2005, 330 (336); *Krause* BB 2005, 1221 (1228); *Schwarz*, SE-VO, Einl. Rn. 312, Art. 43 Rn. 97; *Wisskirchen/Prinz* DB 2004, 2638 (2642). Wohl auch *Nagel* AuR 2004, 281 (285); *ders.* DB 2004, 1299 (1302); *Niklas* NZA 2004, 1200 (1204).

812 Reg.Begr. zu § 38 Abs. 3 SEBG, BT-Drucks. 15/3405, S. 55.

813 *Henssler* in FS für Ulmer, S. 193 (207).

ist, welche Voraussetzungen die Mitglieder des Aufsichts- oder Verwaltungsorgans zu erfüllen haben. Diese können eine Mitgliedschaft nicht nur entsprechend dem Art. 47 Abs. 2 lit. a SE-VO negativ ausschließen, sondern darüber hinaus gem. Art. 47 Abs. 4 SE-VO die Wahl eines Teils der Organmitglieder gesetzlich vorschreiben. Für Aktiengesellschaften aus dem Montanbereich sehen §§ 4 Abs. 1 lit. c Montan-MitbestG, 5 Abs. 1 lit. c Montan-MitbestErgG die Wahl eines weiteren Mitglieds vor, weshalb der deutsche Gesetzgeber entsprechend dem Art. 47 Abs. 4 SE-VO die Möglichkeit hat, die gesetzlich mitbestimmte SE zum Funktionserhalt des weiteren Mitglieds zu verpflichten.

Gem. Art. 1 Abs. 4 SE-VO ist für das weitere Mitglied als Element der Mitbestimmung die SE-RL maßgeblich. Nach Teil 3 lit. b des Anhangs bemisst sich die Zahl der durch die Arbeitnehmer gewählten Mitglieder des Verwaltungsorgans nach dem höchsten maßgeblichen Anteil in den beteiligten Gesellschaften vor der Eintragung der SE. In einer montanmitbestimmten Gesellschaft liegt der Anteil der Arbeitnehmervertreter leicht unterhalb einer hälftigen Zusammensetzung. Im Gegensatz zu einer isolierten Anwendung des § 35 Abs. 1 bzw. Abs. 2 SEBG stellt die Wahl des weiteren Mitglieds sicher, dass sich der proportionale Anteil im mitbestimmten Organ der SE in Abhängigkeit zur Organgröße nahezu exakt widerspiegelt. Es ist zwar zweifelhaft, ob das anteilige Vorschlagsrecht der Arbeitnehmervertreter in Bezug auf das weitere Mitglied als Mitbestimmung im Sinne des Art. 2 lit. k 2. Spiegelstrich SE-RL bzw. § 2 Abs. 12 Nr. 2 SEBG definiert werden kann. Zumindest setzte der Gesetzgeber die im 3. Erwägungsgrund verankerte allgemeine Zielsetzung der SE-RL um. Schließlich kommt die Vorschrift des § 38 Abs. 3 SEBG dem Regelungsauftrag des Art. 11 SE-RL nach, da sie für deutsche Unternehmen aus dem Montanbereich die Möglichkeit unterbindet, über die Gründung einer SE den strengeren Regelungen des Montan-MitbestG bzw. Montan-MitbestErgG zu entgehen. Die Implementierung des weiteren Mitglieds ist deshalb nicht nur mit den Vorschriften der Art. 45 S. 2 und 50 Abs. 2 SE-VO vereinbar, sondern darüber hinaus von der SE-RL auch gefordert.

II. Rechtsfolgen bei Scheitern eines gemeinsamen Wahlvorschlags oder Ablehnung der vorgeschlagenen Person durch die Hauptversammlung

§ 38 Abs. 3 SEBG enthält keine Regelung für den Fall, dass ein gemeinsamer Wahlvorschlag nicht zustande kommt oder die vorgeschlagene Person nicht gewählt wird. Im Gegensatz dazu sehen die §§ 8 Abs. 2 bis 4 Montan-MitbestG ein kompliziertes Vermittlungsverfahren vor, welches in keinem Verhältnis zu seiner praktischen Bedeutung steht,[814] weshalb der Gesetzgeber zu recht auf des-

[814] Bislang ist kein Fall bekannt, bei dem wirklich auf das Vermittlungsverfahren zurückgegriffen werden musste. Vgl. dazu auch: *Stein*, Qualifizierte Mitbestimmung, S. 16. Allgemein zum Regelungszweck des Vermittlungsverfahrens: *Oetker* in Erfurter Komm. Arbeitsrecht, § 8 Montan-MitbestG Rn. 1.

sen Übernahme verzichtet hat. Damit stellt sich jedoch die Frage nach den Rechtsfolgen, wenn es dennoch nicht zu einer Einigung über einen gemeinsamen Kandidaten kommen sollte. Die von *Hennings*[815] vorgeschlagene analoge Anwendung der §§ 8 Abs. 2 bis. 4 Montan-MitbestG scheitert an dem durch Art. 13 Abs. 2 SE-RL bzw. § 47 Abs. 1 Nr. 1 SEBG aufgestellten Analogieverbot, weshalb die Lösung in den Verfahrensvorschriften der SE-VO zu suchen ist. Bis zur Bestellung des weiteren Mitglieds setzt sich der Verwaltungsrat hälftig aus Anteilseigner- und Arbeitnehmervertretern zusammen. Für aus der paritätischen Besetzung resultierende Pattsituationen weisen Art. 45 S. 2, 50 Abs. 2 SE-VO das ausschlaggebende Stimmrecht dem von der Anteilseignerseite gestellten Verwaltungsratsvorsitzenden zu. Eine Übertragung des von der SE-VO vorgesehenen Lösungskonzepts auf die hier gegebene Problematik ist allerdings nicht möglich, da der Verwaltungsrat erst mit der Bestellung aller Mitglieder, einschließlich des umstrittenen weiteren Mitglieds, als Gesamtorgan entsteht und erst zu diesem Zeitpunkt in der Lage ist, aus seiner Mitte einen Vorsitzenden zu wählen. Aufgrund dessen kann bei Scheitern eines Kompromisses für einen gemeinsamen Kandidaten die Entscheidung gem. Art. 43 Abs. 3 SE-VO nur bei der Hauptversammlung liegen, bzw. beim ersten Verwaltungsrat kann die Satzung entsprechende Vorkehrungen zur Ermittlung des weiteren Mitglieds treffen. Dieses Vorgehen entspricht dem Rechtsgedanken des § 8 Abs. 3 S. 7 Montan-MitbestG, wonach die Hauptversammlung bei Ablehnung des vom Vermittlungsausschuss vorgeschlagenen Kandidaten das weitere Mitglied ebenfalls von sich aus wählen darf.[816] Kommt es aber zu einem gemeinsamen Vorschlag und lehnt die Hauptversammlung den vorgeschlagenen Kandidaten mangels Eignung ab, fordern Sinn und Zweck des § 38 Abs. 3 SEBG, dass den vorschlagsberechtigten Mitgliedern des Verwaltungsrats in Anlehnung an § 8 Abs. 3 S. 5 Montan-MitbestG zuvor die Möglichkeit eingeräumt wird, der Hauptversammlung erneut einen Vorschlag zu unterbreiten.

C. Der Übergang des Stimmrechts auf den Verwaltungsratsvorsitzenden gem. § 35 Abs. 3 SEAG

Um bei paritätischer Zusammensetzung des Verwaltungsrats die Mehrheitsfähigkeit der Anteilseignervertreter innerhalb der verbleibenden nicht geschäftsführenden Mitglieder zu gewährleisten, wurde quasi in letzter Minute auf Beschlussempfehlung des Rechtsausschusses des Bundestages[817] die Vorschrift des § 35 SEAG um einen dritten Absatz erweitert, welcher besagt:

> „Ist ein geschäftsführender Direktor, der zugleich Mitglied des Verwaltungsrats ist, aus rechtlichen Gründen gehindert, an der Beschlussfassung im Verwaltungs-

---

815 *Hennings* in Manz/Mayer/Schröder, Die Europäische Aktiengesellschaft, Anhang: Auffangregelung Teil 3 SE-RL Rn. 31.

816 So zutreffend *Oetker* in Lutter/Hommelhoff, Europ. Gesellschaft, S. 277 (312).

817 BT-Drucks. 15/4053, S. 34.

rat teilzunehmen, hat insoweit der Vorsitzende des Verwaltungsrats eine zusätzliche Stimme."

Das bislang eher stiefmütterlich behandelte Thema der organschaftlichen Stimmverbote[818] scheint dadurch eine völlig neue Bedeutung zu erlangen. Dieweil spricht sich der Rechtsausschuss für ein extensives Verständnis der Norm aus:

> „Im monistischen System besteht die Möglichkeit, Verwaltungsratsmitglieder der Anteilseignerseite zu geschäftsführenden Direktoren zu bestellen, denen die Aufgabe obliegt, die Tagesgeschäfte zu führen. Aus dieser Personalunion von geschäftsführendem Direktor und Mitglied im Verwaltungsrat kann sich ein Konflikt ergeben, wenn es um Beschlüsse des Verwaltungsrats geht, die Weisungen an die geschäftsführenden Direktoren beinhalten oder diese in sonstiger Weise persönlich und unmittelbar betreffen. In solchen Fällen ist davon auszugehen, dass nach allgemeinen Rechtsgrundsätzen (§ 34 BGB analog, Verbot des Richtens in eigener Sache) ein Stimmrechtsausschluss für die geschäftsführenden Direktoren erfolgt. Daher sollen die Stimmrechte von geschäftsführenden Direktoren bei Entscheidungen, bei denen sie aus rechtlichen Gründen von der Beschlussfassung ausgeschlossen sind, kraft Gesetzes auf den (von der Anteilseignerseite) bestimmten Vorsitzenden des Verwaltungsrats übergehen."[819]

I. Positionen der Literatur zum Anwendungsbereich des § 35 Abs. 3 SEAG

Vor allem im Hinblick auf die Begründung des Rechtsausschusses wird die Norm von der Literatur überwiegend kritisch betrachtet und deren Beitrag zur Entschärfung der Mitbestimmungsproblematik als unzureichend angesehen.[820] Die Rechtsgrundsätze für einen Stimmrechtsausschluss im Aufsichtsrat bzw. des GmbH-Geschäftsführers als Gesellschafter würden zeigen, dass die Fälle eines solchen Stimmverbots eher selten wären.[821] Parallel dazu dürfe der geschäftsführende Direktor lediglich bei Rechtsgeschäften, die ihn persönlich treffen, nicht mit abstimmen.[822] Dazu zähle die Teilnahme an einer Beschlussfassung über die Vornahme eines Rechtsgeschäfts sowie die Einleitung oder Erledigung eines

---

818 Dabei befassen sich die meisten Abhandlungen nur mit Stimmverboten im Aufsichtsrat. Vgl. z. B. umfassend dazu *Krebs*, Interessenkonflikte; *Matthießen*, Stimmrecht und Interessenkollision. Ob es ein Stimmverbot für Vorstandsmitglieder geben soll, wird in der Literatur nur ansatzweise oder überhaupt nicht beantwortet. Eine Zusammenfassung der vorhandenen Literatur ist zu finden bei: *Matthießen*, Stimmrecht und Interessenkollision, S. 196 ff.

819 BT-Drucks. 15/4053, S. 123 f.

820 *Frodermann* in Jannott/Frodermann, Handbuch SE, Kapitel 5 Rn. 205; *Oetker* in Lutter/Hommelhoff, Europ. Gesellschaft, S. 277 (314 f.); *Teichmann* in Lutter/Hommelhoff, Europ. Gesellschaft, S. 195 (216 f.).

821 *Frodermann* in Jannott/Frodermann, Handbuch SE, Kapitel 5 Rn. 205; *Teichmann* in Lutter/Hommelhoff, Europ. Gesellschaft, S. 195 (216 f.).

822 *Frodermann* in Jannott/Frodermann, Handbuch SE, Kapitel 5 Rn. 205; *Teichmann* in Lutter/Hommelhoff, Europ. Gesellschaft, S. 195 (216 f.).

Rechtsstreits mit dem Mitglied.[823] Unstreitig sei der Stimmrechtsausschluss auch im Hinblick auf den Anstellungsvertrag, den der geschäftsführende Direktor mit dem Verwaltungsrat als gesetzlichem Vertreter der SE (§ 41 Abs. 5 SEAG) abschließe.[824] Umgekehrt sei bei der von der Begründung des Rechtsausschusses exemplarisch als Anwendungsfall des § 35 Abs. 3 SEAG angeführten Weisung in Geschäftsführungsangelegenheiten kein Stimmverbot des betroffenen geschäftsführenden Verwaltungsratsmitglieds anzunehmen. Dagegen spräche die gegenteilige Ansicht im vergleichbaren Falle eines GmbH-Geschäftsführers, der sich als Gesellschafter selbst Weisungen erteile, eines Vorstandsmitglieds der Obergesellschaft, welches gleichzeitig dem Aufsichtsrat angehöre und die überwiegende Ablehnung eines Stimmrechtsausschlusses für Aufsichtsratsmitglieder im Rahmen des § 111 Abs. 4 S. 2 AktG.[825] *Teichmann* betont, dass die Beteiligung an der Willensbildung und Beschlussfassung des Verwaltungsrats seine ureigenste Aufgabe als Verwaltungsratsmitglied sei. Die Bestellung als geschäftsführender Direktor neutralisiere diese Aufgabe nicht, sondern füge ihr lediglich die Exekutivfunktion hinzu. Die Konzeption des monistischen Modells verbiete einen Stimmrechtsausschluss des geschäftsführenden Verwaltungsratsmitglieds in Fragen der Unternehmensleitung.[826]

II. Stellungnahme und zugleich Auslegung des § 35 Abs. 3 SEAG

1. Auslegung des Wortlauts und der Systematik

Der Wortlaut des § 35 Abs. 3 SEAG („rechtliche Gründe") schließt zunächst eine Anwendung der Norm aus, wenn ein geschäftsführendes Verwaltungsratsmitglied aus rein tatsächlichen Gründen gehindert ist, an der Beschlussfassung des Verwaltungsrats teilzunehmen. In diesem Fall hat das abwesende Mitglied nach § 35 Abs. 1 SEAG die Möglichkeit, seine schriftliche Stimmübergabe durch andere Mitglieder des Verwaltungsrats oder Personen, die nach § 109 Abs. 3 AktG zur Teilnahme an der Sitzung berechtigt sind, überreichen zu lassen. Die Ausblendung rein tatsächlicher Hindernisgründe bestätigt die äußere systematische Anordnung der Regelung in Form des dritten Absatzes innerhalb des § 35 SEAG. Weitergehende Erkenntnisse lassen sich jedoch aus Wortlaut und Systematik des § 35 Abs. 3 SEAG nicht gewinnen.

2. Teleologische Auslegung

Der Gesetzgeber bediente sich eines unbestimmten, wertausfüllungsbedürftigen Rechtsbegriffs, welcher sich erst über eine teleologische Auslegung der Norm und anhand des Einzelfalls vollständig erschließen lässt. Die Bildung von Fallgruppen trägt dazu bei, den Tatbestand des § 35 Abs. 3 SEAG inhaltlich anzu-

---

823 *Frodermann* in Jannott/Frodermann, Handbuch SE, Kapitel 5 Rn. 205.

824 *Oetker* in Lutter/Hommelhoff, Europ. Gesellschaft, S. 277 (314).

825 *Oetker* in Lutter/Hommelhoff, Europ. Gesellschaft, S. 277 (315).

826 *Teichmann* in Lutter/Hommelhoff, Europ. Gesellschaft, S. 195 (216 f.).

reichern und zu konkretisieren und dadurch schließlich ein Geflecht von Entscheidungsmustern zu schaffen, welches größtenteils die Einordnung neu zu beurteilender Sachverhalte ermöglicht.[826] Die Typisierung kann nicht ohne Blick auf die Rechtsfolge des § 35 Abs. 3 SEAG geschehen,[827] weshalb die bisher anerkannten Fallgruppen zu den organschaftlichen Stimmverboten nicht unreflektiert auf die Vorschrift des § 35 Abs. 3 SEAG übertragen werden können.

a) Teilnahme des geschäftsführenden Verwaltungsratsmitglieds an der Beschlussfassung über die Vornahme eines Drittgläubigergeschäfts

Der Zweck des § 35 Abs. 3 SEAG besteht darin, das Gewicht zwischen Anteilseigner- und Arbeitnehmervertretern bei Beschlussfassungen des Verwaltungsrats für den Fall zu erhalten, dass sich aus der Personalunion von geschäftsführendem Direktor und Mitglied des Verwaltungsrats Interessenkonflikte ergeben, welche einen Stimmrechtsausschluss des betroffenen Mitglieds zur Folge haben. Der Rechtsausschuss nimmt in seiner Begründung unmittelbar Bezug auf die von der Rechtsprechung und der herrschenden Lehre aus § 34 BGB analog[828] und des Verbots des Richtens in eigener Sache entwickelten „allgemeinen Rechtsgrundsätze".[829] Diesbezüglich besteht Einigkeit, dass nicht jeder Interessenkonflikt zu einem Stimmverbot des betroffenen Mitglieds führen kann. Ausgangspunkt bilden die gesetzlich normierten mitgliedschaftlichen Stimmverbote (§ 47 Abs. 4 S. 2 GmbHG, § 34 BGB), deren Wortlaut auch solche Geschäfte erfassen würde, bei denen der Gesellschafter (bzw. das Vereinsmitglied) der Gesellschaft nicht als Dritter gegenüber tritt, sondern nur seine Mitgliedschafts-

---

826 Vgl. hierzu *Beater* AcP 194 (1994), S. 82 ff.; *Larenz* in FS für Nikisch, S. 275 (292 ff.); *Larenz/Canaris*, Methodenlehre, S. 113; *Leenen*, Typus und Rechtsfindung, S. 66 ff. Kritisch gegenüber der Bildung von Fallgruppen: *Weber* AcP 192 (1992), S. 516 (535 ff.).

827 *Larenz/Canaris*, Methodenlehre, S. 110 f.

828 Die für organschaftliche Stimmverbote einschlägige Rechtsgrundlage ist umstritten. Für § 34 BGB analog: *Fitting/Wlotzke/Wißmann*, MitbestG, § 25 Rn. 33, 114; *M. Hoffmann-Becking* in Münch. Handb. Gesellschaftsrecht IV, § 31 Rn. 59; *Hüffer*, AktG, § 108 Rn. 9; *Mertens* in Kölner Komm. AktG, § 108 Rn. 49 ff.; *Naendrup* in GK-MitbestG, § 25 Rn. 75; *Oetker* in Erfurter Komm. Arbeitsrecht, § 108 AktG Rn. 15; *Semler* in Münch. Komm. AktG, § 108 Rn. 150; *Ulmer* in Hanau/Ulmer, MitbestG, § 25 Rn. 27. Für § 28 Abs. 1 BGB analog: *Gießen*, Organhandeln und Interessenkonflikt, S. 110 ff. Für § 181 BGB analog: *Hübner*, Interessenkonflikt und Vertretungsmacht, S. 265 ff. und *Wilhelm* NJW 1983, 912 (913). Für eine Gesamtanalogie zu § 136 Abs. 1 AktG, § 43 Abs. 6 GenG, § 34 BGB, § 285 AktG, § 712 BGB, § 113 Abs. 2 HGB und § 47 Abs. 4 GmbHG: *Krebs*, Interessenkonflikte, S. 137 f.; *Schneider* in *Scholz*, GmbHG, § 52 Rn. 295; *Wiedemann*, Gesellschaftsrecht I, S. 634. Für eine Anerkennung als allgemeine gesellschaftsrechtliche Grundsätze: *Geßler* in Geßler/Hefermehl/Eckardt/Kropff, AktG, § 108 Rn. 29; *K. Schmidt*, Gesellschaftsrecht, § 28 III 4 a), S. 841; *ders.* in Scholz, GmbHG, § 47 Rn. 99; ähnlich auch *Matthießen*, Stimmrecht und Interessenkollision, S. 139.

829 BT-Drucks. 15/4053, S. 123 f.

rechte im innergesellschaftlichen Bereich wahrnimmt. Ein solches extensives Verständnis sei nach Auffassung des BGH jedoch wirtschaftlich und von der Interessenlage her nicht tragbar. Man könne einen Gesellschafter nicht von der Mitverwaltung und Mitgestaltung gerade solcher Angelegenheiten ausschließen, die für ihn wie für alle Gesellschafter Gegenstand typisch mitgliedschaftlicher Betätigung sind.[831] Ein Gesellschafter sei, je stärker er an der Gesellschaft beteiligt sei, umso enger mit deren Schicksal verbunden und könne deshalb seine eigenen Interessen in der Regel am besten fördern, wenn er dem Wohl der Gesellschaft dient. Eine Gefahr der Schädigung von Gesellschaftsinteressen sei deshalb verhältnismäßig gering.[832] Darüber hinaus würde das Wohl der Gesellschaft nicht nur gefördert, sondern unter Umständen entgegen dem Gesetzeszweck gefährdet, wenn gerade solche Persönlichkeiten unter den Gesellschaftern, die für das Geschäftsführungsamt häufig am besten geeignet seien, von der Mitwirkung bei ihrer Wahl ausgeschlossen wären.[833] Der BGH unterscheidet aufgrund dessen zwischen Akten der körperlichen Willensbildung, den so gen. Sozialakten, und Rechtsgeschäften, bei denen das betroffene Mitglied der Gesellschaft wie ein unbeteiligter Dritter gegenübersteht, den so gen. Drittgläubigergeschäften. Handele es sich um einen Sozialakt, könne das betroffene Mitglied selbst mitstimmen, liege dagegen ein Drittgläubigergeschäft vor, sei es von seinem Stimmrecht ausgeschlossen.[834]

Die Differenzierung zwischen Sozialakten und Drittgläubigergeschäft wird von der Literatur nahezu einhellig auf die organschaftlichen Stimmverbote übertragen.[835] Zur Begründung wird angeführt, dass nur bei Vorliegen eines Drittgläubigergeschäfts die für ein Stimmverbot rechtfertigende Gefahr einer nicht ausschließlich am Gesellschaftsinteresse ausgerichteten Stimmabgabe bestehe. Gerade die Übernahme von besonderen Funktionen im Gremium gehöre zu den

---

[831] BGH, Urteil v. 24. 1. 1974, BB 1974, 431 (432).

[832] BGH, Urteil v. 9. 12. 1968, BGHZ 51, 209 (216).

[833] BGH, Urteil v. 9. 12. 1968, BGHZ 51, 209 (216).

[834] BGH, Urteil v. 29. 9. 1955, BGHZ 18, 205 (210 f.); BGH, Urteil v. 9. 12. 1968, BGHZ 51, 209 (215 ff.); BGH, Urteil v. 22. 9. 1969, BGHZ 52, 316 (320 f.); BayOLG, Urteil v. 7. 5. 1984, BB 1984, 1117 (1118). Kritisch zur Begriffswahl des BGH, aber im Ergebnis ebenso die h.L.: *Hüffer* in FS für Heinsius, S. 337 (338 ff.); *Klamroth* BB 1974, 160 (161 ff.); *van Look* NJW 1991, 152 f.; *Lutter/Hommelhoff*, GmbHG, § 47 Rn. 24; *Raiser*, Recht der Kapitalgesellschaften, § 33 Rn. 60 f.; *K. Schmidt*, Gesellschaftsrecht, § 36 III 3 b), S. 1092 ff.; *Sudhoff*, Der Gesellschaftsvertrag der GmbH, S. 336 f.; *Vogel*, Gesellschafterbeschlüsse und Gesellschafterversammlung, S. 76 ff.; *Wank* ZGR 1979, 222 ff.

[835] *Geßler* in Geßler/Hefermehl/Eckardt/Kropff, AktG, § 108 Rn. 29; *Giesen*, Organhandeln und Interessenkonflikt, S. 118 ff.; *M. Hoffmann-Becking* in Münch. Handb. Gesellschaftsrecht IV, § 31 Rn. 59; *Hopt* ZGR 2004, 1 (32); *Hüffer*, AktG, § 108 Rn. 9; *Krebs*, Interessenkonflikte, S. 147; *Mertens* in Kölner Komm. AktG, § 108 Rn. 50; *Naendrup* in GK-MitbestG, § 25 Rn. 75; *Oetker* in Erfurter Komm. Arbeitsrecht, § 108 AktG Rn. 15 f.; *Raiser*, MitbestG, § 29 Rn. 5; *Ulmer* NJW 1982, 2288 (2291).

Aufgaben des jeweiligen Organs, so dass ein Interessenkonflikt zwischen dem Gesellschaftsinteresse und dem persönlichen Interesse des kandidierenden Mitglieds, der zu einem Stimmrechtsausschluss führen könnte, schon von der Wertung des Gesetzes her ausscheide.[836]

§ 35 Abs. 3 SEAG scheint ausweislich der Gesetzesbegründung jedenfalls dann Anwendung zu finden, wenn ein geschäftsführendes Verwaltungsratsmitglied an einem so gen. Drittgläubigergeschäft beteiligt ist und aufgrund dessen von seinem Stimmrecht ausgeschlossen ist.[837] Hierzu zählen die Rechtsgeschäfte, an deren Abschluss das Mitglied ein persönliches Interesse hat. Ungeachtet der Vorschrift des § 35 Abs. 3 SEAG sind das Verbot des Insichgeschäfts und des Richtens in eigener Sache allgemeine gesellschaftsrechtliche Grundsätze, welche auch für eine unabhängige Stimmabgabe der nicht geschäftsführenden Verwaltungsratsmitglieder von Bedeutung sind. Die Einfügung des § 35 Abs. 3 SEAG hat damit zur Konsequenz, dass zwar alle Verwaltungsratsmitglieder potentiell von ihrem Stimmrecht ausgeschlossen sein können, der Verwaltungsratsvorsitzende aber nur für die geschäftsführenden Verwaltungsratsmitglieder eine zusätzliche Stimme erhält. Die Ungleichbehandlung findet ihre Rechtfertigung in dem Zweck des § 35 Abs. 3 SEAG, durch den Stimmenzuwachs in der Person des Verwaltungsratsvorsitzenden das Gleichgewicht zwischen Arbeitnehmervertretern und Anteilseignervertretern sicherzustellen.

b) Teilnahme des Verwaltungsratsmitglieds an der Beschlussfassung über seine Bestellung zum geschäftsführenden Direktor bzw. dessen Abberufung

Die Abgrenzung zwischen Sozialakt und Drittgläubigergeschäft erweist sich insbesondere an den Schnittpunkten zwischen kooperativem Innengeschäft und persönlichem Rechtsgeschäft als schwierig. So kann z. B. ein Gesellschafter einer GmbH in der Gesellschafterversammlung mitstimmen, wenn es um seine Wahl oder Abberufung zum Geschäftsführer geht.[838] Parallel dazu kann sich das Aufsichtsratsmitglied an der Beschlussfassung des Aufsichtsrats über die eigene Bestellung zum Vorstandsmitglied beteiligen.[839] Begründet wird dies damit,

---

836 So oder ähnlich *Gießen*, Organhandeln und Interessenkonflikt, S. 118; *Krebs*, Interessenkonflikte, S. 147; *Ulmer* NJW 1982, 2288 (2291).

837 So *Frodermann* in Jannott/Frodermann, Handbuch SE, Kapitel 5 Rn. 205; *Teichmann* in Lutter/Hommelhoff, Europ. Gesellschaft, S. 195 (216).

838 BGH, Urteil v. 29. 5. 1955, BGHZ 18, 205 (210); BGH, Urteil v. 9. 12. 1968, BGHZ 51, 209 (215); *Hüffer* in Hachenburg, GmbHG, § 47 Rn. 169 und 172; *Lutter/Hommelhoff*, GmbHG, § 47 Rn. 24; *Raiser*, Recht der Kapitalgesellschaften, § 33 Rn. 61; *K. Schmidt* in Scholz, GmbHG, § 47 Rn. 76, 118; *Vogel*, Gesellschafterbeschlüsse und Gesellschafterversammlung, S. 80 jeweils m. w. N.

839 *Fitting/Wlotzke/Wißmann*, MitbestG, § 31 Rn. 14; *Geßler* in Geßler/Hefermehl/Eckardt/Kropff, AktG, § 108 Rn. 29; *Hefermehl* in Geßler/Hefermehl/Eckardt/Kropff, AktG, § 84 Rn. 12; *M. Hoffmann-Becking* in Münch. Handb. Gesellschaftsrecht IV, § 31 Rn. 59; *Krebs*, Interessenkonflikte, S. 148 ff.; *Lutter/Krieger*, Rechte und Pflichten des Auf-

dass es sich um ein kooperationsrechtliches Rechtsgeschäft handele, das wie alle Beschlüsse, die zur körperschaftlichen Selbstorganisation gehören, vom Stimmverbot ausgenommen sei.[840] Geht es dagegen um die Abberufung des Geschäftsführers bzw. Aufsichtsratsmitglieds aus wichtigem Grund, gilt wiederum der Grundsatz des Verbots des Richtens in eigener Sache, weil niemand durch seine Stimme Maßnahmen verhindern dürfe, die sich aus wichtigem Grund gegen ihn richten.[841] Unterschiedlich wird der Stimmrechtsausschluss im Hinblick auf den Anstellungsvertrag behandelt. Während der GmbH-Geschäftsführer in der Gesellschafterversammlung nach der herrschenden Meinung bei der Festsetzung oder Änderung seines Gehalts wegen des engen inneren Zusammenhangs von stimmfreiem gesellschaftsrechtlichem Innengeschäft und verbotenem Außengeschäft mitstimmen kann,[842] wird dies beim kandidierenden Aufsichtsratsmitglied überwiegend abgelehnt.[843]

Eine unreflektierte Übernahme der Einordnung des Bestellungsakts als so gen. Sozialakt führte zu dem Ergebnis, dass das zur Wahl stehende Verwaltungsratsmitglied bei der Beschlussfassung über seine eigene Bestellung zum ge-

---

sichtsrats, Rn. 776; *Matthießen*, Stimmrecht und Interessenkollision, S. 229 ff.; *Mertens* ZGR 1983, 189 (203 ff.); *ders.* in Kölner Komm. AktG, § 108 Rn. 50; *Semler* in Münch. Komm. AktG, § 108 Rn. 156; *Wilhelm* NJW 1983, 912 (915). A. A. *Ulmer* NJW 1982, 2288 (2290 ff.); *Gießen*, Organhandeln und Interessenkonflikt, 119 f.; *Hüffer*, AktG, § 108 Rn. 9.

840 Vgl. so oder ähnlich *Fitting/Wlotzke/Wißmann*, MitbestG, § 31 Rn. 14; *Geßler* in Geßler/Hefermehl/Eckardt/Kropff, AktG, § 108 Rn. 29; *Hefermehl* in Geßler/Hefermehl/Eckardt/Kropff, AktG, § 84 Rn. 12; *M. Hoffmann-Becking* in Münch. Handb. Gesellschaftsrecht IV, § 31 Rn. 59; *Krebs*, Interessenkonflikte, S. 148 ff.; *Lutter/Krieger*, Rechte und Pflichten des Aufsichtsrats, Rn. 776; *Matthießen*, Stimmrecht und Interessenkollision, S. 229 ff.; *Mertens* ZGR 1983, 189 (203 ff.); *ders.* in Kölner Komm. AktG, § 108 Rn. 50; *Semler* in Münch. Komm. AktG, § 108 Rn. 156; *Wilhelm* NJW 1983, 912 (915).

841 *Lutter/Hommelhoff*, GmbHG, § 47 Rn. 19; *Raiser*, Recht der Kapitalgesellschaften, § 33 Rn. 58; *K. Schmidt* in Scholz, GmbHG, § 47 Rn. 141; *v. Look* NJW 1991, 152 (152). Etwas anders gelagert ist das Problem beim Aufsichtsrat, da hier gem. § 103 Abs. 3 S. 1 AktG nur das Registergericht auf Antrag des Aufsichtsrats ein Aufsichtsratsmitglied abberufen kann, wenn in seiner Person ein wichtiger Grund vorliegt. Teilweise wird hier ein Stimmrechtsausschluss verneint, weil der Beschluss des Aufsichtsrats selbst noch keine unmittelbaren Folgen für die Mitgliedschaft des Betroffenen habe. So z. B. *Hoffmann/ Lehmann/Weinmann*, MitbestG, § 6 Rn. 45, *Hoffmann/Kirchhoff* in FS für Beusch, S. 377 (380). Die herrschende Meinung sieht hierin trotzdem einen klassischen Fall des Verbots des Richtens in eigener Sache. Vgl. dazu nur: *Krebs*, Interessenkonflikte, S. 154 ff.; *Mattießen*, Stimmrecht und Interessenkollision, S. 268 f. jeweils m. w. N.

842 BGH, Urteil v. 29. 5. 1955, BGHZ 18, 205 (208); *Hüffer* in Hachenburg, GmbHG, § 47 Rn. 171; *Lutter/Hommelhoff*, GmbHG, § 47 Rn. 24; *K. Schmidt* in Scholz, GmbHG, § 47 Rn. 118; *Sudhoff*, Der Gesellschaftsvertrag der GmbH, S. 337.

843 *Giesen*, Organhandeln und Interessenkonflikt, S. 120; *Krebs*, Interessenkonflikte, S. 151; *Matthießen*, Stimmrecht und Interessenkollision, S. 250; *Mertens* ZGR 1983, 189 (204); *Wilhelm* NJW 1983, 912 (914).

schäftsführenden Direktor mitabstimmen darf. Gegen diesen Schluss spricht indes die mit der Organidentität verbundene neue Ausgangssituation. Die Vorstandsbestellung obliegt gem. § 84 AktG dem Aufsichtsrat. In der mitbestimmten GmbH ist ein Aufsichtsrat zu bilden, welcher gem. §§ 30, 31 MitbestG und § 12 Montan-MitbestG, § 13 Montan-MitbestErgG für die Bestellung der Vorstandsmitglieder zuständig ist, während die Bestellung des Geschäftsführers im Anwendungsbereich des DrittelbG zwar bei der Gesellschafterversammlung verbleibt, diese aber zumindest fakultativ auf den Aufsichtsrat übertragen werden kann.[843] Abgesehen von der letzten Fallgruppe ist der Bestellungsakt sowohl funktional als auch personal von dem zu bestellenden Organ getrennt. Der Grund liegt darin, dass die Bestellung des Vorstands bzw. Geschäftsführers in einem engen Zusammenhang mit dem Überwachungsauftrag des Aufsichtsrats gesehen wird.[844] In der monistischen SE tritt an die Stelle des Aufsichtsrats die Gruppe der nicht geschäftsführenden Verwaltungsratsmitglieder, weshalb die besseren Gründe dafür sprechen, ihnen parallel zum dualistischen System allein die Bestellung der geschäftsführenden Direktoren zu überlassen. Eine Mitentscheidungsbefugnis des zur Wahl stehenden Aufsichtsratsmitglieds wird unter anderem deshalb befürwortet, weil nur eines von mehreren Aufsichtsratsmitgliedern des Aufsichtsratsplenums befangen sei und die Willensbildung durch dieses eine Aufsichtsratsmitglied nicht entscheidend verändert werde, so dass es in der Regel nichts ausmache, wenn es mitstimmt.[845] Im Unterschied dazu bildet die Bestellung der geschäftsführenden Direktoren aus den eigenen Reihen einen der beiden gesetzlichen Regelfälle. Weiterhin ist es üblich, gleich mehrere Verwaltungsratsmitglieder mit der Geschäftsführungsposition zu betrauen, womit sich das Abstimmungsergebnis erheblich verschieben kann. Die zur Wahl stehenden Verwaltungsratsmitglieder vervollständigen nicht lediglich die so schon bestehende Mehrheit,[846] sondern prägen sie maßgeblich mit. Im mitbestimmten Aufsichtsrat wäre durch ein Stimmverbot des kandidierenden Mitglieds die Mehrheitsfähigkeit der Anteilseignerseite erheblich gefährdet, weshalb eine Mitabstimmung des betroffenen Mitglieds als kleineres Übel in Kauf genommen wird.[847] Durch die Vorschrift des § 35 Abs. 3 SEAG wird die Gefahr einer Überparität im mitbestimmten Verwaltungsrat verhindert, weshalb ein sachlicher Grund für eine Aufrechterhaltung des Stimmrechts des befangenen Mitglieds nicht ersichtlich ist. Schließlich muss das Aufsichtsratsmitglied mit Amtsantritt als Vorstandsmitglied oder GmbH-Geschäftsführer sein Aufsichtsratsamt niederlegen, womit eine dauerhafte Interessenkollision ver-

---

843 *Köstler/Kittner/Zachert*, Aufsichtsratspraxis, Rn. 502; *K. Schmidt* in Scholz, GmbHG, § 46 Rn. 72.

844 *Köstler/Kittner/Zachert*, Aufsichtsratspraxis, Rn. 501.

845 So *Matthießen*, Stimmrecht und Interessenkollision, S. 230.

846 So *Matthießen*, Stimmrecht und Interessenkollision, S. 234.

847 *Krebs*, Interessenkonflikte, S. 148 ff.; *Matthießen*, Stimmrecht und Interessenkollision, S. 229 ff.

lässt die Kandidatur zum geschäftsführenden Direktor die Mitgliedschaft im Verwaltungsrat unberührt. Deshalb muss von vornherein gewährleistet sein, dass die Wahl möglichst neutral verläuft und sich allein daran orientiert, ob die zur Wahl stehenden Kandidaten die besten fachlichen Qualitäten mitbringen.

Nach der hier vertretenen Ansicht ist ein rechtlicher Grund im Sinne des § 35 Abs. 3 SEAG für einen Stimmrechtsausschluss auch dann anzunehmen, wenn ein Verwaltungsratsmitglied über seine eigene Bestellung zum geschäftsführenden Direktor entscheiden müsste. Der Stimmenzuwachs in der Person des Verwaltungsratsvorsitzenden garantiert, dass bei paritätischer Besetzung des Verwaltungsratsgremiums die verbleibenden Anteilseignervertreter die Kontrolle über die Führungsauswahl behalten.[849] Als *actus contrarius* fällt die Abberufung des geschäftsführenden Direktors ebenfalls in den Anwendungsbereich des § 35 Abs. 3 SEAG. Entsprechendes gilt für den Anstellungsvertrag, da es an einem inneren Zusammenhang zu einem stimmfreien gesellschaftsrechtlichen Innengeschäft fehlt.

c) Teilnahme des Verwaltungsratsmitglieds an Beschlüssen, die Weisungen an ihn als geschäftsführenden Direktor enthalten

Die bisher gefundenen Auslegungsergebnisse sollen nicht zu der Annahme verführen, dass alle anerkannten Fallgruppen zu den organschaftlichen Stimmverboten einer neuen Beurteilung bedürfen. Der Rechtsausschuss weist zwar in seiner Begründung darauf hin, dass sich die für das Eingreifen der allgemeinen Rechtsgrundsätze erforderliche Konfliktsituation aus Personalunion von geschäftsführendem Direktor und Mitglied des Verwaltungsrats auch dann ergeben kann, wenn es um Beschlüsse geht, die Weisungen an die geschäftsführenden Direktoren enthalten.[850] Dies bedeutet aber nicht, dass jeder Weisungsbeschluss automatisch ein Stimmverbot derjenigen Mitglieder zur Folge hat, die beide Funktionen in sich vereinen. Das Verhältnis des geschäftsführenden Direktors zum Verwaltungsrat ist dem des GmbH-Geschäftsführers zur Gesellschafterversammlung vergleichbar.[851] Insoweit wird eine Teilnahme aller Gesellschafter an den Weisungsbeschlüssen als selbstverständlich angesehen, selbst wenn Weisungsbefugnis und Weisungsberechtigung in einer Person zusammentreffen, weil der Geschäftsführer aus den Reihen der Gesellschafter stammt.[852]

---

849 Vgl. zu diesem Erfordernis BVerfG, Urteil v. 1. 3. 1979, BVerfGE 50, 290 (350).

850 BT-Drucks. 15/4053, S. 123 f.

851 *Brandt* DStR 2003, 1208 (1212); *ders.* BB-Special 2/2005, 1 (3); *Frodermann* in Jannott/Frodermann, Handbuch SE, Kapitel 5 Rn. 141; *Ihrig/Wagner* BB 2003, 969 (975); *Merkt* ZGR 2003, 650 (663); *Nagel* DB 2004, 1299 (1304); *ders.* NZG 2004, 833 (836); *Teichmann* BB 2004, 53 (55); *ders.* in Lutter/Hommelhoff, Europ. Gesellschaft, S. 195 (206).

852 *K. Schmidt* in Scholz, GmbHG, § 47 Rn. 147.

Das Weisungsrecht des Verwaltungsrats ist unmittelbar mit seiner Leitungskompetenz verbunden. Seine Mitglieder übernehmen mit Amtsantritt das Recht und die Pflicht, an den dazugehörigen Beschlüssen mitzuwirken. *Teichmann* stellt zutreffend fest, dass die Bestellung von Verwaltungsratsmitgliedern zu geschäftsführenden Direktoren das Leitungs- und Weisungsrecht nicht neutralisiert, sondern lediglich das Recht zur Geschäftsführung hinzufügt.[853] Anderenfalls führte die Vorschrift dazu, dass das Weisungsrecht des Verwaltungsrats mit der Bestellung von internen geschäftsführenden Direktoren auf die nicht geschäftsführenden Verwaltungsratsmitglieder überginge, was mit Wortlaut und Sinn und Zweck des § 44 Abs. 2 SEAG nicht vereinbar wäre. Als kooperative Akte der Willensbildung können deshalb Weisungsbeschlüsse für sich betrachtet einen Stimmrechtsausschluss der geschäftsführenden Verwaltungsratsmitglieder nicht begründen.

Dieses restriktive Verständnis ist auch erforderlich, um Normenwidersprüche zu den gesellschaftsrechtlichen Vorschriften der SE-VO vermeiden zu können. Der Zweck einer Rechtsnorm erschließt sich nicht ausschließlich aus ihr selbst, sondern wird darüber hinaus durch den inneren Zusammenhang der Rechtsordnung konstituiert. Aufgrund dessen ist die betroffene Norm teleologisch so auszulegen, dass sie nicht im Widerspruch zu anderen Normen, inbesondere des höherrangigen Rechts, steht.[854] Art. 48 Abs. 1 S. 1 SE-VO schreibt vor, dass die Satzung die Arten von Geschäften aufführen muss, für die im monistischen System ein Beschluss des Verwaltungsorgans erforderlich ist. Entsprechend dem § 111 Abs. 4 S. 2 AktG[855] ist die Festlegung von Zustimmungsvorbehalten zwingend.[856] Diese sind wiederum typische Weisungsbeschlüsse des Verwaltungsrats. Dürften an den Beschlüssen die geschäftsführenden Verwaltungsratsmitglieder nicht teilnehmen, würde Art. 48 Abs. 1 S. 1 SE-VO dahingehend modifiziert, dass bei bestimmten Geschäften nicht ein ausdrücklicher Beschluss des Verwaltungsrats als Gesamtorgan erforderlich wäre, sondern anstatt dessen die Geschäftsführungsmaßnahmen dem Zustimmungsvorbehalt der nicht geschäftsführenden Verwaltungsratsmitglieder unterlägen. Setzen sich diese noch dazu überwiegend aus Arbeitnehmervertretern zusammen, wäre ein Ausschluss der geschäftsführenden Mitglieder von der Beschlussfassung erheblichen europarechtlichen und verfassungsrechtlichen Bedenken ausgesetzt. Darüber hinaus würde ein Stimmverbot den Satzungsgeber ermutigen, den Katalog der zustimmungspflichtigen Geschäfte möglichst gering zu halten, was konträr der eigentlichen Zielsetzung

---

853 *Teichmann* in Lutter/Hommelhoff, Europ. Gesellschaft, S. 195 (216).

854 *Larenz/Canaris*, Methodenlehre, S. 155.

855 Geändert durch das Gesetz zur weiteren Reform des Aktien- und Bilanzrechts, zu Transparenz und Publizität (Transparenz- und Publizitätsgesetz) v. 19. 7. 2002, BGBl. I, S. 2681 ff. Vgl. speziell zum Zustimmungsvorbehalt: *Lieder* DB 2004, 2251 ff.

856 *Hommelhoff* AG 1990, 422 (428): *Kuffner*, Beteiligung Europ. Aktiengesellschaft, S. 82; *Schwarz* ZIP 2001, 1847 (1856).

des Art. 48 Abs. 1 S. 1 SE-VO wäre, alle materiell bedeutsamen Geschäftsarten unter den Beschlussvorbehalt des obersten Leitungsorgans zu stellen.[856]

Schließlich würde ein derart umfassendes Stimmverbot einen massiven Eingriff in die Organisationsstruktur der monistischen SE bedeuten. Das SEAG geht von einer Zweiteilung aus. Während die Leitung der SE und ihre strategische Unternehmensplanung dem Verwaltungsrat zugewiesen ist, ist es die Aufgabe der geschäftsführenden Direktoren, die vom Verwaltungsrat getroffenen Entscheidungen entsprechend seinen Anweisungen umzusetzen. Bei Personenidentität würde ein Stimmrechtsausschluss die Mitgliedschaft im Verwaltungsrat zu einem reinen Beratungsstatus degradieren, womit der Unterschied zum Modell der externen geschäftsführende Direktoren nur marginal als gegeben angesehen werden könnte. Gleichzeitig hätte ein extensiv gehandhabtes Stimmverbot einen Übergang der Grundlagenentscheidungen auf die nicht geschäftsführenden Verwaltungsratsmitglieder zur Folge, was im Widerspruch dazu steht, dass ihnen vorrangig die Aufsicht obliegt. Die vom Gesetzgeber mit der Einführung der geschäftsführenden Direktoren bezweckte faktische Trennung zwischen Leitungs- und Kontrollfunktion verlöre ihren eigentlichen Sinn. Die Probleme, welche sich aus der paritätischen Besetzung des Verwaltungsrats ergeben, würden sich auf die Ebene der Beschlussfassung verlagern. Ein Stimmverbot bei Weisungsbeschlüssen wäre mit dem Wesen des monistischen Systems nicht vereinbar und deshalb von § 35 Abs. 3 SEAG nicht bezweckt.

d) Teilnahme des geschäftsführenden Verwaltungsratsmitglieds an der Beschlussfassung über die Vornahme eines Rechtsgeschäfts, welches die Trennung von Geschäftsführungs- und Aufsichtsfunktion voraussetzt

Von der grundsätzlichen Allzuständigkeit des Verwaltungsrats für die Leitung und Kontrolle der SE macht das SEAG in den Fällen eine Ausnahme, in denen es eine personelle Unabhängigkeit der Unternehmenskontrolle am Vorbild des dualistischen Systems auch im monistischen System abgebildet haben will. Hierbei handelt es sich um die Rechtsgeschäfte, für die das Gesetz auf die vom Dualismus geprägten Vorschriften des AktG verweist. Zu nennen sind insbesondere:

- der Beschluss über die Billigung des von den geschäftsführenden Direktoren aufgestellten Jahresabschlusses gem. § 47 Abs. 4 SEAG;
- die Prüfung des von den geschäftsführenden Direktoren gem. § 49 Abs. 1 SEAG i. V. m. § 312 AktG erstellten konzernrechtlichen Abhängigkeitsberichts;

---

[856] Vgl. so zum Zweck des § 111 Abs. 4 S. 2 AktG: *Semler* in Münch. Komm. AktG, § 111 Rn. 412.

- Entscheidungen betreffend die Bezüge der geschäftsführenden Direktoren, Ausnahmen von dem für geschäftsführende Direktoren geltenden Wettbewerbsverbot sowie die Kreditgewährung an geschäftsführende Direktoren gem. §§ 40 Abs. 7, 22 Abs. 6 SEAG i. V. m. §§ 87 bis 89 AktG.

Über den Verweis macht der Gesetzgeber deutlich, dass das dem Dualismus innewohnende „Vier-Augen-Prinzip" in den hiesigen Fällen auch für das monistische System Geltung beanspruchen soll.[857] Während im dualistischen System die Unabhängigkeit der Kontrolle bereits institutionell verwirklicht ist, bedarf es im monistischen System der Verhängung eines Stimmverbots für die Verwaltungsratsmitglieder, die bereits als geschäftsführende Direktoren an der Aufstellung des Jahresabschlusses oder der Erstellung des konzernrechtlichen Abhängigkeitsberichts beteiligt waren.[858] Art. 43 Abs. 4 SE-VO ermächtigt zwar die Mitgliedstaaten dazu, in Bezug auf das monistische System ein eigenständiges Regelwerk zu erlassen, weshalb die geschäftsführenden Personen abweichend von den aktienrechtlichen Vorschriften in den geregelten Fragen mitentscheidungsbefugt sein könnten. Die Ermächtigung erstreckt sich jedoch nur auf die innere Organisation der SE, ohne dass grundlegende Wertungen aus anderen Bereichen des Aktienrechts einer gänzlich neuen Regelung zugänglich gemacht werden sollen.[859] Hätte der deutsche Gesetzgeber ein anderweitiges Verständnis gewollt, hätte er ein durchgängig auf das monistische System ausgerichtetes Aktienrecht konstruieren müssen, welches die Öffnung des Modells für alle Aktiengesellschaften erforderlich macht.[860] Statt dessen nutzt er die geschäftsführenden Direktoren, um an die aktienrechtlichen Vorschriften anzuküpfen, welche von der Vorstellung geprägt sind, dass die Kontrolle nicht von den Personen vorgenommen werden soll, deren Handlungen es zu kontrollieren gilt.[861] Weil das damit notwendige Stimmverbot der geschäftsführenden Verwaltungsratsmitglieder bei paritätischer Besetzung des Verwaltungsrats dazu führt, dass die Arbeitnehmervertreter die Mehrheit der verbleibenden nicht geschäftsführenden Verwaltungsratsmitglieder stellen, ist für den Erhalt des vom Bundesverfassungsgericht[862] geforderten Letztentscheidungsrechts der Anteilseigner gemäß der Vorschrift des § 35 Abs. 3 SEAG einen Stimmenzuwachs in der Person des Verwaltungsratsvorsitzenden anzunehmen.

---

857 *Frodermann* in Jannott/Frodermann, Handbuch SE, Kapitel 5 Rn. 229; *Teichmann* BB 2004, 53 (58).

858 Noch offengelassen von *Seibt* NZA 2004, Heft 21, Umschlagseite IX (XI). Ähnlich hinsichtlich des konzernrechtlichen Abhängigkeitsberichts *Veil* WM 2003, 2169 (2173).

859 *Teichmann* BB 2004, 53 (58).

860 *Teichmann* BB 2004, 53 (58).

861 Vgl. insbesondere zum Problem einer unabhängigen Kontrolle des konzernrechtlichen Abhängigkeitsberichts: *Frodermann* in Jannott/Frodermann, Handbuch SE, Kapitel 5 Rn. 181 ff.; *Maul* ZGR 2003, 743 (755 f.); *Teichmann* BB 2004, 53 (58); *Veil* WM 2003, 2169 (2173 f.).

862 Vgl. BVerfG, Urteil v. 1. 3. 1979, BVerfGE 50, 290 (350).

3. *Historische Auslegung*

Die amtliche Begründung zu § 35 Abs. 3 SEAG steht nicht im Widerspruch zu dem hier gefundenen Auslegungsergebnis. Sie ist zwar insoweit irreführend, als dass sie die Verwaltungsratsmitglieder einem Interessenkonflikt ausgesetzt sieht, wenn sie als geschäftsführende Direktoren Empfänger der von ihnen ergangenen Weisungen sind. Der gleichzeitige Bezug auf die allgemeinen Rechtsgrundsätze (§ 34 BGB analog, Verbot des Richtens in eigener Sache) spricht jedoch dafür, dass diesbezüglich eine Ausdehnung der anerkannten organschaftlichen Stimmverbote nicht gewollt ist und allein eine Personenidentität von Weisungsberechtigtem und Weisungsempfänger einen Stimmrechtsausschluss des betroffenen Mitglieds nicht rechtfertigt. Im Wortlaut wird dieses Verständnis dadurch deutlich, dass sich aus der Personalunion von geschäftsführendem Direktor und Mitglied im Verwaltungsrat ein Konflikt lediglich ergeben „kann". § 35 Abs. 3 SEAG kommt insoweit eine Auffangfunktion zu, *falls* ein geschäftsführendes Verwaltungsratsmitglied von der Beschlussfassung im Verwaltungsrat ausgeschlossen ist. In welchen Fällen es tatsächlich von seinem Stimmrecht ausgeschlossen ist, scheint der Gesetzgeber bewusst offen gelassen zu haben. Dass diese mit den bisher anerkannten organschaftlichen Stimmverboten nicht deckungsgleich sein müssen, zeigt die Regierungsbegründung zu § 40 SEAG:

> „Die Bestellung geschäftsführender Direktoren dient dazu, die Funktionen der Geschäftsführung und der allgemeinen Unternehmensleitung klar zu trennen. Zahlreiche Vorschriften des AktG setzen die funktionale Trennung von Geschäftsführung und Überwachung voraus. Dies reicht von der Zuweisung administrativer Funktionen wie der Handelsregisteranmeldung über die Regelungen der Nachgründung oder Leitung der Hauptversammlung bis hin zur Aufstellung des Abhängigkeitsberichts. [...]" [864]

Der Bezug auf die dem AktG innewohnende funktionale Trennung gibt einen Hinweis darauf, dass ein Stimmverbot der geschäftsführenden Verwaltungsratsmitglieder für die zuletzt ausgearbeitete Fallgruppe dem Willen des Gesetzgebers zu entsprechen scheint.

4. *Ergebnis*

Die Bedeutung des § 35 Abs. 3 SEAG zur Entschärfung der Mitbestimmungsproblematik ist weitaus größer als teilweise angenommen. Die Vorschrift findet nicht nur dann Anwendung, wenn es um Rechtsgeschäfte geht, an deren Abschluss ein geschäftsführendes Verwaltungsratsmitglied ein persönliches Interesse hat und deshalb an der Beschlussfassung des Verwaltungsrats nicht teilnehmen darf (Drittgläubigergeschäft). Darüber hinaus ist ein rechtlicher Grund im Sinne des § 35 Abs. 3 SEAG für einen Stimmrechtsausschluss dann anzunehmen, wenn ein Verwaltungsratsmitglied über seine eigene Bestellung

---

864 Reg.Begr. zu § 40 SEAG, BT-Drucks. 15/3405, S. 39.

zum geschäftsführenden Direktor entscheiden müsste. Gleiches gilt für seine Abberufung und den Abschluss des Anstellungsvertrages. Schließlich fallen in den Anwendungsbereich des § 35 Abs. 3 SEAG die Fälle, bei denen der Verwaltungsrat über Rechtsgeschäfte beschließen soll, bezüglich derer das SEAG auf die Vorschriften des AktG verweist. Dagegen reicht eine Anweisung des Verwaltungsrats an die geschäftsführenden Direktoren nicht, um jene in ihrer Funktion als Mitglied des Verwaltungsrats von der Beschlussfassung auszuschließen.

§ 13 Gesellschaftsrechtliche Gestaltungsmöglichkeiten eines gesetzlich mitbestimmten Verwaltungsrats zur Beschränkung des Einflusses der Arbeitnehmervertreter

Dem nominalen Verständnis des § 35 SEBG stehen gesellschaftsrechtliche Gestaltungsmöglichkeiten gegenüber, um den Einfluss der Arbeitnehmervertreter auf die Geschäftsleitung der monistischen SE zumindest faktisch einzudämmen. Diese sind jedoch wiederum Grenzen unterworfen, die sich aus zwingendem Gesellschafts- und Mitbestimmungsrecht ergeben. Im Folgenden sollen verschiedene Gestaltungsoptionen dargestellt und auf ihre Zulässigkeit hin untersucht werden.

A. Satzungsbestimmung mit ungerader Mitgliederzahl des Verwaltungsrats

Die paritätische Mitbestimmung geht von einer geraden Mitgliederzahl des mitbestimmten Organs aus. *Teichmann* regt an, über die Verwaltungsratsgröße die Mitbestimmung zugunsten der Anteilseignerseite zu korrigieren. Da die Größe des Verwaltungsrats satzungsdispositiv sei und eine Überschreitung der Parität von § 35 Abs. 2 SEBG nicht gedeckt sei, läge bei einer satzungsgemäß festlegten ungeraden Mitgliederzahl die Beteiligungsquote leicht unterhalb der Parität.[864] Auf den ersten Blick scheint Art. 12 Abs. 4 SE-VO diese Gestaltungsmöglichkeit zu bestätigen. Danach soll ein auftretender Widerspruch zwischen Satzung und Beteiligungsvereinbarung zugunsten Letzterer gelöst werden; die Vorschriften zur Mitbestimmung kraft Gesetzes sind nicht genannt.

Der Versuch, über die Gremiengröße die Implementierung der paritätischen Mitbestimmung im Verwaltungsrat zu unterlaufen, ist jedoch mit dem Wortlaut des § 35 Abs. 2 S. 2 SEBG nicht vereinbar. Verhindert die satzungsmäßige Festlegung einer ungeraden Mitgliederzahl die Implementierung der paritätischen Mitbestimmung im Verwaltungsrat der SE, bemisst sich die Zahl der Arbeitnehmervertreter nicht mehr nach dem „höchsten Anteil" an Arbeitnehmervertretern, sondern liegt leicht darunter. § 35 Abs. 2 S. 2 SEBG lässt entgegen dem von *Teichmann* zugrunde gelegten Verständnis sowohl Abweichungen nach oben als auch Abweichungen nach unten nicht zu. Ausdrücklich bezieht sich § 35 Abs. 2

---

[864] *Teichmann* in Lutter/Hommelhoff, Europ. Gesellschaft, S. 195 (202 f.).

S. 2 SEBG zwar nur auf den Arbeitnehmeranteil. Da sich dieser aber proportional zur Größe des mitbestimmten Organs bestimmt, sind Satzungsregelungen unzulässig, die der Zielsetzung des § 35 Abs. 2 S. 2 SEBG widersprechen.[865]

Entsprechende Erkenntnisse lassen sich auch aus einem systematischen Vergleich mit der Vorschrift des § 38 Abs. 3 SEBG gewinnen. § 38 Abs. 3 SEBG erwähnt die ungerade Mitgliederzahl des Verwaltungsrats als Tatbestandsvoraussetzung nicht explizit, setzt sie dafür als selbstverständlich für die Wahl derselben Zahl von Anteilseigner- und Arbeitnehmervertretern und eines weiteren Mitglieds voraus. Verlangt § 35 Abs. 2 SEBG eine Übertragung der paritätischen Mitbestimmung, muss der Verwaltungsrat entsprechend aus einer geraden Mitgliederzahl bestehen. Gleiches gilt für die Festlegung einer Größe, welche durch drei teilbar ist, wenn § 35 Abs. 2 SEBG die Implementierung einer Drittelbeteiligung verlangt. Den grundsätzlichen Vorrang des Mitbestimmungsrechts, sei es kraft Vereinbarung oder kraft Gesetzes, bestätigt die Vorschrift des § 23 Abs. 2 SEAG, wonach Satzungsbestimmungen, die den Rahmen der gesetzlichen Höchstzahlen voll ausschöpfen, der Beteiligung der Arbeitnehmer nach dem SEBG weichen müssen.

Ein anderweitiges Verständnis lässt sich auch nicht aus dem Umstand herleiten, dass Art. 12 Abs. 4 SE-VO nur eine Anpassung der Satzung an die Beteiligungsvereinbarung, aber nicht an die Vorschriften zur Mitbestimmung kraft Gesetzes fordert. Eine solche Regelung hätte nicht mehr als eine klarstellende Bedeutung angesichts der Tatsache, dass Satzungsrecht, welches gegen Vorschriften verstößt, die im öffentlichen Interesse gegeben sind, gem. § 241 Nr. 3 3. Alt. AktG als nichtig anzusehen ist. Hierzu zählen nach Auffassung der Rechtsprechung und der herrschenden Lehre die zwingenden Vorschriften des MitbestG. Anderenfalls könnten Arbeitnehmervertreter, die die Unvereinbarkeit einer den Aufsichtsrat betreffenden Satzungsregelung mit dem MitbestG geltend machen wollen, keinen Rechtsschutz in Anspruch nehmen, weil sie – vom Sonderfall des § 245 Nr. 5 AktG abgesehen – nicht zum Kreis der anfechtungsberechtigten Personen gehören.[866] Weiterhin wird auf den mit diesen Vorschriften bezweckten

---

865 *Krause* BB 2005, 1221 (1226).

866 OLG Karlsruhe, Urteil v. 20. 6. 1980, BB 1980, 1232 (1233); LG Mannheim, Urteil v. 23. 7. 1979, DB 1979, 1899 (1899); LG München, Urteil v. 16. 1. 1980, DB 1980, 678 (678 f.); LG Hamburg, Beschluss v. 17. 3. 1980, BB 1980, 959 (959); *Geßler* ZGR 1980, 427 (440); *Paefgen*, Struktur und Aufsichtsratsverfassung, S. 184 ff.; *Raiser* NJW 1980, 209 (210); *Säcker*, Aufsichtsratsausschüsse, S. 38; *ders.* JZ 1980, 82 (84); *Ulmer* in Hanau/Ulmer, MitbestG, Einl. Rn. 41 f. A. A. *Canaris* DB 1981, Beilage 14, 5 f.: § 241 Nr. 3 3. Alt. AktG ist auf solche Verstöße gegen das MitbestG zu beschränken, die dessen „institutionellen Gehalt“ erfassen; *D. Hoffmann* AG 1980, 141 (145): Ein differenzierter Abwägungsvorgang muss zu dem Ergebnis führen, dass die in der betreffenden Norm des MitbestG zum Ausdruck kommende Wertung andere, gegen die Nichtigkeit sprechende Gesichtspunkte überwiegt.

spezifischen Arbeitnehmerschutz verwiesen.[868] Die SE unterliegt gem. Art. 9 lit. c, ii SE-VO in Bezug auf Aspekte, die von der SE-VO nicht oder nur teilweise geregelt sind, dem deutschen Aktienrecht – damit § 241 Nr. 3 3. Alt. AktG – sowie gem. Art. 9 lit. c, iii SE-VO den Bestimmungen ihrer Satzung unter den gleichen Voraussetzungen wie eine nach deutschem Recht gegründete Aktiengesellschaft. Aufgrund der mit den gesetzlichen Auffangbestimmungen verfolgten Zielsetzung, die Sicherung bestehender Beteiligungsrechte der Arbeitnehmer bei Scheitern der Verhandlungen, sind die Vorschriften zur Mitbestimmung kraft Gesetzes wie die Vorschriften des MitbestG als Vorschriften „des öffentlichen Interesses" im Sinne des § 241 Nr. 3 3. Alt. AktG zu begreifen, so dass ein Verstoß gegen diese die Nichtigkeit der entsprechenden Satzungsbestimmung zur Folge hat.

Gegen die Zulässigkeit von Satzungsbestimmungen mit ungerader Mitgliederzahl mit dem Ziel, die paritätische Mitbestimmung im Sinne einer leicht unterparitätischen Mitbestimmung zu modifizieren, spricht auch die der Vorschrift des § 35 SEBG innewohnende Teleologie. Der Zweck des § 35 SEBG liegt in der Sicherung des bestehenden Mitbestimmungsstandards. Die Entscheidung des deutschen Gesetzgebers für eine nominale Übertragung der paritätischen Mitbestimmung auf den Verwaltungsrat, kann nicht über eine gegenläufige Satzungsregelung unterlaufen werden. Anderenfalls bestünde die Möglichkeit, sich über den Rechtsformwechsel der paritätischen Mitbestimmung ohne Zustimmung des besonderen Verhandlungsgremiums, sei es auch nur im Sinne einer leichten Unterparität, entziehen zu können, was gem. § 43 SEBG gerade verhindert werden soll. Demgegenüber ist die satzungsdispositive Verwaltungsratsgröße nicht absolut, sondern zahlreichen Einschränkungen ausgesetzt, so auch der Vorschrift des § 35 SEBG.

Der historische Befund bestätigt das bisherige Auslegungsergebnis. Die Regierungsbegründung äußerte sich dahingehend, dass „[...] der Sitzanteil von 50 Prozent aus dem Mitbestimmungsgesetz dazu zwingen [kann], auch bei der SE eine gerade Anzahl von Sitzen vorzusehen."[869] Zusammenfassend ist deshalb der von *Teichmann* vorgeschlagene Lösungsweg aus grammatischen, systematischen, teleologischen und historischen Gründen als unzulässig anzusehen.

B. Annäherung an das dualistische System durch Bestellung von Dritten zu geschäftsführenden Direktoren

Anders sieht es dagegen für die Möglichkeit aus, über die Bestellung von Dritten zu geschäftsführenden Direktoren eine Annäherung des monistischen Systems an das dualistische System zu erreichen. Aus der Vorschrift des § 40 Abs.

---

868 So insbesondere *Paefgen*, Struktur und Aufsichtsratsverfassung, S. 187. Ähnlich auch *Säcker*, Aufsichtsratsausschüsse, S. 38.

869 Reg.Begr. zu § 35 Abs. 2 SEBG, BT-Drucks. 15/3405, S. 54 f.

1 S. 2 SEAG, welche die Option, Mitglieder des Verwaltungsrats zu geschäftsführenden Direktoren zu wählen, explizit erwähnt, folgt im Umkehrschluss, dass auch externe Dritte mit der Geschäftsführung betraut werden können.[869] Dieses Modell garantiert trotz monistischer Organisationsstruktur die weitgehende Freihaltung der Geschäftsführung von Arbeitnehmereinflüssen. Im Gegensatz zum Aufsichtsrat kann der Verwaltungsrat - und mit ihm die Arbeitnehmervertreter als gleichberechtigte Mitglieder des Verwaltungsrats - zwar aktiv in die Geschäftsführungspolitik eingreifen und den geschäftsführenden Direktoren entsprechende Weisungen erteilen (§§ 22 Abs. 1, 44 Abs. 2 SEAG). Die Möglichkeit des mitunternehmerischen Zusammenwirkens wird jedoch nicht nur als vorteilhaft und als ein Beitrag zur verbesserten Corporate Governance angesehen.[870] Darüber hinaus wäre sichergestellt, dass bei paritätischer Mitbestimmung die Arbeitnehmervertreter nicht die überwiegende Zahl der nicht geschäftsführenden Verwaltungsratsmitglieder stellen, womit sich aus mitbestimmungsrechtlicher Sicht in der Praxis wohl keine so erheblichen Abweichungen gegenüber der paritätisch mitbestimmten Aktiengesellschaft ergeben werden.[871]

C. Faktische Beschränkung der paritätischen Mitbestimmung durch Umsetzung des so gen. CEO-Modells

Eine faktische Beschränkung des Einflusses der Arbeitnehmervertreter auf die Leitung des Unternehmens könnte auch über eine Stärkung der Position des Verwaltungsratsvorsitzenden erreicht werden. Im Betracht kommt die Umsetzung des so gen. CEO-Modells nach angloamerikanischem Vorbild.

I. Das CEO-Modell nach angloamerikanischem Vorbild

Nach dem CEO-Modell ist die Führungsmacht im Wesentlichen in einer Person konzentriert. Der Chief Executive Officer (CEO)[872] oder auch Président Directeur Général (PDG)[873], wie er in Frankreich bezeichnet wird, zeichnet sich da-

---

[869] Vgl. zur Zulässigkeit dieses Modells in Teil 1: § 10 D. II.

[870] *Frodermann* in Jannott/Frodermann, Handbuch SE, Kapitel 5 Rn. 173; *Hommelhoff/ Matheus* AG 1998, 249 (253); *Kallmeyer* ZIP 2003, 1531 (1534); *Lutter* ZHR 159 (1995), 287 (289 ff.); *Scheffler* DB 2000, 433 (435); *Schneider* ZIP 2002, 873 (875); *v. Werder* in Ringleb/Kremer/Lutter/v. Werder, DCGK, Rn. 102.

[871] *Frodermann* in Jannott/Frodermann, Handbuch SE, Kapitel 5 Rn. 173; *M. Hoffmann-Becking* ZGR 2004, 355 (381); *Kallmeyer* ZIP 2003, 1531 (1533 ff.); *Niklas* NZA 2004, 1200 (1204); *Schwarz*, SE-VO, Art. 43 Rn. 88.

[872] Korrekterweise trägt nur der Vorsitzende der Geschäftsführung die Bezeichnung CEO, während es sich bei dem Vorsitzenden des boards um den Chairman of the Board handelt. Eine eigenständige Bezeichnung bei Zusammenfallen beider Funktion existiert nicht. In der Literatur wird die Funktionsvereinigung einfach als CEO-Modell bezeichnet. Zum CEO-Modell ausführlich: *P. Davies* ZGR 2001, 268 (271); *v. Hein* RIW 2002, 501 ff.

[873] Der Name leitet sich ab von der Rolle als *Président* du Conseil d'Administration (also Vorsitzender des Verwaltungsrats) und *Directeur General* (was der Position des CEO

durch aus, dass er sowohl Vorsitzender des Verwaltungsrats als auch Vorsitzender der Geschäftsführung ist. Der CEO könnte zur Stärkung seiner Führungsposition kraft Satzung mit Einzelgeschäftsführungsbefugnis (§ 40 Abs. 2 S. 1 SEAG) und Einzelvertretungsbefugnis (§ 41 Abs. 2 S. 1 SEAG) ausgestattet werden. Anstelle der in § 40 Abs. 5 S. 1 SEAG vorgesehenen jederzeitigen Abberufungsmöglichkeit könnte durch Satzung dessen Abberufung von zusätzlichen Voraussetzungen abhängig gemacht werden, wie das Erfordernis eines wichtigen Grundes oder eines einstimmigen Beschlusses des Verwaltungsrats (§ 40 Abs. 5 S. 1 SEAG).[875] Um den Entscheidungsspielraum des CEO möglichst wenig einzuschränken, könnte von dem in Art. 48 Abs. 1 SE-VO geforderten Plenarvorbehalt nur im gesetzlich geforderten Mindestumfang Gebrauch gemacht werden.[876] Die Satzung könnte vorsehen, dass das Zweitstimmrecht des CEO in seiner Funktion als Verwaltungsratsvorsitzender auch in Verwaltungsratsausschüssen gilt.[877] Schließlich wäre denkbar, anküpfend an die in Deutschland übliche Gepflogenheit, den Aufsichtsratsvorsitzenden in der Satzung als Leiter der Hauptversammlung vorzusehen,[878] den CEO zum Hauptversammlungsleiter zu ernennen.[879]

International ist das CEO-Modell jedoch in Kritik geraten. So sah das französische Recht bis 2001 die zwingende Vereinigung von Verwaltungsratsvorsitz mit der Leitung der Geschäftsführung in der Person des PDG vor. Dies führte dazu, dass die Leitung des Unternehmens faktisch allein beim PDG lag, während die anderen Verwaltungsratsmitglieder eher „schlafende" Mitglieder waren.[880] Entsprechend der Empfehlung des so gen. Viénot II-Rapport[881] fügte der französische Gesetzgeber deshalb 2001 ein Wahlrecht zwischen Personalunion und Trennung ein.[882] Auch in Großbritannien führte man eine Reihe von Unternehmenszusammenbrüchen Mitte der achtziger Jahre und Anfang der neunziger Jahre auf die übergroße Machtfülle des CEO zurück, weshalb nach einer Emp-

---

entspricht). Zum PDG ausführlich: *Berrar*, Die Entwicklung der Corporate Governance in Deutschland im internationalen Vergleich, S. 107; *Menjucq* ZGR 2003, 679 (680 und 687).

875 *Eder* NZG 2004, 544 (546).

876 *Eder* NZG 2004, 544 (546).

877 *Seibt* in Lutter/Hommelhoff, Europ. Gesellschaft, S. 67 (87).

878 *Hüffer*, AktG, § 129 Rn. 18.

879 *Eder* NZG 2004, 544 (546).

880 *Berrar*, Entwicklung Corporate Governance, S. 107; *Menjucq* ZGR 2003, 679 (680).

881 Benannt nach dem Vorsitzenden *Marc Viénot*, Ehrenvorsitzender der Société Générale. Eine ausführliche Darstellung des Inhalts ist zu finden bei: *Berrar*, Entwicklung Corporate Governance, S. 106 ff.

882 Loi N° 2001-420 v. 15. 5. 2001, Art. 225-51-1 Code de Commerce. Dazu auch *M. Hoffmann-Becking* ZGR 2004, 355 (375); *Merkt* ZGR 2003, 650 (664 f.); *Seibt* in Lutter/Hommelhoff, Europ. Gesellschaft, S. 67 (91 f.); *Teichmann* ZGR 2002, 383 (448 ff.); *Wendt*, Kontrolle der Geschäftsführung, S. 232.

fehlung des Cadbury-Reports von 1992[883] und der Einführung des Combined Code im Jahr 1998, der über das comply-or-explain-Prinzip die britischen Unternehmen zu einer Personaltrennung drängt,[884] in nahezu allen britischen Unternehmen eine personelle Trennung von CEO und dem Chairman of the Board anzutreffen ist.[885] Der österreichische Gesetzgeber entschied sich dafür, entsprechend der internationalen Entwicklung, ein ausdrückliches Verbot der Vereinigung von Geschäftsführung und Verwaltungsratsvorsitz in § 50 Abs. 2 SEG auszusprechen. Im Gegensatz dazu enthielt sich der deutsche Gesetzgeber einer ausdrücklichen Regelung. Vor Einfügung des § 35 Abs. 3 SEAG bestand weitgehend Einigkeit, dass die Umsetzung des CEO-Modells nunmehr in Deutschland möglich wäre.[886] In der Regierungsbegründung heißt es nur, dass eine gesetzliche Zuweisung der Geschäftsführung an den Vorsitzenden des Verwaltungsrats „nicht sinnvoll" erscheint,[887] d. h. eine Personenidentität scheint zwar unerwünscht aber zulässig zu sein.[888] Dafür spricht auch, dass § 40 Abs. 1 S. 2 SEAG den Verwaltungsratsvorsitzenden nicht aus dem Kreis der wählbaren Verwaltungsratsmitglieder ausschließt.

---

883 No. 4.9 of the Report of the committee on the Financial Aspects of Corporate Governance (Cadbury Report) of December 1992. Vgl. dazu *Berrar*, Entwicklung Corporate Governance, S. 139; *P. Davies* ZGR 2001, 268 (270 ff.); *Hopt* ZGR 2000, 779 (784).

884 Section A.2.1 of the Combined Code on Corporate Governance of July 2003. Vgl. dazu *Berrar*, Entwicklung Corporate Governance, S. 141; *P. Davies* ZGR 2001, 268 (275); *Leyens* RabelsZ 67 (2003), 57 (79); *Merkt* ZGR 2003, 650 (663 f.); *Seibt* in Lutter/Hommelhoff, Europ. Gesellschaft, S. 67 (91). Die Schritte bis zum Combined Code in chronologischer Reihenfolge sind abgebildet bei *Schneider* DB 2000, 1413 (1415 f.).

885 *Berrar*, Entwicklung Corporate Governance, S. 142; *Leyens* RabelsZ 67 (2003), 57 (79). In den USA stehen die meisten Unternehmen einer personellen Trennung von CEO und Chairman of the Board noch eher skeptisch gegenüber mit der Begründung, dass dies der Effektivität der Arbeit im Management im Weg stehe. Dafür versuchen die Unternehmen neuerdings eine gewisse Balance zwischen Leitungs- und Kontrollfunktion dadurch zu erreichen, dass ein outside director als so genannter „lead director" die Rolle des Sprechers der outside directors übernimmt und quasi als Stellvertreter des Chairman of the Board zu diesem ein gewisses Gegengewicht bildet. Vgl. zur Entwicklung in den USA: *Berrar*, Entwicklung Corporate Governance, S. 127; *K. Davies* in FS für Raiser, S. 49 ff.; *v. Hein* RIW 2002, 501 (506); *G. Hess* in Feddersen/Hommelhoff/Schneider, Corporate Governance, S. 9 (16); *Kraakman* in Feddersen/Hommelhoff/Schneider, Corporate Governance, S. 129 (136); *Leyens* RabelsZ 67 (2003), 57 (72); *Schiessl* ZHR 167 (2003), 235 (244 f.).

886 *Eder* NZG 2004, 544 ff.; *Kallmeyer* ZIP 2003, 1531 (1534); *Teichmann* BB 2004, 53 (55). Nach Inkrafttreten des SEAG: *Brandt* BB-Special 2/2005, 1 (3); *Frodermann* in Jannott/Frodermann, Handbuch SE, Kapitel 5 Rn. 156 ff.; *Ihrig/Wagner* BB 2004, 1749 (1758); *Seibt* in Lutter/Hommelhoff, Europ. Gesellschaft, S. 67 (87); *Teichmann* in Lutter/Hommelhoff, Europ. Gesellschaft, S. 195 (210).

887 Reg.Begr. zu § 40 SEAG, BT-Drucks. 15/3405, S. 39.

888 So zutreffend *Frodermann* in Jannott/Frodermann, Handbuch SE, Kapitel 5 Rn. 160; *Ihrig/Wagner* BB 2004, 1749 (1758); *Seibt* in Lutter/Hommelhoff, Europ. Gesellschaft, S. 67 (87).

II. Gestaltungsverbot durch Einfügung des § 35 Abs. 3 SEAG?

Mit Einfügung des § 35 Abs. 3 SEAG zum Ende des Gesetzgebungsverfahrens[889] könnte das CEO-Modell für eine monistische SE auf deutschem Territorium jedoch obsolet sein. § 35 Abs. 3 SEAG schreibt bei Stimmrechtsausschluss von geschäftsführenden Verwaltungsratsmitgliedern einen Übergang des Stimmrechts auf den Verwaltungsratsvorsitzenden vor. Ist der Verwaltungsratsvorsitzende selbst geschäftsführender Direktor und aus rechtlichen Gründen gehindert, an der Beschlussfassung teilzunehmen, fällt die Person weg, die die Mehrheitsfähigkeit der Anteilseigner sicherstellen soll.

1. Vorliegen einer verdeckten planwidrigen Regelungslücke

Es könnte sich allerdings bei der von § 35 Abs. 3 SEAG vorausgesetzten Trennung von Verwaltungsratsvorsitz und Geschäftsführung um eine verdeckte Regelungslücke handeln, welche im Wege der richterlichen Rechtsfortbildung zu schließen wäre. Eine verdeckte Regelungslücke liegt vor, wenn das Gesetz zwar eine auch auf Fälle solcher Art anwendbare Regel enthält, diese aber ihrem Sinn und Zweck nach hier nicht passt, weil sie die für die Wertung gerade dieser Fälle relevante Besonderheit außer acht lässt.[890] § 35 Abs. 3 SEAG soll Konflikte, die sich aus der Personalunion von geschäftsführendem Direktor und Mitglied im Verwaltungsrat ergeben, über eine Ergänzungsstimme des Verwaltungsratsvorsitzenden einer Lösung zuführen.[891] Der Mechanismus scheitert, wenn in der Person des Verwaltungsratsvorsitzenden als CEO selbst das Konfliktpotential angelegt ist. Die Stimme des CEO in seiner Funktion als geschäftsführendes Verwaltungsratsmitglied müsste entzogen werden, um diesen Stimmentzug gleichzeitig über einen Stimmenzuwachs in seiner Funktion als Verwaltungsratsvorsitzenden zu kompensieren. Dies widerspricht dem eigentlichen Sinn und Zweck des § 35 Abs. 3 SEAG, das betroffene geschäftsführende Verwaltungsratsmitglied von der Abstimmung auszuschließen. Eine verdeckte Regelungslücke ist somit gegeben.

Die auftretende Regelungslücke müsste planwidrig sein.[892] An der Planwidrigkeit fehlt es, wenn es sich um eine bewußte Lücke handelt, weil der Gesetzgeber eine Personalunion von Geschäftsführung von Verwaltungsratsvorsitz explizit ausschließen wollte. Ein solches Verständnis entspräche dem 14. Erwägungsgrund der SE-VO, der auch im monistischen System eine Trennung von Über-

---

[889] Auf Beschlussempfehlung des Rechtsausschusses, vgl. BT-Drucks. 15/4503, S. 34.

[890] *Larenz/Canaris*, Methodenlehre, S. 198.

[891] Reg.Begr. zu § 35 Abs. 3 SEAG, BT-Drucks. 15/4053, S. 123 f. Ausführlich zum Anwendungsbereich des § 35 Abs. 3 SEBG bereits in Teil 1: § 12 C.

[892] *Bydlinski*, Methodenlehre, S. 473; *Canaris*, Die Feststellung von Lücken im Gesetz, S. 31 ff.; *Engisch*, Einführung in das juristische Denken, S. 180 ff.; *Larenz/Canaris*, Methodenlehre, S. 194 f.

wachung und Geschäftsführung für „wünschenswert" hält.[893] Allerdings lässt § 40 Abs. 1 S. 2 SEAG die Bestellung jedes Verwaltungsratsmitglieds, einschließlich des Verwaltungsratsvorsitzenden, zum geschäftsführenden Direktor zu. Hätte der Gesetzgeber mit § 35 Abs. 3 SEAG eine Vereinigung beider Positionen verbieten wollen, hätte es einer Klarstellung durch Einfügung eines zusätzlichen Satzes in § 40 Abs. 1 SEAG bedurft. Überdies hat der Gesetzgeber das CEO-Modell in seine Überlegungen einbezogen und dessen Gestaltung nicht ausdrücklich verboten, wie die Regierungsbegründung zeigt.[894] Dagegen sollte § 35 Abs. 3 SEAG nur Stimmungleichgewichte im mitbestimmten monistischen System ausgleichen, ohne dass die Konturen der Norm eine genaue Präzisierung erfuhren.[895] Ebenso wenig wurde die Norm daraufhin überprüft, ob sie sich in das übrige Regelungsgefüge des SEAG eingliedert, weshalb nicht davon ausgegangen werden kann, dass der Gesetzgeber das Problem, welches sich aus der Personalunion von Geschäftsführung und Verwaltungsratsvorsitz für die Anwendung des § 35 Abs. 3 SEAG ergibt, gesehen hat. Die Planwidrigkeit der Regelungslücke ist somit gegeben.

2. *Teleologische Reduktion des § 35 Abs. 3 SEAG*

In Betracht kommt eine teleologische Reduktion des § 35 Abs. 3 SEAG und zwar in der Form, dass § 35 Abs. 3 SEAG für den geschäftsführenden Verwaltungsratsvorsitzenden selbst keine Anwendung findet. Sinn und Zweck des § 35 Abs. 3 SEAG besteht darin, die Mehrheitsfähigkeit der Anteilseigner sicherzustellen, *falls* ein geschäftsführendes Verwaltungsratsmitglied von seinem Stimmrecht ausgeschlossen ist. Lässt man den Verwaltungsratsvorsitzenden selbst immer mitstimmen, stellt sich das Problem der Überparität der Arbeitnehmervertreter innerhalb der verbleibenden Verwaltungsratsmitglieder nicht. Allerdings beansprucht § 35 Abs. 3 SEAG nach der hier vertretenen Ansicht seine Gültigkeit, wenn es um die Bestellung von Verwaltungsratsmitgliedern zu geschäftsführenden Direktoren und deren Abberufung geht.[896] Die mit dem CEO-Modell gemachten Erfahrungen in anderen Mitgliedstaaten zeigen, dass die Personalunion von Verwaltungsratsvorsitz und Geschäftsführung aufgrund des Machtzuwachses faktisch zu einem erheblichen Kontrolldefizit im Verwaltungsrat und damit zu einer Aushöhlung der Unternehmensmitbestimmung führen kann. Könnte der Verwaltungsratsvorsitzende bei seiner eigenen Bestellung mitstimmen, entscheidet gerade er bei unterschiedlicher Auffassung von Anteilseigner- und Arbeitnehmerseite den Beschluss über seine eigene Bestel-

---

[893] *Frodermann* in Jannott/Frodermann, Handbuch SE, Kapitel 5 Rn. 159.

[894] Reg.Begr. zu § 40 SEAG, BT-Drucks. 15/3405, S. 39.

[895] *Frodermann* in Jannott/Frodermann, Handbuch SE, Kapitel 5 Rn. 156; *Oetker* in Lutter/Hommelhoff, Europ. Gesellschaft, S. 277 (313 ff.); *Teichmann* in Lutter/Hommelhoff, Europ. Gesellschaft, S. 195 (216).

[896] Ausführlich zum Anwendungsbereich des § 35 Abs. 3 SEAG bereits in Teil 1: § 12 C. II. 2.

lung.[897] Eine teleologische Reduktion des § 35 Abs. 3 SEAG für den geschäftsführenden Verwaltungsratsvorsitzenden ist aufgrund der damit verbundenen Missbrauchsgefahr abzulehnen.

3. *Stimmenzuwachs beim Stellvertreter*

Gem. § 34 Abs. 1 S. 2 SEAG nimmt der Stellvertreter die Rechte und Pflichten des Verwaltungsratsvorsitzenden wahr, wenn dieser verhindert ist. Fraglich ist, ob sich dies auch auf den in § 35 Abs. 3 SEAG vorgesehenen Stimmenzuwachs erstreckt, wenn der CEO aus rechtlichen Gründen gehindert ist, an der Beschlussfassung im Verwaltungsrat teilzunehmen.[898] § 35 Abs. 3 SEAG sichert die Mehrheitsfähigkeit der Anteilseigner über die Person des Verwaltungsratsvorsitzenden ab und entspricht damit dem Anliegen des Art. 50 Abs. 2 SE-VO. Art. 50 Abs. 2 SE-VO weist den Stichentscheid dem Verwaltungsratsvorsitzenden zu. Daraus könnte zu schließen sein, dass der Stellvertreter nicht in die Position des Verwaltungsratsvorsitzenden treten darf, um sich bei Beschlussfassungen gegen die Arbeitnehmervertreter durchzusetzen. Als Begründung für diesen Ansatz könnte der Auswahlmodus des Stellvertreters dienen, welcher nicht garantiert, dass der Stellvertreter aus den Reihen der Anteilseigner stammt. Dieses Ergebnis entspräche der Rechtslage des MitbestG, in dessen § 29 Abs. 2 S. 3 ausdrücklich klargestellt ist, dass das dem Vorsitzenden zustehende Zweitstimmrecht nicht auf seinen Stellvertreter übergeht. Allerdings rechtfertigt das Fehlen eines ausdrücklichen Stimmübergangsverbots für den Stellvertreter des Verwaltungsratsvorsitzenden im Umkehrschluss die Annahme, dass sich die Stellvertreterfunktion bei Verhinderung des Verwaltungsratsvorsitzenden auch auf dessen Letztentscheidungsrecht erstreckt. Während § 27 MitbestG ein besonderes Wahlverfahren vorsieht, welches in der Regel dazu führt, dass der Stellvertreter im Aufsichtsrat von der Arbeitnehmerseite gestellt wird, und deshalb gute Gründe dafür bestehen, den Übergang des Zweitstimmrechts gesetzlich auszuschließen, fehlen für den Stellvertreter des Verwaltungsratsvorsitzenden entsprechende Sonderregelungen. Den Mitgliedern des Verwaltungsrats stünde es frei, einen Anteilseigner zum Stellvertreter zu wählen, auf den die Stimme des CEO gem. § 35 Abs. 3 i. V. m. § 34 Abs. 1 S. 2 SEAG übergehen könnte, wodurch die Mehrheitsfähigkeit der Anteilseigner weiterhin garantiert wäre.

---

[897] *Teichmann* BB 2004, 53 (56 f.).

[898] Dafür ohne nähere Begründung *Frodermann* in Jannott/Frodermann, Handbuch SE, Kapitel 5 Rn. 202: Sind sowohl Vorsitzender als auch Stellvertreter vom Stimmrecht ausgeschlossen, soll dem jeweils an Lebensjahren ältesten nicht geschäftsführenden Verwaltungsratsmitglied der Anteilseigner das Ergänzungsstimmrecht zufallen. Ähnlich auch *Manz* in Manz/Mayer/Schröder, Die Europäische Aktiengesellschaft, Art. 43 SE-VO Rn. 112.

Die Satzung kann gem. § 34 Abs. 1 S. 2 SEAG nähere Bestimmungen zur Bestellung des Stellvertreters treffen. Daraus ergibt sich die Fragestellung, ob die Satzung dem Verwaltungsrat verbindlich vorschreiben kann, einen Anteilseigner zum Stellvertreter des CEO zu bestellen. Für den Stellvertreter des mitbestimmten Aufsichtsrats hat der BGH diesbezüglich eine ausdrückliche Absage erteilt. In einer Satzungsbestimmung, die festlegt, dass der Stellvertreter nur in den Reihen der Anteilseigner zu suchen ist, läge ein unzulässiger Eingriff in die ausschließliche Befugnis des Aufsichtsrats, gem. § 107 AktG den Vorsitzenden und seinen Stellvertreter mit den in §§ 27, 29 MitbestG bestimmten Mehrheiten „aus seiner Mitte" frei zu wählen. Weiterhin sei darin ein Verstoß gegen den Gleichbehandlungsgrundsatz zu sehen.[899] Da § 34 Abs. 1 S. 1 SEAG der Formulierung des § 107 AktG entlehnt ist, scheint eine entsprechende Satzungsbestimmung in dem hiesigen Fall ebenfalls unzulässig zu sein. Gegen diese Schlussfolgerung spricht jedoch, dass beide Vorschriften im systematischen Kontext erheblich voneinander abweichen. Während § 29 Abs. 2 S. 3 MitbestG die Mehrheitsfähigkeit der Anteilseigner im mitbestimmten Aufsichtsrat garantiert, fehlt es für den Verwaltungsrat der SE an einer vergleichbaren Schutzbestimmung. Eine Bevorzugung der Anteilseignergruppe setzt die dem Art. 50 Abs. 2 SE-VO innewohnende Teleologie für den Fall fort, dass der von der Anteilseignerseite gestellte Vorsitzende bei der Beschlussfassung des paritätisch mitbestimmten Verwaltungsrats wegfällt. Sie ist als solche nicht willkürlich, weshalb ein Verstoß gegen den Gleichbehandlungsgrundsatz nicht gegeben ist.[900] Nach der hier vertretenen Auffassung ist zur vollständigen Umsetzung des CEO-Modells eine Satzungsbestimmung, welche festlegt, dass der Stellvertreter aus den Reihen der Anteilseigner zu stammen hat, als zulässig anzusehen.

4. *Stimmenzuwachs bei einem anderen Anteilseignervertreter*

Sodann ergibt sich die Fragestellung, ob die Rechte aus § 35 Abs. 3 SEAG zwingend auf den Stellvertreter übergehen müssen, wenn der Vorsitzende selbst als geschäftsführendes Verwaltungsratsmitglied von der Beschlussfassung ausgeschlossen ist, oder ob kraft Satzung auch ein beliebig anderer Anteilseignervertreter bestimmt werden kann. §§ 35 Abs. 3 und 34 Abs. 1 S. 2 SEAG scheinen keinen Schluss auf eine Abdingbarkeit der gesetzlichen Vorschriften zuzulassen. Folgt man der hier vertretenen Auffassung und betrachtet den § 35 Abs. 3 SEAG als Fortsetzung des Art. 50 Abs. 2 SE-VO, sprechen jedoch gute Gründe für ein gegenteiliges Verständnis. Gem. Art. 50 Abs. 2 SE-VO kann von dem Stichentscheid des Verwaltungsratsvorsitzenden kraft Satzung

---

899 BGH, Urteil v. 25. 2. 1982, BGHZ 83, 106 (112 f.); *Hüffer*, AktG § 107 Rn. 11; *Semler* in Münch. Komm. AktG, § 107 Rn. 72; a. A. OLG München, Urteil v. 29. 4. 1981, NJW 1981, 2201 (2202).

900 Zu dieser Voraussetzung: *Hueck*, Grundsatz der gleichmäßigen Behandlung, S. 173 ff., 323 ff.; ihm folgend: *Heinsius* AG 1977, 281 (284); *Canaris* DB 1981, Beilage Nr. 14, 3 f.; *Rehbinder* ZGR 1979, 471 (489); a. A. *Martens* DB 1980, 1381 (1383).

abgewichen werden. Dies gilt auch, wenn sich die Hälfte des Verwaltungsrats aus Arbeitnehmervertretern zusammensetzt, da Art. 50 Abs. 2 SE-VO nur in Bezug auf den paritätisch mitbestimmten Aufsichtsrat abweichende Satzungsregelungen für unzulässig erklärt. In Fortführung dessen kann damit in der Satzung beliebig festgelegt werden, wem von den Anteilseignervertretern das zusätzliche Stimmrecht zukommen soll.[901] § 35 Abs. 3 SEAG ist insoweit analog anzuwenden.

D. Gestaltungsmöglichkeiten über die board balance

Die Festlegung der Anzahl der geschäftsführenden Verwaltungsratsmitglieder im Verhältnis zur Anzahl der nicht geschäftsführenden Verwaltungsratsmitglieder entscheidet über die Gewichtung der durch diese Personen wahrzunehmenden Leitungs- und Kontrollfunktion innerhalb des Organs. Da die Mitbestimmung an die Kontrollfunktion anknüpft, wirkt sich dies mittelbar auf die Einflussmöglichkeiten der Arbeitnehmervertreter im Verwaltungsrat aus. Die Integration der geschäftsführenden Direktoren im Verwaltungsrat bedeutet für diese eine direkte Beteiligung an der Entscheidungsfindung im Unternehmen, weil sie an den Beratungen und Beschlüssen des Verwaltungsrats mitwirken und damit die Entscheidungen des Verwaltungsrats wesentlich beeinflussen können.[902] Ein starkes Geschäftsführungskollegium innerhalb des Verwaltungsrats bildet gewissermaßen das Pendant zum CEO.

Die Grenze zeigt die Vorschrift des § 40 Abs. 1 S. 2 SEAG auf, welche vorschreibt, dass die Mehrheit weiterhin aus nicht geschäftsführenden Mitgliedern bestehen muss. Die Bestimmung soll sicherstellen, dass eine unabhängige Entscheidung des Verwaltungsrats trotz Stimmrechts der geschäftsführenden Verwaltungsratsmitglieder möglich ist.[903] Anderenfalls wären die geschäftsführenden Verwaltungsratsmitglieder nicht darauf angewiesen, die nicht geschäftsführenden Mitglieder von der Richtigkeit ihrer Geschäftspolitik zu überzeugen und könnten sich stattdessen per Beschluss selbst die Weisungen erteilen, die sie für richtig erachten.[904] Entgegen einiger Stimmen in der Literatur[905] entspricht die

---

901 Im Ergebnis ebenso *Frodermann* in Jannott/Frodermann, Handbuch SE, Kapitel 5 Rn. 202.

902 *Frodermann* in Jannott/Frodermann, Handbuch SE, Kapitel 5 Rn. 171; *Teichmann* in Lutter/Hommelhoff, Europ. Gesellschaft, S. 195 (205).

903 *Merkt* ZGR 2003, 650 (667).

904 *Teichmann* BB 2004, 53 (54).

905 *Kallmeyer* ZIP 2003, 1531 (1533) sieht die Regelung des § 40 Abs. 1 S. 2 SEAG als eine zu schwache Sicherung an, da es bei knapper Mehrheit der nicht geschäftsführenden Verwaltungsratsmitglieder bereits genüge, wenn die zu beaufsichtigenden Mitglieder ein einziges nicht geschäftsführendes Verwaltungsratsmitglied umstimmen. Ihm folgend *Frodermann* in Jannott/Frodermann, Handbuch SE, Kapitel 5 Rn. 171: Ob eine solche Konstellation nach modernen Corporate Governance-Kriterien akzeptabel ist, sei

Regelung des § 40 Abs. 1 S. 2 SEAG dem europäischen Corporate Governance-Standard bzw. geht sogar darüber hinaus.[905] Der britische Combined Code verlangt, dass mindestens die Hälfte des boards (ohne Berücksichtigung des Chairman) non-executive sein soll.[906] Der Viénot II-Rapport, der französische Corporate Governance Kodex, empfiehlt sogar nur eine Drittelbesetzung mit unabhängigen Mitgliedern.[907] Die Empfehlung der Kommission vom 15. 2. 2005 an die Mitgliedstaaten zur Anpassung ihrer nationalen Corporate Governance-Kodizes[908] lässt das Verhältnis der geschäftsführenden zu den nicht geschäftsführenden Mitgliedern relativ offen. Nach deren Punkt 3.1 sollten der Verwaltungsrat bzw. Aufsichtsrat und der Vorstand so zusammengesetzt sein, dass sich die Anzahl der geschäftsführenden und nicht geschäftsführenden Mitglieder insgesamt die Waage hält, so dass dessen Beschlussfassung weder von einer einzelnen Person noch von wenigen Personen gemeinsam beherrscht werden kann. Weiter sollte nach Punkt 4 dem Verwaltungs-/Aufsichtsrat eine ausreichende Zahl unabhängiger, nicht geschäftsführender Mitglieder angehören, um sicher-

---

stark zweifelhaft. Kritisch auch für die vergleichbare österreichische Regelung: *Kalss/Greda* in Kalss/Hügel, SE-Kommentar, § 59 Rn. 17.

905 Weitergehend allerdings in den USA. Nach einer Statistik sind 80 bzw. 87 % der directors in den boards amerikanischer Unternehmen outside directors. Vgl. *Berrar*, Entwicklung Corporate Governance, S. 125. Andere sprechen von einem Anstieg des Anteils an outside directors von 40 % im Jahre 1963 auf 75 % im Jahre 1993. Im Jahre 1996 hatte die Hälfte der größten Gesellschaften nur noch einen bzw. zwei inside directors. Vgl. *Kraakman* in Feddersen/Hommelhoff/Schneider, Corporate Governance, S. 129 (134); *Leyens* RabelsZ 67 (2003), 57 (77). Die verschiedenen Zahlen beruhen darauf, dass es keine offizielle Statistik gibt, sondern dass Unternehmen und Pensionsfonds im Vorfeld der Veröffentlichung ihrer Corporate Governance-Kodizes eigene Umfragen starten. Allen Statistiken gemeinsam ist, dass sie die besondere Bedeutung der outside directors in den boards amerikanischer Unternehmen sehr gut wiederspiegeln und diese immer weit mehr als die Mehrheit im board bilden. Diesen steht jedoch ein starker CEO gegenüber, weshalb die Entwicklung in den USA für den europäischen Rechtsraum nicht ohne weiteres als repräsentativ angesehen werden kann.

906 Section A.3.2. of the Combined Code on Corporate Governance of July 2003. In der Fassung von 1998 verlangte der Combined Code sogar nur die Besetzung von mindestens einem Drittel (Section A.3.1). Vgl. dazu *Berrar*, Entwicklung Corporate Governance, S. 139 und 141; *P. Davies* ZGR 2001, 268 (275); *Wendt*, Kontrolle der Geschäftsführung, S. 229.

907 *Berrar*, Entwicklung Corporate Governance, S. 111; *P. Davies* ZGR 2001, 268 (275).

908 Empfehlung der Kommission v. 15. 2. 2005 zu den Aufgaben von nicht geschäftsführenden Direktoren/Aufsichtsratsmitgliedern börsennotierter Gesellschaften sowie zu den Ausschüssen des Verwaltungs-/Aufsichtsrats, ABl. EU Nr. L 52/51 v. 25. 2. 2005. Zum Inhalt nur *Hopt* ZIP 2005, 461 ff. Die Empfehlung geht zurück auf die Mitteilung der Kommission an den Rat und das Europäische Parlament, Modernisierung des Gesellschaftsrechts und Verbesserung der Corporate Governance in der Europäischen Union – Aktionsplan, Brüssel, 21. 5. 2003, KOM (2003) 284 endgültig, Anhang 1, abgedruckt in der Sonderbeilage zu Heft 13, NZG 2003. Vgl. dazu auch die Umsetzung durch den deutschen Corporate Governance Kodex, welcher abrufbar ist unter www.corporate-governance-code.de. Zum Inhalt nur *Lieder* NZG 2005, 569 ff.

zustellen, dass mit Interessenkonflikten, in welche Mitglieder der Unternehmensleitung involviert sind, ordnungsgemäß verfahren wird. Ob die „ausreichende Zahl unabhängiger nicht geschäftsführender Mitglieder" bereits mit einem Drittel oder erst bei hälftiger oder mehrheitlicher Besetzung des Gremiums erreicht ist, überlässt die Empfehlung der Entscheidung durch die Mitgliedstaaten.[909]

Das in § 40 Abs. 1 S. 2 SEAG geforderte Mehrheitserfordernis ist im Hinblick auf die Mitbestimmung erforderlich, da anderenfalls über die vermehrte Bestellung interner geschäftsführender Direktoren die Mitbestimmung praktisch ausgehebelt werden könnte. Im paritätisch mitbestimmten Verwaltungsrat werden die Anteilseigner zwar sowieso ein Interesse daran haben, die Beteiligung der Arbeitnehmer so wenig wie möglich auf die Geschäftsführung zu erstrecken, wofür sie zwangsläufig die Hälfte der Verwaltungsratssitze, nämlich die der Arbeitnehmervertreter, für nicht geschäftsführende Mitglieder vorbehalten werden. Anders sieht es dagegen aus, wenn die Arbeitnehmervertreter nur ein Drittel der Mitglieder des Verwaltungsrats stellen. Könnten beliebig viele Mitglieder des Verwaltungsrats gleichzeitig zu geschäftsführenden Direktoren bestellt werden oder müsste nur ein Drittel des Verwaltungsrats aus nicht geschäftsführenden Mitgliedern bestehen, hätten es die Anteilseignervertreter in der Hand, die Arbeitnehmervertreter komplett auszugrenzen, indem sie dafür sorgen, dass alle Anteilseignervertreter zugleich geschäftsführende Positionen einnehmen. Das Mehrheitserfordernis kann zwar nicht verhindern, dass die geschäftsführenden Direktoren nur ein nicht geschäftsführendes Verwaltungsratsmitglied, im paritätisch mitbestimmten Verwaltungsrat beispielsweise den verbleibenden Anteilseignervertreter, auf ihre Seite ziehen brauchen.[910] Dies zu verhindern, ist aber nicht Aufgabe des Gesetzgebers angesichts der Verpflichtung aller Organmitglieder, ihre Tätigkeit vorrangig am Unternehmensinteresse auszurichten und die ihnen auferlegten Aufgaben verantwortungsvoll wahrzunehmen.[911] Der Gesetzgeber kann für deren Erfüllung nur die institutionellen Rahmenbedingungen

---

909 *Lieder* NZG 2005, 569 (572) sieht darin vor allem ein Zugeständnis an dualistisch organisierte Unternehmen, bei welchen die Trennung von Unternehmensführung und Unternehmenskontrolle bereits institutionell verwirklicht und die Unabhängigkeit der Organmitglieder von geringerer Bedeutung ist.

910 So die Kritik von *Frodermann* in Jannott/Frodermann, Handbuch SE, Kapitel 5 Rn. 171; *Kallmeyer* ZIP 2003, 1531 (1533). Für die vergleichbare österreichische Regelung: *Kalss/Greda* in Kalss/Hügel, SE-Kommentar, § 59 Rn. 17.

911 Zum Unternehmensinteresse: BVerfG, Urteil v. 1. 3. 1979, BVerfGE 50, 290 (350); BGH, Urteil v. 25. 2. 1982, BGHZ 83, 106 (120); Urteil v. 25. 2. 1982, BGHZ 83, 144 (149); *Fitting/Wlotzke/Wißmann*, MitbestG, § 25 Rn. 94 ff.; *Hopt* ZGR 2004, 1 (39 ff.); *Junge* in FS für v. Caemmerer, S. 547 ff.; *Paefgen*, Struktur und Aufsichtsratsverfassung, S. 75 ff.; *Raisch* in FS für Hefermehl, S. 347 ff.; *Raiser*, MitbestG, § 25 Rn. 109 ff.; *ders.* in FS für R. Schmidt, S. 101 (113 ff.); *Schilling* in FS für Gessler, S. 159 (165); *Semler*, Leitung und Überwachung, S. 31 ff.; *Ulmer* in Hanau/Ulmer, MitbestG, § 25 Rn. 93 ff.

schaffen. Ob ein starkes Geschäftsführungskollegium innerhalb des Verwaltungsrats tatsächlich attraktiv für einen paritätisch mitbestimmten Verwaltungsrat ist, kann angesichts des damit verbundenen starken Übergewichts der Arbeitnehmervertreter innerhalb der verbleibenden nicht geschäftsführenden Mitglieder bezweifelt werden.[912] Im Ergebnis wird die Frage davon abhängen, mit welchen zusätzlichen Kompetenzen die geschäftsführenden Direktoren kraft Satzung ausgestattet werden, um deren Position an die des Vorstandes im dualistischen System anzunähern.[913]

E. Die Ausschussbildung als Instrument zur Beschränkung der paritätischen Mitbestimmung im monistischen System

Gem. § 34 Abs. 4 S. 1 SEAG kann der Verwaltungsrat aus seiner Mitte einen oder mehrere Ausschüsse bestellen. Fraglich ist, ob die paritätische Mitbestimmung über eine Verlagerung der Kompetenzen des Verwaltungsrats auf mitbestimmungsfreie Ausschüsse beschränkt werden kann.

I. Die personelle Zusammensetzung von Ausschüssen im Anwendungsbereich des MitbestG als Ausgangspunkt der Überlegungen

Die personelle Zusammensetzung von Ausschüssen ist bereits im Anwendungsbereich des MitbestG umstritten, was vor allem darin begründet ist, dass das MitbestG wie das SEBG selbst keine gesetzliche Regelung enthält. Einzige Ausnahme bildet die Vorschrift des § 27 Abs. 3 MitbestG zum Vermittlungsausschuss. Im Schrifttum wurde teilweise aus § 27 Abs. 3 MitbestG ein Gebot einer paritätischen Zusammensetzung von Aufsichtsratsausschüssen abgeleitet. Die Besetzung der einzelnen Ausschüsse, mindestens aber ihre Gesamtheit, müsse spiegelbildlich derjenigen entsprechen, die das Gesetz für den Gesamtaufsichtsrat vorschreibt.[914] Andere forderten, dass in jeden Aufsichtsratsausschuss mindestens ein Arbeitnehmervertreter berufen werden muss.[915]

---

912 Abratend *Kienast* in Jannott/Frodermann, Handbuch SE, Kapitel 13 Rn. 301.

913 *Seibt* in Lutter/Hommelhoff, Europ. Gesellschaft, S. 67 (88). Vgl. dazu bereits die Ausführungen zum CEO in Teil 1: § 13 C. I.

914 *Geitner* AG 1976, 210 (211 f.); *Naendrup* in GK-MitbestG, § 25 Rn. 34 ff.; *Nagel* BB 1979, 1799 (1801); ähnlich *Säcker*, Aufsichtsratsausschüsse, S. 56 ff. für eine Besetzung der Ausschüsse in sinngemäßer Anwendung von § 27 MitbestG; zurückhaltender später *ders.* ZHR 148 (1984), 153 (177 ff.).

915 *Fitting/Wlotzke/Wißmann*, MitbestG, § 29 Rn. 37; *Paefgen*, Struktur und Aufsichtsratsverfassung, S. 306 ff. 342; *Wiedemann*, Gesellschaftsrecht I, S. 615.

Der BGH[917] und die herrschende Lehre[918] sind indes weniger streng. So äußerte sich der BGH im Urteil vom 25. 2. 1982 zu § 27 Abs. 3 MitbestG dahingehend, dass diese Norm eine Sonderregelung sei, aus der keine Folgerungen für eine zwingende Besetzung anderer Ausschüsse gezogen werden dürften.[919] Die Grenze des Missbrauchs sei nur dann erreicht, wenn die Ausschüsse der Umgehung der Mitbestimmung dienen.[920] In seiner Entscheidung vom 17. 5. 1993 führte er diese Rechtsprechung fort. So sei der völlige Ausschluss der Arbeitnehmervertreter allein aufgrund ihrer Gruppenzugehörigkeit von der Mitarbeit in einem Personalausschuss – ihnen wurde sogar der Besucherstatus verwehrt – mangels Vorliegen eines sachlichen Grundes unzulässig.[921] Aufgrund des Fehlens „erheblich sachlicher Gründe" im konkreten Fall konnte der BGH ausdrücklich offen lassen, ob überhaupt ein völliger Ausschluss von Arbeitnehmervertretern aus Ausschüssen möglich sein kann.[922] Ein Teil der herrschenden Lehre bejaht die Zulässigkeit im Einzelfall, wenn die Besetzung des Ausschusses auf sachlichen Erwägungen beruht, also sich an den Aufgaben und den Qualifikationen der Mitglieder orientiert. Ein völliger Ausschluss der Arbeitnehmervertreter sei jedoch als Indiz zu werten, dass die Mitbestimmung unterlaufen werden soll.[923] Der andere Teil zieht aus dem Kompromisscharakter des MitbestG und dem Umstand, dass der Gesetzgeber die bekannte Frage der Ausschussbesetzung im MitbestG nicht geregelt hat, und der Betonung der Organisationsfreiheit des Aufsichtsrats den Schluss, dass der Aufsichtsrat bei der Besetzung der Ausschüsse völlig freie Hand habe. Nach dieser Ansicht liegt die Grenze für die Ausübung dieses Rechts erst bei einem rechtsmissbräuchlichen, willkürlich diskriminierenden Ausschluss der Arbeitnehmervertreter von der

---

917 BGH, Urteil vom 25. 2. 1982, BGHZ 83, 144 (148 f.); BGH, Urteil vom 17. 5. 1993, BGHZ 122, 342 (356 ff.) und auch OLG München, Urteil vom 27. 1. 1995, AG 1995, 466 (467).

918 *Canaris* DB 1981, Beilage 14, 15; *Fickel* AG 1977, 134 (135); *M. Hoffmann-Becking* in Münch. Handb. Gesellschaftsrecht IV, § 32 Rn. 21; *Hoffmann/Lehmann/Weinmann*, MitbestG, § 25 Rn. 30 ff.; *Hüffer*, AktG, § 107 Rn. 21; *Jaeger* ZIP 1995, 1735 (1736); *Lehmann* AG 1977, 14 (18); *Martens* ZGR 1983, 235 (252 ff.); *ders.* ZHR 148 (1984), 183 (197); *Mertens* in Kölner Komm. AktG, § 107 Rn. 112; *ders.* AG 1981, 113 (116 ff.); *Oetker* in GK-AktG, MitbestG § 25 Rn. 31 ff.; *ders.* in Erfurter Komm. Arbeitsrecht, § 107 AktG Rn. 17; *Raiser*, MitbestG, § 25 Rn. 51 ff.; *Rellermeyer*, Aufsichtsratsausschüsse, S. 120 ff.; *Rittner* DB 1980, 2493 (2500); *Semler* in Münch. Komm. AktG, § 107 Rn. 305 ff.; *Zöllner* AG 1981, 13 (15).

919 BGHZ 83, 144 (148).

920 BGHZ 83, 144 (149).

921 BGHZ 122, 342 (356 ff.).

922 BGHZ 122, 342 (358).

923 So oder mit geringfügigen Abweichungen: *Fickel* AG 1977, 134 (135); *Lehmann* AG 1977, 14 (18); *Oetker* in GK-AktG, MitbestG § 25 Rn. 31 ff.; *ders.* in Erfurter Komm. Arbeitsrecht, § 107 AktG Rn. 17; *Raiser*, MitbestG, § 25 Rn. 55 ff.; *Rellermeyer*, Aufsichtsratsausschüsse, S. 126 f.; *Semler* in Münch. Komm. AktG, § 107 Rn. 307 ff.; *Ulmer* in Hanau/Ulmer, MitbestG, § 25 Rn. 127; *Zöllner* AG 1981, 13 (15).

Mitarbeit in den Ausschüssen. Im Unterschied zur ersten Ansicht sind die rechtsmissbräuchlichen Absichten nachzuweisen.[924]

II. Geltungsanspruch des Diskriminierungsverbots für Verwaltungsratsausschüsse

Es ergibt sich die Frage nach dem Geltungsanspruch des von BGH und herrschender Lehre aufgestellten Diskriminierungsverbots für die Besetzung von Verwaltungsratsausschüssen. Dabei soll zunächst der Frage nachgegangen werden, ob die für die Besetzung von Aufsichtsratsausschüssen entwickelten Grundsätze überhaupt auf den mitbestimmten Verwaltungsrat übertragbar sind. Ist dies der Fall, bedarf es der Entscheidung, welche Anforderungen an das Diskriminierungsverbot zu stellen sind.

1. Positionen der Literatur für eine funktionale Betrachtungsweise

In der Literatur ist die Tendenz für eine funktionale Betrachtungsweise erkennbar, d. h. das Diskriminierungsverbot soll nur dann zur Anwendung kommen, wenn der Verwaltungsrat in seiner Aufsichtsfunktion in Erscheinung tritt.[925] Ein sachlicher Grund im Sinne der BGH-Rechtsprechung zum Ausschluss der Arbeitnehmervertreter sei immer dann anzunehmen, wenn dieser Ausschuss Fragen zu entscheiden hat, die im dualistischen System nicht in die Entscheidungskompetenz des Aufsichtsrats fallen. Dies sei namentlich bei der Übernahme von Geschäftsführungsaufgaben und der Entscheidung in strategischen Fragen der Unternehmensleitung der Fall.[926] Es wird die Bildung eines arbeitnehmerfreien Planungsausschusses vorgeschlagen, dem der Entwurf und die Konzeption der Unternehmensstrategie obliegen soll.[927] Soweit der Verwaltungsrat die laufenden Geschäftsführungsmaßnahmen nicht nur überwacht, sondern sie teilweise selbst entsprechend § 22 Abs. 1 SEAG wahrnimmt, wird die Errichtung eines nur mit Anteilseignervertretern besetzten Exekutivausschusses empfohlen.[928] Da es nach § 34 Abs. 4 S. 2 SEAG unzulässig sei, diesen Ausschüssen die Beschlussfassung zu überweisen, sei sichergestellt, dass die Überwachungsfunktion des Verwaltungsratsplenums und der Beteiligung der Arbeit-

---

924 *Canaris* DB 1981, Beilage 14, 15; *Hoffmann/Lehmann/Weinmann*, MitbestG, § 25 Rn. 30 ff.; *Martens* ZGR 1983, 235 (252 ff.); *ders.* ZHR 148 (1984), 183 (197); *Mertens* AG 1981, 113 (132); *Rittner* DB 1980, 2493 (2500).

925 So ausdrücklich *Frodermann* in Jannott/Frodermann, Handbuch SE, Kapitel 5 Rn. 216. Ähnlich bereits *Eder* NZG 2004, 544 (546); *Gruber/Weller* NZG 2003, 297 (300): keine Übertragung auf einen Planungsausschuss; *Kallmeyer* ZIP 2003, 1531 (1535); *Reichert/Brandes* ZGR 2003 767 (793 ff.); *Schwarz*, SE-VO, Art. 43 Rn. 91 f.

926 *Frodermann* in Jannott/Frodermann, Handbuch SE, Kapitel 5 Rn. 217.

927 *Frodermann* in Jannott/Frodermann, Handbuch SE, Kapitel 5 Rn. 218; *Gruber/Weller* NZG 2003, 297 (300); *Schwarz*, SE-VO, Art. 43 Rn. 91.

928 *Eder* NZG 2004, 544 (546); *Frodermann* in Jannott/Frodermann, Handbuch SE, Kapitel 5 Rn. 218 f.; *Reichert/Brandes* ZGR 2003, 767 (795 f.); *Schwarz*, SE-VO, Art. 43 Rn.92.

nehmervertreter erhalten bleibt.[929] Zur Absicherung des Arbeitnehmereinflusses wird nur gefordert, dass dem Verwaltungsratsgremium durch die Ausschüsse echte Entscheidungsalternativen vorgelegt werden, diesem also ein echter Entscheidungsspielraum verbleibt.[930]

2. *Stellungnahme*

Der genannten Literaturansicht ist insoweit zu folgen, als dass eine vollständige Nichtanwendung der von der Rechtsprechung entwickelten Grundsätze zur Besetzung von Ausschüssen in mitbestimmten Gesellschaften dem Vorwurf ausgesetzt wäre, dass die Anteilseignervertreter im Verwaltungsrat gegenüber den Anteilseignervertretern im Aufsichtsrat ungerechtfertigt bevorzugt werden. Dies hätte zur Folge, dass auch in dem vom BGH entschiedenen Fall eines vollständigen Ausschlusses der Arbeitnehmervertreter vom Personalausschuss, dieser Ausschluss im monistischen System zulässig wäre.[931] Dass dies nicht gewollt ist, zeigt sich an der Vorschrift des § 34 Abs. 4 SEAG, welche sich nahezu wörtlich an § 107 Abs. 3 AktG orientiert. Die zentrale Frage lautet damit, ob sich das Diskriminierungsverbot auf die vom Verwaltungsrat wahrzunehmende Kontrollfunktion verdichtet. Eine Antwort lässt sich aus dem Gesetz nicht unmittelbar entnehmen, weshalb teleologische Erwägungen in den Mittelpunkt der Betrachtungen zu stellen sind. Die Vorschrift des § 38 Abs. 1 SEBG trifft diesbezüglich eine Vorentscheidung, indem sie ausdrücklich festhält, dass die Arbeitnehmervertreter die gleichen Rechte und Pflichten wie Mitglieder haben, die die Anteilseigner vertreten. Dem steht die durch § 34 Abs. 4 S. 1 SEAG gewährleistete Entscheidungsfreiheit des Verwaltungsrats hinsichtlich der personellen Zusammensetzung seiner Ausschüsse gegenüber, weshalb aus dem Gleichbehandlungsgebot nicht auf einen materiellen Anspruch der Arbeitnehmervertreter auf Beteiligung in einem bestimmten Ausschuss geschlossen werden kann.[932] Aller-

---

929 *Frodermann* in Jannott/Frodermann, Handbuch SE, Kapitel 5 Rn. 223 f.

930 *Eder* NZG 2004, 544 (546) Fn. 39.

931 BGH, Urteil v. 17. 5. 1993, BGHZ 122, 342 ff.; *Frodermann* in Jannott/Frodermann, Handbuch SE, Kapitel 5 Rn. 216; *Kallmeyer* ZIP 2003, 1531 (1535). Vgl. dazu auch Nr. 2.1 des Anhangs I der Empfehlung der Kommission v. 15. 2. 2005 zu den Aufgaben von nicht geschäftsführenden Direktoren/Aufsichtsratsmitgliedern börsennotierter Gesellschaften sowie zu den Ausschüssen des Verwaltungs-/Aufsichtsrats, ABl. EU Nr. L 52/51 v. 25. 2. 2005, wonach innerhalb des Verwaltungsrats ein Nominierungsausschuss eingerichtet werden soll, wenn der Verwaltungsrat nach einzelstaatlichem Recht bei der Bestellung und/oder Entlassung von Mitgliedern der Unternehmensleitung mitwirkt, indem er entweder selbst über die Bestellung bzw. Entlassung entscheidet oder einem anderen Gesellschaftsorgan Vorschläge unterbreitet.

932 BGH, Urteil v. 25. 2. 1982, BGHZ 83, 144 (148 f.); *Canaris* DB, Beilage 14, 15; *Fitting/Wlotzke/ Wißmann*, MitbestG, § 29 Rn. 35; *Lehmann* AG 1977, 14 (15); *Mertens* AG 1981, 113 (123); *Paefgen*, Struktur und Aufsichtsratsverfassung, S. 319; *Raiser*, MitbestG, § 25 Rn. 50; *Rellermeyer*, Aufsichtsratsausschüsse, S. 106; *Rittner* DB 1980, 2493 (2499); *Säcker* DB 1977, 2031 (2033). *ders.*, Aufsichtsratsausschüsse, S. 30; *Ulmer* in Hanau/Ulmer, MitbestG, § 25 Rn. 128.

dings siedelt § 35 SEBG die gesetzliche Mitbestimmung im Verwaltungsrat an, einem Organ, welches sowohl für die Leitungskontrolle, aber vor allem auch für die Leitung der SE selbst verantwortlich ist. Die Arbeitnehmervertreter sind gem. § 38 Abs. 1 SEBG vollwertige Mitglieder des Verwaltungsrats und als solche für alle Bereiche zuständig, die in den Kompetenzbereich des Verwaltungsrats fallen. Dies ergibt sich zum einen aus der zwingenden Zuständigkeit des Plenums und damit all seiner Mitglieder für die in § 34 Abs. 2 S. 2 SEAG angeführten Angelegenheiten, zum anderen aus der Vorschrift des § 35 SEBG, welche gerade keine funktionale Übertragung der paritätischen Mitbestimmung anordnet. Eine arbeitnehmerfreie Besetzung von Ausschüssen, denen die Vorbereitung von strategischen Leitungsentscheidungen oder Geschäftsführungsmaßnahmen übertragen wird, wäre nur unter der Prämisse denkbar, dass der Gesetzgeber die paritätische Mitbestimmung gesetzlich auf die nicht geschäftsführenden Verwaltungsratsmitglieder beschränkt.[933] Denn in diesem Fall hätte eine organisationsautonome Begrenzung des Einflusses der Arbeitnehmervertreter auf Angelegenheiten, die im dualistischen System in den Zuständigkeitsbereich des Aufsichtsrats fallen, als Fortsetzung der funktional angelegten Mitbestimmung gewertet werden können.

Dem kann nicht entgegengehalten werden, die Mitwirkung der Arbeitnehmerseite sei auch bei ihrem völligen Ausschluss von der Mitarbeit im Exekutiv- oder Planungsausschuss bereits dadurch ausreichend gewährleistet, dass die Beschlussfassung über die in den beiden Ausschüssen gefundenen Entscheidungen gem. § 34 Abs. 4 S. 2 SEAG dem Verwaltungsratsplenum vorbehalten sei.[934] Dieser Unterscheidung hat der BGH eine klare Absage erteilt.[935] Umso komplexer die dem Ausschuss übertragenen Aufgaben sind, umso eher besteht die Gefahr, dass der Ausschuss dem Verwaltungsrat nur einen einzigen Entscheidungsvorschlag unterbreitet und die Beschlussfassung des Verwaltungsrats zu einem rein formalen Schlussakt wird. Die Aufforderung, dem Verwaltungsratsgremium mehrere Entscheidungsalternativen vorzulegen,[936] ist praktisch kaum umsetzbar. Umgekehrt bedarf es bei vorbereitenden Ausschüssen einer besonderen Begründung, warum keiner der Arbeitnehmervertreter zur Mitwirkung befugt sein soll, da deren Angelegenheiten ohnehin letztlich vom Plenum und all seinen Mitgliedern zu entscheiden sind. Sachliche Gründe, die den Verdacht einer Diskriminierung der Arbeitnehmervertreter ausräumen, sind eher bei Ausschüssen denkbar, in denen besonders qualifizierte Mitglieder des Verwaltungsrats an seiner Stelle abschließend tätig werden.[937] Die Tatsache, dass § 34 Abs. 4 S. 2 SEAG die vom Verwaltungsrat gem. § 22 Abs. 1 SEAG wahrzunehmenden zentralen

---

933 Vgl. dazu bereits in Teil 1: § 10 B. II.

934 So aber *Frodermann* in Jannott/Frodermann, Handbuch SE, Kapitel 5 Rn. 223 f.

935 BGH, Urteil v. 17. 5. 1993, BGHZ 122, 342 (359 f.).

936 So *Eder* NZG 2004, 544 (546) Fn. 39.

937 So zutreffend zur Besetzung von vorbereitenden Aufsichtsratsausschüssen: *Rellermeyer*, Aufsichtsratsausschüsse, S. 107; ähnlich *Raiser*, MitbestG, § 25 Rn. 57.

Leitungsaufgaben unter den Plenarvorbehalt stellt, spricht deshalb eher für als gegen einen Geltungsanspruch des Diskriminierungsverbots. Auch der Gesichtspunkt fehlender Spezialkenntnisse der Arbeitnehmervertreter ist für die Besetzung eines Exekutiv- oder Planungsausschusses unerheblich, da aufgrund des Plenarvorbehalts alle Mitglieder des Verwaltungsrats für eine verantwortliche Mitwirkung an den vom Verwaltungsrat zu treffenden Leitungsentscheidungen befähigt sein müssen.

Das Diskriminierungsverbot gilt somit auch für Ausschüsse, die im Aufsichtsrat des dualistischen Systems keine Parallele finden. Zugleich bedarf es einer Konkretisierung der vom BGH ausdrücklich offen gelassenen Gestaltungsgrenze. Die Diskussion über eine paritätische Besetzung der Verwaltungsratsausschüsse oder eine Mindestvertretung der Arbeitnehmervertreter ist angesichts der beiden Grundsatzurteile des BGH überholt,[938] weshalb die Fragestellung darauf zu konzentrieren ist, ob der Verwaltungsrat bei der Besetzung seiner Ausschüsse lediglich durch das Verbot des Rechtsmissbrauchs gebunden ist,[939] oder ob von einer fehlenden Vertretung auf eine diskriminierende, dem Sinn und Zweck des § 35 SEBG widersprechende Behandlung der Arbeitnehmervertreter geschlossen werden kann.[940] Da die Arbeitnehmervertreter gem. § 38 Abs. 1 SEBG dieselben Rechte und Pflichten wie die Anteilseignervertreter haben, haben sie prinzipiell das gleiche Recht auf Zugang zu den Ausschüssen. Mit einer ausschließlichen Besetzung eines Ausschusses durch Anteilseignervertreter ist eine Diskriminierung der Arbeitnehmervertreter verbunden, wenn die Besetzung vorrangig dem Zweck dient, einzelne Angelegenheiten des Verwaltungsrats dem Einfluss der Arbeitnehmervertreter zu entziehen. Das Gesetz erlaubt vielmehr bei der Besetzung von Verwaltungsratsausschüssen nur eine von sachlichen Erwägungen getragene Handhabung des Paritätsprinzips. Deren Vorliegen ist objektiv festzustellen, so dass es auf die Frage einer rechtsmissbräuchlichen Absicht der übrigen Verwaltungsratsmitglieder nicht ankommen kann. Hinzu treten praktische Schwierigkeiten, die sich aus der Nachweisbarkeit eines vorsätzlichen Handelns ergeben. Entscheidend für die Inhaltskontrolle des Besetzungsbeschlusses des Verwaltungsrats kann sein, mit welchen Mehrheiten die Beschlussfassung des

---

938 BGH, Urteil v. 25. 2. 1982, BGHZ 83, 144 (148 f.); BGH, Urteil v. 17. 5. 1993, BGHZ 122, 342 (356 ff.).

939 So *Canaris* DB 1981, Beilage 14, 15; *Hoffmann/Lehmann/Weinmann*, MitbestG, § 25 Rn. 30 ff.; *Martens* ZGR 1983, 235 (252 ff.); *ders.* ZHR 148 (1984), 183 (197); *Mertens* AG 1981, 113 (132); *Rittner* DB 1980, 2493 (2500).

940 So *Fickel* AG 1977, 134 (135); *Lehmann* AG 1977, 14 (18); *Oetker* in GK-AktG, MitbestG § 25 Rn. 31 ff.; *ders.* in Erfurter Komm. Arbeitsrecht, § 107 AktG Rn. 17; *Raiser*, MitbestG, § 25 Rn. 55 ff.; *Rellermeyer*, Aufsichtsratsausschüsse, S. 126 f.; *Semler* in Münch. Komm. AktG, § 107 Rn. 307 ff.; *Ulmer* in Hanau/Ulmer, MitbestG, § 25 Rn. 127; *Zöllner* AG 1981, 13 (15).

Verwaltungsrats zustande kam.[941] Weiterhin liegt kein Verstoß gegen das Diskriminierungsverbot vor, wenn die Arbeitnehmervertreter auf eine Mitgliedschaft, beispielsweise in einem Exekutiv- oder Planungsausschuss, verzichtet haben.[942] Schließlich können fehlende Spezialkenntnisse zu einer fehlenden Vertretung in einem Fachausschuss führen.[943] Bezüglich der letzten Fallgruppe bestehen jedoch hohe Anforderungen, da zum einen die Fähigkeiten und Kenntnisse der einzelnen Verwaltungsratsmitglieder nur sehr beschränkt einer objektiven Überprüfung zugänglich sind,[944] und zum anderen auch die Bereitschaft eines Verwaltungsratsmitglieds, sich entsprechende Kenntnisse anzueignen, genügen kann.[945] Dagegen sind die Geheimhaltung und die Vertraulichkeit bestimmter Angelegenheiten kein sachlicher Grund für einen gänzlichen Ausschluss der Arbeitnehmervertreter, weil alle Verwaltungsratsmitglieder gem. § 39 SEAG i. V. m. § 93 Abs. 1 S. 2 AktG über vertrauliche Angaben und Geheimnisse der Gesellschaft, namentlich Betriebs- oder Geschäftsgeheimnisse, die ihnen durch ihre Tätigkeit im Verwaltungsrat bekannt geworden sind, Stillschweigen zu bewahren haben.[946]

---

941 *Raiser*, MitbestG, § 25 Rn. 56: Die Vermutung einer Diskriminierung liegt näher. *Rellermeyer*, Aufsichtsratsausschüsse, S. 116: Die Vermutungswirkung verliert an Bedeutung, wenn die Entscheidung nur unter Einsetzung der Zweitstimme zustande kam, aber auch dann bedarf es weiterer Umstände, um eine Überschreitung des Beurteilungsspielraums darzulegen. *Ulmer* in Hanau/Ulmer, MitbestG, § 25 Rn. 127: An die von der Gesellschaft sachlich darzulegende Rechtfertigung sind besonders hohe Anforderungen zu stellen.

942 *Nagel* DB 1982, 2677 (2681); *Oetker* in GK-AktG, MitbestG § 25 Rn. 35; *Paefgen*, Struktur und Aufsichtsratsverfassung, S. 352 f.; *Raiser*, MitbestG, § 25 Rn. 56; *Rellermeyer*, Aufsichtsratsausschüsse, S. 116 ff.; *Semler* in Münch. Komm. AktG, § 107 Rn. 311; *Ulmer* in Hanau/Ulmer, MitbestG, § 25 Rn. 127 f.

943 Als Beispiel wird der Kreditausschuss bei Banken genannt, vgl. *Paefgen*, Struktur und Aufsichtsratsverfassung, S. 317; *Raiser*, MitbestG § 25 Rn. 59; *Mertens* AG 1981, 113 (132); *Ulmer* in Hanau/Ulmer, MitbestG, § 25 Rn. 127.

944 Vgl. hierzu ausführlich: *Rellermeyer*, Aufsichtsratsausschüsse, S. 115 und 128.

945 Beispielsweise soll im audit committee zumindest ein Ausschussmitglied über mehr als Grundkenntnisse in Fragen der Bilanzierung verfügen, für die übrigen Mitglieder soll die Bereitschaft zur Aneignung ausreichender Kenntnisse genügen: *Altmeppen* ZGR 2004, 390 (409 f.); *Langenbucher/Blaum* DB 1994, 2197 (2202); *Pohle/Werder* DB 2005, 237 (238); ähnlich auch *Ranzinger/Blies* AG 2001, 455 (461).

946 *Raiser*, MitbestG, § 25 Rn. 57; *Rellermeyer*, Aufsichtsratsausschüsse, S. 127. Vgl. allgemein zur Verschwiegenheitspflicht von Arbeitnehmervertretern: *Hueck* RdA 1975, 35 (42); *Fitting/Wlotzke/Wißmann*, MitbestG, § 25 Rn. 113; *Oetker* in GK-AktG, MitbestG § 25 Rn. 25; *Raiser*, MitbestG, § 25 Rn. 132; *Ulmer* in Hanau/Ulmer, MitbestG, § 25 Rn. 100 f.

Teil 5: Zusammenfassung

§§ 6 Abs. 3 und Abs. 4 SEBG sehen eine richtlinienkonforme Mindestrepräsentation der Gewerkschaften und der leitenden Angestellten im besonderen Verhandlungsgremium vor. Diese Vorschriften gehen den Verteilungsregelungen der §§ 7 Abs. 2 bis 5 SEBG vor, treten dafür hinter der Regelung des § 5 Abs. 2 SEBG, welcher eine Mindestrepräsentation der beteiligten Gesellschaften im Falle der Gründung einer SE im Wege der Verschmelzung anordnet, zurück. Anderenfalls führte die vorrangige Anwendung der §§ 6 Abs. 3 und Abs. 4 SEBG zu einer unzulässigen Doppelvertretung der inländischen Arbeitnehmer.

Bei der Bildung des besonderen Verhandlungsgremiums sind auch die Arbeitnehmer der betroffenen Tochtergesellschaften zu berücksichtigen. Es ist nicht erforderlich, dass diese unmittelbare Tochtergesellschaften der zukünftigen SE werden. Vielmehr sind bei mehrstufigen Konzernverbindungen auch die Arbeitnehmer zukünftiger Enkelgesellschaften in die Berechnung einzubeziehen.

Den Arbeitnehmern betroffener Tochtergesellschaften steht kein Anspruch auf eine Mindestrepräsentation im besonderen Verhandlungsgremium zu. Allerdings stellt sich das Gremium nach Wortlaut und Zielsetzung der SE-RL als Vertretungsorgan der Arbeitnehmer der beteiligten Gesellschaften und der Arbeitnehmer betroffener Tochtergesellschaften dar. Damit stehen die §§ 7 Abs. 3 und Abs. 4 SEBG, welche für die Verteilung der inländischen Sitze lediglich auf die beteiligten Gesellschaften abstellen, nicht im Einklang. Die Vorschriften führen insbesondere dann zu unbilligen Ergebnissen, wenn auf deutscher Seite eine arbeitnehmerlose Holdinggesellschaft an der Gründung einer SE beteiligt ist. Deshalb sind die §§ 7 Abs. 3 und Abs. 4 SEBG als „Soll-Vorschriften" auszulegen.

Das SEBG weist auch dann eine Regelungslücke auf, wenn auf deutscher Seite ein Luftfahrtunternehmen an der Gründung einer SE beteiligt ist. Die im Flugbetrieb beschäftigten Arbeitnehmer verfügen über keine Arbeitnehmervertretung im Sinne des BetrVG (vgl. §§ 117 Abs. 2 BetrVG). Hier ist eine analoge Anwendung des § 8 Abs. 5 S. 1 SEBG geboten, wenn eine tarifvertragliche Arbeitnehmervertretung besteht. Im Übrigen gilt § 8 Abs. 5 S. 3 SEBG analog.

Gem. Art. 12 Abs. 2 SE-VO ist die Vereinbarung Eintragungsvoraussetzung und damit Entstehungsvoraussetzung der SE, es sei denn, es ist einer der Ausnahmetatbestände erfüllt. Das Registergericht kann die Eintragung der SE ablehnen, wenn ein Verstoß gegen wesentliche Verfahrensvorschriften vorliegt. Ist die SE einmal eingetragen, genießt sie Bestandsschutz. Wurde versäumt, ein besonderes Verhandlungsgremium zu bilden und damit überhaupt ein Verhandlungsverfahren einzuleiten, steht als Rechtsbehelf das Amtslöschungsverfahren nach § 142 FGG zur Verfügung. Wurde die SE dagegen im Wege der Verschmelzung gegründet oder erfolgte die Eintragung auf Basis einer Vereinbarung, die wegen eines groben, offensichtlichen Verstoßes gegen wesentliche Verfahrensvorschriften als nichtig anzusehen ist, sind die Verhandlungen analog § 18 Abs. 3

SEBG wiederaufzunehmen. Verfahrensrechtlich ist die Neuzusammensetzung des mitbestimmten Organs der SE über das Statusverfahren herbeizuführen.

Die Vereinbarung zur Beteiligung der Arbeitnehmer in der SE ist ein Kollektivvertrag mit normativer Wirkung, da sie organisationsrechtlichen Charakter aufweist und nach dem Willen des Gesetzgebers im Grad der Verbindlichkeit nicht hinter der gesetzlichen Auffangregelung zurückstehen soll. Für deren Auslegung gelten dementsprechend die Grundsätze der Gesetzesauslegung.

An den Beschluss des besonderen Verhandlungsgremiums sind erhöhte Anforderungen gestellt, wenn die Vereinbarung eine Minderung der Mitbestimmungsrechte zur Folge hätte. § 15 Abs. 4 SEBG definiert, was unter „Minderung der Mitbestimmungsrechte" zu verstehen ist. Abweichend vom Richtlinienwortlaut ist diese Tatbestandsvoraussetzung gem. § 15 Abs. 4 Nr. 2 SEBG auch dann erfüllt, wenn das Recht, Mitglieder des Aufsichts- oder Verwaltungsorgans der Gesellschaft zu wählen, zu bestellen, zu empfehlen oder abzulehnen, beseitigt oder eingeschränkt wird. Der Gesetzgeber setzt damit die Zielsetzung der SE-RL insbesondere für den Fall um, dass die beiden Mitbestimmungsmodelle im Sinne des § 2 Abs. 12 SEBG aufeinander treffen.

Zusätzlich bezieht § 15 Abs. 3 SEBG bei der Berechnung der Schwellenwerte die Arbeitnehmer der betroffenen Tochtergesellschaften ein. Da die Vorschrift auf diese Weise hinter der Zielsetzung der SE-RL zurückbleibt, wenn die betroffenen Tochtergesellschaften selbst nicht mitbestimmt sind, ist die Änderung des Wortlauts in diesem Fall richtlinienwidrig. Es ist Art. 3 Abs. 4 S. 3 SE-RL unmittelbar anzuwenden bzw. der Anwendungsbereich des § 15 Abs. 3 SEBG auf die Arbeitnehmer der beteiligten Gesellschaften zu reduzieren.

Gem. § 21 Abs. 3 SEBG steht es den Verhandlungsparteien grundsätzlich frei, auf welche Weise sie die Mitbestimmung in das monistische System integrieren wollen. Nicht Gegenstand der Vereinbarung sind die Verwaltungsratsgröße und die Anzahl der zu bestellenden geschäftsführenden Direktoren, da diese in die Satzungsautonomie der Hauptversammlung bzw. in die Organisationsautonomie des Verwaltungsrats fallen. Auch Art. 43 Abs. 3 S. 1 SE-VO ist zwingend, was bedeutet, dass das Wahlverfahren nicht autonom von der Hauptversammlung gestaltet werden kann.

Nach der hier vertretenen Auffassung ist es dagegen möglich, abweichend vom aktienrechtlichen Gleichbehandlungsgrundsatz, ein Stimmverbot für die Arbeitnehmervertreter im Verwaltungsrat einzuführen. Da mit dem Stimmverbot zugleich eine Einschränkung der haftungsrechtlichen Folgen einhergeht, ist die Anordnung eines Stimmverbots allerdings für solche Aufgabenbereiche unzulässig, die zwingend dem Verwaltungsrat als Gesamtorgan vorbehalten sind. Hierzu gehört die Wahl des Verwaltungsratsvorsitzenden und seines Stellvertreters (§ 34 Abs. 1 S. 1 SEAG), die Leitung der Gesellschaft (§ 22 Abs. 1 SEAG) und die Bestellung der geschäftsführenden Direktoren (§ 40 Abs. 1 S. 1 SEAG).

Zulässig ist dagegen ein differenziertes Stimmrecht, soweit der Verwaltungsrat anstelle der geschäftsführenden Direktoren Geschäftsführungsmaßnahmen an sich zieht.

Die Verhandlungsparteien können dem Verwaltungsrat nicht vorschreiben, bestimmte Ausschüsse, wie z. B. einen Planungs- oder Exekutivausschuss, zu bilden. Zulässig ist aber die Vereinbarung eines Verzichts der Arbeitnehmervertreter auf eine entsprechende Mitgliedschaft, falls sich der Verwaltungsrat autonom für die Bildung eines solchen Ausschusses entscheidet.

Die Festlegung eines Plenarvorbehalts, bzw. die Vornahme bestimmter Geschäfte von der Zustimmung der Arbeitnehmervertreter abhängig zu machen, ist mit Art. 48 Abs. 1 SE-VO nicht vereinbar. Dagegen ist es nach der hier vertretenen Auffassung möglich, die Mitbestimmung vollständig aus dem Verwaltungsrat auszulagern und auf ein gesondertes Arbeitnehmervertretungsorgan zu übertragen. Ebenso kann auf die Bestellung eines für den Arbeit und Soziales zuständigen geschäftsführenden Direktors verzichtet werden.

§ 21 Abs. 6 SEBG sieht eine Sonderregelung für den Fall vor, dass eine SE im Wege der Umwandlung gegründet wird. Danach muss in Bezug auf alle Komponenten der Arbeitnehmerbeteiligung zumindest das gleiche Ausmaß gewährleistet werden, das vor der Umwandlung bestand. Der Bestandsschutz erstreckt sich auch hier jedoch nicht auf die genaue Zahl der Arbeitnehmervertreter und die Zusammensetzung der Arbeitnehmerbank, sondern nur auf deren proportionalen Anteil innerhalb des Gesamtorgans, das Wahlverfahren und deren Rechtsstellung. Ein für den Bereich Arbeit und Soziales zuständiger geschäftsführender Direktor muss nur dann bestellt werden, wenn vorher ein Arbeitsdirektor existierte.

§ 18 Abs. 3 SEBG sieht eine Wiederaufnahme der Verhandlungen vor, wenn strukturelle Änderungen der SE geplant sind, die geeignet sind, die Beteiligungsrechte der Arbeitnehmer zu mindern. Unter den Begriff der strukturellen Änderungen fallen solche Vorgänge, die abweichende Voraussetzungen zur Folge gehabt hätten, wenn sie bereits vor der Gründung der SE gegeben gewesen wären. Dazu zählen neben den Gründungstatbeständen, der Erwerb wesentlicher Beteiligungen an anderen Unternehmen, der Erwerb von Betrieben oder Betriebsteilen, wodurch diese zu Tochtergesellschaften oder Betrieben der SE werden und der Wechsel der Organisationsstruktur. Keine strukturelle Änderungen sind dagegen reine Veränderungen der Belegschaftsgröße oder eine grenzüberschreitende Sitzverlegung der SE. Angesichts des eindeutigen Wortlauts des § 18 Abs. 3 SEBG besteht kein Anspruch auf Wiederaufnahme der Verhandlungen, wenn strukturelle Änderungen der SE geplant sind, welche geeignet sind, die Beteiligungsrechte der Arbeitnehmer auszuweiten. Gem. § 21 Abs. 4 SEBG können jedoch kraft Vereinbarung auch hierfür entsprechende Vorkehrungen getroffen werden.

Die SE kann selbst an der Gründung einer anderen SE beteiligt sein. Art. 3 Abs. 2 SE-VO hebt insbesondere die Gründung einer Tochter-SE hervor. Verfahrensrechtlich sind die Vorschriften zur Gründung einer primären Tochter-SE anzuwenden.

Plant ein ganzer Konzern, die Rechtsform der SE anzunehmen, gelten für die Muttergesellschaft die Umwandlungsvorschriften direkt, während sie für die Tochtergesellschaften analog anzwenden sind. Dies gilt sowohl im Hinblick auf die gesellschaftsrechtlichen Voraussetzungen als auch für die Mitbestimmung.

Sowohl die Vorschrift des § 35 Abs. 1 SEBG für den Gründungsfall der Umwandlung als auch die Vorschrift des § 35 Abs. 2 S. 2 SEBG für die übrigen Gründungsvarianten verlangen für eine gesetzlich mitbestimmte monistische SE eine nominale Übertragung des bisherigen Arbeitnehmervertreteranteils auf den Verwaltungsrat der SE. Dies bedeutet, dass der Verwaltungsrat hälftig mit Arbeitnehmervertretern zu besetzen ist, wenn an der Gründung der SE eine Gesellschaft beteiligt ist, welche den Vorschriften des MitbestG unterlag. Der Gesetzgeber schießt damit zwar über die Zielsetzung der SE-RL hinaus. Eine Korrektur im Sinne eines funktionalen Verständnisses ist aber de lege lata nicht möglich und selbst de lege ferenda nicht erforderlich. Die SE-RL stellt nur einen Mindeststandard auf, über welchen der nationale Gesetzgeber hinausgehen kann. Ein Verstoß gegen die nach Art. 38 lit. b SE-VO satzungsmäßig zu garantierende Wahlfreiheit zwischen dualistischem und monistischem System ist nicht gegeben, weil immer noch die Möglichkeit verbleibt, sich für die Bestellung von Dritten zu geschäftsführenden Direktoren zu entscheiden. Ebenso ist ein Verstoß gegen das Diskriminierungsverbot nicht ersichtlich, da die Willkürlichkeitsgrenze nicht überschritten ist. Schließlich ist auch aus verfassungsrechtlichen Gesichtspunkten eine Änderung der §§ 35 Abs. 1 und Abs. 2 S. 2 SEBG nicht geboten.

Hinsichtlich der Rechtsstellung der Arbeitnehmervertreter im Verwaltungsrat verweist das SEBG überwiegend auf die nationalen Gesetze und Gepflogenheiten. Hervorzuheben ist ihre Vergütung. Diesbezüglich sind zwar Differenzierungen zwischen Anteilseigner- und Arbeitnehmervertretern unzulässig. Allerdings ist eine höhere Vergütung der geschäftsführenden Verwaltungsratsmitglieder sachlich gerechtfertigt. Weiterhin ist mit der Zugehörigkeit im Verwaltungsrat ein höheres Haftungsrisiko verbunden, welchem auch die Arbeitnehmervertreter uneingeschränkt ausgesetzt sind.

Gem. § 38 Abs. 2 S. 1 SEBG sind in einer gesetzlich mitbestimmten monistischen SE mindestens zwei geschäftsführende Direktoren zu bestellen, wovon gem. § 38 Abs. 2 S. 2 SEBG einer für den Bereich Arbeit und Soziales zuständig ist. Hinsichtlich dessen Zuständigkeit sind die hergebrachten Grundsätze, die für die Konkretisierung des Aufgabenbereichs des Arbeitsdirektors entwickelt wurden, entsprechend anzuwenden. Mangels Ausnahmeregelung gilt § 38 Abs. 2 S.

2 SEBG auch dann, wenn die im Inland an der Gründung der SE beteiligte Gesellschaft lediglich den Vorschriften des DrittelbG unterlag. Im Montanbereich schreibt § 13 Abs. 1 S. 2 Montan-MitbestG vor, dass der Arbeitsdirektor nicht gegen die Stimmen der Mehrheit der Arbeitnehmervertreter bestellt werden kann. Für den für den Bereich Arbeit und Soziales zuständigen geschäftsführenden Direktor geht dieses Recht verloren, womit § 38 Abs. 2 S. 2 SEBG sich als unzureichende Sicherung der bestehenden Beteiligungsrechte der im Montanbereich beschäftigten Arbeitnehmer erweist. Mangels Planwidrigkeit ist eine Korrektur des § 38 Abs. 2 S. 2 SEBG de lege lata dennoch nicht möglich.

§ 38 Abs. 3 SEBG, welcher im Montanbereich die Bestellung eines weiteren Mitglieds im Verwaltungsrat vorsieht, ist mit Art. 45 S. 2, 50 Abs. 2 SE-VO vereinbar und trägt dem in der SE-RL geforderten Bestandsschutz hinreichend Rechnung. Bei Scheitern eines gemeinsamen Wahlvorschlags oder bei Ablehnung der vorgeschlagenen Person durch die Hauptversammlung ist ein Rückgriff auf das in §§ 8 Abs. 2 und Abs. 4 Montan-MitbestG vorgesehene Vermittlungsverfahren wegen Art. 13 Abs. 2 SE-RL bzw. § 47 Abs. 1 Nr. 1 SEBG nicht möglich. Im ersten Fall obliegt die Entscheidung vielmehr der Hauptversammlung, während im zweiten Fall nach Sinn und Zweck des § 38 Abs. 3 SEBG dem Verwaltungsrat die Möglichkeit einzuräumen ist, der Hauptversammlung erneut einen Vorschlag zu unterbreiten.

Um bei paritätischer Zusammensetzung des Verwaltungsrats die Mehrheitsfähigkeit der Anteilseigner sicherzustellen, erhält der Verwaltungsratsvorsitzende gem. § 35 Abs. 3 SEAG eine zusätzliche Stimme, wenn ein geschäftsführendes Verwaltungsratsmitglied von seinem Stimmrecht ausgeschlossen ist. Die Vorschrift findet Anwendung, wenn es um Rechtsgeschäfte geht, an deren Abschluss ein geschäftsführendes Verwaltungsratsmitglied ein persönliches Interesse hat und deshalb an der Beschlussfassung des Verwaltungsrats nicht teilnehmen darf (Drittgläubigergeschäft). Darüber hinaus ist ein rechtlicher Grund im Sinne des § 35 Abs. 3 SEAG für einen Stimmrechtsausschluss anzunehmen, wenn ein Verwaltungsratsmitglied über seine eigene Bestellung zum geschäftsführenden Direktor entscheiden müsste. Gleiches gilt für seine Abberufung und den Abschluss des Anstellungsvertrages. Schließlich fallen in den Anwendungsbereich des § 35 Abs. 3 SEAG die Fälle, bei denen der Verwaltungsrat über Rechtsgeschäfte beschließen soll, bezüglich derer das SEAG auf die Vorschriften des AktG verweist. Dagegen reicht eine Anweisung des Verwaltungsrats an die geschäftsführenden Direktoren nicht, um jene in ihrer Funktion als Mitglied des Verwaltungsrats von der Beschlussfassung auszuschließen.

Die Vorschriften der §§ 35 Abs. 1 und Abs. 2 S. 2 SEBG zur Mitbestimmung kraft Gesetzes sind zwingend. Dies bedeutet, dass bei paritätischer Mitbestimmung der Verwaltungsrat aus einer geraden Mitgliederzahl bestehen muss. Hiervon kann kraft Satzung nicht abgewichen werden.

Um den Arbeitnehmereinfluss trotz paritätischer Mitbestimmung zumindest faktisch zu beschränken, besteht die Möglichkeit der Umsetzung des so gen. CEO-Modells. Dieses zeichnet sich durch eine starke Stellung des Verwaltungsratsvorsitzenden aus, welcher zugleich geschäftsführender Direktor ist. Das in § 35 Abs. 3 SEAG vorgesehene zusätzliche Stimmrecht geht dann auf dessen Stellvertreter über, es sei denn es wurde in der Satzung ein anderer Anteilseignervertreter benannt.

Der Verwaltungsrat bzw. die Hauptversammlung als Satzungsgeberin können wählen, ob sie die geschäftsführenden Direktoren aus den Reihen der Verwaltungsratsmitglieder bestellen oder deren Positionen Dritten übertragen. Letztere Gestaltungsoption hat den Vorteil, dass die Anteilseignervertreter bei paritätischer Mitbestimmung innerhalb der nicht geschäftsführenden Mitglieder weiterhin mehrheitsfähig bleiben. Faktisch kommt dieses Modell dem dualistischen System sehr nahe. Aber auch das erstgenannte Modell kann gesellschaftsrechtlich an das dualistische System angenähert werden, indem den geschäftsführenden Direktoren kraft Satzung dem Vorstand vergleichbare Kompetenzen eingeräumt werden.

Die vom BGH und der herrschenden Lehre aufgestellten Grundsätze zur Besetzung von Aufsichtsratsausschüssen gelten für die Besetzung von Verwaltungsausschüssen entsprechend, unabhängig davon, welche Aufgaben dem jeweiligen Ausschuss übertragen worden sind und ob dieser im dualistischen System eine Parallele findet. Der völlige Ausschluss der Arbeitnehmervertreter ist als Indiz dafür zu werten, dass die Mitbestimmung unterlaufen werden soll.

Verzeichnis der Rechtsakte und politischen Stellungnahmen

Verordnung (EG) Nr. 2157/2001 des Rates v. 8. 10. 2001 über das Statut der Europäischen Gesellschaft (SE), ABl. EG Nr. L 294 v. 10. 11. 2001, S. 1 ff. (zit.: SE-VO)

Richtlinie 2001/86/EG des Rates v. 8. 10. 2001 zur Ergänzung des Statuts der Europäischen Gesellschaft hinsichtlich der Beteiligung der Arbeitnehmer, ABl. EG Nr. L 294 v. 10. 11. 2001, S. 22 ff. (zit.: SE-RL)

Gesetz zur Einführung der Europäischen Gesellschaft (SEEG) v. 22. 12. 2004. BGBl. 2004 I Nr. 73 v. 28. 12. 2004, S. 3675 ff.; Art. 1 SEEG Gesetz zur Ausführung der Verordnung (EG) Nr. 2157/2001 des Rates v. 8. 10. 2001 über das Statut der Europäischen Gesellschaft (SE) (SE-Ausführungsgesetz, zit.: SEAG); Art. 2 SEEG Gesetz über die Beteiligung der Arbeitnehmer in einer Europäischen Gesellschaft (SE-Beteiligungsgesetz, zit.: SEBG)

Anrufung des Vermittlungsausschusses durch den Bundesrat am 26. 11. 2004, BR-Drucks. 850/04 (B)

Zweite und Dritte Lesung des Deutschen Bundestages am 29. 10. 2004, Pl.Prot. 15/136, S. 12497D – 12508A

Beschlussempfehlung und Bericht des Rechtsausschusses v. 27. 10. 2004, BT-Drucks. 15/4053

Stellungnahme des Bundesrates und Gegenäußerung der Bundesregierung v. 24. 8. 2004, BT-Drucks. 15/3656, S. 8 ff.

Stellungnahme des Bundesrates v. 9. 7. 2004, BR-Drucks. 438/04 (B)

Gesetzesentwurf der Bundesregierung v. 28. 5. 2004, BR-Drucks. 438/04

Stellungnahme des DGB zum Referentenentwurf eines Gesetzes zur Einführung der Europäischen Gesellschaft (SEEG) v. 25. 5. 2004 (zit.: DGB, Stellungnahme zum Referentenentwurf)

Stellungnahme des DGB zur Verordnung (EG) Nr. 2157/2001 des Rates v. 8. 10. 2001 über das Statut der Europäischen Gesellschaft (SE) (zit.: DGB, Stellungnahme zur SE-Verordnung)

Stellungnahme des DGB zur Richtlinie 2001/86/EG des Rates v. 8. 10. 2001 zur Ergänzung des Statuts der Europäischen Gesellschaft hinsichtlich der Beteiligung der Arbeitnehmer/-innen (zit.: DGB, Stellungnahme zur SE-Richtlinie)

BDA, BDI, DIHK, GDV, BdB und Dt. Aktieninstitut, Gemeinsame Stellungnahme zum Referentenentwurf des Bundesministeriums der Justiz und des Bundesministeriums für Wirtschaft und Arbeit eines Gesetzes zur Einführung der Europäischen Gesellschaft (SEEG) v. 3. 5. 2004 (zit.: BDA, BDI, DIHK, GDV, BdB und Dt. Aktieninstitut, Stellungnahme)

Stellungnahme des Deutschen Führungskräfteverbandes, Gibt es eine versteckte Agenda?, kurz und bündig, Ausgabe 8/2004 v. 7. 5. 2004 (zit.: Deutscher Führungskräfteverband, Stellungnahme)

Stellungnahme Nr. 35/04 des Deutschen Anwaltsvereins durch den Handelsrechtsausschuss zu dem Regierungsentwurf eines Gesetzes zur Einführung der Europäischen Gesellschaft (SEEG), NZG 2004, S. 957 ff. (zit.: Handelsrechtsausschuss des DAV, Stellungnahme zum Regierungsentwurf, NZG 2004, 957)

Stellungnahme Nr. 65/03 des Deutschen Anwaltsvereins durch den Handelsrechtsausschuss zum Diskussionsentwurf eines Gesetzes zur Ausführung der Verordnung (EG) Nr. 2157/2001 des Rates v. 8. 10. 2001 über das Statut der Europäischen Gesellschaft (SE), NZG 2004, S. 75 ff. (zit.: Handelsrechtsausschuss des DAV, Stellungnahme zum Diskussionsentwurf, NZG 2004, 75)

Literaturverzeichnis

Abeltshauser, Thomas E.: Der neue Statutsvorschlag für eine Europäische Aktiengesellschaft, AG 1990, S. 289 ff.

Abeltshauser, Thomas E.: Strukturalternativen für eine europäische Unternehmensverfassung, Berlin 1990 (zit.: *Abeltshauser*, Strukturalternativen)

Altmeppen, Holger: Der Prüfungsausschuss – Arbeitsteilung im Aufsichtsrat, ZGR 2004, S. 390 ff.

Anweiler, Jochen: Die Auslegungsmethoden des Gerichtshofs der Europäischen Gemeinschaften, Dissertation Universität Göttingen, Frankfurt am Main 1997 (zit.: *Anweiler*, Auslegungsmethoden des EuGH)

Bach, Albrecht: Direkte Wirkungen von EG-Richtlinien, JZ 1990, S. 1108 ff.

Badura, Peter/Rittner, Fritz/Rüthers, Bernd: Mitbestimmungsgesetz 1976 und Grundgesetz, Gemeinschaftsgutachten, München 1977 (zit.: *Badura/Rittner/Rüthers*, Mitbestimmungsgesetz)

Badura, Peter: Paritätische Mitbestimmung und Verfassung, München 1985 (zit.: *Badura*, Paritätische Mitbestimmung)

Bahrenfuss, Dirk: Die Entstehung des Aktiengesetzes von 1965, Dissertation Universität Kiel, Berlin, 2001 (zit.: *Bahrenfuss*, Entstehung AktG)

Barten, Annusch: Das System der Arbeitnehmervertretung in Frankreich, Dissertation Universität Göttingen, Frankfurt am Main 2001 (zit.: *Barten*, Arbeitnehmervertretung in Frankreich)

Baumbach, Adolf/Hueck, Alfred: GmbH-Gesetz, 18. Auflage, München 2006 (zit.: Bearbeiter in Baumbach/Hueck, GmbHG).

Baums, Theodor/Ulmer, Peter (Hrsg.): Unternehmens-Mitbestimmung der Arbeitnehmer im Recht der EU-Mitgliedstaaten, Heidelberg 2004 (zit.: Bearbeiter in Baums/Ulmer, Unternehmens-Mitbestimmung)

Bayer, Walter: Die Gründung einer Europäischen Gesellschaft mit Sitz in Deutschland, in: Lutter/Hommelhoff, Die Europäische Gesellschaft, Köln 2005, S. 25 ff. (zit.: *Bayer* in Lutter/Hommelhoff, Europ. Gesellschaft)

Beater, Axel: Generalklauseln und Fallgruppen, AcP 194 (1994), S. 82 ff.

Beck'sches Handbuch der AG, Hrsg.: Müller, Welf/Rödder, Thomas, München 2004 (zit.: Bearbeiter in Beck'sches Handbuch der AG)

Berentsen, Boudewjin: Corporate Governance in den Niederlanden, Ein konstruktiver Kompromiss, Mitbestimmung 6/2002, S. 31 ff.

Berrar, Carsten: Die Entwicklung der Corporate Governance in Deutschland im internationalen Vergleich, Dissertation Universität München, Baden-Baden 2001 (zit.: *Berrar*, Entwicklung Corporate Governance)

Bertelsmann Stiftung/Hans-Böckler-Stiftung (Hrsg.): Mitbestimmung und neue Unternehmenskulturen – Bilanz und Perspektiven, Bericht der Kommission Mitbestimmung, Gütersloh 1998 (zit.: Kommission Mitbestimmung, Bericht)

Blanke, Thomas: Europäisches Betriebsräte-Gesetz, Europäische Mitbestimmung-SE, 2. Auflage, Baden-Baden 2006 (zit.: *Blanke*, EBRG)

Blanpain, Roger/Schmidt, Marlene/Schweibert, Ulrike: Europäisches Arbeitsrecht, 2. Auflage, Baden-Baden 1996

Blanquet, Françoise: Das Statut der Europäischen Aktiengesellschaft (Societas Europaea „SE"), ZGR 2002, S. 20 ff.

Bleckmann, Albert: Zu den Auslegungsmethoden des Europäischen Gerichtshofs, NJW 1982, S. 1177 ff.

Bleckmann, Albert: Probleme der Auslegung von EG-Richtlinien, RIW 1987, S. 929 ff.

Bleckmann, Albert: Europarecht, 6. Auflage, Köln 1997

Bleckmann, Albert: Staatsrecht II, Die Grundrechte, 4. Auflage, Köln 1997 (zit.: *Bleckmann*, Staatsrecht II)

Böckli, Peter: Konvergenz: Annäherung des monistischen und des dualistischen Führungs- und Aufsichtssystems, in: Hommelhoff, Peter/Hopt, Klaus J./v. Werder, Axel, Handbuch Corporate Governance, Leitung und Überwachung börsennotierter Unternehmen in der Rechts und Wirtschaftspraxis, Köln, Stuttgart 2003 (zit.: *Böckli* in Hommelhoff/Hopt/v. Werder, Handbuch Corporate Governance)

Bork, Reinhard: Allgemeiner Teil des Bürgerlichen Gesetzbuches, 1. Auflage, Tübingen 2001 (zit.: Bork, BGB AT)

Brandt, Ulrich/Scheifele, Matthias: Die Europäische Aktiengesellschaft und das anwendbare Recht, DStR 2002, S. 547 ff.

Brandt, Ulrich: Überlegungen zu einem SE-Ausführungsgesetz, NZG 2002, S. 991 ff.

Brandt, Ulrich: Der Diskussionsentwurf zu einem SE-Ausführungsgesetz, DStR 2003, S. 1208 ff.

Brandt, Ulrich: Die Hauptversammlung der Europäischen Aktiengesellschaft (SE), Dissertation Universität Würzburg, Frankfurt am Main 2004 (zit.: *Brandt*, Hauptversammlung Europ. Aktiengesellschaft)

Brandt, Ulrich: Ein Überblick über die Europäische Aktiengesellschaft (SE) in Deutschland, BB-Special 2/2005 (zu Heft 8), S. 1 ff.

Braun, Susanne: Die Europäische Aktiengesellschaft: nach „Inspire Art" bereits ein Auslaufmodell?, Jura 2005, S. 150 ff.

Brechmann, Winfried: Die richtlinienkonforme Auslegung, Dissertation Universität München, München 1994

Brox, Hans: Allgemeiner Teil des BGB, 28. Auflage, Köln, Berlin, München 2004 (zit. *Brox*, BGB AT)

Buck, Carsten: Über die Auslegungsmethoden des Gerichtshofs der Europäischen Gemeinschaft, Dissertation Universität Münster, Frankfurt am Main 1998 (zit.: *Buck*, Auslegungsmethoden des EuGH)

Bühler, O.: Aktienrechtsreform dringlich geworden, AG 1957, S. 135 ff.

Bungert, Hartwin/Beier, Constantin H.: Die Europäische Aktiengesellschaft, EWS 2002, S. 1 ff.

Bydlinski, Franz: Juristische Methodenlehre und Rechtsbegriff, 2. Auflage, Wien 1991 (zit.: *Bydlinski*, Methodenlehre)

Calle Lambach, Inés: Das Gesetz über die Beteiligung der Arbeitnehmer in einer Europäischen Gesellschaft (SE-Beteiligungsgesetz – SEBG), RIW 2005, S. 161 ff.

Calle Lambach, Inés: Die Beteiligung der Arbeitnehmer in der Europäischen Gesellschaft (SE), Dissertation Universität Hannover, Berlin 2004 (zit.: *Calle Lambach*, Beteiligung Europ. Gesellschaft)

Canaris, Claus-Wilhelm: Mitbestimmungsgesetz und innergesellschaftliche Organisationsautonomie der Aktiengesellschaft, DB 1981, Beilage Nr. 14

Canaris, Claus-Wilhelm: Die Feststellung von Lücken im Gesetz, 2. Auflage, Berlin 1983

Canaris, Claus-Wilhelm: Der EuGH als zukünftige privatrechtliche Superrevisionsinstanz?, EuZW 1994, S. 417

Canaris, Claus-Wilhelm: Die richtlinienkonforme Auslegung und Rechtsfortbildung im System der juristischen Methodenlehre, in: Festschrift für Bydlinski, Wien 2002, S. 47 ff.

Casper, Johannes: Nationale Grundrechtsgarantien und sekundäres Gemeinschaftsrecht, DÖV 2000, S. 349 ff.

Casper, Matthias: Der Lückenschluss im Statut der Europäischen Aktiengesellschaft, in: Festschrift für Peter Ulmer zum 70. Geburtstag, Berlin 2003, S. 51 ff.

Danelius, Johan: The European Company: Report from Sweden, in Baums, Theodor/Cahn, Andreas, Die Europäische Aktiengesellschaft, Umsetzungsfragen und Perspektiven, Berlin 2004, S. 38 ff. (zit.: *Danelius* in Baums/Cahn, Europäische Aktiengesellschaft)

Dänzer-Vanotti, Wolfgang: Unzulässige Rechtsfortbildung des Europäischen Gerichtshofs, RIW 1992, S. 733 ff.

Däubler, Wolfgang: Das Grundrecht auf Mitbestimmung und seine Realisierung durch tarifvertragliche Begründung von Beteiligungsrechten, 3. Auflage, Frankfurt am Main 1975 (zit.: *Däubler*, Grundrecht auf Mitbestimmung)

Däubler, Wolfgang: Mitbestimmung und Betriebsverfassung im internationalen Privatrecht, RabelsZ 39 (1975), S. 444 ff.

Däubler, Wolfgang: Mitbestimmung – ein Thema für Europa?, KJ 1990, S. 14 ff.

Däubler, Wolfgang/Klebe, Thomas: Der Euro-Betriebsrat, AiB 1995, S. 557 ff.

Däubler, Wolfgang (Hrsg.): Arbeitskampfrecht, 2. Auflage, Baden-Baden 1997

Däubler, Wolfgang (Hrsg.): Kommentar zum Tarifvertragsgesetz mit Kommentierung des Arbeitnehmer-Entsendegesetzes, 1. Auflage, Baden-Baden 2003 (zit.: Bearbeiter in Däubler, TVG)

Däubler, Wolfgang/Kittner, Michael/Klebe, Thomas (Hrsg.): BetrVG, 9. Auflage, Frankfurt am Main 2004 (zit.: Bearbeiter in Däubler/Kittner/Klebe, BetrVG)

Davies, Kenneth B.: U.S. Corporate Governance – The Independent Director's Role, in: Festschrift für Thomas Raiser zum 70. Geburtstag, Berlin 2005, S. 49 ff.

Davies, Paul: Struktur der Unternehmensführung in Großbritannien und Deutschland: Konvergenz oder fortbestehende Divergenz?, ZGR 2001, S. 268 ff.

Deckert, Martina: Effektive Überwachung der AG-Geschäftsführung durch Ausschüsse des Aufsichtsrats, ZIP 1996, S. 985 ff.

Depenheuer, Otto: Der Wortlaut als Grenze – Thesen zu einem Topos der Verfassungsinterpretation, Heidelberg 1988 (zit.: *Depenheuer*, Der Wortlaut als Grenze)

Dreier, Horst (Hrsg.): Grundgesetz-Kommentar, Band 1, Art. 1-19, 2. Auflage 2004 (zit.: Bearbeiter in Dreier, GG)

Ebenroth, Thomas/Sura, Achim: Transnationale Unternehmen und deutsches Mitbestimmungsgesetz, ZHR 144 (1980), S. 610 ff.

Eckhoff, Katrin: Der Europäische Betriebsrat, die Richtlinie 94/45/EG und das deutsche Umsetzungsgesetz EBRG, Dissertation Universität Köln, Hamburg 2004 (zit.: Eckhoff, Der Europäische Betriebsrat)

Edenfeld, Stefan/Neuanfang, Sebastian: Die Haftung der Arbeitnehmervertreter im Aufsichtsrat, AG 1999, S. 49 ff.

Eder, Cajetan J.: Die monistisch verfasste Societas Europaea – Überlegungen zur Umsetzung eines CEO-Modells, NZG 2004, S. 544 ff.

Egermann, Clemens/Heckenthaler, Stephan: Der Verwaltungsrat in der Europäischen Gesellschaft (SE) österreichischer Prägung – Überlegungen zu §§ 38 SEG, GesRZ 2004, S. 256 ff.

Ehlers, Dirk (Hrsg.): Europäische Grundrechte und Grundfreiheiten, 2. Auflage, Berlin 2005 (zit.: Bearbeiter in Ehlers, Europäische Grundrechte)

Ehricke, Ulrich: Die richtlinienkonforme und die gemeinschaftsrechtskonforme Auslegung nationalen Rechts, RabelsZ 59 (1995), S. 598 ff.

Eichenhofer, Eberhard: „Leitende Angestellte" als Begriff des Unternehmensrechts, Dissertation Universität Saarbrücken, Köln 1980 (zit.: *Eichenhofer*, Leitende Angestellte)

Emmert, Frank: Horizontale Drittwirkung von Richtlinien?, EWS 1992, S. 56 ff.

Endres, Michael: Organisation der Unternehmensleitung aus der Sicht der Praxis, ZHR 163 (1999), S.441 ff.

Engels, Bernd/Müller, Christopher: Regierungsentwurf eines Gesetzes über Europäische Betriebsräte, DB 1996, S. 981 ff.

Engisch, Karl: Einführung in das juristische Denken, 9. Auflage, Stuttgart, Berlin, Köln 1997

Erfurter Kommentar zum Arbeitsrecht, Hrsg.: Dietrich, Thomas/Müller-Glöge, Rudi/Preis, Ulrich/Schaub, Günter, 5. Auflage, München 2005 (zit.: Bearbeiter in Erfurter Komm. Arbeitsrecht)

Everling, Ulrich: Möglichkeiten und Grenzen der Rechtsangleichung in der Europäischen Gemeinschaft, in: Festschrift für Reimer Schmidt, Karlsruhe 1976, S. 165 ff.

Everling, Ulrich: Rechtsvereinheitlichung durch Richterrecht in der Europäischen Gemeinschaft, RabelsZ 50 (1986), S. 193 ff.

Everling, Ulrich: Zur Auslegung des durch EG-Richtlinien angeglichenen nationalen Rechts, ZGR 1992, S. 376 ff.

Feige, Konrad: Der Gleichheitssatz im Recht der EWG, Dissertation Universität Tübingen, Tübingen 1973 (zit.: *Feige*, Gleichheitssatz)

Fickel, Friedrich: Aufsichtsratsausschüsse nach dem Mitbestimmungsgesetz 1976, AG 1977, 134 ff.

Figge, Jutta: Mitbestimmung auf der Unternehmensebene in Vorschlägen der Europäischen Gemeinschaften, Dissertation Universität Bonn, Baden-Baden 1991 (zit.: *Figge*, Mitbestimmung auf Unternehmensebene)

Fikentscher, Wolfgang: Methoden des Rechts, Band IV, Dogmatischer Teil, 1. Auflage, Tübingen 1977 (zit.: *Fikentscher*, Methoden des Rechts IV)

Fitting, Karl/Kaiser, Heinrich/Heither, Friedrich/Engels, Gerd/Schmidt, Ingrid (Hrsg.): Betriebsverfassungsgesetz, 23. Auflage, München 2006 (zit.: Bearbeiter in Fitting/Kaiser/Heither, Engels/Schmidt, BetrVG)

Fitting, Karl/Wlotzke, Otfried/Wißmann, Hellmut: Mitbestimmungsgesetz, 2. Auflage, München 1978 (zit.: *Fitting/Wlotzke/Wißmann*, MitbestG)

Fleischer, Holger: Der Einfluss der Societas Europaea auf die Dogmatik des deutschen Gesellschaftsrechts, AcP 204 (2004), S. 502 ff.

Forstmoser, Peter: Monistische oder dualistische Unternehmensverfassung? Das Schweizer Konzept, ZGR 2003, S. 688 ff.

Franzen, Martin: Privatrechtsangleichung durch die Europäische Gemeinschaft, Habilitation Universität Berlin, Berlin 1999 (zit.: *Franzen*, Privatrechtsangleichung)

Gaul, Björn: Das neue Gesetz über die Europäischen Betriebsräte, NJW 1996, S. 3378 ff.

Geck, Barbara: Mitbestimmung durch Kooptation: eine rechtsvergleichende Untersuchung zur niederländischen Unternehmensmitbestimmung, Dissertation Universität Frankfurt am Main, Baden-Baden 1996 (zit.: *Geck*, Mitbestimmung durch Kooptation)

Gehb, Jürgen: Haftungsfreistellung von Vorständen, ZRP 2005, S. 145 ff.

Geitner, Dirk: Offene Fragen im Mitbestimmungsgesetz, AG 1976, S. 210 ff.

Gemeinschaftskommentar zum Betriebsverfassungsgesetz, Band 1, Hrsg.: Fabricius, Fritz/ Kraft, Alfons/Wiese, Günther/Kreutz, Peter/Oetker, Hartmut/Raab, Thomas/Weber, Christoph, 8. Auflage, Neuwied 2005 (zit.: Bearbeiter in GK-BetrVG)

Gemeinschaftskommentar zum Betriebsverfassungsgesetz, Band 2, Hrsg.: Fabricius, Fritz/ Kraft, Alfons/Wiese, Günther/Kreutz, Peter/Oetker, Hartmut/Raab, Thomas/Weber, Christoph, 8. Auflage, Neuwied 2005 (zit.: Bearbeiter in GK-BetrVG)

Gemeinschaftskommentar zum Mitbestimmungsgesetz, Hrsg.: Fabricius, Fritz, Neuwied 1976 (zit.: Bearbeiter in GK-MitbestG)

Gerum, Elmar: Mitbestimmung und Corporate Governance: Bestandsaufnahme und Perspektiven der Mitbestimmung in Unternehmen und Konzernen, Expertise für das Projekt „Mitbestimmung und neue Unternehmenskulturen" der Bertelsmann-Stiftung und der Hans-Böckler-Stiftung, Gütersloh 1998 (zit.: *Gerum*, Mitbestimmung und Corporate Governance)

Geßler, Ernst/Hefermehl, Wolfgang/Eckardt, Ulrich/Kropff, Bruno (Hrsg.): Aktiengesetz, Band 2, §§ 76 – 147 AktG, München 1974 (zit.: Bearbeiter in Geßler/Hefermehl/Eckardt/ Kropff, AktG)

Geßler, Ernst: Nichtigkeit von Hauptversammlungsbeschlüssen und Satzungsbestimmungen, ZGR 1980, 427 ff.

Gießen, Hans-Michael: Organhandeln und Interessenkonflikt: vergleichende Untersuchung zum deutschen und französischen Aktienrecht, Dissertation Universität Münster, Berlin 1984 (zit.: *Gießen*, Organhandeln und Interessenkonflikt)

Glöckner, Jochen: Grundverkehrsbeschränkungen und Europarecht, EuR 2000, S. 592 ff.

Glückert, Claudia: Die Implementierung der Richtlinie 94/45/EG über Europäische Betriebsräte in Deutschland und Frankreich, Dissertation Universität Frankfurt am Main, Frankfurt am Main 2001 (zit.: *Glückert*, Implementierung Euro-Betriebsräte-Richtlinie)

Göz, Philipp: Statusverfahren bei Änderungen in der Zusammensetzung des Aufsichtsrats, ZIP 1998, S. 1523 ff.

Grabherr, Stephan: Betriebsvertretungen für Luftfahrtpersonal nach § 117 BetrVG, NZA 1988, S.532 ff.

Grobys, Marcel: Das geplante Umsetzungsgesetz zur Beteiligung von Arbeitnehmern in der Europäischen Aktiengesellschaft, NZA 2004, S. 779 ff.

Grobys, Marcel: SE-Betriebsrat und Mitbestimmung in der Europäischen Gesellschaft, NZA 2005, S. 84 ff.

Groeben, Hans von der/ Thiesing, Jochen/Ehlermann, Claus-Dieter (Hrsg.): Kommentar zum EU-/EG-Vertrag, Band 1, Artikel A-F EUV, Artikel 1-84 EGV, 5. Auflage, Baden-Baden 1997 (zit. Bearbeiter in Groeben/Thiesing/Ehlermann, EU-/EG-Vertrag)

Groeben, Hans von der/Thiesing, Jochen/Ehlermann, Claus-Dieter (Hrsg.): Kommentar zum EU-/EG-Vertrag, Band 5, Artikel 210-248 EGV, Artikel H-S EUV, 5. Auflage, Baden-Baden 1997 (zit.: Bearbeiter in Groeben/Thiesing, Ehlermann, EU-/EG-Vertrag)

Großkommentar zum AktG, Hrsg.: Hopt, Klaus J./Wiedemann, Herbert, Mitbestimmungsgesetz, Bearbeiter: Oetker, Hartmut, 4. Auflage, Berlin 1999 (zit.: *Oetker* in GK-AktG, MitbestG)

Gruber, Johannes/Weller, Marc-Philippe: Societas Europaea: Mitbestimmung ohne Aufsichtsrat?, NZG 2003, S. 279 ff.

Grundmann, Stefan: EG-Richtlinie und nationales Privatrecht, JZ 1996, S. 274 ff.

Grundmann, Stefan: Grenzüberschreitende Sitzverlegung und grenzüberschreitende Fusion, in: Rosen, Rüdiger von: Die Europa AG – Eine Perspektive für deutsche Unternehmen?, Dokumentation des Seminars vom 31. Oktober 2002 des deutschen Aktieninstituts, Frankfurt/Main 2003, S. 47 ff. (zit.: *Grundmann* in v. Rosen, Europa AG)

Grundmann, Stefan: Europäisches Gesellschaftsrecht, Heidelberg 2004

Grundmann, Stefan/Riesenhuber, Karl: Die Auslegung des Europäischen Privat- und Schuldvertragsrechts, JuS 2001, S. 529 ff.

Gundel, Jörg: Neue Grenzlinien für die Direktwirkung nicht umgesetzter EG-Richtlinien unter Privaten, EuZW 2001, S. 143 ff.

Habersack, Matthias: Europäisches Gesellschaftsrecht, 2. Auflage, München 2003

Hachenburg, Max: Gesetz betreffend die Gesellschaften mit beschränkter Haftung (GmbHG), Hrsg. Ulmer, Peter, Zweiter Band, §§ 35-52, 8. Auflage, Berlin 1992 (Bearbeiter in Hachenburg, GmbHG)

Hanau, Peter: Nationale Regelungen für internationale (europäische) Betriebsräte, in: FS für Ralf Vieregge zum 70. Geburtstag am 6. 11. 1995, Berlin 1995, S. 319 ff.

Hanau, Peter: Sicherung unternehmerischer Mitbestimmung, insbesondere durch Vereinbarung, ZGR 2001, S.75 ff.

Hanau, Peter/Steinmeyer, Heinz-Dietrich/Wank, Rolf: Handbuch des europäischen Arbeits- und Sozialrechts, 1. Auflage, München 2002

Hanau, Peter/Ulmer, Peter: Mitbestimmungsgesetz, 1. Auflage, München 1981 (zit.: Bearbeiter in Hanau/Ulmer, MitbestG)

Hans-Böckler-Stiftung (Hrsg.): Die Europäische Aktiengesellschaft, Arbeitshilfen für Arbeitnehmervertreter in Aufsichtsräten Nr. 6, Düsseldorf 2002 (zit.: Hans-Böckler-Stiftung, Arbeitshilfe Nr. 6)

Hans-Böckler-Stiftung (Hrsg.): Gesellschafts- und Mitbestimmungsrecht in den Ländern der Europäischen Gemeinschaft, Arbeitshilfen für Aufsichtsräte Nr. 11, Düsseldorf 2003 (Hans-Böckler-Stiftung, Arbeitshilfe Nr. 11)

Hansen, Herbert: Die Megafusion zwischen Daimler-Benz und Chrysler, AG 1998, S. R224 ff.

Hammacher, Peter: Aus der Praxis eines Arbeitsdirektors, RdA 1993, 163 ff.

Haußleiter, Otto: Beruf und Gewerbe nach dem Bonner Grundgesetz, DÖV 1952, S. 496 ff.

Heckel, Wolfram: Die ergänzende Vertragsauslegung, AcP 159 (1960/61), S. 106 ff.

Hein, Jan von: Die Rolle des US-amerikanischen CEO gegenüber dem Board of Directors im Lichte neuerer Entwicklungen, RIW 2002, S. 501 ff.

Heinsius, Theodor: Satzungsvorschriften über die Beschlussfähigkeit des Aufsichtsrats nach dem Mitbestimmungsgesetz, AG 1977, S. 281 ff.

Heinze, Meinhard: Die Europäische Aktiengesellschaft, ZGR 2002, S. 66 ff.

Heinze, Meinhard: Die Vertretung der Führungskräfte in der Europäischen Aktiengesellschaft, in: Festschrift für Peter Schwerdtner zum 65. Geburtstag, Neuwied 2003, S. 741 ff.

Henssler, Martin: Unternehmerische Mitbestimmung in der Societas Europaea, in: Festschrift für Peter Ulmer zum 70. Geburtstag, Berlin 2003, S. 193 ff.

Henssler, Martin: Mitbestimmungsrechtliche Konsequenzen einer Sitzverlegung innerhalb der Europäischen Union – Inspirationen durch „Inspire Art" -, in Gedächtnisschrift für Meinhard Heinze, München 2005, S. 333 ff.

Henssler, Martin: Bewegung in der deutschen Unternehmensmitbestimmung – Reformdruck durch Internationalisierung der Wirtschaft, RdA 2005, 330 ff.

Herber, Rolf: Drittwirkung sogenannter horizontaler EG-Richtlinien?, EuZW 1991, S. 401 ff.

Herfs-Röttgen, Ebba: Arbeitnehmerbeteiligung in der Europäischen Aktiengesellschaft, NZA 2001, S. 424 ff.

Herfs-Röttgen, Ebba: Probleme der Arbeitnehmerbeteiligung in der Europäischen Aktiengesellschaft, NZA 2002, S. 358 ff.

Herrmann, Christoph: Richtlinienumsetzung durch die Rechtsprechung, Dissertation Universität Bayreuth, Berlin 2003 (zit.: *Herrmann*, Richtlinienumsetzung)

Herschel, Wilhelm: Die Auslegung der Tarifvertragsnormen, in: Festschrift für Erich Molitor zum 75. Geburtstag, München, Berlin 1962, S. 161 ff.

Hess, Glen E.: Corporate Governance – zum Stand der Diskussion in den Vereinigten Staaten, in: Feddersen, Dieter/Hommelhoff, Peter/Schneider, Uwe H., Corporate Governance, Köln 1996, S. 9 ff.

Hess, Harald/Schlochauer, Ursula/Worzalla, Michael/Glaubitz, Dirk (Hrsg.) : Kommentar zum Betriebsverfassungsgesetz, 6. Auflage, München 2003 (zit.: Bearbeiter in Hess/Schlochauer/Worzalla/Glaubitz, BetrVG)

Hirte, Heribert: Die Europäische Aktiengesellschaft, NZG 2002, S. 1 ff.

Hoffmann-Becking, Gerhard: Normaufbau und Methode, Eine Untersuchung zur Rechtsprechung des Gerichtshofs der Europäischen Gemeinschaften, Tübingen 1973 (zit.: *G. Hoffmann-Becking*, Normaufbau und Methode)

Hoffmann-Becking, Michael: Organe: Strukturen und Verantwortlichkeiten, insbesondere im monistischen System, ZGR 2004, S. 355 ff.

Hoffmann, Dietrich: Der Kernbereich des Arbeitsdirektors und andere praktische Fragen bei der Anwendung von § 33 MitbestG, BB 1977, S. 17 ff.

Hoffmann, Dietrich: Zur Nichtigkeit eines Hauptversammlungsbeschlusses nach § 241 Nr. 3, 3. Alternative AktG, AG 1980, S. 141 ff.

Hoffmann, Dietrich/Lehmann, Jürgen/Weinmann, Heinz: Mitbestimmungsgesetz, München 1978 (zit.: *Hoffmann/Lehmann/Weinmann*, MitbestG)

Hoffmann, Dietrich/Kirchhof, Wolfgang: Zur Abberufung von Aufsichtsratsmitgliedern durch das Gericht nach § 103 Abs. 3 S. 1 AktG, in: Festschrift für Karl Beusch zum 68. Geburtstag, Berlin 1993, S. 377 ff.

Hoffmann, Elisabeth: Grundzüge des belgischen Handels-, Gesellschafts- und Wirtschaftsrechts, München 1996 (zit.: *E. Hoffmann*, Grundzüge belgisches Wirtschaftsrecht)

Hommel, Ulf: Grundrechtsschutz im Gemeinschaftsrecht, Defizite und Wege zu ihrer Behebung, Eine Untersuchung anhand der Rechtsprechung des EuGH zur Bananenmarkt-Verordnung, Dissertation Universität Erlangen-Nürnberg, Regensburg 2002 (zit.: *Hommel*, Grundrechtsschutz)

Hommelhoff, Peter: Zur Kreditüberwachung im Aufsichtsrat, in Festschrift für Winfried Werner zum 65. Geburtstag, Handelsrecht und Wirtschaftsrecht in der Bankpraxis, Berlin/New York 1984, S. 315 ff.

Hommelhoff, Peter: Gesellschaftsrechtliche Fragen im Entwurf eines SE-Statuts, AG 1990, S. 422 ff.

Hommelhoff, Peter: Die Auslegung angeglichenen Gesellschaftsrechts – eine Analyse der EuGH-Rechtsprechung, in: Schulze, Auslegung europäischen Privatrechts und angeglichenen Rechts, 1. Auflage, Baden-Baden 1999, S. 29 ff. (zit.: *Hommelhoff* in Schulze, Auslegung)

Hommelhoff, Peter: Einige Bemerkungen zur Organisationsverfassung der Europäischen Aktiengesellschaft, AG 2001, S. 279 ff.

Hommelhoff, Peter: Satzungsstrenge und Gestaltungsfreiheit in der Europäischen Aktiengesellschaft, in: Festschrift für Peter Ulmer zum 70. Geburtstag, Berlin 2003, S. 267 ff.

Hommelhoff, Peter/Mattheus, Daniela: Corporate Governance nach dem KonTraG, AG 1998, S. 249 ff.

Hoor, Gerd: Die Präzisierung der Sorgfaltsanforderungen nach § 93 Abs. 1 AktG durch den Entwurf des UMAG, DStR 2004, S. 2104 ff.

Hopt, Klaus J.: Harmonisierung im europäischen Gesellschaftsrecht –Status quo, Probleme, Perspektiven - , ZGR 1992, S.265 ff.

Hopt, Klaus J.: Gemeinsame Grundsätze der Corporate Governance in Europa?, ZGR 2000, S.779 ff.

Hopt, Klaus J.: Interessenwahrung und Interessenkonflikte im Aktien-, Bank- und Berufsrecht, ZGR 2004, S. 1 ff.

Hopt, Klaus J.: Europäisches Gesellschaftsrecht und deutsche Unternehmensverfassung – Aktionsplan und Interdependenzen, ZIP 2005, S. 461 ff.

Horn, Norbert: Die Europa-AG im Kontext des deutschen und europäischen Gesellschaftsrechts, DB 2005, 147 ff.

Hromadka, Wolfgang: Der Begriff des leitenden Angestellten – Zur Auslegung des § 5 Abs. 3, 4 BetrVG idF vom 23. Dezember 1988, BB 1990, S. 57 ff.

Hromadka, Wolfgang: Rechtsfragen zum Eurobetriebsrat, DB 1995, S. 1125 ff.

Hübner, Ulrich: Interessenkonflikt und Vertretungsmacht, Eine Untersuchung zur funktionalen Präzisierung des § 181 BGB, München 1977 (zit.: *Hübner*, Interessenkonflikt und Vertretungsmacht)

Hueck, Alfred/Nipperdey, Hans Carl: Lehrbuch des Arbeitsrechts, Zweiter Band, Kollektives Arbeitsrecht, Erster Halbband (II/1), 7. Auflage, Berlin und Frankfurt am Main 1966 (zit.: *Hueck/Nipperdey*, Lehrbuch des Arbeitsrecht II1)

Hueck, Goetz: Der Grundsatz der gleichmäßigen Behandlung im Privatrecht, Habilitation Universität Münster, München und Berlin 1958 (zit.: *Hueck*, Grundsatz der gleichmäßigen Behandlung)

Hueck, Goetz: Zur Verschwiegenheitspflicht der Arbeitnehmervertreter im Aufsichtsrat, RdA 1975, S. 35 ff.

Hüffer, Uwe: Der korporationsrechtliche Charakter von Rechtsgeschäften – Eine hilfreiche Kategorie bei der Begrenzung von Stimmverboten im Recht der GmbH?, in: Festschrift für Theodor Heinsius zum 65. Geburtstag, Berlin 1991, S. 337 ff.

Hüffer, Uwe: Aktiengesetz, 7. Auflage, München 2006 (zit.: *Hüffer*, AktG)

Ihrig, Hans-Christoph/Wagner, Jens: Diskussionsentwurf für ein SE-Ausführungsgesetz, BB 2003, S. 969 ff.

Ihrig, Hans-Christoph/Wagner, Jens: Das Gesetz zur Einführung der Europäischen Gesellschaft (SEEG) auf der Zielgeraden, BB 2004, S. 1749 ff.

Ipsen, Hans-Peter: Europäisches Gemeinschaftsrecht, Tübingen 1972

Isensee, Josef/Kirchhof, Paul (Hrsg.): Handbuch des Staatsrechts der Bundesrepublik Deutschland, Band VII, Normativität und Schutz der Verfassung – Internationale Beziehungen, Heidelberg 1992 (zit.: Bearbeiter in Isensee/Kirchhof, Handb. Staatsrecht VII)

Jacklofsky, Swantje: Arbeitnehmerstellung und Aufsichtsratsamt, Arbeitsrechtliche Aspekte hinsichtlich der unternehmensangehörigen Aufsichtsratsmitglieder der Arbeitnehmer, Dissertation Universität Berlin, Berlin 2001 (zit.: *Jacklofsky*, Arbeitnehmerstellung und Aufsichtsratsamt)

Jaeger, Carsten: Aufsichtsratsausschüsse ohne Arbeitnehmervertreter?, ZIP 1995, S. 1735 ff.

Jahn, Andreas/Herfs-Röttgen, Ebba: Die Europäische Aktiengesellschaft – Societas Europaea, DB 2001, S. 631 ff.

Jahnke, Volker: Tarifautonomie und Mitbestimmung, München 1984

Jannott, Dirk/Frodermann, Jürgen: Handbuch der Europäischen Aktiengesellschaft – Socieatas Europaea -, Heidelberg 2005 (zit.: Bearbeiter in Jannott/Frodermann, Handbuch SE)

Jarass, Hans D.: Voraussetzungen der innerstaatlichen Wirkung des EG-Rechts, NJW 1990, S. 2420 ff.

Jarass, Hans D.: Richtlinienkonforme bzw. EG-rechtskonforme Auslegung nationalen Rechts, EuR 1991, S. 211 ff.

Jarass, Hans D./Pieroth, Bodo: Grundgesetz für die Bundesrepublik Deutschland, 8. Auflage, München 2006 (zit.: Bearbeiter in Jarass/Pieroth, GG)

Jung, Ute: Die Unabhängigkeit als konstitutives Element im Koalitionsverfassungs- und Tarifvertragsrecht, Dissertation Universität Jena, Frankfurt am Main 1999 (zit.: *Jung*, Unabhängigkeit)

Junge, Werner: Das Unternehmensinteresse, in: Festschrift für Ernst von Caemmerer zum 70. Geburtstag, Tübingen 1978, S. 547 ff.

Junker, Abbo: Unternehmensmitbestimmung in Deutschland, ZfA 2005, S. 1 ff.

Junker, Abbo: Europäische Aktiengesellschaft und deutsche Mitbestimmung, ZfA 2005, S. 211 ff.

Jürgens, Stefanie: Mitbestimmung und Verantwortlichkeit, Die Haftung der Arbeitnehmervertreter im Aufsichtsrat unter besonderer Berücksichtigung ihrer Rechtsstellung dargestellt am Beispiel der Aktiengesellschaft, Dissertation Universität Münster, Frankfurt am Main 2001 (zit. *Jürgens*, Mitbestimmung und Verantwortlichkeit)

Jürgens, Ulrich/Lippert, Inge: Kommunikation und Wissen im Aufsichtsrat, Voraussetzungen und Kriterien guter Aufsichtsratsarbeit aus der Perspektive leitender Angestellter, Studie in Kooperation mit dem Deutschen Führungskräfteverband (ULA), Berlin 09.01.2005 (zit.: *Jürgens/Lippert*, Kommunikation und Wissen im Aufsichtsrat)

Kallmeyer, Harald: Die Societas Europaea – Innovation für deutsche Unternehmen oder praxisuntauglicher Kompromiss?, in: Rosen, Rüdiger von (Hrsg.): Die Europa AG – Eine Perspektive für deutsche Unternehmen?, Dokumentation des Seminars vom 31. Oktober 2002 des deutschen Aktieninstituts, Frankfurt am Main 2003, S. 14 ff. (zit.: *Kallmeyer* in v. Rosen, Europa AG)

Kallmeyer, Harald: Europa-AG: Strategische Optionen für deutsche Unternehmen, AG 2003, S. 197 ff.

Kallmeyer, Harald: Das monistische System in der SE mit Sitz in Deutschland, ZIP 2003, S. 1531 ff.

Kallmeyer, Harald: Die Beteiligung der Arbeitnehmer in einer Europäischen Gesellschaft, ZIP 2004, S. 1442 ff.

Kalss, Susanne/Greda, Claudia: Die Europäische Gesellschaft (SE) österreichischer Prägung nach dem Ministerialentwurf, GesRZ 2004, S. 91 ff.

Kalss, Susanne/Hügel, Hanns F. (Hrsg.): Europäische Aktiengesellschaft, SE-Kommentar, Wien 2004 (zit.: Bearbeiter in Kalss/Hügel, SE-Kommentar)

Kämmerer, Jörn Axel/Veil, Rüdiger: Paritätische Arbeitnehmermitbestimmung in der monistischen Societas Europaea – ein verfassungsrechtlicher Irrweg?, ZIP 2005, S. 369 ff.

Keidel, Theodor/Kuntze, Joachim/Engelhardt, Helmut (Hrsg.): Freiwillige Gerichtsbarkeit, Kommentar zum Gesetz über die Angelegenheiten der freiwilligen Gerichtsbarkeit, 15. Auflage, München 2003 (zit.: Bearbeiter in Keidel/Kuntze, Engelhardt, FGG)

Kirchner, Christian: Grundstruktur einen neuen institutionellen Designs für die Arbeitnehmermitbestimmung auf der Unternehmensebene, AG 2004, S. 197 ff.

Kischel, Uwe: Zur Dogmatik des Gleichheitsgrundsatzes in der Europäischen Union, EuGRZ 1997, S. 1 ff.

Klamroth, Sabine: Selbstkontrahierungsverbot bei Abstimmungen über laufende Angelegenheiten in Familiengesellschaften?, BB 1974, S. 160 ff.

Kleinsorge, Georg: Europäische Gesellschaft und Beteiligungsrechte der Arbeitnehmer, RdA 2002, S. 343 ff.

Kleinsorge, Georg: Die Beteiligung der Arbeitnehmer in der SE, in: Baums, Theodor/Cahn, Andreas, Die Europäische Aktiengesellschaft, Berlin 2004, S. 140 ff.

Klinkhammer, Heiner/Welslau, Dietmar: Mitbestimmung in Deutschland und Europa, Neuwied, 1995 (zit.: *Klinkhammer/Welslau*, Mitbestimmung)

Koberski, Wolfgang: Fusionsrichtlinie und Arbeitnehmerbeteiligung, in: Arbeitsrecht im sozialen Dialog, Festschrift für Hellmut Wißmann zum 65. Geburtstag, München 2005, S. 474 ff.

Kock, Martin/Dinkel, Renate: Die zivilrechtliche Haftung von Vorständen für unternehmerische Entscheidungen – Die geplante Kodifizierung der Business Judgement Rule im Gesetz zur Unternehmensintegrität und Modernisierung des Anfechtungsrechts, NZG 2004, S. 441 ff.

Kohler-Gehrig, Elenora: Europarecht und nationales Recht – Auslegung und Rechtsfortbildung, JA 1998, S. 807 ff.

Kölner Kommentar zum Aktiengesetz, Band 5, §§ 262 – 290 AktG, Hrsg.: Zöllner, Hans, 2. Auflage, Köln 2004 (zit.: Bearbeiter in Kölner Komm. AktG)

Kölner Kommentar zum Aktiengesetz, Band 2, §§ 76 – 117 AktG und Mitbestimmung im Aufsichtsrat, Hrsg.: Zöllner, Hans, 2. Auflage, Köln 1996 (zit.: Bearbeiter in Kölner Komm. AktG)

Kolvenbach, Walter: Scheitert die Europa AG an der Mitbestimmung? NZA 1998, S. 1323 ff.

Körner; Marita: Formen der Arbeitnehmermitwirkung, Das französische Comitè d`entreprise, Habilitation Universität Frankfurt/Main, Baden-Baden 1999

Köstler, Roland: Die Mitbestimmung in der SE, ZGR 2003, S. 800 ff.

Köstler, Roland: Die Beteiligung der Arbeitnehmer in der Europäischen Aktiengesellschaft nach den deutschen Umsetzungsgesetzen, DStR 2005, S. 745 ff.

Köstler, Roland/Kittner, Michael/Zachert, Ulrich: Aufsichtsratspraxis, 6. Auflage, Frankfurt am Main 1999

Kraakman, Reinier: Die Professionalisierung des Board, in: Feddersen, Dieter/Hommelhoff, Peter/Schneider, Uwe H., Corporate Governance, Köln 1996, S. 129 ff.

Krage, Carsten: Das schwedische Aktienrecht, AG 1998, S. 226 ff.

Krause, Rüdiger: Die Mitbestimmung der Arbeitnehmer in der Europäischen Gesellschaft (SE), BB 2005, S. 1221 ff.

Kraushaar, Martin: Europäische Aktiengesellschaft (SE) und Unternehmensmitbestimmung, BB 2003, S. 1614 ff.

Krebs, Karsten: Interessenkonflikte bei Aufsichtsratsmandaten in der Aktiengesellschaft, Dissertation Universität Würzburg 2001, Köln, Berlin, Bonn, München 2002 (zit.: *Krebs*, Interessenkonflikte)

Kübler, Friedrich/Schmidt, Walter/Simitis, Spiros: Mitbestimmung als gesetzgebungspolitische Aufgabe, Zur Verfassungsmäßigkeit des Mitbestimmungsgesetzes 1976, 1. Auflage, Baden-Baden 1978 (zit.: *Kübler/Schmidt/Simitis*, Mitbestimmung)

Kübler, Friedrich: Deregulierungen, in: Hommelhoff, Peter/Lutter, Marcus/Schmidt, Karsten/ Schön, Wolfgang/Ulmer, Peter, Corporate Governance, Heidelberg 2002, S. 207 ff. (zit.: *Kübler* in Hommelhoff/Lutter/Schmidt/Schön/Ulmer, Corporate Governance)

Kübler, Friedrich: Leitungsstrukturen der Aktiengesellschaft und die Umsetzung des SE-Statuts, ZHR 167 (2003), S. 222 ff.

Kuffner, Andrea: Die Beteiligung der Arbeitnehmer in der Europäischen Aktiengesellschaft, Berlin und Stuttgart 2003 (zit.: *Kuffner*, Beteiligung Europ. Aktiengesellschaft)

Kutscher, Hans: Über den Gerichtshof der Europäischen Gemeinschaft, EuR 1981, S. 392 ff.

Lächler, Christoph/Oplustil, Krysztof: Funktion und Umfang des Regelungsbereichs der SE-Verordnung, NZG 2005, S. 381 ff.

Lambsdorff, Otto Graf von: Die Überwachungstätigkeit des Aufsichtsrats Verbesserungsmöglichkeiten de lege lata und de lege ferenda, in: Feddersen, Dieter/Hommelhoff, Peter/Schneider, Uwe H., Corporate Governance, Köln 1996, S. 217 ff.

Lange, Oliver: Überlegungen zur Umwandlung einer deutschen in eine Europäische Aktiengesellschaft, EuZW 2003, S. 301 ff.

Langenberg, Gudrun: Der Aufsichtsrat im DGB-Entwurf zum Mitbestimmungsgesetz, DB 1984, S. 1765 ff.

Langenbucher, Günther/Blaum, Ulf: Audit Committees – Ein Weg zur Überwindung der Überwachungskrise?, DB 1994, S. 2197 ff.

Larenz, Karl: Wegweiser zur richterlichen Rechtsschöpfung, in: Festschrift für Arthur Nikisch, Tübingen 1958, S. 275 ff.

Larenz, Karl: Ergänzende Vertragsauslegung und dispositives Recht, NJW 1963, S. 737 ff.

Larenz, Karl/Canaris, Claus-Wilhelm: Methodenlehre der Rechtswissenschaft, 3. Auflage, Heidelberg 1995 (zit.: *Larenz/Canaris*, Methodenlehre)

Larenz, Karl/Wolf, Manfred: Allgemeiner Teil des Bürgerlichen Rechts, 9. Auflage, München 2004 (zit.: *Larenz/Wolf*, BGB AT)

Leese, Sascha: Die Abgrenzung der leitenden Angestellten, Dissertation Universität Jena, Frankfurt am Main 2000

Lehmann, Jürgen: Die Zusammensetzung von Aufsichtsratsausschüssen in Gesellschaften für die das MitbestG gilt, AG 1977, S. 14 ff.

Leenen, Detlef: Typus und Rechtsfindung, Dissertation Universität München, Berlin 1971

Lerche, Christoph-Nikolaus: Der Europäische Betriebsrat und der deutsche Wirtschaftsausschuss, Dissertation Universität Göttingen, Frankfurt am Main 1997

Leyens, Patrick C.: Deutscher Aufsichtsrat und U.S.-Board: ein- oder zweistufiges Verwaltungssystem?, RabelsZ 67 (2003), S. 57 ff.

Lieder, Jan: Zustimmungsvorbehalte des Aufsichtsrats nach neuer Rechtslage, DB 2004, S. 251 ff.

Lieder, Jan: Das unabhängige Aufsichtsratsmitglied, Zu den Änderungen des Deutschen Corporate Governance Kodex, NZG 2005, S. 569 ff.

Look, Frank van: Stimmverbot und „körperschaftlicher Sozialakt“, NJW 1991, S. 152 f.

Löwisch, Manfred (Hrsg.): Arbeitskampf- und Schlichtungsrecht, Neuauflage, Heidelberg 1997

Löwisch, Manfred/Kaiser, Dagmar: Betriebsverfassungsgesetz, 5. Auflage, Heidelberg 2002 (zit.: Bearbeiter in Löwisch/Kaiser, BetrVG)

Ludwig, Susanne: Leitungsgremien und Aufsichtsräte im Konzern, Wiesbaden 1997

Lutter, Marcus: Mitbestimmung im Konzern, Köln 1975

Lutter, Marcus: Mitbestimmungsprobleme im internationalen Konzern, in: Festschrift für Konrad Zweigert zum 70. Geburtstag, Tübingen 1981, S. 251 ff.

Lutter, Marcus: Die Auslegung angeglichenen Rechts, JZ 1992, S. 593 ff.

Lutter, Marcus: Defizite für eine effiziente Aufsichtsratstätigkeit und gesetzliche Möglichkeiten der Verbesserung, ZHR 159 (1995), S. 287 ff.

Lutter, Marcus: Europäisches Unternehmensrecht, 4. Auflage, Berlin 1996

Lutter, Marcus: Europäische Aktiengesellschaft – Rechtsfigur mit Zukunft?, BB 2002, S. 1 ff.

Lutter, Marcus/Hommelhoff, Peter: GmbH-Gesetz, Kommentar, 16. Auflage, Köln 2004 (zit.: *Lutter/Hommelhoff*, GmbHG)

Lutter, Marcus/Krieger, Gerd: Rechte und Pflichten des Aufsichtsrats, 4. Auflage, Köln 2002

Mangold, Wolfgang: Eigentliche und ergänzende Vertragsauslegung, NJW 1961, S. 2284 ff.

Manz, Gerhard/Mayer, Barbara/Schröder, Albert: Europäische Aktiengesellschaft, 1. Auflage, Baden-Baden 2005

Martens, Klaus-Peter: Das aktienrechtliche Statusverfahren und der Grundsatz der Amtskontinuität, DB 1978, S. 1065 ff.

Martens, Klaus-Peter: Organisationsprinzpien und Präsidialregelung des mitbestimmten Aufsichtsrats, DB 1980, S. 1381 ff.

Martens, Klaus-Peter: Mitbestimmungsrechtliche Bausteine in der Rechtsprechung des Bundesgerichtshofs, Besprechung der Entscheidungen BGHZ 83, 106 ff., 144 ff., 151 ff., ZGR 1983, S. 237 ff.

Martens, Klaus-Peter: Zum Verhältnis von Mitbestimmungs- und Gesellschaftsrecht, ZHR 148 (1984), S. 183 ff.

Matthießen, Volker: Stimmrecht und Interessenkollision im Aufsichtsrat, Dissertation Universität Hamburg 1988, Köln, Berlin, Bonn, München 1989 (zit.: *Matthießen*, Stimmrecht und Interessenkollision)

Maul, Silja: Konzernrecht der „deutschen" SE – Ausgewählte Fragen zum Vertragskonzern und den faktischen Unternehmensverbindungen, ZGR 2003, S. 743 ff.

Mävers, Gunther: Die Mitbestimmung der Arbeitnehmer in der Europäischen Aktiengesellschaft, Dissertation Universität Köln, Baden-Baden 2002 (zit.: *Mävers*, Mitbestimmung Europ. Aktiengesellschaft)

Medicus, Dieter: Allgemeiner Teil des BGB, 8. Auflage, Heidelberg 2002 (zit.: *Medicus*, BGB AT)

Menjucq, Michel: Das „monistische" System der Unternehmensleitung in der SE, ZGR 2003, S. 679 ff.

Merkt, Hanno: Die monistische Unternehmensverfassung für die Europäische Aktiengesellschaft aus deutscher Sicht, ZGR 2003, S. 650 ff.

Mertens, Hans-Joachim: Aufsichtsratsmandat und Arbeitskampf, AG 1977, S. 306 ff.

Mertens, Hans-Joachim: Aufsichtsratsausschüsse, Mitbestimmung und Methodenlehre, AG 1981, S. 113 ff.

Mertens, Hans-Joachim: Verfahrensfragen bei Personalentscheidungen des mitbestimmten Aufsichtsrats, ZGR 1983, S. 189 ff.

Meyer, Michael: Das Diskriminierungsverbot des Gemeinschaftsrechts als Grundsatznorm und Gleichheitsrecht, Dissertation Universität München, Frankfurt am Main 2002 (zit.: *Meyer*, Diskriminierungsverbot)

Meyer, Peter: Die Grundsätze der Auslegung im Europäischen Gemeinschaftsrecht, Jura 1994, S. 455 ff.

Minuth, Thorsten: Führungssysteme der Europäischen Aktiengesellschaft (SE), Wettbewerb zwischen alternativen Führungsstrukturen im Kraftfeld des deutschen Unternehmensrechts, Dissertation Universität Berlin, Berlin 2005 (zit.: *Minuth*, Führungssysteme SE)

Möllers, Thomas M. J.: Doppelte Rechtsfortbildung contra legem?, EuR 1998, S. 21 ff.

Möllers, Thomas M. J.: Gesellschaftsrechtliche Treuepflicht contra arbeitnehmerrechtliche Mitbestimmung – Der aktive Streikaufruf durch Frank Bsirske, NZG 2003, S. 697 ff.

Mosiek, Marcus: Effet utile und Rechtsgemeinschaft – Zugleich ein Beitrag zur Kompetenzordnung der Europäischen Gemeinschaft, Dissertation Universität Köln, Münster 2003 (zit.: *Mosiek*, Effet utile)

Müller, Christopher: Europäische Betriebsräte-Gesetz (EBRG), 1. Auflage, Stuttgart/Berlin/Köln 1997 (zit.: *Müller*, EBRG)

Müller, Friedrich/Christensen, Ralph: Juristische Methodik Band II, Europarecht, 1. Auflage, Berlin 2003 (zit.: *Müller/Christensen*, Juristische Methodik II)

Müller, Gerhard: Das Mitbestimmungsurteil des Bundesverfassungsgerichts vom 1. März 1979, DB 1979, Beilage Nr. 5

Müller, Gerhard: Kritische Bemerkungen zur neuen Bestimmung des leitenden Angestellten, DB 1989, S. 824 ff.

Müller-Bonanni, Thomas/Melot de Beauregard, Paul: Mitbestimmung in der Societas Europaea, GmbHR 2005, S. 195 ff.

Münchener Handbuch des Gesellschaftsrechts, Band IV, Aktiengesellschaft, Hrsg.: Hoffmann-Becking, Michael, 2. Auflage, München 1999 (zit.: Bearbeiter in Münch. Handb. Gesellschaftsrecht IV)

Münchener Handbuch zum Arbeitsrecht, Band 3, Kollektives Arbeitsrecht, Hrsg.: Richardi, Reinhard/Wlotzke, Otfried, 2. Auflage, München 2000 (zit.: Bearbeiter in Münch. Handb. Arbeitsrecht III)

Münchener Kommentar zum Aktiengesetz, Band 7, §§ 222 bis 277 AktG, Hrsg.: Kropff, Bruno/Semler, Johannes, 2. Auflage, München 2001 (zit.: Bearbeiter in Münch. Komm. AktG)

Münchener Kommentar zum Aktiengesetz, Band 9,2, §§ 329-410 AktG, SE-VO, SEBG, Europäische Niederlassungsfreiheit, Die Richtlinien zum Gesellschaftsrecht, Hrsg.: Kropff, Bruno/Semler, Johannes, 2. Auflage, München 2006 (zit.: Bearbeiter in Münch. Komm. AktG)

Münchener Kommentar zum Bürgerlichen Gesetzbuch, Band 1, Allgemeiner Teil, §§ 1 - 240, Hrsg: Rebmann, Kurt/Säcker, Franz Jürgen, 4. Auflage, München 2001 (zit.: Bearbeiter in Münch. Komm. BGB)

Naendrup, Peter-Hubert: Kündigungsschutz von Arbeitnehmervertretern in mitbestimmten Aufsichtsräten (II. Teil), AuR 1979, S. 204 ff.

Nagel, Bernhard: Die Verlagerung der Konflikte um die Unternehmensmitbestimmung auf das Informationsproblem, BB 1979, S. 1799 ff.

Nagel, Bernhard: Zusammensetzung mitbestimmter Aufsichtsratsausschüsse und Unternehmensinteresse, DB 1982, S. 2677 ff.

Nagel, Berhard: Paritätische Mitbestimmung und Grundgesetz, Baden-Baden 1988 (zit.: *Nagel*, Paritätische Mitbestimmung)

Nagel, Bernhard: Mitbestimmung im Montankonzern und Grundgesetz, Baden-Baden 1992 (zit.: *Nagel*, Mitbestimmung Montankonzern)

Nagel, Bernhard: Verschlechternde Regelungen und Vereinbarungen zur Mitbestimmung in der Europäischen Aktiengesellschaft, AuR 2001, S. 406 ff.

Nagel, Bernhard: Die Europäische Aktiengesellschaft (SE) in Deutschland – der Regierungsentwurf zum SE-Einführungsgesetz, NZG 2004, S. 833 ff.

Nagel, Bernhard: Die Europäische Aktiengesellschaft (SE) und die Beteiligung der Arbeitnehmer, AuR 2004, S. 281 ff.

Nagel, Bernhard: Ist die Europäische Aktiengesellschaft (SE) attraktiv?, DB 2004, S. 1299 ff.

Nagel, Bernhard/Freis, Gerhild/Kleinsorge, Georg: Die Beteiligung der Arbeitnehmer in der Europäischen Gesellschaft – SE, Kommentar zum SE-Beteiligungsgesetz – SEBG, München 2005 (zit.: Bearbeiter in Nagel/Freis/Kleinsorge, Beteiligung SE)

Nagel, Bernhard/Köklü, Alper: „Societas Europaea" und Mitbestimmung, ZESAR 2004, S. 175 ff.

Nettesheim, Martin: Auslegung und Fortbildung nationalen Rechts im Lichte des Gemeinschaftsrechts, AöR 119 (1994), S. 261 ff.

Neye, Hans-Werner: Kein neuer Stolperstein für die Europäische Aktiengesellschaft, ZGR 2002, S. 377 ff.

Neye, Hans-Werner: Die Vorbereitung der Ausführungsgesetzgebung zur Societas Europaea in Deutschland, in: Baums, Theodor/Cahn, Andreas, Die Europäische Aktiengesellschaft, Umsetzungsfragen und Perspektiven, Berlin 2004, S. 131 ff.

Neye, Hans-Werner: Die neue Richtlinie zur grenzüberschreitenden Verschmelzung von Kapitalgesellschaften, ZIP 2005, S. 1893 ff.

Neye, Hans-Werner/Teichmann, Christoph: Der Entwurf für das Ausführungsgesetz zur Europäischen Aktiengesellschaft, AG 2003, S. 169 ff.

Nikisch, Arthur: Arbeitsrecht, II. Band, 2. Auflage, Tübingen 1959 (zit.: *Nikisch*, Arbeitsrecht II)

Niklas, Thomas: Beteiligung der Arbeitnehmer in der Europäischen Gesellschaft (SE) – Umsetzung in Deutschland, NZA 2004, S. 1200 ff.

Oetker, Hartmut: Der Anwendungsbereich des Statusverfahrens nach den §§ 97 ff. AktG, ZHR 149 (1985), S. 575 ff.

Oetker, Hartmut: Beteiligung der Arbeitnehmer in der Europäischen Aktiengesellschaft (SE) im Überblick, ZESAR 2005, S. 3 ff.

Oetker, Hartmut: Die Beteiligung der Arbeitnehmer in der Europäischen Aktiengesellschaft (SE) unter besonderer Berücksichtigung der leitenden Angestellten, BB-Special 1/2005 (zu Heft 2), S. 2 ff.

Oetker, Hartmut: Die Mitbestimmung der Arbeitnehmer in der Europäischen Gesellschaft, in: Lutter, Marcus/Hommelhoff, Peter (Hrsg.), Die Europäische Gesellschaft, Köln 2005, S. 277 ff. (zit.: *Oetker* in Lutter/Hommelhoff, Europ. Gesellschaft)

Oetker, Hartmut: Unternehmerische Mitbestimmung kraft Vereinbarung in der Europäischen Gesellschaft (SE), in: Festschrift für Konzen, Tübingen 2006 *(Hinweis: befand sich bei der Veröffentlichung der Arbeit noch im Druck)*

Oppermann, Thomas: Europarecht, 3. Auflage, München 2005

Paefgen, Walter: Struktur und Aufsichtsratsverfassung der mitbestimmten AG, Dissertation Universität Bielefeld, Köln, Berlin, Bonn, München 1982 (zit. *Paefgen*, Struktur und Aufsichtsratsverfassung)

Papier, Hans-Jürgen: Das Mitbestimmungsurteil des Bundesverfassungsgerichts – Eine kritische Würdigung aus verfassungsrechtlicher Sicht, ZGR 1979, S. 444 ff.

Pawlowski, Hans-Martin: Methodenlehre für Juristen, 3. Auflage, Heidelberg 1999 (zit.: *Pawlowski*, Methodenlehre)

Pescatore, Pierre: Recht in einem mehrsprachigen Raum, ZEuP 1998, S. 1 ff.

Pichot, Evelyne: Arbeitnehmervertreter in Europa und ihre Befugnisse im Unternehmen, Studie in Auftrag der Europäischen Kommission, Luxemburg 1999 (zit.: *Pichot*, Arbeitnehmervertreter in Europa)

Pietzcker, Jost: Zur Nichtanwendung europarechtswidriger Gesetze seitens der Verwaltung, in: Festschrift für Ulrich Everling, Band II, Baden-Baden 1995, S. 1095 ff.

Plötscher, Stefan: Der Begriff der Diskriminierung im Europäischen Gemeinschaftsrecht, Dissertation Universität Bayreuth, Berlin 2003 (zit.: *Plötscher*, Begriff der Diskriminierung)

Pluskat, Sorika: Die Arbeitnehmerbeteiligung in der geplanten Europäischen AG, DStR 2001, S. 1483 ff.

Pluskat, Sorika: Die neuen Vorschläge für die Europäische Aktiengesellschaft, EuZW 2001, S. 524 ff.

Pohle, Klaus/Werder, Axel von: Leitfaden „Best Practice" von Bilanzprüfungsausschüssen (Audit Committees), DB 2005, S. 237 ff.

Potthoff, Erich: Unzureichende Organe der Geschäftspolitik, DB 1952, S. 169 f.

Rademacher, Ulf: Der Europäische Betriebsrat, die Richtlinie 94/45/EG des Rates vom 22. 9. 1994 und ihre Umsetzung in nationales Recht, Dissertation Universität Bonn, Baden-Baden 1996 (zit.: *Rademacher*, Der Europäische Betriebsrat)

Raiser, Thomas: Das Unternehmensinteresse, in: Festschrift für Reimer Schmidt, Karlsruhe 1976, S. 101 ff.

Raiser, Thomas: Das Unternehmen in der verfassungsrechtlichen Ordnung der Bundesrepublik nach dem Mitbestimmungsurteil des Bundesverfassungsgerichts, JZ 1979, S. 489 ff.

Raiser, Thomas: Satzungsvorschriften über Beschlussfähigkeit und Vertagung eines mitbestimmten Aufsichtsrats, NJW 1980, S. 209 ff.

Raiser, Thomas: Recht der Kapitalgesellschaften, 3.Auflage, München 2001

Raiser, Thomas: Mitbestimmungsgesetz, 4. Auflage, Berlin 2002 (zit.: *Raiser*, MitbestG)

Raisch, Peter: Zum Begriff und zur Bedeutung des Unternehmensinteresses als Verhaltensmaxime von Vorstands- und Aufsichtsratsmitgliedern in FS für Wolfgang Hefermehl zum 70. Geburtstag, München 1976, S. 347 ff.

Reitmaier, Marion-Angela, Inländerdiskriminierungen nach dem EWG-Vertrag, Zugleich ein Beitrag zur Auslegung von Art. 7 EWGV, Dissertation Freie Universität Berlin, Kehl am Rhein/Straßburg 1984 (zit.: *Reitmaier*, Inländerdiskriminierungen)

Ramme, Ludger Felix: Leitende Angestellte im Europäischen Betriebsrat – Information und Konsultation für alle Arbeitnehmer, DB 1995, S. 2066 ff.

Ranzinger, Christoph/Blies, Peter: Audit Committees im internationalen Kontext, AG 2001, S. 455 ff.

Rehbinder, Eckard: Das Mitbestimmungsurteil des Bundesverfassungsgerichts aus unternehmensrechtlicher Sicht, ZGR 1979, S. 470 ff.

Reich, Norbert/Lewerenz Karl-Jochen: Das neue Mitbestimmungsgesetz, AuR 1976, S. 353 ff.

Reichert, Jochem/Brandes, Stephan M.: Mitbestimmung der Arbeitnehmer in der SE: Gestaltungsfreiheit und Bestandsschutz, ZGR 2003, S. 767 ff.

Rellermeyer, Klaus: Aufsichtsratsausschüsse, Dissertation Universität Bonn, Köln 1986

Ress, Georg: Die richtlinienkonforme „Interpretation" innerstaatlichen Rechts, DÖV 1994, S. 489 ff.

Richardi, Reinhard: Der Begriff des leitenden Angestellten, AuR 1991, S. 33 ff.

Richardi, Reinhard: Die Neuabgrenzung der leitenden Angestellten nach § 5 III und IV BetrVG, NZA 1990, Beilage Nr. 1, S. 2 ff.

Richardi, Reinhard (Hrsg.): Betriebsverfassungsgesetz mit Wahlordnung, 10. Auflage, München 2006 (zit.: Bearbeiter in Richardi, BetrVG)

Riesenhuber, Karl/Domröse, Ronny: Richtlinienkonforme Rechtsfindung und nationale Methodenlehre, RIW 2005, S. 47 ff.

Ringleb, Henrik- Michael/Kremer, Thomas/Lutter, Marcus/v. Werder, Axel: Kommentar zum Deutschen Corporate Governance Kodex, 2. Auflage, München 2005 (zit.: Bearbeiter in Ringleb/Kremer/Lutter/v. Werder, DCGK)

Rittner, Fritz: Begründungsdefizite im Mitbestimmungsurteil des Bundesverfassungsgerichts? JZ 1979, S. 743 ff.

Rittner, Fritz: Die Satzungsautonomie der Aktiengesellschaft und die innere Ordnung des Aufsichtsrats nach dem Mitbestimmungsgesetz, DB 1980, S. 2493 ff.

Rörig, Ursula: Die Direktwirkung von Richtlinien in Privatrechtsverhältnissen: eine Abgrenzung der richtlinienkonformen Auslegung vom Phänomen der Direktwirkung, Dissertation Universität Bremen, Baden-Baden 2001 (zit.: *Rörig*, Direktwirkung von Richtlinien)

Rosendahl, Hans: Unternehmensumgliederungen und ihre Auswirkungen auf die Arbeitnehmervertreter im Aufsichtsrat, AG 1985, S. 325 ff.

Roth, Günter H./Altmeppen, Holger: Gesetz betreffend die Gesellschaften mit beschränkter Haftung – GmbHG, 5. Auflage, München 2005 (zit.: Bearbeiter in Roth/Altmeppen, GmbHG)

Roth, Markus: Die unternehmerische Mitbestimmung in der monistischen SE, ZfA 2004, S. 431 ff.

Roth, Markus: Das unternehmerische Ermessen des Vorstandes, BB 2004, S. 1066 ff.

Roussel-Verret, Isabelle: Umsetzung der SE-Richtlinie in Frankreich, BB-Special 1/2005, S. 25 ff.

Rüffler, Friedrich: Richtlinienkonforme Auslegung nationalen Rechts, ÖJZ 1997, S. 121 ff.

Ruoff, Axel: Das Europäische Betriebsräte-Gesetz (EBRG), BB 1997, S. 2478 ff.

Säcker, Franz-Jürgen: Die Geschäftsordnung für das zur gesetzlichen Vertretung eines mitbestimmten Unternehmens befugte Organ, DB 1977, S. 1993 ff.

Säcker, Franz-Jürgen: Die Geschäftsordnung für den Aufsichtsrat eines mitbestimmten Unternehmens, DB 1977, S. 2031 ff.

Säcker, Franz-Jürgen: Aufsichtsratsausschüsse nach dem Mitbestimmungsgesetz 1976, Düsseldorf, Frankfurt 1979 (zit.: *Säcker*, Aufsichtsratsausschüsse)

Säcker, Franz-Jürgen: Mitbestimmung und Vereinigungsfreiheit (Art. 9 Abs. 1 GG), RdA 1979, S. 380 ff.

Säcker, Franz-Jürgen: Zur Beschlussfähigkeit des mitbestimmten Aufsichtsrats, JZ 1980, S. 82 ff.

Säcker, Franz-Jürgen: Allgemeine Auslegungsgrundsätze zum Mitbestimmungsgesetz 1976, ZHR 148 (1984), S. 153 ff.

Säcker, Franz-Jürgen: Rechtliche Anforderungen an die Qualifikation und Unabhängigkeit von Aufsichtsratsmitgliedern, AG 2004, S. 180 ff.

Sanders, Pieter: Auf dem Weg zu einer europäischen Aktiengesellschaft?, AWD 1960, S. 1 ff.

Sandmann, Bernd: Die Euro-Betriebsrats-Richtlinie 94/45/EG: europäischer Betriebsrat und alternative Verfahren zur Unterrichtung und Anhörung der Arbeitnehmer in transnationalen Unternehmen, Dissertation Universität Augsburg, Heidelberg 1996 (zit.: *Sandmann*, Die Euro-Betriebsräte-Richtlinie 94/45/EG)

Schaub, Günter: Arbeitsrechts-Handbuch, 11. Auflage, München 2005

Scheffler, Eberhard: Zum Rollenverständnis der Aufsichtsräte, DB 2000, S. 433 ff.

Schiek, Dagmar: Europäische Betriebsvereinbarungen, RdA 2001, S. 218 ff.

Schiessl, Maximilian: Leitungs- und Kontrollstrukturen im internationalen Wettbewerb – Dualistisches System und Mitbestimmung auf dem Prüfstand - ZHR 167 (2003), S. 235 ff.

Schilling, Wolfgang: Macht und Verantwortung in der Aktiengesellschaft (oder das Prinzip der Interesseneinheit), in: FS für Ernst Gessler zum 65. Geburtstag, München 1971, S. 159 ff.

Schindler, Clemens Philipp: Das Ausführungsgesetz zur Europäischen Aktiengesellschaft, wbl. 2004, S. 253 ff.

Schlachter, Monika: Richtlinienkonforme Rechtsfindung – ein neues Stadium im Kooperationsverhältnis zwischen EuGH und den nationalen Gerichten, RdA 2005, S. 115 ff.

Schmidt, Ingrid: Betriebliche Arbeitnehmervertretung insbesondere im Europäischen Recht, RdA 2001, Sonderbeilage zu Heft 5, S. 12 ff.

Schmidt, Karsten: Gesellschaftsrecht, 4. Auflage, Köln, Berlin, Bonn, München 2002

Schmidt, Marek: Privatrechtsangleichende EU-Richtlinien und nationale Auslegungsmethoden, RabelsZ 59 (1995), S. 569 ff.

Schneider, Uwe H.: Kapitalmarktorientierte Corporate Governance-Grundsätze, DB 2000, S. 2413 ff.

Schneider, Uwe H.: Die Teilnahme von Vorstandsmitgliedern an Aufsichtsratssitzungen, ZIP 2002, S. 873 ff.

Schnorbus, York: Die richtlinienkonforme Rechtsfortbildung im nationalen Privatrecht, AcP 201 (2001), S. 860 ff.

Scholz, Franz: Kommentar zum GmbH-Gesetz, 9. Auflage, Köln 2002 (zit.: Bearbeiter in Scholz, GmbHG)

Schulte-Nölke, Hans: Elf Amtssprachen, ein Recht? Folgen der Mehrsprachigkeit für die Auslegung von Verbraucherschutzrichtlinien, in: Schulze, Reiner (Hrsg.), Auslegung europäischen Privatrechts und angeglichenen Rechts, 1. Auflage, Baden-Baden 1999, S. 143 ff. (zit.: *Schulte-Nölke* in Schulze, Auslegung)

Schulz, Andreas/Geismar, Bernd: Die Europäische Aktiengesellschaft – Eine kritische Bestandsaufnahme, DStR 2001, S.1078 ff.

Schulze, Reiner: Auslegung Europäischen Privatrechts und angeglichenen Rechts – Einführung, in: Schulze, Reiner (Hrsg.), Auslegung Europäischen Privatrechts und angeglichenen Rechts, 1. Auflage, Baden-Baden 1999, S. 9 ff. (zit.: *Schulze* in Schulze, Auslegung)

Schupp, Antje: Mitbestimmungsbeibehaltung bei Veränderung der Unternehmensstruktur, Dissertation Universität Jena, 1. Auflage, Baden-Baden 2001 (zit.: *Schupp*, Mitbestimmungsbeibehaltung)

Schütz, Carsten: Der Regierungsentwurf eines Gesetzes zur Unternehmensintegrität mit Modernisierung des Anfechtungsrechts (UMAG) vom 17. 11. 2004, NZG 2005, S. 5 ff.

Schwark, Eberhard: Globalisierung, Europarecht und Unternehmensmitbestimmung im Konflikt, AG 2004, S. 173 ff.

Schwarz, Günter Christian: Zum Statut der Europäischen Aktiengesellschaft, ZIP 2001, S. 1847 ff.

Schwarz, Günter Christian: Kommentar zur Verordnung (EG) Nr. 2157/2001 des Rates über das Statut der Europäischen Gesellschaft (SE) (SE-VO), München 2006 (zit.: *Schwarz*, SE-VO)

Schwarze, Jürgen: Europäisches Verwaltungsrecht, Band I, 1. Auflage, Baden-Baden 1988

Schwerdtfeger, Günther: Unternehmerische Mitbestimmung der Arbeitnehmer und Grundgesetz, Habilitation Universität Hamburg, Frankfurt am Main 1972 (zit.: *Schwerdtfeger*, Unternehmerische Mitbestimmung)

Seibt, Christoph H.: Stellungnahme vor dem Rechtsausschuss des Deutschen Bundestages zum Gesetzesentwurf der Bundesregierung zur Einführung der Europäischen Gesellschaft (SEEG), BT-Drucks. 15/3405, NZA 2004, Heft 21, Umschlagseite IX ff.

Seibt, Christoph H.: Satzung und Satzungsgestaltung in der Europäischen Gesellschaft deutschen Rechts, in: Lutter, Marcus/Hommelhoff, Peter (Hrsg.), Die Europäische Gesellschaft, Köln 2005, S. 67 ff. (zit.: *Seibt* in Lutter/Hommelhoff, Europ. Gesellschaft)

Seibt, Christoph H.: Privatautonome Mitbestimmungsvereinbarungen: Rechtliche Grundlagen und Praxishinweise, AG 2005, S. 413 ff.

Seibt, Christoph H.: Umwandlung der Aktiengesellschaft in die Europäische Gesellschaft (Societas Europaea), Der Konzern 2005, S. 407 ff.

Semler, Johannes: Leitung und Überwachung der Aktiengesellschaft, 2. Auflage, Köln, Berlin, Bonn, München 1996 (zit.: *Semler*, Leitung und Überwachung)

Semler, Johannes (Hrsg.): Arbeitshandbuch für Aufsichtsratsmitglieder, München 1999 (zit.: Bearbeiter in Semler, Arbeitshandbuch für Aufsichtsratsmitglieder)

Soergel, Hans Theodor (Hrsg.): Bürgerliches Gesetzbuch, 13. Auflage, Stuttgart 1999 (zit.: Bearbeiter in Sorgel, BGB)

Spie, Ulrich/Piesker, Herbert: Der Geschäftsbereich des Arbeitsdirektors, Heidelberg 1983 (zit.: *Spie/Piesker*, Geschäftsbereich Arbeitsdirektor)

Steding, Rolf: Europäische Rechtsformen für Unternehmen, EWIV sowie SE und SCE, BuW 2002, S.197 ff.

Stein, Ekkehart: Qualifizierte Mitbestimmung unter dem Grundgesetz, Zur verfassungsrechtlichen Problematik einer allgemeinen Einführung des Montanmodells, Frankfurt am Main 1976 (zit.: *Stein*, Qualifizierte Mitbestimmung)

Stein, Torsten: Bemerkungen zum „Solange II"- Beschluss des Bundesverfassungsgerichts, in: Festschrift für Wolfgang Zeidler, Band 2, Berlin 1987, S. 1711 ff.

Steindorff, Ernst: Nochmals: Neubestimmung der leitenden Angestellten, AuR 1988, S. 266 ff.

Steindorff, Ernst: Gesellschaftsrechtliche Richtlinien der EG und strengeres staatliches Recht, EuZW 1990, S. 251 ff.

Steindorff, Ernst: Unvollkommener Binnenmarkt, ZHR 158 (1994), S. 149 ff.

Streinz, Rudolf: Europarecht, 6. Auflage, Heidelberg 2003

Streinz, Rudolf: EUV/EGV Vertrag über die Europäische Union und Vertrag zur Gründung der Europäischen Gemeinschaft, 1. Aufl., München 2003

Stumpf, Christoph A.: Grundrechtsschutz im Aktienrecht, NJW 2003, S. 9 ff.

Sudhoff, Heinrich/Sudhoff, Martin: Der Gesellschaftsvertrag der GmbH, 8. Auflage, München 1992

Teichmann Christoph: Vorschläge für das deutsche Ausführungsgesetz zur Europäischen Aktiengesellschaft, ZIP 2002, S. 1109 ff.

Teichmann, Christoph: Die Einführung der Europäischen Aktiengesellschaft, ZGR 2002, S. 383 ff.

Teichmann, Christoph: Gestaltungsfreiheit im monistischen Leitungssystem der Europäischen Aktiengesellschaft, BB 2004, S. 53 ff.

Teichmann, Christoph: Die monistische Verfassung der Europaischen Gesellschaft, in: Lutter/ Hommelhoff, Die Europäische Gesellschaft, Köln 2005, S. 195 ff. (zit.: *Teichmann* in Lutter/ Hommelhoff, Europ. Gesellschaft)

Terbrack, Christoph: Die Eintragung einer Aktiengesellschaft im Handelsregister, Rpfleger 2003, S. 225 ff.

Terbrack, Christoph: Die Anmeldung einer Aktiengesellschaft zum Handelsregister, Rpfleger 2005, S. 237 ff.

Theisen, Manuel, René/Wenz, Martin (Hrsg.): Die Europäische Aktiengesellschaft: Recht, Steuern und Betriebswirtschaft der Societas Europaea (SE), 2. Auflage Stuttgart 2005 (zit.: Bearbeiter in Theisen/Wenz, Europäische Aktiengesellschaft)

Thoma, Georg F./Leuering, Dieter: Die Europäische Aktiengesellschaft, NJW 2002, S. 1449 ff.

Thümmel, Roderich C.: Organhaftung nach dem Referentenentwurf des Gesetzes zur Unternehmensintegrität und Modernisierung des Anfechtungsrechts (UMAG) – Neue Risiken für Manager?, DB 2004, S. 471 ff.

Thümmel, Roderich C.: Die Europäische Aktiengesellschaft (SE), Frankfurt am Main 2005

Ulmer, Peter: Stimmrechtsschranken für Aufsichtsratsmitglieder bei eigener Kandidatur zum Vorstand, NJW 1982, S. 2288 ff.

Ulmer, Peter: Gläubigerschutz bei Scheinauslandsgesellschaften – Zum Verhältnis zwischen gläubigerschützendem nationalem Gesellschafts-, Delikts- und Insolvenzrecht und der EG Niederlassungsfreiheit, NJW 2004, S. 1201 ff.

Veelken, Winfried: Zur Mitbestimmung bei der Europäischen Aktiengesellschaft, in: Gedächtnisschrift für Wolfgang Blomeyer, „Recht der Wirtschaft und der Arbeit in Europa", Berlin 2004, S. 491 ff.

Veil, Rüdiger: Das Konzernrecht der Europäischen Aktiengesellschaft, WM 2003, S. 2169 ff.

Vogel, Wolfgang: Gesellschafterbeschlüsse und Gesellschafterversammlung, 2. Auflage, Köln 1986

Waclawik, Erich: Der Referentenentwurf des Gesetzes zur Einführung der Europäischen (Aktien-) Gesellschaft, DB 2004, S. 1191 ff.

Wagner, Jens: Die Bestimmung des auf die SE anwendbaren Rechts, NZG 2002, S. 985 ff.

Walter, Andreas: Praxis in der Ausbildung – Der erfolgreichste Weg ist der Umweg: Creating DaimlerChrysler, JuS 2003, S. 206 ff.

Wank, Rolf: Der Stimmrechtsausschluss im GmbH-Recht in der neueren Rechtsprechung des BGH, ZGR 1979, S. 222 ff.

Wank, Rolf: Die Rechtsfortbildung durch den Europäischen Gerichtshof, in: Arbeitsgesetzgebung und Arbeitsrechtssprechung, Festschrift zum 70. Geburtstag von Eugen Stahlhacke, Neuwied, Kriftel, Berlin 1995, S. 633 ff.

Weber, Ralph: Einige Gedanken zur Konkretisierung von Generalklauseln durch Fallgruppen, AcP 192 (1992), S. 516 ff.

Weigle, Knut: Die leitenden Angestellten zwischen Sprecherausschuss und Betriebsrat, Dissertation Universität Kiel, Frankfurt am Main 1993 (zit.: *Weigle*, Leitende Angestellte)

Weiss, Manfred: Die Umsetzung der Richtlinie über Europäische Betriebsräte, AuR 1995, S. 438 ff.

Wendeling-Schröder, Ulrike/Spieker, Wolfgang: Das Mitbestimmungsurteil des BVerfG und seine Auswirkungen auf die Praxis des Mitbestimmungsgesetzes, NJW 1981, S. 145 ff.

Wendt, Susanne: Die Kontrolle der Geschäftsführung in Personen- und Kapitalgesellschaften in Deutschland, Frankreich und England, Eine rechtsvergleichende Untersuchung zur Ermittlung gemeinsamer Prinzipien des Gesellschaftsrechts, Dissertation Universität Hamburg, Frankfurt am Main 2004 (zit.: *Wendt*, Kontrolle der Geschäftsführung)

Wenker, Harald: Arbeitnehmermitbestimmung in Deutschland und Frankreich, Dissertation Universität Nürnberg-Erlangen, Frankfurt am Main 1995

Werder, Axel von: Überwachungseffizienz und Unternehmensmitbestimmung, AG 2004, S. 166 ff.

Wiedemann, Herbert: Gesellschaftsrecht, Band I, Grundlagen, München 1980 (zit.: *Wiedemann*, Gesellschaftsrecht I)

Wiedemann, Herbert: Tarifvertragsgesetz, 6. Auflage, München 1999 (zit.: *Wiedemann*, TVG)

Wiesner, Peter M.: Die grenzüberschreitende Verschmelzung und der neue Mitbestimmungskompromiss, DB 2005, S. 91 ff.

Wilhelm, Jan: Selbstwahl eines Aufsichtsratsmitgliedes in den Vorstand, NJW 1983, S. 912 ff.

Wilsing, Hans-Ulrich: Neuerungen des UMAG für die aktienrechtliche Beratungspraxis, ZIP 2004, S. 1082 ff.

Windbichler, Christine: Zur Trennung von Geschäftsführung und Kontrolle bei amerikanischen Großgesellschaften, ZGR 1985, S. 50 ff.

Windbichler, Christine: Unternehmerisches Zusammenwirken von Arbeitgebern als arbeitsrechtliches Problem, ZfA 1996, S. 1 ff.

Windbichler, Christine: Arbeitnehmerinteressen im Unternehmen und gegenüber dem Unternehmen – Eine Zwischenbilanz, AG 2004, S. 190 ff.

Wisskirchen, Gerlind/Prinz, Thomas: Das Gesetz über die Beteiligung der Arbeitnehmer in einer Europäischen Aktiengesellschaft (SE), DB 2004, S. 2638 ff.

Wißmann, Hellmut: „Deutsche" Europäische Aktiengesellschaft und Mitbestimmung, in: Festschrift für Herbert Wiedemann zum 70. Geburtstag, München 2002, S. 685 ff.

Wollburg, Ralph/Banerjea, Nirmal Robert: Die Reichweite der Mitbestimmung in der Europäischen Gesellschaft, ZIP 2005, S. 277 ff.

Wunsch-Semmler, Bettina: Entwicklungsrichtlinien einer europäischen Arbeitnehmermitwirkung, Dissertation Frankfurt am Main, Baden-Baden 1995 (zit.: *Wunsch-Semmler*, Entwicklungsrichtlinien)

Wymeersch, Eddy: Das neue belgische Gesetz über „Corporate Governance", ZGR 2004, S. 53 ff.

Zippelius, Reinhold: Juristische Methodenlehre, 9. Auflage, München 2005

Zöllner, Wolfgang: Das Wesen der Tarifnormen, RdA 1964, S. 443 ff.

Zöllner, Wolfgang: Die Einwirkung der erweiterten Mitbestimmung auf das Arbeitsrecht, RdA 1969, S. 65 ff.

Zöllner, Wolfgang: Zur Problematik der Auswahl und Bestellung des Arbeitsdirektors nach dem Mitbestimmungsgesetz, DB 1976, S. 1766 ff.

Zöllner, Wolfgang: Der Mitbestimmungsgedanke und die Entwicklung des Kapitalgesellschaftsrechts, AG 1981, S. 13 ff.

Zöllner, Wolfgang/Seiter, Hugo: Paritätische Mitbestimmung und Art. 9 Abs. 3 Grundgesetz, ZfA 1970, S. 97 ff.

Zuleeg, Manfred: Betrachtungen zum Gleichheitssatz im Europäischen Gemeinschaftsrecht, in: Europarecht, Energierecht, Wirtschaftsrecht: Festschrift für Bodo Börner zum 70. Geburtstag, Köln 1992, S. 473 ff.

Zuleeg, Manfred: Die gemeinschaftskonforme Auslegung und Fortbildung mitgliedstaatlichen Rechts, in: Reiner Schulze (Hrsg.), Auslegung europäischen Privatrechts und angeglichenen Rechts, 1. Auflage, Baden-Baden 1999, S. 163 ff. (zit.: *Zuleeg* in Schulze, Auslegung)

Zivilrechtliche Schriften
Beiträge zum Wirtschafts-, Bank- und Arbeitsrecht

Herausgegeben von Peter Kreutz und Dieter Reuter

Band 1 Sabine Koch: Eigenkapitalleistungen und eigenkapitalersetzende Leistungen des Kommanditisten in der gesetzestypischen Kommanditgesellschaft. 1992.

Band 2 Knut Weigle: Die leitenden Angestellten zwischen Sprecherausschuß und Betriebsrat. 1993.

Band 3 Stephan Worpenberg: Die konzerninterne Arbeitnehmerüberlassung. 1993.

Band 4 Carsten Führling: Sonstige Unternehmensverträge mit einer abhängigen GmbH. 1993.

Band 5 Heike Grote-Seifert: Das englische Arbeitskampfrecht unter besonderer Berücksichtigung der Entwicklung seit 1979. Zugleich: Vergleichende Analyse der Rechtslage in Deutschland und England. 1994.

Band 6 Uwe Theobald: Gesamthaftungsverhältnisse. Die Gesamtschuld als Ausgleichsmodell bei der mehrfachen Drittsicherung einer Forderung. 1994.

Band 7 Kay-Uwe Jacobs: Die Wahlvorstände für die Wahlen des Betriebsrats, des Sprecherausschusses und des Aufsichtsrats. 1995.

Band 8 Horst-Jürgen Michallek: Die Verteilung des wirtschaftlichen Risikos der Nothilfe. Eine rechtsvergleichende Studie. 1995.

Band 9 Sibylle Kessal-Wulf: Die Innenverbände. Am Beispiel Publikumsgesellschaft, Franchising, Mitarbeiterbeteiligung und Betriebsverband. 1995.

Band 10 Britta Holdorf-Habetha: Der Übergang von gewerblich genutztem Vermögen im Wege der Erbfolge im Einkommensteuerrecht. 1996.

Band 11 Sönke-Peter Nehlsen: Nutzungsausfallersatz. Ein notwendiges Übel? Versuch einer dogmatischen Begründung und Alternativlösungen. 1997.

Band 12 Sebastian Graf von Wallwitz: Tarifverträge und die Wettbewerbsordnung des EG-Vertrages. Wettbewerbsbeschränkende Tarifverträge und das Kartellverbot des Artikel 85 EGV. 1997.

Band 13 Hans-Joachim Arnold: Die Bilanzierung des Geschäfts- oder Firmenwertes in der Handels-, Steuer- und Ergänzungsbilanz. 1997.

Band 14 Volker Hoes: Die Überschuldung Privater als Problem von Ungleichgewichten. 1997.

Band 15 Dörte Christiansen: Betriebszugehörigkeit. Die Zuordnung von Arbeitnehmern aus betriebsverfassungsrechtlicher Sicht. 1998.

Band 16 Axel Boysen: Betriebsverband und Arbeitsverhältnis am Beispiel der Gruppenarbeit. Ein Beitrag zur Entwicklung der arbeitsrechtlichen Dogmatik im Wandel der Industriearbeit. 1998.

Band 17 Kristoffer Blydt-Hansen: Die Rechtsstellung der Destinatäre der rechtsfähigen Stiftung Bürgerlichen Rechts. 1998.

Band 18 Per Christiansen: Über die reale Seite der Verbände. Die Bedeutung der tatsächlichen Zweckverfolgung in einem Verband für dessen Legitimität, Existenz und Kontinuität. 1999.

Band 19 Annette Grotkamp: Die Bedeutung des Gesamtbetriebsrats und die Abgrenzung seiner Zuständigkeit zu den Einzelbetriebsräten im Rahmen des Strukturwandels in der deutschen Wirtschaft. 1999.

Band 20 Oliver Ebert: Die Kosten der Einigungsstelle gemäß § 76 a BetrVG 1972 unter besonderer Berücksichtigung der Honorierung von Einigungsstellenmitgliedern. 1999.

Band 21 Christoph Nawroth: Die steuerliche Anerkennung von Familienpersonengesellschaften bei fehlerhaftem Gesellschaftsvertrag. Zur Anwendung der Lehre von der fehlerhaften Gesellschaft im Steuerrecht. 1999.

Band 22 Kai Litschen: Die juristische Person im Spannungsfeld von Norm und Interesse. Am Beispiel der Gesellschafterhaftung in der GmbH. 1999.

Band 23 Eva Günther-Gräff: Kündigung und Kündigungsschutz von Absatzmittlungsverträgen. Dargestellt am Beispiel des Handelsvertreters, des Vertragshändlers und des Franchisenehmers. 1999.

Band 24 Martin Steiner: Entgelte der Kreditinstitute. Regelungen beim Girovertrag mit rechtsvergleichender Darstellung des anglo-amerikanischen Rechts. 2000.

Band 25 Sven Claussen: Grenzen der Insichgeschäfte im Gesellschaftsrecht. 2000.

Band 26 Sönke Peters: Der gesellschaftsrechtliche Grundsatz der Einheitlichkeit der Mitgliedschaft. 2000.

Band 27 Gabriele Komp: Die juristische Person als Geschäftsführungsorgan einer Kapitalgesellschaft. Betrachtungen zu §§ 76 Abs. 3 S. 1 AktG und 6 Abs. 2 S. 1 GmbHG. 2000.

Band 28 Gunnar Mayer: Das außerdienstliche Verhalten von Arbeitnehmern. Ein Beitrag zu Geschichte, Grundlagen und Erscheinungsformen außerdienstlicher Verhaltenspflichten. 2000.

Band 29 Michael Mönke: Die Sicherung der Bauunternehmer nach § 648 a BGB. Unter besonderer Berücksichtigung der Vereinbarkeit der Regelung mit den Prinzipien des Zivilrechts. 2000.

Band 30 Oliver May: Die Zulässigkeit der Regelung von Lohn und Arbeitszeit in Betriebsvereinbarungen. 2001.

Band 31 Robert Pape: Die tarifvertragliche Unkündbarkeit. Zugleich ein Beitrag zu den Grenzen der Tarifautonomie im Kündigungsschutzrecht und zum partiell zweiseitig-zwingenden Charakter des § 1 Abs. 2 und 3 KSchG. 2002.

Band 32 Wilm-Christian Jaekel: Die Bindung an formnichtige Grundstücksverträge nach Treu und Glauben. 2002.

Band 33 Susanne Müller: Die Gesellschafterklage als rechtsformübergreifendes Institut. 2002.

Band 34 Freia Peters: Treuhand und Unterbeteiligung an Gesellschaftsanteilen. Eine vergleichende Betrachtung für den Bereich des Gesellschafts- und des Steuerrechts. 2003.

Band 35 Mario Nahrwold: Die wirtschaftliche Betätigung von Idealvereinen am Beispiel der Ausgliederungsvorhaben der Fußballbundesligavereine. Eine Untersuchung zu Geltungsgrund und Grenzen des Nebentätigkeitsprivileges. 2003.

Band 36 Henning Plöger: Sonderarbeitsrechte im Pressebereich. Auswirkungen eines institutionellen Grundrechtsverständnisses auf das Arbeitskampf- und arbeitsrechtliche Statusrecht der Presse. 2003.

Band 37 Christian Springmann: Der Betriebsrat und die Betriebsbeauftragten. Ein Vergleich zweier betrieblicher Funktionsträger unter besonderer Berücksichtigung ihres Verhältnisses zueinander. 2004.

Band 38 Holger Meyer: Der Tatbestand des Betriebsübergangs nach der Rechtsprechung des Europäischen Gerichtshofs und des Bundesarbeitsgerichts. 2004.

Band 39 Philipp Christopher Brügge: Das Gesetz über Teilzeitarbeit. Eine Analyse unter arbeitsrechtlichen und beschäftigungspolitischen Gesichtspunkten. 2004.

Band 40 Sebastian Klausch: Unmöglichkeit und Unzumutbarkeit im System des allgemeinen Leistungsstörungsrechts nach der Schuldrechtsmodernisierung 2002. 2004.

Band 41 Felix Hütte: Die individualistische GbR als Mitglied anderer Vereinigungen. 2005.

Band 42 Tobias Schommer: Die Berücksichtigung und Gewichtung der Interessen der Arbeitsvertragsparteien im Rahmen des kollektiven und allgemeinen Weiterbeschäftigungsanspruchs des Arbeitnehmers. 2005.

Band 43 Christa Wettzel: Die unternehmerische Entscheidungsfreiheit im Rahmen der betriebsbedingten Kündigung. 2006.

Band 44 Andrea Scheibe: Die Mitbestimmung der Arbeitnehmer in der SE unter besonderer Berücksichtigung des monistischen Systems. 2007.

MIX
Papier | Fördert gute Waldnutzung
FSC® C083411

Zeitfracht Medien GmbH
Ferdinand-Jühlke-Straße 7
99095 Erfurt, Deutschland
produktsicherheit@kolibri360.de

Druck:
CPI Druckdienstleistungen GmbH
im Auftrag der
Zeitfracht Medien GmbH
Ein Unternehmen der Zeitfracht - Gruppe
Ferdinand-Jühlke-Str. 7
99095 Erfurt